Forschungen zur systematischen und ökumenischen Theologie

Herausgegeben von
Christine Axt-Piscalar und Gunther Wenz

Band 109

Vandenhoeck & Ruprecht

Martin Hailer

Gott und die Götzen

Über Gottes Macht angesichts der lebensbestimmenden Mächte

Vandenhoeck & Ruprecht

Bibliografische Information Der Deutschen Bibliothek

Die Deutsche Bibliothek verzeichnet diese Publikation in der Deutschen Nationalbibliografie; detaillierte bibliografische Daten sind im Internet über <http://dnb.ddb.de> abrufbar.

ISBN 3-525-56336-1

Printed in Germany.
Druck und Bindung: Hubert & Co., Göttingen

Gedruckt auf alterungsbeständigem Papier.

Vorwort

Der vorliegende Band wurde im Sommersemester 2003 von der Theologischen Fakultät der Universität Erlangen-Nürnberg als Habilitationsschrift angenommen. Für die Drucklegung habe ich Korrekturen und Nachträge vorgenommen. *Habent sua fata libelli*: Dass das Buch erst jetzt erscheinen kann, hat viele Gründe, die im sich rasch verändernden Wissenschaftsbetrieb und seiner unsicher werdenden Finanzierung liegen.

Dass der Band ohne die Hilfe anderer Menschen nicht hätte geschrieben werden können, versteht sich einerseits von selbst – denn wie könnte es anders sein? Andererseits ist es mit zutiefst nicht-selbstverständlicher Solidarität, Geduld und Zuneigung verbunden, die mich weit über das Fachliche hinaus bereichert und beglückt. Die dafür wichtigsten Menschen seien genannt: Ein besonderer Dank gilt Prof. Dr. Wolfgang Schoberth, der die Untersuchung seines Assistenten mit gutem Rat und herausfordernden Rückfragen von den ersten Plänen bis in die Schlussphase begleitet hat. Unser Gespräch bedeutet mir viel. Dr. Ralf Frisch gilt der Dank für eine schmerzliche, aber hilfreiche Generalkritik des Entwurfs und Pfr. Gerd Laute für viele anregende Diskussionen. Pfr. Hermann Spingler, Dozent am Melanesischen Institut in Goroka (Papua Neu-Guinea) hat das Manuskript gelesen und viele hilfreiche Bemerkungen angebracht. Der Theologischen Fakultät der Universität Erlangen-Nürnberg danke ich für die Anerkennung der Untersuchung als Teil der Habilitationsleistung und den Herren Professoren D. Dr. Wolf Krötke, Dr. Wolfgang Schoberth und Dr. Walter Sparn für ihre Mühe beim Verfassen der Gutachten, denen ich wertvolle Anregungen entnehmen konnte. Den Mitarbeiterinnen und Mitarbeitern im Hause Vandenhoeck & Ruprecht gilt der Dank für die freundliche Betreuung, der Herausgeberin und dem Herausgeber der Reihe für die Aufnahme des Buches in die *Forschungen zur systematischen und ökumenischen Theologie*. Tobias Schießl wahrte die Souveränität gegenüber den Tücken des Computers.

Vorstudien und einzelne Ergebnisse habe ich verschiedentlich vorgetragen und aus den Diskussionen gelernt, unter anderem im Herbst 2002 an der Escola Superior de Teologia in São Leopoldo/RS (Brasilien), im Frühjahr 2003 bei der 21. deutschsprachigen Barth-Tagung in Driebergen (Holland) und an der Universität Jena im Mai 2004. Den Kollegen und Kolleginnen in der Gemeindearbeit danke ich für Gemeinschaft im Dienst und für das Beharren darauf, dass Theologie nur dann etwas taugt, wenn sie als Steuertheorie pastoraler Praxis geeignet ist. *Beyond words* jedoch ist der Dank an Brigitte Gallé, meine Frau, die Leid und Freude auch dieser Lebenszeit mit mir teilte.

Sehr dankbar ich widme das Buch Prof. Dr. h.c. Dietrich Ritschl, PhD, DD, meinem theologischen Lehrer. Ich verdanke ihm maßgebliche Einsichten und uns verbindet die Freude gemeinsamen Nachdenkens.

Dettenhofen und Bayreuth, im September 2005 Martin Hailer

Inhalt

Einleitung: A Child of Our Time

In den Jahren 1939–1941 schrieb der englische Komponist Sir Michael Tippett das Werk »A Child of Our Time«. Es handelt sich um ein Oratorium für Soli, Chor und Sinfonieorchester, groß angelegt und von etwa siebzigminütiger Dauer. Tippetts Personalstil, der so verschiedene Einflüsse wie spätromantischen Sinfonik, Zwölftontechnik bis hin zu Jazz und Spiritual zusammenführt, kommt hier zur vollen Entfaltung. Er orientiert sich in den Satzformen und der Behandlung von Solisten und Chor an der Oratorientradition Bachs und Händels, vor allem am »Messias«. An den Stellen, an denen die barocke Form Choräle vorsieht, greift Tippett allerdings zu einem ungewöhnlichen Stilmittel: Er lässt den Chor traditionelle Spirituals singen, die er mit seiner eigenen Harmonik verfremdet: »Steal away to Jesus«, »Nobody knows the trouble I see«, »Deep river« und andere sind die Kommentare des Geschehens, das das Oratorium dramatisch in Szene setzt.

Bereits der Titel des Werkes lässt einen aktuellen Anlass vermuten. Und in der Tat bezieht Michael Tippett sich auf ein konkretes Ereignis, nämlich die Ermordung des deutschen Legationsrats Ernst von Rath durch den jüdischen Jugendlichen Herschel Grynszpan am 7. November 1938 in Paris. Diese Tat war für die Nationalsozialisten willkommener Anlass für eine furchtbare Vergeltungsaktion an den deutschen Juden: die Pogromnacht vom 9. auf den 10. November. Der Tat eines Einzelnen, vielleicht sogar verständlich aus sich heraus, folgt ein kollektives Phänomen der Zerstörung auf dem Fuße. Das ist es, was Tippett nachdenklich machte, und um dies Problem herum komponierte er »A Child of Our Time«. Sein Werk stellt die Frage, was eigentlich mit einem Menschen inmitten desaströser Kräfte und Mächte geschieht. Was geht vor sich, wenn eine individuelle Tat, die gerechtfertigt erscheint, katastrophische Folgen nach sich zieht? Wie entsteht sie überhaupt? Tippett schreibt: »When the Chorus ask: *What of the boy then, what of him?*, they are answered by – *He, too, is outcast, his manhood broken in the clash of powers. God overpowered him – the child of our time*. This answer is terrible. But the use of the word *God* is in no way inappropriate.«[1]

---

[1] Tippett, Music of the Angels 196; die kursiven Selbstzitate stammen aus der 28. Szene des Oratoriums. Für Anregungen zur Interpretation von »A Child of Our Time« und den Hinweis auf diese Sammlung von Texten des Komponisten danke ich Herrn Frank Hagelstange, Hanau.

Gott und der »clash of powers«, genauer: Gott *als* »clash of powers«! Ist diese Rede wirklich »in no way inappropriate«? Kühn, sehr kühn ist sie zumindest. Tippett fragt nach kollektiven Kräften und nach den scheinbar unerklärlichen Zusammenhängen aus einzelnen Handlungen und katastrophischen Folgen. Der Komponist konnte sich den namenlosen Schrecken der nationalsozialistischen Gewaltherrschaft nicht anders als durch ein solches kollektives Phänomen erklären und hat ihm den Titel »clash of powers« gegeben. Erstaunlich und provokativ ist die Benennung im nächsten Satz: »*God* overpowered him«. Getriebe der Macht/clash of powers und Gott – offensichtlich sind das hier synonym gebrauchte Metaphern. Blasphemie? Sehr viel eher handelt es sich um eine geistreiche und bestürzend aktuelle Provokation.

Tippett thematisiert mit ihr eine wohl allgemein zugängliche Erfahrung, nach der es kollektive Kräfte oder Größen gibt, die nicht als Summe von je individuellen Gestimmtheiten erklärt werden können. Kollektive Verblendungen im Krieg, um bei Tippetts Thema zu bleiben, sind zu allen Zeiten so erklärt worden. Schon für Homer zum Beispiel ist die kollektive Aggression eines Heeres nicht einfach die Summe der Aggressionen der einzelnen Soldaten, sondern ein überindividuelles Phänomen. Dies überindividuelle Phänomen belegt er mit einem Götternamen ἔρις, Zwietracht. Die Schlachtreihe, die auf ihren Gegner zustürmt, steht im Bann von ἔρις, sie gibt ihnen Kraft und kollektive Gesinnung. Nicht anders steht es damit, wenn ἔρις in ihr Gegenteil umschlägt. Flieht das Heer in Panik, dann sieht Homer nicht eine Summe individueller Ängste am Werk. Vielmehr hat φόβος, Furcht, die Macht übernommen und sorgt dafür, dass alles sich in kopfloser Flucht auflöst. Einzelne Soldaten mögen sich nach der Schlacht fragen, was es denn gewesen sei, das sie trieb, sei es zum Sieg oder zur Flucht. Sie erfahren, dass sie sozusagen fremdgesteuert waren, ganz gleich ob sie dies beglückend oder bedrängend empfanden. Eben dies – kollektives Getrieben- und Beherrschtsein, ist es, das Homer zu dieser Sprache greifen ließ. Mit Deutungen wie diesen ist er nicht allein geblieben: Auch im 20. Jahrhundert hat man die Mentalität zu Kriegszeiten in diesem Sinne gedeutet, so etwa die kollektive Verblendung durch die nationalsozialistische Ideologie in Kirchenkreisen als dämonische Verstrickung begriffen. Sieht man einmal von Selbstentschuldigungsstrategien ab, die mit solchen Deutungen immer verbunden sein können, dann hat eine solche Sicht ja auch etwas für sich. Es bedarf in der Tat einer starken kollektiven Gestimmtheit, um einem Millionenvolk mit zivilisatorischer Geschichte die begeisterte Zustimmung zum totalen Krieg abzugewinnen. Die Anerkenntnis, dass dies geschehen sei, hat mit fragwürdiger Exkulpation nichts zu tun; sie ist, recht betrieben, Selbsterkenntnis nach dem Erwachen aus verderblichem Taumel.[2] Oder: Es ist ja vielleicht wirklich kollektive Verblendung gewesen, die weite Teile der Bevölkerung Ex-Jugoslawiens unter Slobodan Milosevic glauben machte, die Zeit für ein neues serbisches Reich sei reif und eine barbarische Kriegsführung gerechtfertigt. Die Beispiele lassen sich leider aus allen Zeiten und Weltgegenden mühelos ergänzen – und es gehört zum Verdienst von Sir Michael Tippett, mit seinem Oratorium eine Form der Auseinandersetzung damit gefunden zu haben. Er bietet keine rationale Erklärung für die ihn bewegenden Verstrickungsvorgänge, sondern seine Musik schafft Raum für die Artikulation von Klage, nicht minder aber für ein vorsichtiges Tasten nach Sprache und Form der religiösen Tradition und für den Wunsch nach Sinn.

Freilich müssen die Beispiele nicht nur auf der dunklen Seite gesucht werden. Faszinationen dieser Art lassen sich genauso in Lebenssituationen auffinden, die als fröhlich und gelingend erlebt werden. Das beginnt beim Eingeständnis des Verliebten: »es hat mich erwischt«, also der Erkenntnis in Sachen Liebe nicht mehr Herr im eigenen Hause zu sein. Und gewiss wird er diesen Zustand nicht als Mangel an Selbststeuerung empfinden! Weiter lässt sich an viele kleinere Vergemeinschaftungsformen denken, in denen z.B. die systemische Beratung immer eine je eigene Kollektivsprache entdeckt – in Familien, in Schulklassen bis hin zu ganzen Gesellschaftssegmenten. Gewiss gehören auch die vielberufenen und allzu oft moralistisch geschmähten Kollektivsubjekte im Fußballstadion dazu. Es gibt gar Theorien, die ganze Kulturen unter Leitannahmen sehen, die sie beherrschen, ohne dass diese Kulturen sich über dieses Beherrschtsein im Klaren wären – so sehen es zum Beispiel Michel Foucault und Friedrich Nietzsche, die diese hoch generellen Herrschaftsformen sichtbar machen und auf die eine oder andere Weise Alternativen dazu anbieten wollen.

Zurück zu Michael Tippetts Oratorium. Er kombiniert in seinem Werk die Begriffe clash of powers und Gott. Diese Zusammenstellung klingt befremdlich und muss es wohl auch: Gott als Getriebe der Macht, als herrschende Stimmung, als Allgemeinheit? Es wird so gemeint sein, dass die kollektive Stimmung von Gewalt und Unterdrückung bereits überall und in gewissem Sinne unentrinnbar vorhanden ist. Herschel Grynszpan ist in dieser Sicht kein kühl kalkulierender Attentäter, sondern bereits selbst Getriebener, ein von der bösen Macht in den Bann geschlagener. Im Oratorium wird über ihn gesagt: »A curse is born. The dark forces threaten him«, und:

---

[2] Arendt, Eichmann in Jerusalem, hat darauf aufmerksam gemacht, dass die Täter des Holocaust nicht Personifikationen des absolut Bösen waren, die den Schrecken zu ihrem eigenen Guten erklärten, sondern in eigentümlicher Weise »normal«. Die Kluft zwischen dem unnennbaren Grauen und der augenscheinlichen Normalität seiner Täter ist das eigentlich Erklärungsbedürftige.

»His other self rises in him, demonic and destructive« (17. Szene).[3] Seine Tat ist nicht freiwillig, sondern geschieht als Konsequenz des Gottes Allgemeinheit, der ihm die Freiheit nimmt und durch Fremdbestimmung ersetzt. Er handelt, aber nicht als Herr im eigenen Hause. Dementsprechend sind die Folgen, die die Tat nach sich zieht: Sein Attentat, als isolierte vielleicht noch verständlich, zieht umso größeres Leid nach sich: »The dark forces rise like a flood« (24. Szene).[4] Das macht deutlich, dass der Protagonist nie Akteur war, sondern Überwältigter, schon zum child of our time geworden: »Behold the man! The scape-goat! The child of our time« (9. Szene).[5] Es hat ihn und damit gerade den, der sich dem Geist seiner Zeit entgegenstellen wollte. Ganz folgerichtig sind die Fragen nach einem Jenseits zur Herrschaft des Gottes Allgemeinheit vorsichtig und tastend. Ein typischer Satz dazu ist: »Patience is born in the tension of loneliness. The garden lies beyond the desert.« (28. Szene)[6] Und ganz zum Schluss wird ein bekannter Spiritual zitiert: »Deep river, my home is over Jordan. Deep river, Lord, I want to cross over into camp-ground.« (30. Szene)[7]

Das ist, wie gesagt, eine ungewöhnliche Verwendungsweise der Vokabel »Gott«. Sie schlägt vor, als Gott dasjenige zu bezeichnen, was als dominierende Stimmung vorherrscht. Ihr Gott ist das kollektive Subjekt, dem Einzelne, Gruppen und vielleicht ganze Gesellschaften untertan sind. Laut oder leise, mit physischer Gewalt oder im Sinne einer zwingenden Stimmung. Ein Gott dieser Art ist offenbar einer, der auf die eine oder andere Weise Machtwirkungen erzielt.

Diese Redeweise ist eine Provokation. Es lohnt, ja, es ist nachgerade nötig, ihr nachzugehen. Denn durch sie werden eingespielte Redeweisen von Gott in Frage gestellt: Gott etwa als Inbegriff all dessen, was nicht Welt ist, als Vater überm Sternenzelt im bürgerlichen Theismus oder als der Gott der Philosophen – Tippetts Gott Allgemeinheit, um ihn einmal so zu nennen, ist dagegen sehr wohl Welt, Teil der Welt, Getriebe, Macht. Die Provokation heißt dann, dass wir im Namen des weltlosen Gottes vergaßen und verdrängten, wie viel Machtvolles, Gottähnliches, Gott Usurpierendes in der Welt am Werk ist. Gott Allgemeinheit wäre dann die Chiffre dafür, dass es mit der Entgötterung der Welt nicht so weit her ist, wie laut auch immer sie propagiert worden sein mag. Die Abschiebung der Götternamen ins Sagen-

[3] Tippett, Music of the Angels 161, i.O.herv.

[4] Ebd. 175, i.O.herv.

[5] Ebd. 145.

[6] Ebd. 183, i.O.herv.

[7] Ebd. 187.

buch heißt noch lange nicht, dass die von ihnen einst bezeichneten Phänomene beseitigt sind.

Oder aber die Rede von Gott meint Gott, den Vater Jesu Christi: Dann provoziert die Rede vom Gott Allgemeinheit die Frage, wie es um das Verhältnis des Dreieinigen zu diesen Phänomenen eigentlich bestellt ist. Die theologische Tradition hat sich angewöhnt, davon zu sprechen, dass Gott durch die Ostertat die Mächte und Gewalten besiegt habe und dass sie ihm untertan seien. Hat sie besiegt sein mit Verschwinden gleichgesetzt? Hat sie die Eigenaktivität der rebellischen Untertanen Gottes unterschätzt? Oder ist es gar um eine Allianz beider Gottesbegriffe – des philosophisch-theistischen und des theologischen – zu tun, die die Rede von den mancherlei Göttern hat vergessen machen? Vielleicht spielen alle diese Gründe eine gewisse Rolle, und man sollte wohl nicht einen einzigen begrifflichen Sündenbock oder eine einzige Theorieentscheidung ausmachen, die zum dramatischen Deutungsverlust geführt haben. Wohl aber besteht Anlass, unter theologischen Prämissen für Phänomene kollektiver Bindung sprachfähig zu werden und artikulieren zu können, wie sich die von Gott, dem Vater Jesu Christi her eröffnete Hoffnungsperspektive dazu verhält. In der vorliegenden Studie möchte ich einen Beitrag dazu leisten, wie theologisch von den Phänomenen gesprochen werden kann, die hier in vorläufiger Weise als Mächte oder mit Tippett als Gott Allgemeinheit bezeichnet wurden.

Für die Theologie ist dies die Beschreibung eines Konfliktpotenzials. Was immer Mächte sein mögen – theologisch aufgerufen ist die Rede von der Macht Gottes, wie sie im ersten Satz des Apostolicums bekannt wird. Was immer Götter wie der Gott Allgemeinheit sein mögen – theologisch aufgerufen ist die Rede vom Gottsein Gottes, welches in weiten Teilen des biblischen Kanons als exklusives Gottsein verstanden wird. Dass es hier um Konfliktpotenzial geht, ist in der Tat unschwer zu ahnen. In einem Satz lautet die Problemstellung für die folgenden Kapitel: *Wenn es so ist, dass mancherlei Mächte das Leben der Menschen bestimmen, wie sollen diese beschrieben werden und auf welche Weise soll dann von der Macht Gottes gesprochen werden?*

Wer so fragt, spielt mehrere theologische Themen gleichzeitig an. Es ist sinnvoll, vor einer Skizze des Argumentationsganges zunächst zu benennen, in welchen systematisch-theologischen Zusammenhängen das Thema bearbeitet werden soll. Bei dieser Verortung geht es um folgende Bereiche: Zunächst (1) um eine kurze Klärung, warum das Problem in der Gotteslehre und nicht in der Fundamentaltheologie verhandelt werden soll, sodann (2) um die Frage, inwiefern eine klassische Frage aus diesem Bereich, nämlich die nach Gottes Allmacht und Ohnmacht zugleich angesprochen und nicht angesprochen ist. Schließlich (3) geht es um die Aufmerksamkeit, die die Rede von einem neuen Polytheismus gefunden hat.

Ad (1): Man könnte versucht sein, die Frage nach dem Gegenüber von Gott und den Mächten oder Gott und den Göttern Allgemeinheit im Bereich der theologischen Grund- und Anfangsfragen abzuhandeln. Zu zeigen wäre dann, inwiefern die Rede von den vielen Göttern unsachlich ist, nicht angemessen und vergangen. Zu zeigen wäre, inwiefern die Rede vom einen Gott der von den vielen überlegen ist. Nicht selten ist so gedacht und argumentiert worden, auch und gerade unter bedeutenden Theologen und Kulturwissenschaftlern der Neuzeit.[8] Wer so argumentiert, tut dies wohl vor allem aus folgendem Interesse: Denjenigen außer- und innerhalb des theologischen Sprachspiels, denen es in seinen Grundannahmen fraglich ist oder unsicher wurde, soll durch grundlegende Erwägungen sichergerstellt werden, dass eine leitende Erwägung – die, dass Gott einer sei – plausibel ist und dass die weiteren Reflexionsschritte der Theologie zurecht darauf aufgebaut werden können. So vorzugehen hat eine nicht eben kurze Tradition. Es ist mir nicht darum zu tun, sie mit sozusagen herrisch-postmodernen Ton als veraltet abzutun, dennoch, so meine ich, hat sie bedeutende Nachteile. Deren wichtigster ist mit dem Beispiel des Tippett'schen Oratoriums bereits angesprochen: Ist ein Gott Allgemeinheit am Werke, dann stellt sich die Frage, ob denn nun einer sei oder nicht vielmehr viele, einfach nicht. Sie ist uninteressant und im schlechten Sinne akademisch. Ist eine kollektive Gestimmtheit mächtig, dann geht es darum, was diese Macht mächtig werden ließ und wie ihr gegebenenfalls zu entrinnen sei, nicht um den Gedanken an eine einzige höher stehende Entwicklung. Hier gibt es keine Beobachterposition, die über das »einer oder viele?« entscheiden könnte oder auch nur wollte. In Michael Tippetts Oratorium treten nur Beteiligte auf. Der Attentäter, verschiedene seiner Verwandten, große Gruppen von kollektiv Klagenden und andere. Keiner aber steht neben oder über der ganzen Szene, um sie zu beurteilen. Ähnlich scheint es sich m.E. auch für die theologische Fragestellung zu verhalten. Auch sie ist nicht zu einer vorgängigen Klärung veranlasst, sondern befindet sich bereits mitten im Getümmel. Geht es um Fragen von Macht, Faszination, Bedrückung oder Beglückung, so antwortet sie wohlerwogen nicht mit prinzipiellen Erwägungen zum Monotheismus, sondern dann ist sie inhaltlich auf den Plan gerufen. Entpuppen sich der

[8] Vgl. z.B. Schleiermachers Einordnung des Polytheismus in seiner Glaubenslehre § 8 (I, 51–58). Klassisch wohl die Formulierung bei Troeltsch: »Die massenhaften Religionen der unzivilisierten Völker und die Polytheismen bedeuten nichts für die Frage nach den höchsten religiösen Werten.« (Absolutheit 173, vgl. 192); in der Fluchtlinie dieses Gedankens auch Peterson, Monotheismus 81–93.102–105.

Gott bzw. die Götter Allgemeinheit als Macht und Mächte, dann muss es der Theologie wohl um Gottes Macht zu tun sein.

Die Frage nach Gottes Macht stellt sich vorrangig – und nicht die abstrakte nach dem Einen oder den Vielen. Der Anerkenntnis, dass mancherlei Mächte das Leben eines Menschen oder einer Gruppe bestimmen, folgt als Frage des Glaubens die, wie es denn um Gottes Macht bestellt sei, sei es hinter diesen Mächten oder gegen sie. Die Frage des Monotheismus, ob denn nun ein Gott sei oder nicht vielmehr viele, mag in zweiter oder dritter Instanz gestellt werden, aber sie ist nicht eigentlich die, zu der in primärer Weise Auskunft von der Theologie verlangt wird. Die *soteriologische* Frage – was ist Gottes Macht angesichts der Mächte? – hat Vorrang vor der *fundamentaltheologischen* Frage nach der prinzipiellen Glaubwürdigkeit der christlichen Gottperspektive. Drängender, soteriologisch wichtiger ist die materialdogmatische Frage, als wer sich Gott zeigt, wenn der Satz gewagt wird, er sei mächtig oder er habe Macht.

Diese Fragerichtung ist nicht nur gleichsam von der existenziellen Seite her die Richtige, sie legt sich auch von den Befunden in der Heiligen Schrift nahe. An keiner Stelle der Bibel begegnen wir einem prinzipiellen, begrifflich gewonnenen Monotheismus, von dem aus Ableitungen über Gottes So-Sein und Handeln oder über die Befindlichkeit seines Volkes gemacht würden. Auch in den Texten, die für gewöhnlich als Kronzeugen für die am Ziel angekommene Entwicklung hin zum biblischen Monotheismus genannt werden – Passagen aus DtJes, Sach, Dtn/DtrG u.a. –, geht die Logik anders herum: Aus Gottes Offenbarung und Befreiungstat kommt dem Volk die Möglichkeit zu, so zu sprechen. Israel erlebt und kodifiziert seine Glaubenserfahrung und Bundesverpflichtung so, dass das Bekenntnis zum einen Gott eine – und beileibe nicht die einzige – Schlussfolgerung daraus ist.[9] Auch die loci classici im Neuen Testament, die von Gottes Souveränität angesichts der Mächte und Gewalten sprechen – Rm 8,38f; Kol 1,16; 2,10.15; Eph 1,20–23; 3,10 u.a. – folgen dieser Erkenntnisordnung: In Bedrängungssituationen als Hoffnungsaussage oder angesichts erlebter Befreiung steht zuerst das Bekenntnis zu Gottes Macht und erst danach der Schluss auf seine Einzigkeit.

In diesem Sinne unterscheidet sich das, was man in aller Vorsicht als biblischen Monotheismus wird bezeichnen können, von den philosophischen Monotheismen der griechischen Tradition und erst recht von neuzeitlichen Konzepten des Monotheismus. Ersteres ließe sich an den entsprechenden Fragmenten des Xenophanes und Buch XII, 8 der aristotelischen Metaphysik leicht demonstrieren. Gleichsam noch deutlicher ist der Unter-

[9] Vgl. stellvertretend für viele Autoren Schrage, Einzigkeit 7f.

schied, wenn man neuzeitliche Konzeptionen von Monotheismus in den Blick nimmt. Seit dem Aufkommen des Begriffs in der frühen Neuzeit war er fast immer mit Entwicklungskonzeptionen – gleich, in welche Richtung – und mit starken Wertungen befrachtet. Zumeist galt Monotheismus als Kulminationspunkt einer zielgerichteten Bewegung und gestattete die Abwertung von Vorformen als primitiv. Freilich ist es heute communis opinio, dass der uns geläufige Begriff von Monotheismus ein wesentlich neuzeitlich geprägter ist, für den als weitere Quelle noch die antike griechische Philosophie genannt werden kann.[10] Biblisch-theologisch nehmen sich die Zusammenhänge anders aus, und auch aus diesem Grund lege ich die Fragestellung so an, dass das soteriologische Moment im Vordergrund steht und Frage, welchem Monotheismus man dabei wohl begegnet, erst in der Fluchtlinie erscheint.

Ein christlich-theologischer Monotheismus – wenn es dergleichen überhaupt geben kann –, kann nur als Trinitätstheologie entfaltet werden. Es hat sich mannigfach als nachteilig erwiesen, zuerst einen allgemeinen Gottesbegriff zu entwickeln und diesen im Nachgang trinitätstheologisch auszudeuten. Dieser Umstand ist in der protestantischen Gotteslehre der Gegenwart so weithin anerkannt, dass man fast wagen möchte zu behaupten, er stehe außer Streit. Dann aber ist noch einmal deutlicher, dass diese Frage – wie und zu welchem Ende ein trinitarischer Begriff von Monotheismus entwickelt werden könnte –, eine andere, gesondert zu verhandelnde Frage darstellt, die mit dem hier vorzulegenden Stück theologischer Eigenschaftslehre nicht vermengt werden sollte. Deutlich ist allenfalls, dass ein solches Monotheismuskonzept stets den inexpliziten Hintergrund der Erwägungen abgibt. Aus diesem Grund endet die Untersuchung mit einigen Hinweisen zur möglichen Gestalt der theologischen Rede von Monotheismus.

Ad (2): Es ist also um die Gotteslehre zu tun und hier näherhin um Eigenschaftslehre, nämlich um die nach der Macht Gottes, wie sie im Gegenüber zu den mancherlei Mächten zu stehen kommt. Durchmustert man Dogmatiken, die im zu Ende gegangenen Jahrhundert geschrieben wurden, so drängt sich als ein großes Thema in der Lehre von Gottes Macht auf: das Verhältnis von Allmacht und Ohnmacht. Zumal in den Jahrzehnten nach dem zweiten Weltkrieg wurde die Nötigung empfunden, das traditionelle Prädikat der Allmacht Gottes zur historisch empfundenen wie christologisch zu denkenden Ohnmacht in Beziehung zu setzen. Die theologische Aufgabe bestand – und besteht weiterhin – darin, Gott als letztlich alternativlos zu denken und doch in dieses theologische Kalkül einzubeziehen, dass er sich am Kreuz aller Macht begab und zum Getriebenen im Macht-

[10] Vgl. Stolz, Einführung 4–22; Schwöbel, Art. »Monotheismus«, bes. 256–258.

spiel der Welt wurde. Dies wurde nicht nur als christologisch richtig empfunden, sondern auch als ein Thema, das durch die unnennbaren Gräuel, die im scheinbar zivilisiertesten Jahrhundert begangen wurden, auf die Tagesordnung gesetzt wurde. Dogmatiken aller theologischen Richtungen haben sich dem gestellt, gleich, ob sie spekulativ argumentieren, sich aus der Tradition der reformatorischen, der dialektischen oder der liberalen Theologie her verstehen. Dass dies eine große gemeinsame Aufgabe der Dogmatik ist und gewiss immer bleiben wird, zeigen die Gesamtdarstellungen und Monografien zum Thema in beeindruckender Weise.

Nun könnte es allerdings sein, dass durch die Konzentration auf die Pole, eben auf Allmacht und Ohnmacht, Themen eigentümlich in Vergessenheit gerieten, die gleichsam zwischen ihnen angesiedelt sind. Dies scheint mir in der Frage der theologischen Interpretation der Mächte der Fall zu sein. Wir betreten mit diesem Thema gleichsam einen soteriologischen Mittelbereich, der von den beiden extremen Themen eigentümlich wenig abgedeckt wird. Und doch ist es nötig, in diesem Fragen auskunftsfähig zu werden. Wer in die Klage der Altistin aus »A Child of Our Time« einstimmt: »The dark forces rise like a flood. Men's hearts are heavy: They cry for peace«,[11] steckt sozusagen in diesem Mittelbereich. Für die Altistin sind die beiden extremen Seiten nicht wirklich auskunftsfähig, sie ist unter Mächten und damit weder bei Gottes Allmacht noch ganz bei seiner Ohnmacht. Einen Beitrag zur theologischen Erforschung dieses Mittelbereichs soll die vorliegende Untersuchung leisten.

Glücklicherweise muss der Bereich dafür nicht gänzlich neu entdeckt und erschlossen werden. Es gibt ein theologisches Diskurssegment, das von den neutestamentlichen Bezeugungen ausgehend die Theologie der Mächte und Gewalten in den Blick nimmt. Die an dieser Diskussion Beteiligten wenden sich entschlossen gegen jeden Versuch, Vokabeln wie Mächte und Gewalten, Herrscher dieses Äons, Throne usw. als bloßes Zeitkolorit einer untergegangenen Epoche zu entmythologisieren. Sie halten dafür, dass hier vielmehr ein überzeugender Fall von theologischem Realismus vorliegt, der exegetisch zur Geltung gebracht und in seiner systematisch-theologischen Relevanz erschlossen werden muss.[12] Gleichwohl scheint es mir nötig, die Fragestellung anders anzulegen, als es in diesen Arbeiten geschieht. Wie

[11] Tippett, Music of the Angels 175, i.O.herv.

[12] Vgl. die im Literaturverzeichnis genannten Publikationen von Stringfellow, Wink und Zeilinger, sowie die Bibliographie bei Zeilinger, Zwischen-Räume 385–398. Stringfellow war Laientheologe und christlicher Aktivist v.a. in den 1960er Jahren, Wink ist Neutestamentler und hat dem Thema eine dreibändige Untersuchung gewidmet, die etliche Aufmerksamkeit fand, Zeilinger schließlich hat diese Diskussion erschlossen und für die gegenwärtigen Debatten systematisch aufbereitet.

unten Kap. 4 I 2 ausführlicher dargelegt wird, findet in dieser Diskussion ein eigentümlicher Überschritt statt: Eingehende Erwägungen über das eigentümlich numinose Wesen der Mächte werden angestellt, doch geht das Argument von dort direkt zu Fragen der praktischen Theologie und damit zu Erwägungen der Spiritualität, eines zeitangemessenen Exorzismus und der Sozialethik. Eigentümlich ausgespart bleiben dabei die Fragen im Zentrum der Dogmatik, nämlich in der Gotteslehre. Genau diese Frage aber möchte ich ins Zentrum des Interesses stellen: Wenn die Autoren des Diskurses um Mächte und Gewalten phänomenologisch und exegetisch Recht haben, dann drängt sich die Frage förmlich auf, wie denn nun von Gottes Macht angesichts dieser Formationen zu reden wäre. Dies scheint mir das argumentative Zentrum einer jeden Beschäftigung mit diesen Phänomenen zu sein. Pointiert gesagt. Wir sollten nicht Liturgien gegen die Mächte erfinden, ohne uns darüber Rechenschaft abzulegen, wie wir auf Gottes Macht angesichts ihrer sollen hoffen dürfen; wir können nicht Gottes Sieg über sie feiern, ohne zu erwägen, als wen wir ihn damit anrufen.

Ad (3): In diesem Sinne betritt die Untersuchung das klassische Feld der Eigenschaftslehre, akzentuiert in ihr allerdings in einer Weise, die den Üblichkeiten nicht unbedingt entspricht. Das tut sie nicht zuletzt wegen einer deutlich spürbaren Einschätzungsänderung bezüglich der religiösen Signatur der Zeit: Nicht minder wie durch die Allmacht/Ohnmacht-Thematik war die protestantische Theologie der Nachkriegszeit von der Überzeugung geprägt, dass wir uns in einem religionslosen Zeitalter befänden oder doch direkt darauf zugingen. Die Wirkung der entsprechenden wenigen Sätze Dietrich Bonhoeffers aus dem Gefängnis wird man sich nicht nachhaltig genug vorstellen können. Es ist noch nicht lange her, dass eine Gegenbewegung zu dieser Generalannahme eingesetzt hat. Wohl vor allem empirische Studien waren es, die belegten, dass von Religionslosigkeit bei den mitteuropäischen Zeitgenossen kaum die Rede sein kann. Phänomene wie die New-Age-Welle – ob Chimäre oder Tatsache, sei einstweilen dahingestellt – taten wohl das ihre dazu: Die Theologie, die sich dem Atheismus als Gesprächspartner und, wo es um Apologetik ging, als Gegner verschrieben hatte, sah sich binnen kurzer Zeit einer grundständig gewandelten Situation gegenüber: Religion war doch ein Thema, freilich in Arten und Weisen, die sehr unvertraut erschienen. In Deutschland mag die Situation nach der Wiedervereinigung noch einiges zur Kompliziertheit beigetragen haben, erlebte man in den so genannten neuen Ländern doch de facto weitgehend entkirchlichte Großmilieus, die sich den gängigen Kategorien auch der neuen Religiosität nicht fügen.

Es ist nun verschiedentlich erwogen worden, die neue Religiosität als eine zu verstehen, die mit den ererbten Beschreibungskategorien schlecht dargestellt werden kann, weil sie – sehr im Gegensatz zur aufklärerischen Tradition des Westens – tendenziell polytheistisch verfasst sei. Die knappe Bemerkung zu Ende von William James' großem Werk über die Vielfalt religiöser Erfahrung, dass die wahre Religion gewöhnlicher Menschen der Polytheismus sei, könnte sich durchaus als wahr erweisen.[13] Auch hatte Thomas Luckmanns berühmt gewordene Untersuchung über die unsichtbare Religion den Blick dafür geöffnet, dass auch nicht explizit als Religion benannte Haltungen dennoch als Religion verstehbar sein könnten.[14] Die Bereiche und Praktiken, die dann in den Blick genommen werden können, könnten sich in der Tat als solche erweisen, die am angemessensten mit polytheistischen Kategorien beschrieben werden. Ein entsprechendes Interesse an Begriff und Konzeption von Polytheismus ließ nicht lange auf sich warten. Neues Heidentum, struktureller Polytheismus der Zivilreligion, Wiederkehr der Götter? So zu denken ist möglich und verschiedentlich wurden Selbst- und Fremdbeschreibungen mit diesen oder ähnlichen Titeln vorgelegt.[15]

Die systematische Theologie beteiligt sich an der Beschreibung dieser religiösen Situation der Zeit – freilich tut sie auf ihre spezifische Weise: nicht durch die Anverwandlung an eine soziologische oder religionswissenschaftliche Theorie und ggf. deren theologische Überhöhung – so als sei sie ihr ausgeliefert oder mache sich zur berufenen (Letzt-) Interpretin der jeweiligen Theorie. Es geht ihr dabei auch nicht um eine Bewerbung des Christentums in seiner gegenwärtigen oder einer möglichen künftigen Gestalt. Vielmehr stellt sie die Frage: als wer zeigt sich uns Gott? und entwickelt daraus ihre Urteilskriterien. Wer als Dogmatiker die religiöse Gegenwartskultur erforscht, addiert nicht etwas zur empirischen Erforschung dazu, so als gälte es, über unstrittiges Weltwissen hinaus Gottes Realität zu beschreiben. Vielmehr trachtet die Dogmatik nach der Revision von Wahr-

---

13 James, Vielfalt 502. Vgl. dazu Funkenstein, Polytheism.

14 Luckmann, Unsichtbare Religion, bes. 87ff.108ff. Zu einigen Aspekte der Wirkungsgeschichte vgl. das Vorwort von Knoblauch, ebd. 7–41.

15 Darüber informiert Berner, Art. Polytheismus (Lit.!). Gladigow hat eine Reihe von Studien zum Begriff des Polytheismus und zu seiner Relevanz als gegenwärtiger Beschreibungstheorie vorgelegt, vgl. zunächst seinen Art. Polytheismus aus dem Handbuch religionswissenschaftlicher Grundbegriffe, (Lit.!) ferner seine Studien Polytheismen der Neuzeit, Polytheismus. Akzente, Sinn der Götter, Strukturprobleme. Vgl. ferner Brelich, Polytheismus, ein Text, auf den Gladigow sich öfter bezieht. Max Webers berühmte Redewendung von den »alten vielen Göttern, die ihren Gräbern entsteigen« – darauf ist in Kap. 2 II 2b zurückzukommen – diente F.W. Graf als Titelstichwort zu einer Sammlung religionswissenschaftlicher, mentalitätsgeschichtlicher und theologischer Untersuchungen, bei der das Phänomen einer möglichen Marginalisierung der monotheistischen Perspektive immer wieder erwogen wird, vgl. Wiederkehr der Götter 9.15f. 59f.66f.115.119–129.222–225. Graf bezieht sich dabei auf konkurrierende Letzthorizonte im wirtschaftlichen und politischen Leben.

nehmungsstrukturen, die sich aus der Perspektive des Glaubens ergeben. In diesem Sinne sucht sie das Thema mit den Mitteln der eigenen Sachlichkeit zu entwickeln: Was Mächte und Gewalten sind, kann nach ihrer Überzeugung nicht neutral beschrieben werden. Mächte sind eine Realität des Lebens, auch wenn das für das alltägliche – auch das christlich-alltägliche – Sprachspiel unvertraut oder verschroben klingen mag. Die Faszination und auch die zwingende Macht, die von ihnen ausgeht, kann beschrieben werden und gilt theologisch allen ihren Verlockungen zum Trotz als schwerster Freiheitsverlust. Mächte sind nicht achselzuckend hinzunehmende Größen, sondern theologisch gesehen Feinde, letztlich Feinde Gottes. – Dies waren nur einige rasch hingeworfene Bestimmungen. Aus ihnen dürfte deutlich sein, dass es systematisch-theologisch keine Neutralität der Beschreibung gibt. Dass, wer sich theologisch dem Thema nähert, damit zugleich in den Streit um die rechte Deutung der Wirklichkeit eintritt, ist so unvermeidlich wie beabsichtigt. Denn theologisch geht es wie in Tippetts Oratorium: Es gibt keine Zuschauer, nur Involvierte. Die theologische Involviertheit – samt allen ihren Beschreibungsleistungen – erstreckt sich von der Klage über das Widerfahrnis des Kindes unserer Zeit bis zur Anrufung Gottes im Gospel: »Deep river, my home is over Jordan. Deep river, Lord, I want to cross over into camp-ground«.[16]

In diesem Sinne ist die vorliegende Untersuchung der Versuch eines induktiven und materialdogmatischen Zugangs zum Thema. Die *Apologetik* interessiert in diesem Zusammenhang nur am Rande. Aufgerufen ist sie allenfalls dadurch, dass es mittlerweile theoretische Entwürfe gibt, die sich selbst in der Nähe polytheistischer Vorstellungswelten verstehen oder gar explizit als Polytheismus begreifen. Nicht wenige von ihnen gerieren sich als Theologiekritik und wenden sich damit direkt gegen Positionen, die sie als kirchlich und/oder theologisch verstehen. Hier allerdings ist die systematische Theologie herausgefordert, da direkt angesprochen. Die Auseinandersetzung mit solchen Kritiken ist ein Stück wohlverstandener Apologetik. Nötig ist diese zumal, da der Typ polytheistischer Religionskritik relativ neu ist und sich von den klassischen Modellen der Religionskritik signifikant unterscheidet. Aus diesem Grund wird auch in der vorliegenden Untersuchung die Auseinandersetzung mit polytheistisch inspirierter Religionskritik gesucht, hier mit den Arbeiten von Odo Marquard und Jan Assmann.

Apologetik ist wohl eine nötige Teildisziplin der Dogmatik, legitim freilich nur dann, wenn dabei nicht dem Irrtum erlegen wird, als sei die Zurückweisung einer theologie- und christentumskritischen Position gleichbedeutend mit der Klärung des strittigen Themenfelds. Sie kann immer nur Durchgangsstation sein, gewiss aber nicht das Ergebnis der systematisch-theologischen Untersuchung. Die apologetische Auseinandersetzung wird mit dem Ziel gesucht, besser Theologie treiben zu können, auf das

[16] Tippett, Music of Angels 187.

sie zuarbeitet, welches sie aber nicht ersetzt. Die Zurückweisungen an die theologiekritische Adresse sind denn auch, wie im 3. Kapitel zu lesen ist, vornehmlich philosophischer Natur, agieren auf dem argumentativen Feld, auf dem diese vorgetragen wurden.

Damit zu einer Skizze des Argumentationsgangs. Ich beginne mit Überlegungen und Diskussionen zum theologischen Verständnis von Gottes Macht. Da die Untersuchung insgesamt zu diesem Thema Auskunft geben soll, legt es sich nahe, hier zu beginnen und im Sinne einer theologischen Besinnung auf den Ist-Stand der Debatte zu fragen: Wie hat sich die Diskussion in der Eigenschaftslehre entwickelt? Welche großen Alternativen stehen gegenwärtig zur Entscheidung an? Wie steht es um die Auskunftsfähigkeit gegenwärtiger Dogmatik zum Problem von Gottes Macht angesichts der Mächte? Diese Fragen bestimmen den Aufriss des *1. Kapitels*. Es wird eingangs anhand einiger Beispiele gezeigt, wie das klassische Theologumenon von der Allmacht Gottes in der Theologie einerseits deutlich bejaht und andererseits nicht minder deutlich bestritten wurde. Theologen wie Friedrich Schleiermacher und Paul Tillich gehören zu denen, für die die Rede von Gottes Allmacht auch und gerade unter nachaufklärerischen Bedingungen unverzichtbar erscheint. Im Gegenzug werden unter anderem anhand von Hans Jonas' berühmt gewordenem Kunstmythos im »Gottesbegriff nach Auschwitz« die Argumente der Gegenseite illustriert.

Dieses Dual bildet den Hintergrund für die detaillierte Auseinandersetzung mit prominenten Positionen der gegenwärtigen evangelischen Dogmatik. Insgesamt drei Positionen werden hinsichtlich ihrer Entscheidungen zur Eigenschaftslehre und zur Rede von der Macht Gottes befragt. Den Beginn macht Wolfhart Pannenbergs Gotteslehre aus seiner Systematischen Theologie. Pannenberg gehört in die Tradition derjenigen Denker, die den Polytheismus als vergangene und primitive Denkform begreifen. Es bietet sich deshalb an, bei ihm zu beginnen. Seiner Ansicht nach ist der biblische Gottesbegriff in der Zeit der alten Kirche zurecht eine Allianz mit dem philosophischen eingegangen und hat sich gegenüber der Rede von den vielen Göttern als intellektuelle leistungsfähiger und erklärungskräftiger herausgestellt. Pannenbergs in diesem Sinne akzentuierte Rede von Gott und seiner Macht setzt aber einen Gottesbegriff voraus, dessen Vorteile nicht ohne weiteres einzusehen sind: Er wird eingeführt um der allgemeinen Verständlichkeit des christlichen Gottesbegriffs willen, belastet diese Allgemeinheit aber mit durchaus fraglichen Prämissen. Zudem kommt die Rede von der Macht Gottes im Wesentlichen darauf hinaus, die Einheit Gottes zu begründen. Es ist zu fragen, ob hierin nicht eine Reduktion in der Erklärungsleistung der Eigenschaftslehre vorliegt.

Um dies zu überprüfen wird ein Ansatz in den Blick genommen, der pointiert anders vorgeht: Eberhard Jüngel ist ein Wortführer derjenigen Theologinnen und Theologen, die die Verschwisterung aus christlichem und philosophischem Gottesbegriff programmatisch ablehnen. Die Nachteile dieser Kombination – inhaltliche Verengung, Begrenzung auf spätmodern unplausibel gewordene Prämissen u.a. – werden für ihn von den Vorteilen bei weitem nicht aufgewogen. Der Gottesbegriff ist für Jüngel nicht von einem allgemeinen philosophischen her, sondern von der Kreuzestheologie als schlechthinnigem Ärgernis eines allgemeinen Gottesdenkens zu entwickeln. Es lohnt die Rückfrage, wie es unter diesen Prämissen um die Rede von Gottes Macht und den Mächten bestellt ist. Jüngels pointierte Rede von der Nicht-Notwendigkeit Gottes und seine Intepretation des Kreuzesgeschehens stellen wichtige Grundentscheidungen bereit. Rückfragen ergeben sich freilich an zwei Stellen: Zum einen ist seine Theologie, was die Frage nach den Mächten angeht, eigentümlich auskunftsarm; dies freilich ist als Frage der gewählten Fokussierung erklärbar. Als nachteilig erweist sich allerdings, dass Jüngel anhand der Gewissheitsfrage zu Aussagen gelangt, die ihm die Frage nach den Mächten tendenziell verstellen. Der Erkenntnisanspruch, Aussagen über das innere Leben Gottes selbst machen zu können, lässt die fragmentarische Existenz des Glaubens außer Blick rücken.

Der Schlussabschnitt des Kapitels skizziert deshalb die Grenze der theologischen Erklärungsfähigkeit bezüglich Gottes Macht und einige sich daraus ergebenden Konsequenzen. Dafür berufe ich mich auf die zweibändige Untersuchung »Die dunklen Seiten Gottes«, die der Alttestamentler Walter Dietrich und der systematische Theologe Christian Link gemeinsam vorgelegt haben: Sie gehen gleichsam induktiv von biblisch-theologischen Zusammenhängen aus und lassen dem Erwägungen folgen, wie die Glaubens- und Lebensperspektive Israels und der Kirche aussehen könnte. Das Ergebnis schließt das Eingeständnis ein, dass der Glaube bleibend mit dunklen Seiten Gottes zu rechnen hat, dass aber diese Existenz alle Mal besser ist als eine, die gleichsam alles zu wissen meint, dabei aber Gewaltsamkeiten und Blindheiten ganz anderen Ausmaßes in Kauf nehmen muss. Zur fragmentarischen Existenz des Glaubens gehört auch, die Realität der Mächte anzuerkennen, gleichwohl zu wissen und zu hoffen, dass Gott als ihr Überwinder obsiegen werde. – Vermöge ihrer biblisch-theologischen Rückbindung verzichten Dietrich und Link weitgehend auf die Formulierung dogmatischer Aussagen. Es reizt die Rückfrage, ob bei aller Umsicht nicht doch darüber hinaus gegangen werden kann und es möglich ist, sprachliche Regeln zum christlichen Sprechen von Gottes Macht angesichts der Mächte explizit formulieren zu können. Das strebt die vorliegende Untersuchung an.

In diesem Sinne ist der diskutierende Überblick zur gegenwärtigen Diskussion zugleich der Auftrag an die hier vorzunehmende Klärungsleistung. Ihr nächster Schritt besteht darin, die eigentümlichen Phänomene namens Mächte und Götter selbst in den Blick zu nehmen. Um was handelt es sich eigentlich bei ihnen? Sind sie beschreibbar? Wie kommt es, dass die Kultur der Moderne und Spätmoderne offensichtlich ohne die Rede von ihnen meinte auskommen zu können? Wer wie ich meint, die Rede von ihnen sei theologisch unverzichtbar, tut gut daran, über diese Fragen Rechenschaft abzulegen. Dieser Rechenschaft dient das *2. Kapitel*. Ich beziehe mich zunächst auf ein theologisches Beispiel, nämlich auf die Rede vom »Götzen Markt« oder »Götzen Kapital« in der Befreiungstheologie. Sie ist so etwas wie der Entdeckungszusammenhang der theologischen Rede von den Göttern. Freilich lässt sie die Frage stehen, welche eigentümlichen Realitäten die Mächte eigentlich sind und warum die Sprache der Moderne ihnen keinen oder nur verschwindend geringen Platz einräumte. Darüber wird Auskunft gesucht. Die Plausibilität der Rede von Göttern und Mächten war durch den grandiosen Siegeszug der Rede vom einen Gott in der von griechischer Philosophie und christlicher Theologie dominierten Kultur an den Rand gedrängt. Sie existierte in mancherlei Nischen, kommt aber im Grunde erst in einer Epoche des Unplausibelwerdens der Metaphysik wieder zu breiteren Ehren. Die Geschichte der Götter ist die Geschichte ihrer Verdrängung zu Beginn der Monotheismen Griechenlands und Palästinas und eine Rückkehrgeschichte in der Dichtertheologie, nach Nietzsche und den anderen Totengräbern der Metaphysik. Anhand der Werke des Religionsphilosophen Georg Picht wird einerseits ein Blick auf den Beginn der Verdrängungsgeschichte geworfen und andererseits gefragt, worin denn die Wirklichkeit der – verdrängten, aber nie verschwundenen – Götter und Mächte bestehen könnte. Picht beantwortet diese Frage im Rahmen einer elaborierten Wahrnehmungstheorie. Er argumentiert, dass die Mächte nicht Objekte im herkömmlichen Sinn sind. Man kann sie als Größen bezeichnen, zu denen man sich nicht in ein Distanzverhältnis setzen kann, das für das Verhältnis von Subjekt und Objekt bekannt ist. Zu Mächten gerät man in ein unmittelbares, vorprädikatives Verhältnis des Bestimmtwerdens.

Die Ergebnisse von Pichts Theorie setze ich zu Thesen bekannter Theoretiker ins Verhältnis: Einerseits diskutiere ich sie auf der Folie der Ästhetik Georg W.F. Hegels, die selbst eine Theologie der griechischen Götter ist. Zum anderen kommen Hermann Usener, Walter F. Otto, Max Weber und Friedrich Nietzsche zu Wort. Ihre – in der Regel eher beiläufigen – Erwägungen zu den Göttern lassen es zu, die aus dem Lesegespräch mit Picht gewonnenen Erkenntnisse zu präzisieren und zu ergänzen.

Mit dem ersten und zweiten Kapitel sind gleichsam beide Seiten des Problems – die Rede von Gottes Macht und die Rede von den Mächten – einmal diskutiert worden. Es ist deshalb jetzt möglich, in dezidierte Auseinandersetzungen zu treten. Für diese besteht auch Anlass: Es gibt, wie schon erwähnt, Konzeptionen von Theologie- und Christentumskritik, die von der Warte polytheistischer Einsichten und/oder Theorien aus argumentieren. Es wäre untunlich, sie zu ignorieren, helfen sie doch, die theologische Beschreibungsaufgabe zu schärfen. Zwei polytheistisch inspirierte Theologiekritiken diskutiere ich im *3. Kapitel.* Odo Marquard provozierte mit seinem »Lob des Polytheismus«. Dieses Lob operiert mit der Gegenüberstellung eines Absoluten einerseits und eines Geflechts von deabsolutierten, kompensierenden Prinzipien andererseits. Marquard kritisiert das Erstere, unter das er auch das Christentum rechnet und bewirbt die Kompensationstechniken der bürgerlichen Gesellschaft. Einer Prüfung philosophischer Argumente hält diese Alternative allerdings nicht stand: Zu kritisieren ist nicht nur die fragwürdige Subsumtion des christlichen Gottesbegriffs unter einen theistischen sondern genauso die hohen Gestehungskosten von Marquards Kompensationsphilosophie.

Schwieriger liegen die Dinge bei den Publikationen, die der Ägyptologe und Kulturtheoretiker Jan Assmann vorgelegt hat. Auch er operiert mit einem Dual, welches er Kosmotheismus vs. Monotheismus nennt. Freilich bewirbt er nicht das eine zu Ungunsten des anderen, sondern entwickelt seine komplexen Beschreibungen derselben im Rahmen seiner berühmt gewordenen Theorie der Kultur als Gedächtnis. Am historischen Material arbeitend skizziert er die Kultur des alten Ägypten als Kosmotheismus. Eine kosmotheistische Kultur erlebt ihre Welt als sinnhaft und bewohnbar, als gegliedertes und balanciertes Universum. Die sozialen Strukturen, die das Leben ermöglichen, spiegeln sich in den kosmischen Strukturen, zu deren Chiffren die Götter werden. Eine kosmotheistische Kultur denkt nicht die Ferne und Transzendenz der Götter. Sie gehören zum Kosmos wie die Ordnung, die der Mensch tagtäglich als lebenserhaltend erfährt. Monotheismus ist dagegen die Auszeichnung einer Gegenkultur. Der Monotheismus – entwickelt am Beispiel des Mose – kann und will die Ordnung der Welt nicht lesen, er denkt die Ferne Gottes, entdeckt die Sünde als Grund dieser Ferne und ein theozentrisch begründetes Ethos. Durch den Monotheismus, so Assmann, kamen scharfe Unterscheidungen, latente Gewaltbereitschaft, vor allem aber eine existenzielle Weltfremdheit in die Welt.

Auch hier stellt sich die Frage, inwiefern Assmanns Beschreibung des Monotheismus auf die biblischen Religionen zutreffen können. Spannender noch als dies ist jedoch die Frage nach den offenen und versteckten Wertungen, mit denen Assmann im Rahmen seiner Kulturtheorie operiert: Sie ist wohl eine Beschreibungstheorie, jedoch nicht Weise frei von Wertungen. Diese lohnen alle Mal eine kritische Nachfrage.

Lassen sich in diesem Sinne theologiekritische Anfragen zurückweisen, so ist die eigentliche theologische Aufgabe damit noch nicht geleistet, wohl aber durch ergänzende Informationen angereichert. Im *4. Kapitel* wird deshalb versucht, eine Gestalt der Rede von Gottes Macht angesichts der Mächte zu umreißen. Nach einer einleitenden Reflexion über den bisherigen Gang der Untersuchung werden einige Beiträge zur Theologie der Mächte und Gewalten vorgestellt und diskutiert. Neben viel Zustimmung ist dabei, wie schon angedeutet, das Ergebnis, dass der eigentliche Ort zur Reflexion ihrer Themen in der Gotteslehre aufgesucht werden müsste. Nach einer grundsätzlichen Reflexion über die Aufgabe der Eigenschaftslehre wird dies in Angriff genommen. Ich gehe dabei so vor, dass das Mächtethema analytisch in zwei Aspekte geteilt wird. Zuerst wird das Sein der Mächte vor Gott verhandelt, in einem zweiten Gang die Macht der Mächte und die Frage nach der Existenz der Christen/innen angesichts ihrer.

Der Argumentationsaufbau ist verschränkt, indem beide Punkte als Lesegespräch mit Karl Barths Kirchlicher Dogmatik konzipiert sind. Wer sich in abgekürzter Lektüre ein rasches Bild von meiner Position machen will, lese die Abschnitte II 2 und III 2 des Kapitels separat. Zum ersten Punkt. Hier ist zunächst zu berichten über die erstaunliche Präsenz der Rede von Göttern und Götzen in der KD. Barth versteht unter anderem die natürliche Theologie als Götzendienst und damit das Unternehmen der Dogmatik überhaupt als Kampf gegen falsche Götter – besonders in den eigenen Reihen. Ferner ist ein Blick auf seine Eigenschaftslehre und eine Diskussion der berühmt-berüchtigten Lehre vom Nichtigen (KD III/3) nötig und geraten. In Anschluss an und Widerspruch zu dieser eigentümlichen Lehre gleichermaßen entfalte ich meinen eigenen Ansatz zur Rede von Gottes Macht angesichts der Mächte. Nach einigen Leitsätzen zum Lehrstück von der Macht Gottes an sich werden dafür zwei theologische Erklärungsmodelle diskutiert. Das Erste versteht die Mächte als schon jetzt durch die Tat Christi besiegt und hofft auf die endgültige Durchsetzung dieser Erkenntnis. Das Zweite denkt Gottes Macht dagegen als noch nicht endgültig durchgesetzt, weiß diese Durchsetzung aber als so sicher, dass das Wissen um sie schon gegenwartsverändernde Kraft entfaltet. Beide Modelle haben, so versuche ich zu zeigen, ihr relatives Recht. Sie sind jeweils gut begründbar und haben jeweils einen argumentativ-metaphorischen Kern, der sie unverzichtbar sein lässt. Freilich würden sie, nähme man sie isoliert, an Plausibilität stark einbüßen. Die Aufgabe der Dogmatik besteht darin, jeweils Kern und Grenze ihrer Metaphorik beschreiben zu können. Für beide Modelle werden Vorschläge in diesem Sinne unterbreitet.

Auch die Bearbeitung des zweiten Punkts – wie denn die Existenz im Glauben angesichts der Mächte zu denken sei – beginnt mit der Diskussion der entsprechenden Passagen aus Karl Barths Hauptwerk. Hier ist Gelegenheit, auf einen unveröffentlichten Text Barths hinzuweisen, der für KD III/1 konzipiert war und den Titel »Gott und die Götter« trägt. Von ihm wird berichtet und seine Ergebnisse zu Barths Rede von den herrenlosen Gewalten aus den Entwürfen zu KD § 78 in Beziehung gesetzt. Für die Entfaltung meines eigenen Standpunkts greife ich auf einige Ergebnisse dieser Berichte zurück und korreliere sie mit einem Grundzug Barth'schen Denkens, den Ingolf U. Dalferth treffend eschatologischen Realismus genannt hat. Damit ist gemeint, dass die Theologie in einen grundständigen Streit um die Wirklichkeit eintritt, die von den Mächten inszeniert wird. Mächte haben das an sich, dass sie sich als unvermeidlich und alternativlos setzen und letztlich besteht ihre Macht in dieser Suggestion. Wer diese ihre Wirklichkeitsunterstellung und -herstellung für bare Münze der Wirklichkeit überhaupt nimmt, ist ihnen schon aufgesessen. Eschatologischer Realismus sucht es anders zu machen, indem er als *ens realisssimum* allein die Wirklichkeit des Auferstandenen erblickt, wie machtvoll auch immer die Mächte am Werk seien. Von Auferstandenen her kann erst gesagt werden, was wirklich ist und was dies nur durch Suggestion zu sein vorgibt. In diesem Sinne die Geister zu unterscheiden ist der Streit um die Wirklichkeit, in dem die Theologie sich gegenüber den Mächten befindet.

Die Wirklichkeit, der sie zu vertrauen sucht, ist die des auferstandenen Jesus Christus. Aus dieser Warte widerfährt den massiven Unterstellungen der Mächte von ihrer eigenen Unvermeidlichkeit eine nicht minder massive Abwertung. Wie diese Abwertung der Mächte im Streit um das, was wirklich ist, geschehen könnte, ist die das Kapitel beschließende Frage. Ich denke, dass dafür die Rede von der Gegenwart Gottes – nicht nur, aber vorzüglich im Gottesdienst – die richtige Basis ist und diskutiere einige Möglichkeiten, wie man sich die Macht der Mächte als Suggestion und die Macht des Glaubens als Desuggestion vorstellen könnte.

Damit ist der argumentative Bogen vorerst abgeschritten. Er führte von einem theologischen Vorbegriff von Gottes Macht über das kategoriale Instrumentarium zur Beschreibung der Mächte und einem apologetischen Interludium zur Entfaltung einer theologischen Konzeption von Gottes Macht angesichts der Mächte. Im *Ausblick* werden die Hauptgedanken noch einmal erwogen, und zwar im direkten Gespräch mit biblischen Texten. Die Rede von Gottes Einheit und Einzigkeit, so stellt es sich in den exegetisch-systematischen Betrachtungen dar, ist eine auf Hoffnung und Zukunft hin geäußerte Aussage. Das biblische Gottesbild ist nicht eines, das einen gleichsam fertigen Monotheismus voraussetzt, es erlebt Gott vielmehr im tätigen Streit mit dem, was gegen ihn steht. Gleichwohl kann die biblische Perspektive gar nicht anders, als auf Gottes neue Schöpfung zu setzen. Ihr weiß sie sich – wie fragmentarisch auch immer – zugehörig. Für diese Zugehörigkeit sprechende und hilfreiche Metaphoriken zu finden, ist eine Aufgabe, die sich der Theologie immer wieder und gewiss auch am Ende dieser Untersuchung stellt.

Kapitel 1: Gottes Macht. Ein Vorbegriff

I. Von der *potentia absoluta Dei* zu gegenwärtigen Problemlagen

Neuere Untersuchungen zum Begriff der Allmacht Gottes konstatieren regelmäßig einen Dreischritt in der Entwicklung dieser Vorstellung.[1] (1) Am Anfang steht das Gottesprädikat der *potentia absoluta Dei*, das im Wesentlichen durch metaphysische Annahmen über das notwendige, unendliche und allgegenwärtige Wesen Gottes stammen, wie sie die thomanische und altprotestantische Schultraditionen – und nicht nur diese – entwickelten. Der Kernbestand dieser Vorstellungen überstand, wie gleich zu zeigen ist, auch die Stürme aufklärerischer Religionskritik: Ein Hinweis darauf, dass diese sich vielfach als Kritik der positiven Religion gerierte, die klassischen Prädikationen Gottes aber entweder unangetastet ließ – wie es in der Frühaufklärung der Fall war – oder mit und nach Kant diese weiterhin als notwendige Redeweise von Gott verstand, aber den noëtischen Zugriff darauf einschränkte oder unmöglich machte. Auch die großen Religionskritiken des 19. Jahrhunderts – mit Ausnahme Friedrich Nietzsches – partizipieren daran, indem sie wohl das Subjekt solcher Rede, nicht aber die ihm zugedachten Prädikate in Frage stellten. (2) Es gehört zu den Eigenarten der Theologie des 20. Jahrhunderts, dass in ihr an verschiedenen Stellen die Selbstverständlichkeit dieses Gottesprädikats teilweise radikal in Zweifel gezogen wird. Biblisch-theologische Einsichten, die Unmöglichkeit, die Katastrophen der Weltkriege im Rahmen des Allmachtsgedankens zu interpretieren, ein Rückgriff auf Hegels Wort »Gott selbst ist tot« – freilich einer unter mehreren, deren Sachhaltigkeit jeweils zu prüfen wäre – und andere Motive mehr haben die Lage hier grundsätzlich geändert:[2] Allmacht ist nicht der selbstverständliche Ausgangspunkt der Gotteslehre, sondern eines ihrer brennenden Probleme. (3) Dem folgt die Schwierigkeit und theologische Gegenwartsaufgabe auf dem Fuße, ein reflektiertes Gottesprädikat

---

[1] Vgl. nur Van den Brink, Almighty God 43ff; Trappe, Allmacht 11ff; Bauke-Ruegg, Allmacht Gottes 9–36. Bauke-Rueggs Text (unter dem Titel »Die Allmacht Gottes in der philosophischen Theologie der Neuzeit«) darf als exemplarisch gelten, was auch für die darauf folgende Systematisierung von »Typen der Kritik der Allmacht« gelten dürfte (37ff).

[2] Zu Hegels Dictum haben als neuere theologische Ausarbeitungen v.a. Link, Hegels Wort und Jüngel, Geheimnis 83–132, Bedeutung erlangt.

»allmächtig« zu gewinnen. Nicht nur, aber besonders im Rahmen der Theodizeeproblematik[3] ist dies in einer ganzen Reihe von Anläufen unternommen worden.

In diesem Abschnitt werden einige Stationen dieses Werdegangs eines Gottesprädikats summarisch in Erinnerung gebracht. Er dient damit als Hintergrund für die Entfaltung einer gegenwärtig zu verantwortenden Rede von Gottes Macht, wie sie im Abschnitt II angezielt wird. Zunächst (1) wird die Frage nach dem Verhältnis des Wortes »Gott« und des Prädikats »Macht, mächtig« allgemein zum Thema gemacht und sodann (2) in seine denkbaren Extreme zerlegt: Anhand einiger klassisch-moderner Positionen wird die Betonung von Gottes Macht als Allmacht gezeigt und dies mit einer Position kontrastiert, die Subjekt und Prädikat weit auseinander nimmt. Beides, der ausdrückliche Konnex von Gott und Macht wie der Versuch seiner Bestreitung eben im Namen Gottes, bilden den Hintergrund für die Entfaltung des Vorbegriffs in Abschnitt II, indem sie die denkbaren Extreme in dieser Frage darstellen.

1. Die eigentümliche Persistenz des Machtthemas

Der Allmachtsbegriff hat die Stürme der Aufklärung, die über die Theologie hinwegfegten, bemerkenswert unbeschadet überstanden. Auch in und nach aufklärerischem Denken war weitestgehend unbestritten, dass Gott und Macht zusammengehören. Die Aufklärung und ihre Derivate rüttelten gleichsam am Subjekt solcher Rede und stellten seinen Sinn in Frage oder wiesen ihm einen neuen Ort an – im Himmel, als Grenzlage der Vernunft, hinter dem garstig breiten Graben. Gott wurde nach außen getrieben, zum Postulat oder zum Platzhalter für menschliche Wünsche und Vollkommenheiten erklärt. Abgeschafft im konsequenten Sinne wurde er nicht. Er blieb das Außen des Denkens, der letzte Bezugspunkt oder das Utopia. Die aufklärerisch um sich selber wissende Vernunft handelte sich das Dilemma ein, sich auf die eine oder andere Weise auf ihn zu verstehen, aber letztlich zugeben zu müssen, ihn nicht zu kennen. Bei alledem blieb jedoch das Prädikat ungescholten. Gott, wenn er ist, wo immer er sei, ist jedenfalls allmächtig. Kants Gott etwa, zu dessen postulatorischer Notwendigkeit die erste Kritik dem Raum schaffen musste, damit sie in der zweiten ausgeführt werden konnte, ist zwar präzise als Postulat zu denken, ist aber als ein sol-

[3] Hierzu orientieren aus der jüngeren Literatur in hilfreicher Weise: Häring, Das Böse; Dietrich/Link, Die dunklen Seiten Gottes 2; Ritter u.a., Der Allmächtige; Theodizee, hg. von Oelmüller; Worüber man nicht schweigen kann, hg. von Oelmüller; Gross/ Kuschel, »Ich schaffe Finsternis und Unheil«.

cher einer, der die Dinge – wann auch immer, wo auch immer – so zurechtrückt, dass die Teleologie der Vernunft in der Moralität Sinn macht. Ein Sieg auf Samtpfoten für manche der Vorstellungen, die der Kritik der Gottesbeweise aus derselben Feder zum Opfer gefallen waren.[4] Oder: In Lessings »Erziehung des Menschengeschlechts« wird der Gott der Christen zwar noch härter bedrängt und sublimiert, aber dabei auch noch deutlicher bewahrt. Zu seinem Residuum werden im Stile der Verheißung die notwendigen Vernunftschlüsse und eine Zukunft, die dem Menschen Identität mit sich selber verheißt. Er »wohnt« mithin in der Abschattungen einer früheren Überwelt, nämlich in der Vernunft und ihrer Moralität.[5]

Theologien wie diese und ihre Nachahmungsformen sind als unglückliches Bewusstsein oder als »steile[] und kahle[] Abstraktionslagen« bezeichnet worden.[6] Leuchtet diese Kritik aus nahe liegenden Gründen auch ein, so sollte man es sich an einem Punkt jedenfalls nicht zu leicht machen: Gott und (All-)Macht *sind* sehr nahe begriffliche Geschwister. Wer »Gott« denkt, kann schier nicht anders, als sich auf die eine oder andere Weise vorzustellen, Gott könne und vermöge, er sei mächtig und wirksam. Das ist ohne Schwierigkeit auch frömmigkeitlichen Haltungen nachzuweisen, die mit einem großen Allmachtsbegriff nichts zu tun haben wollen und gegen ihn protestieren. Sie ersetzen Gottes Macht regelmäßig durch die Rede von seiner Nähe und seinem Dabeisein. Extrapoliert man solche Gottesprädikate allerdings über die Perspektive eines je einzelnen glaubenden Individuums hinaus, so landet man mühelos bei Vorstellungen von Gott, der, wenn schon nicht alles verursacht, so doch gewiss alles und alle in der Hand hält.[7] Die Frage ist nicht trivial, was da am Werke ist, wenn Gott und Macht so deutlich zusammen gehen: Handelt es sich um eine schier untrennbare Verbindung, die die Sprachgewohnheit der Jahrhunderte eingeschliffen hat? Das ist sicher richtig, aber vielleicht muss man ja noch einen Schritt weiterge-

---

[4] Kant, Kritik der reinen Vernunft B 620ff, Kritik der praktischen Vernunft A 223ff.

[5] »Nein; sie wird kommen, sie wird gewiß kommen, die Zeit der Vollendung, da der Mensch (...) das Gute tun wird, weil es das Gute ist, nicht weil willkürliche Belohnungen darauf gesetzt sind, die seinen flatterhaften Blick ehedem bloß heften und stärken sollten, die innern bessern Belohnungen desselben zu erkennen.« Lessing, Die Erziehung des Menschengeschlechts § 85, Werke VIII, 508.

[6] Vgl. Hegel, Phänomenologie des Geistes, Werke 3, 163ff, Zitat aus Welker, Gottes Geist 17.

[7] Als Hinweis mögen die »neuen« Lieder 56 (Weil Gott in tiefster Nacht erschienen), 64 (Der du die Zeit in Händen hast), 171 (Bewahre uns, Gott) und 642 (Wir strecken uns nach dir) – das letzte aus dem bayerisch-thüringischen Regionalteil – im Evangelischen Gesangbuch gelten. Es würde sich lohnen, in diesem Sinne frömmigkeitliche Haltungen zu analysieren, die sie dezidiert innerhalb der Kirche angesiedelt sind. Dabei wäre ein verbreitetes Vorurteil zu verhindern, als sei die affirmative Rede von der Allmacht wohl in zivilreligiösen Restbeständen aufzufinden, weniger jedoch im kirchlichen Credo. Ob hier (vgl. Bauke-Ruegg, Allmacht 9ff) nicht eine kirchlich-theologische Selbstimmunisierung droht, muss zumindest gefragt werden.

hen. Wir haben es mit einer Prämisse zu tun, dergemäß der Begriff Gottes notwendig unzureichend gedacht wäre, würde er nicht mit dem der Macht zusammengedacht. Gott, sofern von ihm nicht gesagt werden kann, die Welt sei letztlich in seiner Hand und er habe die Macht, sie – wie auch immer – nach seinem Willen zu gestalten, erscheint geradewegs als Widerspruch. Der Konnex, dass Gott, wenn er denn ist, mächtig ist, ist so selbstverständlich, dass man geneigt sein kann, Mächtigkeit, in welcher Form auch immer, als notwendiges Prädikat Gottes zu bezeichnen. Aufklärerische Kritik hat dem Gedanken offensichtlich wenig anhaben können, auch und gerade da, wo sie den Mechanismus dieses Denkens als Gottesbeleg zu entthronen trachtete.

Wo immer die Neigung herkommen mag, Gott und Macht derart fix zusammenzudenken, es scheint wichtig, sie zur Kenntnis zu nehmen, und zwar durchaus *vor* aller schnellen Affirmation oder Verurteilung. Dies gilt nicht nur für die Hauptströmungen der neuzeitlichen Gottes- und Religionskritik. Genauso lässt es sich zeigen für diejenige theologische Reaktion darauf, die diese Kritik als Ruf zur eigenen Sache verstand und sich von theistischen Gottesbegriffen zur biblisch-theologisch und trinitätstheologisch verantworteten Rede von Gott zurückrufen ließ. Es könnte ja immerhin sein, dass diese inzwischen zum Allgemeingut gewordene Unterscheidung zwischen Theismus auf der einen und biblisch-theologisch verantworteter Rede vom dreieinigen Gott auf der anderen Seite sich nicht im Sinne der Affirmation bzw. Bestreitung von Gott als mächtig wird zuordnen lassen. Die Bruchlinien verlaufen komplizierter. Auch eine trinitarische Gotteslehre kommt ohne den Gedanken von Gottes Macht nicht aus, wie auch immer sie ihn modifiziert und näher bestimmt: Wird sie beispielsweise als Allmacht der Liebe qualifiziert,[8] so geschieht dies im ausdrücklichen Interesse, an der Vorstellung festzuhalten, dass Gott dereinst alles in allem und die Welt seinem Willen konform sein werde. Der Machtgedanke wird durch die Vorstellung, von Allmacht der Liebe zu sprechen sei den Einsichten der Schöpfungslehre und der Christologie besser abgelauscht als dem theistischen Verursachungsmodell, wohl entscheidend modifiziert, keinesfalls jedoch abgelehnt. Ganz genauso steht es mit der Strategie, die man die zeitliche Streckung des Machtgedankens nennen könnte: Gott wird im Credo als allmächtig angeredet, weil mitgesetzt wird, dass er sich in seinem eschatologischen Handeln an der Welt absolut sicher als solcher erweisen wird. Jürgen Moltmann schreibt: »Christliche Eschatologie spricht von ›Christus und seiner Zukunft‹. Ihre Sprache ist die Sprache der Verheißungen. Sie

---

[8] Aus neueren Entwürfen z.B. Pannenberg, Systematische Theologie I, 450; Ritschl, Logik 194f.

versteht Geschichte als die durch Verheißung geöffnete Wirklichkeit.«[9] Auch hier gilt wiederum: Falschen Vorstellungen von Gottes Macht soll der Abschied gegeben werden, im Falle der Theologie der Hoffnung insbesondere einer Geschichtstheologie gegenüber, die Geschichte als Erweis der Macht Gottes liest und damit letztlich als Gottesbeweis versteht.[10] Demgegenüber betont sie den Widerspruch der christlichen Hoffnung gegen das Bestehende. Auch dies kritisiert eine bestimmte Vorstellung von Gottes Macht – die, ihn als alles bestimmende Wirklichkeit zu denken –, kommt aber ohne einen Alternativbegriff nicht aus, wenn denn das Vertrauen auf Verheißung etwas anderes ist als utopische, also ortlose Hoffnung.[11]

Auch wer die Explikation des christlichen Gottesgedankens mit theistischen Mitteln nicht für tunlich hält, kommt also der Rede nicht aus, dass Gott, wenn er ist, jedenfalls mächtig ist. Im Unterschied zu den abgewählten Strategien allerdings wird in der Regel versucht, den Argumentationsvorgang umzukehren: Nicht via eminentiae bestimmt sich der Gottesbegriff aus einer Extrapolation dessen, was Macht heißen könnte, sondern das, was wahrhaft Macht ist, wird allererst dadurch sagbar, wie Gott sich nach dem Zeugnis der Schrift unter uns offenbart. Aus diesen Gründen ist es untunlich, die Kritik am (All-)Machtbegriff für selbstverständlich zu halten, so als sei der Beginn bei der Prädikation »Gott ist allmächtig« schon ein lapsus.[12] Selbstverständlich ist diese Kritik nicht, wenn sie sich auch in eingehenden Untersuchungen als unverzichtbar erwiesen hat.

2. Gottes Macht zwischen Allmacht und Ohnmacht

a) Emphase auf Gottes Allmacht im Namen der gläubigen Existenz

In diesem Sinne kehren wir zur nachaufklärerischen Situation zurück. Die skizzierte Ortlosigkeit des Gottesgedankens war für die Theologie, sofern sie nicht Appendix eines philosophischen Gottesbegriffs bleiben wollte, unannehmbar. Ein neuer Ort, ein neuer konzeptueller Fixpunkt musste gefunden werden. In einer genialen Wendung griff *Friedrich D.E. Schleiermacher* dafür auf ein aufklärerisches Zentralkonzept selbst zurück, um es quer zu seinem eingespielten Gebrauch zu verwenden: auf das Subjekt. Das strukturbestimmende Merkmal seiner Glaubenslehre, Dogmatik als »Auffassungen der christlich frommen Gemütszustände in der Rede dargestellt«

---

[9] Moltmann, Theologie der Hoffnung 204.

[10] Ebd. 67ff.259f.

[11] Ebd. 331f.

[12] So tendenziell Moltmann, Trinität und Reich Gottes 18ff.

zu begreifen,[13] leistete dabei ein doppeltes: Weil und sofern Subjekt bzw. Selbstbewusstsein in seiner Interpretation nicht ohne Gott gedacht werden können, eröffnet eine solche Strategie die Gesprächsmöglichkeit zur Philosophie und verwehrt der Theologie damit den fideistischen Rückzug ins eigene Geviert.[14] Zugleich ist die theologische Abzweckung sichtbar. Von Gott wird geredet, sofern er sich in »christlich frommen Gemütszuständen« kundgibt bzw. als notwendige Voraussetzung derselben – und nur so. Dies Vorgehen ist oft genug als Anthropologisierung der Theologie kritisiert und verunglimpft worden. Freilich: Auf diese Weise ist ein konsequent am 3. Artikel orientiertes Theologieverständnis angebahnt, das jede Spekulation über Gott an sich ablehnt und ihn thematisiert, weil und sofern er sich den Menschen zuwendet. Dieser Grundzug sollte als reformatorisches Motiv gedeutet und nicht a priori als Ausverkauf an eine allgemeine Anthropologie verstanden werden.

Freilich sind die Konsequenzen für den Machtbegriff geringer, als es die skizzierten Prämissen vermuten lassen. Schleiermacher stellt zunächst fest, dass alle Begriffe der Eigenschaftslehre »keineswegs für eine Beschreibung des göttlichen Wesens gelten wollen.«[15] Vielmehr handle es sich bei ihnen um die bloßen Rahmenbedingungen, die bei der Beschreibung einzelner Zustände des frommen Bewusstseins mitgedacht, d.h. nicht unterschritten werden dürfen. Diese Doppelaussage wird aus der Anlage des gesamten Werks deutlich. Schleiermacher will die christlich frommen Gemütszustände auf zweierlei Weise beschreiben: Der erste Teil der Glaubenslehre entfaltet die allgemeine Struktur des frommen Selbstbewusstseins, d.h. jene Momente an ihm, die bei jeder Gemütserregung als vorhanden gelten dür-

---

[13] Schleiermacher, Glaubenslehre I, 105 (§ 15 Lehrsatz). Nachweise im weiteren hieraus, sofern nicht anders gekennzeichnet.

[14] Der Beweisanspruch der Glaubenslehre wird dabei zurückhaltend betrachtet werden müssen. Wohl wird eine »unfromme Erklärung« des Gefühls schlechthinniger Abhängigkeit als »Mißverständnis« kritisiert (I, 172 [§ 32.2]); diese und andere Bemerkungen müssen aber ins Verhältnis gesetzt werden zu Schleiermachers Ablehnung einer abstrakten bzw. spekulativen philosophischen Theologie (I, 257 [§ 50.2]). Auch wäre es dem Werk unangemessen, würde man die §§ 3–6 gleichsam als vorlaufenden Glaubensbeweis interpretieren: Deren Plausibilität ist erst aus der Doppelstruktur zu erheben, die die Analyse der Voraussetzungen des Gefühls schlechthinniger Abhängigkeit (Teil I) und von dessen Entfaltung (Teil II) darstellt (dazu I, 342ff [§ 62]). Der philosophische Erklärungsanspruch von Schleiermachers Bewusstseinstheorie wird vielmehr in seiner Dialektik entfaltet, vgl. dort v.a. 286ff. Dazu Reuter, Einheit, v.a. 210ff; ferner Wagner, Dialektik, der das Werk von Hegel her kritisch liest und Kliebisch, Transzendentalphilosophie, der Schleiermachers Ansatz mit der Transzendentalpragmatik nach Apel vergleicht. Die platonische Wurzel der sachlich wichtigen Idee des Übergangs wird untersucht von Miller, Der Übergang. Klassisch sind die Studien zur Schleiermacherschen Dialektik von Kaulbach, Schleiermachers Idee und Rothert, Dialektik. Eine instruktive Darstellung von Schleiermachers Bewusstseinstheorie anhand der Glaubenslehre bietet Cramer, Prämissen.

[15] I, 306, vgl. I, 155 (§ 50 Lehrsatz).

fen. Basis dieser Strukturmomente ist, dass »das eigene Sein und das unendliche Sein Gottes im [unmittelbaren, M.H.] Selbstbewußtsein eines« sind.[16] Das Gefühl schlechthinniger Abhängigkeit ist jedoch durch diese allgemeine Beschreibung nicht zureichend gedacht, es ist in jeder seiner Regungen zugleich endliches Bewusstsein, Selbstbewusstsein in der Fülle seiner Funktionen und Zustände. Aus diesem Grund müssen in theologischer Abzweckung ebenso wie die allgemeine Struktur auch die einzelnen Gemütszustände eines Christen erfasst werden, die sich, wie Schleiermacher sagt, immer unter einem Gegensatz befinden.[17] Die Beschreibung des Gottesbewusstseins an sich genügt keinesfalls, es muss als mit der Konkretheit des tatsächlich auftretenden christlichen Glaubensbewusstseins unlösbar verknüpft dargestellt werden: »In der Wirklichkeit des christlichen Lebens ist also beides immer ineinander; kein allgemeines Gottesbewußtsein, ohne daß eine Beziehung auf Christum mitgesetzt sei, aber auch kein Verhältnis zum Erlöser, welches nicht auf das allgemeine Gottesbewußtsein bezogen würde.«[18]

Die hier interessierende Frage nach der Macht Gottes wird freilich ausschließlich im ersten Teil entfaltet, also im Rahmen der allgemeinen Strukturbeschreibung des Gefühls schlechthinniger Abhängigkeit. Dadurch ist der Neuerungswert gegenüber der Tradition geringer als man hätte annehmen können. Der Machtbegriff wird im Rahmen der Funktion des allgemeinen Abhängigkeitsgefühls entfaltet, welches auf eine allgemeine Relation von Gott und Welt, Unendlichem und Endlichem, Erzeuger und Erzeugtem hinausläuft. Im schlechthinnigen Abhängigkeitsgefühl – abstrahiert von seinen Sonderungen – vertritt das unmittelbare Selbstbewusstsein nämlich »die Endlichkeit des Seins im allgemeinen«[19] und macht deutlich, »daß wir in einen allgemeinen Naturzustand gestellt sind, (...) unser selbst als Teil der Welt bewußt.«[20] Mit anderen Worten: es expliziert die Geschöpflichkeit von Mensch und Welt. Die Schlüsselbegriffe in diesem Rahmen entfalteten Eigenschaftslehre sind »Naturzusammenhang«[21] als Kennzeichnung der

[16] I, 171.
[17] I, 341ff (§ 62).
[18] I, 344 (§ 62.3).
[19] I, 174 (§ 33 Lehrsatz).
[20] I, 180 (§ 34 Lehrsatz)
[21] Mit dieser Bestimmung entzieht Schleiermacher sich den Problemen, die auftauchen, würde er unter neuzeitlichen Bedingungen ein allmächtiges Eingreifen Gottes in Weltzusammenhänge behaupten. Dann aber entsteht das Problem, dass Gott seiner Macht gegenüber nicht in einem Selbstverhältnis zu denken ist – er hat sozusagen keine Macht über seine Macht. W. Krötke führt aus, dass dies erst dann zu denken möglich ist, wenn ein trinitarisches Gottesverständnis vorliegt, »das die Allmacht Gottes in sich selbst als relationales Ereignis zu denken erlaubt.« (Krötke, Gottes Klarheiten 208, vgl. 60–68.)

Welt als Schöpfung und »göttliche Ursächlichkeit«[22] als Inbegriff von Gottes Allmacht. Ursächlichkeit gilt Schleiermacher als hervorragend geeignete Metapher der Eigenschaftslehre, weil sie im Gegensatz zu den viae eminentiae und negationis nicht etwas Außergöttliches in Gott hineinträgt oder aufgrund bloßer Unbestimmtheit agiert. Überdies sollen Eigenschaften in Gott nicht an sich gedacht werden, sondern strikt in Bezug auf das schlechthinnige Abhängigkeitsgefühl, was die via causalitatis nachgerade von selbst bevorzugt. Im zentralen § 54 der Glaubenslehre werden die beiden Begriffe in ein streng reziprokes Verhältnis gesetzt: Zum einen gilt, dass der gesamte Naturzusammenhang in der göttlichen Ursächlichkeit gegründet ist, welche aller endlichen Kausalität entgegengesetzt ist. Nichts in innerweltlichen Kausalitätszusammenhängen ist derart, dass es »ein Gegenstand für die göttliche Ursächlichkeit erst würde«[23] oder dass man einen Unterschied zwischen mittelbarer und unmittelbarer Wirkung Gottes hineinlesen könnte.[24] Zugleich gilt, dass Gottes dergestalte Allmacht nichts über dies Verhältnis hinaus ist: Weil die Auffassung der göttlichen Allmacht nur durch das Gefühl schlechthinniger Abhängigkeit möglich ist, muss man sagen, dass »es uns also an jedem Anknüpfungspunkt fehlt, um an die göttliche Ursächlichkeit Ansprüche zu machen, welche über den Naturzusammenhang, den eben jenes Gefühl umfaßt, hinauszugehen.«[25] In diesem Sinne besteht zwischen dem Naturzusammenhang und der göttlichen Ursächlichkeit/Allmacht eine strenge Reziprozität. Die anderen göttlichen Eigenschaften verhalten sich dazu in explizierender Funktion: Die Rede von der Allwissenheit bezeugt, dass Gottes Ursächlichkeit als lebendige gedacht werden soll, ferner, dass Gottes Wissen mit allem, was ist, deckungsgleich ist. Die Prädikate von Gottes Ewigkeit und Unveränderlich-

[22] Dazu bes. § 50.3 und § 51 von Schleiermachers Glaubenslehre.

[23] I, 279 (§ 54.1).

[24] I, 283f (§ 54.4).

[25] I, 280 (§ 54.2). An diesem Punkt werden Parallele und Unterschied zum reformatorischen Ansatz Martin Luthers auf wünschenswerte Weise deutlich: In De servo arbitrio argumentiert Luther bekanntlich, dass wir uns an den offenbaren Gott halten und vom deus absconditus zu ihm fliehen sollten – eine Parallele zum von Schleiermacher hier aufgezeigten Erkenntniszugang, der ebenso nur den deus pro nobis will gelten lassen und damit einen Gegensatz zur abstrakten Gotteslehre intendiert. Freilich erkennt Schleiermacher eine kaum minder abstrakt gewonnene Gott-Welt-Beziehung als Grundlage dafür an, während Luther auf der soteriologischen Fundierung – Gott, wie er sich in der Zuwendung durch Jesus Christus offenbarte – besteht. Was für Schleiermacher der offenbare Gott im Gegensatz zu dem der spekulativen Philosophie ist, rangiert für Luther noch lange als Gottes dunkle Seite, kann man Schleiermachers Allmächtigen doch mühelos als den »Deus absconditus in maiestate« identifizieren, von dem gilt: »operatur uitam, mortem, (et) omnia in omnibus.« Vor dem nun ist in der Tat zum offenbaren Wort zu fliehen: »Nunc aut(em) nobis spectandum est uerbum, relinquenda(que) illa uoluntas imperscrutabilis, Verbo enim nos dirigi, non uoluntate illa inscrutabili, oportet.« (WA 18,685).

keit sagen aus, dass die Ursächlichkeit Gottes im Gegensatz zu aller endlichen Produktivität gedacht werden muss. Ähnliche Funktionen übernehmen die Prädikate Einheit, Unendlichkeit und Einfachheit.[26]

Zu diesem Ansatz einer Lehre von Gottes Macht ist festzuhalten, dass sie wesentliche Bestimmungen der voraufklärerischen Positionen zwar neu interpretiert, dadurch ihre Probleme aber nicht löst. Dies gilt besonders für die grundlegende Zweiteilung des Werks in die Explikation der Vorannahmen des Gefühls schlechthinniger Abhängkeit einerseits und die je einzelner frommer Gestimmtheiten andererseits. Diese Zweiteilung zeigt sich als Fortschreibung der Tradition einer doppelten Gotteslehre, die zunächst einen allgemeinen Gottesbegriff entwickelt und diesen in einem zweiten Schritt um die soteriologischen Spezifikationen des christlichen Glaubens anreichert. In diesem Sinne steht die auf den Naturzusammenhang bezogene Allmachtslehre eigentümlich unverbunden neben den soteriologischen Themen, in denen die Frage, wie Gottes Macht als wirkend soll vorgestellt werden können, zum Austrag kommen müsste: Schleiermachers Rede von Heiligung etwa spricht zwar von zwei Machtbereichen, die im Vorgang der Heiligung gegeneinander antreten,[27] doch scheint dies kaum mehr als eine Stichwortverbindung zu sein. Überdies wäre sie mit dem auf den Naturzusammenhang bezogenen Machtbegriff aus §§ 52ff ins Verhältnis zu setzen, was kaum gelingen kann, wenn man dessen absoluten Prädikate ernst nimmt. Es erweist sich als nachteilig, dass die Rede von der Allmacht Gottes, weil sie dem ersten Teil der Glaubenslehre zugeschlagen ist, nicht christologisch interpretiert werden kann.

Hier wären Differenzierungen einzuziehen, zu denen Schleiermacher sich offensichtlich nicht bereit fand. Martin Luther hatte sie mit dem schwierigen und zum Teil sicher dunklen Verhältnis von Deus absconditus und revelatus anzugeben versucht, Karl Barth sollte sich mit seiner Rede vom Nichtigen später teils affirmaiv teils kritisch darauf beziehen: Beide arbeiten an dem – scheinbaren? – Paradox, dass doxologisch schlecht anders als von Gottes Allmacht gesprochen werden könne, man gleichwohl in unhaltbare Schwierigkeiten kommt, wenn diese Allmacht als Bestandteil einer allgemeinen Gotteslehre behauptet wird. Aus diesem Grund ist im 4. Kapitel auf ihre Positionen zurückzukommen.

Schleiermachers Allmachtsbegriff ist vor allem deshalb aussagearm, weil er nur der allgemeinen Gotteslehre zugeschlagen wird. Zu fragen ist, wie denn die Behauptung der Allmacht Gottes und die Konkretheit christlicher Existenz zueinander ins Verhältnis gebracht werden könnten. Für eine Antwort

[26] §§ 55 (Allwissenheit), 52 (Ewigkeit) und 56 (Einheit, Unendlichkeit, Einfachheit).
[27] II, 186 (§ 110.2).

darauf steht das Werk *Paul Tillichs*. Es befindet sich, was unsere Frage angeht, zu dem Schleiermachers in einem interessanten Verhältnis: Auf der einen Seite waltet Kontinuität, indem auch Tillich auf einen allgemeinen Gottesbegriff vertraut und diesen u.a. durch eine subjekttheoretische Überlegung zu plausibilisieren bestrebt ist. Zum anderen, und hier ist sicher ein gewaltiger Unterschied zu sehen, ist Tillichs Subjektbegriff in bestimmter Hinsicht differenzierter. Das Subjekt wird für ihn zum Thema, weil und sofern es Existenz ist, konkreter endlicher Lebensvollzug. Existenz, so könnte der Vorbegriff lauten, ist die Lebensform des Subjekts, diejenige Weise, in der es mit all seinen Zufälligkeiten und Gebrochenheiten vorkommt, einschließlich derjenigen Mächte, die sein Sosein kräftig bestimmen. In direkter Parallele zu diesem Ansatz wird die Frage nach Gottes Macht auch nicht in einer allgemeinen Gotteslehre isoliert, sondern kommt im Laufe der ganzen Darstellung des »Systems«, wie Tillich seine Gesamtdarstellung nennt,[28] zum Austrag. Die existentielle Aufbrechung des Subjektbegriffs aus einer bewusstseinstheoretischen Engführung führt zu einer neuen Behandlung des Machtthemas, die mit einer subjekttheoretischen Umwendung der klassischen Gotteslehre allein noch nicht zu erreichen war. Dieser Neuorientierung gilt jetzt die Aufmerksamkeit.[29]

Tillich verstand seine Arbeiten als Teilnahme am existentialistischen Protest gegen Philosophie und Theologie, wofern sie nur über das Wesen der Dinge nachdenkt, ohne die Gewordenheiten von Ding und Mensch in ihrer jeweiligen Zufälligkeit mitzubedenken. In diesem Sinne gewann er Schellings Kritik an Hegel als entscheidendes Motiv, dem er in seinem ganzen Werk treu blieb: Die Theologie hat vorrangig die Existenz, nicht die Essenz von Mensch und Ding zu beschreiben. Existentialismus in diesem Sinne ist freilich ein zweipoliger. Er interessiert sich für die Existenz der Dinge im Widerspruch zu ihrem Wesen, was bedeutet, dass die Reflexion auf ein ideales Sein, eben das Wesen, stets mitgesetzt bleibt. Die Aktualität

[28] Tillich, Systematische Theologie III, 16 u.ö. Nachweise im weiteren aus den drei Bänden der Systematischen Theologie, sofern nicht anders vermerkt.

[29] Zur Machtthematik bei Tillich vgl. Schüßler, Macht; Eickhoff, Theodizee. Evans, Finitude and Evil. Die m.W. neueste Gesamtdarstellung des Tillich'schen Machtbegriffs hat Kress, Allmacht 98–161 vorgelegt. Kress beginnt mit einer kurzen Würdigung der anti-theistischen Intention Tillichs (98–100) und teilt ihre Darstellung – die schwerpunktmäßig anhand von Tillichs Schrift Liebe, Macht, Gerechtigkeit erfolgt – in ontologische Grundlegung (101ff) und theologische Durchführung (129ff) des Machtthemas bei Tillich. Ihre Kritik kulminiert in dem Vorwurf, daß Paul Tillich die Nähe Gottes bei den Leidenden nicht eigentlich zu denken vermag, weil solche Rede »von der sie begründenden ontologischen Grundlegung (...) aufgesogen« (160, vgl. 154) werde. Dem stimme ich grundsätzlich zu, meine jedoch, dass dies die Intention, tatsächlich eine nach-theistische Theologie zu entwerfen, dementiert: Das Problem liegt demnach nicht nur in der Vorordnung der Ontologie vor der Theologie, sondern nicht minder in den theologischen Grundentscheidungen.

von etwas in seiner Unvordenklichkeit wird betont – immer jedoch im Verhältnis zu seiner Potentialität.[30] In diesem Sinne grenzt Tillich sich gegen existentialistische Ansätze ab, die jeden Bezug zu Reflexionen über das Wesen von Mensch und Ding ablehnen und sich zur Gänze auf das Vorfindliche kaprizieren. Dieser eigentümliche Doppelzug – existentialistischer Protest auf der einen, Bewahrung eines, um es mit Tillich zu sagen, essentialistischen Bezugs auf der anderen Seite[31] – bestimmt Tillichs Rede von Gott auf tief greifende Weise. Gebrochenheit, Fraglichkeit und Zufälligkeit der je einzelnen Existenz kann Tillich ohne weiteres als Sein unter Macht und unter Mächten verstehen, die nicht umstandslos mit der einen Allmacht Gottes identifiziert werden. Sein, in welcher Gestalt auch immer, wird als Macht zum Sein begriffen: »Nun glaube ich, daß kein Bild so geeignet ist, metaphorisch für ›Sein‹ gebraucht zu werden, wie der Begriff der Macht. Wenn ich gefragt werde, was ›Sein‹ ist, so antworte ich: Sein ist Seinsmächtigkeit, es ist die Macht zu sein.«[32] Dieser Realismus folgt konsequent aus der Prämisse, am existentialistischen Protest teilzunehmen. Andererseits besteht Tillich darauf, dass die Macht des Seins identisch ist mit Gottes Macht und er alle Dinge ihr allein unterstellen wird, was aus der essentialistischen Prämisse und der mit ihr verbundenen Gleichsetzung von Gott und Sein selbst folgt. Beide Voraussetzungen gehören untrennbar zusammen.

Neben der Bearbeitung des Machtthemas in Gelegenheitstexten hat Tillich ihm unter dem Titel »Liebe, Macht, Gerechtigkeit« eine kleine Monographie gewidmet.[33] Deren Zweck ist es vor allem, die Verwiesenheit der drei Begriffe aufeinander zu zeigen. Dies geschieht mit Hilfe einer Analyse, die Tillich als ontologische bezeichnet und deren Zweck es ist, zu plausibilisieren, dass jeder der drei ohne den anderen vollgültig nicht gedacht werden kann: So ist Gerechtigkeit etwa stumpf und bloß formal, wenn sie ihr Ziel nicht in der Liebe hat, auch wäre Liebe, begriffen als schlechthinniger Gegensatz zu Macht, in der Gefahr, einer ethizistischen Verflachung an-

---

[30] Tillich, Schelling 393.397f, vgl. II, 27; III, 21ff. Steinacker, Die Bedeutung der Philosophie Schellings, zeigt, dass die entscheidenden Bezugnahmen Tillichs auf Schelling weniger im Bereich der Begriffe als der parallelen Intentionen gesucht werden müssen: Tillich folgt seinem Lehrer v.a. darin, dass das gefallene Sein als solches gedacht und gerechtfertigt werden soll, ohne dabei die Auszeichnung als gefallenes – und damit den Bezug zu Gott bzw. dem Sein selbst – aufzugeben (vgl. bes. 40–42.54f).

[31] Fast programmatisch erscheint dies im Schlußsatz von Tillichs Schrift Liebe, Macht, Gerechtigkeit: »Der Mensch kann keines seiner großen Probleme lösen, wenn er sie nicht im Licht seines eigenen Seins und des Seins-selbst sieht.« (131)

[32] Tillich, Philosophie der Macht 207, vgl. Problem der Macht 252 sowie Liebe, Macht, Gerechtigkeit 36–42.

[33] Die Gelegenheitstexte sind neben eben zitierten Vorlesung Philosophie der Macht vor allem Das Problem der Macht und Das Dämonische.

heim zu fallen.[34] Tillich erkennt also eine Verweisstruktur der drei Phänomene aufeinander. Diese ist hier nicht im Einzelnen zu verfolgen, sondern auf ihre Implikationen für den Machtbegriff zu befragen. Zunächst stellt Tillich klar, dass es ein geläufiges Missverständnis zu verhindern gilt, nämlich die Gleichsetzung von Macht und Zwang. Das dafür notwendige »Vordringen zu den ontologischen Wurzeln der Macht«[35] führt zur bekannten Basisfeststellung: »Sein ist die Macht zu sein, ist Seinsmächtigkeit.«[36] Dasjenige nun, das sich dem Sein gleichsam in den Weg stellt und an dem es seine Seinsmächtigkeit erprobt und bewirkt, ist das Nichtsein. Alles, was existiert, ist von dieser privatio entis bedroht. Gegen sie ist allein die Antwort des Glaubens bzw. des Mutes möglich: »Die Selbstbejahung eines Seienden trotz dem Nichtsein ist der Ausdruck seiner Seinsmächtigkeit. Hier sind wir an den Wurzeln des Begriffs der Macht.«[37] Für den Machtbegriff stellt Tillich zunächst fest, dass die Verwiesenheit der drei Begriffe/Größen aufeinander erst klar wird, wenn man sie unter dezidiert theologischer Perspektive betrachtet, also unter der, dass das Sein-selbst Gott ist. Ist dies, der Sprung in den theologischen Zirkel, wie Tillich es andernorts nennt,[38] konzediert, so ergibt sich zwanglos: Die Macht Gottes ist näher zu bestimmen als Einheit von Liebe und Macht. Sie verhindert nicht einfach das Nichtsein, das sich ihr entgegenstellt, sondern nimmt sie auf sich selbst, wo wie es die Rede von der Teilhabe Gottes am Leiden der Kreatur bezeugt.[39] Zugleich eignet der Liebe vermöge ihrer Unbedingtheit, dass sie sich gegen die Zerstörung ihrer selbst wendet. Sie vernichtet, was der Liebe widerstrebt, sie stürzt uns in die Hölle der Verzweiflung, »um uns für ihr eigenes Werk zu öffnen, die Rechtfertigung dessen, der ungerecht ist.«[40]

Liebe als Teilhabe am Leiden und zugleich machtvolle Zerstörung dessen, was der Liebe entgegensteht? Eine gewisse Vagheit wird man dieser Bestimmung nicht absprechen können.[41] Jedenfalls geht es darum, Gott mit dem Sein-selbst und dieses wiederum mit »Seinsmächtigkeit« gleichzusetzen, welche in sich wiederum durch den Begriff der Liebe als nichtimperalistisch näher bestimmt ist. Wie aber sind Leidensteilhabe und machtvolle Vernichtung des der Liebe Entgegengesetzten zusammenzudenken? Diese Frage erfordert zunächst einen Blick in Tillichs Eigenschafts- und Erlö-

[34] Tillich, Liebe, Macht, Gerechtigkeit 12f.73 u.ö.

[35] Ebd. 8.

[36] Ebd. 38.

[37] Ebd. 41, vgl. 50.

[38] Vgl. I, 15–18.

[39] Tillich, Liebe, Macht, Gerechtigkeit 118.

[40] Ebd. 120.

[41] Die relativ hohe Unbestimmtheit von Tillichs basalen theologischen Aussagen wurde von den Interpreten immer wieder notiert, vgl. nur Trillhaas, Paul Tillich 92f.

sungslehre in der Systematischen Theologie. Gott, so definiert Tillich dort, ist das Sein selbst und als solcher Seinsmächtigkeit: »Ein anderer Ausdruck für Sein-Selbst ist Seinsmächtigkeit.«[42] Oder: »Gott ist die Seinsmächtigkeit, die dem Nichtsein Widerstand leistet und es überwindet.«[43] Durch das Kommen des Christus wird nun – so der Basissatz der Tillich'schen Christologie – die Überwindung der Entfremdung unter den Bedingungen der Entfremdung Wirklichkeit. Die Außenseite dieser Wirklichkeit, die den Namen »Neues Sein« erhält, fasst Tillich unter den Begriff »Macht der Erlösung«[44]. Er geht dabei so vor, dass klassische soteriologische Termini einer Reinterpretation im Rahmen der Machtmetaphorik unterzogen und als solche anplausibilisiert werden: Wiedergeburt etwa wird verstanden als »Teilnahme an der objektiven Macht des Neuen Seins«[45], Rechtfertigung als die Annahme der Entfremdeten seitens Gottes, die die Selbstdistanzierung des Entfremdeten vom Zustand seiner Entfremdung ermöglicht, Heiligung schließlich als das Ereignis des Wirklichwerdens der Macht des Neuen Seins.[46] In diesem Sinne erscheint die Christologie als Näherbestimmung der Gotteslehre: Gott als Sein-selbst ist schlechthinnige Seinsmächtigkeit gegen das Nichtseiende – in seinem Machtbereich ist Teilhabe daran unter den Bedingungen der Entfremdung möglich. Gottes Macht als Macht des Seins ist das Primäre, die Christologie verhält sich als Explikationsform dazu. Doch was hat man sich eigentlich unter der Teilhaberelation am Sein Gottes zu denken?

Gegen Ende des Systems wird dies mit dem Begriff der *Essentifikation* erschlossen. Tillich skizziert noch einmal die gedankliche Grundfigur seines ganzen Werks, dergemäß alles, was ist, ein essentielles Sein in reiner Potentialität hat, die aber erst in der Existenz und damit der Entfremdung wirklich wird. Durch Gottes Macht der Teilgabe am Neuen Sein werden sie Gottes Leben zugebracht, sodass dieses durch das Leben der Existenz und Entfremdung bereichert und vergrößert wird. Essentifikation ist Heimbringung der Existenz und Vergrößerung Gottes in einem. Das Essentielle kehrt heim zu sich und hat zugleich »einen höheren Rang im Ewigen Leben«.[47] Wenn die Essentifikation die Selbsterhebung des Essentiellen über den Umweg der Existenz ist, so wirft dies auch ein Licht auf Leid, Tod und

---

[42] I, 273.

[43] I, 313. Zur Verknüpfung dieser Aussage damit, dass Gott nur als ein solcher das sein könne, was den Menschen unbedingt angeht, vgl. die Ausführungen von Koch, Gott 187–196.

[44] II, 178.

[45] II, 191.

[46] II, 190–194.

[47] III, 453. Dass dieser Gedanke sich in nichts vom Hegel'schen Schema der Weltgeschichte als zu-sich-Kommen des Geistes unterscheidet wird in den Formulierungen III, 475 schlankweg konzediert.

sinnlose Qual: Für sich genommen, so Tillich, müssen solche Ereignisse als sinnlos erscheinen. Sofern man aber sagen kann, dass das Wesen (sic!) einer scheinbar sinnlosen Existenz »an dem Wesen aller derer teilhat, die einen hohen Grad der Erfüllung erreicht haben«, die »Essentifikation des Einzelnen« also über seine Klassenzugehörigkeit »in Einheit mit allem Seienden« behauptet werden kann, erlebt es darüber seine Sinnzuschreibung.[48] Mit anderen Worten: Das einzeln Existierende ist für sich nichts, im Rahmen seiner Wesensteilhabe am Allgemeinen aber kommt es in den Genuss der Essentifikation durch Gottes Macht.

Hier lassen sich Anfragen nicht vermeiden. Verschwindet die Idee, dem Existierenden gerecht zu werden, nicht zwischen ursprünglicher Essenz und schlussendlicher Essentifikation? Das Essentielle gerät in sein Recht nur dadurch, dass es nach einer Phase der Existenz – ausgesetzt der Fährnis des Nichtseins – durch Essentifikation der Gottheit Gottes als deren Bereicherung zugerechnet wird. Das an ihm, was individuell unverrechenbar tragisch, existierend im eigentlichen Sinn ist, muss seine höhere Schickung in der Einheit mit dem Essentifizierten erkennen oder in individueller Perspektive zugrunde gehen. Existenz wird zum Durchgangsstadium oder zu dem, was als absurder Einzelfall auszuscheiden ist. Der Anspruch, Gottes Macht präzise angesichts der Existenz im Tillich'schen Sinne zu denken, ist dahin und an die Essentifikation des Wesentlichen verkauft.

Der Machtbegriff, verstanden als Seinsmächtigkeit des Seins-selbst enthüllt sich als einer, der gerade nicht einzulösen vermag, was der Ansatz bei der Existenz doch versprach, nämlich schlicht der, ihr – der Existenz – gerecht zu werden. Gottes Macht als die Macht des Seins selbst entpuppt sich in Tillichs Lesart als eine, die die Existenz des Einzelnen eben nicht rechtfertigt und ermöglicht, sondern als ihr eigenes Durchgangsstadium gebraucht. Diese Theologie kann nicht zum Geschöpf als Geschöpf ja sagen, sondern nur zu ihm, sofern es angelegt ist auf seine Selbstvergrößerung im Rahmen der Essentifikation und Gottes Vergrößerung durch eben diese.[49] Macht Gottes ist insofern zutiefst *selbstbezügliche* Macht. Essenz und Essentifikation sind viel engere Geschwister als Essenz und Existenz.

Der Fortschritt zum Theorieangebot Friedrich D.E. Schleiermachers ist demnach kleiner, als er schien: War Tillich angetreten mit dem Vorhaben, Existenz zu denken und eben diese nicht auf die Verfasstheit des Subjekts

---

[48] III, 462. Kress kritisiert an verwandter Sachstelle, dass die Partizipation Gottes an der Entfremdung bei Tillich nicht konkret gedacht werde. Leider greift sie zur Untermauerung nicht auf die hier erwähnten Passagen aus III zurück, was aber nötig wäre, da erst die Lehre von der Essentifikation die Eigenart von Tillichs Entfremdungslehre präzisiert.

[49] Genauso gesehen bei Zeilinger, Zwischen-Räume 172.

Mensch als Subjektivität schlechthin zu interpretieren, so muss festgehalten werden, dass er Schleiermacher wohl existential überholte, dies aber nur, um im Rahmen seiner Lehre von der Essentifikation alle Bestimmungen der Endlichkeit beiseite zu schieben.[50] Seine Lehre teilt Schleiermachers Problem, Macht Gottes als absolutes Prädikat zu interpretieren. Darüber kann auch sein Umweg über die Existenz des Endlichen nicht hinwegtäuschen, vielmehr wird er präzise als dies – lediglich ein Umweg – deutlich. Ähnlich wie bei Schleiermacher fehlt eine christologische Bestimmung des Allmachtsgedankens.

Es zeigt sich, dass der Ansatz beim glaubenden Subjekt als Antwort auf die vielfältige Krise der Aufklärung alleine offenbar nicht ausreicht. Beide Autoren entscheiden sich für eine Korrelation aus Subjekt bzw. Existenz auf der einen und allgemeinem Gottesbegriff auf der anderen Seite. Bei beiden führte diese Rede von Gottes Macht, wie gesehen, in Probleme. Man wird es als nahe liegend bezeichnen dürfen, dass in Reaktion auf Ansätze wie diese das Pendel gleichsam in die andere Richtung ausschlug und Versuche angestellt wurden, auf das Prädikat von Gottes Macht bzw. Allmacht ganz zu verzichten.

b) Kritik an Gottes Allmacht im Namen der Aufrichtigkeit

»Dies ist nicht ein allmächtiger Gott!«[51] Hans Jonas hat diesen Satz in seinem Vortrag »Der Gottesbegriff nach Auschwitz« (1984) gesagt und damit eine beträchtliche Debatte ausgelöst. Seine jüdische Stimme – so der Untertitel – schien den Nerv der Zeit getroffen zu haben, denn in dem auf den Vortrag folgendem Gespräch mit ihm sowie in zahlreichen theologischen Publikationen zum Thema stand seine Lesart des Problems zumeist im Mittelpunkt. Wie über Gottes Allmacht zu denken sei von einem, der von Gottes Wirklichkeit nicht lassen will, dem gleichwohl aber die üblichen Deutungskategorien für widerfahrendes Unheil angesichts der Shoah versagen: Eben das war die Frage und Hans Jonas skizziert dafür das Bild eines Gottes, der die Physis der Welt zur Gänze ihr selbst überlässt und sich selbst andere Rollen zumisst. Jonas ist damit nicht der Erste, wenn man nur an Theodor W. Adorno, die Theologie nach dem Tode Gottes oder Elie Wiesel

---

[50] Es wäre zu überlegen, ob Schleiermacher nicht die Zufälligkeit des Historischen besser wahrnehmen und integrieren kann als Tillich in seinem spekulativen Dreischritt: *Hermeneutik* wird für Schleiermacher zur Aufgabe, weil das Verstehen wesentlich an die Historizität des Gegenstandes wie des Interpreten gebunden ist bzw. dadurch die Notwendigkeit der Hermeneutik als verstehender Wissenschaft erst hervorgerufen wird, vgl. z.B. seine Hermeneutik 93f über die Schlüsselbegriffe Geschichte und Divination, sowie die Bemerkung, »daß in der Hermeneutik ein mächtiges Motiv für die Verbindung des Spekulativen mit dem Empirischen und Geschichtlichen« (ebd. 234) liege.

[51] Jonas, Gottesbegriff 33.

denkt. Die Prägnanz seiner Formulierungen und die ohne Kautelen vorgetragene Folgerungen sprachen aber offensichtlich für sich selbst.

Jonas erzählt im Hauptteil seines Textes einen Kunstmythos von Gott und Welt:[52] Die Gottheit, so Jonas, habe im Uranfang in unergründbarem Ratschluss beschlossen, sich dem hinzugeben, dass es anderes als sie selbst und dass es das Werden gibt. Das Werden dieser Welt, von der sie allenfalls ein »Vorwissen (...) der *Möglichkeiten*« hat,[53] begleitet sie und wird zugleich durch deren Geschichte gleichsam erbaut: In ihr sammelt sich die Erfahrung der Welt, sie ist ihr Gedächtnis.[54] In der Geschichte dieser Welt gibt es zwei kategoriale Sprünge: Der eine ist die Heraufkunft des Lebens, da es nun selbst-fühlende Wesen gibt, an deren Erfahrung die Gottheit zur Erfahrung ihrer selbst kommt, die andere die Erscheinung des Menschen. In ihm treten Wissen und Freiheit auf, gelangt Gottes Bild vermöge der menschlichen Fähigkeit zum Selbstbezug in menschliche Verwahrung. Die Gottheit tritt »hoffend und werbend« an die Menschen heran, »ohne doch in die Dynamik des weltlichen Schauplatzes einzugreifen.«[55] Ihr Teil ist es, dass alles Erfahren im Kosmos ihr Erfahren ist, woraus sie sich erbaut, freilich weder gewinnend noch verlierend. Die Welt, der die Gottheit Platz machte, ist ihre »Odyssee« und »Zufallsernte«.[56]

Im Folgenden legt Jonas seinen Mythos auf theologische Implikationen hin aus. Er nennt vier Elemente, deren Nähe und Ferne zum jüdischen Credo jeweils kurz beleuchtet werden: (1) Dieser Gott ist vom Augenblick der Schöpfung an ein leidender; (2) im Gegensatz zu den Gottesprädikaten wie Immutabilität und Transtemporalität ist er ein Gott, der vermöge seines

[52] Jonas' Text und die darauf folgende Debatte werden einer vorbildlichen Analyse unterzogen bei Bauke-Ruegg, Allmach Gottes 143–183 (Lit.!). Er analysiert Jonas' Kunstmythos samt seinen hermeneutischen Prämissen, flicht philosophische und theologische Exkurse ein und gelangt zu einem differenzierten, im Ergebnis sehr kritischen Urteil. Vgl. ferner die Diskussionen in dem Sammelband Ethik für die Zukunft, den Widerspruch von Sommer, Gott als Knecht und die Reaktion von Jüngel in seinem Band Wertlose Wahrheit 151–162.

[53] Jonas, Gottesbegriff 17.

[54] Ebd. 19.21.23f, vgl. ders., Untersuchungen 184–187, wo der Gedanke aus der Frage, wie man von Vergangenem überhaupt wissen könne, entfaltet wird. Dieser Text (»Vergangenheit und Wahrheit. Nachtrag zu den sogenannten Gottesbeweisen«) ist insofern aufschlußreich, als Jonas in ihm das Leitinteresse seiner Frage nach (einem) Gott kundgibt: Es ist wesentlich die des Gedächtnisses, die Frage, wie man über Vergangenes mit Wahrheitsanspruch urteilen könne. Dafür, so Jonas, »bleibt schließlich nur der Rekurs auf irgendeine Art der Präsenz dessen, was je gewesen ist.« (Untersuchungen 184). Heutige Untersuchungen zur Mnemotechnik von Kulturen würden dies im Grundsatz genauso sehen, wohl aber die Nötigung, bei absoluten Prädikaten zu enden (»was je gewesen ist«) nicht teilen. Gleichwohl ist dies aufschlussreich für Jonas' Kunstmythos, in dem der Ton, wie zu zeigen ist, durchaus nicht auf der nicht vorhandenen Allmacht liegt, sondern sondern auf dem Gedächtnis und der eigentümlichen Subjektivität dieser Gottheit.

[55] Jonas, Gottesbegriff 23f.

[56] Ebd. 17.

Verhältnisses zur Welt erst wird; (3) er ist ein sich sorgender Gott, der aber nicht wie ein Zauberer in die Welt eingreift; (4) schließlich muss das Prädikat allmächtig für ihn abgelehnt werden. Dem vierten Argument gilt die meiste Aufmerksamkeit.[57] Jonas kritisiert das Allmachtsprädikat aus mehreren Perspektiven, u.a. mit der Überlegung, dass die Vorstellung einer absoluten Macht in sich unlogisch ist, ferner im Rahmen einer Trias aus Allmacht, Allgüte und Verstehbarkeit Gottes: Wenn Gott denn gütig ist und sein Wille verständlich, so kann er angesichts Auschwitz' nicht allmächtig sein. Aus diesen Überlegungen folgt, dass Gott physisch nicht in die Welt eingreift, und zwar präzise weil er es nicht *kann* – könnte er zwar, würde aber nicht wollen, so müsste man eine Verdunklung seines Willens annehmen, die nach jüdischer Lehre nicht gebilligt werden kann.[58] Sein Werk ist es, Menschen zu inspirieren, in die Seelen zu rufen. Und umgekehrt: »Jetzt ist es am Menschen, ihm zu geben.«[59]

Damit ist das Ensemble der Motive zusammen, die in verschiedensten Kontexten zur Bestreitung oder doch starken Alteration des Allmachtsprädikats gedient haben: Gottes Mitleiden mit dem Geschöpf wird gegen einen abstrakten Machtbegriff in Stellung gebracht,[60] die Allmachtsfrage durch eine Dilemmakonstruktion zu bearbeiten gesucht oder erwogen, ob ein tendenzieller Dualismus, der Gottes Wirklichkeit als Geistwirklichkeit im Dialog mit dem Geist des Menschen begreift, einen gangbaren Weg darstellt, will man von den großen Taten Gottes mit mächtiger Hand nicht sprechen.[61]

---

[57] Ebd. 33–48.

[58] Der Begriff »deus absconditus« (38) kann hier wohl kaum als Anspielung auf Martin Luthers Wortverwendung gebraucht werden. Vgl. die Parallele zu einer Wendung bei Hans Blumenberg: »Es gibt nur eine plausible Lösung: Gott wußte nicht, was bevorstand, weil er es nicht wissen *konnte*. (...) Das Ganze war eine Sackgasse der göttlichen Unwissenheit, eine wesentliche Gottesstupidität.« (Matthäuspassion 125). Freilich läuft dies für Blumenberg darauf hinaus, daß Gottes Wissen um die Zustände der Welt nur durch seinen Tod erkaufbar ist (ebd. 302f). Jonas entkommt dem nur durch die Überbetonung des Gegenteils, welche an die Schelling'sche Lehre von der Essentifikation gemahnt, wie gleich zu zeigen sein wird.

[59] Jonas, Gottesbegriff 47. Vgl. die auffällige Parallele dieses Worts kurz vor Schluss – lediglich die Selbstbescheidung des Sprechenden und die Bitte um die Ermöglichung einer Doxologie folgen noch – mit dem Schlußsatz aus einem der Grundbücher der Theologie nach dem Tode Gottes: »Es ist nunmehr an der Zeit, etwas für Gott zu tun.« (D. Sölle, Stellvertretung 173). Die Parallele ist interessant, weil der letztere Satz immerhin eine explizit christologische Überlegung summiert. Diese lässt sich, wie zu zeigen wäre, gänzlich im Rahmen dessen deuten, was Jonas zur Rolle des Propheten und des Gerechten anmerkt.

[60] Moltmann, Weg Jesu Christi 201. Freilich muss sich diese Umwendung eines Gottesprädikats mit der scharfsinnigen Metakritik Odo Marquards auseinandersetzen, dass sie nach dem Motto »Theodizee gelungen, Gott tot« verfahre: Gottes Solidarität mit den Leidenden und seine Präsenz alleine kann als Überwindung der Machtaporie nicht gelten (z.B. in Worüber man nicht schweigen kann, hg. von Oelmüller, 26–29; Marquard, Apologie 11–32).

[61] Zum Ersteren Ritschl, Logik 195–197, zum Zweiteren Bernhardt, Handeln Gottes.

Auch der Versuch, das Problem mittels einer Verlagerung in die Anthropologie zu bearbeiten, ist wohl bekannt, bis hinein in die popularisierte Rede davon, dass Gott keine Hände als unsere habe. In diesem Sinne haben Jonas' Überlegungen als Bündelung vorhandener Motive gewirkt und in ihrer Geradlinigkeit auf selten gekannte Weise zu theologischer Anstrengung herausgefordert. Aus dem von ihm angesprochenen Problemzusammenhang ist in der Tat kein einfaches Entkommen. Manche Autoren wie z.B. Günther Schiwy haben daraus in der Tat die Konsequenz gezogen, das Allmachtsprädikat als der Rede von Gott nicht angemessen zu verabschieden.[62] Freilich ist dies Mehrheitsmeinung nicht geworden. Dem wird man nicht allein starres Festhalten am überkommenen Sollbestand des Credo unterstellen sollen. Dass Gott ohne Macht nicht gedacht werden kann, war oben schon anfänglich plausibilisiert worden. Dies möchte ich hier nur insofern aufgreifen, als sich der Blick auf einige Implikationen des Jonas'schen Mythos lohnt, die er selbst nicht ausbuchstabierte und die das Gespräch auch nicht unbedingt bestimmten. Gleichwohl offenbaren sie eine Kehrseite dieses Ohnmachtskonzepts, welche zu denken gibt.

Zunächst ist zu bemerken, dass auch die von Jonas insinuierte Gottheit ohne verborgene Absolutheit nicht auskommt. Unvordenklich ist ihr Schritt, der Welt neben ihr überhaupt Raum zu gewähren: Dies war im Kunstmythos ein »Akt der absoluten Souveränität« und geschah »aus unerkennbarer Wahl«[63]. Ist hier also doch ein Residuum des göttlichen Geheimnisses, wenn auch auf den Anfang kontrahiert, so verschwindet die Möglichkeit, sich auf Verstehbarkeit zu berufen, wenn es um die physische Nichtanwesenheit Gottes in der Welt geht. Dadurch freilich wird die Problematik der Allmachtsfrage nicht gelöst, sondern nur in die Unvordenklichkeit des anfänglichen Willens verschoben. Dieser birgt nun, was Jonas doch kritisierte: Unerforschlichkeit Gottes sollte nicht gedacht werden und wird es hier in geradezu eminentem Sinn, wenn auch auf den idealen Punkt des Beginns zusammengedrängt. Als ein Vollzieher dieses Anfangs kann Gott aber nicht anders als allmächtig gedacht werden, wenn anders er diesen Entschluss überhaupt nicht hätte fassen können. So erscheint nur zu deutlich, was Jonas doch ablehnen wollte.

Ferner: Jonas hält seinen Mythos nicht für im denkerischen Sinne berechtigt, vielmehr sei er ein bescheidener Aussageversuch während »der großen Pause der Metaphysik«[64], die ihren Logos erst wieder zu finden habe. Seine raison d'être ist demnach auch nicht Spekulation über Gott und

[62] Schiwy, Abschied, vgl. die Diskussion bei Bauke-Ruegg, Allmacht 183ff.

[63] Jonas, Gottesbegriff 44 bzw. 15.

[64] Jonas, Zwischen Nichts und Ewigkeit 59.

Welt, sondern spezifischer: Angesichts der Opfer der Geschichte, so Jonas, wäre präzise der Gedanke unerträglich, welcher behauptet, dass nur diejenigen in der Geschichte eine Spur hinterlassen, die ihr als Handelnde den Stempel aufdrückten. Dann nämlich wären wohl diejenigen in ihr präsent, die in Auschwitz und anderswo in brutalster Weise gemordet haben, nicht jedoch ihre Opfer. Dazu vermerkt er so lapidar wie grundsätzlich: »Dies zu glauben weigere ich mich.«[65] Den von Vernichteten und Vergessenen Gerechtigkeit widerfahren zu lassen, ist die Motivation für die Entstehung des Mythos, den er erzählt. Die Kritik des Philosophen an Allmacht als Gottesprädikat ist demnach nicht eine, die sich aus einer Verursachungsmetapher speisen würde, als sei die Kausalität Gottes am Bösen das Unerträgliche. Ihr movens versteht sich, gleichsam ex post, darin, die Opfer durch Vergessen nicht noch einmal zu töten.

Fragt man aber, *über wen* der Mythos eigentlich handelt, wen also er explizit beschreibt, so ist die Antwort eindeutig: die Gottheit. In der Tat ist sie es, deren Werden beschrieben wird, deren zu-sich-Kommen im Maß der Evolution des Bewusstseins thematisch ist und – stärker – als deren Odyssee und Irrfahrt die Weltgeschichte beschrieben wird. Die Gottheit wird – und darum ist die Welt. In dieser Lesart entfernt sich der Mythos weit, zu weit, von seiner Ausgangsintention. Hatte diese darin bestanden, den Opfern Gerechtigkeit widerfahren zu lassen, so sind diese nun in der Rolle, Teil des Werdens der Gottheit zu sein. Die Welt ist nicht nur theatrum Dei, wie dies in klassischen Konzeptionen mitunter der Fall ist, sie übersteigt dies noch und wird zum Spiegel seiner werdenden Existenz. Die Welt ist Gottes Odyssee, der Mensch als ihre höchste Form dazu bestimmt, stellvertretend für Gott zu handeln.[66]

Berechtigt ist der Hinweis von J. Bauke-Ruegg, Allmacht 156f auf eine Parallele zu Alfred North Whiteheads Kosmologie: Alles Geschehen in der Welt wandelt sich nach dieser universalen Theorie in die Realität des Himmels, sodass Gott als Ergebnis aller Weltereignisse zum wissenden Leidensgefährten der Welt wird. Theologisch entscheidend ist aber nun, dass – und das ist zu Bauke-Rueggs Beobachtung hinzuzufügen – auch Jonas' Mythos der Kritik anheim fällt, dass sie Gott und Himmel fälschlich in eins setze: Ist Gottes Identität wesentlich das, was geschehen ist, so würde mit M. Welker, Universalität 131 gelten: »Es findet vielmehr eine Ineinssetzung von Gott und dem von Gott *geschaffenen Himmel* statt.« Diese Depotenzierung Gottes zum Geschöpf wäre allerdings gleichzusetzen mit seiner Abschaffung.

Eine andere Motivverwandtschaft des Jonas'schen Denkens erscheint mir aber aufschlussreicher: Es handelt sich um die umrätselte Idee des Werdens Gottes in *Fried-*

[65] Ebd. 61, vgl. ders., Gottesbegriff 7.

[66] Vgl. ders., Untersuchungen 247.

rich W. J. Schellings Freiheitsschrift. Die Pointe des Jonas'schen Mythos liegt doch eher darauf, dass Gott im Verlauf der Weltgeschichte durchs Endliche zu sich kommt, ohne dass dies im Hegel'schen Sinne prästabil als Gang des Weltgeistes aussagbar wäre (zur Hegelkritik von H. Jonas vgl. Untersuchungen 243f). Denn: Nicht, dass Gott überhaupt als Werdender gedacht wird, ist die Spitze der Aussage, wohl aber die, dass Gott und der Weltprozess so zusammenzudenken sind, dass dieser Prozess Neues in und für Gott bereitstellt: Das göttliche Leben wird reicher und voller durch die Odyssee, auf die er sich einließ und um deretwillen sein ursprünglicher Entschluss zur Weltentsagung geschah. Dieses Motiv ist bei Schelling zum ersten Mal an prominenter Stelle, nämlich in der Freiheitsschrift, nachweisbar. Schellings Freiheitsschrift wird in ihrem philosophischen Wert kontrovers diskutiert, ihre Stellung als Scharnierwerk zwischen der identitätsphilosophischen Phase und den vielfachen Ansätzen zur Entwicklung des Spätwerks dürfte aber unbestritten sein.[67] In diesem Text stellt Schelling zum ersten Mal einen Gedanken vor, den man als Konzept einer Doppelheit in Gott bezeichnen könnte. Geleitet von der Frage, Freiheit und Notwendigkeit befriedigend zusammendenken zu können, nimmt Schelling einen Prozess an, der sich als Geschichte eines von Gott in sich selber vorgefundenen Unterschieds darstellt. In Gott gibt es eine Unterscheidung zwischen ihm und seinem dunklen Urgrund: »Dieser Grund seiner Existenz, den Gott in sich hat, ist nicht Gott absolut betrachtet, d. h. sofern er existiert; denn er ist ja nur der Grund seiner Existenz, er ist die *Natur* – in Gott; ein von ihm zwar unabtrennliches, aber doch unterschiedenes Wesen. (...) Gott hat in sich einen innern Grund seiner Existenz, der insofern ihm als einem Existierendem vorangeht; aber ebenso ist Gott wieder das Prius des Grundes, indem der Grund, auch als solcher nicht sein könnte, wenn Gott nicht actu existierte.«[68] Es ist etwas, »was in Gott selbst nicht *Er Selbst ist*«[69]. Was ist mit dieser Rede gemeint? Die eigentümliche Doppelheit in Gott, so Schelling, drückt aus, dass Gott noch nicht mit sich identisch ist. In ihm ist wesentlich Sehnsucht danach, diesen Grund einzuholen: »Sie [die Sehnsucht, M.H.] ist nicht das Eine selbst, aber doch mit ihm gleich ewig. Sie will Gott, d. h. die unergründliche Einheit, gebären, aber insofern ist in ihr selbst noch nicht die Einheit.«[70]

Es ist nicht darum zu tun, hier in die Diskussion der Einzelprobleme dieses schwierigen und im Ganzen sehr bildhaften Textes einzutreten. Festgehalten aber soll werden, dass Schellings spekulatives Bild vom Gott selbst fremden Grund in ihm und der Bewegung der Sehnsucht, die dies aus sich heraussetzt, nicht ohne Parallele zu Jonas' Kunstmythos ist. Das Werden dieser Gottheit, für das an zentraler Stelle der Mensch

---

[67] Vgl. unter den wiederholten kritischen Invektiven Manfred Franks beispielsweise die Bemerkung »Von Schellings Schriften sind viele zum Schaden des Verfassers bekannter geworden, als es ihrem Wert entspricht« in den mit »Bibliographische Notiz« überschriebenen nichtpaginierten Abschnitten zu Beginn der von ihm edierten Ausgewählten Schriften Schellings. Zur werkchronologischen Stellung vgl. Baumgartner/Korten, Schelling 9–12, die sich dabei auf Hans Fuhrmans berufen können.

[68] Schelling, Freiheit 52f.

[69] Ebd. 54.

[70] Ebd.

als selbstbewusstes Wesen nötig ist,[71] steht doch in einer unverkennbaren Parallele zu Jonas' Spekulation von der Weltgeschichte, die als Odyssee für die Selbsterfahrung der Gottheit von dieser selbst in Gang gesetzt wird. Allenfalls in der Frage des Beginns dieses Prozesses muss man einen Unterschied konstatieren: Jonas münzt ihn auf einen Entschluss vor aller Zeit, während bei Schelling Gott sich so vorfindet und im Rahmen dieser Vorfindlichkeit als Sehnsucht gedacht werden soll. Darin wird man einen Grundtenor des Schelling'schen Denkens sehen können. Auch in der Phase der Identitätsphilosophie hatte er die Einheit des Realen und Idealen, welche das Ziel der Philosophie ist, stets als unvordenklich und letztlich unbeschreibbar gehalten. So geschieht es etwa im System des transcendentalen Idealismus von 1800. Schelling argumentiert dort, dass die Philosophie nur als vollendet gedacht werden kann, wenn sie die Identität von Realem und Idealem im Ich nachweisen kann.[72] Er muss sich aber eingestehen: Eine Philosophie des Bewusstseins wird »diese Uebereinstimmung nie erklären können, noch ist sie überhaupt zu erklären ohne ursprüngliche Identität, deren Princip nothwendig jenseits des Bewußtseyns liegt.« An dieser alles entscheidenden Problemstelle »reißt [...] die Kette der theoretischen Philosophie ab«.[73] Nicht anders verhält es sich mit dem Gottesbegriff in der Freiheitsschrift. – Wenn man sich schon auf die Spekulation über eine werdene Gottheit einlässt, so wäre doch zu erwägen, ob dies Modell eben durch den Erklärungsverzicht nicht erklärungskräftiger ist als der Jonas'sche als unvordenklich apostrophierte Willensentschluss der Gottheit, welcher sich eben dadurch alle Probleme wieder hereinholt, die er doch abzuwenden trachtete.

Schellings Gedanke findet sich auch in gänzlich anderen Argumentationszusammenhängen, nämlich im Rahmen einer biblisch und offenbarungstheologisch sich verantwortenden Theologie: Dort wird argumentiert, dass Gott, hat er sich denn in Jesus Christus auf die Welt eingelassen, gleichsam mit ihr erlösungsbedürftig ist. Ist hier wohl keine literarische Abhängigkeit zur Philosophie des Idealisten nachweisbar, so soll doch zumindest darauf hingewiesen werden, dass der Gedanke sich durchaus im Rahmen der Kenosis-Christologie bewegt, die Schelling im Spätwerk entwickelt.[74]

Es ist allerdings sehr zu fragen, ob mit der Jonas'schen Argumentationsstrategie das Elend der Elenden nicht gleichsam verdoppelt wird: Nicht nur, dass Gott sich der Möglichkeit begeben hat, es zu verhindern – dies Elend dient präzise seiner Selbsterfahrung in der weltgeschichtlichen Odyssee.

Die Kombination dieser Motive – Verschiebung der unerforschlichen Allmacht in den unvordenklichen Anfang und das Verständnis der Welt als Gottes Werdeprozess – lässt fragen, ob die Verabschiedung der Allmacht hier denkerisch gelungen ist und ob sie im Namen des Jonas'schen Motivs

---

[71] Schelling, Freiheit 58.67 ad Jonas, Gottesbegriff 22–24.

[72] Schelling, Ausgewählte Werke 1, 417.

[73] Ebd. 574 bzw. 592.

[74] Vgl. Link, Spur des Namens 203 u.ö. Schellings später Schlüsseltext zur Christologie ist die Philosophie der Offenbarung, vgl. dazu Danz, Die philosophische Christologie.

der Gerechtigkeit gegenüber den Opfern überhaupt gewollt werden kann. Die erste Frage scheint beantwortet zu sein, für die zweite bleibt allerdings mit Jonas festzuhalten, dass der Topos der Frage nicht im Rahmen einer abstrakten Kausalität zu suchen ist, wohl aber in der der Gerechtigkeit gegenüber den Opfern: Allmacht Gottes ist, theologisch geredet, nicht ein abstraktes Prädikat, sondern je und je auf soteriologische Inhalte zu beziehen. Im Jonas'schen Sinne wäre dies die Anwesenheit der Opfer im Gedächtnis Gottes, im klassischen war es der Trost des angefochtenen Gewissens. Die Frage nach der Motivlage – um wessentwillen von Gottes Macht geredet wird – ist bleibend im Gedächtnis zu halten, bei Betrachtung von affirmativen wie kritischen Zugängen zur Thematik. Jonas' Kunstmythos entgeht dem Allmachtsbegriff nicht, sondern verschiebt ihn lediglich, insofern verfällt er der eigenen Kritik. Gleichwohl bleibt von ihm zu lernen, dass die Frage nach der Macht Gottes jeweils Explikationsziele hat, die außerhalb einer Lehre über Gott liegen. Sie ist, wenn sie gelingt, konkrete soteriologische Rede.

In diesem Sinne hat die Position von Hans Jonas eine Art bündelnde Funktion: (1) In aller wünschenswerten Klarheit weist sie auf das Problem hin, wie nach Auschwitz von Gottes Macht zu reden wäre. Zugleich (2) ist an ihr die Problematik einer konsequenten Rede von Gottes Machtlosigkeit und (3) die erwähnte Perspektive einer Rede von Macht/Machtlosigkeit zu studieren. Wenige Ansätze teilen seine Radikalität – über den bereits erwähnten Günther Schiwy hinaus wäre dafür noch auf die Vertreter der in den sechziger und siebziger Jahren des 20. Jahrhunderts in den USA entstandenen jüdischen Holocaust Theology hinzuweisen[75] –, doch ist das Thema insofern ein Wiedergänger geworden, als ein dogmatischer Entwurf der Frage nach der Rede von Gottes Allmacht angesichts dieser Infragestellung nicht ausweichen kann. Es mag dabei debattiert werden, ob man durch die theologische Thematisierung von Auschwitz dessen Grauen nurmehr verdopple oder ob präzise dieser Schritt unausweichlich ist, will Theologie mit ihrem Anliegen ehrlich bleiben. Auszuweichen ist der Frage nicht.

Das hat unter den gegenwärtigen dogmatischen Gesamtentwürfen besonders derjenige *Friedrich-Wilhelm Marquardts* der Theologie ins Stammbuch geschrieben, worauf hier noch in aller Kürze hinzuweisen ist. Marquardts Arbeiten zu zentralen Themen der christlichen Dogmatik beginnen im Jahre 1988 mit einem Band, der der Theologie einen Denkstil anempfiehlt, den man heute wohl mit G. Vattimo als »schwaches Denken« be-

[75] Vgl. Fackenheim, God's Presence; Littel, The Crucifixion; Rubenstein, After Auschwitz.

zeichnen würde:[76] Eingedenk nicht nur der Fluktuation der Überzeugungssysteme überhaupt, sondern auch des eigentümlichen Changieren ihres letzten Gegenstandes wird Abstand genommen von Letztbegründungsarrangements und auf die subversive Kraft des Experimentellen vertraut. Freilich, und das macht die Eigenart von Marquardts Theologie aus, ist dies schwache Denken nicht philosophisch oder kulturwissenschaftlich als Abschied von überspannten Begründungsstrategien zu denken, sonder ergibt sich aus dem Gegenstandsbezug der Theologie selber. Dieser ist, so Marquardt, geprägt durch tiefe Fraglichkeit: Die klassische heilsgeschichtliche Denkform, fraglich seit je, hat durch das Geschehen, welches man durch den Begriff Auschwitz sprachlich handzuhaben sucht, ihre tiefste Kritik und Erschütterung erfahren.[77] Wie nun ist dieser Situation beizukommen? Marquardts Vorgehen funktioniert, wenn ich recht sehe, in zwei ineinander geschobenen Schritten. Zum einen argumentiert er für eine theologische ἐποχή, eine Urteilsenthaltung angesichts der theologischen und tatsächlichen Selbstfindung und Selbstinterpretation des Volkes Israel: Es ist nicht am Christen, für das, was Israel widerfuhr, Deutekategorien anzubieten.[78] Insbesondere auch dort, wo die jüdische Selbstinterpretation unerträglich scheint, muss gelten: »Wir unterlassen jede Kritik, die (...) theologisch, historisch, psychologisch zu üben wäre.«[79] Auch sind theologische Antworten, die sich bewährter Instrumentarien der Christologie, Hamartiologie und anderer Mittel bedienen, außen vor zu lassen. Das Inkommensurable soll nicht wegerklärt werden.[80] Dabei alleine bleibt es freilich nicht. Im zweiten Schritt ist zu überlegen, wie denn eigentlich christliche Theologie soll betrieben werden können – denn dass sie des Nachdenkens und demütigen Neuformulierens wert ist, steht für Marquardt ganz außer Zweifel. Die Antwort: »Und nun ist auch das – kurz und bestimmt – zu sagen: Es kann nach Auschwitz auch keine Apologie Jesu Christi geben. Uns steht kein

[76] Dabei handelt es sich um »eine Theorie, nach der Schwächung ein konstitutives Merkmal des Seins nach der Epoche des Endes der Metaphysik ist.« Vattimo, Glauben - Philosophieren 28. Vattimo skizziert hier das Argument, dass die Kritik an der Metaphysik nicht so fortgesetzt werden kann, daß deren Verständnis des metaphysischen Gegenstandes durch ein möglicherweise adäquateres ersetzt wird. Vielmehr gelte es mit dem Umstand ernst zu machen, daß ihr Gegenstand eben – zum Gegenstand nicht taugt. Dann aber würde die Schwäche nicht nur eine Auszeichnung mangelhafter Denkbemühungen darstellen, sondern im Sein selbst anzutreffen sein. Die Parallele dieses Gedankens zur theologischen Annahme, nicht nur menschliches Reden über Gott sei qua Menschlichkeit inadäquat sondern dieser entziehe sich *vermöge seiner prekären Weltlichkeit* dem begrifflichen Zugriff, ist erstaunlich. Ob man dem freilich mit Vattimos Säkularisierungstheorem (ebd. 32–39 und passim) beikommt, scheint mir fraglich; das ist hier aber nicht zu entscheiden.

[77] Marquardt, Elend und Heimsuchung 101.

[78] Ebd. 99–103.

[79] Ebd. 127.

[80] Vgl. ebd. 138.

Wort zu seiner Verteidung zu.« So weit die letztmögliche Verschärfung als Präformation. Sodann im direkten Anschluss: »Es kann nur um unsere Nachfolge gehen.«[81] Wer sich im christlichen Glauben findet, kann angesichts des Geschehenen aus ihm keine Position über den Positionen ableiten – dergleichen Hybris ist aus und vorbei. Jedoch darf er um keinen Preis ins Gegenteil verfallen und denen, die die letzte Plausibilität Gottes ausrotten wollten, durch sein Schweigen auch noch Recht geben: »So unmöglich die Frage nach Gott in Auschwitz – von uns gestellt, aber auch in sich selbst – ist: noch unmöglicher wäre, sie würde gar nicht laut und wir ließen sie in uns nicht aufkommen.«[82] Dieser Sieg soll nicht gegönnt werden. Was bleibt, ist geduldig die Perspektive des Glaubens selber zu entfalten als Versuch, gegen die Unterdrückung der Perspektive Israels und der Kirche anzukommen. Dies soll gewagt werden im Bewusstsein, dass es für die christliche Theologie bedeutet, stets im Schatten der Infragestellung durch das, was geschah, zu arbeiten. Marquardt nennt es mit einem Wort Hans Iwands: »›Denken aus der Umkehr heraus‹«[83]

Das ist bemerkenswert aus wenigstens zwei Gründen. Zum einen ist das Argument, den Mörderbanden Hitlers nicht durch Verzicht auf das Reden von und zu Gott auch noch recht zu geben, im Rahmen des Allmacht-Ohnmacht-Dilemmas von einiger Bedeutung und sollte als interessante Anfrage an die Jonas'sche Strategie gelesen werden. Zum anderen interessiert die Art und Weise, wie Marquardt eine Strategie des Weiterdenkens vorschlägt: Nachfolge, also die Entfaltung dessen, was man die Perspektive des Glaubens nennen könnte. Diese weiß, warum sie auf eine scheinbar objektive Perspektive verzichten muss. Globalisierende Sinnzuschreibungen stehen ihr nicht zu. Gleichwohl entfaltet sie die immanente Sachlichkeit dessen, der angesichts alles Geschehenen von diesem Glauben nicht lassen kann bzw. sich in ihm findet. Diese Spielart der Theologie könnte man theologischen Perspektivismus nennen. Dass sie auch und gerade im Rahmen des Titelthemas dieser Untersuchung von Belang ist und es unangemessen wäre, sie als Fideismus zu verunglimpfen, hoffe ich im Fortgang der Studie zeigen zu können.

---

[81] Beide Zitate: ebd. 139.

[82] Ebd. 140.

[83] Ebd. 8, vgl. 80 u.ö.

II. Gottes Macht. Ein Vorbegriff

In diesem Abschnitt ist zu zeigen, in welchem Horizont sich eine gegenwärtig verantwortete Lehre von der Macht Gottes bewegt, die zu der Frage auskunftsfähig sein will, wie Gottes Macht zu den mancherlei Mächten zu stehen kommt. Unter Heranziehung von Positionen aus der gegenwärtigen Dogmatik wird die Kontur des Themas entworfen, werden theologische Minimalbedingungen des Redens von Gottes Macht aufgezeigt und die in den nachfolgenden Kapiteln zu bearbeitenden Hauptprobleme benannt. Im Vordergrund steht dabei nicht Vollständigkeit im Sinne eines diskutierenden Überblicks über gegenwärtige Positionen und Programme – so interessant dies, zumal in ökumenischer Perspektive wäre –, sondern der Versuch, dem Thema eine eigene Systematik abzulauschen.

Diese stellt sich – kurz gesagt – so dar: Unstrittig ist – wie wir sahen –, dass von Gott zu sprechen heißt, von seiner Macht zu sprechen. Gottes Schöpfermacht, die »mighty acts of God«, die Allmacht der Liebe, die Macht der Kreuzes, der Lobpreis dessen, dass seine Macht die Welt in alle Wahrheit führen wird, und was dergleichen Bestimmungen mehr sind. Um die eine oder andere Zuschreibungen dieser Art – sei es im Sinne einer Eigenschaft, eines Handlungsattributs, eines Konstituens innergöttlicher Beziehung oder anderem – kann nicht gekürzt werden, wenn die Rede von Gott denn eine solche bleiben will. Ebenso unstrittig ist, dass dies nicht in der Weise des klassischen Attributs der Allmacht als Allkausalität geschehen sollte. Allmacht ist mindestens ein strittiger, gelegentlich, wie gesehen, bestrittener Begriff. Er muss auf anderem als dem alten Weg eines via eminentiae gewonnenen universalen Handlungsattributs Gottes, hergeleitet und näher bestimmt werden. Die Debatten gehen nun genau darum, mit Hilfe welcher Themen aus der Gotteslehre diese Näherbestimmung des Machtbegriffs durchzuführen ist. Idealtypisch lassen sich folgende Argumentationsstrategien unterscheiden, die zugleich die Gliederung der folgenden Abschnitte ergeben:

(1) Das klassische Attribut von Gottes Macht wird als Orientierung und erster, unzureichender Gottesbegriff aufgenommen, jedoch durch biblisch-theologische Argumente und Einsichten aus der Trinitätslehre korrigiert und präzisiert. Der Klärungsgang geht gleichsam vom Allgemeinen zum Besonderen.

(2) Den Beginn macht eine grundständige Kritik der philosophischen Gotteslehre überhaupt. Erst nachdem der grundsätzliche Unterschied zwischen Theismus auf der einen und trinitarisch verantworteter Gotteslehre auf der anderen Seite feststeht, können die Attribute oder Eigenschaften Gottes beschrieben werden, und zwar so, wie sie sich aus der argumentati-

ven Verwendung der Trinitätslehre ergeben: Die ökonomische Trinitätslehre lässt ein Rückschlussverfahren darauf zu, wie Gott in sich ist.

(3) Der Beginn ist, wie bei der vorigen Position, eine Kritik des philosophischen Theismus. Die Antwortstrategie sucht sich aber nicht in erster Linie trinitätstheologische Argumente – auf die sie freilich konsequent zuzulaufen bestrebt ist –, sondern verweilt bei anderen Themen. Dies wird durch eine Auffassung der Trinitätslehre begründet, die diese als Ziel theologischer Aussagen, sehr viel eingeschränkter jedoch als Prämissen versteht, aus denen Ableitungen möglich sind.

Alle drei Strategien partizipieren an einer Grundüberzeugung, nämlich der, dass Gotteslehre zureichend nur als *Trinitätslehre* entwickelt werden kann. Das hat unmittelbare Konsequenzen für die Eigenschaftslehre und damit für die Rede von Gottes Macht. Im vorigen Abschnitt wurde sichtbar, in welche Aporien Ansätze führen, die die Rede von Gottes Macht lediglich aus einer allgemeinen Gotteslehre entwickeln. Alle hier zu diskutierenden Positionen gehen hier den entscheidenden Schritt weiter und entwickeln ihre Eigenschaftslehre aus der Geschichte des dreieinigen Gottes bzw. auf diese hin. Ob sie sich jeweils ausreichend weit von der Tradition einer allgemeinen Gotteslehre entfernen, wird im Einzelnen zu sehen sein. Entscheidend ist gleichwohl, dass eine Eigenschaftslehre, die lediglich abstrakt absolute Attribute verhandelt, für keine von ihnen genügend ist. Dass die Rede von der Macht Gottes zureichend nur im Rahmen einer trinitarischen Gotteslehre entfaltet werden kann, hoffe ich auf dem Weg der folgenden Diskussionen zeigen zu können.

1. Einfriedung des abstrakten Allmachtsbegriffs (W. Pannenberg)

Es ist nahezu Allgemeingut, dass von Gottes Macht nicht im Sinne einer Vorstellung gesprochen werden soll, als verursache er alles, was geschieht und als sei er jederzeit dazu in der Lage, alles zu tun, was ihm beliebt, auch gegen seine eigene Zusage, gegen die Naturgesetze und anderes. Gleichwohl werden Gründe genannt, mit einem Vorbegriff von Gottes Allmacht zu beginnen, und zwar vor allem der, dass man sich sonst von Anfang an mit der Frage herumzuschlagen hätte, ob Gottes Existenz überhaupt denkbar ist, wenn er nicht als allmächtig gedacht wird. Der klassischen Universalienlehre sei insofern Recht zu geben: Auch wenn der Gedanke sich nicht als Beweis wird durchhalten lassen, so doch im Sinne eines Wahrscheinlichkeitsarguments. Wer mit dem Allmachtsbegriff beginnt, befindet sich in einem gewissen, breit anerkannten Plausibilitätsraum, den man, so das Argument, nicht vorschnell verlassen sollte, gibt es doch auch biblisch-theologisch gute Gründe dafür. In diesem Sinne hat die Lehre von Gottes Macht als Näherbestimmung des – zugegeben abstrakten – Allmachtsbegriffs zu funktionieren. Er allein genügt nicht zur Formulierung der Eigenschaftslehre, aber er ist wesentlicher Vorbegriff, wenn Theologie denn der Plausibilisierung des Gottesgedankens dienen soll. Dieser Strategie bedient sich die Systematische Theologie Wolfhart Pannenbergs, weshalb sie bei der Evaluation der Chancen und Risiken dieses Denkwegs als Leitfaden dienen soll.

a) Grundgedanke: Gottes Macht und Allmacht der Liebe

In einem Überblicksgang wird W. Pannenbergs Verschränkung von allgemeinem Begriff der Allmacht Gottes und ihrer theologischen Konkretion vorgestellt. Dafür beginne ich mit den theologischen Argumenten, die für Pannenberg ein solches Vorgehen rechtfertigen, gehe von dort zum allgemeinen Machtbegriff über und betrachte sodann seine theologische Spezifizierung. Dies ist der Grundgedanke der Argumentation; die interessierenden Details werden in den folgenden Unterabschnitten analysiert.

Seit der Programmschrift »Offenbarung als Geschichte« (1961) gehört es zu den Konstanten von W. Pannenbergs theologischem Denken, dass von Gott nicht ohne den Rekurs auf seinen Selbsterweis in der Geschichte gesprochen werden kann, da anders ein dem biblischen Befund nicht angemessener Offenbarungsbegriff oder eine die Erfahrung aufdoppelnde und erläuternde Inspiration angenommen werden muss.[84] Beides ist nicht tunlich und gegen beides steht die These von der »Manifestation Gottes durch Geschichtstatsachen« und im Verein damit – da dieser Gottesbeweis aus dem Gang der Geschichte erst im Eschaton zu führen sein wird – die Vorwegnahme desselben im Ereignis des Auftretens Jesu.[85] Gottes Selbsterweis in der Geschichte geschieht durch das, was er bewirkt, also durch seine Macht.[86] Schon von dieser Bestimmung her – als wer sich Gott offenbart – gilt: Gott wird bemerkbar und benennbar, weil und sofern er mächtig ist. Die Art und Weise seines Kenntlichwerdens in der Geschichte ermöglicht den Rückschluss auf sein Wesen und vereindeutigt ihn zugleich in be-

---

[84] Offenbarung als Geschichte 91–95.98–102.

[85] Pannenberg, Systematische Theologie I, 268ff, Zitat 272. Die folgenden Nachweise des Abschnitts beziehen sich, sofern nicht anders vermerkt, auf Band (römisch) und Seite dieses Werks.

[86] Vgl. die allgemeine Formulierung: »Das Wesen der Dinge kommt zur Erscheinung im Dasein als ein bestimmtes, von anderen unterschiedenes. Es unterscheidet sich aber vom andern durch seine Eigenschaften. So tritt der Gott in Erscheinung durch das Wirken seiner Macht, und aus den Eigentümlichkeiten seines Wirkens wird die Eigenart seines Wesens erkannt und von anderem unterschieden.« (I, 389) Ohne zu diskutieren, ob ein solches Schlussverfahren auf den Gott der Bibel angewendet werden kann – subsumiert es ihn immerhin unter einen Oberbegriff – wird dieser Gedanke im folgenden auf den biblischen Gottesnamen angewandt.

stimmter Hinsicht. Grundsätzlich also geht es um eine *offenbarungstheologische* Bestimmung von Gottes Wesen.

Die offenbarungstheologisch getroffenen Feststellung erlaubt es nun, einen Konnex mit einem allgemeinen, d.h. nicht explizit christlich verantworteten Gottesbewusstsein zu sehen. Dass Gott, wenn er ist, jedenfalls mächtig ist und in seinen Taten/Wirkungen sich erweist, ist die Brücke des offenbarungstheologisch bestimmten Gottesbegriffs in das Feld eines allgemeinen hinüber. Pannenberg wählt für diesen Überschritt allerdings nicht – oder nur sehr bedingt – den Weg über eine Phänomenologie von Erfahrungen. Vielmehr bezieht er sich auf einen als allgemein plausibel gedachten Gottesbegriff. Für den Überschritt zu diesem hin gibt es eine biblische Schaltstelle, in die in seinen Ausführungen regelmäßig herangezogen wird, Röm 1,19 mit der Aussage, dass τὸ γνῶστὸν τοῦ ϑεοῦ φανερόν ἐστιν ἐν ἀυτοῖς, wobei ἀυτοῖς als auf alle Menschen bezogen gedacht wird. In Pannenbergs Argumentation nimmt diese Bibelstelle erkennbar eine Schlüsselstellung ein, indem sie den Konnex zwischen biblischem und allgemeinen Gottesgedanken de facto erlaubt.[87] Wenn auch von einer Scharnierfunktion dieser Schriftstelle wird gesprochen werden können, so beschränkt er sich natürlich nicht allein darauf, sondern argumentiert inhaltlich, dass der allgemeine Gottesbegriff in einer nachweisbaren Parallele zum biblischen zu stehen komme. Freilich sind die beiden Gotteskonzeptionen nicht identisch und ist die allgemeine von der biblisch-theologisch verantworteten her zu kritisieren. Gleichwohl gilt es, die Parallele festzuhalten:

> »Der metaphysische Begriff des absolut Unendlichen bleibt zwar im Vergleich zum Gott der Religionen defizitär, insofern er nicht den Charakter des Personalen, der personal begegnenden Macht hat. Aber wie er in seinen Anfängen aus einer kritischen Reflexion auf die Behauptungen religiöser Überlieferungen über Wesen und Wirken der Götter entwickelt worden ist, so läßt er sich auch auf die Interpretation der Religionen anwenden. (...) Insofern konvergiert der philosophische Begriff des Absoluten mit dem Gottesgedanken der monotheistischen Religionen.«[88]

In den nächsten Schritten wird geklärt, wie diese Konvergenz genauer aussieht. Pannenberg betont dabei durchgängig die Defizienz des philosophischen Gottesbegriffs, freilich genauso durchgängig, dass es leichtsinnig und falsch wäre, auf diese Konvergenz zu verzichten.[89]

Der Begriff des Absoluten darf, so Pannenberg, nicht ungeprüft übernommen werden. Insbesondere ist seine Orientierung am aristotelischen

---

[87] Zentrale Stelle I, 121–124, vgl. 255 u.ö. sowie das Schriftstellenregister zu Röm 1,18–20.

[88] I, 192f, vgl. 79.162.165.186f.426f.

[89] I, 80 u.ö.

Gottesbegriff und damit an der Vorstellung von Allmacht als Allkausalität zu kritisieren.[90] Gott soll nicht im Sinne der aristotelischen ersten Ursache gedacht werden, sondern als das Unendliche. Während man mit dem ersten Begriff über mehr oder weniger vage Ursprungshypothesen nicht hinauskommt, eröffnen sich mit dem zweiten eine ganze Reihe weiterer Möglichkeiten: Nicht nur, dass allein mit ihm eine befriedigende Entfaltung der Trinitätslehre möglich ist – Gott, als causa prima wird trinitätstheologisch gedacht notwendig subordinatianisch –, auch eine Reihe anderer Bestimmungen lassen sich mit diesem Begriff besser explizieren. Der Unendliche steht dem Endlichen gegenüber, nicht die Ursache dem Verursachten.[91]

Freilich ist damit nur ein »Vorbegriff des Wesens Gottes« gegeben,[92] keine gültige Aussage über es selbst, welche Aufgabe nur die Trinitätslehre erfüllen kann. Auch um der Frage nach Gottes Macht näher zu kommen, bedarf es noch einer weiteren Präzisierung. Pannenberg findet sie im Konzept des so genannten wahrhaft Unendlichen.[93] In struktureller Analogie zum ontologischen Gottesbeweis wird damit über die Eigenart des Unendlichen spekuliert: Ein Unendliches, das seine Auszeichnung allein darin hätte, dem Endlichen gegenübergestellt, also eben nicht endlich zu sein, wäre defizitär, weil in seiner Begriffsbestimmung eine Begrenzung enthalten ist. Es ist zu folgern: Dass das Unendliche dem Endlichen gegenübersteht, ist richtig, aber es ist nicht genug. Wahrhaft unendlich wäre erst das, was das Endliche als solches bejaht und damit zu sich in eine positive Beziehung setzt. Auf die Frage nach Gottes Macht übertragen bedeutet das: Ein Machtbegriff, der allein die absolute und je größere Macht Gottes bezeichnet, ist defizitär und rückt in die Nähe diktatorischer Vorstellungen. Macht Gottes im Sinne des wahrhaft Unendlichen als seines Vorbegriffs, heißt demnach einen Machtbegriff zu denken, der zum Objekt dieser Macht in einem positiven Verhältnis steht, es ermöglichend, seiner Freiheit dienend. So gesehen ist die Macht des wahrhaft Unendlichen die Macht der Liebe. Ihren Machtcharakter – dass sie in der Lage ist, Dinge in ihrem Sinne zu wenden – sollte man nicht bezweifeln, gleichwohl lässt sich dieses Konzept bündig gegen den Vorwurf einer diktatorischen Machtkonzeption, die allein als Übertrumpfung anderer Machtverhältnisse entwickelt wurde, verteidigen. Bib-

[90] Der ganze Entwurf kann als Kritik einer sich auf aristotelische Kategorien berufenden philosophischen Theologie gelesen werden, der demgegenüber die platonische Tradition stark macht, wie z.B. an der Diskussion des Begriffs der Ewigkeit Gottes zu sehen ist (I, 433ff). Gleichwohl differenziert Pannenberg innerhalb dieser Tradition, indem besonders Augustinus Gegenstand kritischer Erörterungen ist (I, 438ff u.ö.).

[91] I, 416–429.

[92] I, 428.

[93] I, 430ff.

lisch-theologisch ist dafür von der Schöpfermacht Gottes zu reden: »Als der Schöpfer aber will Gott immer schon das Dasein seiner Geschöpfe. Darum kann seine Allmacht den Geschöpfen nicht gänzlich entgegengesetzt sein, wenn anders Gott in seinem Handeln mit sich selbst identisch bleibt und sich darin als der Eine erweist.«[94]

So schließt sich der Kreis. Ausgehend von einem Raisonnement über Gottes Offenbarung als Erweis seiner Macht war Pannenberg zu einer relativen Konvergenz aus biblischem und philosophischem Gottesbegriff gelangt. Der Letztere wurde im Begriff des wahrhaft Unendlichen über sich hinausgeführt und damit zur Konkretion der göttlichen Macht als Allmacht der Liebe gebracht, welcher Begriff seinerseits als biblisch-theologisch anschlussfähig behauptet wird. Pannenberg führt demnach ein Verfahren vor, das sich vom Beweisgang einer klassischen philosophischen Theologie unterscheidet, sehr wohl aber bestrebt ist, einige ihrer Elemente als Hilfsmittel zur Verdeutlichung der biblischen Botschaft und zu ihrer Vermittlung vor dem Forum der Vernunft zu verwenden. Dieses Vorgehen, das sich auf die Einsicht gründet, dass es »das Feld der Strittigkeit der Wirklichkeit Gottes [ist, M.H.], in welchem nicht nur die Dogmatik, sondern auch die Existenz des Christen und die Kirche ihren Ort haben«[95], steht hier nicht als solches zur Debatte. Gefragt werden muss aber, inwiefern es die Aussagen über Gottes Macht angesichts der Mächte präformiert und in welcher Weise eine so vorgehende Dogmatik zu diesen Themen auskunftsfähig ist.

b) Einheit und Macht Gottes

Die Rede von Gottes Macht hat ihren genuinen Ort in der Eigenschaftslehre. Hierüber besteht Konsens. Offen ist freilich die Frage, in welchem argumentativen Kontext sie entfaltet wird, d.h. für welche Bereiche der Dogmatik sie klärende Wirkung entfalten soll. In der Gesamtdarstellung Pannenbergs handelt es sich dabei insbesondere um die Frage nach Gottes Einheit und Einzigkeit: Die ganze Dogmatik ist für ihn nichts weniger als der Versuch, Gottes Wirklichkeit nachvollziehend und vorentwerfend im Rahmen der christlichen Lehre zu beschreiben. In diesem Sinne soll, wie eben skizziert, der Begriff des wahrhaft Unendlichen als Vorbegriff für Gottes Wesen dienen. Dessen Entfaltung führt einerseits dazu, dass die christliche Theologie sich damit über das Getümmel einer Vielfalt von Göttern erhebt, sie führt andererseits dazu, dass die Frage nach seiner Macht im Kontext der Rede von Einheit, Unendlichkeit und Allgegenwart Gottes entfaltet wird.

[94] I, 450, vgl. 480f.

[95] I, 72.

Gotteslehre ist nach W. Pannenberg nicht nur ein Topos der systematischen Theologie unter anderen. Vielmehr hat die ganze systematische Theologie die Aufgabe, den christlichen Gottesgedanken so konsistent als möglich zu entfalten. Alle Ausführungen der Dogmatik werden »als Entfaltung der Wirklichkeit Gottes in seiner Offenbarung vorgetragen.«[96] Dieser Erklärungsanspruch zieht sich in der Tat durch die drei Bände des Werkes. Die Systematische Theologie trägt keine einzelnen Lehrstücke vor, sondern sie entfaltet den Zusammenhang der christlichen Lehre. Dieser Zusammenhang ist zwar gewiss fehlerhaft und korrekturbedürftig,[97] aber doch Abschattung und Vorentwurf der Wahrheit Gottes selbst: Dies gilt für die spezielle Gotteslehre ohnehin, genauso aber alle Teilbereiche der Dogmatik bis hin zur Eschatologie, eben weil »Gott und seine Herrschaft«[98] in ihnen zur Entfaltung kommen. Nun könnte man in diesem Vorgehen eine direkte Nachbarschaft zu Karl Barths Gedanken der Entwicklung des dogmatischen Stoffs analog zur Selbstoffenbarung Gottes sehen, was Pannenberg auch einräumt. Freilich folgt dem die Kritik des Barth'schen Vorgehens als Formalismus auf dem Fuße, der wohl einen Begriff von Offenbarung entwickle, dem vielschichtigen historischen Vorgang derselben aber nicht gerecht werde.[99] Pannenberg beansprucht demgegenüber, sachgemäßer entlang der Wirklichkeit Gottes seinen Stoff zu entwickeln.

Es muss gefragt werden, wie das möglich sein soll. Der Anspruch einer Theologie, die ihrer Fallibilität zwar eingedenk ist, gleichwohl nichts geringeres vorzulegen bestrebt ist, als den »Nachvollzug und Vorentwurf der Kohärenz der göttlichen Wahrheit selber«,[100] ruht auf nicht unbedeutenden Prämissen. Pannenberg bezieht sich dafür auf die Rede von der Göttlichkeit der Wahrheit bei Augustinus. Ist die moderne Wahrheitstheorie geneigt, Korrespondenz- und Kohärenzaspekt der Wahrheit zu scheiden und zumeist als Definition und Kriterium von Wahrheit aufeinander zu beziehen, so gilt es theologisch, das *Ineinander* dieser beiden Größen zu behaupten: Gott und Wahrheit sind so zusammen zu denken, dass Gott die Wahrheit *ist*. Beide Aspekte schießen zusammen: Die Kohärenz alles Wahren ist nicht nur die Kohärenz möglicher Sätze über es, sondern Gott als selbstidentischer Ort der Einheit alles Wahren: »Nur Gott kann der ontologische Ort der Einheit der Wahrheit im Sinne der Kohärenz als Einheit alles Wahren sein.«[101] Dem ordnet sich der Korrespondenzaspekt insofern ein, als er –

[96] I, 72.
[97] III, 11f.
[98] III, 572.
[99] I, 322, ad Barth, KD I/1, 311ff.
[100] I, 66.
[101] I, 63.

wenn Kohärenz nicht die Kohärenz von Sätzen, sondern die des Wahren selbst ist – »eine besondere Form der Kohärenz«[102] ist. Schließt man sich diesen Bestimmungen an, folgt ein doppeltes Charakteristikum der Qualität theologischer Sätze: Zum einen ist das menschliche Bemühen um Kohärenz nur Nachvollzug, nur Nach-denken der Einheit des Wahren selber, bzw. dessen Vorentwurf. Insofern ist die theologische Suche nach Wahrheit bescheiden und fallibel. Auf der anderen Seite ist theologisches Denken bleibend ausgezeichnet, indem es eben nichts weniger zu tun hat, als Wahrheit = Gott selbst nachzuzeichnen. Sofern es ihr gelingt, die Kohärenz der christlichen Lehre von Gott zu entwickeln, befindet sie sich im Bereich der Kohärenz der Wahrheit selber. Insofern kommt ihr auch die Aufgabe zu, die Angemessenheit christlicher Rede von Gott zu beurteilen. Das ist nach Pannenberg das bleibende Recht spekulativen theologischen Denkens, zugleich der Ausweis der Fähigkeit, den Gegenstand der Dogmatik argumentativ verteidigen zu können.[103]

Mit diesen Bestimmungen sind freilich Probleme verbunden. Zum einen sind die Annahmen über den Wahrheitsbegriff durchaus nicht allgemein anschlussfähig, wie Pannenberg nahe legt. Er bezieht sich auf eine prominente Debatte zur Kohärenztheorie der Wahrheit, in der Nicholas Rescher das entscheidende Argument vorlegte: Aus Reschers Äquivalenzbeweis zwischen Kriterium und Definition – um die Frage des Verhältnisses der beiden ging es – kann man Pannenbergs ontologische Wahrheitsspekulation *nicht* folgern. Ideale Kohärenz ist und bleibt ein Postulat.[104] Aus der Annahme, dass Kriterium und Definition etwas miteinander zu tun haben müssen, folgt nicht, dass diese Kontinuität durch frankweg gemachte Annahmen über die Wirklichkeit an sich zu leisten wären. Pannenberg interpretiert die Korrektur der Kohärenztheorie umstandslos als: »Wenn aber Kohärenz oder Widerspruchslosigkeit alles Wahren zum Begriff der Wahrheit selber gehört«[105], und trägt damit ontologische Spekulationen herein, die sowohl Korrespondenz- als auch Kohärenztheoretiker als petitio principii auszuschließen bestrebt sind.

Auch die theologische Motivation, sich auf diese Spekulation einzulassen, hat ihre Schwierigkeiten. Pannenberg hält sich zu ihr, weil nur so die Vorausgesetztheit der Wahrheit, »die Vorgängigkeit Gottes und seiner Offenbarung vor allen menschlichen Meinungen und Urteilen«[106] gewahrt

[102] I, 63.
[103] I, 33.70.72 u.ö.
[104] Rescher, Wahrheit als ideale Kohärenz 284.296f, vgl. dazu Puntel, Wahrheitstheorien 173ff.182ff.
[105] I, 63.
[106] I, 34.

werden kann. Wer diese Vorausgesetztheit einsieht, befinde sich, erfasst er denn ihre Wahrheit, »im Medium ihrer Erkenntnis *als* Wahrheit«[107] und damit in der göttlichen Wahrheit. Nun ist es zweifelsohne richtig, dass die Dogmatik die Vorgängigkeit Gottes zu betonen habe und mit Pannenberg ihre Identifizierung mit menschlichen Instanzen ablehnen soll. Nur folgt aus dieser Bestimmung mitnichten die Behauptung des Nachvollzugs göttlicher Wahrheit selber sondern die Bescheidung der Theologie in dem Sinne, dass sie nicht Gott zum Gegenstand habe, wohl aber die menschliche Rede von Gott in ihrer gegenwärtig faktischen und möglichen Gestalt.

Pannenberg schreibt, dass Gott der »eigentliche und umfassende Gegenstand der Theologie« sei.[108] Dagegen ist zu halten, dass er der eigentliche Gegenstand der Doxologie ist, und, weil Doxologie wesentlich Anrede ist, überhaupt nicht im Rahmen eines Gegenstandsbezugs gedacht werden kann. Unterschiedliche Sprachmodi sollten zum Besten einer deutlichen Aufgabenteilung nicht in einer vagen Zielperspektive vermengt werden, wie sie die Rede vom »sich Überheben« des Redens von Gott in der Doxologie andeutet.[109]

Die Intention von Pannenbergs Theorie richtet sich darauf, Abschattung der Wahrheit = Gott sein zu können und damit – um in den suggerierten platonischen Metaphern verbleibend, s.o. Anm. 90 – den Blick aus der Höhle heraus zu versuchen und sei es a tergo.[110] Durch diese Gesamtanlage gerät freilich tendenziell die Existenz der Christinnen und Christen als theologisches Explicandum außer Blick. Diese ist aber nicht nur als einzelne Ableitung des Vorentwurfs der Wahrheit Gottes zu verstehen, wie Pannenberg wohl mit I, 29 antworten würde, sondern als diejenige Existenz im Glauben, *für die* einiger Trost im Leben und Sterben als die theologische Aufgabenstellung gesucht wird. Pannenbergs Aussage, dass es »das Feld der Strittigkeit Gottes«[111] sei, in der die christliche Existenz nebst Dogmatik und Kirche ihren Ort habe, ist hierbei von Bedeutung: Gott ist demnach das Fragliche, christliche Existenz, Theologie und Kirche die adjuvatorischen Mittel um dieser Strittigkeit auf die eine oder andere Weise beizukommen. Dies aber macht aus der christlichen Existenz tendenziell einen Einzelfall des welthistorischen Gottesbeweises. Dem ist entgegen zu halten, dass die christliche Existenz sich nicht zum Gotteserweis oder auch nur -hinweis

[107] I, 34.
[108] I, 14.
[109] I, 65, vgl. I, 135.
[110] Politeia 514a ff. Man mag die Parallele noch dadurch weiter treiben, dass die platonische τοῦ ἀγαθοῦ ἰδέα in ähnlicher Weise mit dem θεῖον austauschbar ist, wie Wahrheit und Gott bei Pannenberg.
[111] I, 72.

aufzuschwingen hat, vielmehr ihrerseits von der Theologie und der Gemeinschaft der Glaubenden Hilfestellungen in den Strittigkeiten der Weltauslegung und -bewältigung erwarten darf.[112] Hier, bei der Frage, was die Theologie denn eigentlich zu erklären habe, würde Pannenberg demnach – stark verkürzt – sagen: »Gott mithilfe der Welt«, wogegen ich es für reformatorisch und der gegenwartsbezogenen Aufgabe der Theologie angemessen halte, die Sache umzukehren und »die Welt mit Hilfe, d.h. sub specie Dei« zu antworten. Die vorliegende Studie soll im Fortgang und in ihrer Gesamtanlage einige Beobachtungen dafür zusammentragen; in diesem Abschnitt ist im Rahmen der Frage, ob Pannenbergs Thematisierung der Macht Gottes die lebenbestimmenden Mächte nicht weitgehend verfehlt, wird darauf zurückzukommen.

Die Konsequenz dieser Herangehensweise ist, die ganze Gotteslehre in die Perspektive einzurücken, Gottes *Einheit* denkerisch nachzuvollziehen bzw. plausibel zu machen. Dies erhellt aus der von Augustin entlehnten Prämisse, dass Gott als die Einheit alles Wahren gedacht werden soll, zusammen mit der Beschreibung der dogmatischen Aufgabe als Selbstbeschreibung und Vorentwurf derselben. Es nimmt nicht wunder, dass die Gotteslehre im besonderen die Aufgabe erhält, die *Einheit* Gottes zu denken. Pannenbergs Darstellung der Trinitätstheologie der antiarianischen und jungnicaenischen Väter z.B. läuft auf die Feststellung hinaus, dass diese die in die Irre führenden Spielarten des Subordinationismus zwar erfolgreich bekämpft, aber doch die Frage nach einem zureichenden Konzept von der Einheit Gottes der späteren Theologie hinterlassen hätten.[113] Gleichermaßen schließt die Eigenschaftslehre mit einem Erwägungsgang, wie der Gedanke der Liebe es ermöglicht, »die Einheit des Wesens Gottes mit seinem Dasein und seinen Eigenschaften und so auch die Einheit der immanenten und ökonomischen Trinität in ihrer eigentümlichen Struktur und Begründung zu denken.«[114] Nicht zufällig gilt es auch für die in der Christologie verhandelte Frage nach der Einheit von Gottes schöpferischem und erlösendem Handeln.[115] – Solche Tendenzen in einzelnen Fragestellungen haben natürlich eher kolorierenden Charakter. Entscheidend ist, dass das Thema Einheit Gottes in zwei dominanten Argumentationszügen entfaltet wird: zum einen in der

---

[112] Hier liegt – unbeschadet aller Schwierigkeiten, die sie sonst haben möge – das bleibende Recht der Tradition von Schleiermacher bis Graß und anderen, die Dogmatik als Glaubenslehre zu entwerfen, sowie gleichermaßen der genuine Stimulus der existentialen Interpretation im Sinne Rudolf Bultmanns.

[113] I, 297–305.

[114] I, 482.

[115] II, 336ff.

argumentativen Verteidigung der Einzigkeit Gottes gegenüber den Göttern der Religionen und zum anderen in seiner Einheit in sich, die im Rahmen der Rede von seiner Unendlichkeit und Ewigkeit beschrieben und trinitarisch begründet wird.

Ad (1) beginne ich mit zwei Zitaten:

Bei der Beobachtung antiker Synkretismen hieße es »die geschichtlich gewachsene Individualität der einzelnen Göttergestalten unterschätzen, wollte man in der Beobachtung solcher [interkultureller, M.H.] Ähnlichkeiten schon ein Bewußtsein der Identität und der Einheitlichkeit des Göttlichen finden. Dazu ist bei den Griechen erst die philosophische Interpretation der eigenen und dann auch der fremden Gottheiten gelangt, indem sie deren Wirklichkeit auf ihren philosophischen Sinngehalt reduzierte.«[116] –

Wenn man das Wort Gott sprachanalytisch beschreibt, »muß man sich auch zu den metaphysischen Implikationen solcher Beschreibung des Sprachgebrauchs für das Wort ›Gott‹ bekennen. Die christliche Theologie hat das seit ihren Anfängen im wohlverstandenen eigenen Interesse getan, weil sie damit die Allgemeingültigkeit des biblischen Redens von dem einen Gott gegenüber dem Polytheismus des Volksglaubens und der staatlich geschützten Kulte behaupten konnte. Die Schwierigkeiten für das Verständnis des christlichen Redens von Gott in der Gegenwart | sind zumindest verschärft worden dadurch, daß die christliche Theologie sich ihrerseits der im kulturellen Bewußtsein der Moderne vollzogenen Abkehr von der ›Metaphysik‹ in der Tradition philosophischer Theologie vielleicht allzu unüberlegt angeschlossen (...) hat.«[117]

Die Einzigkeit des Gottes auf der griechischen Seite und auf christlicher das Bekenntnis zu Gott, dem einen: Diese Parallele ist für Wolfhart Pannenberg alles andere als eine äußerliche, so als sei es purer Opportunismus, wenn die christliche Seite sich des Monotheismus im wohlverstandenen eigenen Interesse bediene. – Die Last dieser These ist schwer, zumal, wenn man bedenkt, dass es sich auf der griechischen Seite in der Tat um einen Sublimations- und Reduktionsvorgang handelt, wie Pannenberg im erstgenannten Zitat andeutet.[118] Pannenberg sucht sie zu bewältigen, indem er die Reli-

---

[116] I, 162.

[117] I, 79f.

[118] Es spricht einiges dafür, den Vorsokratiker Xenophanes (ca. 570 – ca. 475 v. Chr.) als entscheidende Schaltstelle zwischen Volkspolytheismus und philosophischem Monotheismus in der griechischen Geistesgeschichte zu betrachten. Xenophanes artikulierte als Erster die klassisch-griechische Kritik an den (gemein-)homerischen Vorstellungen von den Göttern als bloß anthropomorphe Vorstellungen, indem er sie dem Spott aussetzt: »Αἰθίοπές τε ⟨θεοὺς σφετέρους⟩ σιμοὺς μέλανάς τε Θρῆκές τε γλαυκοὺς καὶ πυρρούς ⟨φασι πέλεσθαι⟩« (Frgm 18, Text nach Kirk/Raven/Schofield). Dagegen gilt für ihn, dass es nur einen Gott »ἕν τε θεοῖσι καὶ ἀνθρώποισι« (Frgm. 23) gibt, von dem gleich mehrere universale Prädikate ausgesagt werden: »οὖλος ὁρᾳ, οὖλος δὲ νοεῖ, οὖλος δέ τ' ἀκούει.« (Frgm. 24) Dieses Urdatum des philosophischen Theismus ist wesentlich

gionsgeschichte in den Blick nimmt und eine ihr innewohnende Tendenz zur Vereinheitlichung behauptet: Man müsse zwar mit Kautelen an eine solche These gehen und ihre vorgängige Theologizität im Auge haben, doch dürfe schon angenommen werden, dass es eine »Einheit der Religion in der Geschichte der Religionen« gebe,[119] in der die göttliche Wirklichkeit zur Erscheinung komme. Seit einem frühen Aufsatz führt Pannenberg dafür das Theorem von der Selbstdurchsetzung der interpretationsmächtigsten Religion an, also derjenigen, die am plausibelsten als integrierende Interpretation aller Welterfahrung gelten kann:[120] Partikulare Gottheiten, die nur im Rahmen begrenzter Sinnzuschreibungen gedacht wurden, gingen in diesem Kontext zugrunde, selbst wenn sie sich selbst als absolut gesetzt hatten.[121]

Diese These ist jedoch problematisch. Zum einen ist – wie Pannenberg, wenn auch in beschwichtigendem Gestus, selbst anmerkt – eine Bewegung der Religionsgeschichte zur Einheit/Einheitlichkeit durchaus nicht auszumachen.[122] Zum anderen, und dies wiegt m.E. schwerer, ist mit der These über die Einheit der Religionsgeschichte eine folgenschwere Vorbestimmung in der theologischen Gotteslehre verbunden: Wenn der christliche Gott als derjenige behauptet werden soll, der alle Sinnzuschreibungen und Sinnabbrüche integrieren kann, so bleibt kein Raum mehr, ihn im *Gegensatz* zum Geschehen in der Welt zu begreifen. Gott wird letztlich als mit dem Weltprozess koextensiv gedacht. Dies allerdings hat bedeutende Konsequenzen für den theologischen Begriff der Macht. Pannenberg formuliert: »Die Götter der Religionen müssen sich an der Welterfahrung der Menschen als die Mächte erweisen, die sie zu sein – beanspruchen.«[123] Macht ist mit einer solchen Bestimmung reduziert auf den Erweischarakter, also auf

ausgewiesen als Kult- und Sprachkritik, das auf einer grundsätzlichen Skepsis bzgl. der Erkennbarkeit des Göttlichen aufruht, vgl. Frgm. 18.34.38, sowie die Studie von Lesher, Xenophanes' Scepticism, bes. 13, ferner Picht, Griechische Ontologie 131–146. In der Folgezeit griechischen Denkens wurde dieser Grundzug v.a. durch das Moment der Denknotwendigkeit des Gottes, verbunden mit seiner wesenhaften Unanschaulichkeit, ergänzt und ausgebaut. Weitere hilfreiche Literatur zur Theologie des Xenophanes: Heitsch, Xenophanes; Barnes, The Presocratic Philosophers, bes. 84ff; Schäfer, Xenophanes von Kolophon 213ff. Lesher hat überdies eine philologisch und philosophisch kommentierte Edition der Fragmente besorgt: Xenophanes of Colophon. Inwieweit wirklich eine Parallele zum biblischen Monotheismus vorliegt, die mit Pannenberg vom wohlverstandenen eigene Interesse sprechen lässt, muss vor diesem Hintergrund kritisch gefragt werden, wird man doch die Entwicklungen und Kämpfe, von denen Jer und DtJes berichten, kaum als Sublimationsvorgang und Prozess zur Denknotwendigkeit deuten können. Die Affinität der erhaltenen Fragmente des Xenophanes zur Skepsis lassen eher an eine Motivverwandtschaft zu Qohelet als zur Prophetie der Vorexils- und Exilsperiode denken.

[119] I, 187, vgl. 164.

[120] Jetzt Pannenberg, Grundfragen I, 252–295.

[121] I, 179f.184.

[122] I, 187.

[123] I, 184.

die Funktion, ausweisen zu können, wessen Macht sie sei, auf welchen Urheber sie verweise. Dann aber wäre Gottes Macht identisch mit allem, was geschieht, ist er doch derjenige, der alle anderen Gottheiten und ihre Machtansprüche depotenzieren und integrieren kann. Dies ist die notwendige Konsequenz aus einem Vorgehen, welches bei der Strittgkeit Gottes ansetzt und diese mit Hilfe von Welterfahrung aus dem Bereich der Strittigkeit zu entheben trachtet.

Überdies wird unterstellt, dass die Existenz der Götter je fraglich ist und dass sie ihr Sein anhand ihrer Macht zu beweisen hätten. Auch dies ist eine Eintragung aus rückblickender monotheistischer Perspektive. Denn wie zu zeigen sein wird, ist das Gegenteil der Fall. Derivate des Polytheismus sind nicht zuletzt deshalb so attraktiv, weil die Existenz und Macht der Götter für das erfahrende Subjekt eben *nicht* in Frage steht bzw. um ein vielfaches evidenter ist, als die Existenz eines Gottes, zu dem es gehört, nicht wie alles andere zu existieren: Götter gehören zur Welt, und eben deshalb sind sie auf so prekäre Weise attraktiv. Pannenberg merkt diesen Umstand in einer Bemerkung zu W.F. Otto an,[124] zieht aber keine systematische Konsequenz daraus.

Wird der theologische Begriff der Macht derart in der Fluchtlinie einer Spekulation über die Einheit der Religionsgeschichte eingeführt, gewinnt er keine eigene theologische Kontur. Was aber Macht Gottes sein könnte und wie Mächte als göttlich erfahren werden, steht demgegenüber durchaus noch zu fragen. Nichts hindert, die These von der Tendenz zur Einheit in der Religionsgeschichte fallen zu lassen,[125] zumal dann, wenn man sich davon einen unverstellten Blick auf religiöse Gegenwartsphänomene versprechen darf. Genauso gerät dann allerdings die andere leitende Überlegung in den kritischen Blick: Ist es wirklich wohlverstandenes Eigeninteresse, die Allianz zwischen griechischem und christlichem Gottesbegriff weiterzuschreiben? Das explikatorische und apologetische Interesse, das ab Justin dem Märtyrer dazu geführt hat, muss unter gegenwärtigen Bedingungen durchaus nicht dieselbe Funktion haben. Die von Pannenberg beobachtete Differenz zwischen philosophischem und theologischem Gottesbegriff wäre demnach daraufhin zu befragen, ob die rhetorische Funktion des frühaltkirchlichen Konnexes derzeit angebracht ist. Strategische Elemente einer Allianz müssen nicht per se zu substantiellen werden.

---

[124] I, 207.

[125] Körtner, Der verborgene Gott 68, bemerkt zu ihr: Dieser »Gedankengang führt zu der doppelten Konsequenz, daß einerseits ›der Gott‹ der Philosophen immer nur der Gott und die Götter der Religion sein können und daß andererseits keine Theologie ohne Metaphysik möglich ist.«

Eberhard Jüngel schreibt zurecht: »Aporetisch ist ja nicht schon die Tatsache, daß der christliche Glaube sich in der Sprache der Tradition reflektierte. Der Glaube muß die Sprache der Welt reden, wenn er nicht verstummen will. Er mußte deshalb in der Zeit der frühen Christenheit und von da an die Sprache der Metaphysik, also die Sprache des damaligen Denkens sprechen, wenn er nicht zur Gedankenlosigkeit verkümmern wollte. Damit war freilich die Gefahr gegeben, daß der Glaube dabei unter das *Diktat* der Metaphysik geraten würde, statt sich ihrer Sprache *kritisch* zu bedienen.«[126] Ein Musterbeispiel kritischen Umgangs mit der Sprache der Metaphysik, so ergänze ich, ist die christologische Formel des Chalcedonense, die die kategorialen Grenzen der von ihr verwendeten Begriffssprache konsequent verletzt und durch eben diese Verletzung ihre Erklärungsleistung erbringt. In Vorbegriff und nachfolgende Näherbestimmung wird man dies nicht freilich auseinander legen können.

Ad (2): Auch in der Fluchtlinie der theologischen Eigenschaftslehre setzt sich die Tendenz fort, dass das Thema Macht Gottes dem seiner Einheit zugeordnet ist und darüber eine eigenständige Kontur nicht bekommen kann. Das sei hier in aller Kürze noch angedeutet.

Gott tritt durch seine Macht in Erscheinung und macht sich kenntlich als der, der er ist.[127] Dieser allgemeine Satz wird durch die Funktion der Rede von Gottes Macht näher bestimmt. Pannenberg setzt die Lehre von der Trinität und die vom Wesen Gottes in einen spezifischen Zusammenhang: Er legt überzeugend dar, dass jeder Versuch, der Trinitätslehre eine allgemeine Lehre vom Wesen Gottes vorzuschalten, in die wohl bekannten Aporien von Modalismus oder Subordinationismus zurückfallen muss. Es ist also bei der Trinitätslehre zu beginnen, die ihrerseits aufgrund der biblisch bezeugten Heilsökonomie zu entwickeln ist.[128] Die innergöttlichen Relationen sind konstitutiv für seine Identität; eine klassische Rede wie die von der Monarchie des Vaters kann nur verstanden werden als Ergebnis des göttlichen Handelns, nicht jedoch als seine Voraussetzung.[129]

Die Trinitätslehre reflektiert auf Gott, sofern er derjenige ist, der sich den Menschen und der Welt zuwendet und doch von Ewigkeit her in sich derselbe ist. Insofern ist ein Gottesbegriff vonnöten, der beides – Gottes jenseitiges Bei-sich-sein und seine Gegenwart in der Welt – zusammen denken kann, der, anders gesagt, immanente und ökonomische Trinität zu verklammern in der Lage ist. Genau dem nun dient die Lehre von Gottes Wesen und Eigenschaften. Sie bestimmt Gottes Wesen nicht vorgängig, aber sie bildet insofern seine Klammer, als sie auf die Einheit der trinitarisch

[126] Jüngel, Geheimnis, 49.
[127] I, 389.418.
[128] I, 325.331.
[129] I, 353.

auszusagenden Relationen zurückschließen lässt.[130] In ihrem Rahmen kommt Pannenberg auf den Begriff des wahrhaft Unendlichen zurück, von dem oben (a) schon die Rede war. Argumentationsstrategisch handelt es sich also um einen Doppelzug: Der Vorbegriff Gottes im Terminus des Unendlichen wird als Orientierung und Vorgriff akzeptiert, Gottes Wesen aber strikt trinitarisch ausgesagt. Im zweiten Zug kommt dieser Vorbegriff dann erneut zur Geltung, indem er die Einheit Gottes auch materialiter auszusagen hat.[131] Er erscheint also bestimmt durch die trinitarischen Bestimmungen in neuer Funktion.

In diesem Kontext kommt die Rede von Gottes Macht zur Geltung: Die Begriffe Heiligkeit, Ewigkeit, Allmacht und Allgegenwart bestimmen näher, was Gottes Unendlichkeit bedeutet. Während Heiligkeit den Begriff Unendlichkeit erläutert, sind Allmacht und Allgegenwart als »konkrete Manifestationen der Unendlichkeit Gottes«[132] zu verstehen. Die Allmacht Gottes ist dabei als schlechthinnige, also nicht-usurpatorisch, als Allmacht des Schöpfers und der Liebe zu denken.[133]

c) Gottes Macht und die Mächte

So weit die Bemerkungen zur Stellung und Funktion der Rede von der Macht Gottes in Wolfhart Pannenbergs Gotteslehre. Für unseren Zusammenhang ist die *Funktion* dieser Eigenschaftslehre entscheidend: Ihr Ziel ist es, die im trinitarischen Denken prekär gewordene Einheit Gottes denkbar zu machen. Dies mag systemimmanent folgerichtig sein, führt jedoch zu einer Abblendung: Wenn Macht da thematisch wird, wo es um die Einheit Gottes geht, muss jede *partikulare* Erfahrung von Macht und Mächten tendenziell uninteressant werden. Auch wenn Pannenberg Gottes Macht als

[130] I, 361–363.

[131] In diesem Sinn ist Bauke-Ruegg zuzustimmen, der zwar einen anderen Dreischritt analysiert, als es mir für das vorliegende Darstellungsinteresse sinnvoll erschien, aber angesichts der zum spekulativen Abschluß neigenden Gotteslehre ebenso fragt, wie dies überhaupt möglich sein soll. Er vermutet m.E. zurecht, dass die Denkfigur von Hegel stammen könnte: Die Eigenschaftslehre in Pannenbergs System zielt auf die Identität von Identität (immanente Trinitätslehre) und Differenz (ökonomische Trinitätslehre). Zurecht fragt Bauke-Ruegg, inwiefern sich eine solche Position noch von der visionären Himmelfahrt eines Apokalyptikers unterscheidet, der »Einblick in den zukünftigen Lauf der Geschichte erhielt«. (Bauke-Ruegg, Allmacht 241) In seiner Gesamtdarstellung der Pannenberg'schen Theologie spricht Christoph Schwöbel das Problem gleichsam von der anderen Seite her an, indem er aufzeigt, inwiefern der Begriff des Unendlichen überzogene Beweisansprüche und Unbestimmtheiten in den christlichen Gottesbegriff herein trägt: Diese finden sich auf diese Weise in der alten Aporie wieder, sich auf eine vorgängige philosophische Explikation ihrer Grundanliegen einzulassen, anstatt dies je und je im Fortgang der theologischen Erörterung zu unternehmen. (Schwöbel, Pannenberg 269–271).

[132] I, 430.

[133] I, 449f.456.

konkrete Manifestation seiner Unendlichkeit bestimmt,[134] bleibt diese Konkretheit doch wenig auskunftsfreudig, wenn es um konkrete Vorfindlichkeiten unter den Mächten geht. So wie der Gang der Religionsgeschichte einen Zug hin zum Erweis der Macht des einen Gottes haben soll, so manifestiert sich die Schöpfermacht Gottes dann, wenn er alles in allem sein wird. Der Begriff hat Vorläuferfunktion darauf hin. Was aber Macht und Mächte inmitten dieses Prozesses sein könnten und wie Gottes Macht angesichts ihrer zu denken bzw. zu erhoffen und zu bekennen sei, bleibt tendenziell abgeblendet.

Das zeigt sich, wenn man die Zusammenhänge in den Blick nimmt, in denen in der Systematischen Theologie die hier interessierenden Phänomene verhandelt werden. Es handelt sich (1) um die Rede von den Mächten, (2) um die Angelologie und (3) um Pannenbergs Rede vom Heiligen Geist als Feld. In allen drei Themenbereichen werden hilfreiche Ansätze vorgelegt und unterscheidet sich Pannenbergs großer Entwurf vom diesbezüglichen Schweigen vieler anderer. Das ist ausdrücklich fest zu halten und an die Ausarbeitung weiter zu reichen. Zugleich aber macht es den Eindruck, als ob die soeben beschriebene Verortung der Machtthematik in der Rede von der Einheit Gottes zureichende Konkretionen eher verstellt als begünstigt. Im Einzelnen:

Ad (1): Dass es Phänomene gibt, die man als partikulare Erfahrungen von Macht oder Mächten beschreiben kann, steht für Pannenberg nicht in Frage. Neben der referierten Bemerkung zu W.F. Otto merkt er an, dass Menschen mitunter Erfahrungen machen, die sich auf eigentümliche Weise der Deutung entziehen und allenfalls als »eine ihrem Wesen nach unbekannte Dynamik« oder »Betroffenheit durch eine unbekannte Macht« beschrieben werden könnten.[135] Ganz folgerichtig ist zu lesen, dass dergleichen Erfahrungen nicht notwendig mit einem Rückschluss auf ein Subjekt mit eigenem Willen verknüpft sind. Statt nun aber zu folgern, dass sich ein Erfahrungsbereich auftut, der der theologischen Durchdringung bedarf, fährt Pannenberg fort, dass erst die »Zuschreibung solcher Erfahrungen an eine namentlich identifizierte Gottheit« den nötigen Bestimmtheitsgewinn erzielt.[136] Freilich ist eben diese Zuschreibung und die damit verbundene Sinnstiftung das eigentlich Prekäre: Was motiviert zu solchen Zuschreibungen? Wem ist zu zu schreiben und warum? Ist es geboten, jedes hier möglicherweise in Frage kommende Widerfahrnis dem dreieinigen Gott als Willensäußerung zu unterstellen? – Fragen wie diese können im Rahmen eines

---

[134] I, 430.
[135] Beide Nachweise I, 413.
[136] I, 413.

Machtbegriffs, der funktional der Einheit Gottes zugeordnet ist, nicht ausreichend beantwortet werden. Die Forderung, Erfahrungen von Dynamik und unbekannter Macht theologisch zu beschreiben und zu bewerten, wird von Pannenberg zu Recht erhoben. Ihre Ausarbeitung scheint allerdings andere Theoriemittel nötig zu machen.

Ad (2): Diesen Eindruck bestätigt auch die Anlage der Angelologie in Wolfhart Pannenbergs Gesamtentwurf. In einer biblisch-theologischen Annäherung bestimmt er die Engel näher als πνεύματα und schließt: » (...) dann wird das damit Gemeinte nicht in erster Linie als personale Gestalt, sondern als Macht vorzustellen sein.«[137] Im Fortgang wird unter Inblicknahme der biblisch-theologischen Rede von den Mächten und Gewalten das Phänomen bearbeitet, dass solche Mächte sich verselbständigen können, obwohl ihr Ursprung im Schöpfungsauftrag unstrittig ist. Sie können temporär zu geschlossenen Systemen werden. Die Frage, wie dies möglich ist und was daraus zu schließen wäre, wird wie folgt beantwortet: Die Bezeichnung als Subjekte darf getrost entmythologisiert werden, weil diese Zuschreibung eine psychologisch verständliche Reaktion auf den Widerfahrnischarakter ist. Ferner gilt, dass die biblische Rede von den Mächten vorzüglich Naturmächte meint, »die in anderer Betrachtungsweise auch Gegenstand naturwissenschaftlicher Betrachtungsweise sind.«[138] Von diesen wird nun gesagt, dass sie zu geschlossenen Systemen werden können, biblisch gesprochen zu widergöttlichen Mächten, wenn sie sich der auf Zukunft angelegten Dynamik des Reiches Gottes verschließen. Und dies ist theologisch von Belang: »Es läßt sich nicht ausschließen, daß das Weltgeschehen wenigstens teilweise unter dem Einfluß solcher Machtzentren steht.«[139]

Hier wäre nun der Ort, Gottes Macht angesichts dieser Mächte thematisch werden zu lassen. Dies geschieht freilich in einer pauschalen Wendung, die die Dramatik, um die es hier offenkundig geht, eher verdeckt als beschreibt. Pannenberg konstatiert, dass nach dem Zeugnis der Schrift die ganze Welt unter die Herrschaft widergöttlicher Mächte geraten, diese Macht aber Jesus Christus untergeordnet ist. Freilich, so Pannenberg, lässt sich zeigen, dass das Geschöpfliche nie völlig von der Verderbensmacht bestimmt ist: »Vielmehr bekundet sich durch alle anderen Mächte und Kraftfelder hindurch immer auch das Wirken des göttlichen Geistes als Ur-

---

[137] II, 127.

[138] II, 129, vgl. die Gesamtanlage der Schöpfungslehre, deren Anliegen es ist, »ein bloßes Vornehmtun gegenüber dem naturwissenschaftlichen Weltbild« (II, 78) zu bekämpfen, auch wenn dadurch »manches problematischer bleiben mag als in anderen Teilen der Dogmatik« (ebd.). Diese Dialogperspektive sucht in ihrer Offenheit unter den dogmatischen Gesamtentwürfen derzeit ihresgleichen.

[139] II, 131.

sprung des Lebens in den Geschöpfen.«[140] Auf diese Weise aber ist der biblisch insinuierte Machtkonflikt – die Geschöpfe befinden sich unter Mächten, welche doch als coram Deo gebrochene bekannt werden – in eine Ursprungsrelation abgemildert, derzufolge auch geschlossene Systeme sich dadurch auszeichnen, dass sie jedenfalls zum Geschöpflichen gehören. Dies allerdings wird man als Unterschreitung der Problemkomplexität zu beurteilen haben, zumal das veritable Konfliktpotential – wie denn nun von Gottes Macht angesichts der Mächte geredet werden kann – durch die pauschale Auskunft, dass auch im Pervertierten sich Gottes Schöpfermacht bekunde, eher abgewiesen als beantwortet ist. Durch diese Antwortstrategie, verbunden mit der, die Mächte jedenfalls als Naturmächte zu beschreiben, also soziale und andere Größen außer Blick zu halten, entsteht eine empfindliche Leerstelle in demjenigen theologischen Feld, das die Existenz der Gläubigen angesichts der und unter den Mächten, gleichwohl aber im Bekenntnis zu dem, der deren Macht gebrochen hat, zu umschreiben versucht: der theologischen Anthropologie und Gemeinschaftslehre als Auslegung des Lebens in Glaube, Liebe und Hoffnung.

Entsprechendes wäre zur Pannenberg'schen Anthropologie im Rahmen der Systematischen Theologie zu sagen. Insbesondere ein Blick auf seine Analyse des Glaubensbegriffs ist hier aufschlussreich:[141] Er bezeichnet Glauben als sich-Verhalten zur Wahrheit und unterscheidet dabei drei Modi. Zum einen entwirft sich der Glaube auf Zukunft hin, in der erst entschieden wird, was des Vertrauens und Fürwahrhaltens würdig ist, zum anderen ist er eine präsentische Haltung des Vertrauens im Sinne der fiducia und zum dritten hat er es – unbeschadet seines letztlichen Bezogenseins auf Gott alleine – mit der Kenntnisnahme der geschichtlichen Selbstoffenbarung und damit mit einer historischen Dimension zu tun.[142] Die Frage nach dem Leben mit und unter Gott, welches die Mächte depotenziert, wäre im Rahmen des präsentischen Aspekts zu beantworten. Freilich ist dessen Rolle zwischen Rückgriff und Vorgriff eher gering und möglicherweise exakt als deren Kreuzungspunkt aufgefasst. Die Wahrheitsgewissheit des Glaubens – und dies sollte doch in eminenter Weise zu seinem präsentischen Aspekt gehören – wird bedingt durch »einen Vorgriff auf das Ganze des Lebens- und Weltzusammenhangs (...), den wir vollziehen«[143] und hat die Kenntnisnahme der und Zustimmung zu den offenbarungsgeschichtlichen Tatsachen als »unentbehrliche Voraussetzungen«[144]. Bei einer solchen Anlage des Glaubensthemas wird seine gegenwärtig welterschließende Kraft nicht zureichend entfaltet.

---

[140] Ebd.
[141] III, 156ff.
[142] III, 174.
[143] III, 193.
[144] III, 171.

Ad (3): Der innovativste Begriff aus Pannenbergs Systematischer Theologie für die hier relevanten Fragen ist der des *Feldes*. Pannenberg erwägt verschiedentlich, die Lehre vom Heiligen Geist mithilfe der Begrifflichkeit des Feldes zu entwickeln. Es geht dabei v.a. um die Frage, ob und wie die Schöpfungslehre im kritischen Dialog mit der Naturwissenschaft entwickelt werden kann. Die lange Zeit dominierenden Theorien, die mit Kräften argumentieren (Newton, letztlich Aristoteles) sind in der jüngeren und jüngsten physikalischen Diskussion zurückgedrängt zugunsten von Vorstellungen, dass Felder das Grundlegende seien (Faraday). Dies erkennt Pannenberg als theologisch anschlussfähig und dialogversprechend, da der Feldbegriff selbst metaphysischer Herkunft sei.[145] Im Rahmen subtiler Erörterungen über die philosophischen und theologischen Begriffe von Raum und Zeit, die hier im Einzelnen nicht wiedergegeben werden müssen, gelangt Pannenberg zu folgender Bestimmung: »In der schöpferischen Macht der Zukunft als Feld des Möglichen aber äußert sich die Dynamik des göttlichen Geistes in der Schöpfung.«[146] Dies ist eine Formulierung, die in der Tat als Grundlegung der Pneumatologie dienen könnte und in deren Rahmen die in der vorliegenden Untersuchung zur Bearbeitung anstehenden Phänomene in den Blick kommen könnten. Entsprechend wird in Kapitel 4 II 2c von Gottes Macht als Offenheit der Zeit und von der die Gegenwart verwandelnden Kraft dieser Offenheit die Rede sein.

Pannenberg spricht weiter von »einem Kraftfeld des künftig Möglichen als Ursprung aller Ereignisse« bzw. von »einer Dynamik des göttlichen Geistes, die als Macht der Zukunft in allem Geschehen schöpferisch wirksam ist«.[147] Formulierungen wie diese haben viel erschließende Kraft: Man könnte mit ihnen beispielsweise sagen, dass der Heilige Geist als Macht der Zukunft denen, die sich in diesem Feld befinden, gegenwärtige Lebensmöglichkeiten erschließt. Verwandtes werde ich im 2. und 4. Kapitel im Anschluss an Georg Pichts Rede von Feld der Macht versuchen und mich in diesem Sinne auf Pannenbergs pneumatologische Grundentscheidung beziehen. Die Frage ist aber, ob der Allquantor hilfreich ist: Sind *alle* Ereignisse, ist *alles* Geschehen als in der Macht der Zukunft Gottes liegend zu denken, wie er schreibt? Oder präziser: Erwächst der Trost des christlichen Glaubens daraus, dass Gottes Macht der Zukunft alle Ereignisse determiniert? Diese Bestimmungen erschweren die Rede von spezifischen Macht- bzw. Ermöglichungskonstellationen aus, weil sie auf alle Ereignisse in der Geschichte der Schöpfung bezogen sind. Wohl wissend, welche Probleme

---

[145] II, 101f. Zur trinitätstheologischen Verwendung des Terminus vgl. I, 414–416.464 u.ö.
[146] II, 119.
[147] Beide II, 123.

ich mir einhandle, werde ich versuchen, von einer Konkurrenz von Gottes Feld der Macht mit anderen Machtförmigkeiten zu sprechen.

Freilich: Dass der Heilige Geist als »Kraftfeld der machtvollen Gegenwart Gottes« beschreibbar ist und dass diese Terminologie gegenüber der Gewohnheit, an das Verständnis von νοῦς anzuknüpfen, viele Vorteile hat,[148] ist unbedingt aufzunehmen. Es ist die Frage wert, ob die gegenwärtige theologische Rede vom Heiligen Geist diesen Vorschlag schon hinreichend gewürdigt hat. Es macht für die vorliegende Fragestellung nur den Eindruck, als sei diese sehr hilfreiche Wendung durch die vorgängigen Sicherstellungen in einem allgemeinen Gottesbegriff gleichsam an der Entfaltung gehindert.

Zusammenfassend: Die Näherbestimmung von Gottes Macht als schöpferische Macht, die das Leben des Geschöpfs will und die die Macht der Liebe ist, dürfte zu den Grunddaten der Eigenschaftslehre gehören, die über die Lager hinweg geteilt wird. Dem ist nichts entgegen zu setzen. Die hier diskutierten Nachteile der Herangehensweise gruppieren sich um zwei Pole: Zum einen präformiert der Ansatz bei einem Vorbegriff Gottes die Ausarbeitung des Machtbegriffs auf nachteilige Weise, zum anderen ist Pannenbergs Grundentscheidung, jedenfalls im Rahmen des griechischen Monotheismus zu arbeiten, fraglich.

Ad (1): Den metaphysischen Gottesbegriff bezeichnet Pannenberg als »allgemeine Verstehensbedingung des christlichen Redens von Gott«[149]. Diesen Satz muss man contra intentionem auctoris aber nach dem Durchgang durch die Position so lesen, dass diese Bedingung das Verstehen des christlichen Gottes in der Tat bedingt, nämlich präformiert. Der Durchgang durch die Machtthematik hat gezeigt, dass es sich bei der Verstehensbedingung nicht oder nicht nur um eine Zugangsermöglichung zum christlichen Reden von Gott handelt, sondern dass in ihr zugleich nachhaltig festgelegt wird, wie dieser zu begreifen ist. Das eine ist ohne das andere offensichtlich nicht zu haben, in dieser Mischung aber theologisch nachteilig. Macht, so war zu sehen, kann im Rahmen dieses Konzepts nur als Allmacht Gottes im Sinne einer zureichenden Bedingung seiner Einheit thematisch werden. Dies führt aber dazu, die Frage nach den Mächten vergleichsweise pauschal zu behandeln. Zu thematisieren wäre demgegenüber die Frage, wie die Glaubenden, als Einzelnen wie in ihren Vergemeinschaftungsformen unter den Mächten zu stehen kommen, die nach dem Zeugnis der Schrift die Welt unterjochen, gleichwohl vor Gott gebrochen sind. Dafür könnte die Pannenberg'sche Rede vom Heiligen Geist als Kraft- oder Machtfeld Gottes leitend werden.

Ad (2): Wolfhart Pannenberg wirft denjenigen theologischen Autoren/innen, die den Ansatz bei einem metaphysischen Gottesbegriff aufgeben, tendenziell leichtfertiges Verhalten und eine unnötige Rückkehr in die Situation vor, in der der biblische Glau-

148 I, 414.
149 I, 79.

be sich im Getümmel des Polytheismus befand und die Gottheit Gottes gegen eine Vielzahl rivalisierender Ansprüche zur Geltung gebracht werden musste.[150] Der Verständlichkeit der christlichen Rede von Gott werde damit, so sein Argument, ein Bärendienst erwiesen. Nun ist im Verlauf dieses Abschnitts argumentiert worden, dass das Beharren bei einem metaphysisch konzipierten Vorbegriff seinerseits empfindliche Konsequenzen für die Verständlichkeit der christlichen Gottesrede hat, indem sie zu Fragen, auf die theologische Antworten dringend erwartet werden, nicht auskunftsfähig ist. Offensichtlich ist der Preis für den Gewinn an Verständlichkeit zu hoch. Zudem kann die Bindung an den griechischen Monotheismus den Blick für einen möglicherweise fundamentalen Sachverhalt verstellen: Explikationshintergrund heutiger Gotteslehre ist nicht die Perspektive numerisch eines Gottes bzw. dessen Bestreitung in der klassischen Religionskritik, Explikationshintergrund ist eine Vielzahl rivalisierender Geltungsansprüche, die im Leben der Menschen, aber auch in theoretisch sublimierter Gestalt den Charakter von Macht und Mächten haben. Die Frage ist nicht, ob die Menschen keinen Gott haben und wie dieser ihnen anzuplausibilisieren wäre, die Frage ist, ob sie nicht zu viele Götter haben, an die sie – mit Luther zu reden – ihr Herz hängen. Schlagwortartig formuliert: Es geht nicht um »Gott oder keiner«, sondern um »Gott oder Götze(n)«. In diesem Sinne gibt die biblische Ausgangssituation, sich im Streit mit Vielgöttereien zu befinden, eine wertvolleren Deutungshintergrund ab, als die vollzogene strategische Gleichsetzung mit dem griechischen Gottesbegriff. Entsprechend ist die Bemühung des sich verantwortenden Glaubens »in der Verteidigung seines Wahrheitsrechtes« auch nicht um die Frage zu führen, »ob Religion unerläßlich zum Menschsein des Menschen gehört«,[151] sondern vielmehr so, dass die Entfaltung seiner Perspektive die mancherlei Götzen als das zeigt, was sie coram Deo sind: nichts als עצבים (Jes 46,1).

Wolfhart Pannenbergs Aufnahme und theologische Einfriedung des metaphysischen Machtbegriffs führte zu den für die vorliegende Untersuchung relevanten Themen und offerierte besonders mit dem Begriff des Feldes innovative Perspektiven. Ob die dabei zu diskutierenden Nachteile von gänzlich anders gelagerten Entwürfen der Gotteslehre konstruktiver bearbeitet werden können, steht im Fortgang zu fragen.

2. Gottes Macht, vom Kreuzesgeschehen her gedeutet (E. Jüngel)

a) Vorblick auf den Ansatz: »Gott ist die Liebe«

Einer der Wortführer im Widerspruch gegen eine Gotteslehre unter theistischem Einfluss ist der Tübinger systematische Theologe Eberhard Jüngel. In seinem Epoche machenden Werk »Gott als Geheimnis der Welt« – 1977

[150] I, 80.
[151] Pannenberg, Anthropologie 15.

in erster, 1992 in sechster Auflage erschienen – führt er eine grundständige Kritik theistischer Gotteslehren durch, indem er aufzeigt, dass diese notwendig zur Rede vom Tod Gottes führen. Damit ist die Geschichte des Gottesdenkens aber nicht zu Ende, vielmehr ist eine Situation entstanden, die für die christliche Rede von Gott günstig zu sein scheint: Der christliche Gottesgedanke ist nach dem Zeugnis der Schrift präzise als Auslegung des Wortes vom Tod Gottes zu entfalten, weil und sofern Kreuz und Auferstehung Jesu Christi Inbegriff der Existenz Gottes für uns sind. Insofern kann ein zureichender Gottesbegriff allein christologisch und damit trinitarisch gewonnen werden. Der Tod des metaphysischen Gottes ist dann als Verstehenshilfe zur Wiedergewinnung der Rede vom biblischen willkommen. Diesen, und darauf weist Jüngel vielfach nachdrücklich hin, gelte es aber in der Tat zu *denken*, ihn also nicht dem Bereich des Unerforschlichen zuzuschlagen. Gott ist nach Jüngel nicht so das Geheimnis der Welt, dass über ihn nichts zu denken und zu sagen wäre, wohl aber so, dass das, was über sein Sein und zur-Welt-kommen zu denken ist, als Geheimnis bestaunt werden soll. Nicht wie Gott ist, ist geheimnisvoll, sondern die Tatsache, dass er tatsächlich so ist, wie er sich uns kenntlich macht. Diesem Geheimnis ist nachzudenken und seine Implikationen sind denkerisch zur Entfaltung zu bringen.

Die Frage nach Gottes Macht ist konsequenterweise eine, die nicht in einem Vorgriff angeschnitten und sodann präzisiert werden kann, einfach, weil es den allgemeinen Vorgriff auf den Gottesgedanken nicht gibt. Sie ist vielmehr zu entwickeln aus der Frage, wie Gott zur Welt kommt und wie seine Anwesenheit und Wirksamkeit inmitten der Weltwirklichkeit soll gedacht werden können. Dies würden allgemeine Aussagen verstellen wie die, dass Gott jedenfalls allmächtig ist und diese Allmacht christologisch und/oder trinitarisch in einem zweiten Schritt zuzuspitzen sei. Gottes Macht ist diejenige, die er selbst im Kommen Jesu Christi ist: In ihm, der den Tod erleidet, nimmt er dem Tod den Schrecken. »Der Tod ist in der Ohnmacht des Gottessohnes entmächtigt worden«, »sein [des Todes, M.H.] Wesensakt west im Sein des lebendigen Gottes«.[152] Dies ist der grundsätzliche Entmächtigungsvorgang, den diejenigen Größen erleiden, die sich gegen Gott gestellt haben, allen voran die Macht des Todes.

Auf Seiten des Menschen ist die Entsprechung zu Gottes Handeln im Geschenk des Glaubens zu sehen. Glaubende sind sozusagen ent-sichert:[153] Durch ihre Teilhabe an Gottes Tötung des Todes gehören sie nicht mehr in

[152] Jüngel, Vom Tod des lebendigen Gottes. Ein Plakat: Unterwegs zur Sache, 105–125, 120 (beide Zitate).

[153] Vgl. Jüngel, Geheimnis 227ff.

den Rahmen dessen, was als normaler Verlauf der Dinge in der Wirklichkeit bezeichnet werden kann. Was ihnen zukommt, ist das von Gott her unverrechenbar Mögliche, nicht – nicht nur – die Ding- und Ereignisfolge der Wirklichkeit. Glaubende leben aus der Möglichkeit Gottes, welche – und dies bezeichnet den Unterschied zum theistischen Ansatz in wünschenswerter Deutlichkeit – nicht im a-fortiori-Verhältnis zur Wirklichkeit, sondern ihr als Unvordenkliches zukommend gedacht wird. Theismen partizipieren so oder so an der aristotelischen Grundentscheidung, dass das Wirkliche Primat vor dem Möglichen habe – »ὅτι πρότερον ἐνέργεια δυνάμεώς ἐστιν«[154] – die christliche Rede von Gott hat diese Grundeinstellung, die Jüngel als »eine geistesgeschichtliche (ja, hier ist der Ausdruck am Platz: seinsgeschichtliche) Entscheidung von nicht auszulotender Bedeutung«[155] charakterisiert, geradewegs umzudrehen. Es ist nicht so, dass Gott und Wirklichkeit letztlich in eins gehen, Gott mithin Inbegriff der Wirklichkeit ist. Vielmehr ist Gott der, der dem als Kausalitätszusammenhang gedachten Wirklichen unverrechenbar und mit dem Geschenk der Freiheit entgegenkommt. Er ist nicht der Kontrolleur des Wirklichkeitszusammenhangs, sondern der Herr der Freiheit und in diesem Sinne ist Glauben Ent-sicherung zur Freiheit. Sub specie Dei geht möglich vor wirklich. Im Sinne dieser Grundsatzentscheidung wird auszuführen sein, wie Gottes Macht im Gegenüber zu den Mächten der Wirklichkeit zu stehen kommt.

Bevor dies im Einzelnen geschieht, noch ein Hinweis zu einer erstaunlichen Parallele zwischen den Ansätzen Eberhard Jüngels und Wolfhart Pannenbergs. So unterschiedlich sie sein mögen, scheinbar kulminieren sie doch in der zentralen Rolle, die der Begriff der *Liebe* für die jeweilige Gotteslehre spielt. In beiden Ansätzen, demjenigen, der die klassische Doppelgestalt der Gotteslehre widerspiegelt wie dem, der eben dieser den Abschied zu geben trachtet, rückt sie in die Königsposition. In Pannenbergs Konzeption wird Liebe, wie zu sehen war, diejenige Metapher, die an entscheidender Stelle den Allmachtsbegriff näher zu bestimmen hat: Allmacht ist nicht als ins Unendliche gesteigerte Macht zu denken – dergleichen wäre als schlechte Überbietung nur usurpatorischer Strategien leicht zu decouvrieren. Allmacht im theologischen Sinn ist nach Pannenberg Allmacht der Liebe und damit eine, die ihrem Gegenüber Raum gewährt und Freiheit ermöglicht: »Gottes Allmacht will das Geschöpf – und eine Welt von Ge-

---

[154] Aristoteles Metaphysik IX, 1049b5.

[155] Jüngel, Unterwegs zur Sache 208. Auf die Metakritik von Michael Welker, Jüngel operiere in diesem Aufsatz (»Die Welt als Möglichkeit und Wirklichkeit. Zum ontologischen Ansatz der Rechtfertigungslehre«, ebd. 206–233) mit einem zu einfachen Begriff von Wirklichkeit, ist an gegebener Stelle zurückzukommen; vgl. Welker, Gottes Geist 274ff und den Exkurs in diesem Kapitel.

schöpfen – gerade in der für das Endliche konstitutiven Begrenzung und Besonderung. Gerade in seiner Begrenztheit ist das Geschöpf von Gott *ewig* bejaht. (...) Die genaue Erörterung des Begriffs der Allmacht Gottes hat somit ergeben, daß die Allmacht nur gedacht werden kann als die Macht der göttlichen Liebe.«[156] Bei Eberhard Jüngel ist zu lesen, dass die gesamte Denkbewegung der Gotteslehre nichts anderes sein sollte, als die Exegese des Dictums aus dem 1. Johannesbrief: ὁ θεὸς ἀγάπη ἐστίν (1Joh 4,16a): »Gottes Allmacht ist vielmehr als die Macht seiner Liebe zu verstehen. Nur die Liebe ist allmächtig.« Und im selben Band weiter hinten heißt es programmatisch: »Der Satz ›Gott ist Liebe‹ ist formulierte Wahrheit. Soll er nicht zur Formel gerinnen, muß er sowohl gelebt als auch gedacht werden. Gott als Liebe zu denken, ist Aufgabe der Theologie.«[157]

Gewiss zeigen die Zitate an, dass Einigkeit in der Ablehnung eines lediglich abstrakten Allmachtsbegriffs besteht. Auch W. Pannenberg würde vom aristotelischen unbewegten Beweger sagen: »Der Gott selber liebt nicht«,[158] und diesen Gottesbegriff als christlich ungenügend zurückweisen. An den Rändern dieses Einverständnisses aber beginnt der Dissens. Im Pannenberg'schen Denken ist die Allmacht der Liebe eine Steigerungsfigur zur Allmacht im Sinne des Inbegriffs der Wirklichkeit – dergestalt, dass Freiheit ermöglichende Allmacht höher rangiert als bloß usurpatorische –, bei Jüngel wird die Allmacht als Allmacht der Liebe mit dem Anspruch entfaltet, dass *allein* auf diesem Weg ein zureichender Gottesgedanke entworfen werden kann. Nicht zufällig zielt deshalb die Pannenberg'sche Ausarbeitung auf die Teilgabe Gottes an seiner Unendlichkeit, die er den Geschöpfen bereitet, während Jüngels nächstes Explicandum der Begriff des Glaubens ist, der aber pointiert als Nichtidentität von Glauben und Liebe, welche Gott ist, eingeführt wird.

Die göttliche Allmacht, so Pannenberg, eröffnet ihren Geschöpfen die Chance, »in der Annahme der eigenen Grenze über sie hinaus zu sein und so selber der Unendlichkeit teilhaftig zu werden.«[159] Anders Jüngel mit der Aussage, dass theologische Anthropologie Lehre vom Menschen ist, »nämlich so, daß der *Glaube* den Menschen zwar aus sich *heraussetzt*, aber nun nicht als Gott, sondern als einen *neuen Menschen*, der noch immer und erst recht ein von Gott unterschiedener Mensch ist.«[160]

Die Schwierigkeiten, in die der Pannenberg'sche Ansatz für unsere Frage führte, sind diskutiert worden. Hier ist nun zu entfalten, ob die konsequent

[156] Pannenberg, Systematische Theologie I, 455f.
[157] Jüngel, Geheimnis 26 bzw. 430.
[158] Ders., Unterwegs zur Sache 211.
[159] Pannenberg, Systematische Theologie 456.
[160] Jüngel, Geheimnis 467.

trinitarisch sich verstehende Gotteslehre am Leitfaden des zitierten Schriftwortes diesen Schwierigkeiten entkommt und in hilfreicher Weise Konkretionen zu entfalten vermag. In diesem Sinne diskutiere ich zunächst (b) einige Grundbestimmungen von Jüngels Gotteslehre, entfalte sodann (c) ihren systematischen Kern in seiner Rede von der Einheit Gottes mit dem Endlichen und diskutiere abschließend (d) die Konsequenzen für den Machtbegriff, wie sie sich aus Jüngels trinitätstheologischen Bestimmungen ergeben.

b) Gottes Nicht-Notwendigkeit

Die Theologie ist eine staunende Disziplin. Sie betreibt »die verständliche Artikulation des Staunens, das umso größer wird, je besser der Glaube das sich offenbarende göttliche Geheimnis versteht. Theologie kommt aus dem Staunen nicht heraus.«[161] Was sie bestaunt, lässt sich in Eberhard Jüngels Sinn auf Formeln wie diese bringen: »Gott von Ewigkeit her und also an und für sich ist der Gott *für uns*.«[162] Dieser Gottesbegriff – Gottes ewige Selbstbestimmung, seine Selbstbestimmung aber zum Deus pro nobis – ist nicht nur um seiner selbst willen interessant, sondern wird von Jüngel zuvorderst als Feldmarke in der Rede von Gott überhaupt ins Spiel gebracht. Dort hat sie vornehmlich kritische Funktion, ja es gilt: Der trinitarische Gottesbegriff ist die »schärfste Polemik gegen den Monotheismus als auch gegen den Polytheismus.«[163]

Aus dieser kleinen Zitatkombination wird ersichtlich, dass die theologische Gotteslehre nach Jüngel zwei Aufgaben hat: Zum einen ist es ihr Amt, Gottes Sein, wie es sich für uns bestimmt, zu beschreiben, also die großen Themen der Trinitäts- und Eigenschaftslehre zu bedenken; zum anderen hat sie Rechenschaft abzulegen über die Funktion, die dieser Rede von Gott zukommt: Wie sieht sie Gott im Getümmel all dessen, was Aufmerksamkeit heischt? Wie kommt der Vater Jesu Christi zu dem zu stehen, was sonst noch Gott, Absolutes, höchster Wert usw. genannt zu werden beansprucht? Um Gotteslehre an sich und um die Funktion dieser Gotteslehre also geht es. Regelmäßig sind Jüngels Publikationen so aufgebaut, dass mit dem Letzteren begonnen wird, also mit der Fraglichkeit Gottes, der Konkurrenz unterschiedlicher Prätendenten für diesen Titel, dem Lautwerden und ggf.

---

[161] Ders. Wertlose Wahrheit 7. Der Vergleich mit dem, was der späte Karl Barth unter Verwunderung verstand, wäre aufschlußreich. In dessen Einführung in die evangelische Theologie findet sich ein Abschnitt, der genau so heißt (72ff). Wie im Detail zu zeigen wäre, scheint hier aber eine andere Tendenz angedeutet: Barths Terminus fungiert als Kritik eines Erkenntnisanspruchs der Theologie und bewirbt Metaphern, die eher in den Bereich der Ästhetik gehören – das ist etwas anderes als das Staunen angesichts von Gotteserkenntnis. Zu fragen wäre also, was das theologisch angemessene Verständnis von Geheimnis ist.

[162] Ebd. 6.

[163] Ders., Unterwegs zur Sache 294.

dem Ersterben der christlichen Rede von Gott in den jeweiligen Diskursumwelten. Erst in einem zweiten Schritt erfolgt der Rückgang ins eigentlich Theologische. Jüngel bezeichnet dies als die Reihenfolge aus ratio cognoscendi und ratio essendi Gottes.[164] Die Begründungsleistung erfolgt in der letzteren, um der Nachvollziehbarkeit willen wird der denkerische Zugang allerdings vorgeschaltet. Das erscheint hermeneutisch sinnvoll und aus diesem Grund beginne ich mit einigen Beobachtungen zur ratio cognoscendi Dei bei Eberhard Jüngel:

Gott soll also gedacht werden als im denkbar schärfster Widerspruch zu (Mono-)Theismus und Polytheismus stehend. Wie soll das zugehen? Jüngel beantwortet diese Frage, indem er auf einige markante Wendepunkte in der neuzeitlichen Geschichte des Gottesgedankens hinweist. Am Beginn der Neuzeit, so die von ihm geteilte communis opinio, steht die Verlagerung derjenigen Instanz, die über wahr und falsch entscheidet, ins Subjekt. Auch die Frage, ob und wie Gott ist, wird von nun an vor diesem Forum entschieden. Nach dem Verlust der Selbstverständlichkeit des Gottesgedankens im Sinne einer idea innata ist die Selbstgewissheit des Ich diejenige Größe, der die Gottesfrage sowohl funktional zugeordnet ist und vor der sie zugleich entschieden werden muss: »Die *Selbstgewißheit des Ich* ist das Nadelöhr, durch das jede weitere Gewißheit hindurch muss. Die Gewißheit des *Ich bin* begründet die Gewißheit von Sein überhaupt.«[165] Mit diesen Worten ist erkennbar auf die Gedankenexperimente in den cartesischen Meditationen zum Zweifel wie zur Möglichkeit eines allbösen und Notwendigkeit eines allguten Gottes angespielt. An diesem klassischen Text entwickelt Jüngel das, was er für die Grundaporie des neuzeitlichen Gottesgedankens hält.[166] Ihr grundlegendes Phänomen ist, dass der Gottesgedanke von der Selbstverständlichkeit – als gleichsam letztem Reflex auf Ps 53,2 – zur Notwendigkeit hinüberwechselt: Kann Gott nicht mehr als selbstverständlich gewiss angenommen werden, so muss seine Existenz belegt werden können, was vermittels des Aufweises seiner Notwendigkeit geschieht. Der cartesische Weg führt dabei über die Analyse der Implikationen des berühmten ego cogito: Die Selbstvergewisserung über den Akt des Denkens/Zweifelns ist zwar die einzig mögliche Verifikationsstrategie angesichts der Tatsache, dass alles falsch sein könnte, sie alleine aber ist überfordert. Sie allein vermag die menschliche Existenz, genauer: ihre Einheit und Kontinuität nicht zu sichern. Erst durch die begründete Annahme, dass Gott die Selbigkeit des existierenden Wesens garantiert, wäre dies Problem

[164] Ders., Geheimnis XVIII.
[165] Ders., Entsprechungen 254.
[166] Zum Folgenden Jüngel, Geheimnis 148ff.

ausgeräumt. Dazu muss aber auch er noch einmal in Zweifel gezogen werden. Dies geschieht in dem Gedankenexperiment vom genius malignus, welches die unmögliche Möglichkeit durchspielt, dass eine listige Gottheit über ihre Erkenntnis und damit über ihre Selbigkeit fortwährend täuscht. Kann dies in den Bahnen des ontologischen Gottesbeweises abgewiesen werden,[167] so ergibt sich, dass Gott notwendig existiert und, wenn man das Bezugssystem des Beweises mit beachtet, »daß Gott für die menschliche res cogitans *notwendig* ist.«[168] Dies klingt nach Lösung – freilich ist damit das epochale Problem markiert: Gott gerät in die Funktion des Prädikates, indem seine Vollkommenheit gedacht werden muss, damit das evidentermaßen unvollkommene menschliche Subjekt mit dieser seiner Unvollkommenheit denkerisch zurecht kommt. Die Gott zugedachte Notwendigkeit erweist sich als seine epochale Falle. Die Notwendigkeit Gottes als unabhängig entpuppt sich, weil sie durchs Nadelöhr des Subjekts gehen muss, als »schlechthinnige Abhängigkeit Gottes vom Menschen«[169]. Wenn Gott aber solcherart unter neuzeitlichen Bedingungen zum Appendix des Menschen wird, ist Friedrich Nietzsches Aphorismus vom tollen Menschen recht zu geben – sowohl im Sinne einer Feststellung wie auch als Imperativ: »›Wohin ist Gott? rief er, ich will es euch sagen! *Wir haben ihn getödtet*, – ihr und ich! Wir Alle sind seine Mörder!«[170] Die Sicherung Gottes durchs Bewusstsein muss, bleibt man denn konsequent neuzeitlich, dazu führen, dass er als das erkannt wird, was er ist: ein Prädikat eben dieses Bewusstseins. Dann freilich kann nur Nietzsches Empfehlung konsequent sein.[171]

Evidentermaßen tut die christliche Theologie gut daran, ihre Anliegen nicht in den Bahnen dieses Gottesbegriffs explizieren zu wollen. Jüngel setzt sich von ihr ab, indem er christlicherseits feststellt: »Gott ist mehr als notwendig.«[172] Mit einer solchen Grundbestimmung ließe sich gegen beide streiten, sowohl gegen die Theoretiker der Notwendigkeit Gottes als auch gegen die, die von ihm nichts wissen wollen und dies präzise aus Ablehnung seiner vorgeblichen Notwendigkeit tun. Dieser Satz hat eine für unseren Zusammenhang bedeutende Implikation, weil Jüngel einen Zusammenhang zwischen der Notwendigkeit Gottes und seiner Allmacht erkennt. Von der Allmacht dürfte, appliziert man den Gedankengang über Notwendigkeit

[167] Descartes, Meditationes III, 22–25.38.

[168] Jüngel, Geheimnis 156.

[169] Ebd. 163.

[170] Nietzsche Die fröhliche Wissenschaft III, 125 (KSA 3, 480f) ad Jüngel, Geheimnis 195–200. Der Kursivdruck ist im Original gesperrt.

[171] Vgl. die Bemerkung: »daß die Metaphysik ihrer inneren Notwendigkeit folgte, als sie den Gottesgedanken seinem Ende entgegen führte«, Jüngel, Geheimnis 61.

[172] Ebd. 30, i.O.h.

auf sie, genauso gelten, dass sie einen grandiosen Projektionsvorgang darstellt: Die Macht eines irdischen Herrschers wurde projiziert, genauso wie die Notwendigkeit Gottes um der subjektiven Gewissheit seiner selbst willen. Ist dies als bloßes Konstrukt durchschaut, so ist Allmacht nicht länger ein notwendiges Prädikat Gottes. Gottes Macht kann ohne diese störende Notwendigkeit entfaltet werden als das, was sie ist: »die Macht seiner Liebe«.[173]

c) Gottes Einheit mit dem Vergänglichen und das Wort vom Tod Gottes

Der christliche Gottesgedanke kann und soll also in Freiheit vom philosophischen Theismus und seinen Implikationen über die Notwendigkeit Gottes entwickelt werden. Dies bedeutet für Jüngel – wie eingangs angedeutet – freilich nicht, dass der Glaube sich nun ins fideistische Geviert zurückziehen und unbehelligt von Fragen und Anfragen vor sich hin Bild an Bild reihen könnte.[174] Wohl ist christliche Theologie nur als Offenbarungstheologie möglich, jedoch soll diese in der irgend gewinnbaren denkerischen Strenge sagen, was sie zu sagen hat. Es verwundert deshalb nicht, dass Jüngel auch für die Entfaltung des Kerns seiner Gotteslehre im stetigen, gleichwohl kritischen Gespräch mit einem Theorem bleibt, das in Theologie wie Philosophie gleichermaßen eine bewegte Geschichte hat. Es handelt sich um »das dunkle Wort vom Tode Gottes« (Hegel). Seine Arbeit streitet für die theologisch reflektierte Wiedergewinnung dieses Worts. Für den hier interessierenden Zusammenhang möchte ich mich dem vermittels eines Umwegs nähern, über Jüngels Rede von der Einheit Gottes mit dem Endlichen: Wenn man denn theologisch vom Tod Gottes soll reden können, so scheint seine Einheit mit dem Endlichen wenn nicht die Voraussetzung, so doch eine Art Zugangsbedingung dazu zu sein.

Jüngel weicht einer Frage nicht aus, die sich angesichts der Rechnung, die er dem Theismus präsentierte – dass dieser mit innerer Notwendigkeit auf seine Selbstabschaffung zulaufe – stellt, ja notwendig stellen muss: Wird Gott überhaupt angetroffen? Wenn es die allgemeine Plausibilität eines vorgreifenden Gottesgedankens nicht gibt, kann er gedacht, kann ihm begegnet werden? Erstaunlicherweise ist das *Thema* des theistischen Gottes mit seiner denkerischen Abschaffung nämlich durchaus nicht mit abgeschafft. Es ist nicht leicht, auf einen Gott im Sinne der Steigerung oder Ab-

---

[173] Ebd. 26.

[174] Vgl. ebd. 269 u.ö., z.B. 309: »Wer verantwortlich von Gott reden will, muß Gott denken«, und zwar so prinzipiell wie möglich, da ein Interesse an einem »*allgemeinverbindlichen* Gottesbegriff« (312) bestehe. Inwiefern die Denkarbeit der Theologie, obschon sie bei Jüngel auf das konsequenteste als Offenbarungstheologie angelegt ist, Gefahr läuft, sich auf diese Weise denkerisch doch zu überheben, wird weiter unten zu fragen sein.

schließung der Welt wirklich zu verzichten. Der Gott kann zum Fortschritt werden, zum Ideal, zum Punkt Omega oder manchem anderen mehr: Dass eine solche Steigerung von Welt unter neuzeitlichen Bedingungen erwünscht, erbeten ist, scheint doch ganz einsichtig. Sind, so fragt Jüngel, Mensch und Welt nicht auf »projektierende Konstruktion von Göttern angewiesen«?[175] Genauer: »Ist es nicht, um die Welt denken zu können und dadurch machbar werden zu lassen, geradezu unerläßlich, die vorhandene Welt zu transzendieren und ein göttliches Mehr als Welt (im Sinne eines Schrittes über die Welt hinaus) zu konstruieren?«[176] »Haben wir nicht und brauchen wir nicht einen unendlichen Verschleiß an Göttern?«[177] Dadurch, dass die gedankliche Sicherung des theistischen Gottes im Subjekt diesen selbst abschafft, ist seine Attraktivität nicht mit abgeschafft. Die Frage, ob Gott überhaupt angetroffen werden kann, muss dies beständig mit bedenken, um nicht unwissentlich der beständigen Neigung zur Konstruktion von Göttern aufzusitzen und damit dem unendlichen Verschleiß an Göttern noch weitere Exemplare hinzuzufügen. Die Neigung zu Göttern und ihren Derivaten rührt nach Jüngel aus dem Bedürfnis nach dem Mehr an Welt. Unausrottbar scheint sie in einer Welt zu sein, die ihre Horizonte beständig verschiebt, sei es durch Machen oder Entdecken. Die Frage, wo Gott ist, stellt sich unter diesen Bedingungen also noch einmal neu und verschärft. Zur Aufgabe der Theologie angesichts dieser Situation bemerkt Jüngel an zentraler Stelle:

»Die Theologie kann das ihr Aufgegebene nur dann tun, wenn sie zur Beantwortung der Frage ›Wo ist Gott?‹ nicht allein auf ein ›Über uns‹ verweist. Gott ist auch unter uns. Und gerade so ist er Gott. Gott ist ›gerade nicht in der Nur-Göttlichkeit, die dem Menschen bei der von ihm intendierten Nur-Menschlichkeit offenbar vorschwebt! ... Wie täuscht sich der Mensch im Vollzug jener tollen Verwechslung (sc. von Gott und Mensch) zuerst und vor allem über *Gott!* Eben nicht einmal das gelingt ihm, wenigstens die wirkliche Gottheit in sich selbst zu verehren, sondern indem er sich selbst absolut setzt, ist es schon das Bild einer falschen Gottheit, die er in sich zu finden meint, verehrt und anbetet: eben in diesem Absoluten das Urbild *aller* falschen Götter. (...)‹«[178]

Die Theologie darf den theistischen Fehler nicht wiederholen, und sei es auf noch so subtile Weise. Zu notieren ist, dass Jüngel an dieser Stelle von Göttern bzw. dem Wunsch nach ihnen spricht und ein diesbezüglich einschlä-

---

[175] Ebd. 214.

[176] Ebd.

[177] Ebd. 215.

[178] Ebd. 267. Jüngel zitiert Karl Barth, KD IV/1, 468f. Die ergänzende Klammer ist von Jüngel, die Auslassung am Schluß von mir.

giges Barth-Zitat wählt. Offensichtlich sieht er eine direkte Parallele zwischen dem seiner Selbstauflösung überführten theistischen Monotheismus auf der einen und der Anbetung von Göttern auf der anderen Seite. Von Einzahl versus Mehrzahl wird man sich also nicht beirren lassen dürfen, wenn es darum geht, die scheinbar so unterschiedlichen Phänomene aufeinander zu beziehen. So jedenfalls scheint Jüngel es nahe zu legen.[179] Es ist eine genaue Überlegung wert, ob Theismus und Polytheismus in diesem Sinne theologisch gleich zu werten sind, der Polytheismus die theistische Fehlstellung sozusagen nur in kleinerer Münze wiederholt. Manches spricht dafür. So lassen sich etwa historische Evidenzen beibringen, indem man zeigen kann, dass philosophische Theologien als Sublimation aus polytheistischer Religion entstanden: Sind die platonischen Ideen nicht weiterlebende, wenngleich depotenzierte Götter? Verdankt sich das parmenideische Lehrgedicht nicht präzise einer himmlischen Epiphanie, nämlich der der Göttin Ἀλήθεια?[180] Ist die Götterlehre in der hegelschen Ästhetik nicht ein Hinweis auf einen engen Zusammenhang zwischen Kunsterleben und religiöser Epiphanie?[181] – Die Beispiele ließen sich vermehren. Ihnen zur Seite kann man die von Jüngel angedeuteten Beobachtungen stellen, dass hinter dem theistischen Gott wie den Göttern ein- und dasselbe Bedürfnis steckt: etwas zu denken, das mehr als Welt ist, um ein Mehr an Welt herstellen oder doch erhoffen zu können. In diesem Sinne sind der Gott und die Götter tatsächlich gleichsinnig und ist die theologische Kritik an den Göttern in den Bahnen der Theismuskritik zu formulieren. Freilich aber würde es sich die Theologie zu einfach machen, würde sie es dabei bewenden lassen. Es ist dem Rechnung zu tragen, dass die Vielen nicht nur Verwandte, sondern auch Kritiker des Einen sind. Sie besetzen das, was die zunehmend entleerte Welt des einen, weltjenseitigen Gottes als Unbehaustes zurückgelassen hat. Im Gegensatz zum Theismus sind die Götter des Polytheismus nicht abstrakt und jenseitig, sondern im eminenten Sinne weltlich, gleichsam Verdichtungen oder Zusammenballungen von Welt. Wenn dies richtig

---

[179] Jüngel, Unterwegs zur Sache 294.

[180] Diels/Kranz Frgm. 1 = Kirk/Raven/Schofield 288, Z. 2–3: »πολύφημον ἄγουσαι δαίμονος« bzw. Z. 22: »θεὰ«. Georg Picht hat anhand von Beobachtungen zu diesem Text die These aufgestellt, dass die Rede der westlichen Philosophie von Wahrheit als Ganze im Sinne einer Epiphanie begriffen werden muss: Der Sublimationsvorgang der Götter zur Epiphanie der Wahrheit hat bei Parmenides seine Schaltstelle, in der neuzeitlichen Philosophie wird sie gleichsam in die andere Richtung zwischen Kant und Hegel wieder sichtbar: Kants Ideale der reinen theoretischen Vernunft sind noch in strenger Weise an das Subjekt gebunden, während sie bei Hegel tendenziell zu dem Eigenleben entsichert werden, das sie in Gestalt von pluriformen Werten, Zielen und Idealen in der Gegenwart tatsächlich spielen. Diese These – zuerst dargestellt in Picht, Wahrheit 39ff –, die sich nicht zuletzt auf Max Weber berufen kann (Wissenschaft als Beruf 27ff), wird uns im nächsten Kapitel beschäftigen.

[181] Hegel, Vorlesungen über die Ästhetik I, Werke 13, 229ff; sowie II, Werke 14, 13ff.

ist – wofür ausweislich religionsphilosophischer und -phänomenologischer Arbeiten einiges spricht –, dann wäre eine sich allein auf die Variation der Theismuskritik stützende theologische Strategie ungenügend. Sie hat – gleichsam auf der Basis, dass beide Spielarten mit einem identischen Motiv beginnen – mit dem Proprium des Wunsches nach Göttern jenseits des einen Gottes ernst zu machen. Das heißt insbesondere, dass ihr Gegenüber nicht mehr ausschließlich mit der Vorsilbe »all-« operiert, also mit Termini wie Allmacht und Allgegenwart beschrieben wird. Nicht ein abstrakter Allmachtsprätendent ist der Gegner, sondern die mancherlei Mächte, die für das Leben der Menschen beherrschend sind. Im Gefolge von Eberhard Jüngels Ansatz ist eine solche Zuspitzung sehr viel eher möglich als beim zuvor verhandelten Autor, da dieser die theistische Perspektive in konstruktiver Weise zu besetzen trachtete und sich deren Probleme mit einhandelte.

Zurück zum eben petit wiedergegebenen Zitat. Als Proprium des seiner Struktur nach aus KD § 17.2 wohl bekannten Arguments kann festgehalten werden: Das unterscheidend Christliche nach Jüngel ist, dass Gott »auch unter uns«[182] ist. Gottes Gottheit ist nicht als Steigerungsform und als Überbietung der Welt, auch nicht als deren Prolongation im Sinne eines Wunsches zu denken, sondern gleichsam in der Umkehrung der Bewegungsrichtung, so, dass Gottes Gegenwart unter uns ausgesagt werden kann. Die Anschlussfragen ergeben sich an diesem Punkt fast von selbst: Wenn es so ist, wie muss Gottes Anwesenheit auch unter uns des Näheren gedacht werden und was berechtigt dazu, diese Anwesenheit zu glauben? Jüngels Antworten auf diese Fragen führen zu zentralen theologischen Begriffen, nämlich zu denen von Wort Gottes, Vergänglichkeit und Kreuzestheologie.

Wo also ist Gott, der auch unter uns ist? »Antwort: Gott ist in Gottes Wort.«[183] Jüngel entfaltet die Prämissen einer Theologie des Wortes Gottes, um den hier umrissenen Problemkomplex zu bearbeiten. Diese Entfaltung lässt sich in drei Schritte auseinander legen. In aller Kürze:

(1) Die Sprache ist der innere Grund der Geschichte. In einem der eigentlichen Worttheologie vorgeordneten Gang bestimmt Jüngel das Verhältnis von Sprache und Geschichte. Grundlegend ist dabei der Gedanke, dass im eigentlichen Sinne Geschichte nur haben kann, wer Sprache hat, weil die Dimensionen der Geschichte (gestern, heute, morgen) nur in der Sprache beieinander sind. Wer sprechen kann, kann sich so zu seiner Geschichte und der der anderen verhalten. Existenz ohne Sprache ist zweifellos ebenso zeitlich, aber kann nicht im eigentlichen Sinn geschichtlich genannt werden. In diesem Sinne kommt das Wort als Ort der Denkbarkeit Gottes infrage. Na-

---

[182] Jüngel, Geheimnis 267.
[183] Ebd. 268.

hezu hymnisch hebt Jüngel das dem Menschen gegebene Wort als Ort seiner besten Möglichkeiten heraus.[184]

(2) Gottes Wort unter uns ist Jesus Christus. Das Wort Gottes macht sich die Verbalität des Menschen gleichsam zunutze, um in ihr ein Verhältnis zwischen Gott und Mensch zu etablieren, welches Gott in seiner Göttlichkeit zum Menschen kommen lässt, ohne jedoch den Menschen im Gegenzug zu vergotten. Der sich seines und des Wortes Gottes bewusste Mensch wird nur immer menschlicher.[185] Dies drückt sich auch darin aus, dass im Modell der Worttheologie keine schlechthinnige unio mystica von Gott und Mensch gedacht wird, vielmehr ein Spiel von Nähe und Distanz auf Dauer gestellt ist: Gott ist im Wort anwesend, aber indem er das ist, ist er präzise als Abwesender anwesend.[186] Gott ist Christus praesens im Wort der Verkündigung.

(3) Das Ergehen Jesu ist das Eingehen Gottes in den geschichtlichen Zusammenhang. Der Sachgrund im Verhältnis zum Wort, der Jesus Christus in Blut und Fleisch im Verhältnis zum Christus praesens ist Gottes Wirklichkeit im Geschick Jesu Christi. Jüngel denkt eine Brücke vom Wort als Ort sprachlicher Anwesenheit zum λόγος Gottes in seiner κενῶσις unter den Menschen. Dieser Anspruch des Verkündigungsworts ist allein gerechtfertigt durch den Hinweis auf ein Geschehen, welches wie folgt benennbar ist: »In dieser *Existenz* Gottes bei dem Menschen Jesus vollzieht sich das göttliche *Wesen.*«[187] Wo das zur Sprache kommt, ist Jesus Christus als Gottes Wort im Wort.

Damit ist der Punkt erreicht, an dem das unterscheidend Christliche mit hinreichender Klarheit ausgesagt werden kann. In Jesus Christus wird Gott eins mit der *Vergänglichkeit.*

---

184 Ebd. 254ff, bes. 257. Die Parallele dieser anthropologischen Überlegung zum Ebeling'schen Ansatz der Worthaftigkeit des Menschen und seiner Ansprechbarkeit in der Worthaftigkeit ist offenkundig. Freilich ist Jüngels Ansatz in dieser Hinsicht bescheidener: Ist für ihn die Worthaftigkeit des Menschen Ort der Denkbarkeit Gottes, so interpretiert Ebeling sie als Aufweisort für die *Angewiesenheit* des Menschen auf das ihm von außen zukommende, befreiende Wort. Ebeling interpretiert die Sprachlichkeit des Menschen nicht nur als dessen Spezifikum, sondern schließt sogleich eine natürlich-theologische Denkbewegung an, die darin mündet, »daß der Mensch als das Lebewesen, das Sprache hat, als das *zoon logon echon*, zugleich das Lebewesen ist, das zum *logon didonai* genötigt ist, zum Rechenschaft geben. Er ist darum auf ein Wort angewiesen, durch das sein Leben zur Wahrheit kommt.« (Ebeling, Dogmatik I, 104, vgl. 352f, ferner II, 508–510 und III, 251ff.) Ganz entsprechend wird die theologische Anthropologie auch mit der Vorordnung der Hamartiologie vor der Lehre von der Gottebendbildlichkeit begonnen (ebd. I, 345f.256ff). Auf die theologischen Nachteile dieses defizitorientierten Zugangs ist verschiedentlich hingewiesen worden, vgl. etwa Gelder, Glaube und Erfahrung 175–184.

185 Jüngel, Geheimnis 257f.

186 Ebd. 222.

187 Ebd. 259.

Vergänglichkeit war im Rahmen metaphysischen Denkens pejorativ besetzt und als Uneigentliches und damit zu Überwindendes bezeichnet. Wer die Gottheit streng außerhalb der Welt ansetzt, muss zwangsläufig weltflüchtig werden oder innerweltlich Manifestationen des Ewigen aufsuchen, die den weltlichen Zusammenhang durchbrechen als Hereinkommen des Ewigen ins Jetzt. Dass dies auch und gerade für die theologischen Derivate solchen Denkens gilt, zeigt Jüngel eindrucksvoll.[188] Im Rahmen inkarnatorischen und kreuzestheologischen Denkens ändert sich das freilich. Dass Gott zur Welt kommt, ändert die Prädikationen des Welthaften grundlegend. Jüngel beschreibt dies durch seine – oben (a) bereits angedeutete – Verwendung der Kategorien »wirklich« und »möglich«. War man im Rahmen metaphysischen Denkens gewohnt, dem Wirklichen jedenfalls den Vorzug zu geben und Gott als Inbegriff der Wirklichkeit zu denken, so gilt angesichts des christlich bekannten Eingehens Gottes in die Vergänglichkeit: »das ontologisch Positive der Vergänglichkeit ist die Möglichkeit.«[189]

Exkurs: Möglichkeit und Wirklichkeit

Das von Eberhard Jüngel vorgeschlagene Verhältnis von Möglichkeit und Wirklichkeit ist freilich auch für den nicht unproblematisch, der wie ich der zugrunde liegenden Intention zustimmt. Ich greife einen Aspekt heraus: Wenn nun Möglichkeit das ontologische Prius hat und gewissermaßen Gottes Ort in der Wirklichkeit ist, wie steht es denn dann um die letztere? Droht in der Umkehrung der aristotelischen Grundentscheidung ein Zweiweltendenken, das Jüngel kaum wollen kann? Im Rahmen eines Aufsatzes entfaltet Jüngel einige Konsequenzen seiner Grundentscheidung über die Begriffe von Wirklichkeit und Möglichkeit und gibt zu Fragen wie diesen Auskunft.[190] Die Rede von der Priorität des Möglichen wird hier schöpfungs- und rechtfertigungstheologisch expliziert: Das Rechtfertigungsereignis, so Jüngel, dürfte nicht anders als als creatio ex nihilo verstehbar sein. Durch Gottes schöpferisches Wort findet der Seinswechsel zum Gerechtfertigten statt, analogielos wie die Schöpfung. (220 u.ö.) Was sein kann und was nicht, liegt bei Gott. Das drückt Jüngel auch so aus: »Gott wäre in diesem Sinne zu begreifen als der, der das Mögliche möglich und das Unmögliche unmöglich macht.« (222) Was mit den Augen der Welt betrachtet je nur Wirklichkeit ist, kommt vor Gott als Doppelspiel von möglich und unmöglich zu stehen, wobei die Zusprechung dann seine Souveränität ist. Jüngel ordnet Möglichkeit und Wirklichkeit in einer Weise einander zu, die an die Rede von den zwei Regierweisen Gottes bei Luther gemahnt: Wirklichkeit, so sagt er, ist der Bereich, in dem Gottes Allmacht zum Tragen kommt. In ihr »wirkt das schon Wirkliche als Werk, das als solches immer aus der Vergangenheit kommt.« (226) Wo dagegen

[188] vgl. ebd. 276ff.

[189] Ebd. 289, i.O.h.

[190] Jüngel, Die Welt als Möglichkeit und Wirklichkeit: Unterwegs zur Sache 206–233. Nachweise in diesem Exkurs daraus, sofern nicht anders vermerkt.

aber Mögliches vom Unmöglichen geschieden wird, da ist ursprüngliches Schaffen, dort ist »Gottes Freiheit als Liebe, die das Mögliche möglich macht. (...) Gottes Allmacht gilt der Wirklichkeit, Gottes Liebe gilt dem Sein, das im Werden ist.« (ebd.) Gottes Liebe sei dabei jedenfalls höher zu stellen als seine Allmacht.

Die Frage nun, wie beide Bereiche aufeinander zu beziehen sind – »kompliziert genug, um eine rechtschaffene Theologie in Verlegenheit zu bringen« (227) – skizziert er wie folgt: Das Wirkliche wird nicht als gleichsam fugenlos wirklich gedacht, weil es sonst keine Freiheit gäbe. (229) Dementsprechend wird das, was vom Möglichen her zukommt als »Zuspruch von Freiheit« (ebd., i.O.h.) gedacht. Das Wirkliche wird unterscheidbar durch den Ein- und Zuspruch des Möglichen. Vom Evangelium her soll das was landläufig Wirklichkeit heißt, nicht einfach hingenommen werden, sondern ein fruchtbarer »Streit um das, was Wirklichkeit ist« (231) begonnen werden, und zwar in dem Sinne, » ὅτι πρότερον δύναμις ἐνεργείας ἐστίν « (ebd.)

Eine gewisse kantische Färbung der Lösungsstrategie ist nicht zu übersehen. Als geschlossener Wirkzusammenhang – kantisch: Naturmechanism – wird die Wirklichkeit gedacht, der gegenüber ein Gott in der Tat nur als primum movens oder Inbegriff dieses Zusammenhangs denkbar ist. Das Mögliche als Freiheit eröffnend kann nur als externer Zuspruch gedacht werden, bezüglich dessen Woher der Verstand buchstäblich stillestehen muss: Wie mitten im Naturmechanism die Teleologie der Vernunft, welche die zweite Kritik beschreibt, möglich sein soll, ist im strengen Sinne unerforschlich.[191] Der Einspruch des Möglichen, kantisch gedacht, ist die Teleologie der Vernunft am Maß des kategorischen Imperativs; in Jüngels Termini gespiegelt handelt es sich um die Freiheit des gerechtfertigten Individuums, von seinem Sein extra sese aus den Streit um die Wirklichkeit zu beginnen.

Im Rahmen einer subtilen Lektüre der einschlägigen Texte von Aristoteles und G.W.F. Hegel hat Michael Welker der Jüngel'schen These widersprochen. Er führt den Nachweis, dass Jüngels Wirklichkeitsbegriff zwei entscheidende Nachteile aufweist. (1) Zum einen verkennt er, dass der aristotelische Gottesbegriff sehr wohl Möglichkeit in sich fasst. Der Gott aus Metaphysik XII.7–9 ist einer, der nicht irgendwie alles Wirkliche wirkt, sondern genau so, indem er sich rein denkt und dadurch reine ἐνέργεια ist. Dies ist als lebendige gedankliche Selbsthabe vorzustellen,

[191] In der Kritik der praktischen Vernunft unterscheidet Kant scharf zwischen der Kausalität in der Sinnenwelt, die als Begründung von Freiheit und Willen niemals herhalten kann und dem intelligiblen Verständnis des Menschen, welche dies allein möglich macht. So heißt es beispielsweise in der Dialektik der praktischen Vernunft: Der Satz »daß Tugendgesinnung notwendig Glückseligkeit hervorbringe, ist *nicht schlechterdings*, sondern nur, sofern sie als die Form der Kausalität in der Sinnenwelt betrachtet wird, und, mithin, wenn ich das Dasein in derselben für die einzige Art der Existenz des vernünftigen Wesens annehme, also nur *bedingter Weise* falsch. Da ich aber nicht allein befugt bin, mein Dasein auch als Noumenon in einer Verstandeswelt zu denken, sondern sogar am moralischen Gesetze einen rein intellektuellen Bestimmungsgrund meiner Kausalität (in der Sinnenwelt) habe, so ist es nicht unmöglich, daß die Sittlichkeit der Gesinnung einen (...) notwendigen Zusammenhang als Ursache, mit der Glückseligkeit, als Wirkung in der Sinnenwelt habe, welche Verbindung in einer Natur, die bloß Objekt der Sinne ist, niemals anders als zufällig stattfinden, und zum höchsten Gute nicht zulangen kann.« (Kant, Werke IV, A 206f)

der es durchaus möglich (sic!) ist, auch das Mögliche gedanklich zu haben, sofern es nur denkbar ist.[192] Insofern greift die Entgegensetzung von Wirklichkeit und Möglichkeit hier zu kurz. Ad bonam partem gelesen – und eine andere Lektüre könnte ich nicht für statthaft halten – findet sich eine relative Erwiderung auf diesen Vorwurf aber auch in Jüngels Konzept, und zwar in der Zuordnung von Wirklichkeit und göttlicher Allmacht auf der einen, Möglichkeit und göttlicher Liebe auf der anderen Seite: Dass Gott nicht schlankweg vom Möglichen allein her gedacht werden kann, wirklich und möglich bei ihm vielmehr ineinander liegen, ist hier grundgelegt. Die exegetischen Schwierigkeiten am aristotelischen Text sind von dieser Feststellung freilich nicht berührt, wenngleich Jüngel sich ihnen tendenziell entzieht, indem er ausdrücklich die »Folgen« der Theologie des Aristoteles als die bezeichnet, »die unser Schicksal geworden zu sein scheinen«.[193] Ausweislich dieses Zitats sucht er den Kampf mit der Chimäre der Tradition. (2) Der zweite Einwand Welkers ist für unseren Zusammenhang aufschlussreicher: Unter Bezug auf Hegel weist er darauf hin, dass durchaus Weltzustände denkbar sind, in denen Möglichkeit und Wirklichkeit ineinander liegen, dass, mit anderen Worten, die an den kantischen Naturmechanism erinnernde Interpretation von Wirklichkeit ungenügend ist. Wirkliches, das als Stoff oder Material für Kommendes dient, respektive im Rückblick auf vergangene Weltzustände so erfahren wurde, ist ja genau dies: Ineinander von Wirklichkeit und Möglichkeit.[194] Demgegenüber kann es nicht verfangen, wenn Wirklichkeit auf der einen, Möglichkeit vs. Unmöglichkeit auf der anderen Seite einander gegenübergestellt werden. In der Tat: die Denkaufgabe muss heißen, »den Begriff der ›Wirklichkeit‹ klarer und weiter zu fassen.«[195]

Dies ist für die Frage, wie Gottes Macht angesichts der Mächte soll gedacht werden können, von erheblichem Gewicht: Die Jüngel'sche Variante würde die Mächte gänzlich dem Wirklichen und damit dem, was ausschließlich aus dem Vergangenen existiert, zuordnen. Als Wirklichkeit wohnt ihnen keinerlei Möglichkeit inne, dem Primat des Möglichen sind sie gleichsam ausgeliefert. Sind dagegen aber Weltzustände denkbar, welche in sich Keime der Möglichkeit bergen, die nicht in direkter Weise als Gottes analogieloses Schaffen bestimmbar sind, so wird die Frage nach ihrer – sit venia verbo – Wirklichkeit deutlich prekärer. Sie wären zu denken als solche, die ein begrenztes Eigenleben führen und deren Machtstreit mit Gott – in einer theologisch noch genauer zu bestimmenden Weise – eben noch nicht ausgestanden ist. Mit anderen Worten: Das Jüngel'sche Konzept könnte dazu verleiten, die Macht der Mächte als bereits ausgestanden zu denken, sie als nicht mehr prekär denken zu können und in ihnen letztlich kein theologisches Problem mehr zu sehen.

Wiederum sind in Eberhard Jüngels Texten selber Widerlager gegen eine derartige Kritik angebracht: Konsistent redet er vom Streit um die Wirklichkeit und von Gottes

---

[192] Welker, Gottes Geist 275–277, denkbar wäre dabei der Bezug auf Aristoteles, Met XII,7 1072b14ff.

[193] Jüngel, Geheimnis 290.

[194] Welker, Gottes Geist 277f.

[195] Ebd. 277.

sich-Einlassen auf den mit ihr verbundenen πόλεμος.[196] Insbesondere in der hier folgenden Auseinandersetzung mit seiner Trinitätslehre wird aber zu fragen sein, ob diese Involviertheit Gottes in den Streit nicht eine ist, die sich qua immanent-trinitarischer Rückversicherung als nur vordergründige bezeichnen lassen muss.

Gottes Einheit mit der Vergänglichkeit wird durch eine Reihe von Theologumena illustriert, welche konsequent auf das Wort vom Tod Gottes zulaufen.[197] Zunächst: Das Wesen der Vergänglichkeit ist eine bestimmte Art von Geschichte, nämlich eine solche, die Vergangenes nicht einfach hinter dem Horizont der Gegenwart ins Nichts verschwinden lässt, wogegen schon das Phänomen des Erinnerns spricht: »Die memoria bewahrt die Möglichkeit vergangener Wirklichkeit.«[198] Ferner steht das Vergängliche, wie eben angemerkt, im Streit, es steht im »Streit zwischen Möglichkeit und Nichts«.[199] Wie Gottes Rolle, präziser, Gott selbst in diesem Streit zu denken ist, darauf gibt nach Jüngel die Rede vom Tode Gottes die Antwort. Sie lautet: Gott lässt sich in seiner Identität mit dem getöteten Jesus ein auf das Nichts. Er weicht ihm nicht aus. Damit aber nimmt er dem Nichts in bestimmter Hinsicht die Macht. Es ist nicht mehr ortlos und unbestimmt. Diese Unbestimmtheit und die daraus resultierende Bedrohung wird durch Gottes sich-Einlassen auf es geändert: »Gott bestimmt es, widerspricht und widersteht der vernichtenden Gewalt des Nichts.«[200] Jüngel fasst seine Überlegungen wie folgt zusammen: »Die Rede vom Tode Gottes besagt demnach (...): a) daß Gott sich auf das Nichts eingelassen hat; b) daß Gott sich in der Weise des Kampfes auf das Nichts eingelassen hat; c) daß Gott das Nichts bekämpft, indem er ihm einen Ort anweist; d) dass Gott dem Nichts einen Ort im Sein gibt, indem er es auf sich nimmt.«[201] Dass hier der Geist der Hegel'schen bestimmten Negation zur Interpretation herangezogen wird, ist offensichtlich und wird vom Autor eine Seite später auch notiert. Die altchristliche Rede vom Tod des Todes und von seiner Überwindung durch die

---

[196] Jüngel, Geheimnis 293ff.

[197] Dieses Wort findet sich in seinen theologischen und philosophischen Traditionen eingehend diskutiert im § 7 (72–137) von »Gott als Geheimnis der Welt«. Auf diese äußerst instruktiven Darstellungen sei hier pauschal verwiesen. Ich referiere lediglich einige Ergebnisse in theologischer Hinsicht.

[198] Ebd. 292. Freilich würden Gedächtnistheorien wie die von Jan Assmann diese Beobachtung um den entscheidenden Hinweis verändern, dass das Gedächtnis eine eminent gegenwartskonstituierende Funktion hat, indem es die Identität dessen, der sich erinnert, für Gegenwart und Zukunft bestimmt. Das Vergangene ist somit nicht, wie Jüngel meint, in der ihm selbst zugedachten Möglichkeit bewahrt, sondern als Möglichkeit präzise des sich Erinnernden gedacht und damit funktionalisiert. Vgl. Assmann, Gedächtnis 40–42 u.ö.

[199] Jüngel, Geheimnis 294, i.O.h.

[200] Ebd. 297.

[201] Ebd., vgl. 137.

Höllenfahrt Jesu Christi versteht er als neue konkrete Ortsanweisung für das Nichts: »Es erhält eine Bestimmung (...) die neue Funktion, die Möglichkeit des Seins zu potenzieren. Es wird zur differenzierenden Kraft in der Identität des Seins.«[202] Wie ist dies näher zu verstehen? Offenkundig hört das Nichts, ist es sozusagen innerhalb Gottes, nicht auf. Wohl aber kann aus ihm Gutes, Schöpferisches hervorgehen. Wendet man diese hoch spekulativen Gedanken auf Gott zurück – und das ist das telos der Ausführungen Jüngels – dann ergibt sich: Das Nichts ist ein Unterschied am Sein, Gott hat diesen Unterschied gesetzt. Nur weil er ewig schöpferisches Sein ist, »deshalb und nur deshalb ist ein *Unterschied* zwischen Sein und Nichts, so daß Gott *in nihilum ek-sistiert.*«[203]

Dies ist für Jüngel die Pointe eines Gottesgedankens, der Gott nicht abstrakt vor und über der Welt denkt. Im Folgenden wird zu fragen sein, ob dieser spekulative Abschluss des Gedankens den Gewinn der Theismuskritik nicht wieder revoziert und dementsprechend die Auskunftsfähigkeit zur Frage bezüglich Gottes Macht mindert. Für die hier in extenso besprochenen Passagen mag als Rückfrage genügen, ob die bestimmte Negation des Nichts zur differenzierenden Kraft innerhalb des Seins wohl den Gedanken der Tragik aus der Welt schafft, dies aber nicht um den Preis tut, dass der einzige Trost für die, die vom Nichts befallen sind, der ist, dass ihre Vernichtung im Rahmen des göttlichen Lebens geschehe. Wäre der Gewinn dann nicht dahin? – Martin Luther hatte an dieser Stelle den Weg gewählt, einen solchen Gottesgedanken zwar im Namen der necessitas unvermeidbar zu halten, ihn im Namen des Glaubens aber pointiert nicht denken zu sollen, weil Gott sich pro nobis anders bestimmte, was aber einen Bereich des Geheimnisses mitsetzt. Ob dies in sich konsistent ist, sei einstweilen dahin gestellt.[204] Ist die Luther'sche Grenze des Gedankens so bei Jüngel noch auffindbar?

d) Gewissheit, Gott als »repetitio aeternitatis in tempore« und Gottes Macht

Ich beginne mit einer kurzen Standortbestimmung. Im Rahmen der Skizze von Eberhard Jüngels großem Entwurf zur Gotteslehre war notiert worden,

---

[202] Ebd. 298.

[203] Ebd. 304.

[204] Vgl. WA 18, 689.710. In seiner Studie zu De servo arbitrio arbeitet Jüngel durchgängig anhand dieser dialektischen Argumentationsstruktur der assertio (Quae supra nos, nihil ad nos: Entsprechungen 202–251, bes. 231.239), sodass es verwundert, dass sie im Hauptwerk offenbar auseinandergenommen wird. Es scheint, daß der Leitbegriff des Geheimnisses tendenziell auf das so-Gewordensein Gottes zurückgedrängt ist, während das wie-Sein Gottes nicht als Geheimnis ausgesagt werden soll. Dass und wie dies mit der Thematik der Glaubensgewissheit zusammenhängt, ist Gegenstand des nächsten Abschnitts.

dass und wie er sowohl die Gottesvorstellung des Theismus zurückweist als auch in den Blick bekommt, inwiefern es offensichtlich unausrottbare menschliche Neigung ist, ohne Götter oder ihre Äquivalente nicht auszukommen. Offensichtlich sind wir Menschen, um es mit einem Bonhoeffer'schen Dictum zu sagen, so, dass wir vor Gott ohne Gott, aber offenbar nicht ohne Götter zu sein vermögen. Dies klar zu sehen und ferner den Gott des Theismus in thematische Nähe zu den Göttern zu rücken, ist ein Verdienst dieses dogmatischen Entwurfs. Kritisch war angemerkt worden, dass die Ineinssetzung von theistischer Gottheit und Göttern so ohne weiteres nicht behauptet werden sollte. Anscheinend geben diese überaus eigentümlichen Phänomene noch auf andere Weise zu denken. Die nächste im Lauf der Entfaltung vorgetragene Kritik bezog sich darauf, dass die leitenden Metaphern Jüngels bei der Beschreibung seines Kerngedankens – Gottes Einheit mit der Vergänglichkeit – zu Rückfragen Anlass geben: Wie weit trägt die Denkfigur der konkreten Negation? Laufen ihre Implikationen nicht auf eine paradoxe und das Tragische zu einem zu hohen Preis verdrängende Theodizee hinaus? Ist ihr Spitzensatz nicht, dass das Nichts zwar – die Härte der Formulierung kann ich hier nicht umgehen – nicht nichts ist, wohl aber sein Nichtsein im Rahmen von Gottes Leben entfaltet – und es damit eben tut? Ist damit wirklich – noch einmal sprachliche Härte – schon ent-nichtet?

Diese Fragen stellen sich im Kontext prinzipiellen Einverständnisses, dass in Sachen Gotteslehre und der Frage nach Gottes Macht so vorgegangen werden muss, wie Jüngel es vorführt. Gleichwohl werden sie hier noch einmal aufgenommen und auf die die Untersuchung leitende Frage zugespitzt. Dies geschieht, indem kurz auf ein nach meinem Urteil für Jüngel leitendes Interesse Bezug genommen und sodann ein Konnex zwischen den Spitzensätzen seiner Trinitätslehre und der Frage nach Gottes Macht hergestellt wird.

»Gewißheit ist die Heimat des Glaubens.« So beginnt ein Aufsatz Eberhard Jüngels.[205] In der Tat drängt sich bei der Lektüre seiner Kleinschriften und Bücher der Gedanke auf, dass sie nicht zum geringen Teil genau dem aufhelfen wollen: Das Denken tue seinen Teil dazu, dass der Glauben wisse, woran er mit Gott und sich selbst ist. In einer persönlichen Wendung: »Ich könnte ohne diese angeblich zu abstrakte wissenschaftliche Arbeit nicht predigen.«[206] Der genannte Aufsatz führt in seinem Kern aus, dass Glaubensgewissheit dann entsteht, wenn Gott unvermittelt ins Leben

[205] Gottesgewißheit: Entsprechungen 252–264, hier natürlich 252.

[206] Jüngel, Geheimnis XVII (Vorwort zur ersten und zweiten Auflage). Mir geht es nicht anders.

kommt, »wenn unser Leben von Gott elementar unterbrochen wird.«[207] Erst das, was anspricht, von außen anspricht und ent-sichert, kann als Gottesgewissheit gewertet werden, denn erst dies ist ein gründliches Gegenmittel gegen die neuzeitliche, cartesische Idee, dass Sicherstellen durch Vorstellen geschieht. Dieser Versuch hatte, wie oben schon berichtet, bei der Sicherstellung Gottes durch die Selbstgewissheit des Subjekts geendet, welche Gott konsequenterweise zugunsten des gewissen Subjekts abschafft. So geht es offenbar nicht. Glaubensgewissheit ist die, die von der Gewissheit des verbum externum lebt. Sie weiß, dass unser Leben in elementarer Weise von Gott unterbrochen wird, aber dass es in den unterbrochenen Lebenszusammenhang zurückgeführt wird, und zwar so, dass dieser dabei eine Steigerung erfährt:[208] Durch den Glauben werden die Menschen nicht göttlich, sondern menschlicher. Damit diese Gewissheit in der Tat Gewissheit genannt werden kann, ist für Jüngel eine alles entscheidende Voraussetzung einzuführen: Gott *ist* in der Tat so, wie er sich dem Glaubenden zeigt. Was an uns geschieht, ist nichts, das Gott in irgendeiner Weise äußerlich ist, lediglich eine Regung seines Willens oder etwas Ähnliches darstellen würde: Gott ist so, wie er zu uns kommt, genauer, sein zu-uns-kommen ist sein Sein. Er *ist* der zu-uns-Kommende. Die Idee, von Gott könne man nur sagen, was er tut, nicht aber, wie er sei, gilt ihm schlicht als »fataler[r] Satz«[209]. Aus diesem Grund wäre für Jüngel kein Entwurf vollständig, welcher nicht das, was pro nobis auszusagen ist, in Gottes inneres Leben hinein verfolgt und dort begründen kann. Wäre Gott nicht so, wie er sich uns zeigt, so wäre unser Glauben ohne Grund. Deshalb darf es Rückschlüsse geben, und deshalb muss es sie geben.

Konsequent zu dieser Prämisse ist die Gotteslehre von »Gott als Geheimnis der Welt« angelegt. Sie verdankt sich zum einen der Rückfrage des Glaubens, zum anderen tritt sie exakt als dessen Begründung im Leben Gottes selber auf. In einem Satz: *Gott ist so, wie er sich zeigt.*

Dieses Motiv ist ein Leitmotiv nicht erst seit »Gott als Geheimnis der Welt«. Im Schlusskapitel des Buchs, das Jüngel bescheiden eine Barth-Paraphrase nennt, wird es exponiert. Jüngel bezieht hier die Gegenposition zu Helmut Gollwitzer, der – bei vergleichbarer Ausgangsintention – den Ton auf der Ungeschuldetheit von Gottes Gnade legen will und deswegen behauptet, dass man von einer *notwendigen* Gabe Gottes nicht reden solle.[210] Dies ruft Jüngel auf den Plan, der dieser Vorstellung vorhält, dass sie

---

[207] Jüngel, Entsprechungen 260. Vgl. die Ausführung zur Glaubensgewissheit als Entsicherung in ders., Geheimnis 227ff.

[208] Jüngel, Entsprechungen 261.

[209] Ders., Geheimnis 237, Kritik an Wilhelm Herrmann.

[210] Ders., Gottes Sein 103ff.

an einem substanzartig gedachten Gottesbegriff festhalte und deshalb die Frage aufwirft, wie sich Gottes für-uns-Sein und sein für-sich-Sein zueinander verhielten. Seine Antwort lautet: Es ist um der Gewissheit willen nötig, von einer »Wiederholung *des Seins Gottes durch Gott*«[211] zu reden. Wie Gott in sich ist, so ist er zu uns.

Auf die Frage, wie solches möglich und denkbar sein soll, antwortet Jüngel mit dem Hauptsatz seiner Trinitätslehre: Weil Gott sich in sich so verhält, verhält er sich so zu uns. Gottes Sein ist doppelt relational. Gott kann zu anderem in Beziehung treten, weil er je schon in der ewigen Selbstunterscheidung zu sich in Beziehung getreten ist. Weil Gottes Selbstbezogenheit ein seinem Sein eigenes Werden ist, ist Gottes für-uns-Sein damit ausreichend bedacht. Daraus folgt: »Gottes Für-uns-Sein ist ebenso wenig Abschied wie es ein zu-sich-selbst-Kommen Gottes ist.«[212] Die Trinitätslehre ist demnach Auskunft über Gottes Wesen, weil und sofern es sich uns zuwendet.[213]

Nicht anders in der großen Monographie. Gott hat sich zu Jesus als dem Christus bestimmt. In ihm ist er, wie gesehen, eins mit dem Vergänglichen, insofern sich verschenkend. »So aber, sich verschenkend, hat er sich. So *ist* er. Seine Selbsthabe ist das Geschehen, ist die Geschichte eines Sich-Verschenkens und insofern das Ende aller bloßen Selbsthabe.«[214] Freilich: das sich-Verschenken als Selbsthabe? Der Vorsatz revoziert offensichtlich die Versicherung des Letzteren. Und in der Tat heißt es: »Das besagt, positiv ausgedrückt, dass Gott sich selber Ursprung und Ziel ist.«[215] Seine Selbstlosigkeit, die das unterscheidend Christliche gegenüber der usurpatorischen Selbsthabe des Theismus ausmachen sollte, ruht im Selbstbezug der ewigen Selbstunterscheidung: »Daß in dieser Selbstlosigkeit göttlichen Seins die Selbstbezogenheit desselben Seins nicht endet, sondern *auf das höchste betätigt und bestätigt wird* (...).«[216] Die Gefährdung Gottes im πόλεμος der Welt ist nur, weil und sofern Gott sich selbst von Ewigkeit dazu bestimmte. Darin, so muss man dann aber sagen, ist der πόλεμος in unvordenklich mächtiger Weise rückversichert.Er ist eigentümlich ungefährlich und in der Tat Wiederholung, »repetitio aeternitatis in tempore«, weil Gott selber »repetitio aeternitatis in aeternitate«[217] ist.

---

[211] Ebd. 109.
[212] Ebd. 115.
[213] Näheres dazu in ders., Das Verhältnis von »ökonomischer« und »immanenter« Trinität: Entsprechungen 265–275.
[214] Jüngel, Geheimnis 449.
[215] Ebd. 474.
[216] Ebd. 509. Herv. M.H.
[217] Beide: Ebd. 525.

Zwar, was sogleich zugegeben sei, ist die ratio dicendi der soeben gegebenen Zitatstücke umgekehrt. Von der ewigen Wiederholung redet Jüngel, weil es die zeitliche gibt, die sich in Jesus Christus vollzieht. Freilich aber muss in Erinnerung gebracht werden, dass das ganze Buch von vorne nach hinten gelesen der ratio cognoscendi folgt, während die ratio essendi der Darlegung umgekehrt funktioniert.[218] Das Denken des Theologen schwingt sich auf ins innere Geheimnis Gottes. Ist das möglich? Kann das geschehen um der Gewissheit willen? Hatte Jüngel nicht denjenigen aristotelischen Gedanken kritisiert, der im Denken gewisser Inhalte meinte, sich übers Irdische erhoben zu haben?[219] Mit diesen Spitzensätzen läuft er der eigenen Kritik an einem sich-habenden Gott in die Arme. Wenn die Subtilität des sich-Habens Gottes durch einen Umweg über die Endlichkeit erkauft ist, gleichwohl diese als Umweg enttarnt werden kann, was unterscheidet sie letztlich von der Selbsthabe desjenigen Gottes, welcher actus purus ist?

Es scheint, als müsse mit der Intention des Autors, aber wohl gegen seine Ausführungen, der Gedanke des *Risikos des Glaubens* wiedergewonnen werden. Andernfalls verkäme zur vorgängigen Sicherstellung das, was uns als homines viatores – und in diesem Sinne nur einer theologia viatorum teilhaftig –, eben nicht zugänglich ist. Einer theologischen Begriffsanstrengung, die völlig richtig bei »Gottes Selbstpreisgabe« beginnt,[220] ist es kategorisch unmöglich, eben diese zu überschreiten. Erkennt sie diese Grenzen nicht, droht ihr allemal die Gefahr, sich doch wieder in Begründungs- und Explikationsfallen vorzufinden, denen sie sich aber mit guten Gründen entzogen hatte. Was Glaubensgewissheit ist, muss reformuliert werden können, ohne auf solche Sicherstellungen im Begriff zurückzugreifen.

»Luthers Christologie und Hegels Philosophie« werden an prominenter Stelle des Bandes als Vermittler von »unaufgebbarer Erkenntnis« erwähnt.[221] Es scheint, als ob Hegels Philosophie hier derweilen die Oberhand gewonnen hat. Dem ist zu widersprechen, damit nicht das droht, was bei theologischen Hegel-Adaptionen regelmäßig der Fall ist. Sie laufen dem ins Messer, dass Hegels Geistbegriff und Gott wesentlich ein selbstbezüglicher ist: Die »begriffene Geschichte« ist ihm ausweislich der Schlusssätze der Phänomenologie des Geistes nichts anderes als »die Schädelstätte des absoluten Geistes, die Wirklichkeit, Wahrheit und Gewißheit *seines* Throns, ohne den *er* das leblose Einsame wäre«.[222]

[218] Ebd. XVIII.
[219] Ebd. 289, Anm. 52.
[220] Jüngel, Gottes Sein 121.
[221] Jüngel, Geheimnis 511.
[222] Hegel, Werke 3, 591. Herv. M.H.

Wird die Gotteslehre in diesen Bahnen entwickelt, und damit zurück zum leitenden Thema der Untersuchung, geriete außer Blick, in welcher Weise die Götter uns beherrschen, obwohl sie doch vor Gott Nichtse sind. Dies zeigt sich in den Publikationen Eberhard Jüngels durch eine gewisse Pauschalität in der Behandlung des Themas. Die soteriologischen Implikationen von Gottes Einheit mit dem Vergänglichen und damit von seiner Einheit mit dem getöteten Jesus kulminieren, wie gesehen, in der konkreten Negation des Nichts. Welche soteriologischen Konsequenzen entspringen daraus? »(...) gerade so, den Tod erleidend, hat Gott sich behauptet. Wie ist das zu verstehen? Wenn überhaupt, dann so, daß Gott im Erleiden des Todes, im Ertragen der Negation dem Tod seinen *Wesensakt entzogen* hat (...) daß er dem Tod die Macht genommen hat. (...) Was der Tod *aus sich selbst heraus* noch zu verwirklichen vermag, ist nicht mehr Wesen, sondern nur noch Unwesen.«[223] Der Tod ist um seine »Eigenmacht«[224] gebracht. Der Spitzensatz heißt: »Wo der Tod nun auch hinkommt, da kommt Gott selbst. *So* tötet Gott den Tod.«[225] So hat der Tod und alles, was sterben muss, eine »neue, gute Bedeutung.«[226]

An dieser Textpassage ist mindestens zweierlei bemerkenswert: Zum einen wäre es der genauen Nachfrage wert, ob durch die Denkfigur der Repräsentation (»wo der Tod kommt, kommt Gott«) tatsächlich von einer Entmächtigung des Todes gesprochen werden kann. Das soll aber hier auf sich beruhen bleiben. Für unseren Zusammenhang wichtiger ist die Frage, wie Gottes Macht, die in der Tötung des Todes sich zeigt, zu den mancherlei Mächten sich stellt. Die Antwort ist verblüffend: Es gibt keine. Jüngels Soteriologie kulminiert in diesen Spitzensätzen, aber sie kennt keine Zwischenglieder. Sie ist darauf hin ausgerichtet, Gottes denkbar schlechthinnigen Feind auszumachen und denken zu können, wie Gott ihn überwindet: Gott verortet das ortlose Nichts, Gott tötet den Tod. Die Feinde gleichsam mittlerer Größenordnung scheinen darin impliziert. Dies hatte im Hauptwerk zur Gleichsetzung von Göttern und dem theistischen Gott geführt (s.o.). Im hier herangezogenen Aufsatz zeigt es sich durch eine eigentümliche Dialektik von Erwähnung und Desinteresse. Zum einen erwähnt Jüngel unter Berufung auf Eph 2,12 und Gal 4,8, dass zum-Glauben-Kommen jedenfalls eine Entgötterung bedeutet, sodass der heidnische Vorwurf an die Adresse der jungen Christenheit, sie sei atheistisch, in diesem Sinne zurecht erfolgte.[227] Zum anderen aber konzentriert er sich, wie gesehen, im soterio-

[223] Jüngel, Vom Tod des lebendigen Gottes: Unterwegs zur Sache 105–125, hier 120.
[224] Ebd. 123.
[225] Ebd.
[226] Ebd. 125.
[227] Ebd. 121.

logischen Sinne allein auf das Extrem: Gottes Tötung des Todes. Für die Frage nach Gottes Macht angesichts der Mächte wäre freilich der *Zwischenbereich* interessanter, den Jüngel vermöge der Prinzipialität seines Zugangs nicht wirklich im Blick hat: *Wie* findet der Streit um die Wirklichkeit statt? *Was* sind die Mächte, wenn sie als Wirklichkeit alleine, der die Möglichkeit Gottes gegenübersteht, nicht zureichend beschreibbar sind? *Als wer* finden sich die Menschen wieder, die unter diesen Mächten sind und doch zu Gott gehören? Der Fokus wäre darauf scharf zu stellen. Jüngels thesenanrtig vorgetragene Bestimmungen, dass Gottes Allmacht als Macht der Liebe die Macht zur Selbstbegrenzung ist und sich deshalb sowohl von brutaler Macht als auch von Resignation unterscheidet, verdient eine entsprechende Konkretisierung.[228] Um genau diese Unterscheidung der Machtförmigkeiten geht es.

Die hier vorzustellende Anlage der Gotteslehre vermeidet schlüssig die Aporien eines bei einem allgemeinen Gottesbegriff ansetzenden Konzepts. In diesem Sinne ist der Theologie des Wortes und dem Grundgedanken von Gottes Einheit mit der Vergänglichkeit recht zu geben; meine eigenen Erwägungsversuche in der Eigenschaftslehre schließen hier dankbar an. Freilich müssen sie im Rahmen dieser Prämissen einen anderen Weg gehen, als er sich aus Eberhard Jüngels Publikationen nahe zu legen scheint: Jüngel ist darin recht zu geben, dass der größte Feind Gottes niemand anders als der Tod ist und deshalb wohl Sätze und Metaphern gefunden werden sollten, die seine Überwindung dieses letzten Feindes umschreiben (1Kor 15,26). Gleichwohl interessiert hier ein Zwischenbereich, interessieren Phänomene, die nicht Gottes letzter Feind sind und zu denen die Gotteslehre und Soteriologie dennoch aussagefähig sein muss. Wie dies möglich sein soll, wird im nächsten Abschnitt angedeutet und im Rahmen der folgenden Kapitel schrittweise erörtert.

In eins damit erfährt die Gewissheitsthematik eine andere Behandlung als die, die eben bei Jüngel kritisiert wurde. Sie ist nicht das eigentliche Thema der Untersuchung, ihr gleichwohl zugeordnet. Gewissheit, so möchte ich zeigen, entsteht nicht durch den Rückschluss auf das innere Leben Gottes selber, sondern dadurch, dass die Lebensperspektive des Glaubens sich als lebenswert erweist. Das geht nicht ohne Phasen der Dunkelheit Gottes und der Anfechtung ab und wird fragmentarisch bleiben. Wenn es denn richtig ist, dass wir διὰ πίστεως γὰρ περιπατοῦμεν, οὐ διὰ εἴδους (2Kor 5,7), so besteht kein Anlass, darin einen defizienten Modus zu erblicken.

[228] Ders., Existenz, Wesen und Eigenschaften 419f.

3. Gottes Macht als Selbstbegrenzung (W. Dietrich / C. Link)

a) Die Frage nach den dunklen Seiten Gottes

Der Alttestamentler Walter Dietrich und der systematische Theologe Christian Link haben vor kurzem eine zweibändige Studie unter dem Titel »Die dunklen Seiten Gottes« vorgelegt.[229] Dieses Werk ist so angelegt, dass für den eben als Desiderat erkannten Zwischenbereich etlicher Gewinn erhofft werden kann, weshalb mit Beobachtungen dazu die Reihe der Diskussionen zu neueren Entwürfen der Rede von Gottes Macht abgeschlossen werden soll.

In den Bänden, die die Autoren als »ein Wagnis« bezeichnen,[230] werden in einer ganzen Reihe von Explorationsgängen Fragen erwogen, die in der neuzeitlichen Theologie üblicherweise als das Theodizeeproblem zusammen veranlagt und bearbeitet wurden: Wie ist angesichts von Themen wie Gewalt, Leid, Vernichtung und Ungerechtigkeit über Gott zu denken und zu ihm zu sprechen, wenn er doch als deren strikter Opponent bekannt wird? Der klassische Lösungsansatz, hieraus *ein* Theodizeedilemma zu konstruieren und dieses mehrfach durchzuspielen, um die relativ befriedigendste Antwort dann als theologisch präsentabel auszuweisen – wie es noch Richard Swinburne durchführt –, wird von Dietrich und Link nicht geteilt.[231] Ihnen gilt dies – zurecht – als untheologische Fehlabstraktion und sie legen eine Alternative vor, die methodisch zwei Prämissen hat: (1) Das fehlabstrahierte Dilemma wird in einzelne Themen aufgeteilt: Die Frage nach Willkür ist nicht dieselbe wie die nach Gewalt, das klassische Gottesprädikat der Allmacht muss durchaus anders betrachtet werden als das des Richters. Die klassische Lehre von der Kommutabilität der göttlichen Eigenschaften, so lege ich diesen Schritt aus, hatte hier Gleichheiten vorgegaukelt, die nachtheistisch als Trug entlarvt werden können. Die Korrektur dieser Fehlstellung allein würde freilich nicht hinreichen, da sie als lediglich analytisch gelungenere Fortschreibung der alten Vorgehensweise durchführbar wäre. Entscheidend ist deshalb, dass (2) die Fragerichtung der klassischen Theodizee, wie kann Gott das zulassen?, in aller Deutlichkeit umgekehrt wird in die Frage: »Wofür steht dieser dunkle, uns so schwer begreifliche Gott ein?«[232] Das forensische Szenario wird abgelehnt, eine

[229] Dietrich/Link, Die dunklen Seiten Gottes. Nachweise des Abschnitts, sofern nicht anders vermerkt, aus diesen Bänden. Vgl. die bei Schüle, Der dunkle Gott, formulierten Beobachtungen und Rückfragen sowie die kurze und scharfe Kritik bei Krötke, Klarheiten 128–130.

[230] 1, 7.

[231] Vgl. Swinburne, Responsibility. Kritik daran wird von mehreren Autoren des Sammelbandes Worüber man nicht schweigen kann geübt, vgl. z.B. Adriaanse (113ff) und Geyer (233f).

[232] 1, 16.

explorative *Einweisung in die Plausibilitätsspielräume des biblischen Sprechens von Gott* an seine Stelle gesetzt. Methodisch bedeutet das: Hier wird nicht verteidigt, sondern entfaltet, hier wird ein Interpretationsraum erkundet und dazu eingeladen, sich in ihn zu begeben und mit seiner Hilfe die Dinge und die Welt zu sehen. Die Theologie »hat nicht den Auftrag, Gott zu rechtfertigen. Sie sucht ihn am Leitfaden der biblischen Schriften zu verstehen.«[233] Philosophisch gesehen ist diese Haltung einer Richtung nahe, für die sich der Begriff Interpretationismus eingebürgert hat: Wir haben nicht mehr als Interpretationen und deshalb besteht die Aufgabe darin, sich auf die Deutefähigkeit jeweils einer Perspektive oder eines Perspektivenbündels einzulassen, weil dann und nur dann seine Leistungsfähigkeit überprüft werden kann. In einer programmatischen Formulierung:

»Das Geheimnis der Erwählung läßt sich nicht verständlich machen, wenn man sich, einer alten theologischen Übung folgend, an der vermuteten Seinsordnung orientiert, also nach objektiven göttlichen Gründen für Heil oder Unheil der Menschen fragt. Wir haben nur die Möglichkeit, am Leitfaden unserer tatsächlichen Erkenntnisordnung, also auf den Spuren biblischer Erfahrung – und das heißt eben: aus der *Innenperspektive* Israels und der Kirche – die Sache selbst zu Gesicht zu bekommen. Das bedeutet keineswegs den Verzicht auf alles Verstehen, wohl aber das Eingeständnis, daß wir unseren eigene Standort mit einbringen (und darum klären) müssen, wenn hier überhaupt etwas verstanden werden soll.«[234]

Eine ganz bestimmte Perspektive wird bezogen, die ihr eigene Plausibilitätsstandards hat. Eine unbeteiligte Erkenntnis ist in ihr nicht möglich, jenseits von Partizipation und Erfahrung kann der Wahrheitsanspruch der biblischen Perspektive nicht wahrgenommen und überprüft werden. Die hier zu artikulierende Hoffnung »bezieht ihre Kraft nicht mehr aus der Anstrengung des Begriffs.«[235] Vielmehr: »Sie will im Lebensvollzug der Gemeinde realisiert und auf diese Weise angeeignet und verstanden werden. Man muß in den Schatten des Kreuzes hineintreten; es genügt nicht, ihn sich von außen zeigen zu lassen.«[236]

In den Schatten des Kreuzes hineintreten heißt, sich von den Bildern, Sprachweisen und Handlungen der Bibel zum Leben anleiten zu lassen. Diese Lebensperspektive aus Glauben findet bestimmte Vorstellungen über das, was gekannt, was gefragt werden kann, vor, genauso Bereiche, über die sie keine Auskunft geben kann. Freilich zieht sie sich damit nicht ins fi-

---

[233] Vgl. 2, 94 Anm. 226.

[234] 1, 37, Herv. M.H.

[235] 1, 238, vgl. 15f.37 u.ö.

[236] 2, 132. Vgl. Link, Spur des Namens 82: »Propheten und Psalmen, aber auch die Gleichnisse Jesu reden in den *Innenraum* der Gemeinde hinein.«

deistische Geviert zurück: Exakt in den Bereichen, in denen die Perspektive des Glaubens schweigen muss oder höchstens noch klagen kann, behauptet sie, dass dies Schweigen und Klagen um die Welt besser ist als jedes Erklärenwollen. Die Auseinandersetzung findet sehr wohl statt, aber sie vermeidet das forensische Muster und geriert sich als Entfaltung einer Lebensperspektive.

Damit zu den inhaltlichen Aspekten. Die Autoren gehen biblischen Gottesattributen nach, die heutigen Lesern/innen befremdlich vorkommen, weil sie Gott in ungezügeltem Anthropomorphismus als Potentaten darstellen: Es geht darum, ob Gottes Erwählung und Verwerfung nicht Willkür ist, um die Frage nach Gottes Zorn und Rache, seine Bann und seine Krieg. Für diese Attribute gilt: »Mit unserer ererbten Frömmigkeit ist hier nicht einfach durchzukommen.«[237] – Hatte, so ergänze ich, diese Frömmigkeit doch die Tendenz, dergleichen als typisch alttestamentlich abzuschieben und damit einer alttestamentlichen Hermeneutik der Ersetzung und/oder Verbesserung durchs NT Vorschub zu leisten.[238] Im Rahmen der Behandlung dieser Attribute fallen zwei Entscheidungen, die für unsere Frage interessant sind: Zum einen wird an ihnen die Frage nach Gottes Macht im Gegenüber zu den Mächten thematisch, zum anderen entwickeln die Autoren ein anfängliches Konzept dafür, was angesichts der thematisierten dunklen Seiten Gottes von dem theologischen Wissen von und über Gott soll gedacht werden können.

Ad (1): Alttestamentliche Texte kennen die Erfahrung der Macht von Göttern. Sie wissen um ihre fatale Evidenz, um die Verführung der Menschen zu ihnen und den mitunter verzweifelten und aussichtslosen Kampf der Protagonisten JHWHs um den Vertretungs- bzw. Alleinvertretungsanspruch ihres Glaubens. Die Religionsgeschichte des alten Israel ist in ihren wesentlichen Zügen davon geprägt.[239] Sprichwörtlich dafür ist der JHWH-Baal-Antagonismus. In ihm sehen die Autoren den »Gegensatz zweier grundverschiedener Normensysteme. Baal-Verehrung ist die Vergötterung natürlicher Gegebenheiten und menschlicher Sehnsüchte: sexuelle Potenz, privates Glück, wirtschaftlicher Erfolg, gesellschaftlicher Aufstieg, politische Ruhe. JHWH-Verehrung bedeutet Entgötterung von Mensch und Natur und darum Freiheit zu natürlichem und menschlichem Umgang mit den

---

[237] 1, 215.

[238] Wobei dem AT in dieser Hermeneutik dann regelmäßig die Rolle des dialektischen Widerparts zukam, das zwar abgelehnt wurde, aber präzise als abgelehntes erhalten blieb. Vgl. Gunneweg, Verstehen 121ff.

[239] Einige Aspekte davon werden im Ausblick der vorliegenden Untersuchung angesprochen. Dort auch weitere Literaturhinweise.

Gaben des einen Gottes.«[240] Es ist also nicht einfach nichts, was da als Fremdgötter perhorresziert wird – und so, als seien diese Nichtse harmlos, eben gar nichts, sollte man die deuterojesajanische Polemik wohl auch nicht verstehen. Ihre Pointe, nebenbei gesagt, scheint mir darin zu liegen, dass für DtJes die Götter zu nichts und die Götzen zu Holz exakt dann *werden*, wenn Israel die Macht, Überlegenheit und Liebe JHWHs in seinem Handeln erkennt und anerkennt, dann also, wenn es seines erwählenden Handelns innewird. Aus dieser Perspektive werden die Mächte zu dem, was sie coram Deo sind.[241]

Zu Göttern können Lebensbereiche werden, Menschen, Realitäten, Wünsche und Phantasien. Die Autoren nennen unter anderem: Mächte des menschlichen Nahbereichs,[242] irdische Mächte,[243] herrenlose Gewalten,[244] jene »andere[n] Ereignisse und Mächte«,[245] von denen die Barmer theologische Erklärung (These 1) spricht und deren Existenz sie offenkundig nicht leugnet – diese und andere sind gleichsam das Material, aus dem die Götter gemacht sind. Der erfahrbare, menschlich einleuchtende Nahbereich dessen, was wirkt, erschreckt, fasziniert, ist der Stoff, aus dem die Menschen ihre Götter machen bzw. unter denen sie sich vorfinden. In der Tat handelt es sich um den Konflikt zweier Normensysteme. Und keineswegs ist dieser Konflikt nach Ansicht der Autoren die Geschichte vergangener Zeiten, auf die nur noch zurückzublicken wäre. Viel eher ist es so, dass anhand des hellsichtigen Realismus der biblischen Texte Phänomene ausgemacht werden können, die unsere Gegenwart gleichermaßen bestimmen.

Wie ist nun damit umzugehen? Die Autoren experimentieren mit einer Kombination mehrer Motive, um sich einer Antwort zu nähern – wohl wissend, dass dies eigentlich keine *Frage* ist, die füglich auch nicht durch eine Antwort beseitigt werden kann. Was sie anbieten sind vielmehr Strategien, um mit einem *Problem* umgehen zu lernen. Die Grundaussage dabei ist, dass, auch wenn man Bereiche konstatieren muss, die eigene und verderbliche Macht ausstrahlen, diese im Sinn des biblischen Zeugnisses als nicht von Gott fern oder im strengen Sinne gottlos gedacht werden dürfen. Die

---

[240] I, 94, vgl. 100f.

[241] Ganz in diesem Sinne schreibt Hans-Joachim Kraus: »Diese ganze Welt der ›Götter‹ und ›Herren‹ ist doch nicht – nichts! Das de facto von ›Religion‹ als einer auf Götter und Herren hinweisenden Machtsphäre kann nicht geleugnet werden.« (Kraus, Religionskritik 244) Die Pointe der Götzen besteht darin, Macht auszuüben, obwohl sie nicht mehr sind als Angehörige der geschöpflichen Welt.

[242] I, 143.

[243] I, 163.

[244] I, 127, vgl. 236. Eine Anspielung auf Karl Barths Terminus, der uns weiter unten noch beschäftigen wird.

[245] I, 128.

Schrift kennt kategorisch keine zwei Götter.[246] Vielmehr ist zu konstatieren: »Auch das Nicht-Erlöste und Unversöhnte wird bei Gott festgehalten, und weil dem so ist, darum stehen wir, solange diese Geschichte dauert, unaufhebbar auch vor einer *dunklen* Seite Gottes. Wer im Sinne der Bibel an Gott glaubt, wird diesen Schatten aushalten müssen.«[247]

Ist das die Kapitulation? Greift hier der Vorwurf Eberhard Jüngels, dass, wer so denkt, bereits resiginiert und die hellsichtige Gewissheit des Glaubens für trockene Versicherungen und Durchhalteparolen hergegeben hat? Die Frage ist in der Tat, in welchem Modus hier vom Glauben und Aushalten die Rede ist. Es ist schon angeklungen: Die Position des Glaubens im biblischen Sinn wird deshalb beworben, weil sie selbstbewusst von sich behauptet, die bessere, lebensversprechende Alternative angesichts des schwer Erklärbaren vorzuschlagen. Wo die Götter Zwang verbreiten, verheißt sie Freiheit, wo die mancherlei Mächte eben unter sich versammeln und Hörigkeiten produzieren, lädt sie ein zur geschöpflichen Freiheit des Umgangs mit sich und anderen. Pointiert: »Die Götter lassen den Menschen leiden.«[248] Christian Link schreibt an anderer Stelle: »Es ist die *Welt*, die den Menschen heimsucht in den Gestalten seiner Götter.«[249] Das klingt, so ergänze ich, wie ein Kommentar zu einer Stelle aus Johann Wolfgang von Goethes Iphigenie-Dichtung. In einem Monolog spricht die Protagonistin:

> »Es fürchte die Götter
> Das Menschengeschlecht!
> Sie halten die Herrschaft
> In ewigen Händen
> Und können sie brauchen
> Wie's ihnen gefällt.«[250]

Die Götter gaukeln ihre Nähe nur vor. Was im Gegenüber zum transzendenten Gott als nahe und verheißungsvoll daherkommt, entpuppt sich doch als blanke Herrschaft und Abwesenheit von Freiheit. Vom Gott der Bibel aber wird erzählt, dass er – genau umgekehrt – sich ins Leiden der Welt hineinziehen lässt. Solche Rede kritisiert den angeblichen Vorteil der Götter als Nahbereich des Menschen und enttarnt ihn als je größere Distanzierung und Überbietung, die lediglich unter dem Tarnmantel weltlicher Nähe daherkommt. Die Transzendenz innerhalb des Geschöpflichen ist ums Ganze verschieden von derjenigen, welche den Transzendenten als den glaubt, der

---

[246] 1, 151.
[247] 1, 211.
[248] 1, 143, i.O. teilw. herv.
[249] Link, Spur des Namens 41.
[250] Goethe, Iphigenie auf Tauris, 4. Aufzug, 5. Auftritt; Sämmtliche Werke Bd. 3, 566.

seinen Geschöpfen gnädig nahe kommt. Damit sind wir bei einem weiteren Punkt, der Frage nach der Sprachgestalt solcher Rede von Gott.

Und damit zurück zur Argumentation von Walter Dietrich und Christian Link. Die Autoren lassen, ad (2), keinen Zweifel daran, dass die sprachliche Explikationsfähigkeit, der sie aufzuhelfen versuchen, an Grenzen gerät und alles darauf ankommt, diese Grenzen nicht willkürlich überspringen zu wollen. Wie schon einmal zitiert: »Diese Hoffnung aber bezieht ihre Kraft nicht mehr aus der Anstrengung des Begriffs.«[251] Und an anderer Stelle: »Denn wenn die Verkündigungssituation [...] konstitutiv zum Vorgang der Erwählung hinzugehört, dann ›kann der Hörer oder Leser das, wovon hier die Rede ist, exakt nur dann realisieren, wenn er bemerkt, dass die ganze definierende Erforschung und Darstellung des Gegenstandes der Prädestination in dieser ihrer letzten Beziehung ... als *Anrede* direkt auf *ihn* zukommt: Du bist der Mann!‹«[252]

Die Grenzen des Erklärenkönnens, der Ruf zum Aushalten-müssen, sind also nicht solche, die schlicht als Heroismus und Tapferkeit daherkommen. Sie werden artikuliert im Rahmen einer Anrede, die Dietrich und Link als Konnex aus Erwählungs- und Verkündigungssituation beschreiben. Das bedarf für unsere Zwecke noch der näheren Entfaltung.

Theologie in diesem Sinne weist die Nötigung, Gott als *allgemeinen* zu denken, zurück. Der Möglichkeit, einen In- und Allgemeinbegriff der Gottheit zu bilden und ihn mit dem Vater Jesu Christi zu identifizieren, will sie nicht erliegen. Täte sie dies nämlich, würde sie all die bohrenden Fragen des klassischen Theodizeedenkens auch in die Frage nach Gott und den Göttern hereinholen. Nicht nur, dass dann keinerlei Aufklärung in Sicht wäre – es verbietet sich aus der biblischen Perspektive. Denn diese lehrt, damit zu beginnen, dass Gott sich »am Ort des Menschen« begegnen lässt,[253] in der parteilichen Nähe Gottes bei seinem Volk Israel und in seiner Menschwerdung in Jesus Christus. Gott am Ort des Menschen: Diese Grundbestimmung der Erwählung hat, fundamentaltheologisch gesehen, zwei wesentliche Konsequenzen. Zum einen, und dies ist eben schon angeklungen, sind Sätze dieser Art nicht im feststellenden, sondern nur im anredenden Modus möglich. Sie sagen nicht (nur) etwas aus, sie reden eo ipso an. Wer Erwählung sagt, verkündet. Und zum anderen: Es bedeutet, dass es auf diese Perspektive keine Außenperspektive geben kann. Sie ist kein nachträglich herangetragenes Interpretament, gleichsam als Ergebnisfeststellung dessen, was ohne sie erlebt worden ist, sondern Grund und Anfang

---

[251] 1, 238.

[252] 1, 76. Dietrich/Link zitieren Barth, KD II/2, 355.

[253] 1, 37, i.O.h.

des theologischen Raisonnements überhaupt: »Die Theologie fragt nach Gott, indem sie sich auf diesem Fundament, das heißt im Feld geschichtlicher Erfahrung, nicht aber außerhalb von ihm, bewegt. Sie geht von der hier manifest gewordenen Gewißheit aus und versucht gleichsam im Rückblick zu erkennen, wer der ist, der sich als Subjekt dieser Gewißheit, als ›unser‹ Gott, meldet.«[254]

Beides ist ohne das jeweils andere nicht zu haben: Wäre die verkündigende Anrede keine binnenperspektivische, so entriete sie des anredenden Charakters, sondern wäre die Tatsachenfeststellung desjenigen, der zu wissen meint, von woher und wie auch immer. Wäre umgekehrt die Begrenztheit dieser Perspektive eine, die lediglich achselzuckend Verzicht tun müsste, weil sie – wie viele andere auch, eben begrenzt ist – so wäre ihre Begrenztheit lediglich Heroismus. Sind beide jedoch gedacht im Verweis aufeinander, so konstituieren sie den Sinn der Perspektive. Die Verkündigung ist Binnenperspektive, weil sie ihre Situation weder überspringen will noch kann; die unüberspringbare Grenze solchen Redens kann ausgehalten werden, eben weil sie sich der Zusage Gottes am Ort des Menschen verdankt. Die Erwählung stellt in eine Situation eigentümlicher Offenheit, die Offenheit ist aber nicht die irgendeiner Situation, sondern die derer, die den Immanuel bekennen.

Diese Bestimmungen sind für die Frage nach Gottes Macht angesichts der Mächte von größter Wichtigkeit. Sie verdeutlichen, wo diesbezügliche theologische Antwortstrategien ansetzen müssen: im Binnenraum der Rede von der Erwählung. Über Gottes Macht angesichts der Mächte kann nicht an sich gesprochen werden, so als wäre eine Antwort, welche allein aus trinitarischen Rückschlüssen besteht, genügend. Gottes Macht angesichts der Mächte müsste sich sprachlich entfalten lassen als *das Wie der Entmächtigung dieser Mächte*. Es würde nicht genügen, sich einer Eigenschaft Gottes denkerisch zu versichern. Sie ist erst dann zureichend angegangen, wenn sie in ihrer soteriologischen Qualität ansatzweise beschrieben wird, wenn sie den Deus pro nobis aussagt. – Umgekehrt gilt freilich, dass damit kategorisch kein abgeschlossenes Wissen behauptet oder auch nur angestrebt würde. Der Vorgang der Erwählung »ist kein Präludium im Himmel, sondern ein Drama auf Erden.«[255] Dieser Offenheit ist nicht zu entkommen, und die Gewissheit des Glaubens ist eine, die ohne Fragmentariziät niemals sein

---

[254] 1, 38. Die Autoren schalten an dieser Stelle einen Überlegungsgang ein, in dem anfangshaft plausibilisiert wird, aus welchen biblisch-theologisch eingewiesenen Feldern der Rückschluß auf unsern Gott soll gewagt werden können und nennen dafür Gottes Gegenwart bei Israel, die Option für die Armen und einen bestimmten Begriff der Menschheit. Die Details dieser Bestimmungen können hier auf sich beruhen bleiben, vgl. 1, 42–53.

[255] 1, 72.

wird. Strebte sie Abrundung in diesem Sinne an, dann fiele sie in die alten unfruchtbaren Dichotomien von Glauben und Wissen oder defizitärer und ganzer Erkenntnis zurück. Wir bewegen uns also auf für uns absehbare Zeit in einem paradoxal bleibenden Feld, in dem (α) angesichts des Deus pro nobis (β) gesagt wird: »Die Würfel sind – im Gegensatz zum Prädestinationsdogma der Tradition – noch *nicht* gefallen.«[256] Der (E)eine ist ohne das andere, (α) ist ohne (β) nicht zu haben.

b) Konsequenzen für die Rede von Gottes Macht angesichts der Mächte
Wie ist Gottes Macht im Rahmen dieser Bestimmungen des Näheren vorzustellen? In Band 2 von »Die dunklen Seiten Gottes« erläutern die Autoren eine Reihe interessanter Näherbestimmungen dafür. Es handelt sich zum einen um das in jüngerer Zeit wieder populäre Theologumenon von der Selbstbegrenzung der göttlichen Macht und zum anderen um die Frage, ob man Gottes Macht nicht am besten so zu verstehen hat, dass man sagt, Gott öffne seine Zeit für die Menschen seines Wohlgefallens und sein Handeln sei als Manifestation seiner Anwesenheit unter uns zu verstehen. Beide Vorschläge beinhalten interessante Möglichkeiten der Näherbestimmung.

Ad (1): Jürgen Moltmann machte in seiner Trinitätslehre den Gedanken von der Selbstbeschränkung Gottes populär, indem er auf die kabbalistische Lehre vom Zimzum, der in räumlichen Metaphern gedachten Selbstkontraktion Gottes zugunsten seiner Schöpfung zurückgriff.[257] Walter Dietrich und Christian Link traktieren ein ähnliches Motiv, freilich mit dem entscheidenden Vorteil, dass sie sich nicht dem spekulativen religionsphilosophischen Gedanken anvertrauen, sondern nach der biblischen Evidenz – samt deren Grenzen – für die Rede von der Selbstzurücknahme Gottes fahnden. Folgende Hauptergebnisse treten zutage: Zunächst ist religionsgeschichtlich festzustellen, dass die Bestreitung der Existenz anderer Götter für Israel ein relativ spätes Ereignis ist. Es ist nahezu Forschungskonsens, dass sie erst ein exilisches Theologumenon ist, für das v.a. DtJes prägend geworden ist. »Götterdämmerung in Israel«[258] ist ein Produkt lange währender geschichtlicher Erfahrungsprozesse und sollte nicht als abstrakte Summe eines nicht minder abstrakten biblischen Wissens gelesen werden. Wichtiger ist die Frage, ob Gott nach dem Zeugnis der Schrift seiner Macht selbst Grenzen setzt. Dietrich/Link erkennen drei solcher Selbstbegrenzungen: (a) Zum

[256] 1, 76.

[257] Moltmann, Trinität und Reich Gottes 123–127.

[258] 2, 159. Mit dem Satz »Insgesamt erweist sich das Exil als die Zeit der Entstehung des eigentlichen Monotheismus« faßt Stolz die diesbezügliche Debatte zusammen, Einführung 184. Vgl. aus der Fülle der Literatur Wildberger, Der Monotheismus Deuterojesajas; Lohfink, Unsere großen Wörter 134ff; Dietrich, Werden und Wesen.

einen begrenzt Gott sich selbst, indem er die Schöpfung freigibt. Er lässt das freie und damit auch das vor ihm falsche Leben zu. Die Götter des Polytheismus könnten dies nicht; sie sind selbig und ihre Wandlung wäre ihr Verschwinden. Der Gott Israels zeigt sich dagegen »als vielfältig und wandelbar – wenn man es negativ fassen wollte: als unvollkommen und wankelmütig.«[259] (b) Zum anderen, und dies wird vielleicht zu oft übersehen: Gott bindet sich im Akt der Erwählung – und, so ergänze ich, in der Repetition der Bundeszusagen – an Israel, und selbstverständlich stellt dies eine Abwahl von Möglichkeiten und einen Verzicht auf denkbare Optionen dar. Gott bindet sich an eine Heilsgeschichte, die aber auch Unheilsgeschichte durch Israel ist. Versagen, Reue und Buße gehören dazu.[260] (c) Zum Dritten legt Gott sich auf Gnade als sein handlungsleitendes Axiom fest. Wie am Jonabuch gezeigt wird, ist diese Selbstbegrenzung Gottes nicht ohne Konflikt zur zweiten Selbstbegrenzung.[261] Zusammenfassend: »Die Bibel weiß viel von Grenzen Gottes: von ihm anscheinend vorgegebenen, die er dann aber oft verschoben und durchbrochen hat, noch mehr von solchen, die er sich selbst gesetzt hat, ohne doch ihr Gefangener zu werden. So ist es nötig, die Rede vom allmächtigen Gott aufgrund des biblischen Zeugnisses sorgfältig zu kontrollieren, wohl auch zu korrigieren; sie jedoch minimieren oder ganz eliminieren zu wollen, dazu bietet die Bibel kaum Hand.«[262]

Von den solcherart umrissenen Grenzen der Macht Gottes ist zu handeln, wenn gefragt wird, wie denn seine Macht zu den allerlei Mächten zu stehen kommt. Legt man die Fragestellung so an, ist sie aus der letztlich schiefen Alternative Allmacht oder Ohnmacht Gottes befreit und in die Konkretheit überführt, die für die theologische Rede von den Mächten und Göttern nötig ist.

Ad (2): Die Interpretation von Gottes Allmacht als Allkausalität ist auch durch Hilfskonstruktionen aus der Leibniz'schen Tradition nicht zu retten gewesen, als sei sie allenfalls mit bedeutenden Zusatzannahmen über denkbare und tatsächliche Welten aufrecht zu erhalten.[263] Die von den Autoren vorgeschlagene Alternative bedient sich als Leitmetapher der der *Zeit*. Gottes Tun soll nicht als Verusachen gedacht werden, als Kausalität hinter allen Kausalitäten oder als mirakulöser Eingriff am Verursachungsgefüge der Welt vorbei. Diese alten Vorstellungen wären doch, so ergänze ich, zum einen ungehemmter Aristotelismus von der causa prima, zum anderen eine recht franke Extrapolation des menschlich-allzumenschlichen Handlungs-

---

259 2, 174.
260 Vgl. Link, Spur des Namens 87ff.
261 2, 191–194. Das Selbe wird verhandelt in Link, Spur des Namens 49.
262 2, 194.
263 2, 217 in aller Deutlichkeit und zurecht: »muß heute als gescheitert betrachtet werden.«

begriffs des ich handle = ich bewirke, dem die Wunschüberfrachtung allemal und nicht zuletzt empirisch nachgewiesen werden kann – als seien wir derart kausativ, wie wir uns wünschen, was aber eben einfach nicht wahr ist. Im Gegenzug dazu wäre, so die Autoren, von Gottes Macht als seiner Zeit und Anwesenheit zu reden. Gott öffnet seine Zeit für die Menschen seines Wohlgefallens.[264] *Das* ist Gottes Macht. Das, und wieder ergänze ich, ist Gottes Macht, weil sie in diesem Sinne dem jüdisch-christlichen Grundaxiom von Gottes Ort beim Menschen nahe kommt. In ein »zeitliches Modell« gilt es »überzuwechseln«.[265]

Zu diesem Wechsel ins metaphorische Feld der Zeit, den die Autoren anregen, ist aus der jüngeren Forschungsgeschichte einiges zu ergänzen. Es ist schon verschiedentlich begonnen worden, das Metaphernfeld, dass Gott in der Zeit wohne, zu erkunden. Gemeinsam ist den verschiedenen Ansätzen dazu ein Oppositionsmodell aus den metaphorischen Feldern Kausalität und Zeit: Man diagnostiziert, dass nahezu ungefragt Gottes Handeln im Bild von Verursachung gedacht wird. Welcher Konstellation dies auch immer zu verdanken sein mag – der aristotelischen Tradition, einem Deismus als aufklärerischem Minimalkonsens, dem Siegeszug des Kausalitätsdenkens in den modernen Naturwissenschaften und anderem mehr –, das metaphorische Feld der Kausalität hat für das theologische Denken von Gott eminenten Machtcharakter. Demgegenüber muss die Alternative, Gott in der Metaphorizität von Zeit zu denken, sorgfältig erprobt werden.

Dies ist insofern nicht einfach, als auch das Denken der Zeit nicht zum wenigsten durch kausale Metaphern bestimmt ist: commonsensuell ist Zeit verrinnende Zeit, zu messen an Ereignisfolgen. Immanuel Kants Definition, dass die Zeit gegenüber der Ereignisfolge das stets sich gleich bleibende ist – in seinem Begriff: ihre »transzendentale Idealität«,[266] mag hier im Hintergrund stehen. Im Sinne dieser Vorstellung ist Zeit durch Selbigkeit gekennzeichnet. Es gilt mithin: »Verschiedene Zeiten sind nur Teile eben derselben Zeit.«[267] Es ist nicht einfach zu ermessen, was es heißt, einen demgegenüber offenbar differierenden biblischen Sprachgebrauch wiederzugewinnen. Denn offenbar teilt die Schrift die These von der Selbigkeit der Schrift nicht und würde auch der transzendentalen Bestimmung der Zeit als »Form des innern Sinnes«[268] widersprechen. Biblisch gibt es höchst verschiedene Zeiten und sind diese jedenfalls eine Gabe Gottes: »Meine Zeit steht in deinen Händen«, so betet der Psalmist. (Ps 31,16) – Der Prediger Salomo kennt in seiner Rede darüber, dass alles seine Zeit habe, höchst verschiedene Zeiten: mal sind sie erfüllt, mal gänzlich leer von Leben und Glück. (Qoh 3,1ff) – Gottes Zeit, die er den Menschen und seinem Volk be-

---

[264] Nichts Anderes wäre zu sagen in einer Grundlegung der Theologie des christlichen Gottesdienstes: Weil Gott seiner Gemeinde Zeit gewährt, versammelt sie sich vor ihm. Vgl. Mildenberger, Predigtlehre, bes. 17–27.

[265] 2, 219.

[266] Kant, Kritik der reinen Vernunft, Werke II, A 36/B 52, i.O.herv.

[267] Ebd. A 32f/B 47.

[268] Ebd. A33/B 49.

reitet, kann genauso schrecklich wie herrlich sein: Sie ist die »Zeit der Heimsuchung« (Hos 9,7), die Zeit des neuen Bundes (Jer 31,31); »als die Zeit erfüllt war« (Mk 1,15) ist sie »die Zeit der Gnade, der Tag des Heils« (2Kor 6,2). Wie sind verschiedene Zeite, wie ist die Fülle der Zeit zu bestimmen, was mag es heißen, dass Gott das auf die Welt noch Zukommende ist?

Es geht also um die »These, dass wir in der Zeitmetaphorik über Gott denken sollten, also in großer Nähe zu Dimensionen der Erinnerung und Hoffnung, Vergebung und Neugestaltung des Lebens«[269]. Seit längerem wird diese Perspektive erprobt von Dietrich Ritschl und James Barr, dazu kommen in jüngerer Zeit Studien von Christian Link, Wolfgang Schoberth und anderen.[270] Die älteren Arbeiten bereiteten insofern das Terrain, als sie das Metaphernfeld überhaupt erkundeten: Was mag Zeit im biblischen Sinne bedeuten und was heißt es für Theologie und Verkündigung, dass Christen/innen in einer eigentümlichen Verflechtung aus Hoffnung und Erinnerung leben? In kurzer, formelähnlicher Beschreibung Ritschls: »Erinnerungen erlauben Hoffnungen. Umgekehrt aber ist in den Hoffnungen die Freiheit zur Erinnerung begründet, nämlich zur Hoffnung, dass die Inhalte der erinnerten Vergangenheit die Zukunft mitbestimmen. Hoffnungen erlauben Erinnerungen.«[271] – Die gegenwärtige Debatte scheint sich vor allem um die Frage zu zentrieren, wie die biblische Rede von der Fülle der Zeiten zu verstehen ist. Wenn Mk 1,15 denn ein zentraler Vers des NT ist, was heißt dann die Rede von der Fülle? Wie ist Jesus Christus als Gottes Zeit für uns zu bekennen und zu verkündigen?Wenn die Rede vom Christus praesens Einlösung derjenigen von der erfüllten Zeit ist, dann werden doch offensichtlich die uns vertrauten Zeitbegriffe gesprengt. Wie ist damit umzugehen?[272] Zudem ist die erfüllte Zeit offensichtlich eine, die Hoffnung und Vertrauen auf Gottes Zukunft erweckt. Die Einheit der Zeit, die wir so oder so in der Gegenwart zu denken gewohnt sind, wird in Gottes unverrechenbare Zukunft verlegt, wenn man denn sagen kann: Die Zeit der Gottesherrschaft »bleibt ein Geschehen, das sich ›von vorn‹ *in* oder richtiger *an* unserer Zeit ereignet und gerade so deren ›Sinn‹, ihr Woraufhin, neu qualifiziert.«[273] Wenn das ansatzweise richtig ist, wird man sogar noch einen Schritt weiter gehen müssen und sagen, dass Gott selbst zeitoffen ist, weil und sofern er sich in Jesus Christus auf unsere Zeit eingelassen hat. Abschied zu nehmen wäre vom Denken eines statischen Gegenübers aus Zeit und Ewigkeit, also von der Vorstellung, dass Gottes Ewigkeit »gleichsam fix-fertig bereitstünde, so daß das Zeitliche in sie nur aufgenommen werden, in sie nur ›eingehen‹ müßte.«[274]

---

[269] Ritschl, Gottes Wohnung in der Zeit 149.

[270] Vgl. Ritschl, Memory and Hope; ders., God's Conversion; ders., Gott wohnt in der Zeit; Barr, Biblical Words; Link, Spur des Namens, 91–119; Schoberth, Leere Zeit – erfüllte Zeit (Lit.!); Achtner u.a., Dimensionen der Zeit (Lit.!); Hailer, Ungleichzeitigkeit.

[271] Ritschl, Logik 84, vgl. ders., Memory and Hope 159ff.218ff.

[272] Vgl. Schoberth 136 u.ö.; Hailer, Ungleichzeitigkeit 184ff.

[273] Link, Spur des Namens 115.

[274] Ebd. 117.

Mit dem Bezug der Zeitperspektive ist ein Doppeltes gesetzt: Sie entwindet sich zum einen der Aporien des Kausalitätsdenkens durch die Metaphorizität der Anwesenheit, zum anderen aber eröffnet sie die Perspektive der *Zukunft.* Der anwesende Gott wird als einer geglaubt, dessen Anwesenheit nicht nur punktuell, sondern auch zukünftig sein wird. Seine Fülle der Zeit ist wesentlich zukünftig. In dieser Perspektive tauchen alle die auf, denen die Anwesenheit Gottes offenbar versagt blieb. Dietrich und Link schreiben: »Die unbeschränkte, durch kein Gewicht der Vergangenheit behinderte Macht, dies zu tun, also ›die Details eines Einzellebens als Zeichen und Gleichnis für das gottgewollte Neue‹ zu verwenden oder umzugestalten, sie auf dieses Ziel hin auszurichten, dürfen wir Gottes *Allmacht* nennen, eine Macht, die so mächtig ist, daß sie auch die Toten und die Opfer menschlicher Gewalt in diese Hoffnungsperspektive einzugliedern vermag und sie dadurch dem Vergessen entreißt.«[275]

4. Zur Präzisierung einer Klärungsaufgabe

Die Variationsbreite der im Abschnitt II des vorliegenden Kapitels diskutierten Entwürfe zur Gotteslehre war mit Bedacht breit angelegt. Vor- und Nachteile der einzelnen Traditionen und theologischen Argumentationsstrategien konnten so jeweils für sich und im Verhältnis zueinander diskutiert werden. Auch für die zuletzt aufgeführte Position gilt, dass sie zur Weiterarbeit nachgerade herausfordert.

Zu beginnen ist mit einer grundlegenden Gemeinsamkeit: Allen drei Positionen ist gemeinsam, dass sie die Gotteslehre, unbeschadet aller sonstigen Differenzen, als Rede vom dreieinigen Gott verstehen. Eberhard Jüngel entwickelt, wie berichtet, eine anspruchsvolle Theorie des Rückschlusses auf die immanente Trinität als Grund der Glaubensgewissheit. Auch Wolfhart Pannenberg lässt keinerlei Zweifel daran, dass die Gotteslehre, wenn er sie auch anders aufbaut, letztlich mit der Trinitätslehre identisch ist – es ließe sich gar sagen, dass der Erklärungsanspruch seiner Systematischen Theologie, den Gottesgedanken kohärent zu entfalten, insgesamt auf eine anspruchsvolle Entfaltung der Trinitätslehre hinauskommt.[276] Walter Dietrich und Christian Link sind aus den dargelegten Gründen sehr viel vorsichtiger, was die Entfaltung expliziter Lehren angeht. Gleichwohl kann kein Zweifel sein, dass ihre Beobachtungen und Systematisierungen auf eine

[275] 2, 221. Zitat aus Ritschl, Logik 307.

[276] Vgl. Pannenberg, Systematische Theologie 1, 58–72 zum Wahrheitsanspruch der Dogmatik als Explikation des Gottesgedankens und ebd. 355–364 zur trinitarischen Grundlegung.

trinitarische Fassung des Gottesgedankens hinauslaufen. Es macht freilich den besonderen Reiz ihrer Arbeiten aus, eben dies nicht zu tun, sondern sozusagen im Vorfeld lehrmäßiger Entfaltung zu arbeiten.[277] Wie groß also auch immer die Unterschiede zwischen den drei hier verhandelten Positionen auch sein mögen, dass die Selbigkeit Gottes, soll sie denn denkbar sein und gedacht werden, trinitarisch gedacht werden müsse, steht außer Streit. Das ist als wichtige Gemeinsamkeit zu notieren, der ich mich für den Fortgang der hier vorliegenden Untersuchung anschließe.

Gleichwohl ist die Trinitätslehre im Folgenden nicht Gegenstand der Erwägungen. Am Beispiel der Trinitätslehre Jüngels war zu studieren, dass ein gleichsam zu rascher Rückgriff darauf die Entfaltung von Gedanken aus der Eigenschaftslehre in den Hintergrund drängt: Kommt der Gedankengang auf den Rückschluss auf Gottes Leben selbst hinaus, dann geraten die Namen und Eigenschaften, die wir Gott meinen zusprechen zu dürfen, tendenziell außer Blick. Die steile Trinitätslehre und eine Soteriologie, die auf einen Punkt – Gottes Tötung des Todes – hinausläuft, gehören nicht zufällig zusammen. Dietrich und Link gehen hier konsequent andere Wege. Das Besondere des jeweiligen exegetischen Sachzusammenhangs und der daran anschließenden systematisch-theologischen Erwägung stehen jederzeit im Vordergrund, das Allgemeine einer lehrmäßigen Entfaltung des zugehörigen Begriffs wird zur cura posterior. Im Rahmen vieler und grundlegender Gemeinsamkeiten zwischen Jüngel und Dietrich/Link zeichnen sich hier recht verschiedene Akzentsetzungen ab: Der durch ungemein skrupulöse Erwägungen gewonnene *Gottesgedanke* hier, dort die Fülle an Reflexionen, die die *Glaubens- und Lebensperspektive Israels und der Kirche* zu entfalten versuchen. Die Erörterungen der hier folgenden Kapitel sind vornehmlich vom letzteren Vorgehen angeregt. Sie nehmen nicht wenige der Motive aus den »Dunklen Seiten Gottes« auf und versuchen sie anhand anderer Theorieangebote zu entfalten und zueinander ins Verhältnis zu setzen. Die Konzentration auf ein Thema aus dem sehr breiten Spektrum sollte es dabei möglich machen, zu weitergehenden Systematisierungen zu kommen, als Dietrich und Link sie angesichts einer großen Themenpalette anstreben.

Einigen der Grundentscheidungen von Dietrich und Link schließe ich mich dabei ausdrücklich an: So scheint insbesondere die fundamentaltheo-

---

[277] Vgl. von Link den Aufsatz, der seiner Textsammlung »Die Spur des Namens« den Titel gab (dort 37–66). Hier wird ein Musterbeispiel von zu trinitarischer Sprache hindrängender Arbeit geliefert, die gleichwohl bündig darauf verzichtet, Entfaltung trinitarischer Lehre zu sein. Die Lehre fungiert insofern als heuristisches Muster und nicht als konzentrierte Summe der Wahrheit selbst, welche es zu entfalten gälte. Erwägt man die Entstehungsgeschichte der Trinitätslehre als Werkzeug des Umgangs mit biblischen Sprechweisen zur Vermeidung von Fehlern, so kann dies nur begrüßt werden.

logische Entscheidung sinnvoll, die Theologie habe Gott nicht zu rechtfertigen, sondern ihn am Leitfaden der biblischen Erzählungen zu verstehen. Es soll deshalb nicht ein Gottesgedanke zum Zweck der begrifflichen Auseinandersetzung entfaltet werden, vielmehr geht es darum, die innere Kohärenz des Sprechens von Gott zu entwickeln, die eine Lebensperspektive aus Glauben in sich schließt. Die Entscheidung über Annahme oder Verwerfung dieses Perspektive fallen erst, wenn diese Lebensperspektive tatsächlich bewohnt wird und nicht allein durch die Reflexion auf ihr Regelwerk. Ferner teile ich die Grundannahmen ihrer Gotteslehre, also etwa die Rede davon, dass Gott aus der Perspektive der Schrift am Ort des Menschen anzutreffen sei – dies ist ja auch das Grundaxiom von E. Jüngels Erwägungen. Bei ihm weit weniger deutlich als bei Dietrich und Link ist die Annahme, dass es sinnvoll ist, über Gott in zeitlicher Metaphorik zu sprechen, die räumliche und vor allem die kausale Metaphorik dafür in den Hintergrund treten zu lassen. Auch dies aber zählt zu den Grundentscheidungen, für die im Rahmen der nächsten Kapitel Beobachtungen und Argumente gesammelt werden sollen.

Es ist reizvoll und es erscheint mir nötig, über manche Andeutung von Walter Dietrich und Christian Link hinauszufragen und zuzusehen, ob sie sich nicht doch zu Konzeptionen verdichten lassen, ob das immanente Regelwerk der biblisch-theologischen Perspektive nicht doch einer eingehenderen Beschreibung zugänglich ist. Das gilt beispielsweise für die eher beiläufigen Bemerkungen über das Wesen der Götter, die bei ihnen zu lesen sind. Diese mögen als Motive aufgenommen werden, drängen aber förmlich danach, zu einer zusammenhängenden Beschreibung ausgebaut zu werden: Gibt es, mit der nötigen Vorsicht gesagt, so etwas wie eine Theologie der Götzen? In den folgenden Kapiteln wird sie jedenfalls angestrebt. Ähnlich verhält es sich mit den verschiedenen Strategien von Dietrich und Link, mit dem Ausstehen Gottes und dem noch nicht zu Rande zu kommen, das dem Glauben anscheinend innewohnt. Sie sprechen etwa davon, dass das Unversöhnte und Unerlöste bei Gott geborgen ist und eine bleibende Dunkelheit dem Glauben deswegen innewohnt. An anderer Stelle heißt es, dass Gott jede Situation und damit auch die übelste gleichsam zu ihrem besten überreden könne.[278] – Sätze wie diese sind Andeutungen, die ihres Andeutungscharakters nicht beraubt werden sollen. Gleichwohl aber ist es ein Akt des fides quaerens intellectum, über sie hinaus zu fragen: Gibt es Metaphoriken, die das Ausstehen Gottes begreifen lehren? Auch im Rahmen der Prämisse, Gott nicht verteidigen, sondern die ihm zugehörige Lebensperspektive verstehen zu wollen, kann man an diesem Punkt vielleicht weiter kommen. In

---

[278] Dietrich/Link, Dunkle Seiten 1,211 bzw. 2,220.

diesem Sinne wird im 4. Kapitel u.a. Karl Barths eigentümliche Lehre vom Nichtigen analysiert und kommt Martin Luthers Rede vom Deus absconditus aus »De servo arbitrio« zu Wort. Diese klassischen Konzeptionen werden befragt, wie sie als Regelwerk der zu Gott gehörenden Lebensperspektive dienlich sein können und zu diesem Zweck durch biblisch-theologische Erwägungen ergänzt.

Im Ganzen geht es darum, ein Stück aus der theologischen Eigenschaftslehre buchstabieren zu lernen: Anhand der gleichermaßen irritierenden wie faszinierenden Thematik der Götter und Mächte soll versucht werden, die Rede von Gottes Macht zu verstehen und ihr Regelwerk so zu beschreiben, dass es der theologischen Reflexion wie der Verkündigung dienlich ist.

Kapitel 2: Die Wiederkehr der Götter auf der Rückseite der Metaphysik

I. Ein theologisches Beispiel aus jüngerer Zeit

Im vorigen Kapitel wurden Erwägungen angestellt, in welcher Gestalt das Thema der Macht Gottes in der Eigenschaftslehre gegenwärtig vertretbar sein könnte, wenn man es unter der speziellen Hinsicht vom Gegenüber der Mächte zu Gottes Macht begreift. Es scheint mir richtig, so zu beginnen, da die Frage nach den Mächten/Göttern, welche wider Gott stehen, nicht eine isolierte ist, sondern unter theologischen Auspizien nur als Frage nach Gottes Macht stellbar ist. Was immer an diesem Punkt zu begreifen sein mag, kann der Glaube nur als Gegenüber zu Gottes Macht verstehen. Was Mächte an sich sein mögen, ist für ihn eine Frage, die nicht isoliert gestellt und beantwortet werden kann. In diesem Sinne macht die Eigenschaftslehre den Anfang des Argumentationszusammenhangs, und deshalb wird sie das Schlusswort behalten. Gleichwohl ist es möglich und nötig, sich im interimistischen Sinne thematisch auf die Gegenseite zu konzentrieren. Das ist die Aufgabe dieses Kapitels. Es geht um die Erkundung, wie das eigentümliche Sein der Mächte bzw. Götter beschreibbar sein könnte. Was also, so die Leitfrage der folgenden Seiten, ist es, das machtförmig das Leben der Menschen bestimmt und damit in teils verborgenem und teils offenen Widerspruch zu dem steht, was Christinnen und Christen als Macht Gottes bekennen?

Dies ist keine unbekannte oder abseitige Frage, sie ist vielmehr aus theologischer Perspektive wieder und wieder gestellt worden.[1] Gleichwohl ist sie mindestens genauso fest in der Umgangssprache verankert. Die Rede vom Götzen geht einem leicht von den Lippen: Das mag spöttisch-liebevoll gehen, wenn es sich zum Beispiel um den Fußballgott und seine wechselvolle Gunst handelt oder um »unsern Pfälzer Herrgott«, wie er im Südwesten der Republik weinselig besungen wird.[2] Dass solche Rede humorvoll-

[1] Vgl. etwa Gosda, »Du sollst keine anderen Götter neben mir haben«, bes. 21ff.133ff, die unter diesem Titel die Götzenthematik in den Schriften Dietrich Bonhoeffers beschreibt. Der Tatsache, dass die Frage nach den widergöttlichen Mächten zum Integral der Theologie Karl Barths gehört, wird im vierten Kapitel nachgegangen.

[2] Ein Beispiel unter vielen: Schümer, Gott ist rund.

unernst sein mag, ist kaum zu bestreiten; spätestens aber seit Thomas Luckmanns Untersuchungen zur unsichtbaren Religion ist klar, dass sie deshalb noch lange nicht auf die leichte Schulter genommen werden muss.[3] Fußballgott oder die launige Wiederkehr des Dionysos sind freilich Beispiele einer inexpliziten Wahrnehmung der Rede über die Götter. Demgegenüber gibt es auch die explizite Rede von Götzen, die von Theologen artikuliert wird und sich im Rahmen des theologischen Sprachspiels versteht. Sie apostrophiert etwa den Markt, das Geld oder die Macht als solche Götzen und bedient sich dafür in reflektierter Weise der biblischen Begrifflichkeit bzw. Metaphorizität. In der jüngeren Vergangenheit dürfte es die Wortmeldung der lateinamerikanischen Befreiungstheologie gewesen sein, die diese Rede von den widergöttlichen Mächte als ein jetzt dringliches Thema ins Gespräch einbrachte: Es geht um »Götze Markt«, die »Götzen der Unterdrückung«, die vom Marktgeschehen inthronisiert und am Leben erhalten werden, oder schärfer noch um die »ideologischen Waffen des Todes«.[4] Unter Titeln wie diesen erfolgte in den siebziger und achtziger Jahren des 20. Jahrhunderts der prophetische Einspruch der Befreiungstheologien gegen ein Denken, das durch seine eigene Verhaftetheit nicht mehr in der Lage gewesen sein soll, diese widergöttlichen Mächte wahrzunehmen. Ich beschreibe diese Einrede hier in aller Kürze, um anhand ihrer verständlich zu machen, warum im nächsten Abschnitt ein dezidiert neuzeitkritischer Ansatz gewählt wird, um das epistemische Problem der Mächte anzugehen.

Die hermeneutische Prämisse der Befreiungstheologie ist die Wiederentdeckung der Kontextualität als Bedingung des theologischen Sinnverstehens. Sie wehrt sich gegen zu schlichte Annahmen über den Charakter des theologischen Wissens und betont, dass die Praxis nicht lediglich Anwendungsfall zuvor gewußter Wahrheit ist, sondern diese vielmehr nur durch das stete Abschreiten des Zirkels aus praktischer Erfahrung und theologischer Reflexion gewonnen werden kann. In diesem Sinne argumentiert die Befreiungstheologie, dass die Situation der unterdrückten Bevölkerungsmajoritäten in Lateinamerika nicht nur Ziel pastoraler und diakonischer Tätigkeit ist, sondern eine hermeneutische Wertigkeit in sich selber besitzt, die von den etablierten Theologien stets übersehen wurde.[5] Es ist diese Sicht der Dinge, die die biblische Rede von den Götzen zu einer unvermuteten Aktu-

---

[3] Luckmann, Unsichtbare Religion, vgl. bes. 87ff.117ff und den Nachtrag 164.

[4] Das erste ist ein Titel von Hugo Assmann und Franz-Josef Hinkelammert, das zweite der Titel eines Sammelbandes mit Beiträgen von Hugo Assmann und anderen, das dritte ein Ausschnitt aus einem Buchtitel von Franz-Josef Hinkelammert.

[5] Die m.E. beste Einführung in die hermeneutischen Prämissen einer möglichen Befreiungstheologie gibt Boff, Theologie und Praxis.

alität kommen lässt: Dass es Götzen gibt, die Anziehungskraft ausüben, ja Glauben fordern, wird demjenigen schmerzhaft bewusst, der unter den Folgen ungerechten Wirtschaftens leidet und mitansieht, dass die Mehrung von Kapital und Wohlstand Kritierien sozialer Verteilungsgerechtigkeit schlicht vergessen machen. Dass es Gottheiten gibt, die grausam herrschen und perpetuierte Opfer fordern, weiß derjenige, der unter unmenschlichen Macht- und Lohnverhältnissen zu leiden bzw. zu sterben hat. – Aus solchen Erfahrungskontexten speist sich der prophetische Einspruch, der alle diejenigen der Blindheit zeiht, die meinen, dass es Götzen oder widergöttliche Gottheiten nicht gäbe.

Die Identifikation von Wirtschaftsstrukturen als widergöttlicher Mächte in der Befreiungstheologie bedient sich der materialistischen Gesellschaftsanalyse und kann dabei auf eine Metaphorik aus dem Werk Karl Marx' zurückgreifen, nämlich auf die Fetischtheorie der Ware, des Geldes und des Kapitals, wie sie im ersten Band von Marx' Hauptwerk niederlegt ist. Diese Relektüre des Marx'schen Ansatzes ist insofern interessant, als sein Begriff vom Fetischcharakter von Ware, Geld und Kapital einerseits beträchtliche Evidenz besitzt und auf Blindheiten in der alltäglichen Wahrnehmung hinweist. Gleichwohl partizipiert auch Marx' Theorie an einer bedeutenden Einseitigkeit in der Theorieanlage, die das Unternehmen als spezifisch neuzeitliches ausweisen und eine adäquate Wahrnehmung dessen, was Mächte sein könnten, wohl nicht gestattet. Diese Blindheit taucht auch in der befreiungstheologischen Rezeption wieder auf.

Franz-Josef Hinkelammert stellt in seinem Buch »Die ideologischen Waffen des Todes« eine in etwa am Text des »Kapital« entlanggehende Deutung der drei Fetischformen von Ware, Geld und Kapital vor, um sodann anhand des Marx'schen Begriffs vom Reich der Freiheit den Ansatz einer theologischen Gegenstrategie zu plausibilisieren.[6] Zunächst also zum Phänomen des Fetischismus. In ihrer ursprünglichen Funktion definieren sich Waren über ihren Gebrauchs- und Verbrauchswert. Sie sind, was sich aus ihnen machen lässt bzw. zu welchem Ende sie konsumiert werden können. Die Ware wird zum Fetisch, wenn die Konsumenten sie nicht mehr in diesen Gebrauchs- und Verbrauchswert einbinden, sondern ihr die Funktion eines eigenständigen Wertes zumessen. Dann geschieht es: Die Ware wird gesammelt, ja gehortet und entwickelt in diesem Sinne ein Eigenleben. Die Ware ist zum Wert geworden, wiewohl sich an ihrer physischen Konstitution natürlich nichts geändert hat. Die Theorie, die diesen Funktionswandel beschreibt und sich mit »der Sichtbarkeit dieser Unsichtbarkeit« beschäf-

---

[6] Zu Hinkelammerts Position vgl. Plonz, Herrenlose Gewalten 131–141 und Kern, Theologie im Horizont des Marxismus 174–207.

tigt,[7] ist die Theorie vom Fetischcharakter der Ware. Der Fetisch ist ein Ding, welches in der Wahrnehmung aber aufgehört hat, ein Ding zu sein und dem darin andere Funktionen zukommen. So werden die Waren zu Subjekten, gar zu solchen, zwischen denen es zum Autausch und zum Spiel kommt: »Der Warenfetischismus enthüllt eine launische Welt. Es erscheint das ganze Bild vom Spiel zwischen den Waren.«[8] Nicht wesentlich anders verhält es sich mit dem Fetischcharakter des Geldes, der die nächste Stufe des Fetischisierungsprozesses darstellt. Geld entsteht »als ein Ergebnis der Gesetze der Warennatur«[9], nämlich als deren Wertdepot; damit ist es die Abstraktion und zugleich dingliche Konkretisierung dessen, was der Ware nur in der Fetischperzeption zukommt, nämlich des Wertcharakters.

Für beide Fetischformen, Ware wie Geld, gilt nun zunächst, dass diese Fetische im polytheistischen Sinne verstanden werden können. Es gibt viele Fetische, weil es viele verschiedene Formen von Wert gibt. Gleichwohl besteht Hinkelammert darauf, dass dieses Getümmel vieler Werte letztlich auf eines hinauskommt, »daß der Gesamtheit der Waren und ihren Bewegungen ein einigendes Prinzip zugrunde liegt, das in letzter Instanz die kollektive Arbeit der Gesellschaft bzw. das elementare System der gesellschaftlichen Arbeitsteilung ist und das durch das Kapital vermittelt wird.«[10] Letztlich also soll es *eine* Größe sein, die ein Eigenleben entwickelt. Dieses verselbständigt sich so sehr, dass es zum beherrschenden Subjekt überhaupt wird: »Die Waren, die miteinander kämpfen, bedrohen das Leben derjenigen, die sie herstellen.«[11] Das Kapital geriert sich selbst als schöpfergleiche Macht, kann dies aber nur um den Preis des perpetuierten Opfers tun.

Dies sind die wesentlichen Bestimmungen des Fetisches: Er ist subjektgleich, er agiert mit Eigenleben, er übt eine Herrschaft aus, die sich wohl segensgleich ausnimmt, aber doch zerstörerisch ist, weil der Fetisch nur die Selbstmehrung kennt. Es fragt sich nun, ob es ein Gegenbild dazu gibt und wenn ja, wie es aussehen könnte. Hinkelammert erblickt es in der Marxschen Rede vom Reich der Freiheit. Diese Rede ist, das zu notieren ist wichtig, eine regulative Idee, d.h., sie ist nicht ein konkretes Ziel, das als erreichbar behauptet wird, sondern eine transzendentale Zielbestimmung. Es ist das kontrafaktische Konzept, das gegen die zerstörerische Wirklichkeit des Fetisches gehalten wird, um konkrete Schritte der Befreiung möglich zu machen. Sein Grundgedanke ist einfach: Es handelt sich um »»die menschliche Kraftentwicklung, die sich als Selbstzweck gilt, das wahre

---

[7] Hinkelammert, Ideologische Waffen 14.
[8] Ebd. 16, vgl. Marx, Kapital I, 97f.
[9] Hinkelammert, Ideologische Waffen 28.
[10] Ebd. 20.
[11] Ebd. 40.

Reich der Freiheit (...)‹«.[12] Freiheit ist im Sinne dieses Zitats Selbsthabe, Befreiung von der Fremdbestimmung des autonom gewordenen Fetisch. Die Besinnung darauf, was den Menschen zum Menschen macht – Selbstzweck sein zu können –, soll, so Hinkelammert, die handlungsleitenden Maximen aus sich heraussetzen. Die konkreten Schritte der Befreiung aus der Fremdbestimmung des Kapitals sind das Ziel seiner Analyse. Sie hatte hinter den vielen Fetischen den einen Gott gesehen und sagt nun: »In der entsprechenden Praxis geht es nun darum, ihn zu entthronen.«[13] Mutig sollen die Möglichkeiten zum guten Handeln genützt werden. Dieses Handeln ist integraler Bestandteil der befreiungstheologischen Initiative, weil und sofern Gott der Vater Jesu Christi für sie der Gott des Reichs der Freiheit ist. Insofern sieht sie sich in einem Kampf der Götter, der in der *Orthopraxie* entschieden wird: »In diesem Kampf der Götter hängt es von den Armen ab, dass der Gott des Lebens sichtbar werde. Er ist ihre Hoffnung.«[14]

So weit die Hinweise auf Hinkelammerts Position. Es ist hier nicht um eine Würdigung dieser befreiungstheologischen Position als solcher zu tun, genauso wenig um eine rasche Kritik etwa der theologischen Marxrezeption.[15] Ich möchte das Augenmerk vielmehr auf einige Implikationen der Rede von Mächten bzw. Fetischen richten. Es geht (1) um die Rede von der Subjekthaftigkeit der Götzen, sodann (2) um die Frage nach der Erkennbarkeit dieser Größen und (3) diejenige nach der theologisch angemessenen Reaktion darauf.

Ad (1): Dass Götzen oder Mächte Größen sind, die ein Eigenleben entwickeln, dürfte eine angemessene Beschreibung sein. Es ist nicht unplausibel, für sie die Metaphorik der Subjektivität zu bemühen; wie ich später zeigen möchte, attrahieren Mächte in der Tat so, als ob sie ein Subjekt wären, wenngleich ihnen wohl ein eigentümlicher Zwischenstatus zwischen Subjekthaftigkeit und Nichtsubjekthaftigkeit zugesprochen werden sollte. In diesem Sinne ist der Marx-Hinkelammert'sche Beschreibung von Wert, Geld und Kapital als Fetisch sicher hilfreich. Auch abgesehen von der Frage, ob ganze Gesellschaften auf dieser Grundlage hinreichend verstanden werden können, die Marx'sche Generalannahme also zutreffend ist oder nicht, kann man sinnvoller Weise festhalten:[16] Was immer Wert, Geld und

---

[12] Ebd. 61, Hinkelammert zitiert Marx, Kapital III, 828.

[13] Hinkelammert, Ideologische Waffen 80.

[14] Ders., Glaube Abrahams 82.

[15] Dazu wiederum Boff, Theologie und Praxis, hier 104–126, ferner Kern, Theologie im Horizont des Marxismus passim.

[16] »Mittels der Fetischismustheorie weist die Theologie aber auch die religiösen Komponenten der Wirklichkeit und der vermeintlich profanen Wirklichkeitsauffassungen auf. So verleiht sie der Theologie die Kompetenz, theologisch die Wirklichkeit zu beurteilen und sozialwissenschaftlich fundiert Götzenkritik zu üben.« Plonz, Herrenlose Gewalten 143. In der Tat könnte die Fetischis-

Kapital sonst noch sein mögen, gewiss werden sie *auch* in der Weise von Götzen/Mächten wahrgenommen. Ob der Begriff Fetisch dafür angemessen ist, mag dabei der religionswissenschaftlichen Fachdebatte überlassen bleiben und ist hier letztlich nicht von Belang.

Ad (2): Problematisch scheint dagegen der *Erkenntnisanspruch* bezüglich der Mächte/Götzen zu sein. Hinkelammert argumentiert, wie dargestellt, dass hinter dem Polytheismus der vielen Werte ein Monotheismus des einen Werts, nämlich des Kapitals, zu konstatieren sei. Gesellschaftstheorien wie die Max Webers, die diesen Schritt nicht mitgehen können, werden deutlich kritisiert.[17] Dass hinter den vielen Werten einer sicht- und beschreibbar sein soll, begründet Hinkelammert durch folgende Denkfigur: »man kann durch Abstraktion eine Ordnung der Gesamtheit der Phänomene erreichen, die es erlaubt, über die Gesamtheit zu urteilen, ohne jedes einzelne zu kennen.«[18] Dies freilich ist eine petitio principii. Es wäre allererst noch zu belegen, dass der Vorgang der Abstraktion von den Phänomene, von denen aus auf ein ihnen zugrunde liegendes Muster geschlossen wird, wirklich so angelegt ist, dass »über die Gesamtheit zu urteilen« möglich ist, ohne den einzelnen gegenüber ungerecht zu werden. Hier besteht offensichtlich die Neigung, das, was als *Macht* (oder Götze) erkannt wurde, dennoch als *Gegenstand* zu beschreiben. Es könnte aber sehr wohl sein, dass genau an diesem Punkt eine bedeutende Schwierigkeit vorhanden ist. Wie nämlich, wenn es zum Wesen einer Macht gehört, sich einer zureichenden Beschreibung zu entziehen – eben weil sie machtförmig ist? Etwas, das machtförmig ist, ist kein Gegenstand, der gesehen und beschrieben wird, sondern etwas, das auf andere, zunächst geheimnisvolle Art seine Wirkung ausübt. Wer vorderhand durch einen Abstraktionsvorgang meint, diesem Zugriff entzogen zu sein und ihn zu kontrollieren, könnte ihm nachhaltiger verfallen, als es ihm selbst bewusst sein mag. In diesem Sinne ist eine genaue Beschreibung dessen nötig, was derjenige erfährt, der sich unter

---

mustheorie die theologische Beschreibungskompetenz erhöhen. Freilich wäre – und dies ist in der Studie von S. Plonz nur marginal der Fall – eine Lesart von Marx nötig, die nicht nur theologische Autoren anhand seiner Matrix beurteilt, sondern selbst fragt, welche Implikationen seines Denkens ihrerseits theologisch zu hinterfragen sind. Geschieht nur das erstere, wie z.B. an hervorgehobener Stelle ebd. 330, so droht die Gefahr, dass Kontextualität zu einer einseitigen Leserichtung wird statt den hermeneutischen Zirkel abzuschreiten. In der vorliegenden Studie wird dagegen versucht, ansatzweise Kriterien zu entwickeln, die es möglich machen sollen, die neuzeitlichen Prämissen auch der Marx'schen Fetischismustheorie in ihrer charakteristischen Einseitigkeit zu beschreiben.

[17] Hinkelammert, Ideologische Waffen 79f. Zu Max Webers Rede vom Polytheismus der Werte vgl. unten Abschnitt II 2b.

[18] Hinkelammert, Ideologische Waffen 75. An diesem Punkt – dem Vertrauen in die Leistungsfähigkeit des Begriffs – ist Marx konsequenter Hegel-Schüler geblieben. Eine theologische Marxrezeption, die das nicht mitbedenkt, gerät dementsprechend in fundamentaltheologische Schwierigkeiten.

Mächten erfährt, bevor diese Mächte als Gegenstände des Wissens ausgegeben werden. Und in diesem Sinne ist es durchaus noch nicht ausgemacht, dass die vielen Mächte sich auf eine Figur von Macht zurückführen lassen. – Der genauen Auseinandersetzung mit diesem epistemischen Problem dient ein Großteil der Erwägungen im Abschnitt II dieses Kapitels.

Ad (3): Hinkelammerts Gegenposition gegen die Fetischfunktion des Kapitals ist die Berufung auf Marx' Begriff vom Reich der Freiheit und seine theologische Interpretation im Sinne von Orthopraxie.[19] Auch hier scheint mir die Gefahr einer argumentativen Verkürzung vorzuliegen. Die Adaption des biblischen Sprachgebrauch des Götzen sollte nicht dazu führen, aus der mit dem Wort »Götze« in der Regel einhergehenden abwertenden Konnotation allein ein ethisches Desiderat zu folgern, als seien Götzen dadurch zureichend beschrieben, dass sie um Gottes Willen nicht zu sein hätten und man gegen sie zu handeln habe. Dies liefe Gefahr einer ethizistischen Verkürzung, die die Sachzusammenhänge im Verhältnis von Gott und Götzen/Göttern ausblendet. Die Frage muss viel eher lauten: Was ist zu lernen über ihre eigentümliche Realität? Theologisch gewendet heißt es: Wie ist vorderhand das Verhältnis von Gott und Götzen zu denken? Es mag sehr wohl sein und ist, mehr noch, höchst wahrscheinlich, dass die Thematik eine ethische Seite hat und dass diese in gängigen Typen ethischer Urteilsfindung wohl eine zu geringe Rolle spielt. Hier ist dem prophetischen Einspruch seitens der Befreiungstheologien recht zu geben. Gleichwohl wäre es eine Verkürzung, sich alleine auf diese Perspektive zu konzentrieren. In diesem Sinne hat die vorliegende Studie mit Erwägungen zur Gotteslehre ihren Anfang genommen und versucht in diesem Kapitel, der eigentümlichen Wirklichkeit dessen, was Mächte, Götzen oder Götter genannt wird, näher zu kommen.

II. Die Wiederkehr der Götter auf der Rückseite der Metaphysik

Wer von Göttern redet, muss sich der Frage nach dem eigentümlichen Modus ihrer Wirklichkeit stellen. Es »gibt« sie nicht, wie es Dinge in der alltäglichen Objektwelt gibt, und – so die Behauptung der Theologie – es »gibt« sie erst recht nicht in dem Sinne, in dem die Existenz Gottes bekannt wird, vor dem sie nach Aussage des Alten Testaments nur Nichtse sind.

---

[19] In einer Diskussion zwischen Enrique Dussel und Karl-Otto Apel wurde erwogen, ob die befreiungstheologische/-philosophische Intepretation des Marx'schen Fetischbegriffs nicht zu einer einseitig ethischen Interpetation des Begriffs neigt, vgl. Dussel, Lebensgemeinschaft, bes. 81 und Apel, Diskursethik, bes. 52.

Was also ist die ihnen eigentümliche Existenzweise? Seit den Polytheismen der griechisch geprägten Antike ist diese Frage als nicht banal verstanden worden. Homer und Hesiod etwa vertrauen auf die Vermittlung göttlicher Kräfte, nämlich der Musen, um über Götter allererst sprechen zu können. Einen anderen Zugang zu ihrer Welt ist dem Sterblichen kategorisch nicht möglich und deswegen stehen in ihren Werken an prominenter Stelle Anrufungen der Musen bzw. Schilderungen einer Epiphanie derselben.[20] Auch und gerade weil die Götter für das Denken des vorklassischen Griechentums Teil der Welt sind, gehören sie dem Kosmos in einer Weise an, dass sie dem erkennenden Zugang des Menschen entzogen sind und er der Wirklichkeit der Götter nur unter bestimmten Bedingungen und gewöhnlich nur für kurze Zeit innewerden kann. Nicht anders ist die Lage in den postklassischen Polytheismen. Epikurs Götter etwa siedeln in einem eigentümlichen Zwischenbereich. Sie sind Teil der Welt, aber doch auch von ihr separiert und letztlich nicht in ihr wirksam.[21] – Ob in den epischen Bilderwelten Hesiods und Homers oder im eigentümlich abgeklärten Polytheismus Epikurs: Gemeinsam ist ihnen, dass der Bereich der Götter einer ist, der nur unter bestimmten Bedingungen, nur zeitweise und nur durch bestimmte Medien zugänglich ist. Von Anfang an also war dem Thema diese Schwierigkeit einbeschrieben. Der vor allem in christlichen Dogmatiken gern zu lesende Naivitätsvorwurf an die polytheistische Seite – als seien hier unkritisch irgendwelche heldenähnlichen Gestalten an den Himmel projiziert – ist, zieht man nur die hier erwähnten Stellen heran, bereits nicht mehr zu halten. Darum ist es hier jedoch nicht zu tun. Mit den Hinweisen auf Hesiod, Homer und Epikur sollte gesagt sein, dass die eigentümliche Unzugänglichkeit der Götter seit jeher ein Thema des griechisch geprägten Denkens

---

[20] Vgl. Hesiod, Theogonie V. 24–35 (die sog. Dichterweihe des Hesiod, in welcher die göttlichen Musen ihm Verständnis der übermenschlichen Dinge schenken) und V. 1021f, der Schlußvers, in dem die Musen zum Lob des Geschehenen, also der von Zeus den Titanen abgerungenen Weltordnung, aufgefordert werden. Diese Ordnung bleibt dem Menschen ohne göttliche Gewährung verschlossen, sichert aber in jedem Augenblick sein Leben. Dazu H. Fränkel, Dichtung und Philosophie 106–119. – Homer schildert im II. Gesang der Ilias, 484–493, wie er die göttlichen Musen um Wissen bittet, weil sie wahrhaft anwesend sind und alles gesehen haben (»παρεστέ τε ἴστέ τε πάντα«, 485). Die Menschen dagegen sind niemals Augenzeugen im Vollsinn und ohne göttliche Hilfe allein auf Gerüchte (κλέος, 486) angewiesen.

[21] Vgl. die göttlichen Attribute ἀφθαρσία und μακαριότης in Epikurs Brief an Menoikeos: Briefe, Sprüche, Werkfragmente Nr. 123, S. 43. Die Götter sind dem Bereich der τύχη enthoben, ebd. Nr. 134, S. 51. Ihnen entsprechend zu leben, ist ein Werk der Askese, aber dem sich darin Einübenden durchaus erreichbar, welcher allerdings dann die grundsätzliche Fremdheit des Göttlichen sozusagen am eigenen Leibe trägt: »ζήση δε ώς θεὸς ἐν ἀνθρώποις« (ebd.) heißt es in der Schlusspassage des Briefs. Damit bekundet Epikur Kontinuität zur aristotelischen Lehre von der Weisheit als göttlichem Funken im Menschen (Nikomachische Ethik 1143 a 25ff). Zu Epikurs Theologie in ihren kontextuellen Bezügen vgl. Schmid, Götter und Menschen und Festugière, Epicure et ses dieux.

war. Unter der Ägide metaphysischen Denkens wird dieser Trend fortgesetzt und radikalisiert: Es bleibt für die Götter nahezu überhaupt kein Raum mehr. Sie sublimieren zu platonischen Ideen,[22] zu Idealen oder zu Phänomenen der Kunst.[23] In einer Zeit, die sich das Ende oder die Überwindung eben dieser Metaphysik auf die Fahnen geschrieben hat, könnte man nun so etwas wie eine Rückkehr der Rede von den Göttern erwarten. Es kann aber sicher weder um eine Repristination im Sinne W.F. Ottos noch – gewarnt durch das antike Beispiel – um die Vorstellung eines bruchlosen Zugangs zu dem, was immer »die Götter« sein mögen, gehen.

Was für ein Weg aber könnte dann gebahnt werden? Die Untersuchungen dieses Abschnitts versuchen, den verwickelten Zusammenhängen solcher möglicher Wiederentdeckungen auf die Spur zu kommen. Zunächst (1.) wird anhand der Arbeiten des Religionsphilosophen Georg Picht der Frage nachgegangen, wie die Rede von den Göttern bei Aufkommen des griechischen Monotheismus verwandelt wurde und schließlich weitgehend verschwand, ferner unter welchen spätneuzeitlichen Bedingungen sie wieder zum Vorschein kommt. Sie ist, so Picht, sublimiert in der Kunst – besonders in deren modernen Varianten –, sie kommt in der tastenden Rede von der Wahrnehmung von Mächten und anderem zum Ausdruck. Dem ist nachzugehen, die Konstitutionsbedingungen solcher Rede sind zu erhellen und auf ihre Voraussetzungen zu befragen. Pichts Arbeiten sollen jedoch nicht ohne ihre argumentativen Kontexte gelesen werden. Deswegen diskutiere ich (2.) die wichtigsten Ergebnisse der Picht-Lektüre im Gespräch mit philosophischen Autoren, auf die Picht sich explizit bezieht oder zu denen eine sachliche Nähe besteht. Es geht dabei vornehmlich um Georg W.F. Hegels Vorlesungen zur Ästhetik, um Max Webers Vortrag »Wissenschaft als Beruf« und um das Motiv der Dualität des Dionysische und Apollinischen im Werk Friedrich Nietzsches.

Freilich ist im Werk Nietzsches etwas evident, das bei Picht aus bestimmten Gründen in den Hintergrund tritt: die eminent christentumskritische Ausrichtung seiner Metaphysikkritik. Um diesem Aspekt Rechnung zu tragen und der kritischen Wendung einer neuen Rede von den Göttern nicht auszuweichen, kommen im folgenden Kapitel gegenwärtige Autoren zu Wort, die sich in diesem Sinne äußern.

---

[22] Vgl. Landmann, Pluralität 104ff.

[23] Dafür steht nicht nur die Wiederentdeckung der Göttermotive in der Kunst und in manchen philosophischen Strömungen der Renaissance (der Philosoph Gemistos Plethon, ca. 1360–1452, gründete eine platonische philosophische Lebensgemeinschaft; Näheres zu ihm bei Woodhouse, Gemistos Plethon, Allgemeines bei Hankins, Plato in the Italian Renaissance), sondern als neuzeitliches Beispiel insbesondere die Götterlehre als Begriff des Ideals in der Ästhetik Hegels, vgl. Werke 13, 202ff; zu ihm vgl. den Exkurs in diesem Kapitel.

1. Über die Wahrnehmung der Mächte (G. Picht)

a) Grundanliegen: »Austritt aus dem Bannkreis der Metaphysik«

Georg Picht lebte von 1913 bis 1982. Er studierte Altphilologie und Philosophie, u.a. bei Martin Heidegger, und hatte von 1965 bis 1978 den damals neu geschaffenen Lehrstuhl für Religionsphilosophie an der theologischen Fakultät der Universität Heidelberg inne.[24] In dieser Eigenschaft hielt er Vorlesungen, die seinem Wunsch gemäß veröffentlicht wurden, was aber erst posthum möglich war. Diese seit dem Jahr 1996 vollständig vorliegenden zehn Bände machen den überwiegenden Teil seines gedruckten Werks aus, zu dem noch zahlreiche Aufsätze (der Großteil davon wurde in Sammelbänden veröffentlicht), eine von ihm herausgegebene dialogische Ringvorlesung »Theologie – was ist das?« sowie das Fragment gebliebene Hauptwerk »Von der Zeit« (ediert 1999) gehören.[25] Pichts theoretische Interessen waren vielseitig. Er war Altphilologe,[26] wandte sich im Rahmen einer erzieherischen Aufgabe bildungstheoretischen und -politischen Überlegungen zu, die ihn durch eine Artikelserie unter dem Titel »Die deutsche Bildungskatastrophe« in weiteren Kreisen bekannt machten. Zeitlebens arbeitete Picht sowohl im Rahmen der theoretischen Philosophie als auch im Bereich der Ethik und der Politiktheorie. Die von ihm selbst herausgegebenen Sammelbände spiegeln dies wider: In »Wahrheit, Vernunft, Verantwortung« sind Analysen und systematische Überlegungen zur theoretischen Philosophie von den Vorsokratikern bis in Gegenwartskonstellationen hin-

---

[24] Zu weiteren biographischen Details vgl. die editorischen Nachworte zu den Bänden der Vorlesungen und Schriften.

[25] Die wissenschaftliche Auseinandersetzung mit Picht hat sich erst in wenigen Texten niedergeschlagen. Zwei Dissertationen befassen sich v.a. mit »Kunst und Mythos«, vgl. Huppenbauer, Mythos 30–67 u.ö. sowie Kleiber, »Kunst und Mythos«. Daneben gibt es zwei Sammelbände zu Themen, die Georg Picht anregte, vgl. die von C. Link herausgegebene Gedenkschrift Erfahrung der Zeit und den von Constanze Eisenbart besorgten Band Georg Picht – Philosophie der Verantwortung. Die Einzelbände der edierten Vorlesungen wurden von Schülern Pichts oder Nahestehenden mit Einleitungen und teilweise mit Nachworten versehen; vgl. ferner Theunissen, Einheit im Denken Georg Pichts und Kabermann, Dunkelzeiten 146–163 – die Darstellungen im letztgenannten Text sind allerdings sehr vage, wobei diese Vagheit dadurch begründet wird, dass man Pichts Position nicht reflexiv bearbeiten könne, ohne in den Bannkreis der Subjektivität zurückgedrängt zu werden, aus dem man doch ausbrechen wolle (154). Dass dies nicht nur falsch ist, sondern auch der Intention Pichts widerspricht, hoffe ich auf den folgenden Seiten nebenbei zeigen zu können. Die relative Ausführlichkeit der Darstellung, die hier vorgelegt wird, resultiert nicht zuletzt daraus, dass die theologische Erschließung von Pichts Arbeiten wohl erst begonnen hat. Eine Gesamtdarstellung und -auseinandersetzung ist ein Forschungsdesiderat.

[26] Pichts altphilologische Dissertation »Die Ethik des Panaitios«, ein Kommentar zu Platons Dialog Laches und anderes blieben ungedruckt. Aus dieser Arbeitsphase wurde in die Vorlesungen und Schriften der Text »Eine Schrift des Hippias von Elis« aufgenommen, vgl. Picht, Fundamente 235–296.

ein gesammelt, in den beiden Bänden »Hier und Jetzt« wurden dagegen die ethischen und politikphilosophischen Studien vorgelegt. Auch was die Vorlesungen angeht, legt sich eine gewisse Zweiteilung nahe, wenn auch in anderer Hinsicht: Es gibt Bände, die philosophiehistorischen Darstellungen gewidmet sind – den Vorsokratikern, Platon, Aristoteles, Kant und Nietzsche – und solche mit systematischen Titeln, so über den Begriff der Geschichte, über Glauben und Wissen und – Pichts wohl bekannteste akademische Publikation – über »Kunst und Mythos«. Freilich ist diese Zweiteilung nicht ausschließlich zu verstehen: Die systematischen Bände leben von mehr oder weniger ausführlichen Erarbeitungen klassischer Positionen, die historischen Darstellungen sind stets so gearbeitet, dass die erarbeitete Position mehr oder weniger direkt als aktuell zu diskutierendes Gegenüber erscheint. Eine gewisse Schwerpunktsetzung hin zu den systematischen Arbeiten ist gleichwohl unverkennbar.[27]

Es lassen sich zwei Leitfragen ausmachen, die in allen Arbeitsphasen von G. Pichts gut drei Jahrzehnte währenden wissenschaftlichen Publikationslaufbahn nachweisbar sind. Zum einen ist Picht bestrebt, in einem näher zu bestimmenden Sinn *Transzendentalphilosophie* zu betreiben. Es gibt, so der Autor, leitende Vorstellungen, die unser Denken und Handeln zutiefst bestimmen. Dies mögen Theorien sein, Bilder, Vorannahmen oder Gewohnheiten, die auf die eine oder andere Weise in den Rang einer erkenntnis- oder handlungsleitenden Funktion gekommen sind. Leitende Vorstellungen dieser Art sind durchaus nicht willentlicher Natur, und sie sind sehr wahrscheinlich nur zu einem kleinen Teil bekannt. In diesem Sinne ist seine Transzendentalphilosophie eine Diagnostik gegenwärtig leitender Vorannahmen, die um dieser Aufgabe willen Brennpunkte der Denkgeschichte aufzuarbeiten sucht.

Pichts Interesse gilt beispielsweise der Verfasstheit der Wissenschaften.[28] Dabei ist es ihm weder um eine Wissenschaftstheorie in der seit dem Wiener Kreis geläufigen Weise zu tun, die aus der Grundlegung der positiven Wissenschaft ein neues System von Gültigkeit überhaupt aufzubauen bestrebt war, noch um eine Totalkritik szientifischen Wissens. Pichts Analysen haben vor allem zum Ergebnis, dass die modernen Naturwissenschaften zu ihren metaphysischen Vorgängern in einem zwiespältigen Verhältnis stehen: Auf der einen Seite lösen sie sie ab. Die moderne Physik ist nicht die des Aristoteles, die moderne Psychologie hat sich als eigenständige Dis-

---

[27] Die in den editorischen Nachworten der Vorlesungen und Schriften vertretene Auffassung: »Man kann seine Arbeiten nicht in ›historische‹ und ›systematische‹ trennen« (z.B.: Geschichte 357), dürfte in dieser Generalität nicht zu halten sein.

[28] Vgl. Picht, Wahrheit 11ff.343ff.

ziplin aus dem philosophischen Fächerkanon gelöst und als empirische Sozialwissenschaft verselbständigt. Die Beispiele ließen sich vermehren. Auf der anderen Seite muss gesehen werden: Die Begründung der modernen Wissenschaften bricht mitnichten mit allen Voraussetzungen der Metaphysik, von der sie sich losreißt. Sie partizipiert am Satz der Identität, sie setzt voraus, dass es zeitlos gültige Gesetze der Logik gibt, sie nimmt an, dass sich durch Empirie perspektivenübergreifende Wahrheiten, die Naturgesetze auffinden lassen. Es zeigt sich: Die Naturwissenschaften übernehmen die Grundstruktur metaphysischen Denkens. Auch in ihnen gilt fort, dass es einen Bereich ewig seiender Wahrheit und einen des Vergehenden und nur je und je gültigen gibt. Modernität, so das Ergebnis der transzendentalen Analyse, muss demnach als zutiefst ambivalenter Begriff gelesen werden.

Damit zum zweiten Schwerpunkt der Arbeiten Pichts. In seinem Spätwerk kreist er als Aufgabe des Philosophierens den »*Austritt aus dem Bannkreis der Metaphysik*«[29] ein. Die transzendentalphilosophischen Analysen hatten ihn dazu geführt, den Vorstellungskomplex der Metaphysik, der mit Parmenides seinen Anfang nahm und dessen großer Gegner erst Friedrich Nietzsche ist, als ein Geflecht von Vorannahmen zu entlarven, das Denken und Handeln tiefgründig bestimmt, das aber abgelehnt und verlassen werden muss. In vollem Bewusstsein der unlösbaren Schwierigkeit dieser Aufgabe zielt Picht darauf, dem metaphysischen Denken die weitgehende Ignorierung des Wesens der Zeit vorzuhalten und ihre wesentlichen Probleme im Horizont der Zeit neu zu durchdenken.

»Offenbart sich die *Zeit* selbst als Horizont des *Seins?*«[30] Mit diesem Satz endet »Sein und Zeit«, das epochale Werk von Pichts philosophischem Lehrer. Von relativ frühen Stadien seiner Arbeit bis ins unvollendete Hauptwerk hinein legt Picht sich diese Frage immer wieder vor.[31] Er versteht sie, ganz wie Heidegger, als Anfrage an die Verfasstheit metaphysischen Denkens überhaupt, welches, so die Überzeugung, das Wesen der Zeit grundsätzlich verkannt habe: Die Metaphysik denkt eine grundsätzliche Dualität, die den Bereich der ewig seienden Wahrheit als das Sein selbst auf der einen Seite und die verfließende Zeit des bloß Relativen und Vergehenden auf der anderen Seite sieht. Die Metaphysiker aller Zeiten sind bestrebt, sich darüber klar zu werden, dass sie als Menschen dem verfließenden Bereich angehören, durch die Kraft des Denkens jedoch auf die eine oder andere Weise in den anderen Bereich hinüberwechseln oder an

[29] Picht, Von der Zeit 422. Herv. M.H.

[30] Heidegger, Sein und Zeit 437.

[31] Vgl. Picht, Wahrheit 310 (ein Text aus dem Jahr 1958) und Von der Zeit 655 (entstanden 1981 oder 1982).

ihm partizipieren können, sich selbst also überschreiten können zu dem, was Picht »die ewige Wahrheit, die ewige Gegenwart des zeitlosen Seins« nennt.[32] Das gilt nach Picht sowohl für die Antike, der die Himmelfahrt und Schau der Göttin ἀλήθεια durch das parmenideische Ich zum Urbild wurde, als auch für die neuzeitlichen Varianten, selbst für die kantische, welche die Vernunft zwar als endlich denkt, gleichwohl aber das zwei-Sphären-Modell fortschreibt, mithin also eine endliche Metaphysik bietet. Kein Gedanke hat das Denken des Westens so geprägt wie dieser. Auch die Lehre des Christentums ist ihm einbeschrieben und anhand seiner interpretiert worden. Diese kaum überschätzbare Mächtigkeit der Vorstellung führt Picht dazu, sie nicht distanziert als Modell, Konstrukt, Option oder anderes zu beschreiben. Sie ist eine derartige Macht, dass sie schlechterdings nur als *Epiphanie* verstanden werden kann. Im Gedanken der ewigen Gegenwart der Wahrheit offenbart sich die Göttin Ἀλήθεια. So zwingend ist der Gedanke, dass es sich nicht nur um ein Konstrukt handelt, sondern um Gegenwart, so zwingend, dass das gesamte westliche Denken nicht anders kann, als schlechterdings alles im Licht dieser Gegenwart zu sehen: »Die Epiphanie dieses neuen und einzigen Gottes, die sich mit großer Folgerichtigkeit vorbereitet und dann bei Xenophanes doch mit erschreckenden Plötzlichkeit geschieht, ist nichts anderes als die Erscheinung des reinen Wesens der Wahrheit als solcher, die einen derart überwältigenden Glanz hat, dass alle früheren Götter vor ihr verschwinden.«[33] Es hieße, die Macht dieser Epiphanie zu unterschätzen, würde sie lediglich als Denkoption, welche durch andere beliebig ersetzbar ist, verstanden. Sie ist so sehr zur transzendentalen Bedingung des Verstehens und Handelns geworden, dass sie durch einen Akt des Willens und Wählens alleine nicht abgeschüttelt werden kann.

Pichts entscheidender Einwand gegen den Alleinvertretungsanspruch dieser Epiphanie besteht darin, dass sie durch ihre Prätention der Ewigkeit verkennt, dass schlechterdings alles, was geschieht, *im Horizont der Zeit* geschieht.[34] Die Zeit ist, in kantischen Termini ausgedrückt, nicht nur der innere Grund der Anschauung, auf dessen Rolle in der Wahrnehmung und im Ensemble der Vernunftvermögen reflektiert werden kann – wer so denkt hat vielmehr die griechische Doppelung von wechselnder Erscheinung und ewiger Gültigkeit, hier die der transzendentalen Vernunftvermögen, schon wiederholt. Noch diese Denkoperation also und ihre Vorannahmen finden

---

[32] Ders., Wahrheit 310.

[33] Ders., Fundamente 153, vgl. Wahrheit 36ff. Vgl. den Satz: »Die europäische Philosophie entsteht in dem Augenblick, in dem dieser Gott – der Gott der griechischen Philosophen, dessen schrittweises Hervortreten wir von Homer an verfolgen können – seine reine Epiphanie erlebt.« Ders., Von der Zeit 395.

[34] Dieser Ausdruck war zunächst als Titel des Hauptwerks geplant, vgl. ebd. 699.

im Horizont der Zeit statt.[35] Was ihr ewig scheint, ist doch nur ewig sub specie temporis und muss als solches begriffen werden. In Pichts Worten: »Das Herauslösen des Absoluten aus der Zeit, also die Ewigkeit des Absoluten, enthüllt sich als transzendentaler Schein, sobald das Denken sich genötigt sieht, Bewegung in das Absolute eindringen zu lassen.« Oder: »Die Negativität der Zeit ist in die ewige Gegenwart der Wahrheit eingedrungen.«[36] Es leuchtet ein, dass dies ein Gedanke von erheblicher Generalität und – erweist er sich denn als stichhaltig, was Picht allermeist in der Form der Frage beließ – kaum zu überschätzender Reichweite ist.[37]

b) Metaphysik als Epiphanie des Einen und Sublimation der Vielen

Was ist eigentlich geschehen, als das Existenzrecht der Götter endete? Was mögen es für Umstände gewesen sein, unter denen die Plausibilitäten sich so sehr verschoben, dass nicht mehr vom Mit- und Gegeneinander der Gottheiten die Rede war, sondern von der Existenz, den Attributen, der Herrschaft des Einen? Wie kommt es zu einem Sublimationsvorgang, in dem die Olympischen depotenziert werden und ein Existenzrecht allenfalls als Ideen und Bilder zugewiesen bekommen? Mit Fragen wie diesen bewegen wir uns in der Urgeschichte des westlichen Denkens. Die für ihre Beantwortung aufzusuchenden Autoren sind vorsokratische Philosophen, Xenophanes, Parmenides, Heraklit und andere. Der Topos, unter dem sich bei

[35] Vgl. ders., Zukunft 221f.

[36] Ders., Von der Zeit 405 bzw. 411. Kleiber, Kunst und Mythos würdigt dieses Grundanliegen Pichts durchgängig nicht. Das Argument etwa, dass Selbstreflexion sowie die Anschauung Gottes und der Menschenseele nur zeitlos möglich seien (106), wiederholt lediglich Positionen der klassischen Ontologie. Ohne die Prüfung der Picht'schen Sichtweise dieser Phänomene kann es aber als Gegenargument nicht gelten. Auch die Frage »Wird die Zeit hier nicht etwas mystifiziert?« (108) befindet sich vermöge ihrer beträchtlichen Unschärfe offenbar noch im Vorstadium der kritischen Auseinandersetzung. Argumente wie diese müssen als wenig sorgfältig bezeichnet werden. Zur Gänze unsachlich ist es jedoch, wenn der Autor Pichts Kritik an metaphysischen Leitbegriffen zu einer bloß rhetorischen Finte erklärt und diese Behauptung überdies auf die mündliche Bemerkung einer Verwandten stützt (125): »Dazu eine persönliche Nebenbemerkung: Picht soll manchmal absichtlich Dinge neu formuliert haben, er hatte eine spezielle Weise der Einführung von Gedanken, um diese indirekt an Zuhörer zu vermitteln. ›Außerdem ist er manchmal fast bewußt so ein bißchen hintersinnig... fängt an, und dann sagt er: 'ach, aber...'‹ erzählt seine Cousine Schoeller im Gespräch.« (125) Schon die innere Beweiskraft des aus einem Tonbandprotokoll zitierten Satzes ist gleich Null. Schlechterdings unzulässig ist aber, dass Kleiber sich auf mündliche Evidenz durch Dritte verläßt, aber die schriftlich vorliegenden Ausführungen Pichts selber zu eben diesem Problem ignoriert. So geht es nicht. Um richtig verstanden zu werden: Es ist dem Verfasser natürlich unbenommen, neuscholastische Positionen für evidenter zu halten als Pichts Kritik an ihnen (119 u.ö.), nur ist es indiskutabel, dies durch derartige Argumentationsverweigerungen stützen zu wollen. Das eigene Anliegen, eine zeitgenössisch verantwortbare Metaphysik zu plausibilisieren (31) sowie das Schema von Zeit und Ewigkeit als theologisch unverzichtbar zu demonstrieren (110) wird dadurch diskreditiert.

[37] Zur bleibenden Frageform der These vgl. Picht, Wahrheit 317.

ihnen der Abschied von den Göttern vollzieht, wird in der altphilologischen und philosophiehistorischen Fachliteratur als Dichterkritik beschrieben.[38] Was die großen Sänger, was vor allem Hesiod und Homer von den Göttern zu sagen wussten, wird von ihren philosophischen Gegnern als bloß bildlich empfunden, als Erzählung über einen Bereich, über den es doch nichts zu erzählen gibt und als Hineintragen menschlicher Attribute in einen Bezirk, in dem diese nichts zu suchen haben: »Αἰθίοπές τε ⟨θεοὺς σφετέρους⟩ σιμοὺς μέλανάς τε Θρῆκές τε γλαυκοὺς καὶ πυρρούς ⟨φασι πέλεσθαι⟩«, so Xenophanes, »[d]ie Äthiopier sagen, ihre Götter seien stumpfnasig und schwarz, und die Thraker behaupten, die ihren hätten hellblaue Augen und rote Haare«.[39] Freilich war die Anthropomorphisierung des Äußeren nicht der einzige Vorwurf. Derselbe Denker hält Homer und Hesiod vor, den Göttern überdies moralisch Verwerfliches angehängt zu haben,[40] wofür sich vor allem bei Homer auch reiche Belege finden lassen. Xenophanes, Parmenides und andere ziehen aus ihrer Dichterkritik ja eben nicht den Schluss, dass es einen Bereich der Götter nicht gebe, weil er mit so viel dichterischer Seltsamkeit und so vielen anthropomorphen Projektionen gefüllt sei – zu solchen Folgerungen gelangt erst Ludwig Feuerbach. Sie kritisieren die Dichter aus einem genuin *theologischen* Impuls. Die dichterische Rede ist dem Bereich des Göttlichen nicht angemessen und muss präzise um der Göttlichkeit respektive der Gottheit willen abgelehnt werden. Dichtertheologie ist für sie Asebie, weil unsaubere, menschliche Sprache. In diesem Sinne versteht man die Dichterkritik nur dann, wenn man sie als theologischen Protest gegen religiös unangemessene Rede interpretiert. In der Umwendung eines bekannten Spruchs wird sich über die Intention dieser Denker sagen lassen: *Nemo contra deos nisi deus ipse*.[41]

Georg Picht hat sich in seinen Arbeiten zur vorsokratischen Dichterkritik genau dieses Motiv als zentrales zur Interpretation vorgenommen. Er versucht ernst damit zu machen, dass die frühe Philosophie eigentlich Theologie ist und ihre Motive dem Widerfahrnis des Göttlichen verdankt. In seiner

---

[38] Vgl. Nestle, Mythos 1–20, W. Jaeger, Theologie 53ff und Schadewaldt, Anfänge 9–68.162–209.293ff, um einige klassische Untersuchungen zu nennen, die diese These mehr oder weniger rein vertreten. Freilich ist sie in der neueren Literatur nicht unumstritten, vgl. die in From Myth to Reason? gesammelten Beiträge.

[39] Frgm. 18, Text nach Kirk/Raven/Schofield 184.

[40] Xenophanes, Frgm. 11, ebd. 183.

[41] Dies meine ich durchaus im Unterschied zum Zitat des Spruchs bei Nestle, der nicht zufällig die singularische Version »Nemo contra deum nisi deus ipse« verwendet und unter Hinweis auf ein Goethe-Wort dazu ausführt: »Beide, Mythos und Logos, entspringen aus der gleichen Tiefe der griechischen, ja der menschlichen Seele, aus ihrem göttlichen Urgrund. Beide sind Wirkungen des im Menschen schaffenden Gottesgeistes (...).« Nestle, Vom Mythos zum Logos 20. Die Berufung auf einen hoch vagen Theismus, der im Hintergrund der ganzen Entwicklung stehe, ist geeignet, die Dramatik der Entwicklung, die hier offensichtlich stattgefunden hat, zu überspielen.

Terminologie heißt das: Die Fragmente des Xenophanes, das Lehrgedicht des Parmenides und anderes wurden geschrieben, weil sie sich einer Erscheinung, einer *Epiphanie* des Gottes verdanken. Dieser Interpretation ist im folgenden nachzugehen (1), wobei die Aufmerksamkeit gleichzeitig darauf geht, welche Rollenzuweisungen die vormals geglaubten Götter nach der Epiphanie des Einen wohl erhalten haben (2).

Ad (1): In der Einleitung zu einem von ihm herausgegebenen Sammelband schreibt Picht,

»(...) daß jene Form der Erkenntnis, die wir in Europa ›Wissen‹ oder ›Wissenschaft‹ nennen, in einer Auffassung des Wesens der Wahrheit begründet ist, die mit der Epiphanie einer neuen Gestalt des Göttlichen in der griechischen Philosophie unmittelbar identisch ist. (...) Der sogenannte ›Gott der Philosophen‹ manifestiert sich in jener Form der Erkenntnis, die wir bis heute als ›Theorie‹ bezeichnen. Die Evidenz des axiomatischen Denkens, die absolute Gültigkeit des Satzes vom Widerspruch, der Begriff der ›Substanz‹, die Kategorienlehre und die Vorherrschaft der Logik erklären sich erst, wenn man erkennt, daß sich in diesen Grundstrukturen des europäischen Denkens eine Erscheinung des Göttlichen darstellt, deren Herkunft aus der griechischen Mythologie wir noch in allen wesentlichen Schritten nachzeichnen können. (…) Das hat umgekehrt zur Folge, daß jede Erkenntnis, die sich in den Formen griechischer Wissenschaft bewegt, die Identität, die das innere Wesen dieser Gotteserscheinung ausmacht, in alles rückspiegelnd hineinprojiziert, was in diesen Formen des Denkens erkannt werden kann. Wissen ist – allgemein gesagt – die Erkenntnis davon, wie das unveränderliche und nicht zu erschütternde Sein des Einen Gottes in allem, was wir ›seiend‹ nennen, zur Erscheinung kommt. Das gilt von Parmenides bis zu Hegels Lehre von der Identität des absoluten Geistes. Es gilt also für das Zeitalter der Metaphysik.«[42]

Wie kommt es, dass die Prämissen metaphysischen Denkens über so lange Zeit und derart ungefragt Geltung beanspruchen konnten? Wie kommt es, dass es die »Evidenz des axiomatischen Denkens, die absolute Gültigkeit des Satzes vom Widerspruch, de[n] Begriff der ›Substanz‹, die Kategorienlehre und die Vorherrschaft der Logik« überhaupt in diesem Maße gibt?[43] Dies alles ist dem westlichen Denken zutiefst verinnerlicht, sei es in seiner metaphysischen Form oder in der Variante empirischer Wissenschaften, die, wie bekannt ist, an wesentlichen Grundvoraussetzungen der älteren Lehre partizipieren. Die Versuche, diesem Überzeugungssystem, wenn es einmal so bezeichnet werden darf, Alternativen entgegenzusetzen, sind immer wieder ins Werk gesetzt worden, und doch haben sie seinen fortdau-

---

[42] Picht in Theologie – was ist das?, 13f. Vgl. Fundamente 199f, Wahrheit 1ff.36ff.201.242ff, Kunst und Mythos 12 u.ö., Glauben und Wissen 93ff.149ff.189ff, Von der Zeit 133ff.

[43] Picht in Theologie – was ist das?, 14.

ernden Siegeszug nicht wirklich behindern können.[44] Was ist es also, das den eben aufgezählten Elementen metaphysischen und wissenschaftlichen Denkes seine Durchschlagskraft verleiht? In zahlreichen Publikationen, die mehrheitlich in »Wahrheit, Vernunft, Verantwortung« gesammelt sind, entwickelt Picht seine Sicht der Kontinuität von der griechischen monotheistischen Theologie bis zu den wissenschaftstheoretischen Debatten seiner Gegenwart. Der Gedankengang lässt sich, folgt man der Logik des Ar-

---

[44] Auch bei gegenwärtigen Ansätzen, wissenschaftliches und vorwissenschaftliches Denken aufeinander zu beziehen, kehrt – implizit oder explizit – die Frage wieder, woher die Überzeugungskraft des wissenschaftlichen Denkens eigentlich stammt. So argumentiert Kurt Hübner in seiner Studie über die Wahrheit des Mythos, dass es keinen rational ausweisbaren Vorteil des wissenschaftlichen vor dem mythischen Denken gibt: »Wissenschaftliche und mythische Erfahrung haben die *gleiche Struktur*. Sie verwenden dasselbe Erklärungsmodell (...) Zwischen den normativen Zwecken, denen Wissenschaft und Mythos dienen, gibt es keine *rationale* Entscheidung.« (Hübner, Wahrheit des Mythos 287f; dazu, dass hier nicht einer romantischen Revitalisierung mythischer Welten das Wort geredet wird, vgl. 414 u.ö.) Sollte dies zutreffen, so würde dennoch eine Erklärung nötig sein, warum sich das eine und nicht das andere mit welthistorischer Dominanz durchsetzte. Die Picht'sche Erklärung, auch und gerade in der wissenschaftlichen Erfahrung eine »Epiphanie« am Werke zu sehen, böte hierfür zumindest einen Weg.

Das zeigt sich noch einmal deutlicher bei einem Blick in Hübners jüngstes Buch, Glaube und Denken. Dort wiederholt er die Argumentation von der Gleichwertigkeit des wissenschaftlichen und des mythischen Weltumgangs (1–24), um dem eine Interpretation einiger zentraler christlicher Lehrinhalte mithilfe von Interpretamenten aus der griechischen Mythologie folgen zu lassen (25–340). Das Darstellungsinteresse besteht darin, nach der erwiesenen Nicht-Widerlegbarkeit des Mythos anhand seiner die Inhalte des christlichen Glaubens als ebenso nichtwiderleglich vorzuführen. Es geht um den »Logos der Offenbarung, dessen theoretisches Recht unanfechtbar ist.« (614). Dieser soll, so argumentiert Hübner weiter, gegenüber dem Logos der Metaphysik nun doch in die Königsposition kommen. Zwar muss gesagt werden – und an genau diesem Punkt ist Hübner nahe bei Picht – dass die Wirksamkeit des metaphysischen Logos in Gestalt von Wissenschaft und Technik fortdauert (607ff u.ö.). Gleichwohl kann diesem nicht zugetraut werden, die Zerrissenheiten der modernen Welt zusammenzufügen. Das vermag allein die andere Seite: »Im Licht des Logos der Offenbarung werden schließlich auch die empirischen Wissenschaften und ihre ontologischen Grundlagen (...) in die Heilsgeschichte eingeordnet. Sie betreffen die zwischen der Schöpfung und dem Weltende sich zeigende Erscheinungswelt.« (614) Hieran ist freilich manches problematisch: Zum einen wirft die mythische Interpretation des Christentums, die Hübner vornimmt, zahllose Rückfragen auf, zuvöderst die an seine Prämisse, dass Gottes innerweltliche Begegnungsweise jedenfalls mythisch sei (XII). Ein kritischer Bezug der Offenbarung auf den Mythos wird damit a priori ausgeschlossen, was Hübners These von der Gleichwertigkeit der Zugangsweisen zur Wirklichkeit dementiert – von den theologischen Rückfragen gar nicht zu reden. Pichts Zurückhaltung im Erklärungsanspruch ist dagegen sowohl philosophisch plausibler als auch theologisch sinnvoller. Ferner gerät bei Hübner außer Blick, dass gerade das spannungsvolle Neben- und Gegeneinander verschiedener Aspekte der Wirklichkeitsbetrachtung produktiv ist. Sein Ansatz zielt auf eine Apologie des Mythos und eine Apologie des mythisch interpretierten Christentums. Mit einer solchen Verfremdungen ist schon dem Logos der Offenbarung kaum ein Dienst erwiesen, weil er vorgängig eingegrenzt wird. Auch philosophisch muss der Ansatz sich fragen lassen, warum er schlussendlich bei einer Prioritätensetzung und nicht einem spannungsvollen In- und Gegeneinander herauskommt. Durch das eigene »Toleranzprinzip« (5 u.ö.) ist das nicht gedeckt.

guments von den modernen Formen rückwärts zum antiken Ursprung, wie folgt skizzieren:

Die genannten Elemente, also axiomatisches Denken, Satz vom Widerspruch, Vorrang der (formalen) Logik usw. bestimmen durchaus auch das, was für heutige Begriffe Wissenschaft ausmacht. Niemand wird mehr von ihr behaupten wollen, dass mit ihrer Hilfe so etwas wie voraussetzunglose Wissenschaft oder Erkenntnis möglich sei – die Quantenphysik der Zwischen- und die Wissenschaftstheorie der Nachkriegszeit haben solche Gedanken wohl endgültig verabschiedet.[45] Gleichwohl ist Objektivität nach wie vor Kennzeichen und Ziel wissenschaftlicher Arbeit. Ihre Erkenntnisse sollen in dem Sinn wahr und gültig sein, dass sie über bloßes Meinen hinaus gelten. Etwas kann als Objekt dann gelten, wenn es »nach allgemeinen Gesetzen bestimmt ist.«[46] Im Rahmen dieser Voraussetzungen lässt sich sagen: Ein wahrer Satz der Wissenschaft repräsentiert etwas, das in der Wirklichkeit vorhanden ist. In ihm, diesem Satz, kommt ein Ausschnitt der Wirklichkeit zur Erscheinung, er repräsentiert ihn. Das nennt Picht »die Entdeckung der Objektivität«[47]. Sie ist ein spezifisch neuzeitliches Phänomen und sie hat mit einigen antiken Grundannahmen nicht mehr viel gemein. Gleichwohl existiert eine Parallele dadurch, dass im Konzept der objektiven Wissenschaft wie im antiken Gedanken die Anwesenheit und damit die *Gegenwärtigkeit der Wahrheit* entscheidend sind. In der Antike war dies die Epiphanie des Gottes als Anwesenheit der Wahrheit, heute ist es die im wahren Satz repräsentierte wirkliche Welt. In diesem Sinne gilt, was Picht von der Wissenschaft sagt: »Sie ist eine Projektion der Wahrheit, das heißt der Epiphanie dieses Gottes.«[48]

---

[45] Picht spielt mit der Erwähnung »Voraussetzungslosigkeit der Wissenschaft« (Wahrheit 12) auf eine »Parole« (ebd.) David Friedrich Strauß' an und zeigt, dass der Begriff von ihm und anderen zunächst in Absetzung vom kirchlichen Dogma gebraucht wurde, um später als Kennzeichnung einer liberalen wissenschaftlichen Haltung im weiteren Sinne zu gelten, die – meine Ergänzung – heute wohl mit dem englischen Begriff »unbiased« getroffen wäre.

[46] Ebd. 293.

[47] Ebd. 291.

[48] Picht in Theologie – was ist das?, 14, vgl. ders., Glauben und Wissen 189ff. So gesehen ist auch die Bemerkung durchaus folgerichtig, dass die philosophischen Entscheidungen der Griechen vermöge der rasanten Expansion des westlichen Denkens »noch heute auf den faktischen Ablauf der Geschichte eine Wirkung aus[üben], neben der die großen weltpolitischen Aktionen als ein ephemeres Schauspiel auf einer vordergründigen Bühne wirken.« Ders., Wahrheit 288. Sätze dieser Art mögen durch ein gewisses Pathos befremden. Man wird aber eine erstaunliche Parallele zum Forschungsprojekt einer Genealogie der Machtverhältnisse bemerken, wie es in der französischsprachigen Philosophie z.B. von Michel Foucault durchgeführt wurde. Nicht zufällig ist für beide Autoren Friedrich Nietzsche zum Gewährsmann genealogischen Denkens geworden, das der Metaphysik zu entkommen trachtet; vgl. Foucault, Subversion 69ff, Archäologie 22ff. Die Nähe wird auch konstatiert von Huppenbauer, Mythos 30 Anm. 107.

Die Griechen denken einen im strengen Sinne zweistufigen Kosmos, dessen einer Bereich der ist, in dem die Zeit vergeht, in dem alles nur relativ gilt und dem der Mensch als derjenige existiert, der von Tag zu Tag (»ἐφήμερος«) lebt. Der Bereich des Göttlichen ist im Gegensatz dazu wesentlich als der bestimmt, der dem Verfließen der Zeit nicht unterliegt. Er ist ewig in dem Sinne, dass alle Zeitaspekte für ihn gleich gegenwärtig sind: »Vor dem Auge des Zeus, vor dem göttlichen νοῦς, ist aber nicht nur das räumlich Getrennte allgegenwärtig, sondern er hat auch das Gegenwärtige, das Vergangene und das Zukünftige gleichzeitig vor Augen. Er steht also in der Allgegenwart der Zeit.«[49] Diese Fundamentalunterscheidung zwischen Zeit und Ewigkeit ist im griechischen Denken gleichbedeutend mit der zwischen Praxis und Theorie. Das Handeln vollzieht sich in den Bereichen des bloß Relativen und dessen, was je auch anders sein könnte. Die θεωρία hingegen schaut die Bereiche des ewig Gültigen und erhebt den Menschen damit über sich hinaus. In diesem Sinne ist das platonische Höhlengleichnis zu verstehen, genauso die bei aller Platon-Kritik entsprechenden Passagen bei Aristoteles aus De Anima und der Nikomachischen Ethik.[50]

Es ist deutlich, dass gegenwärtiges wissenschaftliche Denken die Prätention der Zeitlosigkeit von Wahrheit nicht in diesem strengen Sinne behauptet. Wohl würde sich sagen lassen, dass ein wahrer Satz *n* über den behaupteten Fakt *o* zur Zeit *t* auch dann noch wahr ist, wenn Zeit verstrichen, *t* zu t_1 geworden und ein anderer Zustand eingetreten ist, weil die Aussage über den vergangenen Zeitpunkt nicht durch das Fortschreiten der Zeit falsch wurde. Gleichwohl herrscht hier ein anderer Begriff vom Allgemeinen als der des ewig und unveränderlich Seienden. In diesem Sinn hat es das wissenschaftliche Denken gleichsam mit einer Abschattung der Epiphanie ewiger Gegenwart zu tun. Für das metaphysische Denken allerdings – »von Parmenides bis zu Hegels Lehre von der Identität des absoluten Geistes« – besitzt dieser Gedanke durchaus und im emphatischen Sinne Geltung:[51] Die Metaphysiker aller Zeiten haben versucht, in den Bereich dessen, was unbedingt und immer gilt, vorzudringen, gleich ob sie diesen als das, was dem Seienden qua seiner Seiendheit zugrundeliegt, als notwendige Vernunftwahrheiten, die vermöge ihrer Notwendigkeit dem geschichtlichen Wandel

---

[49] Picht, Wahrheit 124, vgl. Glauben und Wissen 189–195. Dass dies nicht nur eine Eigenart der altgriechischen Hochkultur ist, bestätigt Jan Assmann, der für das pharaonische Ägypten zeigt, dass es durchgängig im Bewußtsein des schlechthinnigen Unterschieds von alltäglich verfallender Zeit und der Ewigkeit der Götter, die im Alten Reich insbesondere durch die bauliche Monumentalität repräsentiert wird, lebte, vgl. Stein und Zeit (Aufsatz) 92f.

[50] Aus Pichts Feder dazu Fundamente 37–105 (zum Höhlengleichnis) und Aristoteles 385–395 (zum Begriff νοῦς ποιητικὸς in De anima III,5). Der locus classicus aus der Nikomachischen Ethik ist die Lehre von den verschiedenen Teilen oder Vermögen der Seele, EN I,13.

[51] Picht, Einleitung zu: Theologie – was ist das? 14.

entzogen sind oder als Geheimnis Gottes in seiner ewigen trinitarischen Selbstentsprechung und durch die Geschichte hindurch zu fassen suchten.

Hierin liegt die bedeutendste inhaltliche Komponente dessen, was Picht die Epiphanie der ewigen Wahrheit nennt: Es ist dies die Wahrheit dessen, was immer und notwendig gilt und auszusagen ist. Nun könnte man versucht sein, von einer Theorie oder einem Gedanken des Absoluten oder des Wahren zu sprechen und dieses Gedankenspiel, eben weil es eine Theorie ist, mehr oder weniger plausibel zu finden. Pichts Wortwahl insistiert demgegenüber vermöge der Vokabel Epiphanie auf mehr: Es ist nicht nur ein Gedanke, es handelt sich um eine Form der Präsenz, der sich der Metaphysiker schlechterdings nicht entziehen kann und die noch im Wahrheitsanspruch der Wissenschaft, wenn auch in veränderter und depotenzierter Form, spürbar ist. Man mag die Begriffswahl glücklich finden oder nicht: Dass es um mehr weit geht als eine wähl- oder abwählbare Hypothese, hat Picht gezeigt.

Zwei Strukturmomente dessen, was Picht Epiphanie nennt, sind bislang herausgearbeitet: Zum einen handelt es sich um das Moment der Anwesenheit welches, zum anderen, näher qualifiziert wird als die Anwesenheit dessen, was immer gilt, also von überzeitlicher Natur ist. Dazu tritt nun noch ein drittes Element, das den Charakter der Epiphanie als Epiphanie erst erklärt: Nach der Grundüberzeugung der Metaphysik ist die ewige Wahrheit identisch mit dem Sein selbst. Die Epiphanie der ewigen Wahrheit ist also zu bestimmen als »Epiphanie des *Seins* als ewiger Gegenwart«.[52] Was der Metaphysiker als epiphan erlebt ist nicht irgendeine Wahrheit sondern die letzte, die mit dem Sein selbst konvertibel ist.[53] Diesen Grundzug des Denkens führt Picht sowohl an Aristoteles-Studien, als auch anhand des parmenideischen Lehrgedichts vor. Die parmenideische Götterkritik ist, so ließe

[52] Ders., Wahrheit 310, Herv. M.H.

[53] Knapp sei darauf hingewiesen, dass dieses Axiom für die metaphysisch ausgelegte christliche Gotteslehre von höchster Bedeutung war und ist. Im 20. Jahrhundert ist sie offensiv von katholischer Seite vertreten worden, insbesondere in deren vorkonzialer Gestalt, vgl. z.B. Söhngen, Sein und Gegenstand; dazu und zu den konziliaren/postkonziliaren Weiterentwicklungen der katholischen Debatte Hailer, Weisheit 41–106. Im gegenwärtigen Protestantismus ist es v.a. Wolfhart Pannenberg, der betont, dass Theologie als Wissenschaft von Gott nur auf der Basis dieses Axioms möglich sei, vgl. Systematische Theologie Bd. 1, 58–72, bes. 62. Im Rahmen der Diskussion, ob die christliche Gotteslehre nicht besser am Leitfaden der Zeit als an dem der Konvertibilität von Sein und Wahrheit auszulegen, wird darauf zurückzukommen sein. Picht jedenfalls tendiert zu einer schroffen Entgegensetzung von Denken im griechischen und christlich-eschatologischen Muster (vgl. Wahrheit 317, Glauben und Wissen 260 u.ö.). Dies ist, denkt man an J. Moltmanns Theologie der Hoffnung (bes. 74ff), in der Mitte des 20. Jahrhunderts nicht ohne theologische Parallele, wird sich aber – als theologische Aussage genommen – fragen lassen müssen, ob es die präsentische Eschatologie zureichend zu denken in der Lage ist; vgl. Tödt, Georg Picht 72.

sich Pichts Intention zusammenfassen, eine Kritik an der mittelbaren Selbstmitteilung des Göttlichen. Sie besteht aus einer Reihe von e-negativo-Schlüssen, die ich hier in aller Kürze und ohne Rekurs auf die philologischen Details und Alternativen, die Picht diskutiert, vorstelle.[54]

Picht weist mehrfach darauf hin, dass Parmenides' Behandlung des Begriffs νοῦς eine Vorgeschichte hat und nicht ortlos beginnt. Würde der Begriff durch eine pure Behauptung in die Welt gesetzt, so wäre er selber von einer δόξα nicht zu unterscheiden, welcher Unterschied aber den Kern des Konzepts ausmacht. In diesem Sinne erkennt Picht in der altgriechischen Dichtung Vorstufen, die Parmenides im Sinne einer bestimmten Negation als Vorstufen einsetzt:[55] In der Ilias sind die Götter und Musen diejenigen, die komplexen Ereignissen als die eigentlichen Zeugen beiwohnen, weil sie sie im Vollsinne sehen und weil sie, schnell wie ein Gedanke, den Ort wechseln können. Nur wer in ihrem Sinne sieht, sieht wirklich, und deshalb muss auch der Dichter die Hilfe der Musen anrufen, um überhaupt als Dichter in Erscheinung treten zu können. Diese Konzeption göttlichen Wissens interpretiert Picht als Vorblick auf die Idee des νοῦς als Wissen dessen, was dem gewöhnlichen Weltumgang verborgen ist. Schon in der Dichtung also kündigt sich das zweistufige Konzept an, das den Bereich des Wissens im eigentlichen Sinn von dem unterscheidet, was nur durch Erfahrung und damit im uneigentlichen Sinne gewusst wird.[56] Die Rede der Dichter war nur möglich gewesen durch die Vermittlung der Musen. Sie sagten ihm das, was sie vom privilegierten Ort ihrer Erkenntnis aus mitzuteilen in der Lage waren. Gleichwohl aber ist sowohl bei Homer als auch bei Hesiod der Dichter der, der spricht. Er ist der privilegierte Mund der Musen. Diese Konstruktion der Vermittlung göttlichen Wissens ändert sich schlagartig bei

---

[54] Mein Bezug darauf erhebt keinen Anspruch auf philologische Nachprüfbarkeit sondern intendiert lediglich, Pichts Grundgedanken darzustellen. Dies erscheint vertretbar, weil Pichts These nicht nur als Parmenides-Exegese angelegt ist, sondern in dessen Lehrgedicht ein Grundmuster entdecken will, das in den zahllosen Konstellationen immer wieder auftaucht. Insofern geht es eher um die Wahrnehmung eines Musters und nicht um einen Beitrag zur klassischen Philologie (Picht selbst zum Vorgehen: Wahrheit 37f).

[55] Nicht zufällig und m.E. zurecht der Hinweis auf Hegels Begriff der Wissenschaft als Erscheinung in der Phänomenologie des Geistes, vgl. Picht, Wahrheit 39. Die formale Paradoxie, dass die Entdeckung des ewigseienden νοῦς selber ein geschichtlicher Vorgang ist, ist für Pichts Verständnis des Beginns und möglichen Endes des metaphysischen Schemas entscheidend. Für Parmenides kann diese Paradoxie nur dadurch umgangen werden, dass das sich ihm eröffnende Wissen tatsächlich die Epiphanie des göttlichen Wissens ist. Hegel, dem diese Unmittelbarkeit nachaufklärerisch nicht zur Verfügung stand, musste sich in der Phänomenologie des Geistes den Beweisgang auferlegen, dass seine Darstellung, die »das erscheinende Wissen zum Gegenstande hat«, tatsächlich der »sich vollbringende Skeptizismus« (Werke 3, 72) ist, d.h. durch den Gang der Argumentation gegen jeden möglichen Einwand verteidigt werden kann.

[56] Picht, Wahrheit 38–44, vgl. Fundamente 116ff.

Xenophanes. Er schließt darauf, dass der Gott oder die Götter reiner νοῦς, also reines Erkennen und Wissen sind, als solche vom Bereich der menschlichen δόξα schlechthin verschieden.[57] Dies ist die Situation, in der Parmenides' Lehrgedicht entsteht. Er teilt Xenophanes' Götterkritik, aber er wird über dessen Rede von der Unerreichbarkeit des Göttlichen hinausgehen, indem er die Epiphanie der Gottheit denkt:

»(...) zu Parmenides kommen nicht die Musen, wie sie zu Hesiod an den Fuß des Helikon gekommen sind, sondern er selbst wird von seinem Gespann entrückt. Anders als bei Xenophanes spricht zu ihm wieder die Göttin, aber diese Göttin ist nicht, wie die Musen, eine Mittlerin, sondern sie ist die ἀλήθεια, die Wahrheit, selbst und unmittelbar.«[58] »Sie ist nicht eine Gewißheit über die Wahrheit, sondern sie ist die unmittelbare Wahrheit selbst (...).«[59]

Nun folgt das, was man m.E. durch zwei Schlüsse e negativo formalisieren kann: (a) Die Wahrheit muss die Wahrheit des Seienden sein. Wäre sie dies nicht, so könnte ihr das Prädikat der Wahrheit nicht zukommen. (b) Sein, welches nicht im νοῦς als denkbar und anwesend gedacht werden kann, ist nicht Sein im Sinne dessen, dass es aktual vollzogen ist. Insofern gehört zum Begriff des Seins seine Vollzogenheit im νοῦς dazu: »Deshalb muß das vollzogene Sein, das ἐόν, das ›Seiende‹, seinem eigenen Wesen nach νόημα sein. Das νόημα Ist das vollzogene Schauen und das vollzogene Sein.«[60]

Die Extension der Wahrheit ist Sein, und die Extension des Seins ist seine Erschlossenheit in der Wahrheit. Aus dieser doppelten Bestimmung ergibt sich die Möglichkeit des Denkers, an ihr zu partizipieren, indem sein νοῦς sich mit dem göttlichen νοῦς vereinigt. Dies freilich geschieht nicht mehr dadurch, dass eine Vermittlungsinstanz zum Dichter herniedersteigt und ihm momenthaften Einblick in die Zusammenhänge gewährt. Es geht nicht anders als durch das schlechthinnige Verlassen des Irdischen. Parmenides' Erkenntnis ist seine Himmelfahrt und damit zugleich die Entdeckung der Transzendenz.[61] Auf diese Weise freilich sind die Götter eigentümlich ortlos geworden.

Das Lehrgedicht ist Epiphanie und Götterkritik in einem. Der Vollzug der Rede der ἀλήθεια ist Wahrheit; er ist in sich göttlich und genau deswegen haben die Götter in ihm keinen Platz mehr. Weil die Wahrheit sich sel-

---

[57] Xenophanes, Frgm. 24 = Kirk/Raven/Schofield 185, Picht, Wahrheit 46–48.54.

[58] Ebd.

[59] Ebd. 72.

[60] Picht, Wahrheit 79. Picht bezieht sich dabei auf Parmenides B 8,34 = Kirk/Raven/Schofield 277. Knappere Erläuterungen bringt Picht in mehreren Texten, z.B. in dem Aufsatz »Die Zeit und die Modalitäten«, Hier und Jetzt I, 362–374, bes. 362–364.

[61] Frgm. 1,1ff = Kirk/Raven/Schofield 266.

ber als Ganzheit des Seins zeigte, ist es kategorisch nicht mehr möglich, dass einzelne Größen partielle Ansprüche daran anmelden.[62] Mehr noch: Die Dichter, die von den Göttern sangen, haben an deren Weltlichkeit als Teil des κόσμος nie Zweifel gelassen. Sein = Wahrheit enthüllt sich aber als von den Elementen des Kosmos schlechterdings verschieden. In diesem Sinne ist es tatsächlich unmöglich, sie als Teil des Göttlichen zu denken. Sie sind, wenn sie überhaupt sind, Welt als von dem Gott präzise unterschieden.

Ad (2): Die Frage lautet deshalb: In welcher Weise sind die Götter Welt? Welchen Teil der Welt repräsentieren sie? Nach G. Picht lässt sich dieses eigentümliche nach-parmenideische Sein der Götter grundlegend umreißen und in zwei Aspekte auseinander legen. Grundlegend ist die Feststellung, dass die Götter nicht einfach verschwunden, tot oder eben ungedacht sind. Es gibt sie in dem Sinne, dass ihre frühere Bezeichnung nicht zufällig war sondern sehr wohl für etwas in der Welt stand, dem nach der Epiphanie des Seins = Wahrheit allerdings das Prädikat »göttlich« abgesprochen wurde. Die Götter sind, so ließe sich dieser allgemeine Aspekt wohl auf den Begriff bringen, jedenfalls *Steigerungsformen von Welt.* Sie repräsentieren Größen, die als mächtig erlebt werden, die aus näher zu bestimmenden Gründen Attraktion ausüben und Aufmerksamkeit auf sich versammeln können, gleich ob diese fasziniert oder erschreckt. Sie tun dies, und damit zu den beiden inhaltlichen Aspekten, als Inbegriff des *Ideals* einerseits und als der der *Schönheit* andererseits.[63]

»Die Ideale sind die Götter der Griechen, und: die Ideale sind die Ideen Platons.«[64] Ein Ideal ist keine abstrakte Idee. Es ist nicht abstrakt in dem Sinn, dass man es denken könnte oder eben nicht. Ein Ideal übt Wirkung aus, man hängt ihm an und vermag schlechterdings nicht anders, als Ziele und Handlungen an ihm auszurichten.[65] Es ist affektiv hoch aufgeladen, lebensbestimmend, denk- und handlungsorientierend und in diesem Sinne

---

[62] Vgl. die Feststellung: »Der Gott der griechischen Philosophie ist nichts anderes als die tragende Einheit des κόσμος.« (Picht, Glauben und Wissen 135.)

[63] Anmutungen über das, wofür der Terminus »Götter« stehen könnte, sind zusammengefaßt in ebd. 248–253.

[64] Picht, Wahrheit 227.

[65] Die Nähe zu dem, was in der gegenwärtigen Sozialphilosophie als Genese von Wertorientierung beschrieben wird, ist frappant, vgl. Joas, Entstehung 22ff.252ff. Das antike Denken kennt freilich nicht die Vorstellung von der sozialimmanenten Genese der Werte, sondern denkt die Erziehung als Annäherung des Individuums an die Gestalt der Götter. Das, was sich in Joas' Konzeption als sozialutopischer Anteil entpuppen könnte, ist hier durch die vermittelnde Funktion der Götter gleichsam vorgängig gesichert. So gesehen wirft die antike Lösung der Begründungsfrage ein scharfes Licht auf diejenigen Konzeptionen, die dies auf säkulare Weise tun wollen.

auch nur begrenzt frei wählbar. Zugleich ist in der Vorstellung von einem Ideal mitgesetzt, dass es sich nicht um eine willkürliche Setzung handelt, sondern dass es gleichsam einen höheren Wert repräsentiert, etwas, an das man sich berechtigterweise hält, das seine affizierende Wirkung zurecht freisetzt. Kurz, ein Ideal ist affektiv anziehend und gleichzeitig dazu berechtigt. Die Götter repräsentieren das, was als wünschenswerte Wertorientierung gelten kann, in einer Weise, dass die affektive Bindung an es entsteht. Das, was der Denker in der Verschmelzung seines νοῦς mit dem göttlichen νοῦς erfährt, ist gleichsam nocht nicht affektiv, noch nicht sinnlich genug, um eine Wertbindung zu erzeugen. Gleichwohl sind solche Bindungen aber ganz unumänglich. Erst die Göttergestalten, aus dem nun transzendent gewordenen Absoluten verbannt, können diese Funktion übernehmen. Sie transformieren das Abstractum des Absoluten ins affizierende Ideal, *indem sie es verkörpern*: »Das Ideal ist die Erscheinung des Absoluten in individuo«[66]. Sie nehmen eine Mittelstellung zwischen dem Bereich des Absoluten, der nur durch strengste gedankliche Askese zu erreichen ist, und dem Bereich des normalen Lebens ein. Als solche existieren sie in einem eigentümlichen Schwebezustand, aber als solche sind sie unverzichtbar und auch durch die Leugnung ihrer Existenz nicht aus der Welt zu schaffen.[67]

Picht macht ein Indiz aus, das die Attraktivität der Götter auf verblüffende wie nahe liegende Weise erklärt: es ist ihre *Schönheit*. Sie steht dafür, dass die Götter die Funktion haben, die Mächte der Finsternis und des Chaos zu bannen. So erzählt es die Theogonie des Hesiod und ein Gleiches gilt von der Funktion, die die Ideale, zu denen die Götter sublimieren, für das Zusammenleben der Menschen unter der Ägide des parmenideischen Absoluten haben. Schönheit fasziniert, sie ruft Ehrfurcht hervor, und sie ist zugleich Signum dafür, dass in seinem Raum die Mächte des Grauens keinen Ort haben. Die Schönheit der griechischen Götter eröffnet den Menschen einen lebensbewahrenden Raum der Freiheit. In einem Aufsatz über die griechischen Figuren der Musen schreibt er:[68]

> »Die olympische Heiterkeit ist der Bannkreis eines Lichtes, in dem die magischen Urgewalten zur Sichtbarkeit einer hellen Transparenz gebracht und damit zugleich gebannt sind. Daher stammt jenes fast erbarmungslose Leuchten, von dem die griechischen Göttergestalten umgeben sind, und dem auch wir nur mit Staunen begegnen dürfen. Die Griechen nannten dieses Licht, das von den in tektonische Ordnung gebannten Mächten der Urzeit ausstrahlt, das Schöne. Die Welt der olympischen Götter ist deshalb die Welt, mit der die Schönheit geboren wurde, die von der olympischen

[66] Picht, Wahrheit 227.

[67] Zur Vorstellung von Idealen als funktionalen Äquivalenten der Götter vgl. noch Picht, Glauben und Wissen 253f.

[68] Ebd. 156.

Heiterkeit nicht zu trennen ist. Die Erscheinung der Götter ist die Entdeckung der Schönheit; die Entdeckung der Schönheit ist die wahre Theogonie.«

c) Der Gott der Metaphysik – sein drohendes Ende und seine Beharrung

Anhand des parmenideischen Lehrgedichts erzählte Picht die Urgeschichte des Gottes der Philosophen. Im Rahmen seiner Herrschaft sind die Götter zu eigentümlichen Zwischenwesen geworden, wiewohl die von ihnen repräsentierten Größen natürlich noch genauso vorhanden sind. Will man begreifen, wofür die antiken Götter standen und ihre neuzeitlichen Nachfolger immer noch stehen, so ist ein genauer Blick auf Bedingungen ihrer Wiederentdeckung nötig. Das nötigt zu einem Sprung über einen langen Zeitraum, nämlich ins 19. Jahrhundert. Literaturgeschichtlich sind einige Strömungen der Literatur der Goethezeit als Wiederentdecker der Rede von den Göttern namhaft gemacht worden. Bei Herder beginnend, über die Frühromantiker, ein prominentes Gedicht Schillers bis hin zu Hölderlin und anderen. Ein experimentelles Denken setzte ein, welches Götter nicht als Artefakte der Vergangenheit verstanden wissen wollte, sondern sie als Ideale und Mächte von gegenwärtiger Relevanz begriff. Literaturen wie diese haben das philosophische und theologische Denken auf schwer fassbare Weise begleitet, gestört und konterkariert. Für die dominierenden Denktraditionen waren sie jedoch – ob zurecht oder nicht, sei hintangestellt – eher Begleitmusik, Gegenstück oder interessierender Einzelfall. In Pichts Wahrnehmung erscheinen sie als Vorahnung, als Vorankündigung dessen, was sich im philosophischen Diskurs um einige Jahrzehnte verspätet, dann aber umso heftiger, ereignen würde.[69]

Die Dichtertheologie wird, weil sie eine eigene Untersuchung erfordern würde, hier nicht eigens thematisiert.[70] Ausdrücklich hingewiesen sei lediglich auf Friedrich Schillers Gedicht »Die Götter Griechenlands«.[71] Schiller besingt eingangs die von Göttern beseelte antike Weltauffassung:

> »Da der Dichtung zauberische Hülle
> sich noch um die Wahrheit wand, –
> Durch die Schöpfung floß da Lebensfülle
> Und was nie empfunden wird, empfand.« (1,43)

---

[69] Picht, Wahrheit 212ff.225ff.

[70] Darüber informieren u.a. Timm, Geist der Liebe; ders., Heilige Revolution; ders., Dichtung des Anfangs; Frank, Der kommende Gott; ders., Gott im Exil; Hartwich, Deutsche Mythologie; Freier, Rückkehr der Götter. Als Beispiele eines emphatischen Vertreters dieser Religiosität vgl. Aufsätze des Altphilologen Otto, Gestalt 181ff.211ff.227ff.

[71] Schiller, Werke 1, 43–45. Nachweise der Petit-Passage, wo nicht anders vermerkt, aus dieser Ausgabe.

Dem steht die entgötterte Welt des Newtonschen Zeitalters gegenüber, in dem statt der Präsenz des Helios »[s]eelenlos ein Feuerball sich dreht« und die Natur, statt Inbegriff der Fülle zu sein, »knechtisch dem Gesetz der Schwere« (beide 1,45) dient. Den Grund der Entgötterung kann Schiller eindeutig angeben:

> »Alle jene Blüthen sind gefallen
> Von des Nordes schauerlichem Wehn;
> Einen zu bereichern unter allen,
> Mußte diese Götterwelt vergehn.« (1,45)

Mit den Göttern gingen aber auch ihre Attribute, die Schönheit und die Leichtigkeit, die unter ihrem Regnum Leben und Tod umfingen, verloren. Schillers Gedicht scheint nicht darauf angelegt, im Bereich der Dichtung die Gegenwelt zur entgötterten Moderne zu sehen und sie – der romantischen Suche nach Arkadien gleich – als Inbegriff der Poesie anzustreben. Gleichwohl insinuiert die Schlussstrophe des Gedichts die Götterwelt als unmögliche Möglichkeit des Schönen:

> »Ja, sie kehrten heim, und alles Schöne,
> Alles Hohe nahmen sie mit fort,
> Alle Farben, alle Lebenstöne,
> Und uns blieb nur das entseelte Wort.
> Aus der Zeitfluth weggerissen, schweben
> Sie gerettet auf des Pindus Höhn;
> Was unsterblich im Gesang soll leben,
> Muß im Leben untergehn.« (1,45)

In den »Briefen über die ästhetische Erziehung des Menschen« von 1795 wird das Bild von der entrückten bzw. vertriebenen Sphäre der Götter und der Schönheit wieder verwendet und als pädagogisches Phänomen operationalisiert. Schiller konstatiert eine Notwendigkeit von Erziehung, indem praktisches und theoretisches Verhalten des Menschen zueinander in Wechselwirkung stehen, das eine im Sinne von Tun, das andere als auf-sich-wirken-Lassen. Das Problem entsteht dann, wenn keine der beiden Seiten zu einer wirklichen Besserung des menschlichen Charakters in der Lage ist und damit ein Zirkel ohne Ausbruchsmöglichkeit vorliegt. (4, 575) Hier hilft das Vorbild der Griechen: Im Bild der Götter ist für sie das Ideal des ganzen Menschen präsent, das für die Menschen von Schillers Gegenwart nurmehr bruchstückhaft in einzelnen Individuen vorhanden ist. (4, 567) Wie das Gedicht lehrte: Diese Welt ist freilich versunken und kann deshalb nicht als unmittelbar präsente gewollt werden. Was aber bleibt, ist, sich ihre in den Bereich der Ästhetik verwandelte Macht zunutze zu machen und mit ihr dem bloßen Hin und Her der Kräfte zu entkommen, welches aus sich heraus keine Besserung bringen kann. Schiller schreibt: »Eine wohlthätige Gottheit reiße den Säugling beizeiten von seiner Mutter Brust, nähre ihn mit der Milch eines besseren Alters und lasse ihn unter fernem griechischen Himmel zur Mündigkeit reifen. Wenn er dann Mann geworden ist, so kehre er, eine fremde Gestalt, in sein Jahrhundert zurück; aber nicht um es mit seiner Erscheinung zu erfreuen, sondern furchtbar wie Agamemnons Sohn, um es zu reinigen.« (4,576) Es ist also eine Doppelbewegung insinuiert, in der die Ästhetik eine Durchgangsphase darstellt und als solche notwendig zur Erlangung der Vernunft ist. Wer den Weg durch das Spiel ästhetischer Freiheit, das erst die Vollgestalt des Menschen ausmacht (4, 594), nicht geht, würde zu ihr nicht gelangen können: »Mit *einem* Wort: Es gibt keinen anderen Weg, den sinnlichen Menschen vernünftig zu machen, als dass man denselben zuvor ästhetisch macht.« (4, 612). Ohne den »*mittleren Zustand*« (4, 599) der Ästhetik bliebe kein Ausweg aus der Unmittelbarkeit der Jetztzeit.[72]

Bemerkenswert an Schillers Dichtung und theoretischer Position ist nicht nur die Verklammerung der Götterthematik mit der der Schönheit, die sich als Schlüsseleinsicht für die moderne Wiederentdeckung des Polytheismus erweisen wird. Schillers pädagogischem Modell des Durchgangs wird, und dies markiert seine Stellung nicht minder, von späteren Theoretikern als einer kritisiert werden, der einer bloßen Instrumentalisierung des Schönen und der Götter das Wort redet, weil die Ästhetik für ihn lediglich Durchgangsphase zum Status der Vernünftigkeit ist. Er selbst hat dies klar gesehen und zu Beginn der Briefe vermerkt, »daß es größtentheils Kantische Grundsätze sind, auf denen die nachfolgenden Behauptungen ruhen werden« (4, 558). Inwiefern man das sagen kann, ist eine andere Frage, die hier auf sich beruhen soll. Jedenfalls wird ihm implizit oder explizit vorgehalten werden, den Bereich der Götter bzw. der Schönheit gleichsam ein zweites Mal entfernt und in den Dienst monistischer bzw. monotheistischer Vorstellungen gestellt zu haben, indem er sie in einem Jenseits der Ästhetik dachte, anstatt zu sehen, wie sehr die gegenwärtige Prätention der Vernunft keinen Augenblick ohne sie zu denken ist. Nietzsche etwa wird argumentieren, dass der springende Punkt, wie denn etwas aus seinem Gegenteil soll entstehen können – Erziehung hier durch Schönheit da –, nicht geklärt sondern lediglich behauptet ist und in diesem Sinne eine »*Chemie* der moralischen, religiösen, ästhetischen Vorstellungen« anmahnen.[73] In der Tat behauptet Schiller, dass es den idealen Bereich des Ästhetischen als von dem der Welt abgehobenen gebe, und in der Tat hat seine ästhetische Erziehung ihr Ziel in einem Vernunftmonismus. Insofern könnte man sagen, dass seine Schriften an die Thematik der Wiederentdeckung der Götter rühren, ihnen gegenüber aber eigentümlich inkonsequent bleiben, indem sie sie einem vorher festliegenden thematischen Rahmen einzeichnen.

---

[72] Georg Picht geht auf die Schillerschen Briefe in Kunst und Mythos unter dem Titel Absolute Kunst und Politik ein (58ff). Er stellt Schillers Analyse der politischen Situation seiner Gegenwart dar und betont dabei die Parallele dieser Sichtweise zu der von Karl Marx (59). Zu Schillers Kunstverständnis bemerkt er: »Wenn sich nun oberhalb jener Freiheit, die ihre Formel im Kategorischen Imperativ gefunden hat, das Reich der Schönheit öffnet, so ist die Schönheit das Absolute schlechthin. Die Kunst ist dann die Darstellung des Absoluten. Sie wird dadurch selbst zur absoluten Kunst.« (ebd., 63) Damit könnte sie gleichsam ruhiggestellt sein. Was Schillers Position unter den Theoretikern der absoluten Kunst indes einzigartig macht, ist seine Verklammerung dieser Idee von Kunst mit der Idee der Freiheit. Sind absolute Kunst und Freiheit Geschwister, so kann die Kunst nicht als bloße Verschönerung fungieren; es gilt dann: »Wenn die Kunst absolut ist, muß sie den Schein der Versöhnung verschmähen. Ihr Amt ist das des Orestes: Reinigung und Rache.« (ebd., 65).

[73] Nietzsche, Menschliches, Allzumenschliches I,1,1 = KSA 2,24.

Die Dichtertheologie mag als Indiz dafür gelten, dass die Herrschaft des philosophischen Gottes nicht unbestritten war – und dies wohl auch zu Zeiten, die Picht in die Phase der unumschränkten Herrschaft der Metaphysik gerechnet hätte. Derart epochal-monolithisch, wie er die Geistesgeschichte in ein Vorher, Während und bedingtes Nach in Bezug auf den philosophischen Gott unterteilt, dürfte sich die Sachlage bei näherer Betrachtung nicht darstellen. Weder ist die Verdrängung so total noch die Rückkehr so triumphal, wie er es sich, gestützt auf intensive Einzelanalysen wohl dachte. Aufschlussreich ist gleichwohl seine Sicht auf das Ende der metaphysischen Periode. Picht behauptet nämlich, dass die rasche Rede davon an der Wirklichkeit vorbeigeht. Metaphysik, so sein Argument, ist durch Proklamation nicht zu beenden. Die Herrschaft des Gottes der Philosophen lebt – weniger total zwar und unter anderem Namen – fort. Dies ist als argumentativer Zwischenschritt kurz aufzuzeigen, damit die Rede von der Wiederkehr der Götter nicht ins schiefe Licht eines proklamierten Irrationalismus kommt.

Metaphysische Grundannahmen sind nicht einfach dadurch verschwunden, dass man sie negiert. Viel zu selbstverständlich ist das geworden, was seit dem Beginn des antiken philosophischen Monotheismus gilt: der Satz vom Widerspruch, das Prinzip der Identität, die Vorstellung von Wahrheit als Präsenz des Seienden.[74] Kurz, jedes Denken, das den Anspruch theoretischer Nachvollziehbarkeit erhebt, bewegt sich in den Bahnen der metaphysischen Vorannahmen und damit im Rahmen der Epiphanie des griechischen Gottes. Auch wer die großen Theorien der Metaphysiker nicht mehr nachvollziehen kann, arbeitet doch, sofern er im eben angerissenen Sinne Wahrheitsansprüche erhebt, noch in deren Konsequenzbereich. Auch wer nicht in ihrem Sinne nicht denkt, lebt doch in einer Welt, die durch Naturwissenschaft und Technik zutiefst geprägt ist, welche ihrerseits auf den Prinzipien der klassischen Pysik aufruhen. Dann aber gilt: »Der Gott der Metaphysik ist genau in den Grenzen wahr, in denen die klassische Atomphysik wahr ist.«[75] Es gibt einen Plausibilitätsspielraum, der auch durch die Absage an metaphysische Konzepte nicht einfach verschwunden ist, weil er den Bereich der alltäglichen Wirklichkeit in unserer Zivilisation zutiefst bestimmt. Verdankt er sich immerhin der Epiphanie einer Gottheit, so wird es möglich, zu sagen:

»Er [der Gott der Philosophen, M.H.] ist nicht irgendetwas Ausgedachtes, das man loswerden könnte. Seine Wahrheit läßt sich heute genauso wie zurzeit des Sokrates einsehen und mit der gleichen Zwangsläufigkeit demonstrieren. Der Satz vom Widerspruch hat heute genau die gleiche Evidenz, die er für Aristoteles besaß. Er ist für die

[74] S.o. 1b.

[75] Picht, Glauben und Wissen 177.

Physik der Neuzeit ebenso konstitutiv wie für die griechische Ontologie. Und die gesamte Technik des 20. Jahrhunderts ist nichts als eine Art von Liturgie, welche den Glauben an die unumstößliche Wahrheit der Widerspruchsfreiheit, und das heißt, der sich selbst gleichen Einheit des Denkens und damit der Welt zelebriert.«[76]

Wo die Gesetze der klassischen Physik und der Technik gelten, wo argumentiert und bewiesen wird, da lebt der Gott der Metaphysik fort. Diesen Bereichen ist in der Tat nicht durch Leugnung beizukommen. Wer dies tut, stürzt sich selbst in große Aporien. Zwei Denker markieren die Situation in unübertroffener Schärfe und werden deshalb von Picht zur Illustration des Gemeinten herangezogen, Jean Paul mit seiner »Rede des todten Christus vom Weltgebäude herab, daß kein Gott sei« und Friedrich Nietzsche mit seinem berühmt-berüchtigten Aphorismus vom Tollen Menschen.

Picht interpretiert Jean Pauls Text als Aufweis dessen, »zu welchem Resultat man gelangt, wenn man die Welt weltimmanent verstehen will.«[77] Jean Pauls schreckliche Vision soll demjenigen die Konsequenzen vorführen, der in der oben angesprochenen modisch gestimmten Weise die Existenz Gottes für unwahrscheinlich oder unnötig hält. Ist kein Gott mehr als Zentralperspektive, so ist nicht nur, wie ein unkritischer Atheismus vielleicht annehmen möchte, die als billig durchschaute Vertröstung auf ein Jenseits dahin, sondern im eminenten Sinne die Möglichkeit innerweltlicher Wahrheit. »Philosophisch gesprochen: Durch die Leugnung Gottes verliert die Einheit der transzendentalen Subjektivität ihren Grund. Übrig bleibt nur noch das empirische Bewusstsein, von dem schon Kant gesagt hat, es sei ›an sich zerstreut‹ (KrV B 133 [...].) (...) Jean Paul sagt: ›Niemand ist im All so sehr allein als ein Gottesläugner‹. Mit anderen Ich-Punkten zusammenzurinnen, vermag ihn aus dieser Einsamkeit nicht zu erlösen, denn er hat die Möglichkeit der *Wahrheit* verloren.«[78] Es geht hier also nicht um werbendes Eintreten dafür, dass es besser sei, die theistische Perspektive zu verlassen. Jean Pauls Text hat vielmehr die Funktion, in drastischer Weise aufzuzeigen, was geschieht, wenn Gott als einheitsstiftender Grund tatsächlich verloren gegangen ist. Der Text ist Aufweis, nicht Ankündigung.

Dieselbe Perspektive wird von Friedrich Nietzsche in seiner Rede vom Tod Gottes bezogen. Auch er lässt seinen »Tollen Menschen« im berühmten Aphorismus 125 aus der »Fröhlichen Wissenschaft« nicht als Mörder

[76] Ebd. 98. Vgl. die Formulierung: »Aber die Dimension, die seine Epiphanie bei den Griechen für die Menschheit aufgebrochen hat, ist nicht zu vertilgen. Wir müssen lernen, jene Wahrheit zu denken, die sich hinter dem Namen ›Gott‹ für uns entzog.« Picht, Nietzsche 345 (Aufsatz: Der Gott der Philosophen), vgl. Kunst und Mythos 332ff.

[77] Ebd. 125,das Zitat aus Jean Paul ebd. 121–125.

[78] Ebd. 126f.

Gottes auftreten, sondern als den, der den Umstehenden, »welche nicht an Gott glaubten«, die Konsequenz ihres Tuns aufzeigt. Damit, so gestaltet Nietzsche die Szene, »erregte er ein großes Gelächter«[79], welches aber in Bestürzung umschlägt, nachdem der Tolle Mensch den Umstehenden vor Augen hält, dass mit dem Tode Gottes die Zentralperspektive der Wirklichkeit – und damit auch die der alltäglichen Physik – verloren gegangen ist.[80] Der Tolle Mensch ist der sokratische Diagnostiker, der Bestürzung hervorruft, nachdem er in seinen Gesprächspartnern die Implikationen ihrer Meinung aufgezeigt hat. In Pichts Worten: »Der Satz ›Gott ist tot‹ erscheint bei Nietzsche nicht als seine eigene philosophische Lehre; er stellt nur das, nach Nietzsches Aussage, wichtigste Ereignis der bisherigen Weltgeschichte fest.«[81] In der Tat erhebt sich dann die Frage, »ob kritisches Bewußtsein überhaupt noch möglich ist, nachdem es in einer letzten Steigerung der intellektuellen Redlichkeit seine eigenen Voraussetzungen destruiert hat.«[82]

Picht sieht das Feld der technisch-wissenschaftlichen Rationalität nicht einfach untergehen und im Strudel der Jean-Paulschen Vision versinken; er glaubt nicht, dass die Menschheit sich »den Horizont wegwischt«, um es mit dem Tollen Menschen zu sagen. Sehr wohl aber ist evident, dass der Bereich dessen, was im Gefolge des philosophischen Gottes gültig ist und bis auf weiteres gültig bleibt, weit kleiner ist, als es der Selbstwahrnehmung dieser Perspektive entspricht. Dafür steht die Einrede der Dichtertheologie, dafür steht die vielfach vorgetragene Metaphysikkritik und nicht zuletzt die massiven Plausibilitätsverluste der Religion – ironischerweise auch dort, wo sie nach Kräften dem metaphysischen Schema zu entkommen sucht. Die

[79]Beide Zitate: Nietzsche, Fröhliche Wissenschaft 125 = KSA 3,480.

[80] Nietzsche reflektiert die implizite Anthropologie des Todes Gottes mit, indem er den Tollen Menschen fragen läßt, wie es überhaupt menschenmöglich sein soll, aus eigener menschlicher Kraft die ordnende Zentralperspektive zu verneinen: »Aber wie haben wir diess gemacht? Wie vermochten wir das Meer auszutrinken? Wer gab uns den Schwamm, um den ganzen Horizont wegzuwischen? Was thaten wir, als wir diese Erde von ihrer Sonne losketteten?« (KSA 3,481) Dieses eigentümliche Spiel zwischen Titanismus und Überforderung ist für Nietzsches Anthropologie kennzeichnend und kehrt noch in den späten Aussagen zum Übermenschen wieder. Dieser ist eben nicht als Titan zu deuten, sondern als der, der über sich hinauswachsen will und doch weiß, dass das eigentlich unmöglich ist. In diesem Sinne jedenfalls scheint die Metapher vom Menschen als »Seil, geknüpft zwischen Thier und Übermensch« (Zarathustra I, Vorrede 4 = KSA 4,16) deutbar zu sein (vgl. die Bemerkung bei Picht, Glauben und Wissen 23).

Jean Pauls Behandlung des Themas ist ebenfalls eigentümlich verspiegelt: Nachdem der Ich-Erzähler die Traumvision der Rede des toten Christus empfangen hat, wacht er in einer friedlichen Abendstimmung auf und ist dankbar, wieder zu Gott beten zu können. Der Autor überlässt es der Perspektive des Lesers, dies als reale Befindlichkeit des Ich-Erzählers zu nehmen oder hinter den in den Schlußzeilen reichlich eingesetzten Stilmitteln der Idylle deren ironische Überzeichnung zu vermuten.

[81] Picht, Glauben und Wissen 8.

[82] Ebd. 21.

Frage lautet deshalb: Was tut sich auf an den Rändern dieser Perspektive? Was gilt dort, wo sie nicht gilt?

d) Die Wiederentdeckung der Götter als Mächte

Das Denken im Begriff, im Schema von Subjekt und Objekt, hat, so lässt sich das Ergebnis des letzten Abschnitts zusammenfassen, gleichsam eine Inselfunktion: Es gibt Sektoren, in denen es zweifelsfrei gilt, aber es irrt, wer sich die Welt so zurechtlegte, dass alles in ihr diesem Denken entspreche.[83] Dem Aufweis der Grenzen und einem ersten Blick darüber hinaus gelten Pichts im letzten Abschnitt zusammengetragene Überlegungen und Argumente. Der argumentative Status jener Überlegungen versteht sich dabei als hartes Argument. Was jetzt vorzutragen ist, hat einen anderen argumentationstheoretischen Stand. Es ist der Blick über den Bereich dessen hinaus, was sich mit den Mitteln plausibilisieren lässt, die im langen Schatten des philosophischen Gottes gelten: »Es sollen ja nicht Kenntnisse vermittelt, sondern versunkene Formen der Erfahrung ans Licht gehoben werden.«[84] Dies ist dem Gestus des Picht'schen Argumentierens auch durchaus anzumerken: Es wird tastender, fragender und lässt sich tendentiell mehr auf Versuche, Bilder und Analogien ein.

Eine Theorie der Wahrnehmung

Die erste Frage, die zu beantworten wäre, ist: Wenn denn die Subjekt-Objekt-Relation und die Leistungsfähigkeit begrifflichen Denkens begrenzt ist, welche menschlichen Weltverhältnisse sind außerhalb von dessen Bereich in Geltung? Picht nähert sich diesem Phänomen durch seine Theorie der Wahrnehmung. Sie, deren Heideggersche Tradition er zwar nur marginal vermerkt, die aber doch offensichtlich ist,[85] versucht, die vorprädikative

[83] Vgl. Picht, Kunst und Mythos 150.

[84] Ebd. 375.

[85] Ein knapper Hinweis in Picht, Hier und Jetzt II, 254. Im Fortgang dürfte die Anlehnung an §§ 12 (In-Sein als solches), 17 (Verweisung und Zeichen), 29 (Da-sein als Befindlichkeit) und 19–21.44b (Abhebung von der cartesischen Weltvorstellung und Erweis der Abkünftigkeit der traditionellen Wahrheitsvorstellung) von Sein und Zeit deutlich werden. Freilich – und das unterscheidet Pichts Entwurf deutlich von dem seines Lehrers – intendiert er nicht die »Frage nach dem Sinn von Sein überhaupt« (Sein und Zeit 436) durch die ontologische Analytik des Daseins, sondern sucht – bescheidener – Erfahrungs- und Weltzusammenhänge auf, die vom Subjekt-Objekt-Schema nicht erfassbar sind (programmatische Passagen im fragmentarischen Hauptwerk: Picht, Von der Zeit 468ff.634ff). Die sogenannte Sinnfrage bleibt dabei weitgehend ausgespart: Zum einen verstand Picht seine eigenen Arbeiten im wesentlichen als Prolegomena zu dem, was postmetaphysisch sagbar sein könnte und zum anderen – dies kann allerdings wegen der Vagheit der diesbezüglichen Andeutungen nur vermutet werden – mag er die Sinnfrage der Offenbarung zugeschlagen haben, an die er als Christ glaubte, ohne als Philosoph für sie Deutungskompetenzen zu beanspruchen (vgl. Picht, Theologie – was ist das?, 207 u.ö.).

Wahrnehmung als ursprüngliche zu erweisen. Den Anfang macht ein einfaches Gedankenexperiment: Wenn man jemanden beim Essen beobachtet, so könnte man meinen, er habe als Objekt die Speise vor sich, die er soeben betrachtet oder verzehrt. Das ist so weit richtig, es ist aber nur ein kleiner Ausschnitt der Wahrheit. Unbestreitbar wahr ist doch:

»Wer vom Lohn oder von einer Rente lebt, hat beim Essen noch ganz Anderes auf dem Tisch. Er ›verzehrt‹ seine Rente; er verschluckt Tarifordnungen und Gesetze; in seinen Speisen steckt der Staat, die Wirtschaftsordnung und vieles andere mehr. Wenn auf der Platte Käse aus Holland, Frankreich und der Schweiz liegen, ernähre ich mich von einer agrarwirtschaftlichen Ordnung, die mich möglicherweise eines Tages um das Einkommen bringt, mit dem ich ihre Früchte bezahlen könnte. Jedenfalls aber stellen mir diese Käse (...) die fernen Länder gegenwärtig – zum Greifen nahe – auf den Tisch. Sie könnten mich daran erinnern, daß Gegenwärtiges überhaupt solches ist, was Nicht-Gegenwärtiges ›repräsentiert‹. Das hindert nicht, daß ich zugreifen kann, aber es sollte mit daran verhindern zu meinen, was vor meinen Händen liegt, sei allein dadurch, daß es hier liegt, ›unmittelbar‹. In nahezu allem, was unsere Gegenwart ausfüllt, ist abgesehen von der Evolution, nicht nur die Tradition unserer Kultur, die Arbeit und der Erfindungsgeist von vielen Generationen vieler Kulturen, sondern auch die Geschichte der politischen Ordnungen investiert, ohne die jene Güter nicht hätten produziert werden können. (...) In diesem Sinne steht Politik in meinem Zimmer herum, selbst wenn ich das nicht gern wahrhaben möchte.«[86]

Was wir als unmittelbaren Gegenstand zu denken gewohnt sind, ist gar kein solcher Gegenstand. Das Objekt vor Augen ist in Wirklichkeit ein vielfältiger *Verweisungszusammenhang*. Es besteht in den Relationen, die es zu dem machen, was es ist, es verweist in die Vergangenheit genauso wie in die Zukunft. Das Subjekt-Objekt-Denken, das auf die Evidenz des Objektes vor Augen verweist, nimmt in Wirklichkeit eine grobe, ja gewaltsame Verkürzung dessen vor, was in Wirklichkeit ist. Es erhebt den in bestimmten Hinsichten entstandenen Eindruck des Gesichtssinnes zum Dogma über wirklich und unwirklich. »Die Gleichung Gegenwart = Unmittelbarkeit hat sich aufgelöst. Wir haben die Gegenwart von einer Seite her kennen gelernt, die mit der Weise, wie wir uns gewöhnlich in unserer Gegenwart zu bewegen pflegen, nur schwer in Einklang zu bringen ist.«[87] Ein Objekt ist nicht

[86] Picht, Hier und Jetzt II, 235f. Eine ähnliche Analyse der Wahrnehmung in zwei Anläufen in ders., Kunst und Mythos 139ff bzw. 392ff, bes. 407–413 und 424–434. Auch dort werden anhand alltäglicher Beispiele, in diesem Fall der Tabaksdose des Autors, die Phänomene von Mit-Meinen, Horizont und zeitlicher Referenz erläutert. Vgl. ebenfalls ders., Zukunft und Utopie 183–190. Der Argumentationszusammenhang wird in Von der Zeit 570ff unter dem Titel Die Selbstgebung der Phänomene wieder aufgenommen.

[87] Picht, Hier und Jetzt II, 234. Vgl. die Interpretation von Gegenwärtigkeit als »Gegenwärtigkeit *innerhalb eines Kommunikationsnetzes*« in ders., Hier und Jetzt I, 371. Gegenwart ist dann

einfach Objekt, sondern ein *Geflecht aus Gedächtnis und Antizipation.* In diesem Sinne irrt das Subjekt-Objekt-Denken, und in diesem Sinne macht es einen Irrtum der metaphysischen Tradition sichtbar, der es entspringt.

Objekte sind nicht aus diesem Geflecht herauslösbar; Ereignisse können nicht ohne ihre Konstellation verstanden werden. Picht wählt als Absetzbewegung eine andere Terminologie und spricht nicht mehr von Objekten, sondern von *Phänomenen.* Phänomen ist alles, »was sich auf welche Weise auch immer, zeigt. Alles, was sich zeigt, ist in dem Bereich, in dem es sich zeigt, direkt oder indirekt, gegenwärtig.«[88] Reflektiert man darauf, so gelangt man eben nicht zu einem Begriff von Gegenstand als physisch vorhandenem Objekt, sondern dazu, dass der Verweisungscharakter des sichzeigenden Objekts offensichtlich wird. Picht bezeichnet ihn als »Phänomenalität der Phänomene«.[89] Von dieser Phänomenalität ist nicht abzusehen. Sie, nicht das Objekt ist das Wirkliche. Das festzustellen, ist von erheblicher Tragweite, zeigt es doch auf, dass eine metaphysische Grundannahme offensichtlich falsch ist, nämlich die von der Zeitlosigkeit der Wahrheit. Ihr Reflex ist die Idee vom unmittelbaren Objekt. Wird nun aber gezeigt, dass in der Phänomenalität der Phänomene in einem Phänomen erinnerte Vergangenheit und antizipierte Zukunft sehr wohl gegenwärtig sind, so bleibt nur der Schluss, dass der Wahrheitsbegriff, welcher Wahrheit als Austritt aus der Zeitlichkeit konzipiert, offenkundig falsch ist. In Pichts Worten: »Mit der hier vorgelegten Analyse der Gegenwärtigkeit von Gegenwart haben wir den Bannkreis der europäischen Metaphysik verlassen. Wer sich ein Bild davon machen will, was das bedeutet, kann diese Analyse mit dem Anfang von Hegels ›Phänomenologie des Geistes‹ oder mit dem Anfang seiner ›Logik‹ vergleichen. Der Austritt aus der Metaphysik durchbricht zugleich die Schranken der Subjektivität.«[90]

---

nicht die scheinbar unmittelbare sensuelle Präsenz, sondern »der vieldimensionale Horizont, innerhalb dessen Wirkliches erscheint.« (ebd.)

[88] Picht, Hier und Jetzt II, 241.

[89] Ebd. In Pichts Kunstphilosophie nimmt der Begriff eine Schlüsselstellung ein. Er argumentiert, dass das Kunstwerk diese allgemeine Phänomenalität aufweist, eben weil seine Artefaktizität unabweisbar ist. Seine aufweisende Funktion besteht darin, dass die Wahrnehmung der Phänomenalität der Phänomene eben nicht auf das Kunstwerk allein beschränkt ist, sondern den alltäglichen Weltumgang der Menschen ausmacht: Die Wahrnehmung der Kunst ist nicht eine abseitige, sondern die fundamentale Form der Wahrnehmung, vgl. Kunst und Mythos 428ff und Von der Zeit 493ff.

[90] Picht, Hier und Jetzt II, 254. Dort auch eine Zusammenfassung, die ich ihrer Prägnanz wegen zitiere: »Im Zeitalter der Metaphysik wurde die Sphäre der ewigen, der zeitlosen Wahrheit der Sphäre des geschichtlichen Wandels entgegengestellt. Das Vergängliche galt als die Welt der bloßen Erscheinungen; wer Wahrheit suchte, mußte den ›Überstieg‹ (Transzendenz) in den Bereich des Unvergänglichen unternehmen. Erst, wenn dieser Überstieg vollzogen war, konnte, nach der Lehre der Metaphysik, erkannt werden, wie das Ewige in allem Zeitlichen erscheint. Vollzieht

Was aber wird dann aus unserer Vorstellung von Subjektivität? Wahrnehmung ist nicht mehr, wie man zu denken gewohnt sein wird, ein Vorgang, welcher vorhandene Informationen speichert und verwertet. Wenn es wahr ist, dass wir statt von Objekten von Phänomenen umgeben sind, dann ist Wahrnehmung etwas anderes als eben dies, die Speicherung von Objektdaten. Wahrnehmung verweist dann in den Signalzusammenhang der Phänomene ein. Um beim Beispiel zu bleiben: Wer ein Nahrungsmittel auf dem Esstisch sieht, fasst ja nicht durch seine Sinne dessen Wesen auf, sondern reagiert auf eine Vielzahl von Signalen. Geruch und Appetit mögen zusammenschießen, die Erinnerung an den Preis desselben mit der kurz- und mittelfristigen Finanzplanung des Käufers, das Wissen um das Herkunftsland mit Erinnerungen an einen dort verbrachten Urlaub oder die vielleicht vorhandene politische Einstellung zu den Vertriebswegen innerhalb der Europäischen Union usw. Es entspinnt sich in diesem Augenblick ein Geflecht von Zeichen und Verweisungszusammenhängen innerhalb dessen, was die phänomenologische Forschung »Horizont« genannt hat. Im Horizont ist das gegenwärtig, worauf das Phänomen durch seine Verweisungszusammenhänge weist, nicht – nicht nur – das, was sich unmittelbar zeigt.[91] Das, was in ihm gegenwärtig ist, hat nun nicht den Charakter von Informationen, die gesammelt und zum Bild des Objekts zusammengesetzt würden. Wie im Beispiel schon angedeutet, handelt es sich dabei um Signale, die auf die eine oder andere Weise Reaktionen hervorrufen: »Wir registrieren nicht Informationen, sondern wir reagieren auf Signale.«[92] Auf diese Weise ist das, was die Metaphysik und ihre szientifischen Nachfolger Subjekt nannten, zu einer Größe geworden, welche sich interpretativ und reagierend innerhalb der Phänomenalität der Phänomene bewegt und – je nach aktuellem Horizont – auf deren Signale reagiert. Die Leitkonzeptionen *Subjekt*, *Objekt* und *Information* sind in dieser Sicht der Dinge abgelöst durch eine Vorstellung, in der die mit den Begriffen *Phänomen*, *Horizont* und *Signal* umschriebenen Sachverhalte eine Schlüsselstellung einnehmen.[93]

---

man jene Schritte des Denkens, die ich im I. Abschnitt skizziert habe [vom Objektbegriff zur Phänomenalität der Phänomene, M.H.], so läßt sich die Vorstellung nicht aufrecht erhalten, daß die Zeit als Horizont der bloßen Erscheinung und des Scheins dem unveränderlichen Sein entgegengesetzt sei. Wahrheit und Zeit zeigen sich dann nicht mehr als Gegensätze. Wahrheit muß dann (...) als ›Erscheinung der Einheit der Zeit‹ gedacht werden. [Selbstzitat aus Wahrheit 316, M.H.] Wir erkennen also die Wahrheit nicht im Austritt aus der Zeit, sondern im Eintritt in die Zeit.«

[91] Ebd. 282.

[92] Ebd. 286.

[93] Zur Gegenüberstellung von Begriff und Objekt auf der einen und Phänomen auf der anderen Seite vgl. ferner Picht, Kunst und Mythos 198ff. Die Darstellung des Picht'schen Ansatzes von Huppenbauer orientiert sich durchgängig an der Frage, welches Modell von Subjekt/Subjektivität vorgelegt wird und konfrontiert sie in erhellender Weise mit ausgewählten Ansätzen zur Subjektivitätsproblematik aus dem 20. Jahrhundert, vgl. u.a. 18–30 (Ritter/Guzzoni) und 114–120 (Blu-

Wie kommt es, dass wir auf manche Signale reagieren, auf andere hingegen nicht? Hier sind stark selektive Mechanismen am Werk. Der Verweisungszusammenhang, den ein Phänomen gleichsam bereitstellt, ist in fast jedem Fall sehr groß. Das hier als Beispiel fungierende Lebensmittel kann zu verschiedensten Folgehandlungen oder -reflexionen Anlass geben. Man wird vermuten dürfen, dass das Auffassen der Signale und die Reaktion auf dieselben zu einem großen Teil intuitiv geschieht und nicht durch Leitprinzipien der Objektivität, sondern durch Interessen gesteuert ist: »Wir nehmen nur einen winzigen Bruchteil der potentiellen ›Informationen‹, von denen unsere Umwelt erfüllt ist, wahr. Wir nehmen nur solches wahr, was im Kreise unseres Interesses liegt. Die vorbewußte Selektion läßt deutlich erkennen, daß unser Wahrnehmungsvermögen unreflektiert auf die Potentialität des je gegenwärtigen, auf das hinter dem Erscheinungsbild sich Verbergende, also auf Phänomene gerichtet ist.«[94]

Schlüsselbegriff ist hier der des *Interesses*, um den demnach die eben gegebene Stichwortreihe aus Phänomen, Horizont und Signal noch zu ergänzen wäre. Die beständig stattfindende Selektion aus dem Feld der Signale ist durch das je prädominante Interesse gesteuert. Das, was im weitesten Sinne und situativ kovariant, der Erhaltung dient, steuert die Selektion der Signalwahrnehmung in unmittelbarer Weise. Das, was für ein Subjekt Gegenwart ist, ist nicht der Projektionsschirm der Betrachtung von Objekten, sondern ein Feld, in dem es seine Wahrnehmung durch die interessegeleitete Selektion der Signale steuert. Picht schreibt:

> »Hier gibt es keine interessefreie Erkenntnis, die Gegenwart erscheint vielmehr als ein Feld von instinktiven Reaktionen der Abwehr oder des Ergreifens, als ein Feld, in dem um das Dasein gekämpft wird, oder allgemein gesprochen, als ›Feld der Macht‹. Auch die Rationalität des Menschen, ja gerade sie, ist in ihren unreflektierten und deshalb effektivsten Manifestationen ein Operieren im Feld der Macht. Sie ist von dem Bestreben geleitet, Selektionsvorteile zu gewinnen und zu nutzen. Sie stellt mögliche Instrumente der Herrschaft bereit. Sie ist also selbst ›Phänomen‹, eine Erscheinungsform des ältesten aller Atavismen, des Selbsterhaltungstriebes.«[95]

Der im soeben gegebenen Zitat eingeführte Begriff *Feld der Macht* ist der letzte, der für die vorläufige Charakterisierung von Pichts Wahrnehmungstheorie noch ergänzt werden muss. Der Terminus repräsentiert sozusagen das Gegenstück zum Leitbegriff des Interesses. Das Interesse selektiert Signalwahrnehmung eines Einzelnen oder einer überschaubaren Gruppierung,

---

menberg). Es wäre reizvoll, die Gegenprobe, die Huppenbauer mit ausgewählten philosophischen Positionen durchführte, auch im Rahmen der theologischen Theoriebildung zu versuchen.

[94] Picht, Hier und Jetzt II, 285f.

[95] Ebd. 286.

weil ihm/ihr von jeder Situation eine Überfülle von Signalen angeboten wird. In der Tat findet sich das Interesse beständig in agonalen Situationen vor, die Entscheidungen und Selektionen erfordern. Auch wenn die meisten von ihnen unbewusst geschehen dürften, so gilt doch: Was lebensdienliches Interesse ist, wie es in der jeweiligen Situation mit anderen Interessen und den Interessen anderer Personen abgeglichen werden kann, ist stets neu auszumitteln und findet in einem großen Spielraum des Möglichen statt, für das sich die Metapher »Feld« anbietet. Da es in diesem Feld um vitale Interessen geht, kann es als Feld der Macht beschrieben werden.

Wer die Felder des Möglichen besetzen kann, hat Macht. Erkannte Potentialität, deren Signale so rezipiert werden, dass sie der Selbsterhaltung dienen, ist Macht. Sie besteht weniger darin, tatsächlich ausagiert und damit z.B. in Gewalt transformiert worden zu sein. Eher ist es so: »Macht ist am stärksten, wenn sie latent ist und uneingeschränkt zur Disposition steht. (...) Macht ist am stärksten, wo sie latent bleibt, aber droht.«[96] Macht ist dabei ein ambivalentes Phänomen. Auf der einen Seite ist sie nur mächtig, wenn sich mit ihr drohen lässt und wenn die potentialen Privilegien derart zur Verfügung stehen, dass sie den Selektionsvorteil ihres Besitzers nötigenfalls mit Gewalt durchsetzen können, auf der anderen Seite ist sie zum Aufbau zivilisierter Struturen schlechterdings notwendig. Gäbe es keine Signaldeutungsprivilegien, die sich zu Macht verdichten, so wäre keine Möglichkeit zum Aufbau humaner und zivilisierter Strukturen vorhanden. Nach Picht ist es diese Janusköpfigkeit der Macht, die dazu führt, dass Macht von einem eigentümlichen Glanz umgeben ist und dass die Menschen aller Zeiten und Weltgegenden geneigt waren und sind, ihr Attribute des Göttlichen beizulegen. In seinen Worten: »Weil auch dies [das Gelingen des Lebens unter Schutz der doch ambivalenten Macht, M.H.] zu den Möglichkeiten von Macht gehört, ist Macht von solchem Glanz umgeben, dass die Menschen immer in Versuchung waren, sie als Manifestation des Göttlichen zu bestaunen.«[97] Macht kann Leben zerstören – und ist doch unumgänglich nötig, es zu erhalten und zu mehren. Sie vernichtet – und doch ist sie die Luft, die für jeden Atemzug gebraucht wird. Um diese Doppelheit ist nicht zu kürzen. Dass das immer zur Deifikation der Macht führte und auch heute führt, leuchtet ein.

---

[96] Ebd. 300. »Der zeitliche Horizont des Leibes ist die Möglichkeit. Alle Phänomene, die im Horizont der Möglichkeit erscheinen, zeigen sich unserer Wahrnehmung als Mächte.« Ders., Kunst und Mythos 465, vgl. 467–469.

[97] Picht, Hier und Jetzt II, 301.

Götter als unmittelbare Mächte

Macht ist allgegenwärtig. Wir bewegen uns beständig im Feld der Macht. Zu klären ist, wie dies geschieht, d.h. wie und als was Macht eigentlich erfahren wird. Sie ist, so viel steht nach der eben erörterten Theorie der Wahrnehmung fest, kein Gegenstand, über das ein Subjekt Informationen sammelt und diese sodann zur Beschreibung eines Objekts zusammensetzt. Sie ist Inbegriff der vorprädikativen Welterfahrung, also signalisierendes Phänomen, demgegenüber sich das Subjekt in der Haltung des Widerfahrnisses befindet. Die Frage nach dem Wie der Erfahrung von Macht und Mächten führt zu einigen Überlegungen, die Georg Picht in »Kunst und Mythos« angestellt hat. Er stellt dort als Antwort auf die hier gestellte Frage gleichsam einen Anwendungsfall seiner Wahrnehmungstheorie zur Diskussion, in Gestalt einer Analyse des Hörens.

Diese beginnt mit der Grundunterscheidung zwischen Gesichts- und Gehörsinn. Die Wahrnehmung des Auges, so Picht, ist – zumindest prinzipiell – zur Distanznahme fähig. Wer etwas betrachtet, ordnet es. Wer etwas betrachtet, begibt sich gegenüber seinem Gegenstand in eine zumindest tendenziell distanzierte Position, kann Sinneseindruck und Bewertung desselben unterscheiden. So verwundert es durchaus nicht, dass die Begriffe von Erkenntnis und Wissen, die die europäische Metaphysik und Wissenschaft ausgebildet hat, sich fast durchgängig an Metaphern des Gesichtssinns orientieren. Dafür stehen, wie man sich unschwer vor Augen (sic!) führen kann, Vokabeln wie sehen, klären, aufklären und andere bis hin zum berühmten Kant'schen Satz: »Das Jahr 69 gab mir großes Licht.«[98] Mit dem Gehörsinn ist das durchaus nicht so. Er ist nicht in dieser Weise zur Distanznahme fähig, er kann nicht zwischen innen und außen unterscheiden, wie es dem Gesichtssinn möglich ist. Was wir hören, ist gleichsam in uns, ob wir wollen oder nicht. Das Ohr nimmt nicht Objekte wahr, es ist den Tönen und Geräuschen ausgeliefert, und es ist nur ein sehr kleiner Teil der Geräusche, zu denen man die Klangquelle eindeutig zuordnen kann. Insofern lässt sich sagen, dass die Menschen in einem Klangraum, dem »Klangraum der Natur« befinden.[99]

»Was fassen wir auf, wenn wir hören, wie das Meer rauscht oder wie der Wind saust? Das Bewußtsein hat sich gegen die Sprache seiner Sinnesorgane blockiert. Es registriert noch Geräusche, aber es nimmt sie nicht wahr. Die synästhetische Wahrnehmung hat sich desintegriert. Wenn wir jedoch auf das Verhalten von Völkern oder Gruppen achten, für die die Wahrnehmung von Natur noch lebensnotwendig ist, oder wenn wir uns aus der Dichtung über von uns verdrängte Wahrnehmungen belehren

[98] Reflexion 5037, Akademie-Ausgabe XVIII, 69.

[99] Picht, Kunst und Mythos 389.

lassen, so ist ganz unverkennbar, was das Ohr im Unterschied zum Auge wahrnimmt. Im Rauschen des Meeres oder im Sausen des Windes vernehmen wir Mächte, Kräfte, dynamische Felder. Wir erfahren durch das Ohr die Natur nicht als Anordnung von Objekten im Raum sondern als einen schwebenden, schwingenden, flutenden, von Spannungen geladenen Bereich.«[100]

Hören ist Ausgesetzt-Sein und Widerfahrnis. Das Widerfahrnis aber konstruiert nicht Objekte, sondern fühlt sich inmitten von Mächten, die auf es wirken, inmitten von Energien, die es zu spüren bekommt. In diesem Sinne lässt sich sagen, dass Hören auf eine andere Weise als Sehen die primäre Form der Phänomene wahrnimmt und die Abstraktionsleistungen des Subjekt-Objekt-Schemas dabei unterläuft.[101] Für die Wahrnehmung ist, darauf laufen diese Überlegungen hinaus, der Vorstellung vom Subjekt als einem geschlossenen System der Abschied zu geben. Wahrnehmung ist ein beständiges Wechselspiel aus sinnlichen Eindrücken und affektiver Rückprojektion derselben in den zuvor schon erschlossenen Horizont der Welt, aus der sie stammten. Das Subjekt – das kein Subjekt im Sinne des Gegenübers zum Objekt sein kann – der Wahrnehmung *ist* das Wechselspiel aus Sinneseindruck und affektiver Projektion. Ihm gegenüber erscheint das Subjekt der Erkenntnis als abstrahierendes Derivat, dem Pichts Freund Theodor W. Adorno vorgehalten hatte, dass es sich verstellend vor das schiebe, was es doch begreifen wollte.[102] Dann freilich ergibt sich eine aufschlussreiche

---

[100] Ebd. 390, vgl. 392.435.

[101] Zum gesamten Zusammenhang vgl. Picht, Kunst und Mythos 383–395. Pichts Unterscheidung zwischen Auge und Ohr ist eine deutliche Anspielung auf Friedrich Nietzsches »Duplicität des *Apollinischen* und des *Dionysischen*« in der Geburt der Tragödie sein (Tragödienschrift 1, KSA 1, 25). Picht führt beide Formen der Sinneswahrnehmung auf ihren jeweiligen mythologischen Grund zurück und plante, die Vorlesung mit einer Gegenüberstellung der Mythologien des Apollon und des Dionysos zu beschließen, was aber nur teilweise ausgeführt wurde. Der Anschluss an die Nietzsche'sche Leitdifferenz ist aber auch so deutlich genug: Die Attribute des Sehens – Klarheit, Ordnung, Strenge, Möglichkeit zur Distanznahme u.a. – lassen sich in der Tragödienschrift ebenso mühelos wiederfinden wie diejenigen, die dem entgegengesetzten Pol zugeordnet werden. Der Nietzsche dieser Epoche sieht zwei Grundstrebungen am Werk, die in schwer zu enträtselnder Weise aufeinander angewiesen sind: »welche aesthetische Wirkung entsteht, wenn jene an sich getrennten Kunstmächte des Apollinischen und des Dionysischen neben einander in Thätigkeit gerathen? Oder in kürzerer Form: wie verhält sich die Musik zu Bild und Begriff?« (Tragödienschrift 16 = KSA 1, 104). Als Auskunft über Grundweisen der Wahrnehmung hat sich Picht dem offenkundig angeschlossen, vgl. Kunst und Mythos 485. Nicht unähnlich argumentiert übrigens P. Sloterdijk in seiner Nietzsche-Studie, Denker auf der Bühne 156–169.177–185. Mehr dazu anhand der Lektüre von Max Webers Wissenschaft als Beruf unter 2.b.

[102] Picht, Kunst und Mythos 424–428 zum Subjekt als offenen System; vgl. die Bemerkung in Wahrheit 310 vom »Übergang, der sich mit der Autonomie der Vernunft nicht mehr vereinen läßt«. Angespielt habe ich auf Adorno, Negative Dialektik 17. Es wäre eine eigene Untersuchung wert, Adornos Rede vom versöhnten Anders–Seinlassen des Anderen (klassisch: ebd. 192) mit Pichts Lehre von der Wahrnehmung als Wahrheit der Phänomenalität der Phänomene zu verglei-

Parallele: Das Widerfahrnis des Hörens ist ein Widerfahrnis von Mächten und Gewalten. Es tut sich also die Möglichkeit einer wechselseitigen Interpretation auf: Widerfahrnisse der beschriebenen Art könnten Aufschluss darüber geben, was in den alten Texten gemeint war, ehe der Siegeszug parmenideischen Denkens ihnen die Plausibilität raubte. Zugleich könnte die Reflexion auf die Mächte, Gewalten und Gottheiten des Mythos helfen, verschüttete Erfahrungsweisen wieder beschreiben zu können, ihrer Alltäglichkeit innezuwerden und sie zu den Konstellationen ins Verhältnis zu setzen, die ihre Prämissen vom Gott der Philosophen entlehnen oder als ein Abschattungsphänomen von ihm erklärbar sind.[103] In diesem Sinne legt Picht den Fortgang seiner Argumentation als wechselseitige Auslegung dieser Größen an. Die »versunkene[n] Formen der Erfahrung«,[104] um die es der ganzen Vorlesung zu tun ist, werden an ein neues und vielleicht ungeahntes Licht gehoben, indem sie strukturell mit der Welterfahrung des Mythos verglichen werden, die Göttergeschichten der Griechen erhalten im Gegenzug eine ungeahnte Form der Plausibilität, die sie dem Vergessen oder der Depotenzierung zum Artefakt, in das sie eine als Selbstbespiegelung des Subjekts sich verstehende Ästhetik verwandelte, entreißt.

Dies hat Konsequenzen für die Vorstellung davon, was *Affekte* sein könnten. Im gängigen Sprachspiel sind sie Gestimmtheiten des Subjekts. Ein äußerer Reiz wirkt auf es und löst eine bestimmte vorrationale Haltung, eine Gestimmtheit aus, welche dem Subjekt zugehört, und – so die gängige

---

chen, bedienen sich doch beide für die Beschreibung der Alternativen zum Subjekt-Objekt-Schema einer Theorie der modernen Kunst und teilen sie überdies die tiefe Besorgnis über die Gewalt metaphysischer und szientifischer Denkformen. Es ist wahrscheinlich, dass Picht hierbei die gleichsam realistischere Position bezieht, weil er in seiner Wahrnehmungslehre und deren Stützung in der – leider unvollendet gebliebenen – Theorie der Zeit das zu beschreiben beabsichtigt, was Adorno nur durch die sich selbst durchstreichende Denkart im Konjunktiv in den Blick nehmen zu können meint. Interessanterweise hat Pichts angedeutete theologische Position nichts mit dem Bereich der Wahrnehmung zu tun. Diesen schlägt er zur Gänze den Göttern der Welt zu und deutet die Möglichkeit des Redens von Gott, dem Vater Jesu Christi davon scharf abgegrenzt in futurisch-eschatologischer Perspektive, vgl. Glauben und Wissen 256ff. Adorno hingegen sieht den kontrafaktischen Schein der Offenbarung im paradoxen Spiel der modernen Kunst, mithin in dem Bereich, der in seinem Denken parallel zu Pichts synästhetischer Wahrnehmung zu stehen kommt. Aus Pichts Perspektive wäre diese Erlösungshoffnung noch eine auf innerweltliche Götter.

Zu den theologischen Implikationen des Adorno'schen Denkens anhand seiner Ästhetischen Theorie vgl. Frisch, Theologie im Augenblick ihres Sturzes, 105–130. Zu Pichts Adorno-Interpretation vgl. Kunst und Mythos 19ff u.ö. und seinen Nachruf nach Adornos Tod: Hier und Jetzt 1, 245–248.

[103] Die Metapher von der Abschattung ist kein Zufallsprodukt: »*Neue Kämpfe*. – Nachdem Buddha todt war, zeigte man noch Jahrhunderte lang seinen Schatten in einer Höhle, – einen ungeheuren schauerlichen Schatten. Gott ist todt: aber so wie die Art der Menschen ist, wird es vielleicht noch Jahrtausende lang Höhlen geben, in denen man seinen Schatten zeigt. – Und wir – wir müssen auch noch seinen Schatten besiegen!« Nietzsche, Fröhliche Wissenschaft 108, KSA 3,467.

[104] Picht, Kunst und Mythos 375.

Konnotation – eben nur subjektiv ist, eine Gestimmtheit des Individuums. Die Psychologie des Subjekts kennt draußen oder drinnen; tertium non datur. Wenn aber im Rahmen der Theorie der Wahrnehmung das Subjekt als offenes System verstanden werden muss, so zeigt sich diese Sicht als Verkürzung. Affizierendes Moment und Affekt können nicht getrennt werden. Was auch immer es sei, das affiziert, es ist nicht eine Information, die die Objekterkenntnis »Affekt« zur Folge hat; es ist ein Phänomensignal, welches die Reaktion im Interpretationshorizont auslöst und somit im Zirkel von Wirkung und Interpretation zu stehen kommt. Der Affekt kann nicht als interne Wirkung einer externen Reizung isoliert werden, er verschmilzt gleichsam mit ihr zu einer Größe eigener Art, welche im Subjekt und außerhalb zugleich angesiedelt ist. Sie ist im Horizont des Subjekts vorhanden und damit über das Subjekt hinaus und zugleich in ihm. Pichts Begriff für diesen Sachverhalt ist »Widerfahrnis«:

»Der Zustand, der durch ein Widerfahrnis hervorgerufen wird, läßt sich vom Inhalt der Erfahrung, die wir dabei machen, nicht trennen. Das unterscheidet den Sinn dies griechischen Wortes πάθος von der späteren Affekten-Lehre. Eine Affekten-Lehre kommt erst zustande, wenn man vom Inhalt der Widerfahrnisse abstrahiert, die von ihnen hervorgebrachten Zustände isoliert betrachtet und schließlich sogar der Einbildung verfällt, diese Zustände seien nicht durch die Widerfahrnisse hervorgerufen, sondern würden von der Seele selbst produziert. (...) Wenn aber die sogenannten Affekte Widerfahrnisse sind, kann man nicht sagen, daß der Mensch Affekte ›hat‹, man muß dann sagen, daß er sie erleidet. Das bedeutet, dass der vermeintliche Innenraum der Seele in Wahrheit ein Bereich ist, in dem wir nach allen Richtungen hin für die Umwelt offen und ihren Einwirkungen ausgesetzt sind. In der Lust, im Schmerz, in der Furcht, in der Hoffnung, in der Begierde sind wir nicht bei uns selbst (...).«[105]

Picht stellt fest, dass er sich mit dieser Interpretation von Affekt im Rahmen der griechischen Idee vom πάθος befindet und exemplifiziert dies an einem einfachen Beispiel: Wir sind gewohnt, Furcht als individuellen Affekt zu beschreiben – gleichwohl ist im homerischen Sprachgebrauch φόβος eine Gottheit. Gerät eine Gruppe oder Masse in Furcht und Panik, so ist es so, dass diese Furcht von denen, die sie erleben, als fremde Macht erfahren wird. Die Furcht ist für sie eine objektive Größe, die von ihnen Besitz ergreift. Sie wird als etwas außerhalb der Individuen und gleichsam oberhalb der Gruppe selbst erfahren. Es würde die Sachlage nicht erklären, hier eine Summe identischer Affekte in den Individuen anzunehmen. Sie sind, so erfahren sie es, als die unabweisbare Realität, vom selben φόβος affiziert, welcher seine Macht über sie ausagiert. Griechisch gesprochen: Die Gottheit regiert über sie und ist in ihnen wirksam. Die einzelnen Selbste und die

[105] Picht, Kunst und Mythos 440.

Gruppe sind durchlässig geworden für diese Erfahrung. Sie können keine Distanz dazu wählen, in ihrer Wahrnehmung ist innen und außen eines geworden und sie schwimmen gleichsam darin und fühlen sich als ihr Spielball.

Zur Affektion durch die Macht respektive zur Beherrschung durch die Gottheit gehört es genauso, dass der Zustand der Beherrschung so scheinbar unwillkürlich enden kann, wie er begonnen hat. Ist ihr Bann gebrochen, die Wirklichkeit der Gottheit verflogen, so mag man sich verwundert die Augen reiben und sich fragen, was denn eigentlich mit einem selbst bzw. der Gruppe geschehen ist. Was war geschehen? In der Perzeption des gemeinsamen Horizonts war die Kombination aus Affekt und Affiziertwerden am Werk, die nicht anders als machtförmig beschrieben werden kann. Es ist dann nicht mehr als eine Frage der Terminologie, ob man die fragliche Größe nun Macht, Gewalt oder Gottheit nennt. Wesentlich ist dieser Größe, dass sie ein überindividuelles bzw. überkollektives Phänomen darstellt, das nicht die Form eines Gegenstands/Objekts hat, sondern als affizierende Macht erlebt wird. Aus diesem Grund kann es auch nicht mit Begriffen beschrieben, sondern allenfalls mit Namen benannt und so gebannt werden. Alles andere würde es zum Gegenstand verkleinern und würde die am Werke befindliche Macht verkennen.

Im Affekt wird Unsichtbares erfahren. Es ist Wirken und Zeichen, was erfahren wird, das Wirkende selber aber bleibt verborgen. Dem neuzeitlichen Denken hat das die Neigung beigefügt, die Mächte zu individuellen Affekten zu reduzieren und ihre Wirkung so und nur so zu erklären. Der Mythos in seiner sprachanalogen Funktion zur Wahrnehmung hat es da sozusagen einfacher. Er kennt die Rede von der Verborgenheit der Götter und von ihrer Neigung, sich in mancher fremden Gestalt zu offenbaren. So kann er erklären helfen, dass das Widerfahrnis der Mächte und Gewalten eines ist, das in eigentümlicher Weise zwischen Nähe und Ferne, Evidenz und Entzogenheit changiert. Die Macht/der Gott ist nicht zu haben und doch zutiefst wirksam. Sie/er ist nicht gegenstandsanalog vorhanden, aber genau darin besteht ihre/seine eigentümliche und zutiefst mächtige Wirklichkeit.

Die Götter sind Mächte, welche vom Einzelnen oder von Gruppen Besitz ergreifen und diese aus ihren normalen Lebenszusammenhängen herausreißen. Götter und Mächte können alles sein, was diese faszinierende, affizierende Macht ausübt: bedrückende Gewalten wie die des φόβος, welche Gottheit hier als Beispiel diente, genauso wie Mächte, die durch Rausch, Entzücken und Begierde ihre Macht ausüben. Die Mächte und Götter sind hoch wirksam, gleichwohl auf irritierende Weise verborgen. Sie sind nicht ohne die Bereitschaft beschreibbar, sich auf das changierende und das Subjekt sprengende Spiel der vorprädikativen Wahrnehmung einzulassen. In

Pichts Worten: »Nichts gibt uns, wenn wir das Beispiel von Phobos und Eris [Göttin der Zwietracht, M.H.] betrachten, das Recht zu behaupten, daß unsere Rationalität die wirklichen Verhältnisse durchschaut, wie sie sind, und daß im Gegensatz dazu das mythische Denken vom Aberglauben verblendet sei.«[106] Die Rationalität der Metaphysik und ihrer Nachfolger hatte es wohl behauptet und damit einen Verdrängungswettbewerb größten Ausmaßes gewonnen, zumindest zeitweise. Die Wirklichkeit der Götter als Mächte aber konnte dies aber zu keinen Zeiten beeinträchtigen; sie ist ihnen viel eher noch auf den Leim gekrochen, da sie für nichts erklärte, was durch eine solche Erklärung aber mitnichten aus der Welt zu schaffen war.

Götter als höhere Machtformen

Dies ist die erste Näherung, in welcher Picht seine Behauptung plausibilisiert, die Wirklichkeit der Götter sei unter dem Regnum des Gottes der Philosophen zwar vergessen, aber nicht abgeschafft worden. Neben diesen Mächten = Göttern, die aus der Analogie zu Wahrnehmung und Affekt unmittelbar verständlich sind, finden sich bei ihm aber auch Erwägungen zu Mächten, die sich reflektierter und abstrakter zeigen. Es handelt sich um Machtformen wie Ideologien, Theorien, Ideale und Werte, auch um das Feld der Macht im politischen Sinne und um das Phänomen des Schönen. Ihnen korrespondieren auf der Seite des griechischen Mythos Gestalten, die durchaus als antike Hochgötter bezeichnet werden können. Ausgeführt hat Picht Studien zu Apollon, angekündigt, nur skizziert sind Bemerkungen zu Dionysos und anderen. Man könnte sagen, dass die erste Gruppe der Gottheiten eine gewisse Nähe zu den Phänomenen hat, die Hermann Usener mit einem berühmt gewordenen Begriff als »Augenblicksgötter« bezeichnete, während die Gruppe, auf die jetzt noch einzugehen ist, eine Nähe zu dem Begriff der Götter haben, die Max Weber in seinem nicht minder berühmten Vortrag »Wissenschaft als Beruf« als die Götter bezeichnete, die ihren Gräbern entsteigen und ihren unendlichen Kampf in Gestalt miteinander ringender Ideale und letzter Werte fortsetzen.[107] Pichts Bemerkungen zu dieser Gruppe wende ich mich jetzt zu.

Das Stichwort »Feld der Macht« war bereits kurz erläutert worden. Jetzt geht es darum, anhand seiner Machtförmigkeiten zu beschreiben, die über unmittelbare Erfahrungen hinausgehen, dabei aber nicht minder machtförmig, nicht minder wirksam zu sein scheinen. In Anknüpfung an das oben

---

[106] Ebd. 446. Öfter im Werk findet sich die Bemerkung, dass die schlichte Tatsache, nicht an die Wirklichkeit dieser Mächte zu glauben, dieser Wirklichkeit keinerlei Abbruch tut, sie im Gegenteil zu verborgenen Größen aufsteigen läßt, vgl. 106.165.504.554. – Zu diesem Absatz insgesamt ebd. 441–451, zur Kritik an der neuzeitlichen Psychologie auch 51–53.

[107] S.u. Abschnitt 2b.

Gesagte sei vor allem daran erinnert, dass Picht ausführt, die Menschen aller Zeiten und Weltgegenden seien stets geneigt, Macht aufgrund ihres auratischen Charakters als »Manifestation des Göttlichen zu bestaunen.«[108] Die so deifizierte Macht muss mitnichten krude Gewalt sein. Als machtförmig wird vor allem erlebt, was Potential ist, nicht die ausagierte Kraft. Insofern besteht ein deutlicher Unterschied von Macht und ausagierter Gewalt und insofern lässt sich auch sagen, dass Macht vor allem ein »Vorrat sachgerecht gespeicherter, geordneter und latenter Information« ist.[109] Diese Version von Macht ist es, die die Menschen als lebensbedrohlich und zugleich absolut lebensnotwendig ansehen und genau wegen dieses changierenden Charakters als mit der Aura des Göttlichen umgeben erfahren.

Mächte, die in diesem Sinne das Zusammenleben regeln, sind nicht, jedenfalls nicht nur diejenigen, die in der unmittelbaren Wahrnehmung erfahren werden. Es handelt sich auch um Größen, die mit Tradition, Gewohnheit und Wissen zu tun haben und ihre eigentümliche Machtausübung durch den diesen Größen jeweils und unterschiedlich zukommenden Wissenscharakter entfalten. Picht bringt ein nachgerade klassisches Beispiel für diese Größen, indem er die Machtförmigkeit des *Wissens* analysiert. »Wissen ist Macht« – dieser Satz von Francis Bacon ist so ins allgemeine Bewusstsein übergegangen, dass es beinahe banal ist, ihn zu zitieren. Wenn Picht es trotzdem tut,[110] so deshalb, um dem genauen Mechanismus der Macht, welche dem Wissen innewohnen soll, zu beschreiben. Die erste Präzisierung ist die genaue Übersetzung des Bacon'schen Dictums, das in Pichts Lesart heißen muss: »Wissenschaft als Macht«.[111] Machtförmig ist dasjenige Wissen, mit dessen Beschreibung Francis Bacons Philosophie der Forschung die Neuzeit eigentlich begründete, ja die »Instauration der Moderne« anzeigte und betrieb.[112] Die Machtförmigkeit dieses Wissens liegt nun genau in dem Umstand begründet, dass es dasjenige Verständnis von Wirklichkeit, welches nach Pichts Analyse das ursprüngliche ist, verdeckt und verdrängt. Durch den methodischen Fortgang des Wissens werden die Phänomene zu Objekten, wird das offene System des Rezipierenden-Interagierenden zum geschlossenen System Subjekt, wird – und dies sind Pichts Schlüsseltermini – die *Wirklichkeit* zur *Realität*. Der Wirkzusammenhang des Wirklichen, erlebt als Feld der Macht, wird eingeschrumpft auf das, was vorgeblich vor Augen liegt und in diesem – als höchst reduktiv erweisbaren – Sinne das Etikett real bzw. Realität erhält. Diese Geisteshaltung beschrieb in Pichts

[108] Picht, Hier und Jetzt II, 301.
[109] Ebd. 302.
[110] Ebd. 312.
[111] Ebd. 306.
[112] Krohn, Bacon 25, i.O.herv.

Augen niemand besser als Immanuel Kant, der sie in der Vorrede zur zweiten Auflage der Kritik der reinen Vernunft als »Revolution der Denkart«[113] bezeichnet hatte, derzufolge sich nicht das Erkennen nach den Gegenständen, sondern umgekehrt diese nach jenem zu richten hätten. Diese Episteme verdrängte aufs Gründlichste jene, die die Machtförmigkeit der Wirklichkeit zu beschreiben in der Lage war. Sie tat dies, und darauf kommt es nun an, selbst in Form von Machtausübung.

Das wissenschaftliche Wissen schafft die dumpf waltenden Mächte also nicht ab; vielmehr repetiert es Machtförmigkeit, freilich um den Preis des Vergessens. Es ist nicht so, dass die Perspektive szientifischen Wissens die Auslieferung des Menschen an Mächte und Götter beendete. Wo sie dies tat, tat sie es um den Preis der Verdrängung solcher Erfahrung, welche mit ihrer Abschaffung aber eben nicht identisch ist. Und wo sie dies tat, tat sie es selber in der Form der Machtausübung. *Nemo contra deos nisi deus ipse?*[114] So scheint es in der Tat. Der Machtförmigkeit der Wirklichkeit ist nicht zu entkommen, auch wenn diese – zumindest auch als Flucht zu begreifende – Strategie die »Wirklichkeit« zur »Realität« uminterpretieren will. In Pichts Worten:

»Realität ist etwas anderes als Wirklichkeit. Sie ist das Produkt von menschlicher Planung, die durch wissenschaftliche Entwürfe gesteuert wird. Die Produktion jener neuen Gestalt von Realität, die Kants ›oberstem Grundsatz‹ entspricht, hat zum Aufbau von Machtpotentialen geführt, deren quantitative Wucht allein genügte, alle überlieferten Formen der Organisation von Macht zu zerstören. Wissenschaft ist die effektivste Weise der Machtausübung, die wir aus der Humangeschichte kennen. Wissenschaftstheorie wird ihren Gegenstandsbereich – die Wissenschaft – erst dann erkennen, wenn sie sich dazu durchringt, Theorie der Macht zu werden.«[115]

Dies ist eine Ausarbeitung Pichts bezüglich einer höheren Machtform, die nicht im Rahmen unmittelbarer Machterfahrung beschrieben werden kann, gleichwohl aber einen ähnlichen Status hat. Ergänzend bemerkt sei, dass Picht an diesem Punkt den Ansatz seiner bildungspolitischen Überlegungen anlegt: Die krisenhafte Entwicklung der wissenschaftlich-technischen Zivilisation führt für ihn in notwendiger Konsequenz zur Verdeckung der Wirklichkeit durch Realität. Denken, das verantwortungsvoll auf Zukunft gerichtet ist, muss dies erkennen, und sich aus der Fixierung auf die falsche Unzeitlichkeit des Realitätsdogmas lösen. Nur so ist eine Antizipation des

[113] Kant, Werke II, B XI.

[114] S.o. Anm. 41.

[115] Picht, Hier und Jetzt II, 311. Die Resonanz von Martin Heideggers Technikkritik, wie er sie z.B. in Die Frage nach der Technik (abgedruckt in Vorträge und Aufsätze) artikulierte, ist nicht zu überhören.

Künftigen möglich, die den eben angesprochenen Zerstörungsmechanismen entgeht.[116]

Das jedoch nur nebenbei. Hier interessieren weiterhin Pichts Äußerungen zu jenen Machtformen, die sich als höhere beschreiben lassen und für die er konsequenterweise die höheren Götter der Griechen als Explikationshilfen heranzieht. Picht legt nicht, wie man vielleicht zu hoffen geneigt wäre, eine Art Phänomenologie verschiedener höherer Machtformen vor. Dergleichen ist angedeutet und angekündigt, aber nicht ausgeführt. Er markiert deutlich den Unterschied der Überlegungen zu dem, was hier höhere Machtformen genannt wird, zu den zuvor beschriebenen,[117] wendet sich sodann aber schwerpunktmäßig den Fragen zu, *wie* solche Machtformen *wirken*, wobei die Frage, welche es denn nun eigentlich seien, eher in den Hintergrund tritt, was auch am – eingestandenen – Fragmentcharakter des letzten Teils von »Kunst und Mythos« liegen mag. Pichts Überlegungen in diesem Teil kann man in drei Thesen gruppieren: (1) Die höheren Mächte/Götter sind solche, die für die Grundmächte des Daseins überhaupt stehen und deren nicht erträgliche Präsenz durch ein Spiel von Verborgenheit und Offenbarsein erträglich machen. (2) Die Mächte/Götter bedienen sich dabei der Weise des Scheins. (3) Aus (1) und (2) ergibt sich, dass die Erfahrung der Kunst diejenige ist, die der Erfahrung der Mächte/Götter am nächsten kommt.

Ad (1): Auf die eigentümlich changierende Erscheinungsweise der Götter/Mächte war schon hingewiesen worden. Sie artikulieren zum einen, dass Macht zum Leben schlechterdings nötig ist, zum anderen aber, dass das Leben der Einzelnen und ganzer Sozialitäten durch eben sie radikal bedroht ist. Picht argumentiert nun: Als Götter werden personalisierte Mächte erfahren und angebetet, und eben dieser Personalisierungsvorgang zieht sie in einen mittleren Bereich. Was ein Gott ist, ist benennbar, ansprechbar, kann – entsprechendes Wissen oder entsprechende Fertigkeit vorausgesetzt – beeinflusst, vielleicht sogar zeitweise gebannt werden. Es verliert den unnennbaren Schrecken der Urmächte von Welt und Dasein. Gleichwohl bleiben die Götter stets oberhalb der menschlichen Sphäre. Auch dem Priester und dem Magier wird es nie gelingen, sich diese Mächte gefügig zu machen. In diesem Sinne sind Götter eigentümliche Zwischenphänomene: Sie sind nicht »das Letzte« im Sinne der unnennbaren Grundmächte, aber sie werden, so sie denn irgend sind, immer gleichsam oberhalb der Menschen bleiben.

Die Analogie zu den Göttern des griechischen Mythos ist offensichtlich. In der Tat nehmen die olympischen Götter eine Zwischenstellung ein. Die

[116] Vgl. exemplarisch Picht, Zukunft und Utopie 207ff; Von der Zeit 634ff.
[117] Picht, Kunst und Mythos 485f.

Herrschaft der Göttergeneration des Zeus wurde durch den Sieg über die Titanen möglich, welche dadurch nicht verschwunden, sehr wohl aber gebannt sind. Größen, die in ihrer weltzerstörenden Kraft nichts anderes als »ungeheure kosmische Mächte« sind,[118] sind hinter den olympischen Göttern verborgen, und es ist den Olympiern möglich, diese Macht zeichenhaft wirksam werden zu lassen. Gleichwohl sind die Titanen durch die olympischen Götter bleibend besiegt. Die Weltordnung des Zeus ist – die Mythologie sagt es deutlich genug – aus ihren Überresten geschaffen. Die Götter repräsentieren eine Weltordnung, die dem titanischen Mächterausch abgetrotzt ist. Dazu gehört allerdings, dass diese Ordnung des Kosmos vom Menschen weit entfernt ist. Die Menschen können sie ahnen, können durch Orakel oder andere Strategien der Verbindung zum Bereich der Gottheiten versuchen, etwas von dieser Ordnung in Erfahrung zu bringen. Gleichwohl wird sie ihnen als Ganze verschlossen bleiben. Der Menschen Lebensgefühl wird bleibend das des Duldens und Ertragens sein, während sie die Götter als in ewiger Heiterkeit lebend imaginieren. Diese Heiterkeit ist die des Wissens über das Gefüge des Kosmos und so ist es nicht verwunderlich, dass es zwischen der homerischen Vorstellung von der Allwissenheit des Zeus und der späteren philosophischen Idee vom νοῦς eine direkte Parallele gibt: »Diese Stelle [Ilias 8,18-27, M.H.] war dann, wie sich nachweisen ließe, das Vorbild für jene Gottesidee des νοῦς, der den Kosmos bewegt, in deren Licht sich seit Xenophanes die griechische Philosophie entfaltet hat.«[119] Das Wissen um die Ordnung ist Wissen um die Macht. Die Erfahrung der Menschen sagt, dass es für sie normalerweise nicht zu erreichen ist; gleichwohl hat sich andererseits die Erfahrung eingestellt, dass der κόσμος den Menschen nicht dem völligen Verderben aussetzt, sondern askriptiv benennbare Mächte in ihm walten. Nichts anderes sind die Götter. Zusammenfassend schreibt Picht: »Hier zeigt sich das wahre Verhältnis zwischen Göttern und Menschen. Hier zeigt sich das wahre Wesen der Gottheit. Es steht genau in der Mitte zwischen dem weltzertrümmernden Titanenkampf der entfesselten Mächte und der Burleske des anthropomorphen Götterkampfes. Es steht im Einklang mit der Ordnung des Kosmos. Aber zugleich sieht es so aus, als würden die Götter nun von dem Leiden der Menschen so weit entrückt, daß sie, wie die seligen Götter Epikurs, vom Treiben der Menschen überhaupt nicht mehr berührt sind.«[120]

Ad (2): Näher zu bestimmen ist im nächsten Schritt, welche Funktion diese eigentümliche Zwischenstellung der Götter haben könnte. Sie sind

[118] Ders., Kunst und Mythos 551, zum Zusammenhang vgl. 547ff.
[119] Ebd. 550.
[120] Ebd. 552.

gegenwärtig und doch entzogen. Sie stehen für die letzten Mächte, ohne doch ganz und gar mit ihnen identisch zu sein. Wo also ist, in Pichts Worten, »die Notwendigkeit, man könnte auch sagen, die Wahrheit des Scheines der Götter«?[121] Denn um einen solchen handelt es sich ja offensichtlich: Kraft ihrer anthropomorphen Erscheinungsweise verbergen die Götter das, wofür sie stehen, weil es in unvermitteltem Zugang schlechterdings nicht erträglich wäre, wofür Homer interessanterweise die Metapher des für die Menschen verderbenden Lichtes wählt und damit eine – von Picht nicht notierte – Parallele zu biblischen Überlieferungen wählt (1 Tim 6,16). Der Mythos zeigt die Götter hingegen so, wie sie sie ertragen können, in auf anthropomorphe Weise gemäßigter Gestalt. Das ist Schein – und dennoch ist es sozusagen notwendiger Schein, einer, der um der Lebensdienlichkeit willen aufgesucht wird. Die Götter werden so gezeigt, wie die Menschen sie ertragen können. Sie sind zwar für die Mächte transparent, zeigen sie aber in einer Weise, die sie erträglich machen. Sie sind »der Bannkreis einer Helligkeit, in der die magischen Urgewalten zur Sichtbarkeit gebracht und zugleich gebannt sind.«[122]

Dieser Schein, der die Götter sind, kann auch als *Darstellung* umschrieben werden. Die Götter stellen die Mächte des Daseins so dar, wie sie für die rezipierenden Menschen erscheinen, weil sie nur so für sie erscheinen können – die andere Begegnungsweise wäre schlechterdings unerträglich und zöge die Vernichtung der Rezipierenden nach sich. Wenn das aber so ist, ergibt sich eine überraschende Parallele: Dann erscheinen die Götter in Bezug auf die Grundmächte in direkter Analogie zu dem, was Picht über das Wesen der Wahrnehmung ausgemacht hatte. Wahrnehmung ist wesentlich Wahrnehmung-für; Wahrnehmung hat nicht ein Objekt vor sich, sondern sieht sich im Kontext des Phänomens eingefangen, nimmt die Phänomenalität des Phänomens wahr; Wahrnehmung ist diejenige Rezeptionsweise, welche nicht auf ein Objekt abstrahiert, sondern sich dem sich-Zeigen des Phänomens als Verweisungszusammenhang innerhalb eines Horizontes aussetzt. In diesem Sinne findet Picht eine starke Parallele zwischen dem, was er als Wesen der Wahrnehmung ausmachte und dem, wie die Götter als Mächte erscheinen und sich doch verbergen: »Wenn das so ist, dann dürfen wir sagen: die olympischen Götter erscheinen in einer Welt des Scheins als die ursprünglichen Phänomene. Wenn sie uns unverständlich sind, liegt das nur daran, daß wir verlernt haben, Phänomene als das aufzufassen, was sie von sich aus sind.«[123]

[121] Ebd. 553.
[122] Ebd. 554.
[123] Ebd.

Ad (3): Was die Menschen Götter nennen, sind Personalisierungen dessen um der Erträglichkeit willen, was sie als lebensstiftende und zugleich schlechterdings bedrohende Mächte erfahren. Diese Personalisierungen erweisen sich beim näheren Hinsehen als einer Logik des Scheins zugehörig, welche mit der Weise der Wahrnehmung kongruent ist. Dies führt, und das erwägt Picht in den Schlussabschnitten von »Kunst und Mythos«, zu einer Nähe zwischen der Erfahrung der Götter und der der *Schönheit*: Die Götter sind Inbegriff der Schönheit, und was die Menschen an ihnen erfahren, ist Schönheit. Die grundlegenden Mächte des Daseins sind in ihnen so codifiziert, dass ihnen der unmittelbare Anschein der bedrohenden Mächtigkeit genommen ist (1), wobei sie gerade nicht zu Objekten der Betrachtung im neuzeitlichen Sinne werden, sondern die Gestalt des Widerfahrnisses der Phänomene als Phänomene haben (2). Die Wahrnehmung, so wie Picht sie analysierte, ist aber ganz gleichsinnig mit der Darstellung, die ein Kunstwerk hervorruft. Aus diesem Grunde versteht die Götter, wer sie als Offenbarung von Schönheit versteht (3). Eine ausführliche systematische Bearbeitung des historischen Befundes, die also den interpretierenden Weg von der Analyse der Wahrnehmung zu deren Interpretation anhand des Mythos und wieder zurück geht, ist in dem Band allerdings nicht mehr vorhanden. Es fehlt gleichsam der Rückgang von der Exegese des Mythos zur Frage, was dies nun für die Frage der Wahrnehmung als Wahrnehmung von Mächten bedeutet.[124] Hier ist die Interpretation auf Extrapolationen angewiesen.[125]

Und damit zum historischen Befund. Er besteht im Wesentlichen aus der Feststellung, dass Kunst und Mythos im alten Griechenland gleichursprünglich sind. Der Mythos als Inbegriff des künstlerischen Vortrags hat die Götter und das Ergehen der Menschen unter ihnen zum Gegenstand, und zugleich wird er von ihnen ermöglicht, weil er sich wesentlich der Befähigung des Dichters durch die göttervermittelnden Musen verdankt, von denen eingangs schon die Rede war.[126] Die Musen besingen die Götter; deren Göttlichkeit ist der Inhalt ihres Gesangs: »Nun erscheint aber in der Gestalt der

---

[124] Vgl. die Bemerkung im editorischen Nachwort: »So blieb das Buch ein Torso und in dieser Form wird es hier vorgelegt.« (ebd. 598)

[125] Dies gilt ohnehin für den ganzen Band, dessen argumentativen Status Picht wie folgt beschreibt: »Wenn Sie diese Vorlesung richtig verstehen wollen, müssen Sie sie als ›absurdes Theater‹ betrachten. Es ist ein ›Happening‹, wenn ein Professor ein Katheder besteigt und verkündet, er wolle lehren, was man weder weiß noch wissen kann. Wie im modernen Theater die Schranke zwischen Bühne und Publikum zertrümmert wird, so werden wir versuchen müssen, die unsichtbare und deshalb umso wirksamere Schranke zwischen Katheder und Auditorium zu durchbrechen. Das ist ein Gebot der Sache selbst; Kunstwerke strahlen ein Licht aus, in dem wir erkennen, daß solche unsichtbaren Barrieren, wie sie von allen Seiten her die Abläufe unseres Lebens regulieren, jenen Glasfenstern gleichen, an denen sich die gefangenen Insekten stoßen.« (Ebd. 593, aus einer später gestrichenen Vorbemerkung zur Vorlesung.)

[126] S.o. Anm. 20. Vgl. auch Pichts Aufsatz Die Musen, Wahrheit 141ff.

Musen zum ersten Mal in der Welt das Medium jenes Lichtes, aus dem die europäische Kunst hervorgeht. Die Musen sind zugleich die Göttinnen der Kunst und jene Göttinnen, deren Gesang das Wesen der Götter zu seinem einzigen Inhalt hat. Sie schenken den Menschen die Offenbarung des Göttlichen in der Gestalt der Kunst. Sie schenken den Göttern jenen Lichtglanz, in dem ihre Göttlichkeit erst zum Vorschein kommt. In den Musen gewinnt deshalb die Einheit von Kunst und Mythos Gestalt.«[127] Göttliches, so wird man das zu verstehen haben, wäre nicht als solches vermittelt, würde es nicht besungen, wäre es nicht im Modus der Schönheit erschienen. Dieser Modus ist gleichsam die Bedingung dafür, dass Göttliches als Göttliches wahrgenommen werden kann. Zugleich ist der wesentliche Inhalt des Gesangs dieser Musen eben das Göttliche. Das Verhältnis ist reziprok: Die Dichtung manifestiert das Göttliche, das Göttliche ist auf die Vermittlungsform der Kunst angewiesen. Deshalb, so summiert Picht, »sind bei den Griechen Kunst und Mythos ein- und desselben Wesens.«[128]

Von diesem Befund her nun lassen sich Analogien zu Pichts Theorie der Wahrnehmung und zur Entdeckung der Götter als Mächte ziehen. Schon weiter oben war angeklungen, dass der Bereich des Schönen sozusagen zum Residuum der Götter wurde, nachdem der Gott der Philosophen das Feld für sich allein beansprucht hatte. In diesem Sinne ist beispielsweise Schillers unter 1c angesprochenes Gedicht zu verstehen, in der ihnen die ästhetische Tiefenschicht der Wirklichkeit zugesprochen wird. Auch die hegelsche Ästhetik ist wesentlich eine Theorie der griechischen Gottheiten, indem Hegel diese als Personifikationen der Idee und damit als Ideal versteht.[129] Was göttlich sein könnte in der vom Gott der Philosophen gründlich entzauberten Welt, ist offenbar das, was auf unnennbare Weise affiziert, auch wenn es doch als Objekt gar nicht existiert. Wie immer sich dies in der Ästhetik als Disziplin des Denkens verhalte, aus Pichts Analysen müssten sich Schlussfolgerungen für das gleichsam alltägliche Widerfahrnis der Mächte ziehen lassen. Auch ihnen müsste eine ästhetische Dimension konstitutiv zugehören. Wenn man von der Mythologie der griechischen Hochgöttern lernen kann, dass ihre Erfahrung analog zu der der Kunst stattfindet, so müssten sich daraus Analogien zur alltäglichen Erfahrung der Mächte ergeben. Was als Macht erfahren wird, müsste demnach auf die eine oder andere Weise als ästhetisch erfahren werden. Unter 1b wurde schon berichtet, dass Picht die götteranalogen Funktionsstellen als Ideale interpretiert. Ideale sind denk- und handlungsleitende Ziele, die eine starke affektive Bindung

[127] Picht, Kunst und Mythos 558.

[128] Ebd. 564.

[129] Hegel, Vorlesungen über die Ästhetik = Werke 13, 202ff. Picht verweist in Kunst und Mythos 93ff u.ö. darauf.Vgl. den hier folgenden Exkurs zu Hegels Ästhetik.

erzeugen. Man hat ein Ideal nicht, wie man von der Richtigkeit einer These überzeugt sein mag, vielmehr ist es so, dass man gleichsam vom Ideal besessen, geführt und gesteuert wird. Dies gilt umso mehr, als ein Ideal nicht als abstrakte Idee vorzustellen ist. Ideale transformieren abstrakte Ideen ins Affizierende, indem sie es verkörpern. Wie oben schon zitiert: »Das Ideal ist die Erscheinung des Absoluten in individuo«.[130] Das Individuierte erst, die Konkretion, ist es, die die affizierende Wirkung ausübt.

Dabei ist der Unterschied eines Ideals zu den im vorigen Schritt umschriebenen unmittelbaren Mächten deutlich. Das Ideal muss auf Traditionsbestände zurückgreifen; es hat in aller Regel eine komplexe, räsonnierte und vielfach auch vertextete Vorgeschichte; gleichwohl ist es so konfiguriert, dass es zumindest auch personanaloge Funktionen erhält. Die Repräsentationslogiken der Herrschaft aller Zeiten sprechen hier gewiss eine deutliche Sprache,[131] auch und gerade die der westlich-demokratischen Gegenwart. Sie haben vermöge ihres Rückgriffs auf Grundwerte und demokratisch legitimierende Verfahren dergleichen eigentlich nicht nötig, funktionieren aber sämtlich durch die individuierende Präsenz (sic!) von Staaten, Programmen, Parteien und Ideologien durch die Gesichter politischer Führungsfiguren. Dass das nicht nur für die Personenkulte totalitärer Systeme, sondern gerade auch für die Demokratien westlichen Typs gilt, muss nicht eigens bewiesen werden: In der frühen Bundesrepublik Deutschland personifizierte Konrad Adenauer die Sicherheit der Westbindung; die Repräsentation dazu lieferte sein Konterfei mit dem Schriftzug »Keine Experimente!« Genauso verkörperte Willy Brandt etwas später vermöge seiner Person und des Warschauer Kniefalls die Ostpolitik des »Wandels durch Annäherung«; dass der sinnstiftende Terminus von seinem Mitarbeiter Egon Bahr geprägt wurde, ist weit weniger im Gedächtnis geblieben. In beiden Fällen war es die Wirkung der in individuo zum Leben und Ideal gekommenen Idee, welche die Zeitgenossen faszinierte. Darüber hinaus erzielte sie eine Fernwirkung noch über Jahrzehnte. Anders ist nicht zu erklären, dass die Kanzlerschaften der jüngeren Vergangenheit offensichtlich nur in derselben Aura funktionieren konnten und ihre Prätendenten bestrebt waren, in diesen auratischen Bereich einzutreten: Helmut Kohl verstand sich als Adenauers Enkel und ließ zugleich wissen, wann er den »Alten« an Regierungszeit überholt habe, wann also die eigene Aura groß genug war. In der Sozialdemokratie verhielt es sich im Grunde nicht anders: Die – positiv und negativ wahlentscheidenden – Fragen der parteiinternen Geschlossenheit entschieden sich nicht zuletzt daran, wie die Generation der Enkel sich zur in Zwischenzeit verstorbenen Überfigur Brandt und seiner Personifikation der Ideale der Sozialdemokratie ins Verhältnis setzen könne. Auf den Seiten beider großer Volksparteien stand also die Frage, wer geeignet ist, in die Funktion der Repräsentation einer Idee und einer Gemeinschaftsstiftung einzutreten. Aber genug hiervon. Es handelt sich lediglich um Beispiele, die aus anderen westlichen Demokratien beliebig ergänzt werden könnten. Sie zeigen, dass

[130] Picht, Wahrheit 227.

[131] Zur deifizierten Herrschaft in der Antike vgl. den von Wlosok hg. Sammelband Römischer Kaiserkult.

auch moderne freiheitliche Gemeinwesen nicht ohne die Machtformen des Auratischen funktionieren. Das ist ein Ausschnitt aus der professionellen politischen Ästhetik der Gegenwart, die sich in Weise die Dynamiken der höheren Machtformen zu Eigen zu machen weiß.[132]

Dass politische Macht keinen Augenblick ohne ihre Inszenierung im Feld der Macht auskommt, galt nicht nur zu den Zeiten des alteuropäischen Gottesgnadentums, sondern hat Entsprechungen genauso in den auratischen Selbstinszenierungen der westlichen freiheitlichen Demokratien, die zwar von ihrem Funktionsverständnis dergleichen nicht nötig haben, gleichwohl nicht ohne die symbolische – und das heißt: ästhetisierende – Repräsentation der Macht auskommen zu können meinen. Sie inszenieren sich als Macht, und sie wissen zugleich, dass ihre Realität nicht in dieser Inszenierung besteht. Insofern partizipieren sie – und dies ist wieder eine Picht'sche Entdeckung – an der ästhetischen Logik des Scheins, wenn auch auf parasitäre Weise. In der Tat: »Politiker aus Instinkt haben immer gewußt, daß sie die Dynamik der politischen Prozesse dann zu steuern vermögen, wenn es ihnen gelingt, das kollektive Unbewußte zu beherrschen.«[133] Das ist die Inszenierungsform der Macht, und in ihr lässt sich klar sehen, dass als machtförmig nur erlebt wird, was eine dergestalte Ästhetik hat. Anders ließe sich, um zum schlimmsten Beispiel zu greifen, wohl kaum erklären, dass es immer wieder möglich ist, ganze Völker durch die Ästhetik der Gewalt in den Krieg zu treiben, obwohl sie dort an der nackten Fratze eben derselben Macht auf jämmerlichste Weise zugrunde gehen, und zwar in genau dem Augenblick, indem die Logik des Scheins der nackten und damit zerstörerischen Präsenz dieser Macht gewichen ist. Es lernt sich allenfalls daraus, was oben schon berichtet wurde: Die Ästhetik der Macht ist die des Potentials, nicht die der ausagierten Gewalt.

---

[132] Einige Literaturhinweise: In seinen berühmten Miniaturen über die Mythen des Alltags hat Roland Barthes unter anderem gezeigt, dass durch die Inszenierung des Auratischen insbesondere Vergemeinschaftungsprozesse hervorgerufen bzw. verstärkt werden können. Vor dem sinnstiftenden Symbol/Ideal finden sich die vormals disparaten Menschen zu einer Gemeinschaft versammelt vor, die allerdings völlig fiktiv ist; vgl. Barthes, Mythen 16ff. Dass diese Funktion insbesondere durch das Medium des Fernsehens vervollkommnet wird, zeigt G. Thomas in seiner Studie zur religiösen Funktion des Fernsehens: Medien, Ritual, Religion, vgl. bes. 459ff. Erwägungen zur Partizipation an auratischer Macht anhand moderner wie antiker Beispiele bei Assmann, Kulturelles Gedächtnis 60–63.70f u.ö. Ein verwandtes Phänomen wird unter dem Terminus Atmosphäre diskutiert, vgl. dazu die im Exkurs am Ende von Kap. 4 genannte Literatur.

[133] Picht, Hier und Jetzt II, 316.

Exkurs: Hegels Ästhetik als Theologie der Götter

Die Analyse der Wahrnehmung hatte Picht zur radikalen Bestreitung des Alleinvertretungsanspruchs auf Rationalität geführt, der dem Subjekt-Objekt-Denken gewöhnlich zugeschrieben wird. Das relative Recht dieser Auffassungsweise und damit das relative Recht der alteuropäischen Metaphysik, die hinter ihr steht, wird dabei nicht bestritten – wer das täte, landete wohl bei schlechter Romantik. Sehr wohl aber zeigt die Analyse, dass es Umgangsformen mit der Welt gibt, die demgegenüber nicht als primitiv oder rückständig abgetan werden können, sondern den alltäglichen Weltumgang zutiefst bestimmen.

Wird diese These vertreten, so lohnt eine Gegenlektüre mit derjenigen Ästhetik, die sich den Übergang vom Mythos zum Logos auf die Fahnen geschrieben hat wie keine andere: der G.W.F. Hegels,[134] zumal Picht sich an wichtigen Stellen auf ihn beruft.[135] Die Theorien der beiden weisen gleichermaßen überraschende Nähen wie starke Distanz auf. Bei der Phänomenologie der Kunst als direkte Analogie zum Widerfahrnis von Mächten/Göttern geht Picht weitgehend mit Hegels Analysen überein. Die Unterschiede betreffen den Status dieser Theologie gegenüber dem des Begriffs und der Idee.

Hegel entwickelt das, was man seine ästhetische Theologie der Götter nennen könnte, zum einen in seiner Theorie des Ideals (13, 229ff) und zum anderen in den Analysen der klassischen Kunstform (14, 46ff). Für hiesige Zwecke genügt ein Blick auf die erste Passage, dem eine Darstellung der Grundidee von Hegels Ästhetik überhaupt vorgeschaltet wird. Ihr Grundgedanke ist, dass die Idee bzw. die Wahrheit für sich genommen abstrakt ist. Sie ist wahr, aber nur in einem allgemeinen Sinne, d.h. für das abstrahierende Denken. Das jedoch ist ein Mangel, der nur durch die Konkretwerdung der Idee zu beheben wäre. Hegel schreibt: »Doch die Idee soll sich auch äußerlich realisieren und bestimmte vorhandene Existenz als natürliche und geistige Objektivität gewinnen. Das Wahre, das als solches ist, existiert auch. Indem es nun in diesem seinem äußerlichen Dasein unmittelbar für das Bewußtsein ist und der Begriff unmittelbar in Einheit bleibt mit seiner äußeren Erscheinung, ist die Idee nicht nur wahr, sondern *schön*. Das *Schöne* bestimmt sich als das sinnliche *Scheinen* der Idee.« (13, 151) Schönheit ist demnach definiert als die Konkretion der Wahrheit für das rezipierende Bewusstsein. Indem sie »äußere Objektivität« für die Wahrheit gewinnt, wird sie »unmittelbar für das Bewußtsein«. Die Idee ist im Objekt repräsentiert und rezipierbar geworden; zugleich ist das Objekt, dem sie ›einwohnt‹ über sich hinaus gehoben und zum Darstellungsträger der Idee geworden. Insofern – und unter der Gleichsetzung der Termini ›Idee‹, ›Wahrheit‹ und ›Begriff‹ – kann Hegel als Kurzdefinition angeben: Schönheit ist »das Zusammenstimmen von Begriff und Erscheinung.« (13, 156)

---

[134] Hegel, Vorlesungen über die Ästhetik, Werke 13–15, Verweise im Text dieses Exkurses aus dieser Ausgabe. Es handelt sich um Vorlesungsnachschriften, die dementsprechend mit Zurückhaltung zitiert werden sollten. Ich korreliere sie deshalb gelegentlich mit von Hegel selbst zum Druck vorgesehenen Texten.

[135] Picht, Kunst und Mythos 53ff u.ö.

Hegel präzisiert diesen ersten Gang durch einen Reflexionsgang auf das Wesen des Schönen: Das Wesen des von Hegel so genannten Kunstschönen ist das Ideal. Was bedeutet das im Einzelnen? Das Ideal hat die Aufgabe, Idee und Erscheinung unmittelbar zusammenzubringen. Die Idee für sich wäre unanschaulich und abstrakt, die Erscheinung als Erscheinung bloße Sinnlichkeit. Das Ideal führt beide zusammen und schließt ihnen dadurch Bereiche auf, die beide an sich nicht haben könnten. Das Ergebnis ist zwar sowohl Idee als auch Erscheinung, hat beide aber auf eigentümliche Weise in eine Grenzlage geführt, welche das Sein des Kunstwerks ausmacht: »Dadurch allein steht das Ideal im Äußerlichen mit sich selbst zusammengeschlossen frei auf sich beruhend da, als sinnlich selig in sich, seiner sich freuend und genießend. Der Klang dieser Seligkeit tönt durch die ganze Erscheinung des Ideals fort, denn wie weit sich die Außengestalt auch ausdehnen möchte, die Seele des Ideals verliert in ihr nie sich selber.« (13, 207f, vgl. 237f) In der Enzyklopädie der philosophischen Wissenschaften heißt die entsprechende Formulierung: »die konkrete *Anschauung* und Vorstellung des *an sich* absoluten Geistes als des *Ideals*«. (§ 556 = 10, 367) Die Rolle der Ästhetik ist dabei eine genuin philosophische: In ihren Idealen kommt etwas zum Ausdruck, das anders nicht zum Ausdruck kommen kann. Hegel wehrt sich – und darin geht Picht ganz einig mit ihm – gegen eine Verzweckung des Künstlerischen, als sei es nur ein nützliches Werkzeug, das Dinge illustriere, die außerhalb seiner ihre Gültigkeit haben. Wer so denkt, hat nicht verstanden, dass im gelungenen Kunstwerk beide analytischen Elemente desselben, also Idee und Erscheinung, eine Wandlung durchgemacht haben und erst als Gewandelte zum Ideal und damit zur ihr eigenen Form der Wahrheit geworden sind. Gegen die Verzweckung des Kunstwerks, argumentiert Hegel, »steht zu behaupten, daß die Kunst die *Wahrheit* in Form der sinnlichen Kunstgestaltung zu enthüllen, jenen versöhnten Gegensatz darzustellen berufen sei und somit ihren Endzweck in sich, in dieser Darstellung und Enthüllung selber habe. Denn andere Zwecke wie Belehrung, Reinigung, Besserung, Gelderwerb, Streben nach Ruhm und Ehre, gehen das Kunstwerk als solches nichts an und bestimmen nicht den Begriff desselben.« (13, 82)

Die Durchführung der Ästhetik geht nach diesen Grundbestimmungen vonstatten als eine wiederkehrende und sich sukzessiv anreichernde Gedankenbewegung, in der die in sich ruhende Idee/Wahrheit und die zu ihr gehörende Erscheinung zusammengedacht werden. Dies können sein die Idee und ihre Situation, die Idee und ihr Horizont oder die Idee und ihre Auflösung in die (dramatische) Handlung. Diese Gedankenbewegung dient dem Zweck, die bloß abstrakte Idee des Absoluten in die irgend denkbare Fülle ihrer Gestalten zu überführen. Hegel führt hier implizit seine Kritik an der alten europäischen Metaphysik durch, der er die Vorstellung eben dieses abstrakten Absoluten unterstellt. Der Gott des Parmenides und aus der aristotelischen Metaphysik XII verbleibt lediglich in der Sphäre der Idee und wird mangels mittelnder Glieder nicht zum Ideal. Demgegenüber tritt Hegels Philosophie als Kritik der Abstraktionen auf, welche die Fülle der Gestalten als Entfaltung des Absoluten zu begreifen lehren will und sich deshalb von einer bloß abstrakten Ästhetik absetzt (13, 39). Dass die Ästhetik dabei, wie gleich zu sehen sein wird, als Theologie der griechischen Götter durchgeführt wird, ist insofern nicht ohne Pikanterie, als der Gott der griechischen

Metaphysik ja eben durch die Entthronung der vormaligen Gottheiten als epiphan erlebt wurde, welche Hegel als Momente der Selbstkonkretion des Absoluten wieder ins Recht setzt. Er kritisiert die alte Metaphysik als fehlabstraktiv, tut dies aber um ihrer eigenen Sache willen. Dass Hegel als Nachsatzblatt der Enzyklopädie das Zitat der aristotelischen Theologie stellt (10, 395; Met XII, 7), heißt eindeutig: Der Gott des Aristoteles ist auch der Gott Hegels, wenngleich Letzterer beansprucht, ihn adäquater darstellen zu können.

Nun ist zu fragen, worin die Funktion der Götter im Rahmen der so beschriebenen Ästhetik besteht. Hegels Argumentationsgang nimmt ihren Ausgang bei einer allgemeinen theistischen Anmutung und konkretisiert sie schrittweise anhand des griechischen Pantheons. Zunächst gilt für ihn, dass das Göttliche einheitlich und allgemein ist. Als ein solches Allgemeines ist es »dem Bilden und Gestalten der Phantasie entzogen« (13, 230), einer figürlichen Darstellung also unzugänglich. Das Göttliche manifestiert sich aber als Götterkreis und als eine mehrfache Bestimmung seiner selbst, die situativ je unterschiedlich sein kann. Damit manifestiert die religiöse Vorstellung der Griechen diejenige Bewegung, die Hegel allgemein als ästhetisches Phänomen ausgemacht hatte: Tritt der Gegenstand an sich ins Sinnliche ein, so zieht dies unweigerlich die konkrete Diversifizierung nach sich. Das ist »das Prinzip der Besonderheit aber des Göttlichen« bzw. die »Mannigfaltigkeit des Bestimmens« (13, 231).

Als Beispiel für eine Konkretisierung, welche unweigerlich zugleich Diversifizierung ist, nennt Hegel die dramatische Handlung. In einer interessierenden Handlung gibt es Zwiespälte »in geistigen Mächten« (13, 277). Pläne, Ideen, Interessen bekämpfen einander, »nicht das absolut Göttliche, aber die Söhne der einen absoluten Idee (...) Kinder des allgemein Wahren, obschon nur bestimmte, besondere Momente desselben.« (13, 286) In dramatischen Konfliktfällen können Ideen nicht gleichsam rein gewahrt werden: sie werden partikular und – darauf kommt es an – sie verändern auch ihren Status. Ein solches handlungsleitendes Ideal ist wohl über dem Menschen, zugleich aber auch in ihm als Triebfeder. Es partizipiert an der Idee, welche es hervorbrachte, aber es ist auch Movens, πάθος im Individuum selber: »Die allgemeinen Mächte nun endlich, welche nicht nur für sich in ihrer Selbständigkeit auftreten, sondern ebensosehr in der Menschenbrust lebendig sind und das menschliche Gemüt in seinem Innersten bewegen, kann man nach den Alten mit dem Ausdruck πάθος bezeichnen.« (13, 301) Das Pathos ist ein Drittes zwischen der abstrakten Idee auf der einen und dem Menschen auf der anderen Seite. Es konkretisiert und verleiblicht die Idee, zugleich erhebt es den Menschen über sich selbst. Hegels Begriff für diesen über sich hinaus zu sich kommenden Menschen ist der Charakter:

»Wir gingen aus von den *allgemeinen*, substantiellen Mächten des Handelns. Sie bedürfen zu ihrer Betätigung und Verwirklichung der menschlichen *Individualität*, in welcher sie als bewegendes *Pathos* erscheinen. Das Allgemeine aber nun solcher Mächte muß sich in den besonderen Individuen zur *Totalität und Einzelheit* in sich zusammenschließen. Diese Totalität ist der Mensch in seiner konkreten Geistigkeit und Subjektivität, die menschliche totale Individualität als Charakter. Die Götter werden zum menschlichen Pathos, und das Pathos in konkreter Tätigkeit ist der menschliche Charakter.« (13, 306)

Die Nähe dieser Beschreibung zu Pichts Pathos-Theorie muss kaum betont werden. Ein Unterschied besteht höchstens in Hegels Betonung des polytheistischen Grundzugs: »Denn der Mensch trägt nicht etwa nur *einen* Gott als sein Pathos in sich, sondern das Gemüt des Menschen ist groß und weit. Zu einem wahrhaften Menschen gehören viele Götter, und er verschließt in seinem Herzen alle die Mächte, welche in dem Kreis der Götter auseinandergeworfen sind; der ganze Olymp ist versammelt in seiner Brust.« (13, 307) Diese Bemerkung ist wohl der steilste Satz polytheistischer Theologie, der sich sagen lässt.

Es ist bezeichnend für Hegels Vorgehen, dass mit diesem Satz aber nur ein relatives Hoch erreicht ist und dass die Darstellung, »die nur das erscheinende Wissen zum Gegenstande hat« (3, 72) darüber hinaustreibt, weil das sich reflexiv innewerdende Subjekt durch den Akt der Feststellung schon über den Sachverhalt hinaus ist und sich so beständig selbst weiterentwickelt.[136] So erstaunt es nicht, dass noch auf derselben Seite der Gegenzug beginnt. Die Anwesenheit der vielen Mächte macht, so Hegel, auch des Menschen eigentümliche Schwäche aus: Ist etwas ein Pathos im und über dem Menschen, so erscheint es als des Menschen Entmächtigung, als etwas, das verhindert, dass er Subjekt ist. Das Pathos ist kein Prädikat, zu dem der Mensch Subjekt sein könnte, es gehört dem Subjekt nicht wirklich zu »als ihr eigenstes Selbst« (ebd.). Die Dämmerung der Götter des Polytheismus findet am Leitfaden dieser Überlegung statt: Wie ist über das Pathos hinauszugelangen, damit der »*Mangel an Subjektivität*« (14, 110) verschwindet und die pathischen Numinosa zu Gegenständen werden? An diesem Punkt bricht der Gegensatz zwischen Hegel und Picht in wünschenswerter Deutlichkeit auf: Hegels wohl bekannte Programmforderung, dass »das Wahre nicht nur als *Substanz* sondern ebensosehr als *Subjekt* aufzufassen und auszudrücken« (3, 22f) sei, steht dabei der Picht'schen Suchbewegung direkt entgegen, die die relative Wahrheit dieser Metaphysik und ihrer wissenschaftlichen Nachfolgephänomene festzuhalten bestrebt war, gleichwohl herauszufinden trachtete, was sich außerhalb des Gültigkeitsbezirks dieses Sprachspiels ereignen könnte. Wo Picht also einen verschütteten Bereich der Wirklichkeit wiedergewinnen will, sucht Hegel die Bedingungen auf, unter denen die Rede von den Göttern sich selbst überhebt und durchstreicht.

Zum einen stellt er dies durch Beobachtungen zur klassischen Kunstform fest. Sie, die die Ausdrucksseite des Polytheismus ist, hat für einen Augenblick gleichsam die Mitte zwischen der – unmöglichen – Darstellung der Idee an sich und der – uninteressanten – Verkörperung bloß irdischer Erscheinungen gehalten. Die klassisch-griechische

[136] Claesges, Darstellung des erscheinenden Wissens, verteidigt diese Form philosophischen Denkens als aussichtsreich: »Die Erkenntnis des Geistes ist das Werden des Geistes. Der Geist wird, indem er erkannt wird. Andernfalls wäre die Erkenntnis des Absoluten vorkantisch-dogmatisch.« (117) – Freilich ist auch diese Formulierung dogmatisch, weil sie nicht einholt, selbst auch nur gedacht zu sein. Sie ist Setzung, Gedanke, nicht aber Geist und deshalb schon gar nicht absoluter Geist.

Skulptur inszenierte auf gültige Weise Pathos und Charakter. Das freilich endete jählings, dadurch, dass die Kunstschaffenden der Verlockung nachgaben, die Individualität der Figuren zu übertreiben und der Neigung zur Anmut nachzugeben. (14, 106f) Damit war die Balance zwischen den beiden Polen beendet; es wundert, so Hegel, nicht, dass alsbald die Idee eines abstrakt über diesen anmutigen Gestalten waltenden Göttlichen aufkam und der Vielheit des Polytheismus ein Ende setzte. Auf diese Weise, schreibt er, fand der »Untergang der schönen Götter in der Kunst« (14, 109) statt. Was sie nach sich zieht ist freilich wenig erfreulich: Es entstehen die griechischen Werke der Satire und der Ironie, die auf ihre Weise den verlorenen Kontakt zwischen der Sphäre des Menschlichen und Göttlichen beschreiben, dies aber, da ihnen ein Kontakt nicht mehr gelingen will, nur in satirisch-zynischer Distanznahme tun können. Die »unbefriedigte Subjektivität« steht gegen eine »götterlose Wirklichkeit«; beide ergeben »ein verdorbenes Dasein«. (14, 122)

Dieser Weg scheint nicht sehr aussichtsreich. Zwar ist das Subjekt nun Subjekt, aber als unglückliches, das auf sich selbst geworfen und dadurch entzweit ist (vgl. 3, 163ff). Der andere Weg, den Hegel sieht, wird von der Religion des Christentums beschritten. Das Christentum nämlich überholt das griechische Denken vom Ideal an einer entscheidenden Stelle: Wo das griechische Denken die Götter bloß in Analogie zum Menschen denkt, glaubt das Christentum die *wirkliche* Menschwerdung Gottes. Die klassische Kunst der Griechen bleibt im Medium des Scheins, wie dies aller Kunst zugehört: »das Schöne hat sein Leben in dem *Scheine*«. (13, 17) Anders sind ihre Götter nicht präsent. Von Jesus Christus zu reden heißt aber, von der »*faktischen* Gegenwart« (14, 111) der Gottheit zu sprechen. Damit aber ist der Bereich der Kunst einer endgültigen, von ihm selber nicht abstreifbaren Unwahrheit überführt: »Das Göttliche, Gott selber ist Fleisch geworden, geboren, hat gelebt, gelitten, ist gestorben und auferstanden. Dies ist ein Inhalt, den nicht die Kunst erfunden, sondern der außerhalb ihrer vorhanden war und den sie daher nicht aus sich genommen hat, sondern zur Gestaltung vorfindet.« (14, 111) Dort, wo man im Bereich des Faktums angekommen ist, stellt sich das ein, was es im Bereich der Kunstreligion und des Pathos nicht geben kann: Gewissheit. Faktum und Gewissheit korrelieren miteinander. Jetzt aber, da der Mensch weiß, was Faktum im Gegensatz zum Schein ist, kann er der eigentümlichen Wirklichkeit der Götter innewerden und sie als »Mächte der Natur und des Geistes« (14, 112) beschreiben. Dann aber haben die Götter »ihren Sitz nur in der Vorstellung und Phantasie« (14, 115).

Nähe und Distanz der ästhetischen Theologien Pichts und Hegels sind gleichermaßen erstaunlich. Nahe kommen sich beide insbesondere im phänomenologischen Teil ihrer Überlegungen. Es herrscht nachgerade Einigkeit zwischen ihnen bezüglich der Konkretheit der Götter: Sie sind kein Artefakt, sondern Wirkung; sie stehen nicht im imaginären Museum, sondern sind im und über dem Subjekt, als Pathos und Ideal. Beiden ist gemeinsam, dass sie Ästhetik nicht als Empfindungslehre isolieren wollen, sondern in einem umfassenden Sinn begreifen wollen: Sie kann nicht im Rahmen dessen, was Picht das imaginäre Museum, also die Verzweckung des Kunstwerks zum Artefakt, nannte, entwickelt werden, sondern ist, je nach Terminologie, eine Grundhaltung der Wahrnehmung und des Daseins bzw. ein Modus, »die umfassendsten Wahrheiten des Geistes zum Bewußtsein zu bringen«.[137] Für beide gilt: Was immer das Schöne und seine ihm eigentümliche Perzeptionsweise ist, es ist jedenfalls etwas, was über den Bereich des museal Festgehaltenen weit hinausreicht; ohne Bezug auf die Erfahrung des Göttlichen und der Götter ist es nicht zu verstehen. Hegels Ästhetik ist gleichermaßen eine Theologie der Götter wie es die Picht'sche ist. Es verwundert nicht, dass Picht von »Erkenntnissen« schreiben kann, »die Schritt für Schritt die Wahrheit von Hegels Philosophie der Kunst bestätigen.«[138]

Das Ende dieser Gemeinsamkeiten kommt allerdings rasch. Es kommt in dem Augenblick, in dem auf die *Inhalte* des Mythos reflektiert wird. Für Picht kann sich dies nur durch phänomenologische Annäherungen ergeben, durch tastendes Fragen, welche Wirklichkeitserfahrung wohl in Bildern und Figuren geronnen sein könnten. Jedes Wissen über Inhalte darüber hinaus würde für ihn eine Grenzverletzung, einen kategorialen Fehler bedeuten, der die mythischen Bilder als sekundäre Einkleidungen auch anderwärts zugänglicher Wahrheit verstünde. Genau das aber geschieht in Hegels Ästhetik. Der Unterschied liegt schon im Beginn. Dass das Schöne das sinnliche Scheinen der Idee sei, setzt schon, dass es ein Wissen darüber gäbe, was sich im Schönen ausdrückt. Kunst und ihre Werke sind dann bereits als abkünftig klassifiziert. Nicht anders geht es mit der Ästhetik der griechischen Götter: Was im Menschen, der zu ihnen gehört, als Pathos real wird, ist vorgängig bekannt: Es ist zwar vielgestaltig, aber es entstammt letztlich doch dem einen unnennbaren Göttlichen. In der Funktionsweise des Pathos treffen sich die beiden Theoretiker, in der Frage, um welche Inhalte es dabei gehen mag, gehen sie grundverschiedene Wege. Hegel meint zu wissen, dass sich hinter der Vielzahl der πάθη ein Götterkreis auftut, dieser aber wiederum an die eine Gottheit zurückgebunden ist. Damit liest er den griechischen Polytheismus gleichsam von seinem Ende her, von der immer stärker werdenden Zentrierung einer Hauptgottheit und dem allmählichen Verschmelzen derselben mit dem Zentralgedanken der rationalen Theologien. Picht behauptet, dass dies genau der falsche Zugang ist, weil Hegel damit die Bezeugung der einzelnen πάθη nicht als das liest, was sie sind, nämlich in ihrer Partikularität selbstgenügsame πάθη. So wundert es nicht, wenn er schreibt, »daß Hegel mit seiner Lehre von der absoluten Idee einem transzendentalen Schein verfallen ist. Die Sphäre im Rücken unseres Bewußtseins, die uns im Spiegel der Kunstwerke erscheint, hat nicht die Gestalt der absoluten Idee. Die Wahrheit des Mythos ist nicht der Begriff.«[139]

In der Tat hat Picht die besseren Argumente auf seiner Seite: Der Vorentwurf des Ganzen muss schon da sein, soll es denn das Wahre sein, selbst wenn es sich erst durch den gesamten Gang der Darstellung zu rechtfertigen trachtet (ad 3, 24). Die geistesgeschichtliche Logik, dass es eine Bewegung vom Mythos zum Logos gegeben habe und dass, rechnet man die üblichen Rückfälle mit ein, Fortschritt in der Wiederaufnahme dieser Bewegung bestehe, funktioniert in der Tat nur mit der Setzung, dass schon im Vornherein gewusst wird, welchem allgemeinen Gesetz die Partikularitäten

137 Hegel, Werke 13, 21.

138 Picht, Kunst und Mythos 56.

139 Picht, Kunst und Mythos 56, Absatz nach » (...) Kunst bestätigen.«

gehorchen. Das ist freilich eine massive Setzung. Sie mag im Rahmen des Logos funktionieren. Es glückt aber nicht, von der immanenten Logik des mythischen Weltbilds aus zu ihr übergehen zu wollen, ohne sich heimlich schon in ihr zu befinden. Die Leitunterscheidung »vom Mythos zum Logos« befindet sich nicht, wie sie das vielleicht vorgibt, auf neutralem Boden, sondern ist nur als Leitunterscheidung *innerhalb* des Logos möglich ist: Sie setzt eine Distanzierung voraus, zu der der Mythos kategorisch nicht fähig und an der er nicht interessiert ist, die vielmehr nur im Rahmen der Voraussetzungen des Logos selbst erfolgen kann.[140] Das lenkt nicht zuletzt zum Beispiel zu Eingang dieses Kapitels zurück. Der Hegelianismus in der Bestimmung des Kapitals als dem todbringenden Götzen funktioniert nach der ähnlichen Logik, über das Verbindende hinter dem Getümmel der Phänomene bereits Kunde zu haben. Die von Marx inspirierte Gesellschaftskritik läuft demnach Gefahr, andere auratische Größen nicht minder verderblichen Ausmaßes zu vernachlässigen. Angesichts der manifesten Vielfalt von Mächten darf es dabei freilich nicht bleiben.

2. Typen von Mächten – einige nachgeholte Lektüren

Pichts Wahrnehmungslehre und seine Versuche zur Theologie der griechischen Götter stehen eigentümlich einsam da. Das liegt vor allem daran, dass er sich außer für die Lektüre von Klassikertexten kaum für den konstruktiven philosophischen Dialog in seiner Gegenwart interessiert zu haben scheint: Seine Bücher haben den Grundton, stets an der vordersten Front der Entdeckung zu sein, aber sie sind auffallend wenig im Dialog entwickelt. Daher vielleicht auch Pichts Neigung, in Zeitaltern und Epochenschwellen zu denken und nicht zuletzt sich selbst und seine philosophische Gegenwart an einer solchen zu sehen, nämlich am Ende der Metaphysik. Diese Markierung von Zeitaltern oder Epochen ist gewiss überzogen: Es gab Metaphysikkritik vor Nietzsche, es wird auch in Zukunft das Reden von dem Einen geben, Metaphysik war und ist weit entfernt davon, ein solch monolithischer Block zu sein, wie es Picht vorzuschweben scheint – und manches mehr. Auf diese geistesgeschichtlichen Periodisierungen und ihre Bewertung durch Picht soll hier nicht im Einzelnen eingegangen werden. Fachphilosophische Lektüre würde eine Neigung zu unangemessenen Wertungen und einen gewissen Alarmismus feststellen können. Dies böte sich für eine detaillierte Auseinandersetzung mit dem als Hauptwerk geplanten »Von der Zeit« an, weil in diesem Buch tatsächlich der Versuch unternommen wird, das philosophische Kapitel nach der Metaphysik zu beginnen. Für hiesige Zusammenhänge möchte ich das nicht stattgefundene Gespräch woanders beginnen, bei der Lehre von den Mächten. Pichts Er-

[140] Vgl. Dalferth, Mythos und Logos 23 u.ö.

gebnisse können überprüft und weitergedacht werden, wenn man sie mit den Ansätzen und Beobachtungen anderer ins Gespräch bringt. Das geschieht im folgenden.

Zunächst werden Pichts wichtigste Aussagen über das eigentümliche Sein der Götter/Mächte zusammengefasst und anhand der Auseinandersetzung mit Arbeiten des Altphilologen W.F. Otto konkretisiert. Ferner interessiert, ob es so etwas wie eine Unterteilung/Charakterisierung der Mächte geben kann: Picht deutet in »Kunst und Mythos« eine gewisse Unterscheidung zwischen den unmittelbaren Gottheiten der Griechen wie φόβος und ἔρις (Zwietracht) und den Hochgöttern, an. Ist dies über altphilologische Einsichten hinaus vermittlungsfähig und von systematischer Relevanz? Im dritten Schritt wird Indizien nachgegangen, denen zufolge Picht mit dem aus Nietzsches Frühwerk bekannten Paar Dionysos und Apollon operiert.

a) Das Sein der Mächte (W. F. Otto)

Stichwortartig erinnere ich zunächst an Pichts Ergebnisse:

(1) Die Mächte sind überpersonale Größen, die in der Weise des Widerfahrnisses wahrgenommen werden. Sie wirken, gleich ob beglückend oder bedrohend, in der vorwillentlichen Sphäre des Menschen. Ihr nächstes begriffliches Analogat ist antik der πάθος und modern der Affekt.

(2) Die Mächte, gleich ob beglückend oder bedrohend, spannen das perzipierende Subjekt – das dann ein klassisches Subjekt nicht mehr ist – in ein Macht- und Bestimmungsverhältnis. Es findet sich in dieser Situation als übermächtigt und bestimmt vor: Innen und außen, Subjekt und Objekt sind nicht mehr trennbar. Unter Mächten ist zwischen dem Affizierenden und dem Affekt nicht zu trennen. Es handelt sich um eine heteronome Bestimmung seitens einer Größe, die in eigentümlicher Weise zwischen Personalität und Überpersonalität changiert.[141]

(3) Mächte können über einzelne Menschen wie über Gruppierungen herrschen. Was die moderne Psychologie als Gestimmtheit in einzelnen Menschen beschreibt, ist in dieser Perspektive eine Realität zugleich im Einzelnen/der Gruppe und über diesem/dieser.

(4) Mächte haben eine eigentümliche und unverfügbare Zeitlichkeit.

---

[141] Sehr glücklich ist der Ausdruck von Thomas Zeilinger gewählt, der vom responsorischen Charakter der Mächte spricht, vgl. Zwischen-Räume 263–267. Er verbindet dies mit der Argumentation, dass die Mächte nicht etwas völlig Fremdes, Unweltliches und Unmenschliches an die Menschen herantragen, sonder gewissermaßen verselbständigte Quasi-Subjekte menschlichen Tuns und Wünschens sein können. Im theologischen Sprachspiel ist dies in hamartiologischem Sinne von Belang, da die Menschen dann ihrem eigenen Werk in Übergröße begegnen würden oder aber dahingehend, dass die Sprache des Glaubens wagen kann, den Zweck der Mächte als Dienststellung für den Menschen zu reklamieren, vgl. ebd. 266.

(5) Mächte sind, und das ergibt sich unschwer aus den ersten vier Punkten, in pointierten Sinne *Teil der Welt*, nicht einer als Überwelt oder anders gedachten Transzendenz zugehörig.

Picht ist nicht der einzige philosophisch interessierte Altphilologe, der sich das Thema der Götter vorlegt und dabei zu dem Ergebnis kommt, dass der Polytheismus des vorklassischen Griechenland für heutige Problemstellungen erschließende Kraft besitzt. Im Rahmen der hier interessierenden Frage – wie genau das Sein der Götter vorzustellen sei – lohnt es sich, seine Position mit der Walter F. Ottos zu vergleichen, der in der Mitte des 20. Jahrhunderts in einer Reihe vielbeachteter Publikationen die Wirklichkeit der griechischen Götter bewarb.[142] Auf der Ebene der Phänomene sind zwischen beiden Autoren durchaus starke Ähnlichkeiten anzutreffen: Auch Otto betont, dass die Erfahrung der Götter die ist, sich als Getriebene/r zu erleben und als jemand, der bzw. die sich unter Mächten fühlt, welche Denken und Handeln bestimmen. Mehr noch, ausgezeichnetes menschliches Handeln ist von Götter getriebenes: »Im bedeutenden menschlichen Tun handelt der Gott.«[143] Oder: »Es ist die Eigenart des antiken Geistes, Gewissheiten und Hochgefühle als Realitäten und Gestalten zu sehen, die nicht nur im Menschen, sondern zugleich über und außer ihm ihr Wesen haben und als Götter angesprochen werden können. Dasselbe gilt auch für entscheidende Begebenheiten, Zustände und Verhaltungsweisen.«[144] Die Götter wirken, was den Menschen bewegt, ohne dass er dies selbst tut. Ebenso recht nahe bei Picht ist die Erwägung Ottos, dass die Götter Teile der Welt sind. Nicht das ganz andere, nicht Transzendenz sind sie, sondern hervorgehobener Teil der Welt. Götter, das geht zusammen mit dem Sein, aber nicht mit den biblischen Vorstellungen von Schöpfer und Herr. Vom Göttlichen gilt: »Es ist überall da.«[145]

Der Singular des eben gegebenen Zitats ist freilich sprechend. Geht es um die Frage, wie das Sein der Götter soll vorgestellt werden können, wechselt Otto fast durchweg in die Einzahl: das Göttliche, das Urbild, das Sein, die Einheit der Götter. Anhand dieser Leitbegriffe entwickelt er so etwas wie eine Lehre vom Sein des Göttlichen als besonderer Sphäre der Wirklichkeit. Eine solche Ontologie unterscheidet sich freilich von den Picht'schen Annahmen über das, was sich der Ontologie auf hartnäckige

---

[142] Den Anfang machte das zum Standardwerk gewordene Buch Die Götter Griechenlands, das 1947 zum dritten Mal und danach noch vielfach aufgelegt wurde. In dem Essay Gesetz, Urbild und Mythos (1951) legt Otto seine Grundlegung einer Götterlehre dar, die später u.a. in Theophania und einigen Texten des Sammelbandes Die Wirklichkeit der Götter (1963) ausgelegt wurde.

[143] Otto, Theophania 46, i.O. herv. Zum Zusammenhang vgl. ebd. 23.39f.

[144] Ders., Gesetz 47.

[145] Ders. Theophania 53, vgl. 60.

Weise entzieht. Bei Otto ist es sehr wohl beschreibbar und zwar vermöge einer Theorie des Urbilds. Die diesbezüglichen Argumente haben die Form eines Schlusses vom als evident ausgegebenen Phänomen auf seine Ursache und heißen in ihrer einfachsten Form: Es muss Urbilder geben, weil es Abbilder gibt. Es muss Urphänomene geben, weil sonst die vorhandenen Phänomene nicht zu erklären wären. So sieht es Otto etwa für die Sprache: Spracherwerb wäre nicht möglich, gäbe es nicht Sprache als Urphänomen. In der Sprache als Urphänomen handelt derjenige, der sie erwirbt; es wäre, so Otto, ganz unzureichend, lediglich ein Set von Regeln und Gesetzen anzunehmen, das durch Lernen erworben wird. Im Phänomen befindet sich gleichsam der, der es sich erwirbt.[146] Die Urphänomene, in denen und durch die die Menschen sich bewegen, sind der Bereich, den die Griechen den des Göttlichen nannten: »Die Weltwirklichkeiten sind also in Wahrheit nichts anderes als Götter, göttliche Gegenwärtigkeiten und Offenbarungen.«[147] Der Bereich der Urphänomene ist also nicht irgendeiner in der Wirklichkeit, sondern »Die Götter zeigen dem, der ihnen ins Antlitz blickt, den unendlichen Reichtum des Seins.«[148] Die Gestalten der Götter offenbaren »alles Wesenhafte und Wahre«.[149]

So nahe beide Autoren sich bei der Beschreibung der Phänomene auch waren – in der Ontologie der Götter treten die Ansätze in aller Deutlichkeit auseinander. Walter F. Ottos Konzeption bindet die Phänomene an ein an Goethe erinnerndes Konzept des Urphänomens zurück und zieht damit das in eins, was durch Pichts Analyse der Metaphysik als zweierlei erkennbar wurde:[150] die Mächte der Welt auf der einen und mehr oder weniger spekulative Annahmen über das Sein selbst oder den Inbegriff der Wirklichkeit. Pichts Vorwurf an die Adresse Ottos lautet, dass dieser gänzlich unhistorisch ein Göttliches postuliert habe.[151] Das wäre insofern zu ergänzen, als Otto offensichtlich den Fehler begeht, die innere Dramatik der Wendung vom Polytheismus hin zum philosophischen Monotheismus zu unterschätzen und deswegen eine vielversprechende Anmutung der Phänomene mit Elementen aus metaphysischer Tradition hinterbaut. Diese Begrifflichkeit, aus der Goethe-Tradition entlehnt, wird zur Beschreibung eines letzten Sinn- und Wirklichkeitsgrundes verwendet. Dass dies nur unter Inkaufnah-

---

[146] Ders., Gesetz 29–31.

[147] Ders., Theophania 81f.

[148] Ebd. 81.

[149] Ebd. 73.

[150] Diesen Umstand merkt Otto mehrfach an, vgl. Gesetz 25 oder das Motto, das er dem 1. Kapitel des Sammelbandes Die Gestalt und das Sein voranstellte: »›Das Phänomen empfiehlt sich dem Absoluten‹« (1), eine Widmung Goethes an Hegel, die nach Ottos Wunsch als Motto seines eigenen Werks soll gelten können.

[151] Picht, Kunst und Mythos 541.

me spezifischer Blindheiten möglich ist, hatte Pichts Analyse der Metaphysik – hier wie öfter ganz dem diagnostischen Blick Nietzsches verpflichtet – in aller Deutlichkeit gezeigt. Die Götter im Sinne W.F. Ottos offenbaren denn auch eine eigentümliche Doppelgestalt: Sie sind Mächte und doch Chiffren des Seins selbst; ihre Phänomenalität ist rückgebunden zum Zweck einer ontologischen Spekulation.

Die eigentümlich changierenden Wirklichkeiten der Götter/Mächte können nicht in ein eindeutiges Konzept dessen, was ist, zurückgebunden werden, soll die Phänomenbeschreibung nicht durch das dahinter liegende Konzept dementiert werden. Es wird dauerhaft nicht möglich sein, sie letztbegründend zu beschreiben.[152] Es ist deshalb aussichtsreicher, sich zum Zweck der Klarheitsgewinnung nicht darin zu verkämpfen, sondern eine andere Differenzierung anzustreben. Picht hatte angeregt, eine interne Klassifizierung der Mächte/Götter vorzunehmen. Dieser wende ich mich jetzt zu und diskutiere sie anhand der Einsichten anderer Autoren.

b) Höhere und niedrigere Mächte (H. Usener, M. Weber)

Picht unterscheidet, in aller Kürze rekapituliert, zwischen zwei Größen oder Formen von Mächten. Auf der einen Seite stehen Mächte, die unmittelbar erfahren werden, die unmittelbar identifizierbar sind, deren Dauer aber vergleichweise gering ist. Die griechischen Gottheiten φόβος und ἔρις sind seine Beispiele dafür: Dass Menschen sich hier unter Mächten befinden ist evident. Auf der anderen Seite gibt es Mächte, die für die Griechen im Rahmen ihrer Theologie der Hochgötter fassbar wurden. Es ist nicht minder Widerfahrnis, was von ihnen ausgeht – und doch stellen sie sich anders dar. Oben war argumentiert worden, dass diese Mächte in anderem Umfang traditionell geprägt sind. Sind die unmittelbaren Mächte, mit Zeilinger gesagt, responsorische Größen bezüglich alltäglicher, unverstellter Erfahrungen, so sind es die großen offenbar in Bezug auf Traditionen, Verhaltensmuster und Interpretationsschemata, die große soziale Gruppierungen, ja ganze Kulturen prägen.

Sind die unmittelbaren Mächte identisch mit den Augenblicksgöttern Hermann Useners? Manches spricht dafür: »Was plötzlich wie eine schi-

[152] Dass dies auch theologisch nicht möglich ist, hat Zeilinger, Zwischen-Räume, gezeigt (vgl. Anm. 141). Das vergrößert zum einen die theologische Aufgabe, Formen des sprachregelnden Umgangs mit ihnen zu finden. Zum anderen weist es der theologischen Denkanstrengung bereits den Ort an: Es wird ihr nicht um eine Ontologie der Mächte, Engel, und Gewalten zu tun sein sondern um Erwägungen, welche Implikationen das Nachbuchstabieren des Deus pro nobis für die bedrängenden Phänomene in concreto haben. Die Aufgabe ist also zwischen theologischer Eigenschaftslehre (»was kann über Gottes Macht gesagt werden?«) und Soteriologie (»wie finden sich die Gläubigen in ihrer Welt – trotz der Mächte –als Gottes Kinder wieder?«) situiert.

ckung von oben an uns herantritt, was uns beglückt, was uns betrübt und beugt, erscheint der gesteigerten empfindung als ein göttliches wesen. So lange wir die Griechen kennen, besitzen sie dafür den gattungsbegriff δαίμων.«[153] Sieht man einmal von Useners Begriff der gesteigerten Empfindung ab, die als Wahn oder Primitivität erklären will, was in Pichts Anschauung das Widerfahrnis der Mächte wäre, so scheint durchaus eine Gleichsinnigkeit vorzuliegen. Augenblicksgötter sind für Usener sozusagen die nächsthöhere Klassifizierung über den δαίμωνες: »Die wahnvorstellung und der glaube daran fallen in einem seelischen vorgang zusammen sind das gleichzeitige werk desselben eindrucks. Diese beobachtung ist der schlüssel für das rätsel der augenblicksgötter.«[154] Allenfalls der bei Usener angelegte Entwicklungsgedanke scheint zu einer Differenzierung zu nötigen. Er beobachtet eine Entwicklung von den Augenblicks- oder Sondergöttern hin zu Göttergestalten, die Eigennamen erhalten und deren Identität insofern abstrakter ist, als sie durch Mythen erzählt wird und nicht mehr aus dem Augenblick selbst verständlich ist. Im Zuge dieses Prozesses, so Usener, gebe es eine »Entwicklung einzelner götter zu monotheistischer ausdehnung«.[155] Freilich, und das unterscheidet seine Analysen von der romantischen Göttertheologie eines Walter F. Otto, denkt er diesen Prozess weder einlinig noch eindeutig. Wohl sieht er eine »naturnotwendigkeit (...) in den gesetzen der entwicklung«,[156] die die disparaten Göttervorstellungen zu immer abstrakteren und monotheistisch orientierten hintreiben, hält aber dafür, dass deren »letzte folgerung«,[157] nämlich die Inthronisation des Einen zuungunsten der Vielen nicht in der Konsequenz griechischen Denkens gelegen habe. Im alten Griechenland habe es immer ein Mit- und Gegeneinander verschiedener Gottesvorstellungen gegeben, in dem sie sich gegenseitig in Schach hielten. Den letztgültigen Zug zum Monotheismus sieht Usener nicht in Griechenland, sondern erst durch die »klärende offenbarung« aus Galiläa gegeben.[158]

Beide sehen die Geschichte des griechischen Polytheismus nicht als durch den philosophischen Monotheismus beendet. Für Usener beharrt trotz gleichzeitigen Zuges zum Monotheismus das, was Picht als Sublimationsgeschichte größten Ausmaßes angesichts der Epiphanie des Einen beschreibt. Ob Beharrung oder Sublimation: verschwunden sind die Götter in keiner der beiden Sichtweisen. Freilich neigt Usener zu der Annahme, dass

[153] Usener, Götternamen 291f.

[154] Ebd. 301f.

[155] Ebd. 340.

[156] Ebd. 347.

[157] Ebd.

[158] Ebd. 348.

die Augenblicksgötter in den höheren Formen aufgingen, deren Mythen erzählkräftig wurden und blieben. Dem wäre, wenn denn die Mächte Korrelate einer Theorie der Wahrnehmung sind, die gegen den Augenschein wohl sublimiert, aber nicht zum Verschwinden gebracht werden kann, zu widersprechen. Der Bereich der alltäglichen vorprädikativen Erfahrung ist resistenter als Entwicklungstheorien auch in modifizierten Formen offensichtlich annehmen.

Soviel zu den unmittelbaren Mächten, mag man sie nun Augenblicksgötter nennen oder nicht. Es fragt sich freilich, welchen Reim man sich auf die andere Gruppierung machen soll: Was ist mit den so genannten Hochgöttern? Warum ist Apollon ein universaler Gott, der in herausragender Weise geeignet ist, über »das Wesen eines Gottes« Auskunft zu geben?[159] Lässt sich an der Sache – und nicht nur durch die Konvention der literarische Beziehung zu Nietzsches Frühwerk – klären, warum Picht plante, neben Ausführungen zu ihm sodann Dionysos als seinen Antipoden darzustellen? Das sind schwierige Fragen, die über die Interpretation der Schlusskapitel einer fragmentarischen Vorlesung um einiges hinausgehen. Sicher sind sie nicht im Vollsinne beantwortbar. Für einige Schritte der Aufklärung aber kommt Interpretationshilfe von einer Seite, die Picht selber augenscheinlich nicht kannte oder zumindest in den veröffentlichten Texten nicht zu Rate zog. Gemeint ist das Spätwerk Max Webers.[160]

In dem berühmt gewordenen Vortrag »Wissenschaft als Beruf«[161] greift Weber zu einer Diktion, die ausweislich seiner anderen großen Texte erstaunen muss: Es geht in diesem Vortrag um Leidenschaften, um Mächte, um Gott, Götter und Dämonen. Ordnungen und Werte erweisen sich als Götter, sie »entsteigen ihren Gräbern, streben nach Gewalt über unser Leben und beginnen untereinander wieder ihren ewigen Kampf.« (28) Dies liest sich eigentümlich, ist Weber doch als begrifflich scharfer Analytiker bekannt und als einer, der dem Okzident eine nahezu uniforme Prägung

---

[159] Picht, Kunst und Mythos 546.

[160] Ausführlichere Beschäftigungen mit Weber finden sich bei Picht überhaupt nicht, eine gelegentliche Anspielung – in Glauben und Wissen 153 – wirft Weber das unreflektierte Festhalten an Nachfolgephänomenen der Metaphysik vor, allerdings ohne dies weiter zu begründen. Diese Bemerkung sollte in ihrem Aussagewert nicht überbewertet werden; wahrscheinlich ist sie ein Indiz für die communis opinio, dass Webers wissenschaftstheoretische Grundentscheidungen nicht zum geringsten vom Neukantianismus, namentlich von Heinrich Rickert geprägt wurden. Interessanterweise läßt sich gerade an dem Text, um den es im folgenden gehen soll, zeigen, dass dies nur zum Teil stimmt und Weber wesentliche Impulse aus der Metaphysikkritik Friedrich Nietzsches empfangen hat.

[161] Der Text, ein Vortrag aus dem Jahr 1917, ist verschiedentlich abgedruckt worden, u.a. zum Schluß von Webers gesammelten Aufsätzen zur Wissenschaftslehre. Ich zitiere die Einzelausgabe bei Duncker & Humblot; Nachweise des Abschnitts im Text hieraus. Zum geistes- und zeitgeschichtlichen Hintergrund ist informativ Lübbe, Freiheit der Theorie 350–358.

durch einen bestimmten Rationalismus unterstellt und durch seine vergleichende Soziologie sowohl die religiösen Ursachen dafür ausmachen als auch die Auswirkungen beschreiben konnte. Wie immer hier werkimmanent zu werten ist,[162] in diesem Text zieht Weber eine Bilanz des »Intellektualisierungsprozesses, dem wir seit Jahrtausenden unterliegen« (16), die diesen auf eine Weise beschreibt, die überhaupt nicht an einen uniformen Prozess denken lässt. Intellektualisierung ist die Fähigkeit, »durch *Berechnen beherrschen*« (17) zu können, sie ist die potentielle »Entzauberung der Welt« (ebd.). Das Wort Entzauberung muss dabei wörtlich genommen werden, denn was durch den Prozess der Intellektualisierung hervorgerufen wurde, ist das Wissen um bzw. der Glaube an die Fähigkeit, die Mächte entzaubern zu können: »(...) daß es also prinzipiell keine geheimnisvollen, unberechenbaren Mächte gebe«. (ebd.) Die Intellektualisierung bedient sich dazu seit alters her des Begriffs als ihres Werkzeugs und seit der frühen Neuzeit des empirischen Experiments. Daran, und an dem durch sie erbrachten enormen Fortschritt an Kenntnis und Beherrschung kann kein Zweifel sein. Weber konzentriert sich auf einen anderen Aspekt, den der Sinnzuschreibung, und schließt:

»Daß man schließlich in naivem Optimismus die Wissenschaft, das heißt: die auf sie gegründete Technik der Beherrschung des Lebens, als Weg zum *Glück* gefeiert hat – dies darf ich wohl, nach Nietzsches vernichtender Kritik an jene ›letzten Menschen‹, die ›das Glück erfunden haben‹, ganz beiseite lassen.[163] Wer glaubt daran? – außer einigen großen Kindern auf dem Katheder oder in den Redaktionsstuben?

Kehren wir zurück. Was ist unter diesen inneren Voraussetzungen der Sinn der Wissenschaft als Beruf, da alle diese früheren Illusionen: ›Weg zum wahren Sein‹, ›Weg zur wahren Kunst‹, ›Weg zur wahren Natur‹, ›Weg zum wahren Gott‹, ›Weg zum

---

[162] Klassisch ist die Vorbemerkung zum ersten Band der Gesammelten Aufsätze zur Religionssoziologie, in der Weber einen »spezifisch gearteten ›Rationalismus‹ der okzidentalen Kultur« (11) diagnostiziert, welcher alle Lebensbereiche und gesellschaftlichen Sphären prägt und den Okzident dadurch von allen anderen Weltgegenden unterscheidet. Ein Pandämonium hätte hier sehr viel weniger Raum. Möglicherweise aber handelt es sich hierbei eher um ein Problem der fachsoziologischen Weber-Rezeption als um eine Schieflage beim Klassiker selbst. Wie Kalberg berichtet, ist Weber in der Tat als ein Theoretiker wahrgenommen worden, der die okzidentale Neuzeit vornehmlich anhand des Etiketts »Rationalisierung und Intellektualisierung« beschreibt. Freilich, so Kalberg »tendiert die populäre Auffassung von ›Webers Bilder der Moderne‹ dazu, die Gegenwart als sehr viel einheitlicher und homogener zu schildern, als Weber selbst es getan hätte.« (Kalberg, Webers historisch-vergleichende Untersuchungen 425f). Dies sei jedoch nur deshalb so gekommen, weil die Rezeption sich an einige plakative Schilderungen und zugkräftige Begriffe gehalten habe, darüber aber nicht mehr in der Lage gewesen sei, das Instrumentarium der historisch-vergleichenden Soziologie auch auf diese Gebiete anzuwenden. Eine »umfassende Analyse der Neuzeit« (435) hätte im Sinne Webers differenzierende Begriffe wie den der Eigengesetzlichkeit zu operationalisieren.

[163] Zitat aus Zarathustra Vorrede 5 = KSA 4,19. Zum Bezug auf Nietzsche gleich mehr.

wahren Glück‹, versunken sind. Die einfachste Antwort hat Tolstoi gegeben mit den Worten: ›Sie ist sinnlos, weil sie auf die allein für uns wichtige Frage: 'Was sollen wir tun? Wie sollen wir leben?' keine Antwort gibt.‹ Die Tatsache, daß sie diese Antwort nicht gibt, ist schlechthin unbestreitbar.«[164] (21f)

Von der Intellektualisierung, der »Entzauberung der Welt« (36), sind zu allen Zeiten Auskünfte erwartet worden, die sie zu keiner Zeit hat geben können. Wissenschaft ist keine Produzentin von Sinn. Wissenschaft bringt nicht Werte, Orientierung, lebenspraktische Einstellungen hervor. Die großen Monoperspektiven, die im Gefolge der Intellektualisierung etabliert wurden, haben dies immer versucht, niemals aber zuwege gebracht. In diesem Sinne haben sie die pluralen Bedürfnisse und Wünsche, auch die faktischen pluralen Orientierungen niemals in eins aufgehoben. Dieses Netz verschiedenster Werte und Ordnungen hat immer existiert, auch wenn seine Existenz unter der Ägide der Intellektualisierung bestritten wurde. (27)

Muss dies als die tatsächliche Verfasstheit des Gemeinwesen beschrieben werden, so zeigt sich, dass gleichsam hinter dem Bereich, welcher durch die Intellektualisierung geordnet und erwartungssicher gemacht wurde, ein antagonistisches Netz von Orientierungen und Sinnzuschreibungen liegt. Webers Bild dafür ist das des »Kampfes der Götter der einzelnen Ordnungen und Werte«. (27) Wissenschaft, sofern sie sich nicht hybrid selber überhebt, kann zwischen diesen verschiedenen Orientierung kategorisch nicht entscheiden,[165] weil sie von ihnen abhängt. Deswegen ergibt sich ein gegen den ersten Anschein der Rationalisierungsthese geradewegs umgekehrter Befund in der Abhängigkeit von Sinnstrukturen und Wissenschaft, welcher das Primat des Ersteren behauptet. Wissenschaft ist stets abhängig gewesen und hat nie die ersten Felder der Ordnungssetzungen oder Sinndeutungsprivilegien besetzt. Diese waren schon immer in anderer Hand und schon immer in relativ antagonistischer Bewegung gegeneinander gerichtet. Weber fasst seine These so zusammen:

»Hier streiten eben verschiedene Götter miteinander, und zwar für alle Zeit. Es ist wie in der alten, noch nicht von ihren Göttern und Dämonen entzauberten Welt, nur in anderem Sinne: wie der Hellene einmal der Aphrodite opferte, und dann dem Apoll

[164] Wolfgang Schluchter merkt unter Bezug auf Passagen wie diese an: »Die Rede ist also geprägt nicht von einer religionskritischen, sondern von einer wissenschaftskritischen Haltung. Sie ist allenfalls indirekt religionskritisch insofern, als sie ganz allgemein eine bestimmte Art von Wertsynthese bekämpft.« W. Schluchter Religion und Lebensführung 350; zu Webers Religionsbegriff in der Rede, der hier nicht eigens thematisiert wird, vgl. ebd., 357–363.

[165] Friedrich H. Tenbruck weist darauf hin, dass die Abhängigkeit der Wissenschaft von vorgängigen Sinnannahmen ein Thema ist, das die ganze Wissenschaftslehre Webers durchzieht und gegen den ersten Anschein einer positivistischen Methodologie verteidigt werden muss, vgl. Tenbruck, Wissenschaftslehre 376f u.ö.

und vor allem jeder den Göttern seiner Stadt, so ist es, entzaubert und entkleidet der mythischen, aber innerlich wahren Plastik jenes Verhaltens, noch heute. Und über diesen Göttern und in ihrem Kampf waltet das Schicksal, aber ganz gewiß keine ›Wissenschaft‹. Es läßt sich nur verstehen, was das Göttliche für die eine und für die andere oder: in der einen oder in der anderen Ordnung ist. Damit ist aber die Sache für jede Erörterung in einem Hörsaal schlechterdings zu Ende, so wenig natürlich das darin steckende gewaltige *Lebens*problem selbst damit zu Ende ist. Aber andere Mächte als die Katheder der Universitäten haben da das Wort. (...) Die alten vielen Götter, entzaubert und daher in Gestalt unpersönlicher Mächte, entsteigen ihren Gräbern, streben nach Gewalt über unser Leben und beginnen untereinander wieder ihren ewigen Kampf.« (27f)

Zwei Momente erscheinen mir an diesen Beobachtungen für den hier interessierenden Zusammenhang relevant zu sein, zum einen die Kulturdiagnose, die der Pichts verblüffend ähnelt und zum anderen die Annahmen über das eigentümliche Sein dieser entzauberten Mächte. Ad (1): Max Webers diagnostiziert eine in ihrem Kern antagonistische Kultur. Sinn als System-Umwelt-Grenze sozialer Systeme – um in unscharfer Weise Luhmann'sche Terminologie zu entleihen – kann von den Produkten des Intellektualisierungsprozesses durchschaut oder geändert werden und ist stets plural und antagonistisch verfasst. Dass er für diesen Sachverhalt Termini der Religion und des Polytheismus wählt, dürfte wohl darin begründet sein, dass er ihn für keine temporäre Erscheinung hält, sondern als »für alle Zeit« (26) geltend hält. Fasst man es historisch auf, so wäre zu sagen, dass nach dem Ende des monotheistischen Überzeugungssystems das wiederum deutlich wird, was latent die ganze Zeit schon gültig war, auch wenn es sich um eine nach Kräften verdrängte, von der Entzauberung verdeckte Deutlichkeit handelt (36). Volkhard Krech und Gerhard Wagner formulieren in ihrer Studie zu »Wissenschaft als Beruf« treffend: »Kann der Monotheismus, das gewaltigste geistige Unternehmen des Abendlandes, und die damit verbundene ethisch-methodische Lebensführung als Versuch gelten, eine einheitliche Weltanschauung und Ethik zu etablieren, so ist mit dem Tode Gottes zugleich die Hoffnung auf einen metaphysisch verankerten einheitlichen Bezugspunkt als Sinn- und Ordnungsgaranten verabschiedet.«[166] Darauf läuft die Weber'sche Kulturdiagnostik hinaus, und damit befindet sie sich in großer Nähe zu Pichts Vorstellung von der Sublimierung der Vielen durch die Epiphanie der einen Gottheit, welche beim Brüchigwerden metaphysischer Vorstellungen wieder an den Orten wahrgenommen werden, die sie im Grunde nie verlassen hatten.

[166] Krech/Wagner, Wissenschaft als Dämon 760.

Ad (2): Weber übersieht ferner nicht den besonderen Charakter dieser Gottheiten. Er argumentiert, dass die letzten sinntragenden oder Ordnung stiftenden Größen solche sind, denen ihre Anhänger affektiv und religiös zugetan sind: nur begrenzt frei wählbar, die Person okkupierend und damit bestimmend. Sie üben Macht aus. Die Metapher von der Entzauberung macht es vollends möglich, auf antike Vorstellungskomplexe zurückzugreifen, ohne sich dem Vorwurf einer primitiven Remythisierung auszusetzen. Entzauberte Götter, so Weber, sind nicht einfach verschwunden; sie haben vielmehr, um in der Metapher zu bleiben, ihr wahres Gesicht gezeigt und sich als auf machtförmige Weise attrahierende Größen zu erkennen gegeben. Götter sind Mächte, auch in dieser Funktion als Sinn und Ordnung stiftende Größen: Ideologien, Werte, sinnstiftende Ordnungen.[167] Die Nähe zur

[167] Es wurde schon darauf hingewiesen, dass auch in der gegenwärtigen Sozialphilosophie vergleichbare Positionen bezogen werden, wenn argumentiert wird, dass Werte im Grunde nicht frei wählbar sind: Hans Joas führt aus, dass Wertbindung ein vorwillentlicher Vorgang ist, dass das Phänomen der Werte ferner von religiöser Erfahrung nicht himmelweit geschieden ist und dass Identitätsbildung und der Rekurs auf Werte nicht voneinander zu trennen sind, vgl. Joas, Entstehung der Werte, bes. 252ff. Eine eingehende Diskussion dieser Position könnte, was ich hier aber nur andeute, so etwas wie den missing link zwischen den unmittelbaren und den komplexen Mächten herstellen: Wenn es so ist, dass die Prägung durch große Werte mit der Identitätsbildung interagiert, dann bestünde die Möglichkeit, beide Machtformen gleichsam zusammen am Werke zu sehen.

In diesem Sinne ist genaue Lektüre von Wissenschaft als Beruf auch geeignet, eine zu einseitige Zuordnung von Webers Vorgehen zum wissenschaftstheoretischen Instrumentarium des südwestdeutschen Neukantianismus zu verhindern. Zwar bekennt sich Weber ganz offen zu Wissenschaft, Objektivität und Wertfreiheit als den persönlichen Dämon seiner Existenz (37), sieht aber genauso klar, dass dies im Sinne einer Letztbegründung nicht möglich ist, einfach deshalb, weil die soziale Wirklichkeit antagonistisch verfaßt ist. Krech/Wagner argumentieren, dass Weber somit sowohl beim Neukantianismus als auch bei Friedrich Nietzsche Anleihen macht, und dies in einer Weise, die Fehlabstraktionen in beide Richtungen verhindert: »Gegen Rickerts monotheistisches Wissenschaftskonzept setzt Weber mit Nietzsche das polytheistische Paradigma; gegen Nietzsches Willensmetaphysik führt er mit Rickert den metaphysischen Charakter der Werte an.« (Krech/Wagner, Wissenschaft als Dämon 773)

Wolfgang Schluchter weist in einem anderen Zusammenhang auf eine Stelle aus Webers Aufsätzen zur Religionssoziologie hin, die diese Annahme stützt, wenn man ›Interesse‹ einmal als eher auf Nietzsche und ›Idee‹ als auf Rickert zurückgehenden Terminus versteht: »Interessen (materielle und ideelle), nicht: Ideen, beherrschen unmittelbar das Handeln der Menschen. Aber: die ›Weltbilder‹, welche durch ›Ideen‹ geschaffen wurden, haben sehr oft als Weichensteller die Bahnen bestimmt, in denen die Dynamik der Interessen das Handeln fortbewegte. Nach dem Weltbild richtete es sich ja: ›wovon‹ und ›wozu‹ man erlöst sein wollte und – nicht zu vergessen: – konnte.« Weber, Religionssoziologie I, 252; kommentiert bei Schluchter, Religion und Lebensführung 351f.

Dies betont auch Friedrich Wilhelm Graf in seiner Aufnahme des Weberschen Motivs. Er bezieht es in einer Auseinandersetzung mit Samuel Huntington auf religiös induzierte Feindbilder, auf Nationalismen und anderes, vgl. Wiederkehr der Götter 66f.119–129.222–225. Grafs theologische Erwägungen laufen sodann auf ein Verständnis des »einen gnädigen Gottes der Christen«, der »immer auch ein symbolischer Repräsentant der unbedingten Würde des Individuums« ist (ebd. 278), hinaus. Geltung zu verschaffen sei »der heilsamen Unterscheidung von Gott und Mensch.«

Wahrnehmungstheorie von Georg Picht muss auch hier nicht eigens betont werden. In diesem Sinne kann man Max Webers in »Wissenschaft als Beruf« präsentierte Ergebnisse als Erläuterung, Konkretisierung und argumentative Bestätigung von Pichts Ergebnissen lesen – auch und gerade dann, wenn Picht dies nicht geahnt, ja Weber in anderer Perspektive interpretierte. Götter/Mächte sind auch dies: letzte Werte, sinnstiftende Ordnungen, Ideologien.

Was Picht andeutete, scheint sich durch die Bezüge auf Usener und Weber erhärten zu lassen: Es ist durchaus sinnvoll, zwischen niedrigeren, ausgenblickshaften und höheren kulturell geprägten und kulturtragenden Mächten zu differenzieren.

c) Dionysische und apollinische Mächte (F. Nietzsche)

Anhand von Webers Text und namentlich seinen Andeutungen zu Friedrich Nietzsche kann die Klärung bezüglich der in diesem Abschnitt interessierenden Phänomene, wie ich meine, noch ein Stück weiter getrieben werden. Es geht um die Frage, ob sich innerhalb der Gruppierung der höheren Mächte nicht noch eine interne Differenzierung anbringen ließe: Lassen sie sich intern unterscheiden und Idealtypen zuführen? Picht kündigte, wie berichtet, an, neben seinen Ausführungen zu Apollon sich noch mit Dionysos näher befassen zu wollen, legte Diesbezügliches aber nicht mehr vor.[168] Die

(ebd.) Dieses Anliegen ist theologisch gewiss zu begrüßen. Allerdings bedient sich Graf einer zu einfachen theologischen Konstruktion. Mit auf Adolf von Harnack anspielenden Formulierungen spricht er vom Individuum und seinem göttlichen Grund und erkennt Gefahr dann, wenn das Individuum sich mit seinem göttlichen Grund in eins zu setzen beanspruche (ebd.). Die phänomenologischen Erwägungen in diesem und die zur umstrittenen Frage nach Gottes Macht im 4. Kapitel sollten, so sie einleuchten, deutlich machen, dass es sich dabei um eine Verkürzung handelt: Die Problematik kommt erst in den Blick, wenn sie nicht nur als Selbstermächtigung des Individuums gedeutet wird, sondern gefragt wird, was *über* Menschen regiert. Das aber problematisiert die neuprotestantisch induzierte Rede vom Indivduum. Vgl. dazu ferner Hailer, Das Subjekt und die Atmosphären, durch die es ist.

[168] In seiner Vorlesung über Nietzsche aus dem Jahre 1969/70 ist das Thema präsent, freilich ohne erkennbaren Bezug auf die Frage der Mächte/Götter – offenbar wurde dies für Picht erst in der Phase von Kunst und Mythos (1972/73) virulent. Picht erkennt in seinem Nietzschebuch eine Entwicklung im Sinne eines Dreischritts, der durchaus zum Allgemeingut der Nietzscheforschung gezählt werden darf: In der ersten Phase wird die hinter der Metaphysik liegende Wahrheit entdeckt, die zweite versucht, dieselbe konsequent, d.h. ohne metaphysische Hilfskonstruktionen durchzubuchstabieren. Erst die dritte des späten Nietzsche sieht, dass dies nur durch das radikale Verlassen auch derjenigen Sicherheiten möglich ist, welche zuvor noch als Stütze galten. Erst jetzt ist »das reine Schweben in der Verklärung des Scheins [erreicht, M.H.], der keines Rückhaltes in einem Sein mehr bedarf.« (Picht, Nietzsche 318) Den Dionysos des späten Nietzsche interpretiert Picht als Lebensform, die Schein ist und hat, dabei weiß, dass es ehrlicherweise nicht mehr als diesen Schein gibt. Ihr Schein gibt nicht vor, Wahrheit zu sein, was Lüge wäre. (261.309 u.ö.) – Dies ist eine Interpretation, die viele apollinische Elemente aus der Frühphase in den späten Dionysos integriert; als solche steht sie nicht alleine da. In dieser Steilheit wird sie sich aber fragen

Ankündigung alleine lässt natürlich bereits an Nietzsches Frühwerk »Die Geburt der Tragödie aus dem Geist der Musik« denken. Angesichts der Fragmentarizität dessen, was hierzu von Picht zu lesen ist, kann dies als Indiz allerdings kaum genügen. Die Beobachtung, dass die Argumentationen Pichts in »Kunst und Mythos« einerseits und Webers in »Wissenschaft als Beruf« sich wechselseitig erklären und verstärken, lässt es aber möglich erscheinen, auch an diesem Punkt noch einen Schritt weiterzukommen. Weber operiert im ganzen Vortrag mit einem grundsätzlichen Dual:[169] Auf der einen Seite stehen diejenigen Phänomene, welche Weber unter den Termini Intellektualisierungsprozess, genauer: »Rationalisierung« oder »Entzauberung der Welt« zusammengestellt hatte.[170] Klarheit, Logizität und Wissenschaft sind die Produkte dieses Prozesses. Für sich genommen sind diese Prozessprodukte keine Götter oder Mächte, vielmehr von den soeben beschriebenen Götter im ewigen Kampfe deutlich geschieden. Was sie indes in eine religionsanaloge Stellung geraten lässt ist die offenbar unausrottbare Neigung, Religion eben durch Wissenschaft zu ersetzen. Wissenschaftliches Wissen ist kategorisch nicht dazu in der Lage, die religiösen Fragen und Sehnsüchte zu beantworten bzw. zu bedienen: »Das Ersetzen von Religion durch Wissenschaft kann Weber zufolge nicht funktionieren, da die moderne Wissenschaft doch gerade zeigt, dass das Festhalten an überpositiven Instanzen – gleich welcher Art – mit rationalen Mitteln nicht zu legitimieren ist.«[171] Einer religiösen Letztbegründung ist die Wissenschaft also nicht zugänglich. Gleichwohl kann man sich ihr verschreiben, auch wenn man diesen überzogenen Anspruch nicht teilt und sie nicht als Pseudo-Gegengott gegen die Götter zu setzen beabsichtigt. Dies, sich der aufklärerischen Position auch ohne Letztbegründung verpflichtet zu wissen, ist Webers eigene Position und dafür prägte er das Dictum, dass Wissenschaft sein Dämon sei.[172] – Auf der anderen Seite nun stehen diejenigen ent-

lassen müssen, was aus dem konstruktiven Gegensatz von Dionysischem und Apollinischem geworden ist, die zuvor noch als »die beiden Grundmächte der Natur« (ebd. 249) bezeichnet werden.

[169] Die Anregung für diese Weber-Interpretation stammt von Krech/Wagner, Wissenschaft als Dämon. Mit ihnen bin ich der Meinung: »Weber selbst führt uns also auf die Fährte Nietzsches.« (761) In der Tat handelt es sich dabei um eine Fährte, d.h. eher um eine Extrapolation von Andeutungen als um eingehende Interpretation. Das allein muss aber ja in keiner Weise gegen die Wahrheit der Fährte sprechen. Hinweise auf verwandte Arbeiten dort 758 und bei Stauth/Turner, Nietzsche in Weber 82.93f. Ob man freilich so weit gehen kann, zu sagen, dass es sich bei Nietzsche »das abwesende Zentrum der Weberschen Soziologie« (Stauth/Turner, Nietzsche in Weber 83) handle, mag dahingestellt sein. Vgl. auch Peukert, Max Webers Diagnose, ein Band, dessen Themenschwerpunkte sich an Nietzsche'schen Begriffen und Themen orientiert.

[170] Weber, Wissenschaft als Beruf, 34, i.O.herv. bzw. 36.

[171] Krech/Wagner, Wissenschaft als Dämon 760.

[172] Weber, Wissenschaft als Beruf 37.

zauberten Götter als Mächte, die als Referenzpunkte Sinn- und Ordnungsgaranten darstellen. Von deren hartnäckiger Weigerung, sich durch die wissenschaftliche Seite auslöschen zu lassen, war bereits hinreichend die Rede. Die historischen Modelle, die eine Abfolge meinten konstruieren zu können, dürfen als gescheitert gelten: Ein solcher Verlauf gehört zur Selbstbeschreibung ders Intellektualisierungsprozesses, hat aber nicht wirklich stattgefunden. Beide, polytheistische Sinnreferenzen und monotheistische Wissenschaft, sind also kopräsent. Wiederum mit Krech/Wagner gesprochen: »Rationalisierung und Charisma, repräsentiert durch Wissenschaft und Religion, stehen sich sowohl in der Antike als auch in der Moderne gegenüber. Sie können als oberstes Gegensatzpaar gelten.«[173]

Wenn das eine zulässige Lesart ist, dann würde sie in der Tat erlauben, die Ideen des frühen Friedrich Nietzsche als Hintergrundfolie für Webers Kulturdiagnose zu interpretieren und damit auch Pichts diesbezügliche Andeutungen verstehen zu können. Es stehen sich zwei Machtformen gegenüber. Beide sind auf schwer durchschaubare Weisen aufeinander angewiesen und auf einander bezogen. Die Intellektualisierung alleine würde die Welt in der Tat zum dem stählernen Gehäuse machen, die attrahierenden Mächte für sich würden ohne das Distanzierungsmittel des Intellekts ihrerseits desaströse Folgen haben.

»Rationalisierung und Charisma« bzw. »Intellektualisierung und entzauberte Götter«, es scheint, dass mit diesen beiden Größen ein grundsätzliches Mächtedual aufgefunden ist. In Georg Pichts Sprache heißt es Wahrheit und Schönheit. In seiner Auslegung steht Apollon für Licht, Helligkeit und Vernunft und damit dafür, »wie noch in archaischer Zeit Philosophie aus einer Deutung des Apollon hervorgeht.«[174] Die Mächte der unmittelbaren Faszination fasst er unter den Begriff Schönheit und stellt die Frage: »Warum sind Wahrheit und Schönheit zueinander in einen Widerspruch getreten, der die Fundamente des menschlichen Daseins aufzusprengen droht?«[175] Dies ist die Schlussfrage des Buches und wird nicht mehr beantwortet. Ganz offensichtlich aber handelt sie von den gleichen Phänomenen, die eben anhand des Webers'schen Textes herauspräpariert wurden; Webers Ausführungen entdecken deren eine Hälfte gegen den Widerstand der anderen wieder, Pichts Ausführungen haben im Grunde dieselbe Zielrichtung, wenn dies hier auch eher als Disjunktion formuliert ist. Beide aber bewegen sich eindeutig im Rahmen dessen, was Friedrich Nietzsche durch den Gegensatz zwischen Apollinischem und Dionysischem bezeichnet.

---

[173] Krech/Wagner, Wissenschaft als Dämon 768.
[174] Picht, Kunst und Mythos 565.
[175] Ebd. 569.

Dass Dionysos und Apollon in Nietzsches Erstlingswerk als antagonistisches Deutungsinstrumentarium der Kultur dienen, ist wohl bekannt. Mit dem Gestus des historischen Philologen, dem jedoch das gegenwartsdiagnostische Interesse auf jeder Seite abzulesen ist, beschreibt Nietzsche die »beiden Kunstgottheiten, Apollo und Dionysus«, die bezeugen, dass »in der griechischen Welt ein ungeheurer Gegensatz« am Werke sei.[176] Das Dionysische ist die lebenszugewandte, unmittelbare, die Individualität eigentlich auslöschende Seite der Kunst. Lust und Schmerz liegen für sie nahe beieinander. Sie »will uns von der ewigen Lust des Daseins überzeugen: nur sollen wir diese Lust nicht in den Erscheinungen, sondern hinter den Erscheinungen suchen. Wir sollen erkennen, wie alles, was entsteht, zum leidvollen Untergange bereit sein muss (...). wir werden von dem wütenden Stachel dieser Qualen in demselben Augenblick durchbohrt, wo wir gleichsam mit der unermeßlichen Urlust am Dasein eins geworden sind und wo wir die Unzerstörbarkeit dieser Lust in dionysischer Entzückung ahnen.«[177] Der apollinische Zugang hingegen ist der über Begriff, Klarheit und Distanz. Er sucht Verstehen, wo der dionysische dem Rausch verfällt, er ist distanziert-begreifend, wo der dionysische verschlingt. Damit ist er zugleich die Entdeckung des Individuums als Aktzentrum und als Vermögen der Perzeption. »So«, schreibt Nietzsche, »entreisst uns das Apollinische der dionysischen Allgemeinheit und entzückt uns für die Individuen (...) es führt an uns Lebensbilder vorbei und reizt uns zu gedankenhaftem Erfassen des in ihnen enthaltenen Lebenskerns.«[178]

Die Argumentation in der Tragödienschrift läuft auf ein Modell der gegenseitigen Verwiesenheit der dionysischen und apollinischen Aspekte hinaus. Der dionysische Drang bedarf des Apollinischen, um überhaupt dargestellt werden zu können, während dieses erst anhand des Dionysischen seiner eigenen Scheinhaftigkeit innewird. Zur Wirklichkeit gehört beides: die rationale Welt und ihr arationaler Hintergrund.[179] In einer zusammenfassenden Formulierung: »So wäre wirklich das schwierige Verhältniss des Apollinischen und des Dionysischen in der Tragödie durch einen Bruderbund zu symbolisieren: Dionysus redet die Sprache des Apollo, Apollo aber die Sprache des Dionysus: womit das höchste Ziel der Tragödie und der Kunst

---

[176] Nietzsche, Tragödienschrift 1 = KSA 1, 25. Zitate aus Nietzsches Werken nach der Konvention: Schrift, Abschnitt, Nachweis aus der KSA; Sperrungen in der KSA werden hier durchgängig kursiv wiedergegeben.

[177] Ebd. 17 = KSA 1, 109.

[178] Ebd. 21 = KSA 1, 137.

[179] »Mit der Anerkennung des Umstands, daß die rationale Welt vor einen arationalen Hintergrund gesetzt ist und daß sich Transparenz nur vor dem Massiv des Nicht-Transparenten zu entfalten vermag, kann die Aufklärung das Stadium eines omnipotenten Durchleuchtungsinfantilismus und die Ebene vernunftkritischer Reife betreten.« Sloterdijk, Denker auf der Bühne 180.

überhaupt erreicht ist.«[180] An vielen Stellen der Schrift scheint durch, dass es nicht – jedenfalls nicht im abwertenden Sinne von nur – um eine Ästhetik des antiken Theaters geht. Nietzsche erwägt: » (...) so wäre aus dieser Thatsache auf einen ewigen Kampf zwischen *der theoretischen* und *der tragischen Weltbetrachtung* zu schliessen; und erst nachdem der Geist der Wissenschaft bis an seine Grenze geführt ist, und sein Anspruch auf universale Gültigkeit durch den Nachweis jener Grenze vernichtet ist, dürfte auf eine Wiedergeburt der Tragödie zu hoffen sein«.[181] – Diese Erwägungen stehen sichtlich Pate für diejenigen Webers über Leistung und Grenze des Intellektualisierungsprozesses.

Das Deutungsschema dionysisch vs. apollinisch ist für Nietzsches Denken auch in späteren Phasen bestimmend geblieben, freilich in charakteristischen Sinnverschiebungen. Der Aphorismus Menschliches, Allzumenschliches I, 251 etwa könnte als Anwendung des Schemas aus der Tragödienschrift auf eine Theorie von Wissenschaft und Kultur gelesen werden. Er bietet eine veritable Theorie der Kultur, der die Begriffe apollinisch und dionysisch zwar nicht verwendet, ganz offensichtlich aber in ihren Bahnen denkt. In diesem Text dominiert die Vorstellung einer Balance zwischen beiden Bereichen, die – wie prekär auch immer – vorhanden ist oder doch zumindest als erhaltenswert betrachtet wird:

»*Zukunft der Wissenschaft.* – Die Wissenschaft giebt Dem, welcher in ihr arbeitet und sucht, viel Vergnügen, Dem, welcher ihre Ergebnisse *lernt*, sehr wenig. Da allmählich aber alle wichtigen Wahrheiten der Wissenschaft alltäglich und gemein werden müssen, so hört auch dieses wenige Vergnügen auf: so wie wir beim Lernen des so bewunderungswürdigen Einmaleins längst aufgehört haben, uns zu freuen. Wenn nun die Wissenschaft immer weniger Freude durch sich macht und immer mehr Freude, durch Verdächtigung der tröstlichen Metaphysik, Religion und Kunst, uns nimmt: so verarmt jene grösste Quelle der Lust, welcher die Menschheit fast ihr gesammtes Menschenthum verdankt. Desshalb muss eine höhere Cultur dem Menschen ein Doppelgehirn, gleichsam zwei Hirnkammern geben, einmal um Wissenschaft, sodann um

[180] Ebd. 21 = KSA 1, 139f. »Was Nietzsche auf die Bühne bringt, ist nämlich nicht so sehr der Triumph des Dionysischen, sondern dessen Zwang zum apollinischen Kompromiß.« Sloterdijk, Denker auf der Bühne 53.

[181] Nietzsche, Tragödienschrift 17 = KSA 1, 111. Günter Figal schreibt treffend: »Im Zentrum von Nietzsches Denken steht ein Grundproblem, das mit der Rede von Lebensverstricktheit und Abstandnahme angezeigt, aber nicht hinreichend beschrieben ist.« (Nietzsche 43) Und zum Zusammenhang in der Tragödienschrift: »Vielmehr geht es darum, hinter die Ausprägungen und Formen der abendländischen Kultur zurückzufragen und deren Ursprünge zu klären. Dafür ist die griechische Tragödie ein Modell: Hier findet sich unverstellt, ohne Verkürzung oder Verdrängung bestimmter Aspekte, was zum Wesen dieser Kultur gehört: Kultur ist der Austrag des Streites von Werden-Vergehen und Sein. Das wiederum gibt Orientierung für den Versuch, die Kultur der eigenen Zeit zu erneuern, sie überhaupt erst zu eine ihre Möglichkeiten ausschöpfenden Kultur zu machen.« (ebd. 64f)

Nicht-Wissenschaft zu empfinden: neben einander liegend, ohne Verwirrung, trennbar, abschliessbar; es ist diess eine Forderung der Gesundheit.Im einen Bereiche liegt die Kraftquelle, im anderen der Regulator: mit Illusionen, Einseitigkeiten, Leidenschaften muss geheizt werden, mit Hülfe der erkennenden Wissenschaft muss den bösartigen und gefährlichen Folgen einer Ueberheizung vorgebeugt werden. – Wird dieser Forderung der höheren Cultur nicht genügt, so ist der weitere Verlauf der menschlichen Entwicklung fast mit Sicherheit vorherzusagen: das Interesse am Wahren hört auf, je weniger es Lust gewährt; die Illusion, der Irrthum, die Phantasie erkämpfen sich Schritt um Schritt, weil sie mit Lust verbunden sind, ihren ehemals behaupteten Boden: der Ruin der Wissenschaften, das Zurücksinken in die Barbarei ist die nächste Folge; von Neuem muss die Menschheit wieder anfangen, ihr Gewebe zu weben, nachdem sie es, gleich Penelope, des Nachts zerstört hat. Aber wer bürgt uns dafür, dass sie immer wieder die Kraft dazu findet?«[182]

Mit einer Metaphorik, die an theologische Unterscheidungen und Zuordnungen der Reiche und Regierweisen Gottes denken lässt, skizziert Nietzsche hier die Grundlage einer Theorie der Kultur, welche ihre bipolaren Grundkräfte erkannt hat und zugleich weiß, dass gedeihliche Fortexistenz nur unter der Bedingung bleibender Bezogenheit dieser Grundkräfte aufeinander erwartbar ist. Dieses »Zweikammersystem der Kultur«[183] liest sich wie der auf die Leitbegriffe Wissenschaft und Gesellschaft ausgeweitete Kommentar über die in der »Geburt der Tragödie« beschworenen Grundkräfte. Die unverkennbar positive Konnotation des Wissenschaftsbegriffs mag dabei vielleicht zuerst erstaunen. Gleichwohl ist sie für den mittleren Nietzsche des eben zitierten Bandes, der »Morgenröte« und der »Fröhlichen Wissenschaft« durchaus bezeichnend: Nietzsches Gestus ist hier gewiss nicht irrationalistisch und wissenschaftsfeindlich. Was er zu bekämpfen sucht, ist die Weltverdoppelung der metaphysischen Tradition und ihre Annahme ewiger Wesenheiten. Dieser Glaube ist in der Tat zu erschüttern und durch eine genaue Analyse der anscheinend unausrottbaren Neigung zu ihr zu ersetzen. Nichts anderes ist Wissenschaft in diesem Kontext und in diesem Sinne ein Synonym für die *»Chemie der Begriffe und Empfindungen«*,[184] mit deren Skizze »Menschliches, Allzumenschliches« beginnt. Die Wissenschaft, mit der im zitierten Aphorismus der Metaphysik der Garaus gemacht werden soll, ist also in der Tat positiv besetzt und Nietzsche ist ihr Verteidiger. Freilich ist er dies nur, insofern er sie ins Zweikammersystem einbauen kann und mit den »Illusionen, Einseitigkeiten, Leidenschaften« gegengelagert sieht.[185] Diese Metaphorik ist von der Webers und Pichts

[182] Nietzsche, KSA 2, 209.
[183] Safranski, Nietzsche 204.
[184] Nietzsche, KSA 2,23.
[185] Ebd. 209.

nicht weit entfernt. Freilich dürfte das Fragezeichen am Ende des Aphorismus bezeichnend sein: Nichts garantiert, dass das Zweikammersystem so funktioniert, wie es soll. Eine stabile, ja prästabilierte Harmonie ist es gewiss nicht, die Nietzsche in diesem Axiom niederlegt, viel eher ein Hinweis auf die permanente Gefährdung der Kultur.[186]

Im Spätwerk kippt die Balance, von der im zitierten Aphorismus die Rede war. Von einer Balance, und sei es auch nur einer prekären, ist ab der Phase des »Zarathustra«, also Anfang der achtziger Jahre des 19. Jahrhunderts, nicht mehr die Rede. Für Nietzsche wird immer deutlicher, dass die Seite des Regulators, also die wissenschaftlich-apollinische, aus Lug und (Selbst-)Betrug besteht und nur durch Naivität aufrecht erhalten werden kann. Freilich ist diese naive Lebensform kraft ihres Selbstbetrugs eine erstaunlich durable Angelegenheit, der nur durch die prophetische Anstrengung des dionysisch Denkenden beigekommen werden kann. Ist die Lebensform der Wissenschaft für Nietzsche auch durchschaut, so unterschätzt der deren Macht offenkundig nicht. Er rechnet mit ihr, auch wenn er nicht mehr, wie in der mittleren Schaffensperiode, auf sie setzt. Im »Zarathustra« spottet er in der auch von Max Weber zitierten Passage über die »letzten Menschen«, die »das Glück erfunden haben« und dabei doch in lächerlicher Weise Lebensverneinung betreiben: »Die Erde ist dann klein geworden und auf ihr hüpft der letzte Mensch, der Alles klein macht. Sein Geschlecht ist unaustilgbar, wie der Erdfloh; der letzte Mensch lebt am längsten.«[187] In »Jenseits von Gut und Böse« wird dies im Rahmen des Gedankens des Ressentiments interpretiert. Die wissenschaftliche Lebensform gilt Nietzsche nun als die der Zukurzgekommenen, also derer, die Macht nicht haben oder mit ihr nicht umgehen können und nur deswegen beanspruchen, im Besitz der Moral und der Wahrheit zu sein. Die Wissenschaft ist das feine Instrumentarium des Ressentiments bzw. des Misstrauens: »Der Blick des Skla-

[186] »In Nietzsches Werk blitzt die Idee des Zweikammersystems immer wieder auf und verschwindet dann – sehr zum Nachteil seiner Philosophie. Hätte er an ihr festgehalten, würde er sich vielleicht einige Tollheiten seiner Visionen der großen Politik und des gattungspolitischen Willens zur Macht erspart haben.« Mit dieser Bemerkung dürfte Safranski (Nietzsche 204) für eine Mehrheit der Interpreten stehen, die die Arbeiten des mittleren Nietzsche für die nachvollziehbarsten halten. Zumindest gefragt werden darf aber, ob dieser Aphorismus, »rechtschaffen geprägt und ausgegossen« (Nietzsche, Genealogie Vorr. 8 = KSA 5, 255), damit nicht in der von Nietzsche inkriminierten Weise zwar »abgelesen«, aber noch nicht »entziffert« (ebd.) ist. Vom Ende her gelesen, handelt es sich nicht um ein kulturtheoretisches Programm, sondern um eine Warnung.

[187] Nietzsche, KSA 4, 19; die ersten beiden Zitatteile bei Weber, Wissenschaft als Beruf 21. Dasselbe gilt später für die »höheren Menschen«, die wähnen, den letzten Menschen und ihrer erbärmlichen Welt entronnen zu sein und sich – in einer als Karikatur des Evangeliums gestalteten Weise – Zarathustra angeschlossen hatten: »Wohlan! sie schlafen noch, diese höheren Menschen, während *ich* wach bin: *das* sind nicht meine rechten Gefährten!« (Zarathustra IV, Das Zeichen = KSA 4, 405)

ven ist abgünstig für die Tugenden des Mächtigen: er hat Skepsis und Misstrauen, er hat die *Feinheit* des Misstrauens gegen alles ›Gute‹, was dort geehrt wird –, er möchte sich überreden, dass das Glück dort nicht ächt sei.«[188] In diesem Sinne ist Wissenschaft die illusionäre Macht der Zukurzgekommenen. Demgegenüber sieht Nietzsche sich in der subversiven Wirklichkeit derjenigen Macht, die sich nicht vom Leben abgeschnitten hat, welche nichts anderes als der Gott Dionysos ist:

»Wie es nämlich einem Jeden ergeht, der von Kindesbeinen an immer unterwegs und in der Fremde war, so sind auch mir manche seltsame und nicht ungefährliche Geister über den Weg gelaufen, vor Allem aber der, von dem ich eben sprach, und dieser immer wieder, kein Geringerer nämlich als der Gott *Dionysos*, jener grosse Zweideutige und Versucher Gott, dem ich einstmals, wie ihr wisst, in aller Heimlichkeit und Ehrfurcht meine Erstlinge dargebracht habe – als der Letzte, wie mir scheint, der ihm ein *Opfer* dargebracht hat: denn ich fand keinen, der es verstanden hätte, was ich damals that. Inzwischen lernte ich Vieles, Allzuvieles über die Philosophie dieses Gottes hinzu, und, wie gesagt, von Mund zu Mund, – ich, der letzte Jünger und Eingeweihte des Gottes Dionysos: und ich dürfte wohl endlich einmal damit anfangen, euch, meinen Freunden, ein wenig, soweit es mir erlaubt ist, von dieser Philosophie zu kosten zu geben?«[189]

Diese Sätze auf den letzten Seiten von »Jenseits von Gut und Böse« markieren einen Endpunkt der Entwicklung, auch wenn Nietzsche in ihnen werkgeschichtliche Konstanz andeutet und dabei an Sätze wie »Ja, meine Freunde, glaubt mit mir an das dionysische Leben und an die Wiedergeburt der Tragödie«[190] aus dem Erstlingswerk gedacht haben mag.[191] Nun steht die Kontinuität des Namens nicht unbedingt für die des damit verbundenen Gedankens Offensichtlich trägt die spätere Dionysos-Figur Züge des Apollinischen im Sinne einer beherrschten Leidenschaft. Von einer »Synthese aus beiden Kräften, die in der Geburt der Tragödie durch die Dionysos und Apollo repräsentiert werden«,[192] zu sprechen, wie Walter Kaufmann dies tut, scheint mir etwas weit zu gehen. So symmetrisch ist das Verhältnis nicht. Sicherlich aber hat eine solche Sinnverschiebung stattgefunden. Dass, wie

[188] Ders., Jenseits von Gut und Böse 260 = KSA 5, 211.
[189] Ebd. 295 = KSA 5, 237f.
[190] Tragödienschrift 20 = KSA 1, 132.
[191] Außen vor bleiben sollen hier die Dionysos-Dithyramben (KSA 6, 375ff) sowie die bekannte Tatsache, dass Nietzsche manche seiner sog. Wahnsinnszettel mit »Dionysos« unterzeichnete. Zum Themenkomplex »Dionysos« bei Nietzsche vgl. ferner Kaulbach, Nietzsches Idee; Pfeffer, Nietzsche; Djuric, Nietzsches tragischer Gedanke 176–181; Reinhardt, Nietzsches Klage der Ariadne.
[192] Kaufmann, Nietzsche 151. Ähnlich urteilt Danto, Nietzsche 65f – zur wechselseitigen Kritik der beiden Autoren Kaufmann 417ff vs. Danto 187.191f.

immer sie im Detail aussehen mag, kaum ein Interpret Nietzsche darin in systematischer Absicht folgen wollte oder konnte, ist bekannt. An die Späteren – hier: Weber und Picht – gab Nietzsche mit dieser Wendung des Gedankens weg von der Balance allerdings zumindest den Gedanken weiter, dass zwischen den Mächten der apollinischen und der dionysischen Seite eine prinzipielle Ungleichartigkeit besteht. Die apollinische Seite ist in der Tat durch das Pathos der Distanz gekennzeichnet. Eine Abkünftigkeit im Verhältnis zur dionysischen Seite ist kaum zu bestreiten. Der Zug zu Wissenschaftlichkeit und Klarheit ist entstanden als Reaktion auf bedrohlich oder entzückend wirkende Mächte; er kann seinerseits Machtförmigkeit entwickeln, kaum jedoch in dem ursprünglichen Maß wie die gegenüberliegende Seite. In Max Webers Vortrag ist dieses Verhältnis eindeutig gesehen, wie die zitierten Sätze über das Wiedererstehen der im Grunde nur verdrängten aber gewiss nicht toten Götter belegen. Mit der Gedankenbewegung Georg Pichts von der Sublimierung der Vielen zugunsten der Epiphanie des Gottes der Philosophen bis zu deren Wiederkehr unter den Bedingungen der Zertrümmerung der Metaphysik verhält es sich nicht anders. In diesem Sinne macht die inhaltliche Unterscheidung der Mächte auch dann guten Sinn, wenn der Gedankenweg Nietzsches in der Konsequenz, in der sie sich im Spätwerk zeigt, als nicht gangbar eingestuft werden muss.

III. Zusammenfassung

Manchmal ist es sehr schwer, das zu sehen, was vor Augen liegt. Dies ist insbesondere bei Phänomenen der Fall, die sich unseren Sehgewohnheiten entziehen, weil sie auf eine andere Weise präsent sind, als es mit all den Objekten der Fall ist, die wir für Gegenstände im normalen Sinne halten. Ich meine, dass das mit den hier zur Debatte stehenden Mächten bzw. Göttern der Fall ist und habe deshalb am Leitfaden der Arbeiten Georg Pichts und mancher anderer relativ ausführliche Erwägungen angestellt. Bevor ich mich im nächsten Kapitel einer speziellen Form der Wiederentdeckung der Mächte – ihrer Thematisierung zur expliziten Religions- bzw. Christentumskritik – zuwende, fasse ich deswegen die wichtigsten Ergebnisse thesenartig zusammen.

Problemlage: Das unter I verhandelte Eingangsbeispiel – die befreiungstheologische Rede von den Götzen Markt und Unterdrückung – sollte zweierlei deutlich machen: Zum einen handelt es sich bei der Frage, wie denn von Gottes Macht angesichts der Mächte zu reden sei, um eine, die in jüngerer Zeit an theologischer Brisanz gewonnen hat und der auch außerhalb der Befreiungstheologie tunlichst Aufmerksamkeit gebührt. Zum anderen konnte an der Lektüre eines repräsentativen Autors – Franz Josef Hinkelammert – gezeigt werden, dass offenbar nach wie vor die Neigung besteht, den Mächten nicht in ihrem Machtcharakter gerecht zu werden, sondern sie als beschreib- und damit theoretisch beherrschbare Gegenstände zu verstehen. Vielleicht trägt dieser Umstand keinen geringen Teil zu manchen Enttäuschungserfahrungen im Rahmen der theologischen Marxismusrezeption bei. Für die hier vorliegende Fragestellung bedeutete der Befund jedenfalls, nicht auf die Theoriemittel der linkshegelianisch-marxistischen Tradition zurückzugreifen, sondern sich eines Ansatzes zu bedienen, der die implizite Neuzeitlichkeit auch jener Tradition mitbedenkt.

Anliegen des Hauptautors: Dafür fiel die Wahl auf die Arbeiten des Religionsphilosophen Georg Picht, um anhand seiner Ergebnisse prominente neuzeitliche Theoretiker (Hegel, Weber, Nietzsche, ferner die Altphilologen Otto und Usener) zum Thema hören zu können. Georg Picht hat sich in seinen Vorlesungen und sonstigen Arbeiten ein ehrgeiziges Ziel gesetzt: Er will zum Verständnis dessen beitragen, wie es zum epochalen Sieg metaphysischen Denkens kommen konnte und wie unter heutigen Bedingungen der »Austritt aus dem Bannkreis der Metaphysik« sich vollziehen könnte. In eingehenden Analysen insbesondere zu Parmenides versucht Picht, die Wendung vom Mythosdenken hin zur Metaphysik zu erklären und nimmt den Faden gleichsam am anderen Ende der Tradition metaphysischen Denkens, bei Kant und Nietzsche, wieder auf. Die systematischen Arbeiten befassen sich einerseits mit dem Begriff der Verantwortung, sodann aber mit denjenigen Wahrnehmungsphänomenen, die durch das metaphysische Denken marginalisiert wurden. Dem gilt die besondere Aufmerksamkeit in »Kunst und Mythos«.

Gründungsgeschichte der Metaphysik: Pichts Sicht auf diese Gründungsgeschichte wird entwickelt als Übergang von der homerischen zur parmenideischen Welt. Das Lehrgedicht des Parmenides ist die Niederschrift einer Vision der Wahrheit selbst, die dem Autor zuteil wird. Diese Wahrheit, die mit dem Sein identisch ist, lässt alles, was zuvor galt – also die antagonistische Welt der Götter – als vorläufig und vorletztlich erscheinen. Gleichwohl verschwinden die Götter nicht einfach, sie geraten vielmehr in eine eigentümliche Schwebelage zwischen der einen Wahrheit und den Menschen. Sie werden zu Idealen und Ideen und verkörpern so das Schöne – wohl wirklich und präsent, der einen Wahrheit aber streng untergeordnet.

Der philosophische Gott: Picht legt Wert auf die Feststellung, dass der Grundgedanke des Parmenides nicht einfach eine These ist, der für einen gewissen Zeitraum eine relativ höhere Plausibilität eingeräumt wurde als anderen, konkurrierenden Thesen. Der Gedanke der Konvertibilität von Wahrheit und Sein hat sich vielmehr mit der Macht einer Epiphanie aufgedrängt. Dementsprechend lässt sich die Welt des Parmenides auch nicht einfach per Entschluss, nun nachmetaphysisch denken zu wollen, verlassen. Auch die Welt der Moderne ist zutiefst von dieser Epiphanie geprägt, von ihren Grundannahmen bis zur Ausgestaltung der wissenschaftlich-technischen Lebenswelt. Da nun, wo der Glaube an diesen Gott brüchig und die Rufe nach seiner Überwindung laut wurden, muss doch immer festgestellt werden: Wohl ist die Wirklichkeit des Gottes der Philosophen begrenzt und gleichsam regional. In diesen Grenzen aber kann seine Wirklichkeit nicht per Dekret abgeschüttelt werden.

Eine Wahrnehmungstheorie: Picht legt sich die Frage vor, was aus der verdrängten und verschütteten Wirklichkeit der Götter geworden ist. Zu den Zeiten der unumschränkten Herrschaft der Metaphysik waren sie sublimiert, halb oder ganz vergessen – die durch sie bezeichnete Wirklichkeit war jedoch keinesfalls verschwunden. In einer Zeit der Brüchigkeit metaphysischer Annahmen stellt sich die Frage, welche Wirklichkeit sie wohl bezeichnen, drängender. Soll dem nachgegangen werden, so muss allerdings die nach wie vor bestehende Wirksamkeit des metaphysischen Musters eingerechnet werden. Was wir gewöhnlich für Dinge und für existent halten, erkennen wir im Subjekt-Objekt-Schema der Gegenständlichkeit. Es wäre absurd oder komisch, im Rahmen dieses Schemas, das ein Abkömmling der Metaphysik ist, nun die Existenz von Göttern einfach zu behaupten. Aus diesem Grund legt Picht eine phänomenologische Analyse der nichtprädikativen Wahrnehmung vor. Anhand ihrer zeigt er, dass das Erklärungsschema von Subjekt und Objekt im alltäglichen Leben der Menschen viel kleiner ist, als geläufig angenommen wird. Wir leben vielmehr in Verweisungszusammenhängen, die keine Objekte sind und leben aus Interessenlagen, die recht wenig mit der landläufigen Konzeption von Subjekten zu tun haben. Pichts Analyse läuft darauf hinaus, dass das, was dem Interesse begegnet, machtförmige Struktur hat, die faszinieren oder abstoßen kann, in jedem Falle aber omnipräsent und vorprädikativ ist. Das Subjekt-Objekt-Schema ist am Leitfaden der Metaphorik des Sehens ausgebildet. Jemand sieht ein Objekt vor sich. Damit ist notwendig eine Distanz zwischen Betrachter und Betrachtetem mitgesetzt. Die Analyse der alltäglichen Wahrnehmung aber führte dazu, die Metaphorik des Gehörsinns stärker zu berücksichtigen. In dieser Metaphorik aber gibt es die Distanz nicht mehr: Es wird nicht ein Objekt gesehen und beschrieben, der Hörende befindet sich vermöge der Unmittelbarkeit dieses Sinns gleichsam in dem, was ihn umgibt. Interessegeleitet bewegt er sich im Feld der Macht und erlebt – oder erleidet – Widerfahrnisse.

Götter als Mächte: Mit dieser Lehre vom Widerfahrnis – die in einem wohlverstandenen Sinn auch Affektlehre genannt werden kann – hat Picht sein vorläufiges Darstellungsziel erreicht. Das sich-Befinden unter Mächten ist nichts anderes als die Wirklichkeit der Götter als Mächte. Weitere Erkundungsgänge zielen nun darauf, einiges über die Eigenart dieser Mächte und ihre mögliche Klassifizierung sagen zu können. Picht deutet einige Unterscheidungen an, so etwa die zwischen alltäglichen Widerfahrnissen, deren Machtcharakter mühelos eingesehen werden kann und solchen Mächten, die gleichsam höher und reflektierter sind, dabei aber nicht minder machtförmig, etwa im Sinne von Idealen und Ideologien, den späten Wiedergängern der der griechischen Götter. Ihr Schicksal bei der Inthronisation des philosophischen Gottes würde gleichsam umgekehrt, machten wir uns die Rolle der Mächte nicht klar, die ihnen besonders in den Zeiten der Depotenzierung des philosophischen Gottes zukommt.

Präzisierungen: Picht hatte in dieser Frage Andeutungen gegeben, manche davon ausgeführt, andere hingegen Fragment sein lassen. Im Schlussabschnitt des Kapitels wird durch geeignete Lektüren versucht, diesen Andeutungen Sinn abzugewinnen. Es geht unter anderem um die Unterscheidung von alltäglichen (niedrigen) und komplexen (höheren) Mächten. Was die alltäglichen Mächte angeht, so legt sich der Vergleich mit der bekannt gewordenen Konzeption Hermann Useners von den Augenblicksgöttern nahe. In der Frage der komplexen Mächte muss präzisiert werden, was man sich unter Idealen und letzten leitenden Ideen soll vorstellen können. Diesbezüglich ist Max Webers Vortrag »Wissenschaft als Beruf« eine interessante Gegenlektüre zu Picht, da Weber sich dort zur Anschauung letzter, einander agonal widerstreitender Mächte als Grundverfassung auch der Moderne bekennt. Offenbar hat Picht diese Konzeption nicht gekannt, jedenfalls nicht erwähnt. Gleichwohl vermag sie seine Auffassung zu stützen. – Picht hatte eine zweite Leitunterscheidung vorgestellt, aber nicht mehr ausgeführt, die zwischen dionysischen und apollinischen Mächten. Dies führt nahezu zwangsläufig zum Werk Friedrich Nietzsches, in dem Widerstreit und Zusammenspiel der beiden eine durch alle Phasen tragende Rolle spielen. Es gibt keine Lehre Nietzsches von Dionysos und Apollon, wohl aber wieder und wieder Anläufe und Hinweise auf das, was man sich unter ihnen vorstellen soll. Nietzsche denkt eine agonale Grundstruktur der Wirklichkeit, bei der auf der einen Seite rauschhaft-verzückendes, das Individuum verschlingendes und auf der anderen Seite das Pathos der Distanz lockt. Sie bekämpfen einander, sind aber doch aufeinander angewiesen. Ohne in die philologischen Details einer Nietzsche-Untersuchung zu gehen, die hier nicht angestrebt ist, kann man aber wohl sagen: Es macht guten Sinn, das widerstreitende Paar von Apollon und Dionysos, wie Nietzsche ihm nachging und Picht dies stellenweise aufgriff, als Beispiel für komplexe, höhere Mächte zu begreifen. Dass es sich dabei um einen tastenden Erwägungsgang handelt, wird ohne weiteres einleuchten.

Georg Picht denkt die Wiederkehr der Götter als Mächte nicht im Sinne einer Proklamation – dies träfe noch am ehesten auf Walter F. Otto zu, auf den kritisch hinzuweisen war. Vielmehr handelt es sich um eine diagnostische Erkundung, die spürt, dass die Plausibilität des Gottes der Philosophen abzunehmen beginnt und die zweierlei tun möchte: Das bleibende Recht dieses Denkens soll hervorgehoben werden, um raschen Verabschiedungsszenarien nicht aufzusitzen. Zugleich aber muss Rechenschaft über das abgelegt werden, was im Rahmen des metaphysischen Denkens nicht oder nur sehr marginal zur Kenntnis genommen wurde. In diesem Sinne ließe sich sagen, dass Picht die Wirklichkeit der Götter als Mächte diagnostiziert und anmahnt, es sich mit ihr nicht zu leicht zu machen. Auf die genauso schlichte wie nahe liegende Frage, was aber nun von ihnen zu halten sei, bekommt man bei ihm eigentümlicherweise keine Antwort. Picht strebt zwar den »Austritt aus dem Bannkreis der Metaphysik« an, aber er tut dies, was die Mächte angeht, nicht in proklamatorischer, sondern in diagnostischer Hinsicht.

Dies ist vermöge der Subtilität seiner Beobachtungen hilfreich und ist m.E. ein diskussionswürdiger und durchaus noch zu wenig bekannter Beitrag zur Geschichte der Wiederkehr der Götter auf der Rückseite der Metaphysik. Gleichwohl ist diese Wiederkehr mit der Haltung des Diagnostikers noch nicht zureichend begriffen. Im nächsten Kapitel geht es deswegen um Ansätze, die diese Wiederkehr auf die eine oder andere Weise begrüßen. Zu ihnen muss die Theologie, die hier die Rolle der Zuhörerin übernommen hatte, sich positionell verhalten.

Kapitel 3: Polytheismus als Theologiekritik

I. Vorerwägungen

Das 2. Kapitel diente der Wiederentdeckung eines verschütteten oder zumindest verdrängten Phänomens: Was könnte gemeint sein mit Phänomenen, die Götter, Götzen, Mächte genannt werden? Warum war die Rede von ihrer Wirklichkeit so eigentümlich verstummt? Welche Sensorien gilt es zu aktivieren, soll man ihrer Wirklichkeit wieder auf die Spur kommen? Denn diese war ja durch das Verschweigen ihrer Namen nicht einfach vorbei – im Gegenteil, sie hat sich untergründig als noch größer und noch problematischer erwiesen. In diesem Sinne zeigte sich die Wiederentdeckung der Götter als spezifische Kritik der Tradition metaphysischen Denkens. Wo es beginnt, inthronisiert es die eine abstrakte Gottheit und erklärt die anderen, vielen für nicht existent oder zumindest für depotenziert zu Werten oder ästhetischen Phänomenen. Erst ein Denken, das die problematischen Prämissen der Rede von der einen Gottheit der Metaphysik durchschaut, ist in der Lage, der verdrängten aber beileibe nicht vernichteten Wirklichkeit der Götter auf die Spur zu kommen. Insofern handelt es sich bei dem, was an den Arbeiten Georg Pichts exemplarisch durchgeführt und mit den Ergebnissen einiger anderer vermittelt wurde, um einen Explorationsgang »auf der Rückseite der Metaphysik«. Und dies sogar in einem doppelten Sinne, als Kehrtwendung wie als Entdeckung, dass die Götter gleichsam als Rückenlast über all die Zeit mitgeschleppt wurden. In der Tat muss der, der auf diese Weise nach der Wirklichkeit der Mächte fragt, metaphysischem Denken den Rücken kehren. Dass dies durch das Vorhaben, nun nachmetaphysisch denken zu wollen, alleine nicht getan ist, darf mittlerweile als Gemeingut gelten; Pichts skrupulöse Erwägungen zur Reichweite des Gottes der Philosophen auch über diverse Toterklärungen hinaus, haben hier zu einer sachangemessenen Vorsicht gemahnt. Es ist alles andere als einfach, der Metaphysik den Rücken zu kehren, wenn denn gilt, dass ihre Gottheit nicht einfach eine Hypothese ist, die man fallen lassen kann wie andere auch, sondern eine Epiphanie, deren Lichtcharakter man einräumen muss, um die eigenen Überlegungen nicht im Zustand der Blendung durch dieses Licht anzustellen. Und damit zum Bild von der Rückenlast: Die Macht der Mächte hat es immer gegeben, auch zu den Zeiten, als sich für ihre Existenz niemand stark machen wollte. Als unbegriffene gehört sie zu der Last, die das metaphysische Denken mit sich schleppte, ohne es zu ahnen oder ohne doch die ihnen zukommende Aufmerksamkeit und Kategorienvielfalt zur Verfügung zu haben.

In diesem Sinne also dienten die vorangegangenen Erwägungen dem Versuch einer Wiederentdeckung. Nicht zufällig nahmen sie dafür ihren Ausgangspunkt bei Karl Marx als einer Position, die sich eminent kritisch geriert, dabei ihrer eigenen prekären Modernität aber nicht inne wird, und endeten mit einigen Beobachtungen zu Friedrich Nietzsche, der als gründlichster Kritiker metaphysischen Denkens gelten kann. Wer »Über die Moderne hinaus« zu denken versucht,[1] wird wohl auf die eine oder andere Weise bei einem solchen Aufriss der Darstellung herauskommen.

Gleichwohl kann der Prozess der Wiederentdeckung damit nicht abgeschlossen sein, zumal aus theologischer Perspektive. Die Rede von den Göttern schließt eine eminente Kritik der Theologie und des Christentums in sich, die entfaltet werden muss. Dies gilt auch – und vielleicht gerade erst dann – wenn die wesentlichen Bestimmungen über das Wesen Gottes zwischen dem der Metaphysik und dem der Christenheit strittig sind. Durch die Berufung auf den Vater Jesu Christi allein lässt sich das kritische Potential der polytheistischen Anfrage nicht abschütteln. Gott gegen die Götter – diese Opposition galt von Anfang an. Der biblische Monotheismus des Alten Testaments entwickelte sich in einer und gegen eine polytheistische Umwelt, kritisierte diese in religionsgeschichtlich singulärer Weise und wurde ihrerseits von ihr perhorresziert.[2] Nicht wesentlich anders zu neutestamentlicher Zeit: Die junge Christenheit trug sich den Vorwurf der Asebie genau deswegen ein, weil sie einen Gott verehrte und nicht den Pantheon.[3] In diesem Sinne stehen christlicher Monotheismus und Polytheismus einander konfliktuös gegenüber. Zur Wiederentdeckung der Götter/Mächte gehört es deshalb notwendig dazu, dass die christentums- und theologiekritischen Implikationen der Rede über die Götter mit entfaltet werden.

---

[1] So der Titel einer Aufsatzsammlung von Michael Trowitzsch. Freilich, und das markiert einen Unterschied in der Einschätzung, befürwortet Trowitzsch die Nietzsche-Interpretation Martin Heideggers, derzufolge Nietzsche der letzte große Metaphysiker ist und die Gestehungskosten der Moderne den pandämonischen Passagen seines Werkes abgelesen werden können (72–77). Ich halte es – auch dies übrigens mit Picht – für wahrscheinlicher, dass Nietzsche die Destruktion metaphysischer Prämissen tatsächlich vollzieht. Die Auseinandersetzung mit ihm kann ihn folglich nicht allein als Biographen der toll gewordenen Welt im Sinne von Röm 1,18ff lesen (Trowitzsch, Moderne 73), sondern müsste sich in differenzierterer Weise fragen, wie sie dem »Fluch auf das Christenthum« (Nietzsche, KSA 6, 165) begegnet.

[2] Einen Überblick über die Debatte vermittelt Stolz, Biblischer Monotheismus, ferner ders., Wesen und Funktion.

[3] Vgl. als klassische Untersuchung dazu Harnack, Vorwurf des Atheismus.

Wer dies tut, begibt sich in den Bereich der Metasprache. Zur Debatte steht nicht mehr, ob und mithilfe welcher Kategorien wohl von den Mächten gesprochen werden kann; dass dies möglich, ja vielleicht sogar nötig ist, wird vielmehr vorausgesetzt. Es geht jetzt darum, Rede von den Göttern *als Diskurs* wahrzunehmen und implizite oder explizite Wahrheitsansprüche dieses Diskurses wahrzunehmen und abzuwägen.

In der Tat wurden oben philosophische Theorien nahezu durchgängig unter Absehung von theologischen Prämissen diskutiert. Mit dieser methodischen Entscheidung will ich nicht der Position das Wort reden, als könne man die Phänomenalität der Mächte »allgemein« beschreiben und sodann eine theologische Antwort darauf skizzieren. Vielmehr verhält es sich so, dass die Theologie einzutreten hat in den Streit um die Wirklichkeit und dass sie behauptet, die Welt sei durch das Handeln Gottes anders geworden, als sie für gewöhnlich wahrgenommen wird. Die Thematisierung der Mächte und Götter sub specie Dei ist deswegen unabdingbar nötig. Ein Versuchsgang, wie dies zu bewerkstelligen sein könnte, wird im 4. Kapitel unternommen, auch hatte die Untersuchung mit Bedacht ihren Ausgangspunkt mit der Diskussion des theologisch relevanten Themas – der Rede von der Macht Gottes – genommen. Der argumentative Status der Überlegungen zu G. Picht u.a. ermisst sich demnach aus einer analytischen Gliederung: Bei diesen Theoretikern findet eine Wiederentdeckung der Götter/Mächte statt, die ohne jeden Zweifel wichtigste Impulse und Anfragen für die theologische Erarbeitung zu geben hat. Gleichwohl wäre es zu unübersichtlich, diese Entdeckungen mit den theologischen Erwägungen beständig ineinander zu schieben. Für den Rhythmus der eigenen Sachlichkeit ist es besser, die philosophischen Positionen zunächst für sich zu würdigen. Dies ist freilich nicht mehr als eine darstellungsstrategische Erwägung.

In diesem Kapitel geht es also um Positionen, die auf die eine oder andere Weise werbend oder Verständnis suchend für polytheistische Sichten der Wirklichkeit eintreten und die aus dieser Warte die Position dessen, was sie als Monotheismus und/oder christlichen Gott sehen, kritisieren. Im Sinne des Erkenntnisinteresses der Untersuchung konzentriere ich mich dabei auf gegenwärtige Positionen und auf solche, die eine kontroverse Auseinandersetzung vielversprechend erscheinen lassen, nicht zuletzt deshalb, weil davon nicht nur die argumentative Verteidigung christlich-theologischer Positionen erwartet werden kann, sondern auch ein Beitrag zur Selbstklärung innerhalb der theologischen Gotteslehre.

II. Theologiekritik aus polytheistischer Perspektive

1. »Lob des Polytheismus« (O. Marquard)

»Lob des Polytheismus« heißt ein Aufsatz von Odo Marquard. Dies Lob wollte provozieren, tat es und rief eine Diskussion hervor, die sich auch schriftlich niederschlug.[4] Das provokante Lob ist abgedruckt in einem Sammelband mit Aufsätzen des Autors, dessen programmatischer Text zugleich den Titel der Sammlung abgibt: »Abschied vom Prinzipiellen«. Das Prinzipielle – was immer das des Näheren sei – soll also verabschiedet und der Polytheismus an seiner statt gelobt werden. Was hat man sich darunter vorzustellen? Es handelt sich nicht um die Ausrufung einer neuen Religion.[5] Marquard setzt vielmehr – im Rahmen eines Kolloquiums zur My-

---

[4] Marquard, Abschied 91–116. Schriftlich reagiert haben u.a. Taubes, Konjunktur des Polytheismus (ders., Kult 340–351) und Metz, Theologie versus Polymythie.

Aus theologischer Perspektive wird Marquards Monotheismus-Kritik einer eingehenden Analyse und Würdigung unterzogen von Halbmayr, Lob der Vielheit. Der Autor differenziert u.a. nach dem erkenntnisleitenden Interesse (68–142) und dem polytheistischen Plädoyer Marquards (143–215). Kritisch stellt er dessen Gottesbegriff als einen primär philosophisch gewonnenen die christliche Rede von der Trinität gegenüber, die nach seiner Meinung der Marquard'schen Kritik entkommt: »Die von Marquard eingeforderte Gewaltenteilung im Absoluten ist nicht nur dem christlichen Gotteskonzept selbst inhärent, sie hat bereits in manchen (...)Bewährungfeldern Einzug gehalten.« (423) Gott ist der »eine, der die Vielheit zusammenhält, aber nicht in sich aufsaugt.« (430, Schlusssatz) In diesem Zusammenhang favorisiert Halbmayr eine kritische Wiederaufnahme geschichtstheologischer und -philosophischer Fragestellungen, die um der unabdingbaren Hoffnung und der Ethik willen nötig seien (343–378, bes. 368–378).

Damit, dass Marquards Monotheismuskritik den christlichen Gott nicht meinen kann, gehe ich gänzlich einig, auch ist Halbmayr zuzustimmen, dass viele Details von Marquards Monotheismuskritik ein »verkürztes und karikierendes Bild« (330) abgeben. Gegenüber Halbmayrs Zurückweisungen, die sich am Geschichts- und Gottesbegriff orientieren, halte ich es allerdings für aussichtsreicher, die Widersprüche und unplausiblen Annahmen im Konzept Marquards selber zum Ausgangspunkt der Auseinandersetzung zu machen, also dessen Konzept der Kompensation zu problematisieren (angedeutet 135–142). Hier, nicht im Gottesbegriff, liegt Marquards Interessenschwerpunkt. Sieht man es anders, geriete man leicht in die Bahnen einer einseitig-apologetischen Auseinandersetzung und hätte außerdem der Marquard'schen Position, nicht »die« Theologie zu meinen, sondern ihre kulturelle Rezeption, wenig entgegenzusetzen.

Die eingehende Analyse des Marquard'schen Werkes bei Leonhardt, Skeptizismus, rät in Sachen Polytheismusthematik mit guten Gründen zum Abstand von Alarmismus, vgl. 112.117 u.ö. Seine eigene Kritik, 130–141, zeigt Aporien in Bezug auf das klassische Problem, ohne eigene Positionen Skepsis nicht artikulieren zu können auf. Unter Heranziehung von Argumenten aus der analytischen Philosophie der Erkenntnis hätte dies unschwierig zu einer Kritik des Marquardschen Skepsis-Begriffs als usualistisch ausgebaut werden können. Einige Hinweise dazu bei Vf., Metapher und Symbol 47–50.

[5] Ein veritables neues Heidentum wird von Benoist, Heide sein, propagiert. Die Publikation ist trotz Hunderter von Fußnoten auf einem wissenschaftlich fragwürdigen Niveau gearbeitet und mag durch ihren neoprophetischen Stil wen auch immer überzeugen: Um eine »Glaubensalternative« (Untertitel) auf der Höhe der Debatte handelt es sich jedenfalls nicht. Aus dem gleichen Um-

thenforschung sprechend – zunächst diagnostisch an und bietet eine Kontrastfigur: Die Suche nach Wahrheit und Korrektheit ist eines, die Frage, wie man damit leben könne, ein anderes. Für die Wahrheit sind die kognitiven Disziplinen zuständig, für die Frage, wie man damit leben könne, sind es die Geschichten, nämlich »die Geschichten mit Glück und Unglück: ihr Pensum ist nicht die Wahrheit (darum – nota bene – ist es tröstlich, von den Dichtern zu wissen, dass sie wenigstens lügen können). (...) Denn wir brauchen zwar die ›besprochene‹, aber wir leben in der ›erzählten Welt‹. Drum eben gilt: *Es geht nicht ohne Mythen*: narrare necesse est.«[6] Es geht Marquard also um eine Kontrastfigur zwischen Erkennen und Bewältigen, zwischen Wissen und dem Umgang mit diesem Wissen. Das, was er zum Lob des Polytheismus beschreibt, ist Letzteres. Ohne die Kompensation des Wissens durch die Erzählungen, die gleichsam um das Wissen herumgelagert sind, wären wir gar nicht lebensfähig.

Die nächste Näherbestimmung dieser zum Leben dienenden Erzählungen stellt fest, dass diese lebensdienlichen Geschichten mehrere sein müssen.

---

kreis, dem sich selbst so nennenden Thule-Seminar vgl. den Sammelband Das unvergängliche Erbe. In diesem »Seminar« wird auf eine Weise nach dem heidnischen Erbe Europas gesucht, die sich fragen lassen muss, ob sie von den Rasse- und Mythenphantasien nationalsozialistischer Ideologeme ausreichend entfernt ist.

Anders steht es mit dem Band von Augé, Geist des Heidentums, der sich v.a. auf ethnologische Studien aus Afrika stützt, um zu erwägen, wie ein nichtchristliches Lebensgefühl aussehen mag. Auch hier mag Überzeugung gegen Überzeugung stehen, doch verzichtet der Verfasser auf den Prophetismus und Eklektizismus großen Stils, die in den Veröffentlichungen des Thule-Seminars vorherrschen.

Eine Untersuchung neuheidnischer Rituale, also eine Bestandsaufnahme des gegenwärtigen »praktischen« Polytheismus, wird hier allerdings nicht angestrebt, da dies eine eigenständige religionswissenschaftliche Fragestellung darstellen würde. Dass eine solche zumindest in Teilen den Theologen zur Ideologiekritik geradezu herausfordert, ist nach Durchsicht der eben genannten Publikationen und einschlägigen Websites nur zu offensichtlich und hat im Falle des Thule-Seminars einige Landesämter für Verfassungsschutz auf den Plan gerufen. Der Vorwurf rechtsextremistischer bis faschistoider Imprägniertheit ist oft zu hören. Freilich: Eine weitgehende Parallelisierung der »Götter des New Age« mit faschistischem Denken, wie es in dem Buch diesen Titels von Kratz geschieht (bes. 40ff), dürfte nicht zu halten sein. Dessen Haltung eines Generalverdachts wird von eingehenden religionswissenschaftlichen Studien wie Bochinger, New Age, nicht gestützt. Es ist eher so, dass Kratzs Generalverdacht eine differenzierte Ideologiekritik contra intentionem unmöglich macht. Einen differenzierten Überblick über verschiedene neuheidnische Gruppierungen, ihre Riten, Ziele und die neuzeitlichen Traditionen, aus denen sie schöpfen, bietet z.B. Schnurbein, Religion als Kulturkritik, sowie dies., Göttertrost. Diese Gruppierungen sind nach ihren Analysen nicht durchgängig, aber offensichtlich zum größeren Teil polytheistisch eingestellt, vgl. dies., Religion als Kulturkritik 44ff und dies. Göttertrost 12ff.36ff.46ff mit Beschreibungen polytheistischer Kultgruppen und dies., Göttertrost 61ff.104ff mit der von Gruppen bzw. Strömungen, die sich eher pantheistisch oder monotheistisch orientieren. Weitere Überblicke zu völkischer und »arteigener« Religiosität im 20. Jhdt. in dem Sammelband Völkische Religion und Krisen der Moderne.

[6] O. Marquard, Abschied 95.

Wer nur in einer Erzählung lebt, ist ihr ausgeliefert. Er hat keine Deutungsalternativen zur Verfügung und ist letztlich unfrei; der Identitätszwang verhindert die Ausbildung eben der Identität. Anders sieht es aus, wenn man in vielen Erzählungen, vielen Mythen leben kann: »*Bekömmlich ist Polymythie, schädlich ist Monomythie.* Wer polymythisch – durch Leben und Erzählen – an vielen Geschichten teilnimmt, hat durch die jeweils eine Geschichte Freiheit von der jeweils anderen et vice versa und durch viele Interferenzen vielfach überkreuz; wer monomythisch – durch Leben und Erzählen – nur an einer einzigen Geschichte teilnehmen darf und muß, hat diese Freiheit nicht: er ist ganz und gar – sozusagen durch eine monomythische Verstricktseinsgleichschaltung – mit Haut und Haaren von ihr besessen.«[7] Mehrere Erzählungen statt nur der einen und alleingültigen: Das nennt Marquard »Gewaltenteilung im Absoluten«[8] – und hierin liegt seines Erachtens der große Vorteil des klassischen Polytheismus.

Es geht ihm, wie eingangs angedeutet, nicht um eine Repristinierung polytheistischer Religion, wohl aber möchte Marquard dem, was er für wesentliche polytheistische Strukturmomente hält, in moderner Weise Raum einräumen. Sein »aufgeklärter Polytheismus«, für den er sich auch den einschlägigen Weberschen Begriff leiht und ihn »entzauberte Wiederkehr der Polymythie« nennt,[9] hat drei Strukturmomente, die Marquard wie folgt skizziert: Zum einen ist die moderne Wiederkehr des Polytheismus zu sehen in der politischen Gewaltenteilung der freiheitlichen Gesellschaft. Die Götter, die einander in der archaischen Gesellschaft gegenseitig in Schach gehalten haben, kehren modern und entzaubert wieder als diejenigen Instanzen der Gesellschaft, die einander wechselseitig kontrollieren. Des Menschen Gewinn dabei ist Freiheit. Und so nennt Marquard als nächsten Punkt des aufgeklärten Polytheismus die Entstehung des Individuums. Es lebt im buchstäblichen Sinne von dieser Gewaltenteilung. Einzelne Menschen hat es natürlich schon immer gegeben, auch unter den Bedingungen eines politischen Monotheismus. Die Genese des Einzelnen zum Individuum allerdings konnte erst unter den genannten modern-polytheistischen Bedingungen stattfinden. Erst hier winkte ihm die Freiheit der Gewaltenteilung.[10] – Diese Freiheit ist allerdings gefährdet. Immer wieder kann sie durch die Repristination einer großen Geschichte gefährdert werden und, wie ein einfacher Blick auf die Geschichte der Neuzeit lehrt, wurde dies ja allzu oft ins Werk gesetzt.

---

[7] Ebd. 98.
[8] Ebd. 100.
[9] Ebd. 107 bzw. 109, das letztere i.O.herv.
[10] Ebd. 108.

Dagegen gilt es sich des Widerlagers inne zu werden. Dass es viele Geschichten sind, die das Leben der Menschen prägen und prägen sollen, das ist die moderne, mithin entzauberte Variante der Polymythie. Die Vielheit der Geschichten kann erforscht und sie kann in Gestalt erzählter Welten imaginiert werden, sie ist also in der Geschichtswissenschaft zugänglich und in der ästhetischen Welt des Romans. Beide sind laut Marquard spezifisch moderne Erscheinungen und beide aufgeklärte Wiedergänger der Polymythie: »So – entzaubert – tun die Mythen modern den Schritt in die Prosa: aus dem Kult in die Bibliothek. Dort sind die Geschichtswerke und die Romane präsent als die Polymythen der modernen Welt: auch das ist aufgeklärter Polytheismus.«[11]

Gewaltenteilung, Genesis des Individuums sowie Geschichtswissenschaft und Romane: Ist das das Ergebnis der Provokation? Lohnt es sich, um dieser Phänomene willen ein Lob des Polytheismus anzustimmen und dabei monomythische und monotheistische Traditionen als untauglich zu verabschieden? – Die Antwort muss lauten: ja und nein. Ja, weil Marquard sich ausweislich zahlreicher anderer Publikationen in der Tat bei diesen Thesen behaften lässt – wobei er die Irrtumsfähigkeit freilich offen einräumt: »I like fallacy. Hier stehe ich und kann auch immer noch anders«,[12] heißt es gegen Ende des Polytheismusaufsatzes. Nein muss aber auch gesagt werden, weil mit diesen Thesen erst die Oberfläche, aber noch nicht die Motivstruktur von Marquards Denken aufgefunden ist. Hielte man sich allein an diesen Text, so würden Widerlegungen nicht schwer fallen. Anhand der Debatte um die politische Theologie von Carl Schmitt und Erik Peterson bis in unsere Tage wäre es z.B. ein Leichtes, die Vereinfachungen von Marquards Monotheismus-Polytheismus-Distinktion in politicis zu zeigen, ganz davon abgesehen, dass die antiken Polymythen alles andere als der Ausdruck der Freiheit waren: Sie versinnbildlichten viel eher die Geworfenheit des Menschen unter die Schickungen. Auch wissen wir in und nach der Postmoderne-Debatte, dass Vielheit und Deprinzipialisierung noch lange nicht mit Freiheitsgewinn identisch sind. Ebenso könnte man der Marquard'schen Unterscheidung von Wahrheit und Geschichten einen Hang zur untunlichen Simplizität nachweisen.[13] – All dies also ist möglich,

[11] Ebd. 109.

[12] Ebd. 111.

[13] In gegenwärtigen Rationalitätstheorien wird diesem Phänomen – kognitiv/normativ durchstrukturierte Bereiche und deren tendenziell amorphe Ränder, die aus Gründen der Orientierung im Leben aber nötig sind – vielfach diskutiert. Vgl. z.B. Hahn, Soziologie und Lenk, Rationalitätstypen, in theologischer Sicht Ritschl/Jones, »Story«. Ich habe an anderer Stelle vorgeschlagen, den Unterschied von Wissen und Weisheit auf diese Weise zu beschreiben, dazu Hailer, Theologie als Weisheit, 1–15.244–249 u.ö. Gemeinsam ist solchen Bemühungen allerdings, dass sie Übergangsphänomene zwischen Faktenwissen und orientierendem Wissen annehmen, ihnen eine Trennung

der argumentative Aufwand, der dabei getrieben werden müsste, liefe aber über weite Strecken ins Leere. Denn Marquards Schriften unterbieten die Richtigkeit mit Absicht. Listig wollen sie den Widerspruch herausfordern, damit der, der widerspricht, im Vollzug seines Widerspruchs merkt, dass es hier nicht um Thesen und Richtigkeiten, sondern – subtiler – um Tendenzen, Strömungen, Grundhaltungen geht. Seine diesbezüglichen Diagnosen gilt es aufzufinden, soll das Lob des Polytheismus richtig verstanden werden.

Der Kern von Marquards Arbeiten liegt bei der Frage, was eigentlich (historisch) geschah und (gegenwärtig) geschehen sollte, als die Hypothese des einen Gottes unglaubwürdig wurde. Dazu bedient er sich eines historischen Zugangs, bei dem er jedoch jederzeit die gegenwärtige Problemlage im Auge behält: In mehreren Studien beschäftigt er sich mit philosophischen Theorieentwicklungen der Jahre und Jahrzehnte um 1750 und befragt sie auf die zu ihrer Zeit virulente Theodizeefrage. Marquards Diagnose heißt: Die Theodizee als Rechtfertigung Gottes im Sinne Leibniz' ist definitiv als gescheitert gesehen worden. Theodizeeformen, die jetzt noch als gültig angesehen werden können, enden regelmäßig damit, dass Gottes Güte zwar bewiesen wird, dies aber um den Preis seiner Unwirksamkeit oder gar Nichtvorhandenheit geschieht. Das ist der »Schluß von der Güte Gottes auf seine Nichtexistenz«, »Atheismus ad maiorem Dei gloriam« oder eine »Theologie des Deus emeritus«.[14] Damit hat es freilich sein Bewenden nicht gehabt. Die Stelle des Unbedingten wird nicht geräumt, sondern mit einer anderen Größe besetzt: mit der *Geschichte*. Galt bis zu dieser historischen Wende das Bestehende und das ewig Seiende als das Gute, so ändert sich dies nun mit Rasanz. Wenn das Übel nicht im Sinne Leibniz' erklärt werden kann, so wird seine Beseitigung nun auf die Zeitschiene der Universalgeschichte verlegt. Das legte sich nahe, weil die Zeit des Scheiterns der Leibniztheodizee zugleich die war, in der das Phänomen Fortschritt mit aller Wucht auf sich aufmerksam machte. Die alte Theodizee des statischen Gottes wird also abgewählt – aber flugs durch eine neue ersetzt, für die eine Allianz mit dem Zeitgeist herhalten muss. Es beginnt der auf die Zeitschiene verlagerte »Prozeß der großen Entübelung der Übel«, zu dem »die ontologische Nobilitierung der Wandelbarkeit gehört, aus der der ungeheure Wichtigkeitsgewinn der Geschichte folgt, mit der man sich der modernen Weltwandlungsbeschleunigung anpaßt. (...) Aus der Not des Wandels wird die Tugend der

---

von Wahrheit und Geschichten also zu einfach wäre. Gelegentlich beruft Marquard sich zur Illustration seiner These auf Schapp, In Geschichten verstrickt, so z.B. Abschied 93.

[14] Marquard, Abschied 48 und – zweimal – 75. Vgl. ders., Apologie 11–32.

Geschichte und die universale Tugend der Universalgeschichte: durch Beschleunigungskonformismus.«[15] Marquard macht vier Zeichen der Universalgeschichte aus, neben der genannten positiven Besetzung der Wandelbarkeit ferner die positive Besetzung des menschlichen Übels – weil es Unterpfand seiner Überwindung ist –, die Vertröstung auf lange Zeitstrecken – dass es sich lohne fürs Besserwerden zu arbeiten, auch wenn man es selbst nicht erlebt – und schließlich die positive Besetzung dessen, dass der Fortschritt sich immer schneller vollziehen wird.[16]

Die Geschichte, der Fortschritt samt seines immer schnelleren Prozesses rückt so an die Stelle, die bis und bei Leibniz Gott als der Garant der beste aller Welten innehatte. Daran ist für Marquard mindestens zweierlei bemerkenswert und zwar bemerkenswert in dem Sinne, dass er diese Wendung zur Geschichte für eine schlechte Idee hält. Zum einen bedeutet sie, dass eine vormals Gott zugedachte Funktion auf den Menschen übergeht: Kannte die Tradition Gott als den Richter, so ist es nun der Mensch geworden, weil und sofern es ihm in seiner Eigenschaft als Subjekt der Geschichtsphilosophie zufällt, über Geschichte, Gegenwart und Zukunft zu richten. Der Mensch findet sich nicht – oder nicht nur – vor dem Tribunal, er selbst ist dieses Tribunal geworden. Nicht nur ist die Theodizee durch Anthropodizee ersetzt worden, was allein schon fragwürdig genug ist, noch dazu entzieht sich der, der über die Deutungsprivilegien zu verfügen meint, diesem Tribunal, indem er sich zu dessen Subjekt erklärt. Damit aber ist keine einzige Schwierigkeit gelöst, allenfalls hat sich der, der doch mit ihnen zu kämpfen hätte, elegant aus der Verantwortung gezogen. Es sind Phänomene wie diese, von denen Marquard bekennt, er habe ihretwegen »Schwierigkeiten mit der Geschichtsphilosophie«.[17]

Diese Schwierigkeiten existieren für ihn noch aus einem anderen Grund: Die Geschichtsphilosophie hat einen Deutungsrahmen durch einen anderen, Gott durch die Geschichte ersetzt. Der eine, in Marquards Termini gesagt, Monomythos wurde zwar abgewählt, nur um prompt durch einen anderen ersetzt zu werden. Diese Ersetzung allerdings hatte Gestehungskosten, die sie im Rückblick nicht ratsam erscheinen ließen. Nach Marquard ist deshalb nicht die eine Großerzählung durch die andere zu ersetzen, sondern sind die

---

[15] Ders., Apologie 61.

[16] Ebd. 61–64. Vgl. ders., Stattdessen 82–84.

[17] Vgl. aus dem gleichnamigen Band insbes. den einleitenden Aufsatz (11–33) sowie den über Hegel und das Sollen (35–51), in dem Marquard einige Prämissen der von ihm bekämpften Geschichtsphilosophie aus der Perspektive Hegels und seines eigenen Lehrers Joachim Ritter kritisiert. Den Gedanken, dass der Mensch sich dadurch entlastet, dass er sich zum Subjekt des Tribunals macht – nicht zuletzt münzt Marquard ihn auf die 68er-Bewegung, die er scharf missbilligt –, findet sich in zahlreichen Aufsätzen, vgl. Abschied 12.32.56f, Apologie 39–41.

Versuche mit universalen Erklärungsmustern überhaupt sein zu lassen. Gegen die eine Geschichte der Philosophen die vielen Geschichten des Lebens, gegen das transzendentale Tribunal die bescheidenen, endlichen Versuche, es besser zu machen, gegen die Ersetzung des einen Prinzipiellen durch das andere der Abschied vom Prinzipiellen. Marquards Ansatz steht demnach sachlich an der Stelle, an der eingesehen wurde, dass die Philosophie zur Theodizee nicht in der Lage ist und will neue Wege vorschlagen, mit eben dieser Situation umzugehen.

Diesen beiden Fehlentwicklungen – dem Menschen als Tribunal und der Ersetzung des einen Monomythos durch einen anderen – setzt Marquard eine Philosophie entgegen, die gleichsam mit kleinerer Münze bezahlt. Es ist, so charakterisiert er sie, eine skeptische Philosophie, eine, die konsequent mit der Endlichkeit und Unabschließbarkeit des Menschen rechnet und die zur Gewinnung von Orientierung nicht die großen Metaerzählungen favorisiert. Sie will Philosophie des menschlichen Geschicks sein, die sich eingesteht, dass es Schicksal gibt, das nicht wegerklärt werden kann.[18] Sein zentraler Begriff ist dabei der der *Kompensation*.

Der Mensch schafft nicht die ideale Zukunft, er kompensiert die Mängel seiner Gegenwart. Der Mensch triumphiert nicht über alle Schwierigkeiten, er kompensiert sie. Der Mensch ist nicht Teil einer gesellschaftlichen und biologischen Evolution, die fast zwangsläufig zum Besseren führt, er ist ausgestattet mit der Fähigkeit, das Schlimme, was widerfährt, mit manchem Guten zu kompensieren. – In Sätze wie diese lässt sich das Programm Marquards, der von sich sagt, er sei »als Kompensationstheoretiker verschrieen«[19] fassen. In der Tat ist »Kompensation« Marquards anthropologischer Schlüsselbegriff.[20] Der Mensch ist, wie schon eben angedeutet, der »Homo compensator«.[21] Kommt der Begriff auch aus der metaphysischen Tradition und bedeutete er dort vor allem die Vergeltung für angetanes Unrecht, so stellt sich die Sache heute so dar, dass man sich unter Kompensation die Entschädigung für angetanes Leid, nicht mehr aber das Zurückschlagen um einer vermeintlich höheren Gerechtigkeit willen vorstellt. Wohin man nur blickt, agieren Menschen kompensierend und leben von der Kompensation: Physische Mängel werden durch Kultur kompensiert, die Tatsache, dass

---

[18] Ders., Abschied 67–90, vgl. ders., Glück im Unglück 62–74. Hier wie öfter argumentiert Marquard, dass, wenn es denn Schickungen gebe, niemand einen Generalverdacht gegen das, was üblich und bewährt ist, erheben könne. Das Übliche darf üblich und das Bewährte bewährt sein, weil niemand sich gänzlich von vorn erfinden könne.

[19] Ders., Stattdessen 61.

[20] Ich rekurriere um dieser Kürze willen nicht auf Herkunft des Begriffs aus der Hegel-Interpretation von Marquards Lehrer Joachim Ritter, dazu v.a. Marquard, Skepsis 15–29, Stattdessen 12f.

[21] Ders., Stattdessen 11.

man sich immer in Gegebenheiten vorfindet, die man sich nicht aussuchen kann, durch Gewohnheiten, die Gestehungskosten der Fortschrittswissenschaften durch die Geisteswissenschaften, die immer drohende Unfreiheit durch die da stützend und freiheitsbewahrend eingreifenden Institutionen der bürgerlichen Gesellschaft.[22]

Allen, die diese Aussagen über Kompensation für zu wenig halten und fordern, dass Philosophie doch mehr können und sich ehrgeizigeren Zielen verschreiben müsste, hält Marquard entgegen: »Wer mehr will als Kompensationen, schürt im Endlichkeitsfelde der Menschen die Absolutheitsillusion, also den Größenwahn. Wer (...) auf diesen Größenwahn (die Absolutheitsillusion) verzichtet, raubt dem Menschen keine Absolutheit, denn diese Absolutheit hat er ja nicht. Er beschränkt sich vielmehr aufs Endliche: das ist – ich wiederhole es – nicht schlimm, es ist vielmehr gut.«[23]

Die entzauberten Götter, die Odo Marquard propagiert, sind nicht Chimären aus Neuheidentum und Mythenbesessenheit. Seine Götter sind die Institutionen und Gewohnheiten, die in einem nachabsoluten Zeitalter dem Menschen als Kompensationshilfen im gesellschaftlichen und privaten Leben dienen.[24] Wer sich vom Absoluten nicht mehr knechten lässt, erkennt, dass er zwecks Bewahrung von Freiheit und Ermöglichung von Glück, einer Mehrzahl kompensatorischer Einrichtungen bedarf. Sie sind das Unterpfand des Glücks.

Die religiösen Komponenten dieses Glücks- und Freiheitsversprechens übersieht Marquard nicht. Zum einen ordnet er der Religion einen Ort im Rahmen der allgemeinen Kompensationsbedürftigkeit zu: Die periodisch wiederkehrenden religiösen Feste sind notwendig, damit das gesellschaftliche Leben sich in geordnetem Maß verhält und nicht zu Überreaktionen neigt. Hätten wir den Sonntag nicht, so Marquard, so fehlte uns das Moratorium des Alltags. Die Ersatzfluchten aus ihm gerieten noch immer zur Sucht nach dem totalen Fest, das keine kompensatorische Balance mehr

---

[22] Vgl. v.a. ders., Stattdessen 41–45. Bekannt – und umstritten – wurde der Aufsatz über die Unvermeidlichkeit der Geisteswissenschaften (Apologie 98–116), in dem Marquard sein Kompensationstheorem zur Beschreibung dessen, was Geisteswissenschaften tun, verwendet. Dass auch die Kunst für ihn wesentlich als Entlastung und Kompensation zu verstehen ist, findet sich in den unter dem Titel Aesthetica und Anaesthetica gesammelten Aufsätzen, vgl. bes. 12–14, sowie 64–81 zum Kompensationsbegriff allgemein.

[23] Ders., Stattdessen 41.

[24] Dazu samt Hinweisen auf die Diskussion Leonhardt, Skeptizismus 109–118. Für Marquard erwächst aus diesem Motiv eine veritable »Apologie der Bürgerlichkeit« (Aufsatztitel, Stattdessen 95–117, vgl. Skepsis 9–14). Mit einem »weiten Begriff des Bürgerlichen« (Stattdessen 100) operierend hält Marquard fest: »Für die Menschen gibt es nur dann Freiheit, wenn viele Mächte – politische Formationen, Wirtschaftskräfte, Sakralgewalten, Geschichten, Überzeugungen – auf sie einwirken: nicht gar keine, nicht nur eine, sondern viele.« (ebd. 99)

kennt. Es läuft Gefahr, als privates Desaster (Drogen) oder als gemeinschaftliche Katastrophe (Krieg) zu enden.[25] In diesem Sinne sind die Üblichkeiten der Religion kompensatorisch nötig.

Die religiöse Komponente der Kompensation beschränkt sich freilich nicht nur darauf. Kompensation ist religiös in einem umfassenderen Sinne. Marquard bewirbt sie, weil der kompensierende Mensch der ist, der dem unerträglichen Rechtfertigungs- oder Veränderungsdruck des Absoluten entkommen ist. Er muss nicht werden, was er doch nicht werden kann und sich nicht vor und für etwas verantworten, wovor er nicht bestehen und wofür er nicht einstehen kann. Vom Absoluten hin zur Kompensation: Das ist Entlastung und für Marquard nichts weniger als Gnade: »Ausbruch in die Unbelangbarkeit – sozusagen Gnade minus Christentum«.[26] Wenn das in seiner Terminologie Gnade ist, so lässt sich zusammenfassen: Die entzauberten Götter der bürgerlichen Gesellschaft sind das Unterpfand irdischen Glücks.

Spätestens hier regt sich Widerspruch. Ich nenne thesenartig folgende Punkte:

Einige Beschreibungen theologischer Sachverhalte bzw. Optionen, die Marquard gibt, sind fragwürdig. So ist es z.B. nicht geraten, dass die Theologie den von ihm zugedachten Ort einnehmen sollte, also die von ihr vertretene Religion als Kompensation der Härten der modernen Lebenswelt verstehen sollte. Dass Religion im alltäglichen Leben kompensierend wirkt, ist schwer zu bestreiten und spätestens seit Niklas Luhmanns einschlägigem Band vielfach debattiert worden.[27] Fraglich aber ist, ob dies als Selbstbeschreibung der Theologie soll gelten können. Es wäre dann um jedes Sachmoment gekürzt, um dessen willen sie zu kompensatorischer Funktion kommt, und es würde schlicht angenommen, dass der christliche Glaube nicht auch zum Gegenteil in der Lage ist: die Kompensationen des alltäglichen Lebens als das zu durchschauen, was sie sind, nämlich *nur* Kompensa-

---

[25] Ders., Skepsis 67, im Rahmen einer »Kleinen Philosophie des Festes«.

[26] Ders., Glück 73. Mündlich bemerkte Marquard dazu: »Da ist andererseits der Ausbruch in die Unbelangbarkeit. Man flüchtet in Situationen der Anonymität. Das können großartige Situationen sein. Etwa die Flucht in die Landschaft, in die unberührte Natur, möglichst weit weg von der anklagenden Gesellschaft. Auch dies ist eine Position, die vor der modernen Welt nicht zur Verfügung stand. (...) Ich sage, es ist so etwas wie eine säkularisierte Form des Gnadenstandes. Vielleicht könnte man die Formel verwenden, daß diese Flucht Gnade minus Christentum sei. Wie umgekehrt die Tribunalisierung der modernen Welt eine Art Christentum minus Gnade ist.« (Christentum 37)

[27] Luhmann, Funktion der Religion; jetzt auch ders., Religion der Gesellschaft, bes. 58–64.115–164; zur Auseinandersetzung mit dem ersteren Band vgl. das von Welker hg. Buch Theologie und funktionale Systemtheorie.

tion, Ersatz, Entschädigung. Kompensation entpuppt sich als Resignation. Theologisch gilt es, den Sinn für das Jenseits der Resignation nicht zu verlieren. Marquards Generalverdacht gegen alles von ihm so genannte Absolute hindert ihn daran, hier Differenzierungen zu sehen. Unbestritten gibt es Theorien des Absoluten, die im Sinne seiner Ausführungen ohne Gnade sind. Denen gilt die theologische Kritik nicht minder. Weil Marquard mit ihnen aber alles, was vom einen Gott redet, zugleich verdächtigt, entschlägt er sich der Denkmöglichkeit, dass die kritische Distanz zur vorfindlichen Welt für diese heilsam sein könnte. Die theologische Sache aber ist einer solchen kritischen Distanznahme verpflichtet. Aus theologischer Perspektive ist Kompensation die Tugend der Not – wo zu dieser Tugend Zuflucht genommen wird, geschieht es aber im Rahmen der Bitte um die Überwindung dieser Not, wie sie in der dritten Bitte des Vaterunsers niedergelegt ist. Dies ist etwas grundsätzlich anderes als die Heiligung der Kompensation zur Gnade, wie Marquard sie vornimmt. Die Perpetuierung der Not soll nach Möglichkeit nicht Gnade genannt werden.[28]

Dieser erheblichen Verkürzung kann man nur erliegen, wenn die Marquard'sche Alternative – entweder Zwangswelt des Absoluten oder Freiheitswelt der Kompensation – überhaupt zutreffen würde und die Gottesrede so unverückbar fest beim ersteren verankert wäre, wie er das behauptet. Dazu freilich genügt der Hinweis, die christliche Religion habe immer als monotheistisch gegolten, auch wenn sie sich qua Trinitätslehre anders verstehe, in keinem Fall.[29] Die christliche Gottesrede ist zureichend erst als konsequente Durchbrechung des theistischen Gottesbegriffs zu verstehen, und es ist zu einfach, hier pauschal wirkungsgeschichtlich zu argumentieren.

---

[28] Halbmayr, Lob der Vielheit, beobachtet m.E. zutreffend, dass das Moment der Zustimmung als kompensatorischer Leistung sich erst relativ später zu einem Ansatz gesellt, der programmatisch als Skepsis begonnen hatte (380). Eine eingehende Auseinandersetzung müßte problematisieren, ob eine Position, die sich kompensatorisch-affirmativ zu den gesellschaftlichen Gegebenheiten verhält, überhaupt noch skeptisch genannt werden kann: Der Beginn der Skepsis ist bekanntlich die Relativierung des eigenen Standpunkts, und damit natürlich auch die der Affirmation. Dies ist durch Marquards Hinweis auf die Endlichkeitsbedingungen des Philosophierens und Lebens nicht aus der Welt zu schaffen.

In seiner Analyse des Marquard'schen Werks hat Leonhardt, Sekptizismus gezeigt, dass die antike pyrrhonische Skepsis die Suche nach Glück von der nach Erkenntnis konsequent abkoppelte, der neuzeitliche Skeptizismus hingegen Skepsis-kompatibles Wissen ausdrücklich sucht (Leonhardt, Skeptizismus 42–50.138–141). Der »Destruktion des Wissens« in der Antike steht Marquard gegenüber, der »ausschließlich aufs Wissen bedacht« sei (ebd. 139 bzw. 141). Zu fragen wäre nun, ob das sich in Kompensationsusancen und -institutionen niederschlagende Wissen nicht bereits Wissen in einer solchen Vollgestalt ist, dass es einem Skeptizismus, der den Namen verdient, ins Messer läuft, mithin gar kein Skeptizismus mehr ist.

[29] Marquard, Abschied 100f.

Marquards bürgerliche Welt der funktionierenden Kompensationstechniken ist usualistisch. In ihr gilt das Bewährte; »[d]ie Beweislast« hingegen »hat der Veränderer«.[30] Dass der Bezirk, in dem die freiheitlichen Kompensationstechniken funktionieren, nur relativ klein ist, würde Marquard sicher sofort zugeben: Der Stil und die Beispiele seiner Arbeiten lassen an die bürgerlichen Schichten der Demokratien West- und Mitteleuropas sowie an Nordamerika denken. Dann freilich steht der Ansatz vor folgender Alternative: Entweder genügt sich dieser Bezirk mit sich selbst und verschließt vor allem Leid, das in ihm und um ihn herum geschieht, die Augen – gleichsam in zynischer Kompensation –,[31] oder er erkennt die Zugehörigkeit auch zu den Gegenden, in denen die Kompensation nicht oder nur sehr fragmentarisch gelingen will. Letzteres aber setzt eo ipso eine gemeinsame Perspektive und eine gemeinsame Hoffnung um des Humanums willen heraus. Marquard kontert diesen nahe liegenden Einwand, dass eine bürgerliche Gesellschaft ihr Behagen und ihre relative Freiheit auf Kosten anderer lebt, indem er die Verelendungstheorien Marx'scher Herkunft als »irrtümlich«[32] bezeichnet und von der langfristigen Einbürgerung auch der so genannten Dritten Welt spricht. Dass diese These äußerst kühn ist, lag schon zum Zeitpunkt der Entstehung des Textes (1994) offen zutage und dürfte inzwischen umso deutlicher geworden sein. Eine solche Prognose, auch wenn sie sich als »waghalsig«[33] versteht, hat sich schlicht als falsch erwiesen, wenn sie denn je wahr war. Insofern dementiert eine Apologie der Bürgerlichkeit sich selbst. – Diese meine Replik funktioniert, notabene, ohne die von Marquard perhorreszierten theologischen oder gar revolutionären Prämissen. Sie versucht lediglich ernst damit zu machen, dass Kompensationsstrategien, die nur das eigene Glück im Blick haben, offensichtlich zynisch sind. Das aber kann bei Gefahr des Selbstwiderspruchs doch wohl nicht gemeint sein.[34]

---

[30] Ders., Apologie 88.

[31] Zurecht so ähnlich gefragt bei Metz, Theologie versus Polymythie 173.

[32] Marquard, Stattdessen 101.

[33] Ebd.

[34] Philosophisch geht es hierbei um die Frage der Vernünftigkeit des Bestehenden, an der wie bekannt ist, die Hegel-Schule ins linke und rechte Lager zerbrach. In seinem Habilitationsvortrag »Hegel und das Sollen« (Schwierigkeiten 37–51) optiert Marquard durchaus in den Bahnen der letzteren, die von seinem Lehrer Joachim Ritter in den Nachkriegsjahrzehnten repräsentiert wurde. Er führt aus, dass Hegels Sollenskritik sich gegen transzendentalphilosophische Sollensbegriffe wendet, die nur »als Philosophie der unendlichen Aufgabe und immer fernen Zukünftigkeit des Heilen« auftreten können. (45) Das aber sei »Trennung des Sollens von der Wirklichkeit«. (46) Offenbar kehrt diese Hegelsche Kritikfigur in Marquards eigener Argumentation wieder. Wie in einer eingehenden Auseinandersetzung zu zeigen wäre, sind die so prädizierten Gegner mit dem Vorwurf des leeren Sollens aber nicht zu treffen.

Dem usualistischen sich-Einrichten im Vorfindlichen ist also zu widersprechen. Das gilt schon für philosophische Argumente, die hier herangezogen wurden. Umso mehr wird es ein theologisches Thema sein: Gegen die Kompensation, die doch Resignation ist, setzt die Theologie die Rede von Erinnerung, Erwartung und Hoffnung. »Nicht die ›Kompensation‹ des Logos durch Mythen«, schreibt Johann Baptist Metz, »wäre die entscheidende Aufgabe, sondern die Rückgewinnung der Erinnerung und der Erzählung für den Logos der Theologie selbst.«[35] Zu zeigen ist dabei, dass die Auszeichnung des Glaubens als Hoffnung und Erwartung nicht billig auf ein Jenseits oder drohend auf eine absolute Forderung verweist, sondern lebensdeutende Kraft hier und jetzt entfaltet. Doch dies greift dem nächsten Kapitel vor.

Die unaufgebbare Multiplizität der kompensierenden Institutionen und Gewohnheiten: das ist Marquards aufgeklärter Polytheismus. Das eingangs geschilderte Lob dieses Polytheismus nimmt somit eine Zwischenstellung ein. Es versteht sich auf der einen Seite als dezidiert post-theistische und post-christliche Philosophie: Gnade minus Christentum eben. Es ist ihr Anliegen, skeptisch, endlich und kompensationstheoretisch den Ort des Menschen in der bürgerlichen Gesellschaft zu beschreiben. Zu diesem Zweck warnt sie vor der Wiederaufnahme der Rede vom einen Gott und stimmt sie ihr Lob des Polytheismus an. Was Marquard bewirbt, sind in seinen Augen die säkularisierten, die aufgeklärten Wiedergänger der Götter. Er bietet nicht die Götter zur Deutung der Welt an, er behauptet, dass bestimmte Institutionen der bürgerlichen Gesellschaft ihre Säkularisate seien und man an ihnen festhalten müsse, weil sie zustoßendes Unbill trefflich kompensieren. Sie bewirbt das Vorfindliche im Rahmen eines provozierenden Begriffs, nämlich des entzauberten Polytheismus'. Dies hat einigen Widerspruch nötig gemacht.

Freilich gibt es Ansätze, die Polytheismus nicht mit Bürgerlichkeit gleich setzen, sondern sich ihm im Rahmen einer Begegnung mit einem räumlich und zeitlich fremden Sinnuniversum nähern. Sie versprechen, polytheistische Theologiekrktik um einiges schärfer in den Blick zu bekommen.

[35] Metz, Theologie versus Polymythie 185.

2. »Die Götter nicht entbehren« (H. Brunner, E. Hornung)

a) hermeneutische Vorüberlegung

»Noch können wir zur Deutung der Welt die Götter nicht entbehren.«[36] – » (...) dann ist es vielleicht doch nicht abwegig, auf den Wahrheitsgehalt des Polytheismus aufmerksam zu machen.«[37] – »Der Gegensatz von Kosmotheismus und Monotheismus wurde nie gelöst, sondern verdrängt durch die triumphale Entfaltung der christlichen Kirche.«[38]

Den drei Zitaten ist zweierlei gemeinsam: Zum einen ist in ihnen eine mehr oder weniger vorsichtige Stellungnahme gegen den Mono- und für den Polytheismus erkennbar, und zum anderen entstammen ihre Autoren dem gleichen Fachgebiet; alle drei sind Ägyptologen. Anhand ihrer Arbeiten – sofern sie über ägyptologische Fachpublikationen hinausgehen – lässt sich studieren, wie Vertreter eines Faches, das der Erforschung der Zeugnisse einer polytheistischen Kultur gewidmet ist, mit den Sinndeutungsangeboten dieser Kultur umgehen. Alle drei belassen es nicht bei einer distanzierten Beschreibung der antiken Zeugnisse, die sie aufgefunden haben, sondern beschreiben diese Zeugnisse als Angebote der Welterschließung und Sinndeutung, die als solche ein Recht auf Würdigung haben. Dies geschieht nicht in vordergründig-missionarischer Weise, so als seien die Autoren auf die Wiedergründung einer polytheistischen Religion aus. Dergleichen haben Erik Hornung, Hellmut Brunner und Jan Assmann nicht im Sinn. Was ihre Texte auszeichnet, ist vielmehr ein Übergangsfeld in der Sinnbeschreibung: Wer daran geht, ein symbolisches Universum der Sinndeutung – bei J. Assmann: »Kohärenzfiktionen«– zu erschließen,[39] folgt einer hermeneutischen Notwendigkeit, wenn er es bei der Beschreibung der in Frage stehenden Elemente nicht belässt, sondern auf die eine oder andere Weise das Sinndeutungsangebot als Ganzes vorstellt und zur Betrachtung seines Plausibilitätsspielraums einlädt. Wo es um Sinndeutungsangebote geht, gibt es stricte dictu keine Neutralität, es sei denn eine blinde, die die Augen vor den Implikationen des eigenen Tuns verschließt. In diesem Sinne sind die Texte dieser Ägyptologen zu verstehen, die die Deutungsangebote derjenigen Sinnuniversen auf vorsichtige Weise bewerben, die sie in der Forschung erschlossen haben.

---

[36] Hornung, Der Eine 255.

[37] Brunner, Polytheismus 609, ähnlich die Schlußbemerkung in ders., Altägyptische Religion 152.

[38] Assmann, Moses 82.

[39] Ders., In Bilder verstrickt 73.

Es ist hier nicht der Ort, die hermeneutischen Prämissen dieses Vorgehens in extenso zu beschreiben. Täte man es, so würde man sich in der Debatte um Hans-Georg Gadamers Hauptwerk »Wahrheit und Methode« wieder finden. Was ich hier versuchsweise Übergangsfeld nenne, ist in Gadamers Terminologie die Verklammerung der Horizonte von Gegenwart und Vergangenheit. Gadamer kritisiert diejenige Position, die meint, von einem gleichsam festen Gegenwartshorizont aus vergangene Horizonte in den Blick nehmen zu können als hermeneutisch naiv und schließt: »Es gibt so wenig einen Gegenwartshorizont für sich, wie es historische Horizonte gibt, die man zu gewinnen hätte. *Vielmehr ist Verstehen immer der Vorgang der Verschmelzung solcher vermeintlich für sich seiender Horizonte.*«[40] Wer sich historische Horizonte erschließt, tut dies so oder so um des Verstehens des eigenen willen: »Der Entwurf des historischen Horizontes ist also nur ein Phasenmoment im Vollzug des Verstehens.«[41] In diesem Sinne lassen sich die Sinndeutungsangebote der hier zur Diskussion anstehenden Texte verstehen. Auf die eine oder andere Weise entdeckt sich das gegenwärtige Bewusstsein im Rückgang auf die ferne, antike Kultur wieder. Deren Sinndeutung anzuplausibilisieren ist dann lediglich der Ausdruck von hermeneutischer Konsequenz, weil sie ausbuchstabiert, was ohnehin geschieht.

Gadamers Forderung, sich das einzugestehen, was ohnehin im Phänomen des Verstehens geschieht, führt, wie bekannt ist, zur »*Rehabilitierung von Autorität und Tradition*«[42]. Damit zielt Gadamer auf das Phänomen, das er »Geltung ohne Begründung« nennt. Es ist so, sagt er, dass wir in weiten Bereichen unseres Lebens von Haltungen, Wertungen usw. leben, die in Geltung stehen, ohne explizit begründet worden zu sein. Ein anderer Begriff für diesen Umstand ist Tradition. Ihr gegenüber nimmt sich das aufklärerische Programm, das für jede Geltung extensive Begründung fordert, »abstrakt und revolutionär«[43] aus. Nun ist Gadamers Philosophie nicht das Programm einer Rehabilitierung von Tradition als solcher. Freilich aber möchte er zeigen, »daß zwischen Tradition und Vernunft kein derartig unbedingter Gegensatz besteht«[44] und dass das Interesse der Tradition, nämlich Bewahrung zu leisten, eines ist, das sehr wohl als vernünftiges Interesse bezeichnet werden kann.

Diese Bestimmung des Verhältnisses von Tradition und Vernunft spielt für die unten vorzustellende Konzeption Jan Assmanns eine entscheidende Rolle. Was er Monotheismus nennt, ist wesentlich durch aufklärerische Motive gekennzeichnet, weil es die Unterscheidung von wahr und falsch gegenüber der fraglosen Beschreibung dessen, was immer schon gilt, einklagt. Aus diesem Grund wird ihm der Monotheismus auffällig, gleichsam als grundlose Revolte gegen die bewahrenden Bestände der Tradition – und dies noch dazu auf der Grundlage einer Wahrheitserkenntnis aus Offenbarung. Der Monotheismus droht Freiheit im Namen der Wahrheit zu verspielen, die aber selber keinerlei Rückfrage auf ihre Prämissen zulässt.

---

[40] Gadamer, Werke 1 (Wahrheit und Methode I) 311.

[41] Ebd. 312.

[42] Ebd. 281.

[43] Ebd. 285.

[44] Ebd. 286.

Gadamers Position Autorität und Tradition gegenüber wurde Gegenstand einer intensiven Auseinandersetzung mit Jürgen Habermas.[45] Zur Debatte stand auf der einen Seite, ob Gadamers Verständnis von Horizont und Tradition nicht im Namen des Bewährten Unfreiheit und Unvernunft fortschreibe und damit das zu einem notwendigen hermeneutischen Prozess hochstilisiere, was sich der kritischen Rückfrage lediglich entziehen will. Auf der anderen Seite musste sich J. Habermas fragen lassen, woher die Kriterien der richterlichen Vernunft und der herrschaftsfreien Kommunikation eigentlich gewonnen werden, an denen schlechterdings alles, was gilt, soll gemessen werden können.[46] Es ist interessant, dass diese Debatte sich in der Assmann'schen Gegenüberstellung von Kosmotheismus und Monotheismus wieder findet und zu einer Reihe von Rückfragen Anlass geben wird. Aus theologischer Perspektive wird vor allem zu fragen sein, ob die Gleichstellung von kosmotheistischer Religion mit dem Modell von Tradition als Bewahrung nicht in großem Stil über die suppressiven Elemente der fraglichen Kulturen hinwegsieht und ob Assmanns Beschreibung des Monotheismus als Kombination von Wahrheitsanspruch und autoritärer Offenbarungsquelle dem Selbstbild des biblischen Israel tatsächlich nahe kommt. Ganz gleich wie hier im Einzelnen zu urteilen sein wird: Assmanns Lesart der Gadamer'schen Grundunterscheidung nimmt die klassische These Max Webers wieder auf, dass der biblische Monotheismus eine intrinsische Verbindung zum Phänomen der Rationalität und Rationalisierung hat. Letztlich steht die Frage an, ob Friedrich Nietzsches Kritik an der Mischung aus biblischem und griechischem Monotheismus zurecht artikuliert werden kann. Das entscheidet nicht wenig in der Debatte zwischen Polytheismus und Monotheismus.

b) Themen der Debatte

Erik Hornung und Hellmut Brunner haben eingangs der siebziger Jahre des 20. Jahrhunderts in vergleichsweise kleineren Texten ihr Verständnis dessen, was am Polytheismus bedenkenswert ist, niedergelegt, während die Gegenüberstellung von Monotheismus und – der Terminus ist, wie zu sehen sein wird, sprechend – Kosmotheismus, ein zentrales, wenn nicht das Thema schlechthin in den zahlreichen Büchern und Aufsätzen Jan Assmanns zu kultur- und gedächtnisgeschichtlichen Themen ist, die er ab Mitte der achtziger Jahre veröffentlichte. Ich beginne mit den älteren und kleineren Publikationen. Die Beobachtungen von Hornung und Brunner kreisen vor allem um zwei Themen, um die Vielgestaltigkeit der Welt einerseits und das Theodizeeproblem andererseits.

Zum ersteren betonen beide, dass die ägyptische Vorstellung vom Pantheon – der sich vom griechischen siginifikant unterscheide, was hier aber nicht interessieren muss – die Gegliedertheit und Vielseitigkeit der Welt

[45] Vgl. v.a. Apel u.a., Hermeneutik und darin den Beitrag von Habermas, 120–159. Eine kurze Charakterisierung der Debatte bei Hailer, Theologie als Weisheit 160–163.

[46] Vgl. Gadamers Replik auf Hermeneutik und Ideologiekritik in Gadamer, Gesammelte Werke 2, 251–275.

widerspiegelt. Dies sind »die ontologischen Grundlagen des Polytheismus«,[47] welche deutlich machen, dass die unendliche Differenziertheit der Welt wesentlich zu ihr gehört. Einheit, einig ist allein das Nichtsein, das diese Welt bedroht. Dabei gilt, dass die Götter der Welt nicht gegenüberstehen, sondern dass sie »ganz dem Diesseits angehören, wenn auch in einem überhöhten [Sinne, M.H.] – ihr Wohnsitz ist im Allgemeinen der Himmel. Aber sie transzendieren diese Welt nicht, haben vielmehr teil an ihr.«[48] Wer in diesem Sinne von den Göttern denkt, setzt Göttliches und Vielheit in eins und begibt sich damit in eine denkbar weite Entfernung zum vornehmlich griechisch geprägten Gottesbild des Westens: »Göttliches muß, sofern es seiend ist, differenziert sein.«[49] Dieser Umstand allein sagt noch nicht allzu viel. Freilich meinen beide Autoren, dass es hier um *systematischen* Ertrag geht. E. Hornung weist dem gedanklichen Monotheismus das Etikett »Bewußtseinsstufe«[50] zu und meint, dass diese Bewusstseinsstufe dabei sei, an ihrer eigenen Widersprüchen zugrunde zu gehen. Die Prinzipien der Einheit in der Philosophie, der Theologie, den gesellschaftlichen Ordnungen und selbst in der Logik – durch die ausschließliche Betonung der Zweiwertigkeit –, sind im Grunde an ein Ende gekommen: »Alle Indizien deuten darauf hin,« schreibt Hornung, »daß die menschliche Gesellschaft der näheren Zukunft eine pluralistische, undogmatische sein – oder daß sie *nicht* sein wird.«[51] Dies konzeptuell einzuholen heißt letztlich, die Rede von den Göttern als sinnvoll, ja wegweisend zuzulassen. Denn wer so denkt, wird feststellen, dass die Begriffe unserer Sprache aus der zweiwertigen Logik stammen und der Vielfalt der Welt nicht gerecht werden: »(...) die Sprache, die es an Reichtum des Ausdrucks mit den Göttern aufnehmen könnte, ist nicht gefunden. So weisen sie uns immer wieder auf sich selbst zurück und zeigen die Grenzen unserer Begrifflichkeit auf. Noch können wir zur Deutung der Welt die Götter nicht entbehren.«[52] H. Brunner sekundiert diese Position, indem auch er die uneinholbare Bildlichkeit der Götter-Rede betont und die von ihr betonte »numinose Fülle der Welt« als »Wahrheitsgehalt des Polytheismus« gegen die vom Eingott-Glauben entleerte und vereindeutigte Welt stellt.[53] Er geht aber noch einen Schritt weiter und betont, dass der Eingott-Glaube nicht nur die Welt epistemisch verarmte, sondern

---

[47] Brunner, Polytheismus 598.

[48] Ebd. 599. In der Klammer ein Korrekturvorschlag des offensichtlichen Anakoluths. Vgl. Hornung, Der Eine 190f.

[49] Hornung, Der Eine 171.

[50] Ebd. 250.

[51] Ebd.

[52] Ebd. 255.

[53] Beide Zitate: Brunner, Polytheismus 609.

auch für die Einführung einer spezifischen Intoleranz verantwortlich ist. Wo nur eine Wahrheit gilt, muss sie durchgesetzt werden. Ist die Welt aber mannigfaltig in ihren Aspekten und Facetten, dann kann es diese Durchsetzungsbedürfnisse nicht geben: »Die Wurzeln dieser ›Toleranz‹ liegen in dem schon vorher beobachteten, von den Ägyptern immer betonten Phänomen der Mannigfaltigkeit der Welt. Die Zahl der Lebensbereiche und damit der Götter ist unendlich groß, und es ist nicht einzusehen, warum hier irgend eine Rivalität herrschen sollte. Jeder Lebensbereich, jeder Gott hat seine Eigenart, ist ›einzigartig‹.«[54]

So viel zur Frage von Vielheit und Toleranz. Zu ihr gesellt sich noch die Beobachtung H. Brunners, dass eine polytheistische Religion charakteristischerweise keine Schwierigkeiten mit der so genannten Theodizeeproblematik habe: »Für eine polytheistische Religion bedeutet die Lebenserfahrung, dass das Böse in der Welt aktiv ist, sei es im Menschen, sei es in der Krankheit, sei es in Naturgewalten, keinerlei Schwierigkeiten, da neben den anderen Göttern auch ohne weiteres ein Gott des Bösen seinen Platz findet, da ja die meisten Götter ethisch und moralisch neutral sind.«[55] Eine monotheistische Religion hat hier nach Brunners Ansicht mehr Schwierigkeiten mit der Zuordnung des Bösen zu dem einen Gott als Herrn aller Dinge: »Ein Monotheismus kommt ohne den Teufel nicht aus, wenn er nicht versagen will, das Böse in einer Welt des guten Schöpfers zu erklären.«[56]

Anhand dieser beiden Motive, Vielheit und Theodizeeproblematik, stellen Brunner und Hornung das vor, was sie für die Vorteile der polytheistischen Weltsicht halten. »Stifter-Absichten« in Sachen Religion weist Brunner dabei von sich, meint aber, dass seine Wissenschaft »sehr wohl von Wahrheitsgehalt sprechen«[57] darf, wenn sie die Implikationen des Polytheismus beschreibt. Nun wird man ohne weiteres sagen müssen, dass es sich um mehr als Umrisse von Argumenten dabei kaum handelt. Dies erhellt schon aus den eher bescheidenen Publikationsumfängen – hier liegen von beiden Autoren je ein Aufsatz zugrunde – und sicher aus dem durchaus groben Fokus der Betrachtungsweise. Vieles ließe sich einwenden, etwa bezüglich des Theodizeearguments, das im Rahmen der christlichen Theologie bekanntlich – und zurecht – nicht auf die Alternative »Teufel oder nicht« hinausläuft. Schon bei einer flüchtigen Lektüre des Hiobbuches stellt es sich als komplexer dar, überdies würde es als christologisches verhandelt, was bei Brunner vermöge seiner Konzentration auf die Amarna-Religion nicht im Blick ist. Auch ist die Leiderfahrung ja dadurch mitnich-

[54] Ebd. 602.
[55] Ebd. 606.
[56] Ebd. 608.
[57] Ebd. 609.

ten erklärt oder gar bewältigt, dass auf eine vielpolige Wirklichkeit verwiesen wird, in dem Leid einer von mehreren vorkommenden Zuständen ist. Vieles wäre hier zu präzisieren und rückzufragen, genauso natürlich bei der Gegenüberstellung von Vielheit und Toleranz auf der einen, sowie Einheit und Intoleranz auf der anderen Seite. Sicher geht es so einfach nicht, wie die beiden Texte nahe zu legen scheinen. Doch hier tut Einhalt not: Die Argumente von Brunner und Hornung durch den Vorwurf der mangelnden Präzision zurückzuweisen, hieße, ihren Status zu verkennen und die in ihnen steckenden Anfragen nicht wirklich zuzulassen. Es handelt sich in der Tat um vage, aber gerade darin explorative Thesen, die nicht an ihrer schwächsten Stelle erledigt werden sollten, sondern deren möglicher Wahrheitskern herauspräpariert und stark gemacht werden muss, geht es denn darum, ihn zu widerlegen. Für dieses Unternehmen ist es ein Glücksfall, dass die sinnorientierte Thematisierung des Polytheismus in der ägyptischen Altertumswissenschaft kein Einzelfall geblieben ist, sondern in Gestalt zahlreicher Arbeiten des Heidelberger Ägyptologen Jan Assmann zu einem prominenten Thema der gegenwärtigen kulturwissenschaftlichen und theologischen Debatte geworden ist. Dieser Debatte wende ich mich jetzt zu.

3. »Bilder des Ursprungs« vs. »eherne Mauer« (J. Assmann)

a) Grundlagen des gedächtnisgeschichtlichen Ansatzes

»Trotzdem soll er [der Leser, M.H.], das ist die Absicht dieses Buches, das allgemeine Problem nicht aus den Augen verlieren, das diese Untersuchung leitet: die Frage nach dem Exodus, der uns von Ägypten zugleich trennt und mit ihm verbindet.«[58] So schreibt Jan Assmann in der Einleitung zu einem Buch, in dem er eine Grundkonstellation der altägyptischen Gesellschaft und Religion beschreibt, das Konzept und die Theologie der Ma'at. Dieser Einleitungssatz spricht nicht nur für diese weithin bekannt gewordene Studie, sondern in gewisser Weise für das ganze kulturwissenschaftliche Werk Assmanns: Die enorme gedächtnisgeschichtlichn Stofffülle, die er vor den Lesern/innen ausbreitet, dient letztlich der Bearbeitung eines Problemzusammenhangs, den man mit »Ägypten und Israel« umschreiben könnte. Assmann legt sich die Frage vor, wie es eigentlich kommen konnte, dass die Weltdeutungsmodelle eines kleinen, um nicht zu sagen, winzigen Volkes kulturgeschichtlich von derart prägender Kraft werden konnten und diejenigen einer Jahrtausende währenden Großtradition dagegen weitgehend in

[58] Assmann, Ma'at 13.

den Hintergrund traten.[59] Die Kurzformel dafür ist der Begriff *Exodus*: Für das Alte Testament markiert er den Beginn von Israels Identität als auserwähltem Volk, das aus der unterdrückerischen Herrschaft der heidnischen Ägypter zur wahren Gottesverehrung hin gelangte. Für das kulturelle Gedächtnis Ägyptens war dies entweder gar nicht vorhanden oder aber seinerseits die schlechthinnige Apostasie: Bilderverbot und Eingottglaube mussten den Ägyptern schlankweg als Atheismus erscheinen, als das Verlassen der gegliederten und schützenden Welt der Götter. Israel und Ägypten: Hinter den Begriffen verbergen sich zutiefst verschiedene Konzeptionen von Gott und Welt. Sie sind einander historisch nahe, aber denkbar unterschiedlich von den Mustern der Welterklärung her. Dieser nicht groß genug zu denkende Gegensatz ist es, der den Kulturwissenschaftler auf den Plan ruft.

Assmann tritt dabei nicht als Historiker auf, sondern als *Gedächtniswissenschaftler*. Dieser Unterschied ist signifikant und bedarf der Erläuterung. Am besten verständlich ist er, wenn man zwei Einschränkungen beachtet: Zum einen ist Gedächtnisgeschichte nicht Ereignisgeschichte, zum anderen beansprucht sie nicht, über die historische Wahrheit des Erinnerten zu richten. Beide Elemente der Konzeption werden hier kurz vorgestellt.

Ad (1): Was den Gedächtnisgeschichtler interessiert, ist nicht oder nur marginal die Frage, wie es denn gewesen. Kultur, für die er sich interessiert, konstituiert sich nicht aus dem, was ist oder war, sondern wesentlich aus dem, was *erinnert*, und zwar gemeinsam erinnert wird. Identität wird durch das gestiftet, was man von sich erzählt, »in Geschichten verstrickt« oder als die »story«, als die man sich erzählt, um es mit zwei Autoren zu sagen, auf die Assmann sich bezieht.[60] Erinnerung ist kein einheitliches Phänomen. Assmann unterscheidet mehrere Formen von gemeinsam konstituiertem

---

[59] Gelegentlich spricht Assmann davon, dass die von Moses gestiftete Religion von Israel aus die Welt revolutioniert hat, vgl. Sinngeschichte 247.

[60] Zum einen Schapp, In Geschichten verstrickt, zum anderen Ritschl, Konzepte 201–211, ferner ders./Jones, »Story« als Rohmaterial passim; Hinweis bei Assmann, In Bilder verstrickt 73. Schapp entwirft in Heidegger'schen Bahnen eine Theorie des Subjekts, die betont, dass es für Menschen außerhalb von Geschichten strenggenommen nichts gibt: Die Gebrauchs- und Verweisungszusammenhänge sind immer erzählt (bes. 103ff.165ff). Im Gegensatz zu Heidegger legt er aber etliches Gewicht darauf, dass die Gemeinsamkeit einer Erzählung Menschen zusammenführt, ja zur umfassenden Solidarität anleitet (206). Religion ist für ihn gar die Einheitsprätention schlechthin (191ff., bes. 200f.). – Ritschls story-Konzept setzt sich vor allem zum Ziel, »von der Faszination durch ethische *Prinzipien* und der Gefangenschaft in *Begriffen loskommen* [zu] können, ohne sie als solche opfern zu müssen.« (Konzepte 207) Sein Religionsbegriff ist freilich deutlich weniger allgemein, und nicht, wie der Schapps, offenbar an einem abstrakten Gottesbegriff gewonnen. Die »story-Haftigkeit« darf auch und gerade im Reden von Gott nicht überwunden werden: »Israel *ist*, was es erinnert und erhofft und was es davon *erzählen* kann; und der Gott Israels ist nur in seiner ›story‹ mit Israel faßbar. Die ›Gesamt-Story‹ Israels oder gar die ›Total-story‹ Gottes ist nicht erzählbar; sie kann nur dargeboten werden in der Selektion und in einer bestimmten Sequenz von Einzel-Stories.« (ebd. 209)

Gedächtnis, die über das Gedächtnis des Individuums als neuronale Tatsache hinausgehen. In einer jüngeren Publikation spielt eine Distinktion die Hauptrolle, die er die zwischen dem kollektiven und dem kulturellen Gedächtnis nennt. Das *kollektive Gedächtnis* ist eine Form des Erinnerns, die besonders aus manngifachen negativen Nachgeschichten bekannt ist: Es kommt immer wieder vor, dass Gruppen oder ganze Völker sich um eine Geschichte scharen, die sie die ihre nennen und die ihre Identität prägt, insbesondere durch scharfe Abgrenzungen von anderen. Dies ist in vielen aktuellen Konflikten zu beobachten, etwa in Nordirland oder in Israel/Palästina: Die jeweils opponierenden Gruppen berufen sich auf ihre Geschichte, besonders auf ihre Leid- und Todesgeschichte, um der eigenen Position Recht zuzuschanzen. Eine »unversöhnliche affektive Besetzung aus der Vergangenheit« führt zu dem Wahn, aus ihr »die Pflicht zur Rache und zur Unnachgiebigkeit« abzuleiten.[61] Diese Gedächtnisform erzeugt starke Bindungskräfte und schlägt leicht in die Bildung politischer Mythen um. Das Gedächtnis ist dabei durchaus von der Tatsache geprägt, dass es ein gegenwärtiges Gedächtnis ist, konstitutiert von miteinander in der Jetztzeit lebenden Menschen.

Davon deutlich unterschieden ist das, was Assmann das *kulturelle Gedächtnis* nennt und dem seine Aufmerksamkeit vor allem gilt. Es ist umfassend, nicht oder nicht unmittelbar auf die Bedürfnisse des kollektiven Gedächtnisses zugeschnitten und bedient sich – mit Ausnahme der schriftlosen Kulturen – verschiedenster Speichermedien: »Das kulturelle Gedächtnis umfaßt im Gegensatz zum kommunikativen Gedächtnis das Uralte, Abgelegene, ausgelagerte, das Nichtinstrumentalisierbare, Häretische, Subversive, Abgespaltene.«[62] Aus diesen Formulierungen ist abzulesen, dass Assmann dem kulturellen Gedächtnis gleichsam mehr zutraut. Es ist nicht an unmittelbare Verzweckungen gebunden, wie man dies dem kommunikativen bzw. kollektiven Gedächtnis leichter nachweisen kann. Das kulturelle Gedächtnis ist ein Speicher anderer Art, der auch das bewahrt, was widerständig ist, was vom kollektiven getilgt werden sollte und vielleicht über lange Zeitstrecken auch vergessen oder verdrängt war. – Neben dem grundlegenden Unterschied zu aktuellen Formen des Gedächtnisses dürfte für die Dis-

---

[61] Assmann, Religion 34.

[62] Ders., Religion 41. Eine begriffsgeschichtliche Herleitung und systematische Entfaltung des Konzepts, die unter dem Titel »Erinnerungskultur« die relevanten Kategorien diskutiert bei dems., Kulturelles Gedächtnis 29–86. Die Konzeption ist aus mehreren Arbeitskreisen und Kolloquien hervorgegangen. Deren Ergebnisse wurden u.a. publiziert in folgenden Sammelbänden: Kultur und Gedächtnis, Kultur und Konflikt, Kultur als Lebenswelt, Die Erfindung des Gedächtnisses, Mnemosyne. Die Genese der Fragestellung ist zu beobachten in den Ergebnissen des Arbeitskreises »Archäologie der literarischen Kommunikation«, publiziert in den drei Sammelbänden: Schrift und Gedächtnis, Kanon und Zensur, Weisheit.

kussion vor allem interessieren, welche Wertschätzung Assmann dem kulturellen Gedächtnis entgegenbringt. Im eben gegebenen Zitat ist eine solche durchaus spürbar, insinuiert es doch, dass das kulturelle Gedächtnis in der Lage ist, die beträchtlichen Einseitigkeiten des kommunikativen/kollektiven zu korrigieren. Stimmt das wirklich? Ist das kulturelle Gedächtnis qua anderer mnemotechnischer Mittel – und nur durch diese unterscheidet es sich ja – gleichsam besser als präsentische Formen? Es könnte dies auf einer neue Erhebung der Tradition als solcher hinauslaufen. Freilich vermeidet der Autor eine einfache Festlegung; es wäre auch verwunderlich, wenn sich eine derart subtile Kulturtheorie lediglich als Traditionalismus enttarnte.[63] Davon ist der Ansatz gewiss weit entfernt. Die gelegentliche Rückfrage nach möglichen impliziten Werthaltungen lohnt gleichwohl. Das führt zum zweiten Punkt.

An anderer Stelle unterscheidet Assmann zu diesem Zweck zwischen *kommunikativem* und *kulturellem* Gedächtnis, wobei das kommunikative Gedächtnis vom gemeinsam entworfenen Bild lebender Zeitzeugen bestimmt ist, das kulturelle Gedächtnis sich jedoch auf Vergangenheit richtet und spezifische Erinnerungsträger hat.[64] Diese Unterscheidung wurde acht Jahre vor der zwischen kollektivem und kulturellem Gedächtnis publiziert. Es darf daher vermutet werden, dass die jüngere Unterscheidung eine Präzisierung ist, nachdem dem Autor klar wurde, wie sehr kollektive Erinnerungsformen für Ideologie anfällig sind. Die Frage, ob und warum das für kulturelles Gedächtnis nicht gilt, wird beständig mitgeführt werden müssen. Im selben Band etwa schreibt Assmann: »Im Medium der kulturellen Erinnerung erscheint die Vergangenheit niemals wert- und schmerzfrei. Natürlich wird sie, wie Walser sagt, instrumentalisiert. Erforscht wird alles mögliche, aber erinnert wird nur, was gebraucht wird. Hier geht es nie um die Vergangenheit als solche, ›wie es eigentlich gewesen‹, sondern immer nur darum, was sie für die Gegenwart bedeutet, und wie sie in ihr gegenwärtig ist.«[65] Diese Sätze sind durchaus geeignet die – wie soeben referiert – relativ starke und wertbesetzte Trennung zwischen kulturellem Gedächtnis auf der einen und kollektivem/kommunikativen Gedächtnis auf der anderen zu relativieren.

Ad (2): Der Gedächtnisgeschichtler – oder, wie Assmann sagt, Mnemohistoriker – bewertet nicht die Inhalte des Gedächtnisses, derer er ansichtig wird. Was ihn interessiert, sind die Formen und Speichermedien der Überlieferung, die Wege, die Erinnerungsgehalte nehmen und, sofern dies überhaupt möglich ist, die Gründe, warum manches wohl, anderes hingegen gezielt nicht erinnert wird. In Assmanns Worten: »Das Ziel einer gedächtnisgeschichtlichen Untersuchung besteht nicht darin, die mögliche Wahr-

[63] In Assmanns Theorie ist Tradition vielmehr eine unter mehreren möglichen Ausprägungen des kulturellen Gedächtnisses, vgl. Kulturelles Gedächtnis 120 u.ö.

[64] Vgl. ders. Kulturelles Gedächtnis 48–56, instruktives Schema auf 56.

[65] Ebd. 212.

heit von Überlieferungen herauszufinden wie etwa der verschiedenen Moses-Überlieferungen, sondern diese Überlieferungen selbst als Phänomene des kollektiven bzw. kulturellen Gedächtnisses zu studieren.«[66] Damit steht Gedächtnisgeschichte in denkbar scharfem Gegenstand zum Geschichtsverständnis des Positivismus. Der hatte es sich zur Aufgabe gesetzt, das Historische von seiner mythischen Einkleidung zu befreien, also die Elemente der reinen Vergangenheit zu bewahren, weil ihm nur zu bewusst war, dass deren mythische Einkleidung eigentlich eine Funktion der Gegenwart ist: Sie wird an die Vergangenheit angelegt, um die Gegenwart lesbar zu machen, um Identitäten zu schaffen, Gründungsgeschichten zu erzählen oder Aufgaben für die Zukunft zu formulieren. Der Mnemohistoriker interessiert sich für diesen mythischen Aspekt, der vom positivistischen Verständnis perhorresziert wurde. Er tut dies mit einem dezidiert eigenen Interesse. Assmann schreibt: »Gedächtnisgeschichte analysiert die Bedeutung, die eine Gegenwart der Vergangenheit zuschreibt.«[67] Nicht ein mögliches Faktum der Vergangenheit interessiert, sondern die Frage, *warum* eine Gegenwart ihrem Gedächtnis das Fortleben einer Erinnerung gestattet, ja gezielt nahe legt, eine andere aber vielleicht vergisst oder mutwillig verdrängt. Die Wahrheitsfrage wird von Assmann nicht einfach suspendiert, sie wird in die Gegenwart verlegt. Welche »Aktualität« wird durch eine Erinnerung erzeugt oder erhalten?[68] Oder, stärker: Welche »Identität« ist es, die von der Erinnerung geformt wird?[69] An ihnen, der Aktualität und Identität entscheidet sich nichts weniger als die Wahrheit der Erinnerung.

Die Ablehnung der Suche nach historischer Wahrheit führt also nicht einfach ins freie Spiel mit der Vielfalt der Erinnerungen, die als Fabulationen um ihrer selbst willen betrachtet werden können und den Mnemohistoriker der Mühsal der historischen Überprüfung entheben. Mit den eben zitierten Wahrheitskriterien kündigt sich vielmehr so etwas wie ein ethischer Anspruch der Mnemohistorie an: Kann man dieser oder jener Aktualität zustimmen, welche diese oder jene Erinnerung formte? Ist es wünschenswert, einer bestimmten Identität zuzugehören oder sie als politischen Nachbarn zu haben, die durch eine Erinnerung geformt wird? In diesem Sinne werden sich die wahrheitsrelevanten Fragen wohl stellen lassen. Assmann expliziert sie nicht weiter, gibt jedoch noch einige Andeutungen. Wie für den Begriff des kollektiven Gedächtnisses zu sehen war, wendet er sich vor allem gegen Formen der kollektiven Identität, die sich gegen andere kollektive Identitäten abschließen und nennt dafür die konfessionellen Parteien in

[66] Ders., Moses 27.
[67] Ebd. 28, vgl. Herrschaft 248.
[68] Ders., Moses 28.
[69] Ebd. 34.

Nordirland oder den Konflikt zwischen Israelis und Palästinensern. Jeweilige Erinnerungsformen, insbesondere diejenigen, die einen »politische[n] Totenkult« feiern,[70] also die Opfer auf der eigenen Seite zu Märtyrern stilisieren, um deretwillen die eigene Sache weitergeführt werden muss, finden seine scharfe Missbilligung. Solchen Formen des Bindungsgedächtnisses in ideologischer Funktion ist zu widerstehen – und zwar mit Mitteln des kulturellen Gedächtnisses, wie es etwa das Gedächtnis der Opfer darstellt. Dem gilt die in fast schon prophetischer Sprache ausgeführte Hoffnung des Mnemohistorikers: »Der Tag wird kommen, an dem die Amerikaner den verschleppten und versklavten Afrikanern und den ihres Landes beraubten Indianern, die Israelis den vertriebenen Palästinensern, die Russen und Chinesen den ermordeten Regimegegnern, (...) (die Liste läßt sich ja leider endlos fortsetzen) ein Denkmal setzen.«[71] Man wird sagen können, dass das Wahrheitskriterium, dem Assmann sich für seine mnemohistorische Arbeit verpflichtet weiß, eines ist, welches sich an allgemeinen Kriterien der Humanität und Gerechtigkeit messen lassen will.

b) Kosmotheismus

Jan Assmann findet, wie schon angedeutet, zwei distinkt verschiedene, genauer: direkt kontrovers aufeinander gerichtete Formen der Deutung von Gott und Welt, die er in Ägypten und Israel lokalisiert. Seine Termini dafür sind *Kosmotheismus* und *Monotheismus*. Ein Gutteil von Assmanns rekonstruktiven Arbeit besteht darin, das, was Kosmotheismus eigentlich ist, zu beschreiben und es dem Vergessen zu entreißen, in das es durch den enormen Siegeszug des Monotheismus in der wesentlichen Denkgeschichte geraten ist. Assmanns Arbeiten zum Kosmotheismus als Sinnform des alten Ägypten gelten einem Weltdeutungsmuster, das seiner Ansicht nach verzeichnet und missverstanden wurde, weil es nur durch die Brille des biblischen Zeugnisses wahrgenommen wurde.[72] Auch wenn er weit davon entfernt ist, eine kosmotheistische Religion ausrufen zu wollen, ist zahlreichen Passagen in seinem Werk doch abzuspüren, dass mit einer gewissen Sympathie berichtet wird. Es handelt sich um die Sympathie dessen, der weiß, dass über seinen Gegenstand nicht ohne gewisse Empathie berichten kann,

---

[70] Ders., Religion 34.

[71] Ebd. 36. Meine Auslassung enthält eine lange Liste weiterer Beispiele. Ähnlich die Bemerkung, »daß die imperialistische Idee zur Verabschiedung ansteht«, ders., Stein und Zeit 302. Allgemein formuliert: »Erinnerte Vergangenheit ist immer Teil einer aktuellen, gegenwartsbezogenen Semantik.« (Ders., Herrschaft 248)

[72] »In der monotheistischen Tradition des Abendlandes war diese Strategie des Vergessens so wirkungsvoll, daß wir noch immer weit von einem wirklichen Verstehen des Polytheismus entfernt sind.« Ders., Moses 279.

wer die Berichtspflicht ernst nimmt. In diesem wohlerwogenen Sinne geht von der Rekonstruktion der Sinnform Kosmotheismus dasjenige kritische Potential aus, das im Sinne des hier vorliegenden Untersuchungsinteresses erwogen werden muss.[73]

Die erste Überraschung liegt vielleicht schon im Terminus »Kosmotheismus«. Assmann argumentiert durchgängig, dass das unterscheidende Moment zum Monotheismus nicht die Vielzahl der Götter ist. Der Antagonismus, der viele der griechischen Göttererzählungen prägt, spielt in Ägypten keine tragende Rolle.[74] Entscheidend, so lehrt dies, ist nicht der Unterschied eine Gottheit vs. viele Gottheiten, sondern der zwischen der Außerweltlichkeit und Innerweltlichkeit. Die Frage nach dem Einen im Gegensatz zu den Vielen ist demgegenüber ein bloßes Epiphänomen, so sehr es in manchen christlichen Apologien auch in den Vordergrund gerückt wurde. Kern des kosmotheistischen Weltgefühls ist vielmehr: Die Götter sind in eminenter Weise Teil des Kosmos, verkörpern ihn und seine vitalen Prozesse. Sie sind diejenigen Machtformen, die den Weltprozess in Gang halten. »Die große Errungenschaft des Polytheismus ist die sprachliche, ikonische und kultische Artikulation der Macht als strukturierter Götterwelt und semantisches Universum.«[75] Der Kosmotheismus zeichnet also die Welt als sinnvolle, bewohnbare Welt aus. Sie ist ein gegliedertes Ganzes, in dem Kräfte und Mächte zusammenwirken und dies in einer Weise tun, die für Mensch und Gesellschaft ein gedeihliches Leben ermöglicht. Das ist der Grund für die Verehrung, die ihnen zuteil wird: Sie sind Geber und Bewahrer des Lebens.[76]

Mit diesem Grundgedanken – besser: dieser unableitbaren Grunderfahrung – verbinden sich eine Reihe von weiteren Bestimmungen des Kosmotheismus. Unter ihnen steht an erster Stelle die, dass eine Reihe von Distinktionen, die für das neuzeitlich dominierende Bewusstsein zentral sind, im Kosmotheismus nicht gelten. Wäre man neuzeitlich geneigt, Kultur von Natur zu trennen und beide wieder von der Sphäre Gottes – dessen Existenz einmal eingeräumt –, so verknüpfen sich für den Kosmotheismus diese drei zu einer komplexen Einheit von Entsprechungen. Die Natur ist einerseits

[73] In Assmanns jüngstem Buch zum Thema, in dem er einige Selbstkorrekturen vornimmt und seine Thesen gegen Kritiker verteidigt, stellt er klar, niemals den Kosmotheimus beworben haben zu wollen, sein Thema aber »ohne ein gewisses Maß an Empathie und einfachem Ernstnehmen« nicht bearbeiten zu können. (Ders., Mosaische Unterscheidung 18, zur Abwehr des Vorwurfs, Kosmotheismus-Missionar zu sein vgl. ebd. 16–18.37.60.161.)

[74] Ebd. 279f.

[75] Ebd. 73.

[76] Vgl. ders., Sinngeschichte 232ff, dort auch zur Begriffsgeschichte des Terminus und eine kompakte Gesamtdarstellung des Konzepts. Ebenfalls definitionsähnlich die Beschreibung in Arbeit am Polytheismus 61.

von der göttlichen Sphäre nicht getrennt, etwa als Geschöpf oder als Gegenstand, an dem und durch das ein Gott handeln würde. Die Naturelemente werden als Lebensgeber erfahren und in diesem Sinne als Götter gedeutet. Dementsprechend ist das Widerfahrnis von Göttlichkeit auch nicht gegen die alltägliche Naturerfahrung konzipiert, wie es die neuzeitliche Rezeption der biblischen Wundertradtionen nachhaltig eingerichtet hat, sondern gerade als die Regelmäßigkeit der natürlichen Zuusammenhänge und Abläufe. Deren Störung ist Bedrohung, ihr Zusammenwirken aber Gnade:

»Der Ägypter erlebt in der Natur das Göttliche nicht in den unerklärbaren Ausnahmen wie Regenbogen, Erdbeben, Sonnen- und Mondfinsternissen usw., sondern im Gegenteil in der Regelhaftigkeit der alltäglichen und alljährlichen zyklischen Prozesse. Die Natur läßt sich den Göttern nicht gegenüberstellen (...). Der Ägypter sieht die Götter nicht jenseits der Natur, sondern in der Natur und daher als Natur. Die Götter sind im gleichen Maße ›natürlich‹, d. h. kosmisch, wie die Natur bzw. der Kosmos göttlich ist.«[77] – »Eine Naturreligion lebt in der kosmischen Dimension der Gottesnähe. Sie erlebt die Natur als ›hierophan‹, als das Zur-Erscheinung-Kommen göttlicher Mächte.«[78]

Auf der anderen Seite ist Natur – der göttliche Kosmos – aber auch nicht von der kulturell gestalteten Welt der Menschen geschieden. Die Lebensmächte des Kosmos werden im Kult abgebildet und gefeiert, der Mensch erlebt seine Gesellschaft in dem Sinne solidarisch, wie die Mächte des Kosmos solidarisch sind, um Leben zu ermöglichen: »Der Mensch erkennt sich im Kosmos wieder. Es ist *sein* Tod, der hier überwunden, *seine* Ambivalenz zwischen Gut und Böse, die hier zum Guten vereindeutigt, *seine* Herrschaft, die ausgeübt wird. Ihn interessiert nicht der Zusammenhang von Ursache und Wirkung, die eigengesetzliche Organsiation des Prozesses. Dies herauszufinden wäre ein Akt des Erklärens. Ihn interessiert vielmehr der Heilssinn der als Handlung und Lebensvollzug gelesenen Vorgänge. Das ist ein Akt des Verstehens. Der Kosmos wird nicht erklärt, sondern ausgelegt. Er enthält eine Botschaft, die der Mensch auf sich beziehen, einen Sinn, den er in sich selbst aktivieren kann.«[79] Genauso, wie es einen Konnex, ja eine Identität von Natur und Göttlichem gibt, so gibt es eine Entsprechung zwischen Kosmos und Leben bzw. Lebenswelt. Der – von Assmann nicht verwandte – Terminus dafür ist die Analogie zwischen Mikrokosmos und Makrokosmos. Ist das Ganze ein gegliedertes und aufeinander verweisendes Ganzes, so folgt schlüssig, dass die Natur nicht Objekt im

---

[77] Ders., Theologie 79.
[78] Ebd. 68, vgl. 84f.
[79] Ders., Sinngeschichte 238f, vgl. In Bilder verstrickt 87.

neuzeitlichen Sinne sein kann: Ihre Botschaft wird ausgelegt, nicht ihre Mechanismen erklärt.

Assmann weist mehrfach darauf hin, dass die kosmotheistische Sicht der Welt nicht mechanistisch und nicht optimistisch missverstanden werden darf, so als ginge es lediglich darum, die Regeln zu kennen, nach denen der Kosmos ewig prästabilisiert funktioniert, um es sich im Leben einzurichten. Dies mag einem deistischen Konzept nahe kommen und ist in der alttestamentlichen Forschung der Nachkriegsjahrzehnte wohl auch das herrschende Bild über Ägypten gewesen, gilt aber nicht für kosmotheistische Religionen. In ihnen dominiert vielmehr die Vorstellung, dass die Welt ein Prozess, eine gegliederte Handlung ist. Diese Handlung nun ist in steter *Gefährdung*; die Balance der Kräfte könnte durchaus zerbrechen. Die kosmotheistische Anthropologie ist dabei alles andere als optimistisch: Der soziale Zusammenhalt ist stets gefährdet und bedarf der solidarischen Erneuerung, genauso wie der kosmische Prozess stets gefährdet ist und der Erneuerung bedarf. Der Beitrag des Menschen dazu ist der Kult.[80]

Aus der unabdingbaren Funktion des Kults darf laut Assmann – so seltsam das klingt – aber nicht gefolgert werden, dass der Kosmotheismus eine Religion ist. Wohl gibt es, zumindest im Fall des alten Ägypten, Riten, Mythen, Bildnisse, eine Priesterschaft und anderes mehr, was man unverwandt zum Inventar einer Religion buchen würde. Gleichwohl sind alle diese religioiden Elemente so angeordnet und vernetzt, dass sie keinen separaten Bereich darstellen. Es wird nicht unterschieden zwischen heilig und profan, der ganze Kosmos ist Anwesenheit der Götter und zyklisch ablaufender Weltprozess. Es gibt »nicht Institutionen einer vom Staat unterscheidbaren ›Kirche‹«,[81] alle Tempel, Priester und sonstigen Funktionsstellen sind unmittelbar Organe des Staates. Zwischen Herrschaft auf der einen und Heil auf der anderen Seite wird nicht unterschieden, Pharao ist Inbegriff derjenigen Ordnung, die das Zusammenleben der Menschen garantiert und den Kontakt zum kosmischen Prozess sicherstellt. Der »Zusammenhang zwischen Politik und Sinnstiftung«[82] ist denkbar eng, so eng, dass die beiden Größen zusammen fallen. In diesem Sinne ist Ägypten, obschon mit allen

[80] »Der Ägypter ist sich über die Unvollkommenheit der Welt im klaren.« Ders., Ma'at 225. Vgl. u.a. ders., Theologie 21; Moses 35.37.225; Sinngeschichte 218.234; Herrschaft 35f. In Ma'at beschreibt Assmann ausführlich, wie diese Konzeption, von der man lange Zeit angenommen hatte, sie stelle eine spekulative Kosmologie dar, im Grunde ein Konzept sozialer Solidarität ist, welches aus diesem Zusammenhang zu einer implizit-religiösen Größe wurde: Konnektive Solidarität – also die unter Menschen – und vertikale Solidarität – diejenige, die gleichsam in die göttliche Sphäre reicht, die postmortale Fortexistenz und den kosmischen Prozess einbeziehend – sind in komplexer Weise aufeinander bezogen, vgl. bes. 58ff.92ff.160ff.

[81] Ders., Sinngeschichte 243.

[82] Ebd. 136, vgl. 36.

Kennzeichen einer Hochkultur ausgestattet, dennoch Repräsentant einer Religionsform, die man implizite Religion nennen könnte. Religion und Gesellschaft/Herrschaft liegen ungeschieden ineinander.

»Da Ordnung als solche heilig ist, da Pharao die Gerechtigkeit verkörpert, lassen sich Herrschaft und Heil nicht auseinanderhalten. Die ägyptische Unterscheidung verläuft vielmehr zwischen legitimer Herrschaft und illegitimer Gewalt. Legitim ist die Herrschaft, die vom König ausgeht, weil sie das in Gang haltende Handeln des Schöpfers repräsentiert. Illegitim ist die Gewalt des Stärkeren.«[83] In diesem Sinne argumentiert Assmann gelegentlich, dass die ägyptische Gesellschaft sich selbst nicht als Despotie begriffen habe, wenngleich sie der Ausübung von Zwang nicht abgeneigt gewesen sei.[84] An Stellen wie diesen zeigt sich, wie ich meine, in aller Deutlichkeit der Unterschied der gedächtnisgeschichtlichen zur sozialgeschichtlichen Fragestellung. Der Mnemohistoriker hat es vorneuzeitlich zwangsläufig mit Produkten der Eliten zu tun: Er untersucht Herrschaftswissen.

Aus der Perspektive derer, denen dies nicht zugänglich war, dürfte sich die Ma'at aber durchaus nicht als »Begriff der Mitmenschlichkeit« erwiesen haben.[85] Gedächtnisgeschichte macht Sozialgeschichte umso nötiger, damit sie nicht – direkt wider die erklärte Intention – die Vergessenen noch einmal vergisst. Denn dass auch das Verdrängte und Vergessene im kulturellen Gedächtnis präsent bleibt, wie Assmann im oben gegebenen Zitat aus Religion 41 behauptet, bleibt an die Überlieferungsbedingungen *eben dieses* Gedächtnisses gebunden, die ihrerseits nicht mnemohistorisch eingeholt werden können. G. Kaiser ist recht zu geben, wenn er in seiner umsichtigen Auseinandersetzung mit Assmanns Konzept der Mnemohistorie schließt: »Die Geschichten des Geschichtsverhältnisses brauchen zur Folie eine Realgeschichte. Wir müssen ein wissenschaftliches Bild haben von dem, was war, damit wir eine adäquate Vorstellung von dem gewinnen können, was im historischen Rückblick daraus gemacht geworden ist, welche Stilisierungen warum erfolgt sind.«[86]

Assmann geht sogar so weit, diesen uneigentlichen Religionstyp mit dem Konzept der unsichtbaren Religion nach Thomas Luckmann in Verbindung zu bringen. Seine Lesart von Luckmanns These bestimmt unsichtbare Religion als »die übergeordnete, unsichtbare Religion, die das Verhältnis des Einzelnen zur Gesellschaft und zur Welt bestimmt« und identifiziert dies mit dem kulturellen Gedächtnis.[87] Auf diese Weise sind drei Größen für identisch erklärt worden: unsichtbare Religion, kulturelles Gedächtnis und Kosmotheismus. Das bedeutet im Umkehrschluss, dass Kosmotheismus und kulturelles Gedächtnis ein- und dasselbe sind. Kosmotheismus ist das-

[83] Ders., Herrschaft 70, vgl. 44.
[84] Vgl. ders., Sinngeschichte 149
[85] Ebd.
[86] Kaiser, Exodus 4.
[87] Assmann, Religion 46.

jenige fraglos vorhandene Wissen, das die Identität des Gemeinwesens so beschreibt, dass es sich mit den wesentlichen Mächten des Kosmos einig weiß und dies in einer Art und Weise tut, die keine institutionelle Sonderstellung der Religion gegenüber der Gesellschaft/Herrschaft erkennen lassen.[88]

Kosmotheismen sind ursprüngliche Religionen. Sie haben keinen Stifter,[89] sie heben sich nicht von der Gesellschaft ab, zu der sie gehören, sie predigen nicht den Auszug aus der soziokosmischen Wirklichkeit, die sie beschreiben. Die »Bilder des Ursprungs«, mit denen solche Religionen arbeiten, »beruhen auf dem *Prinzip der Autochthonie*«.[90] Sie fliehen nicht, sie werben für Präsenz. Ihre Hoffnung ruht nicht auf der Zukunft, sondern auf der Beständigkeit des Prozesses. Ihre Götter sind nicht fern und überweltlich, sondern nahe. Entsprechend beruht das, was sie als wahr anbieten, auch nicht auf übernatürlichen Offenbarungen, sondern ist gleichsam das Natürliche selbst: »(...) diese Götter haben den Vorzug und die Verführungskraft der natürlichen Evidenz, die der geoffenbarten Wahrheit abgeht. Es handelt sich um die Götter dieser Welt bzw. um die Göttlichkeit der Welt, die von der monotheistischen Religion radikal entzaubert wird.«[91] Weil sie, und das bliebe noch zu ergänzen, der natürlichen Evidenz vertrauen, kennen sie auch keinen Absolutheitsanspruch einer Gottheit oder eines Pantheon: Die Übersetzung von der einen in die andere Sprache, von der einen in die andere Kultur ist ihnen problemlos möglich.[92] Die Religion des göttlichen Kosmos ist in erstaunlicher Weise tolerant.

Jan Assmann entwickelt diese Beschreibung des Kosmotheismus vornehmlich anhand seiner Kenntnis der altägyptischen Kultur. Insofern ist das, was hier kurz summiert wurde, ein Beitrag zur Religions- und Kulturgeschichte. Der Autor lässt gleichwohl wenig Zweifel daran, dass er zumindest auch einen bestimmten Typ von Religion und Weltverhalten beschrieben hat, der nicht nur in Ägypten vorkommt, sondern auch anderswo angetroffen, ja zu einem Konzept generalisiert werden kann. Wirkungsgeschichtlich geht er dem etwa für bestimmte Unter- und Gegenströmungen der frühen Neuzeit und goethezeitlichen Religiosität nach, doch ist auch

[88] Assmann identifiziert unsichtbare Religion und das Grundkonzept des altägyptischen Kosmotheismus mit folgenden Worten: »Die Ägypter haben einen Begriff, der dem, was Luckmann unsichtbare Religion nennt, nahe kommt: den Begriff Ma'at.« (Ebd. 47)

[89] Ders., Theologie 68.

[90] Ders., Kulturelles Gedächtnis 201, Herv. d. Vf.

[91] Ders., Religion 74.

[92] »Dagegen lassen sich die hochdifferenzierten Mitglieder der polytheistischen Panthea ohne Mühe aus der einen in die andere Religion bzw. Kultur übersetzen. Die Fälle der *interpretatio Latina* griechischer Gottheiten und der *interpretatio Graeca* ägyptischer Gottheiten sind wohlbekannt.« Ders., Moses 73f, vgl. 19, Ma'at 22f, Sinngeschichte 438.

immer wieder erkennbar, dass Kosmotheismus zumindest auch ein *Konzept* ist, das als solches wahrzunehmen ist und dem durch die Arbeit des Mnemohistorikers der Ruch einer fernen, primitiven und absurden Form menschlicher Religionsausübung genommen werden soll. Der Plausiblitätsspielraum Kosmotheismus kann, soll er schon nicht direkt beworben, so doch in seinem Eigenrecht wahrgenommen werden.

Nun ist es aber so, dass die Beschreibung dieser Sinnform die im allgemeinen Gedächtnis der Gegenwart vorhanden ist, allerdings als eine, die im Wesentlichen durch die Wahrnehmung der Bibel gezeichnet – und das heißt für Assmann: verzeichnet – worden ist. In diesem Sinne steht der Exodus als Gründungsgeschichte Israels in der Tat zwischen dem ägyptischen Kosmotheismus und uns.[93] Hat man aber einmal einen Blick auf den Sinnbezirk Kosmotheismus geworfen, dann erscheint im Gegenteil der Monotheismus der Schriftreligion Palästinas in einem völlig anderen Licht: Er ist eine sekundäre, gestiftete, durch Abkehr und normative Inversion gekennzeichnete Religion, die auf nichtevidenten Autoritätsansprüchen basiert und über ein nur wenig geklärtes Verhältnis zu Gewalt und Intoleranz verfügt. Der beispiellose Siegeszug kann laut Assmann über diese Gründungsgeschichte nicht hinwegtäuschen. – Dem Begriff des Monotheismus als Gegenreligion wende ich mich im nächsten Schritt zu.

c) Monotheismus

»Wie der Staat die große Errungenschaft Ägyptens, so ist die Religion die große Errungenschaft Israels. Zwar gibt es Religion natürlicher- und unausweichlicherweise überall auf der Welt; aber sie sind dort ein Aspekt der Kultur, mit dem zusammen sie entstehen und untergehen. In Israel aber wird Religion in einem ganz neuen und emphatischen Sinne geschaffen, der sie von der allgemeineren Kultur unabhängig macht und ihr Überdauern über alle kulturellen Wandlungen, Überfremdungen und Assimilationen hinweg ermöglicht. Religion wird zu einer ›ehernen Mauer‹, mit der sich das ihr anhängende Volk gegen die umgebende, als fremd diagnostizierte Kultur abgrenzt.«[94] Mit Israel ändert das, was Religion heißen könnte, seinen Sinn, genauer, es beginnt als fassbare Sonderexistenz überhaupt erst zu existieren. Ägyptisch war die Religion in direkter Weise mit dem Staat und

---

[93] Wie oben schon zitiert, schreibt Assmann programmatisch: »Trotzdem soll er [der Leser, M.H.], das ist die Absicht dieses Buches, das allgemeine Problem nicht aus den Augen verlieren, das diese Untersuchung leitet: die Frage nach dem Exodus, der uns von Ägypten zugleich trennt und mit ihm verbindet.« (Ma'at 13).

[94] Assmann, Kulturelles Gedächtnis 197. Vgl. die Charakterisierung, dass der Kosmotheismus eher kosmologisch und evolutionär ausgerichtet sei, der Monotheismus dagegen politische Metaphorik gebrauche und revolutionäre Tendenzen in sich trage; ders., Monotheismus 47f.

seinen Funktionen deckungsgleich, Herrschaft und Heil waren identisch. In Israel treten beide in denkbar schärfste Dissoziation. Diese Dissoziation von Herrschaft und Heil ist gleichsam das Leitmotiv Assmanns bei der Beschreibung des Monotheismus. Sie entspringt zum einen in direkter Weise der Gründungsgeschichte des biblischen Monotheismus als einer Gegenreligion, die dem ägyptischen Staatsverband entflieht. Sie beschreibt ferner die wichtigsten Inhalte dieser Religion: Ihr Gottesbegriff ist strikt transzendent und von weltlicher Herrschaft geschieden, ihr Ethos ist eines der Fremdlingsschaft, sie lehrt die Unanschaulichkeit des Heiligen und ein welttranszendierendes, auf Zukunft gerichtetes Ziel des frommen Lebens. Zuletzt beschreibt die Dissoziation von Herrschaft und Heil auch noch die Probleme, die eine monotheistische Religion mit sich führt: Sie kennt nur ihre eigene Wahrheit und bekämpft die anderen, sie richtet sich gegen die natürlichen Evidenzen und mutet ihren Anhängern zu, diese zu vergessen, schließlich wird sie fast zwangsläufig zur Buchreligion, die ein privilegiertes Wissen beansprucht.

Israels Religion ist »Religion als Widerstand«.[95] Es selbst erinnert den Anfang seiner Existenz als Widerstandsbewegung gegen Unterdrückung und das Anbeten falscher Götter, als Auszug des Volkes Gottes zur wahren Gottesverehrung und zum Empfang der Weisung. Es geht freilich auch genau anders herum: In legendarischen Quellen wird Israel von außen erinnert als Revolte einer Gruppe Aussätziger oder anders Gebrandmarkter, die sich unter der Führerschaft einer zwielichtigen Figur davonmachen, um einer Religion anzugehören, die das genaue Gegenteil der ägyptischen ist.[96] – Befreiung oder Revolte: Die monotheistische Religion ist jedenfalls eine, die das, was sie an Religion = Kultur um sich herum wahrnimmt, in toto ablehnt. Anders ist ihre Gründungsgeschichte nicht zu denken. Assmann generalisiert das zu dem *Theorem der Gegenreligion*: »Alle monotheistischen Religionen sind Gegenreligionen. In ihrer Sicht gibt es keinen natürlichen oder evolutionären Weg, der vom Irrtum der Idolatrie zur Wahrheit des Monotheismus führt. Diese Wahrheit kann nur von außen kommen, durch Offenbarung.«[97] Alles, was einer Gegenreligion zeitlich vorausgeht oder was sie geographisch umgibt, muss aus ihrer Warte falsch erscheinen, denn: »Unwahre Götter kann man nicht übersetzen.«[98] Was in einer solchen Religion gilt, ist durch Abscheu gegenüber dem gekennzeichnet, was in der Re-

---

[95] Ders., Kulturelles Gedächtnis 197.

[96] Ders., Sinngeschichte 440–446 vgl. Moses 54–72 erzählt die verschiedenen Varianten, in denen im Neuen Reich Ägyptens der Mythos von den Aussätzigen kursierte, in der in Gestalt einer antijüdischen Geschichte Erinnerungssegmente an die Echnaton-Relvolution auftauchen.

[97] Ders., Moses 24.

[98] Ebd. 20.

ligionen der Umwelt gilt. Götterbilder als Unterpfand der Anwesenheit werden zur Idolatrie, die Verehrung des Pharao als Göttersohn zur heillosen Anmaßung, usw. Geltung wird durch Umwendung gewonnen. Assman nennt dies das Prinzip »normative Inversion«.[99]

Wenn eine Religion einen solchen Anfang nimmt, dann muss sie die bewohnbare Welt des Kosmotheismus für unbewohnbar erklären und den Exodus aus ihr fordern. Im Namen des Heils wird Herrschaft für sie zutiefst fragwürdig. Durch die Verlagerung des Heils an einen transzendenten Ort wird Herrschaft in der Perspektive einer solchen Religion allererst als Herrschaft erkennbar. Was für den Kosmotheismus die heilskontinuierende Anwesenheit der kosmischen Mächte war, erscheint nun als Anmaßung, Idolatrie und Grausamkeit.

Es müsste zu sagen sein – diese Zuspitzung findet sich bei Assmann bezeichnenderweise nicht und kann es auch nicht –: Was als Heil ausgegeben wurde, *ist* eigentlich Herrschaft, die Prätention von Kontinuität der Gnade *ist* in Wahrheit Despotie. Diese Umstände sind im Zustand des Kosmotheismus nur auf geschickte Weise kaschiert.[100]

Für Assmanns Begriff *wandelt sich im Monotheismus das Wesen der Kultur*. Ist sie kosmotheistisch durch die Fähigkeit zum Austausch und zur Übersetzung gekennzeichnet, so wird sie im Zustand des Monotheismus begrenzt und begrenzend: »Im Zustand ihrer limitischen Aufrüstung ändert Kultur ihren Aggregatzustand: sie wird Religion.«[101] Offensichtlich scheint für den Kulturwissenschaftler hier eine gewisse Grenze der beschreibenden Neutralität erreicht. Auch wenn keine explizite Stellungnahme erfolgt,[102] so ist doch eindeutig zu sehen: Der Kulturbegriff muss verändert werden, um mit dem Phänomen der monotheistischen Religion zurecht zu kommen. Dass dies mit pejorativ anmutenden Metaphern geschieht ist eine Sache,

---

[99] Ebd. 57.

[100] Diese Pointe ist fundamentaltheologisch von Belang, bezeichnet sie doch den Punkt, an dem die Theologie in den Streit um die Wirklichkeit eintritt. In diesem Sinn ist an das eingangs des Kapitels Ausgeführte zu erinnern: Die Theologie kann die Formulierung dessen, was Mächte/Götter sind, nicht einer vorgeblich neutralen dritten Instanz überlassen. Erst coram Deo findet sie zu ihrer eigenen Sachlichkeit. Dass sie sich damit buchstäblich immer im Streit um die Wirklichkeit befindet, ist als ihre Sachlichkeit hinzunehmen.

[101] J. Assmann, Kulturelles Gedächtnis 157.

[102] Dies geschieht allenfalls in sehr vorsichtiger Weise: » (…) daß die Bibel diesen Subtext [den Kosmotheismus, M.H.] nicht ausgelöscht sondern vielmehr als das Gegenbild ihrer Wahrheit präsent gehalten hat. Aber es ist gerade diese Umformung und Umfunktionierung Ägyptens zum Gegenbild Israels, die einer Auslöschung gleichkommt. Das biblische Ägyptenbild ist eine Form der Unkenntlichmachung und läßt sich als solche der Präparierung eines wiederverwendeten Papyrus vergleichen. [Absatz] Ich verhehle mir nicht, daß auch das vorliegende Buch ebenso an dieser Debatte teilnimmt, wie es sie zum Thema einer gedächtnisgeschichtlichen Rekonstruktion macht. (...) Auch der Ägyptologe ist um die Restaurierung des Goldgrunds bemüht.« Ders., Moses 249f.

über deren Recht gesondert zu befinden wäre. Eine andere aber ist, dass der Kulturbegriff offenbar nicht so neutral ist, wie dies in der Grundlegung der Theorie vom kulturellen Gedächtnis der Fall zu sein schien. Hier zeigt sich wieder die konzeptuelle Allianz zwischen kulturellem Gedächtnis, unsichtbarer Religion und Kosmotheismus. Was in dieses Gedritt nicht einfügbar ist, muss als kulturelle Sonderform – »limitisch«, »aufgerüstet« – prädiziert werden. Doch, woher rechtfertigt sich eine solche Kriteriologie? Ganz offenkundig existiert hier ein hermeneutischer Zirkel zwischen Kosmotheismus und Kulturbegriff. Dann aber, und dies gilt als Lesehinweis für das Folgende, müsste mit der ethischen Kriteriologie der Kulturtheorie der Nachweis geführt werden, dass die monotheistisch beeinflusste Kultur Identitäten formt, die dem Humanum nicht genügen. Andernfalls wäre nicht zu rechtfertigen, dass Kulturbegriff und Monotheismus nicht recht zusammenpassen.

Das grundlegende inhaltliche Moment des Monotheismus nennt Assmann die *»Mosaische Unterscheidung«*.[103] Dieser Terminus besagt, dass durch Moses' Religion etwas in die Religionsgeschichte eingeführt wurde, das es vorher noch nicht gab. Der Monotheismus trifft »die Unterscheidung zwischen wahr und unwahr im Bereich der Religion«.[104] Was das sein soll, erhellt aus dem Vorstehenden. Die Technik der kulturellen Übersetzbarkeit wird verabschiedet zugunsten der Eindeutigkeit des einen Gottes. Von nun an gibt es, wohin man nur blickt, Unterscheidungen: »zwischen Juden und *gojim*, Christen und Heiden, Muslimen und Ungläubigen.«[105] Dies aber, so Assmann an derselben Stelle, ist ein zutiefst ambivalentes Phänomen. Es hat wohl Identitäten und Orientierungen hervorgerufen, zeichnet aber genauso verantwortlich für eine Welt voll Intoleranz, Gewalt und Konflikten. Zu fragen ist, worin dieser Hang zum Inhumanen nach Assmanns Ansicht besteht. Die Antworten, die er auf diese Frage gibt, lassen sich m.E. in zwei Gruppen einteilen. Es gibt einmal allgemeine Kennzeichen des Monotheismus, die seine eigentümlich unplausible Eigenheit ausmachen und damit gewissermaßen eine kulturelle Hermeneutik des Verdachts rechtfertigen, ohne allerdings selber dem Verdikt zu verfallen. Was in ihnen zu beobachten ist, ist zwar schwer verständlich und macht einen schalen, wenig lebensfrohen Eindruck; dem Verdacht, nachgerade gefährlich zu sein, wird es aber nicht ausgesetzt. Das allerdings geschieht mit einer zweiten Gruppe von Beobachtungen, die explizit den Kriterien des Humanum widersprechen, gleichwohl hundertprozentige Kinder des Monotheismus sind.

[103] Ebd. 17 (Einführung des Terminus); zahllose andere Belege in dieser und den darauf folgenden Publikationen. Herv. M.H.

[104] Ebd.

[105] Ebd.

Zur ersteren Gruppe: »Der Monotheismus fundiert eine existenzielle Weltfremdheit.«[106] Dieser Satz steht wie eine Kapitelüberschrift über einer ganzen Reihe von Feststellungen, die Assmann über den Monotheismus macht. Ich nenne die wichtigsten stichwortartig: Das symbolische Universum des Monotheismus predigt die religiöse Unbewohnbarkeit der Welt. Sein Gott ist von ihr strikt unterschieden und in Riten, Symbolen und Bildern nicht anzutreffen.[107] Die Kategorie des Geheimnisses spielt in ihm keine Rolle mehr.[108] Seine Ursprungsbilder sind extraterritorial, verdanken sich der Logik des Auszugs und Fortgehens.[109] Seine Normen kommen in eigentümlicher Weise von außen und nicht aus dem Bereich des empirisch Beschreibbaren.[110] Überhaupt ist er gekennzeichnet von einem grundlegenden Misstrauen gegenüber dem Vorfindlichen. Seine Erzählungen, seine Hoffnungen sind kontrapräsentisch fundiert.[111] Der Monotheismus sieht die Schöpfung als beendet, sie ragt für ihn nicht in den gegenwärtigen Erfahrungsraum hinein.[112] Die Evidenz des Natürlichen gibt es für den Monotheismus nicht mehr; sie wird gegen die Offenbarung eingetauscht.[113] Die Reihung lässt sich so zusammenfassen: Der Monotheismus hat den gegliederten, bewohnbaren und verständlichen Kosmos entzaubert und ist damit eines gut funktionierenden Orientierungsgrundes für Ethos, Solidarität, Wahrnehmung des Heiligen, für die Bilder der Hoffnung verlustig gegangen.

Wohlgemerkt zeichnet Assmann kein einseitiges Bild, als sei Monotheimus ausschließlich eine existentiell weltfremde Religion. Zu den Faktoren des alttestamentlichen Monotheismus, die seine besondere Aufmerksamkeit finden, zählt das Deuteronomium: In ihm erkennt er ein Meisterwerk der Gedächtniskunst. Im Rahmen der Weltlosigkeit des Monotheismus, so ließen sich die diesbezüglichen Beobachtungen und Analysen zusammenfassen, muss Identität auf eine andere Weise gestiftet werden. Dies geschieht durch eine vielstimmige und methodisch hoch variante Umsetzung des einen Schlüsselwortes: »זכר«, »gedenke!« Wo natürliche Evidenz nicht vorhanden ist, wird Identität durch die gemeinsame Erinnerung konsitutiert, die es einzuüben und präsent zu halten gilt. Mit diesem Erinnerungsprogramm betrat das alte Israel religionsgeschichtlich und mnemotechnisch völliges Neuland. Diese Neuerung war es auch, die ihm ursächlich half, das babylonische Exil zu überleben: Wäre es nicht in der Lage gewesen, kontrafaktisch Präsenzen zu erhalten, so wäre der babylo-

---

[106] Ders., Religion 71.
[107] Ebd. 96ff.
[108] Ders., Moses 276.
[109] Ders., Kulturelles Gedächtnis 201.
[110] Ders., Sinngeschichte 143.
[111] Ders., Kulturelles Gedächtnis 78ff.
[112] Ders., Sinngeschichte 234.
[113] Ders., Religion 71.74 u.ö.

nischen Gola, wie man zu vermuten hat, das Schicksal des deportierten Nordreichs nicht erspart geblieben.[114]

Damit zur zweiten Gruppe der Argumente, zu dem Kern des Monotheismus, den Assmann für gefährlich hält. Die verschiedenen Elemente von Weltfremdheit, von denen soeben zu berichten war, tragen in Assmanns Wahrnehmung einen Zug zum Zwang – nicht zuletzt zum Selbstzwang – in sich. Die Mosaische Unterscheidung nötigt, überall und immer zwischen wahrer und falscher Religion zu unterscheiden. Der Imperativ des Deuteronomium: »זכר«, »gedenke!«, führt immer auch den gegenteiligen Imperativ mit sich: vergiss! Das Gedenken an Gottes Heilshandeln zugunsten seines Volkes ist identisch mit dem Vergessensollen der natürlichen Evidenz der Kosmosgötter. Vergessen aber kann nicht befohlen werden, sodass dieser Imperativ notwendig zur *Verdrängung* wird. »In dieser Paradoxie gründen die Angst, die Schuld und das Trauma des Monotheismus.«[115] Sie trägt den Keim der Gewalt in sich, weil sie durch die mosaische Unterscheidung eine unheilvolle Grenze zieht: »Gott ist die Wahrheit, die Götter der anderen sind Lüge. Das ist die theologische Basis der Unterscheidung von Freund und Feind.«[116] Diese Freund-Feind-Unterscheidung hat fatale Konsequenzen. Sie wird zum Ikonoklasmus,[117] sie erfindet den politischen Feind, ja sie erfindet die Grenze zwischen Freund und Feind im einzelnen Menschen selbst.

Wie bekannt, hat sich dies in der Geschichte des alten Israel bei Gelegenheit nach außen gerichtet. Das Volk versuchte sich – mehr oder weniger erfolgreich – von seinen als heidnisch apostrophierten Nachbarvölkern und den Großreichen abzusetzen, um seine Identität als Gottesvolk leben zu können. Genauso, und in der erinnerten Identität Israels vielleicht viel deutlicher als in seiner realen Geschichte, wandte sich die Mosaische Unterscheidung aber auch nach innen, und zwar in doppelter Weise: Zum einen war, wie bekannt ist, die monotheistische Identität Israels über weite Stre-

---

[114] Vgl. ders., Kulturelles Gedächtnis 212–228, Religion 83–100 und die Aufsätze: Katastrophe des Vergessens und Re-Membering.

[115] Ders., Religion 74.

[116] Ders., Herrschaft 263. Damit behauptet Assmann implizit, dass der Ansatz von Carl Schmitt im Recht ist, sofern er sich denn auf den Monotheismus beruft. Schmitt hatte, wie Assmann zu Beginn dieses Bandes referiert, behauptet, dass mit der Unterscheidung von Freund und Feinds »der Bereich des Politischen schlechthin« (25) bestimmt ist. Genau dies ist in Assmanns Lesart also die Leistung des Monotheismus. Für Assmann ist diese Unterscheidung von Freund und Feind aber nur »ein (zweifellos zentrales) Untergebiet des Politischen« (27). Hier kehrt wieder, was schon anhand der Assmann'schen Ausführung über (monotheistische) Religion als Aggregatzustandsänderung der Kultur zu beobachten war: Der Monotheismus ist für ihn nicht Kultur im vollen Sinne. Solche massiven Wertungen bedürften allerdings ausführlicher Begründung.

[117] Ebd. 257 u.ö., Religion 96–100 u.ö., Moses 21.49 u.ö.

cken seiner Geschichte alles andere als gesichert. Die JHWH-allein-Bewegung – wenn es sie denn gab –, die Schriftprophetie des Nordreichs und andere geben davon ausreichend Zeugnis. Zum anderen wandte und wendet sich die Mosaische Unterscheidung auch an jeden Einzelnen: Jeder und jede ist alltäglich verführbar durch die überwältigende Evidenz des Natürlichen. Im Monotheismus aber darf ihr nicht erlegen werden. Was wahr ist und falsch, macht also vor dem individuellen Gedächtnis und dem individuellen Selbsterleben nicht halt, sondern durchdringt es. Die Grenze verläuft nicht nur zwischen erwähltem Volk und Heiden, nicht nur irgendwo im corpus permixtum dieses Volkes, sondern mitten durchs einzelne Ich. Es gilt, den Heiden in sich selber zu bekämpfen.[118] Dies ist für Assmann ein Zustand latenter oder offenbarer Gewalt. Er kennzeichnet die Tatsache, dass die Monotheismen der Schriftreligionen »die Semantik der Sünde«[119] kennen. Erkennt man sie als internalisierte Mosaische Unterscheidung, so ist zu schließen: Der Monotheismus trägt einen *Kern von internalisierter Gewalt* in sich. Dessen externalisierte Geschichte ist nur zu bekannt. Einzig das Judentum hat, so Assmann, von dieser monotheistischen Erblast keinen Gebrauch gemacht.[120]

Dies Argument ist freilich problematisch. Einmal ist dieser Satz historisch durchaus zweifelhaft, wie ein Blick auf die Ereignisse im davidisch-salomonischen Großreich oder die der Makkabäerzeit deutlich macht. Schwerer wiegt eine andere Konsequenz: Assmann sieht sehr deutlich, dass es schwierig ist, den Monotheismus als endogen gewalttätig zu diagnostizieren und nicht auf die Bahn eines Arguments zu geraten, das die Juden zu letztlichen Urhebern der Judenfeindschaft macht, was der Fall ist, wenn denn die Feindseligkeit des Monotheismus wiederum Gegengewalt auf sich zieht. Er schreibt: »Nicht der Jude, sondern der Monotheismus zieht diesen unauslöschlichen Haß auf sich.«[121] Diese Distinktion zwischen Monotheismus und Judentum ist aus Gründen der Achtung unschuldig Verfolgter und der Abscheu vor den so genannten Begründungen der antijüdischen Verbrechen aller Zeiten zu erklären. Kann sie aber den Verdacht wirklich ausräumen, dass im Rahmen einer generellen Verdächtigung des Monotheismus auf das Volk Israel etwas zurückfällt, was von ihm ausging? Das wäre nur plausibel, wenn man gänzlich zwischen Monotheismus und der Identität des Gottesvolkes trennen kann, wie Assmann in seiner Klarstellung behauptet.[122] Aber ist das möglich? Diese argumentative Zwickmühle ist niemandem zu wünschen und lässt nur eine Folgerung zu: Wir werden hier der Schwierigkeit einer hoch generellen These über »den« Monotheismus ansichtig.

[118] Ders., Moses 277, Herrschaft 263.
[119] Ders., Moses 281.
[120] Ders., Herrschaft 283.
[121] Ders., Moses 242.
[122] Ders., Mosaische Unterscheidung 105f.

Das lässt sich durch einen geistesgeschichtlichen Längsschnitt noch veranschaulichen: Assmans theoretische Konstruktion des Monotheismus steht in einer auffälligen Parallele zu einem Entwurf des jungen Georg W.F. Hegel.[123] Dessen zwischen 1798 und 1800 entstandene Schrift »Der Geist des Christentums und sein Schicksal« beginnt mit einem gut zwanzigseitigen Abschnitt namens »Der Geist des Judentums«. Assmann rekurriert nicht darauf; freilich wäre es eine eigene Überlegung wert, den gedächtnisgeschichtlichen Gang zwischen diesem Hegel'schen Entwurf, Sigmund Freuds Moses-Buch und Assmanns Rekonstruktionen und Position sich vor Augen zu führen. Untergründige Parallelen sind vielleicht auch da vorhanden, wo man einander nicht zitiert.

Hegel wählt im Gegensatz zu Assmann den Einsatz bereits bei den Väterüberlieferungen und zeichnet Abraham als Prototyp des jüdischen Geistes, als den »wahren Stammvater der Juden«.[124] Prototypisch ist, dass Abrahams Gott ein unendlicher und ferner ist. Die Theophanien, mit denen Abraham zu tun hat, sind Erscheinungen eines »hohen Objekts«.[125] Es ist ein fremder Gott, mit dem Abraham es zu tun hat. Er lässt ihn unbehaust sein in der Welt, er verunmöglicht ihm, etwas zu lieben, er setzt den Gedanken in ihn, dass nur er und sein Volk tatsächlich einen Gott habe. Das macht Abraham einsam und seine Gottesbeziehung zu einer unendlichen Forderung.

Nicht anders ergeht es der Mosegruppe und ihrem Führer. Sie hat den Geist der Erzväter geerbt: »das unendliche Objekt, der Inbegriff aller Wahrheit und aller Beziehungen, also eigentlich (...) das Einzige unendliche Subjekt«.[126] Dieses unendliche Subjekt ist verborgen und unsichtbar. Er wird von seinem Volk nicht geliebt, sondern gefürchtet, sein Dasein ist für es nicht Wahrheit, sondern Befehl.[127] Die Verehrung, die das Volk diesem Gott gegenüber allein aufbringen kann ist die, sich die eigene Nichtswürdigkeit einzugestehen: Das »Nichts-Sein des Menschen«, die »Gleichheit, gar keine Rechte an ihm zu haben«.[128] Gott ist groß durch die Selbstverkleinerung seiner Verehrer. Das macht sie einsam: Die Juden, gefangen in ihrer lieblosen Religion des absolut Transzendenten sind heimatlos: »die Antithesen sind das jüdische Volk einerseits und andererseits das ganze übrige Menschengeschlecht und die Welt.«[129] Entsprechend deutlich fällt die Bilanz aus: »Das Schicksal des jüdischen Volkes ist das Schicksal Macbeths, der aus der Natur selbst trat, sich an fremde Wesen hing und so in ihrem Sinn alles Heilige der menschlichen Natur zertreten und ermorden, von seinen Göttern (denn es waren Objekte, er war Knecht) endlich verlassen und an seinem Glauben selbst zerschmettert werden mußte.«[130]

---

[123] Für diesen Hinweis danke ich Dr. Walter Schöpsdau vom Konfessionkundlichen Institut des Evang. Bundes, Bensheim.

[124] Hegel, Werke 1, 274.

[125] Ebd. 278.

[126] Ebd. 283.

[127] Ebd. 288.

[128] Ebd. 284 bzw. 290.

[129] Ebd. 283.

[130] Ebd. 297.

Das Volk, das alle Naturgebenheit verlässt, ohne sich zur Religion der Liebe aufschwingen zu können und damit sich selbst radikal vereinzelt: Hegel sieht das Volk Israel als Zwischenexistenz zwischen den Polytheismen und der Religion der Liebe im Christentum, wogegen Assmann die Kirche wohl als Teil der nach außen aggressiv werdenden monotheistischen Gedächtnisgeschichte begreift.[131] Die Parallelen in der Charakteristik des jeweils Monotheismus Genannten sind freilich frappant. Sie gehen über die unschwer als identisch auszumachenden Einzelzüge hinaus und betreffen Grundsätzliches: Assmann hatte ja betont, dass der Monotheismus die Welt ohne Not ihrer Lesbarkeit und Wohlgeordnetheit beraube. Das wiederum liest sich wie eine Anwendung der Ästhetik des frühen Hegel: Wahrheit kann nach ihm nur die Wahrheit der Schönheit sein, nur die Wahrheit dessen, was sinnenfällig ist und das Überzeugtsein gleichsam imputiert: »Denn die Wahrheit ist die Schönheit, mit dem Verstande vorgestellt.«[132] Gemeinsam also scheint Assmann und Hegel zu sein, den Monotheismus als eine Form des unglücklichen Bewusstseins zu verstehen. Gemeinsam ist ihnen auch, den Monotheismus als unfrohe und latent gewaltbereite Existenzform zu sehen.

Die Rhetorik Hegels, die bis zur üblen Beschimpfung reicht,[133] wird von Assmann bündig vermieden. Auch handeln beide, was deutlich gesagt werden muss, nicht vom selben Gegenstand, da der junge Hegel das alte Israel und implizit das Judentum aller Zeiten angreift, Assmann hingegen eine Erinnerungsfigur bearbeitet. Die Nähe auf der phänomenologischen Ebene ist allerdings so erstaunlich, dass sie Assmanns These der Trennung von Judentum einerseits und monotheistischer Gedächtnisfigur andererseits nicht erleichtert.

Assmann bedient sich psychoanalytischer Termini und Theorieeinsichten, um dies, was in seinem Augen das Basisdilemma des Monotheismus ist, näher zu beschreiben. Er veranstaltet eine Relektüre von Sigmund Freuds spätem Moses-Buch und kommt zu folgendem Ergebnis: Freud hatte, kurz gesagt, eine gewagte und weder prä- noch frühgeschichtlich verifizierbare These lanciert, die darauf hinausläuft, dass der historische Monotheismus ein Zwangsmuster ausagiert, das in der Urgeschichte der Menschheit ver-

---

131 Vgl. J. Assmann, Mosaische Unterscheidung 31.

132 Hegel, Werke 1, 288. In der Logik dieses Gedankens entwickelt Hegel im weiteren Verlauf der Schrift seine Gedanken zur Überwindung der Gesetzesreligion durch Jesus. Er unterstellt dem Judentum, nicht über den Stand einer Knechtschaft gegenüber Fremdem hinauszukommen und interpretiert in einer Auslegung der Bergpredigt die Gesinnung als spontanes Wollen des Guten. In ihr ist, so Hegel die Dependenz vom ungeliebten Anderen zugunsten einer Unmittelbarkeit überwunden, die sich als Unmittelbarkeit der Liebe zeigt. Vgl. ebd. 298–302.324–336 u.ö. Diese Verschränkung von Schönheit und Wahrheit als gegenseitige Bedingung findet sich nicht zuletzt im Ältesten Systemprogramm wieder, dort in der Forderung nach einem »Polytheismus der Einbildungskraft und der Kunst«, ebd. 236. Später, im ausgebauten System erhält sie ihren – nunmehr relativierten – Ort in der Theorie des Ideals als Teil der Ästhetik. Vgl. dazu den Exkurs nach Kap. 2 II 1 in der vorliegenden Untersuchung.

133 Vgl. Hegel, Werke Bd. 1, 381.

wurzelt ist. Die Urhorde wird von einem Häuptling regiert, der über die Fortpflanzungschancen der anderen männlichen Hordenmitglieder regiert. Sind diese alt genug, so ermorden sie ihn und setzen einen der ihren an seine Stelle. Eine Generation später wiederholt sich dies und wird zur perpetuierenden Geschichte, die sich der menschlichen Phylogenese einbeschreibt. Dies vorgeschichtliche Ereignis wiederholt sich in der Historie, und dort in der Gründungsgeschichte Israels: Der Ägypter Moses führte die Israeliten aus Ägypten und stiftete den Monotheismus. Weil er sich aber als nicht lebbar erwies, brachten die Israeliten Moses um, verdrängten aber diese Tat. Diese verdrängte Gewalttat schlummert nun latent im Monotheismus und ist das Trauma, welches er nicht loswird. – Diese Konstruktion hält Assmann für durchaus entbehrliche Spekulation. Sie soll auf sich beruhen bleiben. Was Freud aber, jenseits von fragwürdigen prä- und althistorischen Phantasien erkannt habe, ist dies: In der Tat wohnt dem Monotheismus eine Tendenz zur Gewalt inne. Einem Trauma gleich, welches verdrängt wurde, ist in ihm verborgen, dass ihren Anhängern das Identischsein versagt bleibt. Der Monotheismus hat internalisiert, dass er auf einem Akt der Gewalt beruht. Das eigentlich Evidente muss durch die Mosaische Unterscheidung zum Falschen erklärt werden. Nach außen wendet sich diese latente Gewalt, indem sie zum Ikonoklasmus wird und die Nichtglaubenden zu Heiden und Feinden erklärt und bekämpft und dadurch Feindseligkeiten auf sich zieht. Nach innen wendet er sich, indem die Einzelnen in sich den Heiden erkennen und zu bekämpfen wünschen. Gewalt ist es beider Wege, sodass Assmann nachgerade programmatisch schreibt: »Wenn man die monotheistische Idee retten will, muss man sie ihrer inhärenten Gewalttätigkeit entkleiden.«[134]

d) Zur Auseinandersetzung

Soweit die Darstellung von Jan Assmanns Konzeption von Kosmotheismus und Monotheismus. Was hier interessiert, ist vor allem die Frage der beiden Konzeptionen oder, wie Assmann sagen würde, Ideen von Kosmotheismus und Monotheismus. Sie sind als Abstraktionsergebnisse der gedächtnisgeschichtlichen Fragestellung zunächst Darstellungen und nicht eine kultur- und religionskritische Positionsbestimmung. Gleichwohl sind sie nicht ohne Wertungen, die im Vorwurf der endogenen Gewaltbereitschaft der »monotheistische[n] Idee«[135] gipfeln. Hierzu und zu der damit verbundenen Konzeption des kulturellen Gedächtnisses gibt es einiges Kritische anzumerken,

---

[134] Assmann, Herrschaft 264.

[135] Ebd. Vgl. Assmanns Beitrag in: Monotheismus, hg. von Manemann, 122–132 und die darauf reagierenden Debattenbeiträge von Halbmayer, John, Schellong und Zenger, ebd. 133–163.

wie es im Verlauf der Darstellung auch schon angedeutet wurde. Dabei alleine sollte es freilich sein Bewenden nicht haben. Die theologische Klärungsanstrengung ist durch die Zurückweisungen alleine nicht am Ziel. Dasjenige aus der zurückzuweisenden Position, das sie in ihrer Sachlichkeit als valide Elemente der Problembeschreibung bzw. -lösung sieht, gilt es gesondert zu beschreiben. In diesem Sinne unterscheide ich (1) die Auseinandersetzung mit Jan Assmanns Position von (2) der Beschreibung dessen, was aus dieser Auseinandersetzung an bleibenden Fragestellungen an die theologische Adresse hervorgeht.

Ad (1): Assmanns Konzeptualisierung des Monotheismus ist durch einige Einseitigkeiten geprägt. Auf diese aufmerksam zu machen, ist auch dann sinnvoll, wenn man sich dazu historischer Argumente bedient, da Assmann, wie berichtet, seinen Begriff des Monotheismus nicht als Rekonstruktion einer Erinnerungsfigur alleine belässt, sondern zu einem Konzept generalisiert.[136] Zu diesen Einseitigkeiten zählen vor allem einige Elemente von Assmanns Konstruktion der Stiftung des Monotheismus durch die erinnerte Figur Mosis alleine. Dieser Ansatz, obschon er als Erinnerung ausgegeben wird, ist selber eher ein historisch verankerter und unterschlägt zur Gänze die Erinnerungskonstruktion im Alten Testament. Dort ist der Exodus zwar der Beginn der Volksgeschichte Israels im Sinne der Herausführung des Eigentumsvolks. Dies ist für Juden und Christen jedoch nur als Verknüpfung aus Kontinuität und Erneuerung von Gottes Handeln denkbar. Das Ereignis ist analogielos, aber es kontinuiert zugleich JHWHs erwählendes Handeln an den Vätern, wie es die deuteronomisch-deuteronomistische Bundestheologie nahe legt. Gerade die mnemotechnische Anlage des Dtn, zu deren Verständnis Assmann wesentliche Impulse vermittelt, schließt diese Perspektive ausdrücklich ein, wie schon der Blick auf das von G.v. Rad so genannte kleine geschichtliche Credo Dtn 26,5–9 lehrt.[137] In seinem Sinne ist die Erinnerungsanweisung des Dtn nur als Leseanweisung für den ganzen Pentateuch zu verstehen, worauf Assmann mit keiner Silbe eingeht.

Assmann würde vielleicht einwenden, dass auch die Vätergeschichten mit dem Motiv der Fremdheit, des Auszugs und der Flucht spielen und in-

[136] Es ließe sich eher sagen, dass z.B. im Moses-Buch der Kosmotheismus als Erinnerungsfigur erfaßt wird, wogegen die monotheistische Geprägtheit der westlichen Tradition gleichsam als Faktum dagegen steht, vgl. Assmann, Moses 249.

[137] Rad, Theologie 1, 135f. Von Rads Datierung, das Stück habe »alle Anzeichen hohen Alters« (ebd. 135), wird heute im allgemeinen nicht geteilt, vgl. Preuß, Theologie 1, 75; Blum, Komposition 120. Man nimmt an, dass Passagen wie diese wegen ihres summierenden Charakters eher spät anzusetzen sind. Dies allerdings unterstreicht noch einmal die verweisstrategische Funktion im Sinne der Lese- und Erinnerungsanweisung.

sofern nur ein Vorspiel zur weltflüchtigen Grundtönung der Exodustradition sind. Das mag eingeräumt werden. Gleichwohl relativiert der Hinweis auf die interne Verzahnung der Pentateuchtraditionen die Fiktion der Religionsstiftung durch Moses. Eine solche kann nur angenommen werden, wenn man den Erinnerungszusammenhang des Pentateuchs selber ausblendet und sich Argumente historischer Wahrscheinlichkeit bedient, wie das in den Erwägungen über Entstehung und Geschick der so genannten Mosesgruppe geschehen ist. Dann aber betreibt man *Sozialgeschichte* und nicht Mnemohistorie.

Es ist in der Tat so, dass Moses eine Figur der Erinnerung und nicht der Historie ist, wie Assmann ausführt.[138] Lässt man sich darauf ein, ist es aber auch nötig, die Erinnerungsräume oder »Kohärenzfiktionen«[139] des primären Trägerkreises der Erinnerung in den Blick zu nehmen. Bestreitet man das Recht dieser Kohärenzfiktionen –, was selbstverständlich möglich ist – dann begibt man sich freilich in den Bereich historischer Argumente. Dergleichen soll natürlich geschehen, kann dann als rein mnemohistorische Arbeit aber nicht mehr gelten.

In ähnlicher Weise ist die Annahme zurückzuweisen, der Monotheismus kenne keine konstruktive Theologie der Schöpfung. Assmanns Ausführungen dazu sind eigentümlich divergent: Es gibt eine einzige Bemerkung, derzufolge der siebente Tag der »Schlußstrich«[140] des Schöpfungswerkes sei, ansonsten findet die Thematik in seinen Darstellungen des Monotheismus überhaupt keine Erwähnung. Man muss schließen, dass nach seiner Ansicht der Monotheismus keine oder nur ganz marginale Bezüge zum Schöpfungsthema hat. Offenbar ist Schöpfung in seinen Augen ein Bereich, der für den Monotheismus fern und vergangen, jedenfalls aber theologisch uninteressant und religiös unergiebig ist. Diese beträchtliche Einseitigkeit ist wiederum nur so zu erklären, dass die hypothetische Ursprungssituation in der Erinnerung des Exodusgeschehens aufgefunden – und dort zugleich isoliert wird. Denn dass die Rede vom Siebentagewerk keine Schlussstrichtheologie ist, darf als bekannt vorausgesetzt werden. Neuere Untersuchungen betonen regelmäßig, dass die Metaphorologie der Hervorbringung und Erzeugung, in deren interner Logik die Schöpfung in der Tat am siebten Tag fertig wäre, Gen 1-2, den Schöpfungspsalmen und verwandten biblischen Zeugnissen nicht angemessen ist. Wesentlich ist den Schöpfungssausagen der Bibel vielmehr, dass sie Relationen eröffnen, und zwar sowohl zwischen Schöpfer und Geschöpf als auch zwischen den Geschöpfen unterein-

[138] Assmann, Moses 47.
[139] Ders., In Bilder verstrickt 73.
[140] Ders., Sinngeschichte 234.

ander. Hier geht es, mit Michael Welker zu sprechen, um den »Aufbau von Interdependenzzusammenhängen«.[141] Assmanns Darstellung trifft die Logik der biblischen Bilder nicht.

Dieser Befund ist insofern wichtig, als Assmann dem Monotheismus, wie berichtet, einen durchgängigen Zug zur Weltfremdheit attestiert. Im Lichte einer – hier nicht zu entfaltenden – Schöpfungstheologie wäre zu sehen, dass im Sinne des biblischen Monotheismus nicht von Weltflucht, sehr wohl aber von einer neuen Beheimatung in der Welt die Rede ist. Der Bezug auf Gott, der nicht Welt ist, ist dem Alten wie Neuen Testament in der Tat wesentlich. Nur wäre es, wie das Beispiel der Schöpfungstheologie zeigt, kurzschlüssig, daraus auf eine durchgängige Weltfremdheit des Monotheismus dieser Prägung zu schließen. Es handelt sich, um es mit einer Assmann'schen Formulierung zu sagen, wohl schon um eine »existenzielle Weltfremdheit«.[142] Nur wird der Terminus existenziell innerhalb der biblischen Erinnerung, sowie im Juden- und Christentum gänzlich anders gelesen: Die Welt ist in der Tat nicht bewohnbare Heimat im Sinne des Kosmotheismus. Sie wird zumindest auch als bedrohlich, knechtend und in dramatischer Weise vom Willen Gottes abgefallen erfahren. Gleichwohl bedeutet der Auftrag, sie als Schöpfung Gottes wahrzunehmen in keiner Weise die Fluchtbewegung aus ihr, die Assmann bei ihm zu sehen scheint. Vielmehr geht es um die neue Beheimatung in ihr, die nicht auf Strategien zurückgreifen muss, die an der Welt als bewohnbarer festhalten wollten, obwohl sie vermöge der Transzendenz Gottes als Trug durchschaut werden können. Es besteht kein Anlass, die Freiheit zur Welt als Flucht aus ihr zu verstehen. Die Existenz *in* der Welt ist eine andere, wenn sie sich nicht oder nicht nur *aus* ihr versteht. In diesem spezifischen Sinne kann von existenzieller Weltfremdheit gesprochen werden. Von der Logik der Weltflucht, in deren Sinne Assmann sie zeichnet, ist sie aber deutlich unterschieden.

Dasselbe Phänomen zeigt sich auch beim Gottesbegriff, also Assmanns Beschreibung der monotheistischen Gottheit als rein transzendenter, außerweltlicher Größe. Diese Charakterisierung trifft, folgt man seinen historischen Ausführungen, zur Gänze auf den Gott Aton der Amarna-Religion unter dem ägyptischen König Amenophis IV., der sich Echnaton nannte, zu.[143] Wie berichtet, verknüpft sich für ein Segment der ägyptischen Erinnerungsgeschichte diese etwa 17 Jahre dauernde Episode mit der Erinnerung an Moses und den Exodus. Diese Spur der Erinnerung trug sich fort bis zu Sigmund Freuds Moses-Buch.[144] Als Erinnerungsgeschichte wird man das

[141] Welker, Schöpfung 29.
[142] Assmann, Religion 71.
[143] Vgl. ders., Theologie 232–257.
[144] Vgl. ders., Moses 211–242.

so zur Kenntnis zu nehmen haben, allen historischen Unwahrscheinlichkeiten zum Trotz. Das rechtfertigt jedoch nicht die Versuche, aus dieser Erinnerungsfigur Schlüsse auf die Gestalt, ja eine Idee des Monotheismus als ganzem zu ziehen. Es ließe sich leicht zeigen und wird deswegen hier nur angedeutet, dass die biblische Rede vom transzendenten Gott nur im mehr oder weniger komplexen Zusammenspiel von Immanenz und Transzendenz stattfindet. Dies gilt, wie eben schon angedeutet für die Rede von der Schöpfung. Genauso aber gilt es für den Gedanken der Herabneigung Gottes zu seinem Volk, wie er etwa in der Rede von der שכינה niedergelegt ist. Vollends im NT ist das Gottsein Gottes dadurch bestimmt, dass er der Vater Jesu Christi ist, wie es in den bekannten dyadischen und triadischen Formeln und ihren erzählerischen Ausführungen bekannt und in den komplexen Debatten der Alten Kirche zum trinitarischen und christologischen Dogma ausgebaut wird. Transzendenz reicht als Beschreibung dessen, der hier bekannt wird, bei weitem nicht hin. Dieser Gottesbegriff ist vielmehr die konsequente Kritik an *beiden* Formen des Göttlichen, die Assmann anführt: sowohl an der Vergöttlichung der Weltfunktionen als auch an der Konzeption strikter Transzendenz der Sonnengottheit Echnatons.

Den eben beschriebenen Einseitigkeiten ließen sich noch eine Reihe weiterer zur Seite stellen, die mit dem Vorwurf der Weltfremdheit zusammenhängen. So ist etwa der Gegensatz zwischen Kultreligion und Buchreligion bei weitem nicht so exklusiv, wie Assmann annimmt.[145] Die alttestamentliche Religion des Buches war ipso facto eine des Jerusalemer Tempelkultes. Die Situation des Exils war für die Gola zwar, wie Assmann zurecht annimmt, durch die kontrapräsentische Erinnerungskultur geprägt, die für sie zur Hoffnungskultur wurde. Gleichwohl war sich die Gola über den Zustand des Mangels außerhalb des Landes und fern vom Tempel im Klaren. Anders wären die meisten Handlungen, für die Esra und Nehemia verantwortlich zeichnen, kaum zu erklären. Der »Ritus als Medium des Denkens« gehört zur Logik des biblischen sog. Monotheismus.[146] Das ist auch und gerade da der Fall, wo er außerhalb von Land und Tempel als nicht möglich gilt. Das Judentum aller Zeiten hoffte und hofft, »übers Jahr in Jerusalem« irgendwann an ihm teilnehmen zu können.

In diesem Sinne ist also festzuhalten, dass J. Assmanns Beschreibung des Monotheismus durch die Berufung auf verhältnismäßig unstrittige Details als auf den biblischen nicht zutreffend erwiesen werden kann. Bei den in Frage stehenden Einzelbeobachtungen scheint es mir jedes Mal so zu sein, dass seine Kennzeichnungen so stark oder ausschließlich ausfallen, dass sie verneint werden müssen; diese Ausschließlichkeit schmälert dann allerdings die Erschließungskraft der Beobachtungen. In der Tat spielt der Kult in Is-

[145] Vgl. ders., Kulturelles Gedächtnis 213.
[146] Ders., Religion 167.

rael eine andere Rolle als in dem Ägypten, dessen Bild Assman zeichnet. Nur handelt es sich eben um ein spannungsreiches Verhältnis zur Rolle der verschrifteten Erinnerung und nicht um Kultlosigkeit. In der Tat gibt es im biblischen Monotheismus ein Grundgefühl, das sich von dem der Weltbeheimatung des Kosmotheismus offenbar unterscheidet; Weltfremdheit im Assmann'schen Sinne ist es jedoch nicht. Auch lässt sich in Sachen Schöpfungstheologie und Gottesbegriff sicher nicht der Gegensatz halten, den Assmann zu vertreten scheint. Wenn hier also stets mit einem »ja, aber« zu antworten ist, dann legt sich angesichts der Assmann'schen Beschreibung des Monotheismus der Schluss nahe: Es gibt kein solches Konzept, es gibt keine solche Idee Monotheismus, jedenfalls nicht in den biblischen Religionen. Wer mit ihr agiert, hat es offenbar mit einer Fehlabstraktion zu tun. Erschließungskraft würde sie entfalten, nähme man ihr die Ausschließlichkeit der Gegensätze, mit der sie eingeführt wurde.

Das hat freilich auch Konsequenzen für die kritischen Grundanliegen, die Assmann mit seinem Konzept des Monotheismus verbindet, nämlich das der Mosaischen Unterscheidung und der inhärenten Gewalttätigkeit des Monotheismus. Bei beiden Themen scheint es mir so zu sein, dass sie zwar zutreffende Beobachtungen über die gewachsene Gestalt des biblischen Monotheismus machen, ihre exklusive Zuschreibung zu ihm aber nicht gerechtfertigt ist. In der Tat ist der biblische Monotheismus eine Religion der Unterscheidung und kann seine Geschichte als die der Wandlungen und Wege im Prozess dieser Unterscheidung gelesen werden. Die alttestamentlichen Debatten über den möglichen Polytheismus des vorexilischen Israel,[147] die Existenz und das Credo der JHWH-allein-Bewegung und die schlussendliche Ausbildung des exklusiven Monotheismus, die in der Regel als das Werk Deuterojesajas gilt,[148] haben dies deutlich vor Augen geführt. In diesem Sinne einer gewundenen Entwicklung hin zu einem dominierenden Konzept wird man der Konzeption der Mosaischen Unterscheidung ein gewisses Recht zuerkennen können. Dies gilt jedoch nur mit zwei bedeutenden Einschränkungen. Zum einen ist der Gegensatz zwischen wahr und falsch, immanent und transzendent im biblischen Monotheismus bei weitem nicht so einfach und exklusiv, wie er in Assmanns Darstellung erscheint. Darauf war anhand der trinitarischen Lehrbildung schon hinzuweisen. Die andere Einschränkung besteht darin, dass auch im Kosmotheismus, wie Assmann ihn beschreibt, sehr wohl zwischen wahr und falsch unterschieden wird, wenn auch entlang einer anderen Grenze. Die Technik der Göt-

[147] Für die Annahme des Polytheismus als Normalreligion des vorexilischen Israel optiert Weippert, Synkretismus, vorsichtig dagegen z.B. Beck, Elia. Assmann selbst scheint zur Weippert'schen Position zu tendieren, vgl. Kulturelles Gedächtnis 203.

[148] Vgl. Lang, Jahwe-allein-Bewegung und Stolz, Einführung 172–175.

terübersetzung hat es offenbar möglich gemacht, dass der eine Pantheon in den anderen übersetzt werden konnte. In diesem Zusammenhang stand allerdings eines nicht zur Debatte: dass die Wirklichkeit im kosmotheistischen Sinne lesbar ist. Wer dem nicht folgen konnte, wurde zwar nicht im Sinne der Mosaischen Unterscheidung verketzert, er wurde jedoch aus dem Feld des Gesprächs schlechterdings ausgeschlossen: Die griechische Rede von den Barbaren bezeichnete nicht nur Grenze zwischen der kultivierten und nichtkultivierten Welt, sondern genauso die zwischen lesbarer und nicht lesbarer Welt. Ganz gleichsinnig berichtet Assmann, dass die Reaktion auf den Monotheismus der Amarna-Religion die völlige Tilgung des Gedenkens an sie war und dass – zumindest über weite Strecken der ägyptischen Geschichte – die Welt an den Grenzen des pharaonischen Reiches buchstäblich zu Ende war: Es gab keine Außenpolitik, weil die lesbare Welt an den Grenzen Ägyptens aufhörte.[149] Der Kosmotheismus mag in spezifischer Weise staunenswerte Übersetzungsleistungen hervorrufen. Aber die Lesbarkeit der Welt beruht auf einer Grammatik, die denjenigen, der ihren Regeln nicht zu folgen vermag, nicht etwa eines besseren zu belehren trachtet, sondern ihn vom Gespräch ausschließt. Der Preis für die Übersetztbarkeit nach innen ist offenbar die totale Gesprächsverweigerung nach außen.

Nicht unähnlich ambivalent scheint es sich auch mit der Gewaltthematik zu verhalten. Dass monotheistische Religion immer wieder zur Errichtung schrecklicher Gewaltregimes geführt haben, ist eine Tatsache der Geschichte, an der es nichts zu beschönigen gibt; manche Ehrenrettungen der prekären Allianzen aus Herrschaftsanspruch und Eingottglaube fallen entsprechend gewunden aus.[150] Auch ist es natürlich notwendig und hilfreich, sich zu fragen, ob es in der Anlage monotheistischer Religionen gleichsam einen eindeutig auszumachenden Sachgrund gibt, der den Konnex aus Monotheismus und Gewalt erzeugt. Assmanns Erklärungsversuch – Gewalt im Monotheismus entstehe durch die Externalisierung der Bekämpfung des Heiden in der eigenen Seele – partizipiert an den Chancen und Risiken sozialpsychologischer Erklärungsmuster: Eine gewisse Plausibilität ist nicht zu bestreiten. Dass es Wege der Aggressionsabfuhr gibt, die das nach innen Gemeinte nach außen kehren, ist evident. Der biblische Sündenbegriff hat

---

[149] Vgl. Assmann, Monotheismus 25–35 und Sinngeschichte 243–258 über Echnaton und 171f über die als absolut gedachte Grenze Ägyptens.

[150] Denkt man z.B. an die hymnischen Rechtfertigungen der konstantinischen Kaiserherrschaft durch Eusebius von Caesarea, so wirft dies ein ganz anderes Licht auf Assmanns These der Dissoziation von Herrschaft und Heil im Monotheismus. Konstantins Herrschaft gilt Eusebius, der hier gewiss eine Extremposition einnimmt, aber doch den Gedanken des Gottesgnadentums präludiert, nachgerade als funktionale Entsprechung zur Herrschaft des λόγος im Himmel, vgl. Kirchengeschichte I 2,23 und X 9,6–9; dazu Chesnut, Ruler, bes. 1318ff.1330f.

sicher eine solche Geschichte nach sich gezogen, auch wenn er anders gemeint war. Fraglich wird die Überlegung m.E. an dem Punkt, an dem sie Ausschließlichkeit zu beanspruchen scheint. Assmanns Ausführungen erheben durchaus den Anspruch, den einen Punkt aufgefunden zu haben, an dem der Monotheismus seine Neigung zur Gewalt erhält. Hier droht jedoch die Gefahr einer Reduktion, die den Blick auf mögliche andere Quellen von Gewaltorientierung zu verstellen droht.

Das gilt umso mehr, als Assmanns Theorie über die Gewaltentstehung im Monotheismus nicht ausreichend gegen eine tendenziöse Darstellung kosmotheistischer Gesellschaften geschützt ist. Dass das pharaonische Reich ohne Gewalt und »›Erzwingungsstäbe‹« nicht auskam, wird festgehalten.[151] Gleichwohl spielt dieser Aspekt eines über Jahrtausende bestehenden totalitären Großreichs mit imperialistischer Ausrichtung in seinen Darstellungen eine bemerkenswert kleine Rolle. Darin ist in keiner Weise schönfärberische Geschichtsschreibung zu vermuten. Vielmehr handelt es sich um eine direkte Konsequenz des mnemohistorischen Ansatzes. Der Gedächtnisgeschichtler beschreibt die erinnerte Geschichte, den erinnerten Sinnzusammenhang. Die Opfer dieser Geschichte und diejenigen, die vom Erlebnis und der Kodifikation dieses Sinns ausgeschlossen sind, sind konsequenterweise auch aus der Erinnerung verschwunden. Erinnerte Geschichte ist unter gängigen Bedingungen der Überlieferung immer *Herrschaftswissen*. Das ist dem Autor auch bewusst. Gegen Ende des Bandes über die Sinngeschichte Ägyptens schreibt er: »Wir dürfen uns nicht verhehlen, dass wir es in diesem ganzen Buch mit nichts anderem als den Sinnwelten der ägyptischen Oberschichten zu tun hatten. Von den Sinnvorstellungen des einfachen Volkes war nicht die Rede. Ihrer werden wir in den Spuren, Botschaften und Erinnerungen Ägyptens nicht ansichtig.«[152] Daraus sind, so meine ich, zwei Schlüsse zu ziehen. Zum einen kann es nicht gut angehen, im Monotheismus einen Kern der Gewalt auszumachen, dergleichen im zur Konkurrenz erklärten Modell aber nicht mindestens genauso deutlich kenntlich zu machen. Gewalt ist bedauerlicherweise ein allgemein-menschliches Problem und scheint mehr Quellen zu haben als die monotheistische Verdrängung. Zum anderen taucht hier wieder ein Thema auf, das mit der generellen Konstruktion von Jan Assmanns Theorie des kulturellen Gedächtnisses zusammenhängt: Das Gedächtnis kann nicht von seinen Trägern abstrahieren. Im Falle Ägyptens handelt es sich um Herrschaftsgedächtnis, das den Opfern keine Gerechtigkeit widerfahren lässt.

---

[151] Assmann, Sinngeschichte 149; vgl. ders., Stein und Zeit 301f, Mosaische Unterscheidung 28.

[152] Ders., Sinngeschichte 474.

Wie aber verhält sich das zu Assmanns eingangs referierter Position, die dem kulturellen Gedächtnis eine ethisch höherwertige Position als dem kollektiven zugesteht, weil es imstande sei, auch das Verdrängte und Vergessene zu erinnern? Hier ist ein Spannungsfeld zu sehen, wenn Herrschaftswissen auf der einen und kontrapräsentische Erinnerung auf der anderen Seite zugleich ihren Platz im Konzept des kulturellen Gedächtnisses haben. Darauf ist noch einmal zurückzukommen, zumal Assmann sein Konzept ja, wie oben berichtet, mit normativen Kriterien versehen hatte.

Assmann unterscheidet das kulturelle vom kollektiven Gedächtnis. Letzteres wird dabei gleichsam mit einer Hermeneutik des Verdachts belegt, weil es notorisch dazu neigt, die Gründungsgeschichte einer Gruppe zu erzählen, um diese zusammenzuhalten und sie gegen Veränderungen und Einflüsse von außen abzugrenzen. Solche Gründungsgeschichten neigen dazu, Intoleranz, Ausgrenzung und Gewalt zu rechtfertigen – leider sind Geschichte und Gegenwart voll davon, was Assmann völlig zurecht feststellt. Der Zweck dieses Gedächtnisses ist es, kollektive Bindungen zu erzeugen.[153] Legt man an solche Gedächtnisformen die Kategorien der Wahrheitsfrage an, fragt man also, welche gegenwärtige Identität sie stiften, so fallen die Ergebnisse in den allermeisten Fällen negativ aus.

»Mit dem kulturellen Gedächtnis steht es anders.«[154] Es ist laut Assmann dazu befähigt, auch das Widerstrebende zu erinnern, auch die verdrängten Inhalte zu bewahren, Unbequemes und der Identitätsfiktion nicht Gefügiges präsent zu halten. Aus dieser kontrapräsentischen Funktion des kulturellen Gedächtnisses schöpft sich das Hoffnungspotential der Gerechtigkeit, wenn Gerechtigkeit denn zuerst aus der Erinnerung an die Opfer besteht.

Nun ist es aber relativ schwierig, kulturelles und kollektives Gedächtnis zu unterscheiden. Das kulturelle Gedächtnis Ägyptens beschreibt Assmann, wie eben gesehen, als »Sinnwelten der ägyptischen Oberschichten«.[155] Ist dem so, dann muss die Rückfrage gestellt werden, inwiefern es sich dabei um kulturelles Gedächtnis im Vollsinne handelt. Ganz offensichtlich ist es doch die Kohärenzfiktionen der Oberschichten, die ihre Identität und ihre Weltbeheimatung darin niederlegen und rechtfertigen. Die Perspektive der Opfer dieser Sinnwelten ist in ihnen nicht bewahrt, sondern muss anhand sozialgeschichtlicher Überlegungen dazu imaginiert werden. Dieses *kulturelle* Gedächtnis ist offenbar das *kollektive* Bindungsgedächtnis einer Oberschicht. Kulturelles und kollektives Gedächtnis sind weit ineinander geschoben und eng verzahnt. Das freilich macht die Auszeichnung des kultu-

---

153 Vgl. ders., Religion 15–20.34–37.

154 Ebd. 38.

155 Ders., Sinngeschichte 474.

rellen Gedächtnisses als des moralisch besseren, auf die Assmann stets abhebt, sehr schwierig. Offenbar genügt es nicht, auf die Vielfältigkeit und Widerständigkeit des kulturellen Gedächtnisses alleine zu vertrauen: Es bedarf expliziter Kriterien von Gerechtigkeit, um dem stets mitgeführten kollektiv-bindenden Anteil dessen, was kulturell imaginiert wird, aufdecken zu können.

Wenn das kulturelle Gedächtnis um der Gerechtigkeit willen so agieren muss, dann ist es aber geeignet, eine Unterscheidung zu deabsolutieren, die Assmann als absolut bezeichnet hatte: die zwischen dem kulturell gewußten Kosmotheismus und dem kontrapräsentisch ausgedachten, weltfernen Monotheismus. Das kulturelle Gedächtnis agiert in seinen besten Momenten – in denen es den Opfern Gerechtigkeit durch Erinnerung widerfahren lässt – so, dass es »das Nichtinstrumentalisierbare, Häretische, Subversive, Abgespaltene« erinnert.[156] Was aber ist das anderes als die *Logik des Kontrapräsentischen*? Was ist das anderes als der beharrliche Versuch, dasjenige zur Identität hinzuzufügen oder aus der Verdrängung zurückzuholen, was der wohligen Beheimatung einer Referenzgruppe in der Welt nicht ins Konzept passt, gleichwohl um der Gerechtigkeit willen erinnert werden muss? In dieser Funktion des kulturellen Gedächtnisses, die man seine Gerechtigkeitsfunktion nennen könnte, geht es nicht um Weltbeheimatung, sondern um verdrängte Erinnerung, geht es um die Logik des Kontrapräsentischen. Dann aber ist nicht einzusehen, warum zwischen dem kulturellen Gedächtnis auf der einen und der kontrapräsentischen Logik des Monotheismus auf der anderen Seite der große Unterschied bestehen soll. Warum muss es dann heißen, dass Kultur ihren Aggregatzustand ändert, limitisch aufgerüstet wird, wenn sie (monotheistische) Religion wird?[157] Es scheint eine Verbindung zu geben zwischen der Gerechtigkeitsfunktion des kulturellen Gedächtnisses und der kontrapräsentischen Logik dessen, was J. Assmann als Monotheismus beschreibt. Sozusagen der beste Teil des kulturellen Gedächtnisses agiert mit denselben oder doch recht ähnlichen Formen, wie es der Monotheismus tut.

In der Konsequenz sollte überdacht werden, ob die Deckungsgleichheit von Kultur und Kosmotheismus aufrecht erhalten werden kann. Am Leitfaden von Gerechtigkeit als kontrapräsentischer Erinnerung müsste – und dies gänzlich im Rahmen von Assmanns Prämissen – auch den Erinnerungsformen des Monotheismus Kulturalität zugestanden werden. Sie als Limitisierung und Aufrüstung von Kultur zu bezeichnen, entbehrt des Sachgrunds.

---

[156] Ders., Religion 41.
[157] Vgl. ders., Kulturelles Gedächtnis 157.

Wenn es so ist, dass der beste Teil des kulturellen Gedächtnisses im Präsenthalten des Verdrängten und gerade nicht Beheimateten besteht, dann wirft dies doch ein kritisches Licht auf die Lesbarkeit der Welt und das Behagen in der Kultur. Im kulturellen Gedächtnis selbst ist ein kritisches Moment gegen die Weltbeheimatung eingebaut. Aus theologischer Perspektive wird dieses kritische Moment durch die Offenbarung Gottes beschrieben. Für eine allgemeine Kulturtheorie, die darauf nicht zurückgreifen kann, steht zu hoffen, dass sie sich dieses ungemein flüchtigen Widerlagers bewusst bleibt.

Ad (2): Wenn es auch nötig scheint, den soeben laut gewordenen Widerspruch zu artikulieren, so haftet dem Unternehmen doch etwas eigentümlich Ungenügendes an. Es ist eines, auf eine Position zu antworten. Die theologische Aufgabe ist damit noch nicht geleistet. Apologetische Strategien bleiben in diesem Sinne notorisch unbefriedigend, zumal dann, wenn sie meinen, durch die Abweisung einer anderen Position der eigenen Sache gewiss geworden zu sein. Das aber ist ein Trug. Deshalb geht es hier abschließend um diejenigen Fragen und Probleme, die sich aus der Auseinandersetzung mit Jan Assmanns Position für die theologische Aufgabe ergeben, von Gottes Macht angesichts der lebensbestimmenden Mächte zu reden. Die Reihenfolge der Darstellung – erst Zurückweisung des kontrovers zu Verhandelnden, dann die Formulierung der Desiderate – geschieht mit Bedacht. Letztere haben ohnehin den längeren Atem, was durch die umgekehrte Darstellung allenfalls kaschiert worden wäre.

Zu fragen ist also, welche validen Anfragen des Kosmotheismus an die Theologie bleiben, wenn, wie das eben versucht wurde, einige Elemente von Assmanns Darstellung des als Monotheismus betitelten Gegenübers zurückgewiesen werden. Was also sind, sieht man von diesen Überzeichnungen ab, diejenigen Motive des Kosmotheismus, die eine theologische Bearbeitung des Themas nicht ignorieren darf? Liest man Assmanns Ausführungen als *Schilderung religiöser Bedürfnisse und Erfahrungen* – und damit als etwas, was er selbst nicht propagieren würde –, so ließe sich wohl etwa so zusammenfassen:

(1) Kosmotheismus ist *Einspruch gegen die Transzendenz Gottes*. Wer im Sinne des Kosmotheismus denkt und erfährt, kann kategorisch nicht verstehen, warum für die Rede von Gott, Göttern oder Mächten über den Bereich dessen, was landläufig Welt genannt zu werden verdient, hinausgegangen werden soll. Damit muss kein kämpferischer Immanentismus gemeint sein, der sich etwa an den Worten des Goethe'schen Faust in der Vertragsszene orientiert: »Aus dieser Erde quillen meine Freuden,/Und die-

se Sonne scheinet meinen Leiden«.[158] Vielmehr genügt dazu die Feststellung, dass angesichts der so offensichtlichen Mächte, die die Menschen jeden Tag umgeben, eine Berufung auf nicht-Welt erstaunlich und überflüssig erscheinen muss. Erfahrung von Macht und Mächten – so würde argumentiert – ist in derartiger Weise evident, dass sie wahrnehmen kann, wer nur Augen hat, zu sehen.

(2) Kosmotheismus bewirbt – wenn auch nicht an erster Stelle – die *Vielheit* der lebensbestimmenden Mächte. J. Assmann hat eindrücklich vor Augen geführt, dass der Gegensatz Einheit vs. Vielheit nicht das primäre Thema des Kosmotheismus ist. Die Erfahrung der Welthaftigkeit der Mächte steht dem zuvor. Gleichwohl gehört zu ihm die Feststellung, dass die Wirklichkeit ein gegliedertes Ganzes ist, ein Netz von Größen und Funktionszusammenhängen. Der Gedanke, dies alles könne mit dem Wollen oder Handeln eines einzigen Gottes zu tun haben, erscheint ihm fremd und künstlich. Die Einheit dieses als Fiktion erlebten Gottes wird dabei als abstrakte und numerische Einheit gedacht.

(3) Kosmotheismus ist Ausdruck der Wunsches, dass die Welt in ihrer Komplexität gleichwohl *lesbar und bewohnbar* sein möge bzw. der Erfahrung, dass dies so ist. Er bleibt bei der Prätention Vielheit alleine nicht stehen. Das unterscheidet ihn von manchen Positionen im Rahmen der so genannten Postmoderne, die bei dem Aufweis, dass die Rückführung auf ein Prinzip absurd sei, bereits ihr Bewenden haben. Die Konstellationen, in denen die Wirklichkeit erlebt wird, sind für den Kosmotheismus solche, die ihn als sinnvoll und wohlgegliedert ausweisen. Damit ist nicht die Kenntnis einer Weltformel oder dergleichen gemeint, sondern die lebensweltliche Überzeugung, dass die Wirklichkeit dem, der ihre Zeichen zu lesen versteht, verständlich und letztlich freundlich entgegenkommt. Die nächste Welt des sozialen Zusammenhangs und die große kosmische Welt werden dabei nicht als getrennte Sphären erlebt, sondern als Bereiche, die auf die eine oder andere Weise aufeinander verweisen. Dies schließt eine Haltung gegenüber politischen und sozialen Strukturen ein, die diesen zumindest nicht mit einer generellen Hermeneutik des Verdachts gegenübertritt. Wer die Bewohnbarkeit der Lebenswelt als tendenzielle Wohlgeordnetheit der in ihr waltenden Mächte erfährt, wird keinen Grund zum Exodus aus ihnen erkennen können.

(4) Aus dem Kosmotheismus spricht der Wunsch nach Ganzheit und präsentisch *ungeteilter Identität* bzw. die Erfahrung einer solchen. Was den Einzelnen ausmacht, ist eine Frage, die durch präsentische Formen beantwortet werden kann. Die Identität wird weder in eine ferne Vergangenheit

[158] Goethe, Faust I, V. 1660.

noch Zukunft verlegt, ist also weder aus der Erinnerung allein oder nur auf Hoffnung hin imaginiert. Auch ist sie eine, die nicht auf kämpferische Weise erworben oder erhalten werden muss. Im Kosmotheismus genügt der Einzelne sich nicht selber – der Vorwurf der Selbsterlösung aus theologischer Perspektive ist oft genug ungerechtfertigt –,[159] aber es wird beansprucht, über Identitäten handeln zu können, ohne die Sprache von Mangel, Sünde, Umkehr und erst endzeitlicher Vollendung zu sprechen. Die Konstellationen, in denen das Individuum sich eingebunden erfährt, sind präsentischer Natur: soziale Bezüge, das politische Gemeinwesen, die als wohl geordnet erlebten Umwelten. Identität im Kosmotheismus ist präsentische und konstellative Identität.

Diese Elemente gilt es sich vor Augen zu halten, wenn im nächsten Kapitel der Faden der explizit theologischen Argumentation wieder aufgenommen wird. In diesen Wünschen und Befindlichkeiten könnten Größen religiös besetzt werden, die aus theologischer Warte Mächte, Gewalten Götzen sind. Dass solches geschieht, muss theologisch mehr als nur zur Kenntnis genommen werden. Es geht darum, diese Größen zu identifizieren, ihre religiösen Aufladung zu untersuchen und sich zu fragen: Wie steht es um Gottes Macht angesichts der Mächte?

[159] Als ein Beispiel solcher Apologetik vgl. das Eingangskapitel von Heidtmann, Engel. Dort werden einige Segmente der Wiederentdeckung des Engelthemas in der gegenwärtigen Konsum- und Unterhaltungskultur beschrieben. Das Urteil lautet, nach knappster Beschreibung in vielen Fällen, dass diese Wiederentdeckung v.a. der Selbsterlösung bzw. -stabilisierung dienen, vgl. v.a. 18. Das theologische Urteil scheint hier aber der geduldigen Anamnese vorausgegangen zu sein.

Kapitel 4: Gottes Macht und die Mächte
Zur Eigenschaftslehre

In diesem Kapitel wird die Frage nach den Göttern/Mächten explizit theologisch gewendet. Wie, so lautet das Problem, ist von der eigentümlichen Existenz der Mächte *vor Gott* zu reden? Wie und in welcher Weise kann man sagen, dass Gottes Macht die Mächte überwunden habe und sie, wie der Kolosserbrief bekennt, unter die Füße des Erhöhten getan sind (Kol 1,16)? Man wird aber auch erwarten dürfen, dass der – wie auch immer näher zu verstehende – Sieg Gottes über die Mächte Konsequenzen für Leben und Handeln *der Gläubigen* hat. Wie also ist es zu verstehen, dass sie nichts, unter anderem auch keine Mächte und Gewalten von der in Jesus Christus erschienenen Liebe Gottes trennen kann (Röm 8,38f)? Mit diesen beiden Fragekomplexen ist die Gliederung der Abschnitte II und III vorgezeichnet. Zuvor jedoch gilt es, sich kurz des Gangs der Untersuchung zu vergewissern und sodann die Fragen zu präzisieren, auf die in der Eigenschaftslehre nach Antworten gesucht wird.

I. Mächte, Gewalten und die Funktion der Eigenschaftslehre

1. Zusammenfassung des Bisherigen und Standortbestimmung

Die Untersuchung begann im *ersten Kapitel* bei der Frage, wie die Lehre von Gottes Macht verstanden werden müsse, wenn es darum geht, zum Problem der mancherlei Mächte, die das Leben bestimmen, auskunftsfähig zu werden. Es wurden die Motive eruiert, deretwegen das Prädikat von der Allmacht Gottes gleichsam unhinterfragt die Theologie der Neuzeit dominiert. Sodann ging es um einige Motive und Versuche, diese Hinterfragung auf energische Weise nachzuliefern und sich der Härte des Gedankens von Gottes Ohnmacht auszusetzen. In der Tat wird sich sagen lassen, dass das Dual von Allmacht und Ohnmacht die Eigenschaftslehre an diesem Punkt zutiefst bestimmt. Das freilich erwies sich als nicht vorteilhaft für die Frage nach der Macht Gottes angesichts der Mächte. Denn bei diesen Phänomenen geht es um einen soteriologischen Zwischenbereich, also um Fragehinsichten, die durch einen Dual von »ganz oder gar nicht« nicht adäquat erfasst werden können. Es musste also gefragt werden, wie die Lehre von Gottes Macht zu fassen ist, soll sie zu diesem Zwischenbereich auskunftsfähig werden.

Dem diente die Auseinandersetzung mit den Hauptwerken von Wolfhart Pannenberg und Eberhard Jüngel. Die argumentative Strategie des Ersteren ist es, mit einem allgemeinen Vorbegriff von Allmacht zu beginnen und ihn im Nachgang theologisch zu interpretieren, indem gesagt wird, dass Allmacht zureichend erst als Allmacht der Liebe gedacht werden kann. Dieser Ansatz birgt jedoch Schwierigkeiten. Dies liegt zum einen in der Grundentscheidung Pannenbergs, die Gleichsetzung des biblischen Gottes mit dem der Philosophen für heuristisch richtig zu erachten und zum anderen in dem Ergebnis bezüglich der Eigenschaftslehre. Beide Male kommt es so heraus, dass die Eigenschaftslehre bezüglich der Mächte eigentümlich auskunftslos bleibt. Die heuristische Gleichsetzung mit dem griechischen Gottesbegriff lässt kein Sensorium für das Problem zu, wie es entstehen könnte, wenn die diversen Polytheismen im Umfeld der Entstehung der biblischen Schriften dafür genommen würden. Auch zeigt sich, dass die erst nachgehende Interpretation des Allmachtsbegriffs als Allmacht der Liebe nicht mehr entscheidend zur Präzisierung führen kann.

Ganz anders als Pannenberg sieht es Eberhard Jüngel. Er begreift den christlichen Gottesgedanken als konsequente Kritik an natürlichen Gottesvorstellungen und arbeitet ihn anhand des Leitgedankens von Gottes Einheit mit dem Vergänglichen aus. Hier hat eine Fragestellung, die etwas über Gottes Macht angesichts der Mächte, mithin endlicher Phänomene, lernen will, ihren gegebenen Anknüpfungspunkt. Dies muss freilich mit Kautelen gesagt werden, wobei sich zwei Hauptgründe benennen lassen: Zum einen tendiert die Darstellung in Jüngels Hauptwerk dazu, durch Rückschlussverfahren in der Trinitätslehre einige Grundentscheidungen seines Gedankens von Gottes Einheit mit dem Vergänglichen zu konterkarieren. Dies ist um der Frage der Glaubensgewissheit willen verständlich, freilich steht zu befürchten, dass dieses Insistieren auf der innertrinitarischen Begründung die Tatsächlichkeit der Einheit mit dem Vergänglichen suspendiert. Zum anderen war zu beobachten, dass Jüngels Ansatz bezüglich der Mächte eigentümlich auskunftsarm bleibt, da er auf das Extrem – Gott und sein letzter Widersacher, der Tod – fokussiert, dabei aber im mittleren Bereich auskunftsarm bleibt.

Die Frage, wie die Lehre von Gottes Macht angesichts der Mächte ansetzen soll, stellt sich nach diesem Durchgang wie folgt dar: Der Beginn im Sinne Jüngels bietet bedeutende Vorteile gegenüber dem Pannenberg'schen, bedarf aber einiger Modifikationen. Gegen Ende des ersten Kapitels wurde im Gespräch mit einer weiteren Position angerissen, worin diese Modifikationen m.E. bestehen sollten. Es handelt sich um die Studie zu den »dunklen Seiten Gottes« von Walter Dietrich und Christian Link.

Sie argumentieren, dass die Theologie immer beteiligte, involvierte Erkenntnis ist. Sie entfaltet eine Lebensperspektive, zu der sie einlädt und für die sie wirbt, innerhalb derer sie Letztbegründungen aber nicht anbietet. Sie behauptet freilich, dass diese Lebensperspektive trotz der Begründungsmängel, die ihr anzuhaften scheinen, gegenüber anderen Erklärungsmustern diejenige ist, die einigen Trost im Leben und Sterben zu geben verspricht. Insofern kann man sagen, dass die Entfaltung dieser Lebensperspektive nicht alle Wünsche bezüglich Gewissheit einlöst, gleichwohl aber Lebensorientierung im Glauben zusagt. Die Entfaltung dessen, was Gottes Macht sein könnte, muss ergeben, wie sich diese für das Leben und Handeln der Gläubigen manifestiert. Dietrich/Link geben zudem einige materialdogmatische Hinweise für diese Sachstelle, die bei Jüngel vielversprechend angelegt, dann aber pauschal behandelt wurde. Sie plädieren zum einen für die Interpretation der Götter als eminenter Teile der Welt, die dem Menschen – bedrohend oder beglückend – widerfahren und sie argumentieren, dass eine sorgfältige biblisch-theologische Rückversicherung der diesbezüglichen Rede von Gottes Macht auf die Grenzen zu sprechen kommen muss, die Gott seiner Macht selber setzt. Schließlich geben sie Hinweise darauf, dass über Gottes Macht nicht in kausalen, sondern in temporalen Metaphern gedacht werden sollte.

So weit eine erste Näherung und vorläufige Positionsbeschreibung, wie die Eigenschaftslehre im Rahmen des Titelthemas anzulegen wäre. Das *zweite Kapitel* hat demgegenüber eine andere Funktion. Ich verweise auf die ausführliche Zusammenfassung im Abschnitt III dieses Kapitels und bringe hier nur noch einmal diese Funktion in Erinnerung: Es geht im Wesentlichen darum, mit der eigentümlichen Nicht-Gegenständlichkeit dessen, was Götter/Mächte sein könnten, zu Rande zu kommen. Wer von den Göttern redet, muss sich der Frage nach dem eigentümlichen Modus ihrer Wirklichkeit stellen. Es gibt sie nicht, wie es die Dinge in der alltäglichen Objektwelt gibt, und – so die Behauptung der Theologie – es gibt sie erst recht nicht in dem Sinne, in dem die Existenz Gottes behauptet wird. Das nötigt zu der Frage, welche eigentümliche Zwischenexistenz ihnen zugesprochen werden sollte. Wer von den Göttern spricht, setzt sich im normalen Diskurs unserer Tage leicht dem Verdacht aus, rückwärts gewandt oder naiv zu sein: Gegen solche Rückfragen galt es, sich sorgfältig Rechenschaft abzulegen und zu fragen, was man sich unter den Göttern wohl denken könnte. Aus diesem Grund wurde eine Darstellung und Analyse des Werks von Georg Picht vorgenommen, der die Götter als Mächte interpretiert.

Diese Analyse und Darstellung war zugleich die Gelegenheit, der geistesgeschichtlichen Tragweite der Rede von den Göttern inne zu werden: Picht führte vor, unter welchen Umständen die Götter Griechenlands von dem einen Gott der Philosophie entthront und in einen neue, subordinierte Funktion eingeweisen wurden und unter welchen Bedingungen die Wirklichkeit der Götter – die verdrängt, aber nie vernichtet war – gleichsam am anderen Ende der Geschichte der Metaphysik wieder zum Vorschein kommt. Ist die theologische Gotteslehre immer zugleich Kritik an der philosophischen, so tut sie gut daran, sich in diesem Sinne als Kritik der Metaphysik zu positionieren. Freilich – und auch dies zeigt die Auseinandersetzung mit Picht in wünschenswerter Deutlichkeit – darf man es sich mit dem Gestus dieser Kritik nicht zu einfach machen: So wahr es sein mag, dass die Offenbarung der Ursprung aller Kritik ist, so wahr bleibt auch, dass die Perspektive des philosophischen Gottes nicht in einem Willensakt abgeschüttelt werden kann, sondern mindestens in großen Bereichen in Geltung bleibt.

Schließlich hatte das Lesegespräch mit Picht noch einen phänomenologischen Ertrag. Durch die Konfrontation mit Überlegungen Hegels, Nietzsches, Webers und anderer wurde versucht, seine Unterscheidung von höheren und niedrigeren Mächten sowie von apollinischen und dionysischen Mächten nachvollziehbar zu machen. Hierbei handelt es sich um nicht viel mehr als um ein erstes Deutungsangebot. Als solches, so meine ich, sollte es aber durchaus zur Kenntnis genommen und der theologischen Bewährung ausgesetzt werden. – Letzteres ist entscheidend. Erst im Rahmen explizit theologischer Prämissen wird sich würdigen lassen, inwiefern Pichts Phänomenologie der Mächte hilfreich ist, Gottes Macht angesichts ihrer verstehen zu wollen.

Das *dritte Kapitel* setzt das Erkenntnisinteresse des zweiten insofern fort, als es auch hier um Positionen geht, die um die Wiederentdeckung der Rede von Göttern und Mächten bemüht sind. Freilich verschieben sich die Gewichte insofern, als die hier zu besprechenden Positionen ihre Götter-Rede explizit als Kritik an der christlichen Rede vom einen Gott vortragen. Georg Picht hatte sich hier weitgehend zurückgehalten und seine Arbeiten im diagnostischen Gestus angelegt. Insofern versteht es sich, dass die theologiekritische Seite ebenso zu Wort kommen muss.

Odo Marquards »Lob des Polytheismus« ist eine geistreiche Provokation, die mit den Denkformen des Einen abrechnen und ihnen die Entlastung durch wohlverstandene Vielheit entgegensetzen will. Dabei stellt seine Rede von den Göttern allerdings nur die Oberflächensemantik dar, hinter der allererst die leitenden Motive aufgefunden werden können. Zentral für

Marquard ist der Begriff der *Kompensation* als anthropologisches Konzept. Anhand seiner kritisiert Marquard, dass die diversen Formen des Denkens des Einen – sei es des einen Gottes, einer absoluten moralischen Forderung oder der Prätention des einen weltgeschichtlichen Prozesses – beständig Überforderungen an die Adresse des Menschen aus sich heraussetzen. Demgegenüber schärft er die unüberwindlichen Endlichkeitsbedingungen des Menschseins ein. Nach seiner Ansicht ist des Menschen Teil Ausgleich, Kompensation und Ersatz: Nicht das absolute Heilsversprechen der Religion, sondern das kleine Glück; nicht die absolute Freiheit des transzendentalen Subjekts, sondern die Entlastung des Individuums durch Gewaltenteilung; nicht die Prätention der einen Universalgeschichte, sondern das Leben in den vielerlei Geschichten als Versprechen der Freiheit. Diese Formen der Kompensation sind für Marquard nichts weniger als säkularisiertes Heil, »Gnade minus Christentum«, wie er sagt. Es handelt sich um polytheistische Gnade, weil sie sich einer Vielfalt einander begrenzender und dadurch freiheitsgewährender Institutionen verdankt.

Die Kritik beschäftigte sich zunächst mit einigen Pauschalisierungen Marquards, die so nicht zu halten sein dürften, und thematisierte dann die kriteriologische Aufladung des Kompensationsbegriffs. Dass Kompensation ein Faktum ist, berechtigt bei Gefahr des Zynismus nicht, die diversen Kompensationsformen als Gnade zu beschreiben und daraus eine Rechtfertigung des gesellschaftlichen status quo abzuleiten: Die Rede von der besten aller Welten ist mit der Leibniz'schen Theodizee zurecht untergegangen. Jemand, der – wie Marquard – diesen Untergang mit Applaus bedachte, sollte sie nicht in der depotenzierten Form als Komplementaritätswelt wieder erstehen lassen.

Das Hauptaugenmerk des Kapitels galt den kulturtheoretischen Überlegungen von Jan Assmann. Durch gedächtnisgeschichtliche Analysen in der Ägyptologie, beim alten Israel und in einigen Aspekten der modernen Wirkungsgeschichte macht Assmann einen grundlegenden Gegensatz zwischen zwei Haltungen aus, die er Kosmotheismus und Monotheismus nennt. Der Erstere bezeichnet eine Haltung, die lebens- und diesseitszugewandt ist. Sie erkennt eine lebensvolle Ordnung in der Welt, spürt, dass diese les- und lebbar ist und richtet sich insofern in ihr ein, dass sie eine Korrespondenz der sozialen und der kosmischen Ordnung zu erkennen meint. Diese wird von den Göttern präsentiert – wobei nicht entscheidend ist, dass es sich um viele Götter handelt, sondern dass diese in eminenter Weise Welt sind. Der Gedanke, diese Welt fliehen zu müssen und auf einen außerweltlichen Gott zu vertrauen, der in ferner Zeit die Erlösung bringen werde, ist dem Kosmotheismus zutiefst fremd. – Nicht so allerdings dem Monotheismus, den Assmann als konsequente Gegenreligion zur Beheimatung in der Welt zeichnet. Der Monotheismus, maßgeblich verkörpert durch den in der Erinnerungsfigur zum Stifter gewordenen Moses – predigt den Exodus aus der bewohnbaren Welt. Sein Gott ist von der Welt streng geschieden, seine Heilshoffnung richtet sich auf ein Jenseits und entgöttert die zum Diesseits gewordene Welt. Der Monotheismus muss sich beständig die doch vor Augen liegende Lesbarkeit der Welt versagen, was aber im Grunde einem Akt der internalisierten Gewalt nahe kommt. Gewalt nach innen wird aber durch Projektion nach außen geleitet: Hierin liegt beschlossen, warum Monotheismen endogen zur Gewalttätigkeit neigen.

Die Auseinandersetzung mit dieser Position hatte zunächst eine Reihe von Einseitigkeiten in der Wahrnehmung des biblischen Monotheismus aufzuzeigen, die manches Verdikt Assmanns gegen den Monotheismus als unhaltbar erweisen dürften. Zum anderen konnte gezeigt werden, dass sein Konzept von Kultur bzw. kulturellem Gedächtnis gegenüber den beiden Größen Kosmotheismus und Monotheismus nicht neutral ist, sondern starke Affinitäten zum ersteren aufweist. Damit ist das ganze Konzept des kulturellen Gedächtnisses als wertbesetzt erkannt, was seine Neutralität und damit auch die Schlagkraft der gegen den Monotheismus gerichteten Argumente herabsetzt. Im Sinne dieser Gegenargumentation scheint sich das Gros der Vorwürfe Assmanns an die monotheistische Adresse entkräften zu lassen, so weit sie den biblischen Monotheismus treffen sollten.

Argumentativer Gewinn wird aus seiner Position gezogen, wenn man sich seine Beschreibung des Kosmotheismus als Beschreibung von Befindlichkeiten bzw. Wünschen vor Augen hält. Dann hat das theologische Bemühen, Gottes Macht angesichts der Mächte zu verstehen, einige Elemente einer Hermeneutik solcher Mächte vor Augen: Die Mächte werden als Teile der Welt erfahren, nicht als etwas Transzendentes imaginiert bzw. erhofft; es geht ausdrücklich darum, dass es sich um eine Vielheit von Mächten handelt; der Kosmotheismus erlebt – oder wünscht – die Welt als eine, deren Sinn lesbar und die menschengemäß bewohnbar ist; in seinem Sinne soll es nicht notwendig sein, die eigene Identität durch den Bezug auf Transzendenz zu denken, sondern sie hier und jetzt zu erleben. Eschatologie ist für den Kosmotheismus eine unverständliche Vokabel.

Im ersten Kapitel wurde die Lehre von der Macht Gottes anhand einiger Positionen daraufhin durchmustert, wie sie zur Frage der mancherlei Mächte auskunftsfähig sein könnte. Im zweiten Kapitel wurde ein längerer Anlauf unternommen, um das eigentümliche Wie der Mächte beschreiben zu können; dabei ergab sich ein enger Zusammenhang dieses Beschreibungsvermögens mit dem Gottesbegriff – grob gesagt: je philosophischer der Gottesbegriff, desto größer die Schwierigkeit, die Mächte zu beschreiben.

Das dritte Kapitel fokussierte auf die theologie- und christentumskritische Wendung der Rede von den Göttern. Es galt, sie exemplarisch zurückzuweisen und zugleich hermeneutische Einischten für die theologische Arbeit zu gewinnen. Das Schlusskapitel nimmt den Faden des ersten wieder auf und versucht, das Anliegen unter Einarbeitungen der Einsichten aus den beiden folgenden Kapiteln weiter zu entwickeln.

Dabei dürfte es sich um mehrere Fragenkomplexe handeln. Der theologische Rhythmus der eigenen Sachlichkeit bringt es mit sich, dass diese mehrerlei Fragen nicht – oder nicht immer – analytisch auseinander gehalten werden können. So ist etwa die fundamentaltheologische Frage nach der Gewissheit verschränkt mit der Art und Weise, wie über Gottes Macht gehandelt wird. Im Sinne eines Nacheinanders von Traktanda wird man sie nicht oder doch nur sehr vorläufig ordnen können. Nicht anders ist es wohl um die Frage bestellt, wie die im 2. und 3. Kapitel behandelten Phänomenologien der Mächte theologisch sollen verstanden werden können: dies schlägt auf die eine oder andere Weise zurück auf die Gewissheitsthematik oder andere in Frage stehende Themen. Einleitend umreiße ich drei Fragekomplexe, die im Folgenden zur Verhandlung anstehen. Der erste, die fundamentaltheologische Frage nach der Gewissheit im Glauben, ist eher ein implizites Thema, die beiden anderen werden explizit verhandelt. Es handelt sich um die Frage nach der Phänomenalität der Mächte in theologischer Hinsicht und der ihnen zuzuordnenden Gestalt der theologischen Eigenschaftslehre.

Zunächst: Es war argumentiert worden, dass die Frage nach der *Gewissheit im Glauben* virulent wird, wenn denn die Funktion der Trinitätslehre nicht sein kann, vorrangig durch Rückschlüsse sich dessen zu vergewissern, dass Gott in sich so ist, wie er sich nach außen zeigt. Zu klären war füglich, was an die Stelle solcher Rückschlüsse treten kann. Mit Walter Dietrich und Christian Link vertrete ich dabei die Position, dass die Theologie nicht die Aufgabe hat, die Gewissheit des Glaubens zu begründen. Sie kann die Perspektive des Glaubens und damit Gott nicht rechtfertigen, sie kann ihn allenfalls anhand der biblischen Überlieferungen zu verstehen suchen. Gewissheit, nach der der Glaube sich zurecht sehnt, ist insofern nicht durch theologische Rückschlüsse zu erlangen, sondern eine Implikation des Lebens im Glauben selber. Die Lebensperspektive aus dem Glauben, so die dabei mitgesetzte Behauptung, ermöglicht Interpretationen und Erschließungserfahrungen, welche das Vertrauen in ihren Grund rechtfertigen und so zu Gewissheit führen können.[1]

[1] Am Leitfaden des Begriffs der Skepsis habe ich Überlegungen dazu vorgetragen in Hailer, Metapher, bes. 51–53.

Dabei dürfte deutlich sein, dass diese Gewissheit ihre verschiedenen Zeiten und Orte hat. Dietrich und Link explizieren dies anhand der Rede von den dunklen Seiten Gottes oder von Bibeltexten, die wir schlechthin als Texte des Terrors bezeichnen müssen. Ich nehme die Gewissheitsfrage im Rahmen des Problemzusammenhangs wieder auf, wie denn von der Existenz im Glauben angesichts der Mächte geredet werden kann. In der Fluchtlinie der im 1. Kapitel vorgetragenen allgemeinen Überlegungen zur Gewissheitsfrage wird argumentiert, dass die Gewissheit der Glaubensperspektive wesentlich von der Gegenwart Gottes herrührt. Auch wenn die Glaubensperspektive kritische Fragen nicht abweisen kann und eigentümlich fragmentarisch bleiben wird, hat sie ihr Fundament doch darin, dass sie sich der Gegenwart Gottes hier und heute verdankt. Für Dietrich und Link war dies Anlass, davon zu sprechen, dass die Beschreibung der Glaubensperspektive letztlich gleichbedeutend mit verkündigender Anrede ist. Ich nehme diesen Faden auf, ziehe es aber vor, von der Anwesenheit Gottes im Rahmen einer Theologie des Gottesdienstes zu sprechen. Hier hat der Verkündigungsaspekt selbstverständlich seinen Ort, wird aber zugleich in den Kontext anderer Sprach- und Handlungszusammenhänge gestellt. Es ist zu hoffen, dass auf diese Weise zumindest ein Aspekt des Gewissheitsthemas entfaltet werden kann.

Und damit zum nächsten Thema, der *Phänomenalität der Mächte in theologischer Hinsicht*. Im 2. und 3. Kapitel wurden Beschreibungen und Analysen vorgestellt, die – auf der Basis unterschiedlicher Voraussetzungen und mit unterschiedlichen Zielen – Beschreibungen dessen, was Mächte/Götter sein könnten, vorstellen. Aus den dargelegten Gründen handelte es sich um philosophische und kulturwissenschaftliche Erwägungen. Diese gilt es theologisch weder zu ignorieren noch einfach zu übernehmen. Ignorierte man sie, so käme eine Theologie dabei heraus, die sich gegenüber geistigen Strömungen und Befindlichkeiten blind zeigte. So aber kann es mit dem Rhythmus der eigenen Sachlichkeit nicht gemeint sein. Genauso wenig aber geht es an, Beschreibungen wie die vorgestellten einfach zu übernehmen und die theologische Reaktion als Antwort auf sie zu entwerfen. Mächte/Götter sind theologisch Mächte *vor Gott*, und der Glaube bekennt auf die eine oder andere Weise ihre Überwindung durch ihn. Aus diesem Grund ist eine theologische Relektüre der Phänomenologie der Mächte nötig. In einer solchen geht es um die Beschreibung einer Beziehung, bei der eine Antwort auf die einfach klingende, aber alles andere als einfache Frage gesucht wird: *Wie* stehen diese Mächte vor Gott? Mehrere Möglichkeiten sind denkbar:

(1) Sind sie herrenlose Gewalten, die als Exponenten des Nichtigen eine eigentümliche Zwischenexistenz zwischen Gott und Schöpfung einnehmen? (Barth)

(2) Sind sie in ihrer Notwendigkeit letztlich von Gott selbst verursacht, wobei zu dieser Seite seines Wesens eigentlich kein Zugang besteht? (Luther)

(3) Besteht ihre Entmächtigung vielleicht darin, dass Gottes Zusage, sie in seiner Zukunft zu besiegen, so sicher ist, dass sie in die Wahrnehmung der gegenwärtigen Mächte gleichsam zurückwirkt? Oder soll man so argumentieren, dass die Gegenwart Gottes im Heiligen Geist die Gläubigen befähigt, ihr Leben nicht von den Mächten bestimmt sein zu lassen?

Es ist unschwierig zu sehen, dass diese Fragestellung bereits zu dem zurückspielt, was klassischerweise in der Eigenschaftslehre verhandelt wird. Das führt zum nächsten Punkt.

Gesucht werden Metaphern der *Eigenschaftslehre*, die in theologisch begründeter Weise von Gottes Macht angesichts der Mächte sprechen. Im 1. Kapitel war dazu skizziert worden, dass es sich nahe legt, Gottes Macht nicht in der Tradition des aristotelischen Denkens, also in den Kategorien von Verursachung zu denken. Es ist wahrscheinlich, dass die Rede von der *Zeit* als metaphernspendender Bereich geeigneter ist und aus den Aporien der Kausalitätsmetaphorik herauszuführen vermag. Genauso aber könnte es sein, dass Raummetaphorik und Zeitmetaphorik einander wechselseitig kontrollieren. Es bliebe dann die Einsicht gewahrt, dass es sich bei ihnen eben *nur* um Metaphern handelt, deren bildliche Aussagefähigkeit erhoben werden soll, aber nicht mit der argumentativen Rolle von Begriffen verwechselt werden darf. Erprobt sollte also werden, ob man sagen kann, dass Gottes Macht darin besteht, der Herr der Zukunft zu sein und dies in einer Weise, die bereits so in die Gegenwart wirkt, dass die mancherlei Mächte vor ihm bereits jetzt entmächtigt sind. Vielleicht lässt sich die Logik dieses Bildes auch noch weitertreiben, sodass man mit Christian Link sagen könnte, dass Gott seine Zeit für uns öffnet, er selbst also zeitförmig ist. – Diese Bildlogik gilt es auszuloten und auf ihren systematisch-theologischen Gewinn hin zu befragen.

Die Allianz aus biblischem und griechischem Gottesbegriff zieht schwere Nachteile nach sich. Es war hier zu lernen, dass man sich dieser Allianz nicht leicht – und gar per Deklaration – entziehen kann. Was die Eigenschaftslehre angeht, so hat sie in ihrer klassischen, metaphysisch geprägten Gestalt die Funktion, durch geeignete Prädikate die Einheit und Vollkommenheit Gottes zu begründen und zu preisen. Die einzelnen Prädikate (in der lutherisch-orthodoxen Terminologie hier: *attributa operativa*), die von Gott ausgesagt werden, sagen, dass sie Gott als ganzen und einen beschreiben und dabei zugleich ineinander übergehen, also kommunitabel sind. Das Lehrstück folgte etwa dieser Grammatik: Gott ist allwissend, deshalb ist er auch allmächtig. Weil er allmächtig ist, ist er auch allwirksam, allgerecht usw. Da diese *attributa* aber von dem *ens perfectissimum* ausgesagt werden, ist ihre vorherrschende Funktion die, die Tatsache zu unterstreichen, dass es das *ens perfectissimum* ist. In einem solchen Gottesdenken bleibt die *soteriologische Qualifizierung* der Eigenschaftslehre eigentümlich außer Betracht bzw. lediglich in der zweiten Reihe. Diese aber gilt es nach Kräften zurückzugewinnen. Eigenschaften werden von Gott nicht deshalb ausgesagt und ihm in der Doxologie zugerufen, um sich seiner Einheit und Einzigkeit zu versichern, sondern weil sie sich als Summierungen und Abstraktionen von Gottes Handeln und seiner Gegenwart eignen. Die Funktion, sich über die Einheit Gottes Rechenschaft abzugeben, gehört nicht in diesen Bereich, sondern in die Entfaltung der Trinitätslehre.

Kann man sich darauf verständigen, so dürfte für die hier anstehende Frage nach Gottes Macht angesichts der Mächte etwa Folgendes gelten: Sie ist zu bearbeiten anhand der Leitfrage, inwiefern die Rede von ihr eine Perspektive von Glaube, Liebe und Hoffnung aus sich heraussetzt. Die Eigenschaftslehre versucht, Gottes rettendes und bewahrendes Handeln im Sinne einer Zuschreibung an ihn auszusagen. Diese aber ist gleichbedeutend mit der Rede vom Deus pro nobis. In unserm Fall geht es um die Perspektive von Glaube, Liebe und Hoffnung, die Christinnen und Christen in Gottes Macht angesichts der Mächte leben lässt.

2. Theologie der Mächte und Gewalten

a) Entdeckungen in der Exegese und der prophetischen Gesellschaftskritik

Es gibt einen biblisch-theologischen Topos, der die hier in Frage stehenden Themen verhandelt, die Rede von den Mächten und Gewalten. Das Neue Testament kennt Größen, deren Eigenschaft es ist, zwischen Menschenwelt und Gott zu stehen und auf die eine oder andere Weise Einfluss auszuüben: Es sind Begriffe wie δύναμις (Eph 1,21; Kol 1,17; Apk 17,13), ἐξουσία (Eph 1,21; Apk 17,13; Kol 1,16), θρόνος (Kol 1,16), κυριότης (Eph 1,21; Jud 8; 2Petr 2,10), ἀρχή (Kol 1,16; Röm 8,38; 1Kor 15,24), mit denen die biblischen Schriftsteller diese Phänomene beschreiben.[2] Unter Bezug auf das paarweise am häufigsten vorkommenden ἀρχαὶ καὶ ἐξουσίαι hat das facettenreiche Phänomen den Sammeltitel Mächte und Gewalten erhalten.

---

[2] Zum Vorkommen in zwischentestamentlicher Literatur und NT vgl. Wink, Naming 13–35 (Überblick) und 151ff (detaillierte Wortstatistiken), Hinweise bei Zeilinger, Zwischen-Räume 12f.

Die loci classici dieser Redeweise sind deuteropaulinisch: Kol 1,16f; 2,9f.13–15 und Eph 1,20–23; 2,1–2; 6,12. Besonders wirkmächtig wurde unter ihnen die Stelle aus Kol 1, in der davon die Rede ist, dass die Mächte und Gewalten durch und in das εἰκῶν des ungesehenen Gottes geschaffen wurden. Eph 1,22 berichtet dann davon, dass diese Mächte ihm unter die Füße getan sind. Das umreißt in etwa das Spannungsfeld der neutestamentlichen Rede von den Mächten und Gewalten: Sie – was immer sie im Einzelnen sein mögen – sind Teil der Schöpfung Gottes, keinesfalls dunkle Gegenmacht eines zweiten schöpferischen Prinzips. Sie entfalten ein Eigenleben als Mächte, das als solches sehr schwer zu beschreiben ist. Es liegt in ihrem numinosen Wesen begründet, dass das Themenfeld, wie Thomas Zeilinger zurecht notiert, »sich einer angemessenen Beschreibung hartnäckig entzieht.«[3] Zugleich aber, und das macht Schwierigkeit wie Faszination der Rede von ihnen aus, wird neutestamentlich von ihnen bekannt, dass ihre Macht vor Gott gebrochen sei. Sie sind ὑπὸ τοὺς πόδας des Erhöhten getan, der das Haupt der Kirche ist (Eph 1,22, Anspielung auf Ps 8,7). Geschöpflichkeit also, Eigenmacht/eigentümliches Sein und doch unter Gottes Füße getan zu sein – in diesem Rahmen bewegt sich der biblische Vorstellungskomplex, den eine Theologie der Mächte und Gewalten in explizierender Weise aufzunehmen hat. Die von Eph und Kol gleichsam in extremis beschriebene Thematik findet sich an nicht wenigen anderen Stellen des NT wieder, paulinisch etwa in der berühmten Schlusswendung zur Rede vom Seufzen der κτίσις Röm 8,38f oder den Kettenschlüssen über die allgemeine Auferstehung 1Kor 15, bei der von der schlussendlichen Überwindung der Mächte die Rede ist (1Kor 15,24–27a). – Die Schriftstellen, an denen von den Mächten und Gewalten explizit die Rede ist, stehen nun natürlich in vermittelter Verbindung zu Redeweisen, die weniger ausdrücklich von Macht, Kraft und numinosen Phänomenen reden: von Geistern und Dämonen, von Mächten und Kräften auch dort, wo sie relativ eindeutig als Personen oder Institutionen identifiziert werden können und anderem mehr. Sieht man dies, so leuchtet ein, dass es sich um eine biblisch gleichsam beherrschende Thematik handelt. Walter Wink hat Recht: »The language of power pervades the whole New Testament.«[4]

Die gegenwärtige Beschäftigung mit dem Thema hat zwei Wurzeln. Die eine dieser Herkunftstraditionen ist die exegetische Frage, was man sich unter Dämonen, Geistern, Mächten und Gewalten denn eigentlich vorzustellen habe und beschäftigt die neutestamentliche Exegese schon geraume Zeit. Martin Dibelius nahm sich die Frage in seiner Dissertation von 1909

[3] Zeilinger, Zwischen-Räume 11.
[4] Wink, Naming 7, i.O.herv.

vor, wobei er sich auf eine noch fast zwei Jahrzehnte ältere Arbeit bezog.[5] Auch in den dreißiger Jahren des vergangenen Jahrhunderts und den Nachkriegsjahrzehnten ebbte das Interesse an diesen Phänomenkomplexen kaum ab.[6] Man wird – bei aller nötigen Vorsicht – sagen können, dass in diesen Jahrzehnten im Umfeld des Entmythologisierungsprogramms Rudolf Bultmanns gedacht wurde. In dessen Rahmen war sozusagen wenig Platz für Mächte, Geister und Dämonen. Bultmann hatte es in seiner Programmschrift ja gleichsam im Verdikt gesagt: »Man kann nicht elektrisches Licht und Radioapparate benutzen, in Krankheitsfällen moderne medizinische und klinische Mittel in Anspruch nehmen und gleichzeitig an die Geister- und Wunderwelt des Neuen Testaments glauben. Und wer meint, es für seine Person tun zu können, muss sich klar sein, dass er, wenn er das für die Haltung des christlichen Glaubens erklärt, damit die christliche Verkündigung in der Gegenwart unverständlich und unmöglich macht.«[7] Viel deutlicher kann das Abrücken von den fraglichen Vorstellungskomplexen kaum ausfallen.

Die Arbeiten jener Jahrzehnte zum Thema hatten deshalb vor allem hermeneutisch-deskriptive Anliegen. Auch wer das Bultmann'sche Verdikt nicht teilte und meinte, dass hier nicht schlichtweg entmythologisiert werden könne oder dürfe, musste vor allem tastend zu klären suchen, welche für das moderne Bewusstsein befremdende, primitiv oder abständig wirkende Entitäten in der Gedankenwelt des NT offenbar eine nicht zu unterschätzende Rolle spielten. So schreibt G.B. Caird im Jahre 1956: »Our present task is descriptive – an attempt to reconstruct something of the world of thought in which Paul's mind was at home.«[8] In dem zitierten Satz – und im Gestus dieser und anderer Studien – ist deutlich zu spüren, dass es eben »Paul's mind« ist, welches in der neutestamentlichen Gedankenwelt zu Hause war und nicht der »mind« der Interpreten. Die Vorlesungen G.B. Cairds, und wiederum nicht nur diese, sind von dem Gestus getragen, dass es ein Gedankending bzw. eine als geistig gedachte Größe gibt, die in Paulus' Welt vorkommt, aber heute nicht nachvollzogen werden kann. Man suchte in der Tat »something in the world of thought«,[9] eine imaginierte Größe, deren Imagination heute nur noch durch Hilfskonstruktionen nach-

---

[5] Dibelius, Geisterwelt; Everling, Angelologie (1888).

[6] Vgl. z.B. Scheu, Weltelemente; W. Grundmann, Begriff der Kraft, und die beiden Texte gleichen Titels, Mächte und Gewalten, von Schlier. Otto Böcher hat dem sozusagen benachbarten Thema der nt.lichen Dämonologie zahlreiche Untersuchungen gewidmet, vgl. die Darstellung in Das Neue Testament und die dämonischen Mächte, sowie die Summierung im TRE-Artikel Dämonen.

[7] Bultmann, Mythologie 16.

[8] Caird, Principalities XI.

[9] Ebd.

vollziehbar ist. So fasst Caird seine Überlegungen mit einem Schluss der Ersetzung des neutestamentlichen Gedankendings in die gegenwärtige Vorstellungswelt zusammen: Der paulinische Mensch lebe unter »divinely appointed authorities«, die am besten als Staat, Religion und Natur verstanden werden können und ihre üble Funktion durch die Macht der Sünde erhielten.[10] – Das Ergebnis der Exegesen und viele Teilbeobachtungen Cairds stehen hier nicht zur Debatte. Es soll lediglich als bezeichnend gezeigt werden, dass diese und andere Studien durch eine Hermeneutik der Distanz und durch die Grundannahme, gekennzeichnet sind dass die infrage stehenden Phänomene der imaginativen Welt der Antike angehören, die zur gegenwärtigen in nicht geringer Distanz steht.[11]

Dieser Trend lässt sich in nicht wenigen fachexegetischen Arbeiten auffinden. Es gibt jedoch auch eine Herangehensweise, die diese kritische Hermeneutik nicht kennt und die nicht geneigt ist, Mächte und Gewalten als Gedankendinge zu erklären. So liest man etwa in dem Band »An Ethic for Christians and other Aliens in a Strange Land« des namhaften amerikanischen Laientheologen William Stringfellow:[12] »Thus, the Pentagon or Ford Motor Company or Harvard University or (...) the Methodist Church or the Teamsters Union are all principalities. So are capitalism, Maoism, humanism, (...) sports, sex, any profession or discipline, technology, money, the family – beyond any prospect of full enumeration. The principalities and powers *are* legion.«[13] Und: »Pretending autonomy from God, these creatures are autonomous from human control. In reality they dominate human beings.«[14] Hier ist sichtlich eine andere Hermeneutik am Werke.

[10] Ebd. 101.

[11] Auch die Jahrzehnte jüngere und zu gänzlich anderen Ergebnissen kommende Studie von Carr, Angels, ist im Grunde dieser Logik verhaftet. Er verneint für Paulus den Gedanken einer Auseinandersetzung zwischen dem Erhöhten und feindlichen Mächten als absurde Zutat späterer neuplatonischer Einflüsse, was allerdings nicht ohne kühne Deutungen des paulinischen Textes und literarkritische Notmaßnahmen in den Deuteropaulinen auskommt (Eph 6,12 als spätere Interjektion, 175 – freilich gegen jeden Anlass). Und doch sind auch bei ihm die Mächte und Gewalten Angehörige eines Denkuniversiums, das heute so nicht mehr nachvollziehbar ist: Sie stellen die »angelic host« (122) dar, die vor Gott stehen und ihn loben, ohne dass in der Darstellung erkennbar würde, dass der Autor dies für gegenwärtig theologisch relevant hält.

[12] William Stringfellow, 1928–1985, war Rechtsanwalt, christlicher Aktivist und Verfasser einer Reihe von vieldiskutierten Büchern und Schriften. Seine Bedeutung als christlicher Zeitgenosse erklärt sich vielleicht am besten durch die in der Literatur öfter erwähnte Begebenheit, dass Stringfellow bei Karl Barths USA-Reise April 1962 neben professionellen Theologen mit auf ein Podium zu Barth gebeten wurde. Barth wandte sich im Verlauf der Veranstaltung an das Plenum mit der Aufforderung: »You should listen to this man!« und gab auch andernorts seiner Wertschätzung Ausdruck. (Quellen bei Zeilinger, Zwischen-Räume 36.)

[13] Stringfellow, Ethic 78. Beide Auslassungen setzen die jeweilige Aufzählung noch beträchtlich fort.

[14] Ebd. 82.

Stringfellow identifiziert scheinbar mühelos verschiedenste Größen in der gegenwärtigen Welt als »principality and power« und kennt keinen Anlass, zunächst in historisch-distanzierter Weise die Gedankenwelt des NT zu rekonstruieren, um sich sodann an eine Applikation derselben zu machen oder sie für unmöglich zu erklären. »Paul's mind« – dem Exegeten offenbar fern – scheint hier ein Phänomen der Gegenwart zu sein, dessen Applikation keine Schwierigkeiten bereitet.

Diese erstaunliche Kehrtwendung hat ihre Gründe in der speziellen Situiertheit von Stringfellows Arbeiten.[15] Zu ihnen gehört, und das unterscheidet seinen Ansatz von den eben erwähnten exegetischen Hermeneutiken, dass er das Verhältnis von Interpret und Interpretandum umkehrt: Zu erklären ist nicht, welche Konstrukte früher wohl Mächte genannt wurden, zu erklären ist die soziale und politische Gegenwart, wie sie sich vor dem Hintergrund der biblischen Wahrheit zeigt. Stringfellows Ziel ist also, pointiert gesagt, nicht, die Schrift vor dem Hintergrund der gegenwärtigen Leitannahmen zu verstehen, sondern »to understand America biblically.«[16] Mit diesem Vorhaben erweist sich der Autor als Exponent der amerikanischen sozial und politisch engagierten Kirchen der Nachkriegszeit, also der kritischen Neugestalt des Social Gospel.[17] Diese Bewegung, zu deren herausragenden Vertretern Martin Luther King jr. gehört, war durch die enormen gesellschaftlichen Gefälle und Gerechtigkeitsdefizite in den USA der Nachkriegsjahrzehnte entstanden. In der Wiederaneignung zentraler Schriftstellen, in Liturgie, sozialer Aktion und zivilem Ungehorsam sah sie die prophetische Aufgabe der Kirche ihrer Zeit, für die Benachteiligten, für den rassistisch unterdrückten schwarzen Bevölkerungsanteil und gegen die Kriegsführung, insbesondere in Vietnam die Stimme zu erheben. In diesem Engagement war es nicht schwer, die biblische Perspektive von den mancherlei Mächten plausibel zu finden, die ihre Herrschaft auf dem Rücken der Menschen und zumal der Benachteiligten ausüben. Das ist der Kontext, in dem Stringfellow seine Lehre von den Mächten und Gewalten entfaltet.[18] Wie aus der eben zitierten Aufzählung hervorgeht, kann in seiner Sicht nahezu alles, was in irgendeiner Weise Attraktion oder Macht ausübt, eine »principality« sein.[19] Mächte sind Kreaturen, aber gefallene Kreaturen. Sie behaupten, von Gott unabhängig zu sein, und üben über Menschen eine

[15] Eine ausführliche Darstellung von Stringfellows Ansatz auf der Basis aller Publikationen bei Zeilinger, Zwischen-Räume 44–70.

[16] Stringfellow, Ethic 16.

[17] Klassiker und Kritiker des Social Gospel werden dargestellt bei Beckley, Passion for Justice.

[18] Zu den folgenden Bestimmungen vgl. Stringfellow, Ethic 77–93.

[19] Vgl. die in entsprechenden Variationen häufig wiederkehrende Formulierung: »The American legal system, a principality«, ebd. 84.

verheerende Kontrolle aus, der man sich nicht einfach entziehen kann. Stringfellow sieht die Mächte ausschließlich als negativ. Nach dem Fall kann ihnen keine positive, lebens- und freiheitssteigernde Rolle mehr zugedacht werden. Auch diejenigen, die meinen, eine solche Macht zu beherrschen und kontrollieren zu können – Mächtige in Politik und Wirtschaft – haben zwar Titel und Ehre, sind aber in Wirklichkeit unter die Kontrolle desjenigen Systems geraten, das sie zu beherrschen vermeinen. Unter den Mächten, die in Stringfellows Sicht Legion sind, spielt diejenige des Staates eine besondere Rolle. Er bezieht sich auf die Rede von Babylon in der Johannesapokalypse und schreibt, stets die USA im Blick: »Babylon represents the essential version of the demonic in triumph over a nation.«[20] »The Fall ist where the nation is.«[21] Schließlich: »Among all the principalities in their legion species and diversities, the state has a particular eminence.«[22]

Es fragt sich natürlich, was der Autor diesem veritablen Pandämonium aus der Sicht des Evangeliums entgegenhalten will. Stringfellow argumentiert, dass er es nicht mit einem theoretischen Problem zu tun hat und dass deshalb die Antwort nur *prophetisch* ausfallen kann. Wer die determinierende Gewalt der Mächte erkannt hat, kann nicht anders, als zur Wahrheit Christi und zu den Gaben des Geistes Zuflucht zu nehmen. Dies kann nicht theoretisch beschrieben werden, sondern nur Aufforderungscharakter erhalten: »In the midst of babel, speak the truth.«[23] »In the face of death, live humanity. In the middle of chaos, celebrate the Word.«[24] Was Not tut, ist Widerstand gegen die (All-)Gewalten durch die Gaben des Geistes. Durch dies, was Stringfellow »Biblical living«[25] nennt, soll das Leben im Humanum Gottes zeichenhaft möglich sein, auch wenn einstweilen die humane Tat zum größten Teil aus Neinsagen bestehen muss.

Stringfellows Arbeiten sind auf ihre Weise singulär. Ihre Kombination aus scharfsinniger Einsicht, ethischem Bezug und engagierter Direktheit lassen ihnen einen unverzichtbaren Platz in der Suche nach einer Theologie der Mächte und Gewalten zukommen, auch wenn sie als theologischer Beitrag im Rahmen der Gepflogenheiten der Disziplin wohl nicht gelten können. Th. Zeilinger charakterisiert sie treffend als »Brevier gelebten Widerstands«.[26] Insofern wäre es verfehlt, theologische Fragen wie die nach der

---

[20] Ebd. 33.
[21] Ebd. 19.
[22] Ebd. 109.
[23] Ebd. 141.
[24] Ebd. 142.
[25] Ebd. 151.
[26] Zeilinger, Zwischen-Räume 70. Dort auch zu den Wirkungen Stringfellows im amerikanischen Kontext.

zureichenden Bestimmung der Ontologie der Mächte zu stellen oder – wie es sicher auch möglich ist – Stringfellows prophetische Rede vom »biblical living« als theologisch unterbestimmt zurückzuweisen. Festzuhalten bleibt, dass Stringfellows Arbeiten ihre Wirkung auf die akademische Theologie nicht verfehlt haben und dass dies wohl vor allem an seiner entschiedenen Umkehr der Hermeneutik und an einem unverstellten sozialen Realismus liegen dürfte. In der Tat gibt es – neben vereinzelten Vorgängern[27] – eine neuere Debatte um die Mächte und Gewalten, die sich wesentlich Stringfellows Einsichten und prophetischen Mahnungen verdankt. Für unseren Zusammenhang interessant sind hieraus die Arbeiten von Walter Wink und Thomas Zeilinger.

b) Ausarbeitungen: Mächte und Gewalten als numinose Entitäten

Der amerikanische Theologe Walter Wink hat unter den Titeln »Naming the Powers«, »Unmasking the Powers« und »Engaging the Powers« von 1984 bis 1992 eine Trilogie über die Mächte veröffentlicht und Studien zu verwandten Themen vorgelegt. Seine Arbeiten können als sowohl exegetisch als auch systematisch-theologisch fundierende Weiterführung der Anregungen und Problemstellungen William Stringfellows gelesen werden, auf den Wink sich wiederholt bezieht und von dem er wesentliche Anregungen empfing. Wink legt ausführliche Wortstatistiken und Exegesen vor, um Reichweite und Stellenwert der Rede von den Mächten im NT zu eruieren und entwickelt dann so etwas wie eine systematisch-theologische Beschreibung der Mächte, die mithilfe verschiedener Theoriemittel deren eigentümlich numinosem Charakter auf die Spur kommen und sie zum Handeln Gottes und der Kirche ins Verhältnis setzen will. Die Trilogie endet mit ausführlichen Reflexionen, wie angesichts der Mächte ein gewaltfreier christlicher Weg für gesellschaftlichen Widerstand und Erneuerung gesucht werden kann – »the style of Christian engagement with and against the Powers«,[28] wie Wink es nennt.

Für die Würdigung der eingehenden exegetischen Arbeiten Winks ist hier nicht der Ort. Ich wende mich gleich seiner systematischen Beschreibung der Mächte zu. Deren Prämisse ist, dass Wink zwei Extreme ablehnt:

---

[27] V.a. Berkhof, Christ and the Powers, ferner Visser't Hooft, Kingship of Christ. Berkhofs Buch, 1953 im holländischen Original erschienen und neun Jahre später in englischer Übersetzung, ist in der europäischen Theologie nahezu resonanzlos geblieben. Dazu dürfte der Umstand, dass nach Berkhofs Angaben Karl Barth eine deutsche Übersetzung verhinderte, seinen Teil beigetragen haben, vgl. Uwe Gerbers Nachwort zu Berkhofs Theologie des Heiligen Geistes 146.

[28] Wink, Unmasking 173. Wie William Stringfellow sucht auch Wink die Bewährung seiner Thesen in der sozialen Wirklichkeit. Dies fließt z.T. unmittelbar in die theologischen Erörterungen ein, wurde aber auch als separate Erfahrungsberichte vorgelegt, vgl. ders., Violence. Dieser Band, deutsch 1988, fehlt in der Bibliographie bei Th. Zeilinger, Zwischen-Räume 385.

Auf der einen Seite wehrt er sich gegen eine Identifikation der Mächte und Gewalten als ausschließlich übersinnlicher, geisthafter Entitäten. Sie gehören nicht einem κόσμος νοητὸς an, der separat über der wahrnehmbaren Welt seinen Ort hätte, sondern sind auf eine näher zu explizierende Weise untrennbar mit der wahrnehmbaren Welt verbunden. Auf der anderen Seite gibt es keine einfache Identifikation der Mächte mit Dingen oder Institutionen, wie z.B. Stringfellow sie erwogen hatte. Vielmehr:

»What I propose is viewing the spiritual Powers not as separate heavenly or ethereal entities but as *the inner aspect of material or tangible manifestations of power.* I suggest that the ›angels of nature‹ are the patterning of physical things – rocks, trees, plants, the whole God-glorifying dancing, visible universe; that the ›principalities and powers‹ are the inner or spiritual essence, or gestalt, of an institution or state or system; that the ›demons‹ are the psychic or spiritual power emanated by organizations or individuals or subaspects of individuals whose energies are bent on overpowering others; that ›gods‹ are the very real archetypal or ideological structures that determine or govern reality and its mirror, the human brain; (...) These ›Powers‹ do not, then, on this hypothesis, have a separate, spiritual existence. *We encounter them primarily in reference to the material or ›earthly‹ reality of which they are the innermost essence.* The spiritual aspect of the Powers is not simply a ›personification‹ of institutional qualities that would exist whether they were personified or not. On the contrary, the spirituality of an institution exists as a real aspect of the institution even when it is not perceived as such.«[29]

Realität ist, so die grundannahme dieses Denkens, grundsätzlich doppelseitig: Sie hat eine materielle Außen- und eine spirituelle, psychische oder informationelle Innenseite. Diese Innenseite in ihren verschiedensten Formen wird nach Winks Überzeugung von der neutestamentlichen Rede von den Mächten, Gewalten, Dämonen usw. beschrieben, wie das eben gegebene Zitat es andeutet. Innen- und Außenseite eines Phänomens sind dabei ohne einander nicht zu haben. Eine militärische Großmacht etwa ist durch die Aufzählung ihrer Waffensysteme und logistischen Einrichtungen alleine nicht zureichend beschrieben – ihr wohnt eine »spiritual essence, or gestalt« inne,[30] die all dies zusammenhält, beherrscht und eventuelle zum Ausbruch bringt. Gleichwohl wäre es müßig, den Geist des Militarismus als Abstraktum zu suchen. Eine solche Größe per se gibt es nicht und schnelle dämonisierungen sind emtsprechend sinnlos. Nicht anders steht es mit einer Menschenmenge, die stets eine ihr eigene Stimmung hat, ohne dass diese auf

[29] Wink, Naming 104f. Ein Kurzfassung ebd. 5, vgl. die einleitenden Bemerkungen in ders., Unmasking 4–8, Engaging 3–10. Etwas Ähnliches wird in traditionellerer Sprache gedacht bei Ebeling, Dogmatik III, 499: Er spricht von der »geistlichen Dimension« der Mächte.

[30] Wink, Unmasking 104.

jene reduzierbar wäre – oder umgekehrt – und letztlich auch mit einem Grashalm und seiner DNA.[31]

Für diese – hier nur grob skizzierte – Ontologie der Mächte beruft Wink sich unter anderem auf die Prozessphilosophie Alfred N. Whiteheads.[32] Anhand mancher Whitehead'scher Termini (»Himmel«, »aktuelles Einzelwesen«) umreißt Wink, wie er sich seine Lehre von der Doppelpoligkeit alles Wirklichen vorstellt: Die biblische Rede vom Himmel ist nicht eine Lehre von dem, was über uns, in einem eigenen Bereich ist. Vielmehr ist es die Rede von der Transzendenz in der Materie. Jedes materielle Etwas hat auch eine spirituelle Seite, in dem seine Anlage und seine Möglichkeiten aufgehoben sind, die »transformative possibilities, that God presents to every actual entity«.[33] In diesem Sinne ist die spirituelle Seite das innere Wesen der Realität, »the inner essence of present reality«[34] und zugleich der Umfang der Möglichkeit, die ihm zur Verfügung steht.

Das gilt auch für diejenigen Wirklichkeitsbereiche, die von der biblischen Rede von den Mächten, Gewalten, Dämonen usw. erfasst werden, wie Wink sie im eben petit gegebenen Zitat umreißt. Ohne beständig die verwirrende Doppelpoligkeit im Auge zu behalten, würde man ihrer eigentümlichen, notorisch schwierig zu erfassenden Wirklichkeit nicht inne.[35] Das ist der Grund, warum auf die mythische Sprache des NT nicht verzichtet werden kann. Die Mächte zu verstehen, heißt notwendig: »Interpreting the myth« bzw. »the path of making the myth conscious«.[36]

In »Unmasking the Powers« legt Wink eine systematische Aufgliederung der verschiedenen widergöttlichen Mächte vor und erwägt, wie ihre gegenwärtige Applikation aussehen könnte. Es geht um Satan, die Dämonen, die Engel der Gemeinden und Nationen, die Götter und andere biblische Figuren mehr. Wink entfaltet zu jedem Thema seine Sicht des exegetischen Befundes und bietet dann seine Interpretation des Mythos bzw. einen Weg der Bewusstwerdung des Mythos, wobei seine Ontologie der inneren und äußeren Seite der Wirklichkeit die Schlüsselrolle zukommt. Fraglich ist für ihn nicht, ob man an die eine oder andere gewöhnlich als obskur belächelte Figur

---

[31] »Every blade of grass, every rock crystal, acorn, and ovum has its ›messenger‹ (*angelos*) from God to instruct it in its growth, however we name it (DNA, the ›laws‹ of crystalline formation, etc.).« Ebd. 121.

[32] Ausführlich und auf breiter Quellenbasis wiederum bei Zeilinger, Zwischenräume, hier 71–107, zur Whitehead-Rezeption 79–82.

[33] Wink, Naming 119, vgl. 146.

[34] Ebd. 122.

[35] Bei der hier nötigen Kürze der Darstellung ist es unmöglich, Winks beständig mitgeführte Skrupulosität in der Darstellung zu referieren. Was hier nach glatter Theorie klingen mag, ist für den Verfasser vielmehr Ausdruck einer Suchbewegung, die unter sehr vorsichtigem hermeneutischen Vorzeichen steht: »Somehow the interpretive key, known and assumed by the authors [of the biblical text, M.H.], has been omitted.«

[36] Ebd. 105 bzw. 146.

glaubt, sondern ob man in der Lage ist, unter gegenwärtigen Umständen die Erfahrungsdimension zu begreifen, für die die Figur steht.[37] Der Satan z.B. wird in dieser Interpretation zur »real interiority of a society that idolatrously pursues its own enhancement as the highest good« und die Götter zu universalen Formen, die die Erfahrungen einzelner oder ganzer Gesellschaften dominieren können.[38] Die dominierende Perspektive in der Bibel ist dabei nach Wink die henotheistische, welche mit einer durchgängigen Wirklichkeit solcher Formen rechnet.[39]

Zum neutestamentlichen Mythos von den Mächten gehört, dass sie in kurioser Weise unwissend sind, obwohl sie es nicht sein müssten: »None of the archons of this age understands ›the *hidden* wisdom of God,‹ ›for if they had, they would not have crucified the Lord of glory‹ (1 Cor. 2:7, 8).«[40] In der speziellen Bedeutung des Wortes sind die Mächte ignorante Kreaturen. Vor dem Erscheinen Christi konnten sie vom eigentlichen Herrn der Wirklichkeit nichts wissen,[41] nach ihm sperrten sie sich gegen diese Einsicht und warfen sich in Perfektionierung ihrer Ignoranz zu eigenen Herren auf. Ihre Doppelpoligkeit aus materiellem und spirituellem Aspekt schirmt sich ab gegen das, was sie eigentlich wissen könnten, und so sperren sie ihre Macht aus Eigennutz, statt sie der faktischen Macht Gottes zu unterwerfen.

Aus diesem Gedanken entwickelt Wink seine Strategie des Vorgehens gegen die Eigenmächtigkeit dieser Mächte. Im Gegensatz zu Stringfellow, dessen Konzept vom biblical living ein schneidendes Nein zu den Mächten einschließt, deutet sich bei Wink ein Konzept an, das den Mächten gleichsam eine richtige, der Botschaft von Schöpfung und Erlösung gemäße Rolle zutraut.[42] Er sieht hierbei eine genuine Rolle der Kirche. Ihre Aufgabe ist es, den unterdrückerischen Mächten in beiden Dimensionen ihrer Wirklichkeit den wahren Herrn vor Augen zu stellen. Was die materielle Außenseite der Mächte angeht, so erkennt Wink, »it is our responsibility to change the outer arrangements by which power is structured in the world. We can reform or revamp the organization, elect better leaders, win equal rights for or as the disadvanteged, or even engage in revolution.«[43] Diese Seite des Kampfes gegen die Mächte hat freilich ihre Grenze, die derjenige übersieht, der die innen-außen-Dialektik der Wirklichkeit nicht kennt. Wink fährt fort:

---

[37] Vgl. ders. Unmasking 10.

[38] Zitat ebd. 25 i.O.herv., ferner 116–120.

[39] Ebd. 123–127.

[40] Ders. Naming 113.

[41] Eine Israeltheologie scheint bei Wink nicht im Blick zu sein.

[42] Vgl. die programmatische und häufiger wiederholte Formel: »The Powers are good. The Powers are fallen. The Powers must be redeemed.« Ders., Engaging 10 u.ö.

[43] Ders., Naming 126f.

»That is, where faith and prayer come in. We intercede before the sovereign of the Powers to rectify this institution's or person's balance, to align its spirituality with the good of the whole, to convert it or to transform it. That is something we cannot bring about no matter how much outer change we achieve, but it is precisely the outer changes we make that challenge, lure, and goad the oppressor toward inner change.«[44]

Wink entwirft demnach ein doppeltes Wächteramt der Kirche gegenüber den Mächten. Sie ist sowohl für das verantwortlich, was an Gestaltung der äußeren Verhältnisse im Bereich ihrer Möglichkeit im Bezirk des Realen liegt, als auch dafür, im Gebet und spirituellen Vollzug um die Heilung der inneren, spirituellen Seite der Mächte zu bitten.[45] Dass beides ineinander greifen möge, ist die Hoffnung, die in der Anlage dieser Theorie beschlossen liegt.

Im Kontext der hier leitenden Fragestellung interessiert nun, *wie* denn die Macht Gottes gegenüber diesen Mächten gedacht, bekannt und angerufen werden soll. Dass dies in Form der Fürbitte geschehen soll, kann einstweilen als plausibel vorausgesetzt werden. Gleichwohl bliebe aufzuklären, wie denn nun Gottes Macht vorgestellt wird, der sich die Mächte bislang verweigern, obschon doch an der Faktizität dieser Macht nach dem Christusereignis – so Wink – kein Zweifel sein kann.[46] Seine diesbezüglichen Antworten fallen sehr kurz aus: Es heißt im Wesentlichen, dass die Veränderung der spirituellen Dimension wohl Gottes Sache ist, niemanden aber von der praktischen Arbeit an der realen Seite der Mächte abhalten solle.[47] Danach geht Wink zu Erwägungen über, wie diese Aufgabe der Kirche, also die Wahrnehmung ihres prophetischen Amtes, anzugehen sein könnte. Der Gedankengang geht also von den Erwägungen über die theologische Ontologie der Mächte mehr oder weniger direkt zur praktisch-theologischen Frage, wie das munus propheticum hier auszugestalten sei. Eine Gottes- und Eigenschaftslehre darf als implizit angenommen werden, wird aber nicht ausgeführt. Offenbar denkt Wink in an O. Cullmann erinnernden Reflexionsfiguren wie der, dass Gottes Macht schon längst im Regimente ist, die vielen Mächte dies jedoch nicht wissen und deswegen einen Kampf füh-

---

[44] Ebd. 127, vgl. ders., Engaging 298–304.

[45] Ebd. 164–168.

[46] Die Schlusspassage von Wink, Engaging, ist überschrieben mit »Celebrating the Victory of God« (319–324) und argumentiert, dass angesichts dieses Sieges »gloom or quailing before the Powers« (319) unnötig und falsch sei. Was Gott in diesem Zusammenhang zugedacht wird, bleibt ungenannt.

[47] Wink, Naming 126, genauso Engaging 306: »We have all known Christians for whom prayer is a substitute for action. (...). But action is also no substitute for prayer.« Diese und viele Passagen des Bandes machen ihn zu dem in der Powers-Trilogie, der am ehesten ein Brevier gelebten Widerstands ist, wie Th. Zeilinger – s.o. – das für Stringfellows Publikationen beobachtet hat.

ren, der den Menschen unter ihnen bedrohlich erscheint und nicht zu selten ans Leben geht, im Grunde aber schon verloren ist.[48] So jedenfalls ließen sich seine Ausführungen über das Wissen der Mächte verstehen. Wie dem auch sei: Durch die spezielle Perspektive des Ansatzes zwischen Exegese und praktisch verantworteter Kirchlichkeit ist das Zentrum der Gotteslehre hier nicht im Blick. Das ist, um es deutlich zu sagen, nicht als Fehler zu monieren, sondern als Klärungsaufgabe an die systematische Theologie weiterzureichen.

Dies gilt umso mehr, als auch die jüngste Studie zu den Mächten und Gewalten auf das Thema nur beiläufig eingeht. Darauf und auf die – notabene guten – Gründe für diese Auslassung ist hier kurz hinzuweisen.[49] Die schon mehrfach erwähnte Studie von Thomas Zeilinger, »Zwischen-Räume« trägt ihren Untertitel »Theologie der Mächte und Gewalten« zu Recht. Es handelt sich um eine umfassende Untersuchung, die von den fundamentaltheologischen Aspekten der Rede von den Mächten und Gewalten – in welchem Modus überhaupt von ihnen gesprochen werden kann –, über die Frage nach ihrer eigentümlichen Personalität, über christologische Fragen und andere mehr bis hin zu praktisch-theologischen Einsichten ein ganzer Kreis von Fragen abgeschritten wird.

Zeilingers Buch ist dabei zugleich Fortsetzung und Vertiefung der Arbeiten von William Stringfellow und Walter Wink. Wie angemerkt referiert er beide Positionen ausführlich, bescheidet sich aber nicht bei einer Auseinandersetzung mit den beiden, sondern lässt sich von ihnen die systematisch-theologisch relevanten Fragen des Mächteproblems aufzeigen. Beide Studien verleugnen, wie auch in der hier vorgelegten, sehr kurzen Summierung ja unschwer zu sehen war, ihre Herkunft aus und Abzweckung für die praktische Arbeit der Kirchen in den USA in keiner Weise. Systematisch-theologisch kann es nun schlecht darum gehen, die dabei fast zwangsläufig auftretenden Unschärfen zu monieren und das Thema sodann für dogmatisch nicht weiter relevant zu halten. Insofern kommt Zeilingers Studie das Verdienst zu, ausgehend von den Arbeiten der Früheren die Aufgabe eines allseitigen Abschreitens systematisch-theologischer Problemhorizonte zu unternehmen.

---

[48] Vgl. Cullmann, Christus und die Zeit 88f: »Das, was schon geschehen ist, bietet die feste Garantie für das, was geschehen wird. Die Hoffnung auf den Endsieg ist umso intensiver, als die Überzeugung unerschütterlich feststeht, daß die für den Sieg entscheidende Schlacht schon stattgefunden hat.« (I.O. teilw. herv.)

[49] Eine ausführliche Auseinandersetzung muss – wie auch bei Winks Arbeiten – anderen Untersuchungen vorbehalten bleiben, die das Phänomen der Mächte und Gewalten spezifischer im Blick haben, als das in der hier verfolgten Fragestellung der Fall ist.

Die hier interessierende Frage bearbeitet Zeilinger in einem Kapitel unter dem Titel »Die Mächte der Welt im Verhältnis zur Macht Christi«. Es handelt sich um eine Auseinandersetzung mit dem – spätestens seit Gustaf Aulén so genannten – Christus-Victor- Modell in der Soteriologie. Auléns 1930/31 zuerst vorgelegte These besagte, dass das altkirchliche Modell des Versöhnungsgeschehens durch Christus dieses als dualistischen Kampf Christi mit den Mächten und Dämonen der Welt sieht. Es steht die Vorstellung im Vordergrund, dass das Werk Christi in der Befreiung des Menschen aus Verstrickungen und Verhängnissen besteht, welche in der gefallenen Welt unterdrückerisch am Werke sind. Das lateinische Modell – Satisfaktion des im Gesetz wahrgenommenen Willens Gottes – und das neuzeitliche – Aufrichtung der Erkenntnis der Liebe Gottes im Individuum – sind davon denkbar weit geschieden.[50] Aulén legte Wert darauf, lediglich eine historische Arbeit vorgelegt zu haben, die Sympathie für das klassische, im Westen nachhaltige verdrängte Modell ist jedoch zu spüren. Auch Zeilinger kann der dramatischen Sicht der Erlösung etliches abgewinnen und präsentiert sie mit einigen Modifikationen und Klarstellungen als gangbaren Lösungsweg.[51] Folgende Punkte sind nach ihm an diesem Modell zu präzisieren bzw. klarzustellen:[52]

(1) Die Rede vom Sieg Christi ist eine metaphorische Aussage und ferner eine unter mehreren soteriologischen Metaphern im NT. Für eine einseitige Privilegierung der Siegmetapher gibt es keinen Sachgrund, wohl aber dafür, dass diese Metaphorik die individuelle und die kosmische Dimension von Gottes befreiendem Handeln wechselseitig aufeinander verweist.

(2) Es ist unvermeidbar, zwischen dem Werk Christi und der schlussendlichen Durchsetzung von Gottes Willen eine Dauer anzusetzen. Dies darf jedoch nicht mit Hilfe eines linearen Zeitkonzepts allein erfolgen, wie dies etwa Oscar Cullmann erprobt hatte. Sie zeigt sich als zu raxche Besetzung einer nicht durchschauten Zeitkonzeption. Die Aussage über den Sieg Christi ist eine eschatologische Aussage und umgreift insofern Vergangenheit, Gegenwart und Zukunft.

(3) Als eschatologische Aussage ist die Rede vom Sieg Christi eine Glaubensaussage. Sie spricht deswegen mindestens auch von der »Einstellung des Christen gegenüber den Mächten«, wenngleich sie darauf natürlich nicht reduzierbar ist.[53] In der Tat kann nicht von einem Ereignis über den Köpfen der Menschen gesprochen werden, vielmehr ist »von einem göttlichen als einem zugleich menschlichen Sieg zu sprechen. (...) [D]er göttliche

---

[50] Ein kurzer, analytischer Vergleich der drei Typen bei Aulén, Christus Victor 145–154.

[51] »›[D]ramatic‹ view of the Atonement«, ebd. 5.

[52] Zeilinger, Zwischen-Räume 275–301.

[53] Ebd. 283.

Sieg vollzieht sich nicht jenseits, sondern durch den menschlichen Gehorsam, der die Mächte an ihren rechten Ort weist.«[54]

(4) Der Sieg Christi über die Mächte ist als Sieg des Gekreuzigten zugleich eine bündige Kritik an konventionellen Strategien der Selbstdurchsetzung. Was ein Sieg in Wahrheit ist, wird durch Jesu Christi Handeln und Ergehen grundsätzlich neu bestimmt: Er richtet die Gerechtigkeit zugunsten der Opfer auf, und sein Sieg ist letztlich ein Sieg, der auf die eigentümliche Selbstdurchsetzungskraft der Liebe vertraut und diese ins Recht setzt.[55]

Die Metapher vom Sieg Christi über die Mächte als wichtig, aber nicht einzig, ihre eschatologische Dimension, die in ihr implizierte concursus-Thematik und schließlich die Umdeutung der konventionellen Bedeutung von Sieg – es sind dies sicher Beobachtungen und Argumente von Rang, die im Rahmen einer Theologie der Mächte und Gewalten artikuliert werden können.

Erneut stellt sich allerdings die Frage, welches Verständnis von Gottes Macht durch Bestimmungen wie diese mitgesetzt ist. Genügt es zu sagen, dass Gottes Macht letztlich die Macht der Liebe ist? Wie verhält sich die Rede von seiner Macht zu anderen Eigenschaften, die von ihm ausgesagt bzw. ihm zugerufen werden – wenn denn richtig ist, dass die Metaphorik der Macht durch andere soteriologische Metaphoriken begrenzt wird? Kann man genaueren Aufschluss darüber erlangen, wie göttlicher Sieg und menschlicher Gehorsam zusammengehen? Kann die Rückbindung dieser soteriologischen Aussagen in die Gotteslehre vielleicht helfen, eine Kriteriologie zu entwickeln, die ungeeigneten Tendenzen in der Theologie der Mächte und Gewalten zu widersprechen hilft? Es geht ja nicht um eine Ontologie der Mächte, Engel, und Gewalten, sondern um Erwägungen, welche Implikationen das Nachbuchstabieren des Deus pro nobis für die bedrängenden Phänomene in concreto haben. Die Aufgabe ist also zwischen theologischer Eigenschaftslehre (»was kann über Gottes Macht gesagt werden?«) und Soteriologie (»wie finden sich die Gläubigen in ihrer Welt – trotz der Mächte –als Gottes Kinder wieder?«) situiert. All dies sind Fragen an die Eigenschaftslehre als einem Kapitel der theologischen Gotteslehre.

---

[54] Ebd. 289, i.O.herv. Zeilinger bezieht sich hier wesentlich auf Gunton, Atonement.

[55] Ebd. 299–301. Wichtige exegetische Anregungen zum Verständnis der Christus-Victor-Theologie finden sich bei Theißen, Religion der ersten Christen 83–98.

3. Die Aufgaben der Eigenschaftslehre. Vier Thesen

Die Sätze der Eigenschaftslehre artikulieren folgendes Interesse: *Als wer zeigt sich Gott, wenn die Sätze der Soteriologie wahr sind?* Diese Bestimmung mag einfach und selbstverständlich scheinen, ist es aber nicht. Sie legt zunächst nur in sehr vorläufiger Weise die Aufgabe fest, die die theologische Eigenschaftslehre hat. Die wichtigsten der zugehörigen Implikationen werden im Folgenden in Thesen summiert und jeweils kurz erläutert.

(1) *Die Sätze der Eigenschaftslehre werden als Nach-Rede von Gottes Begegnung mit der Welt, seinem zur-Welt-Kommen formuliert. Sie sind nicht Beschreibung des inneren Lebens Gottes, sondern der Versuch, die Selbsterweise Gottes unter uns begrifflich und metaphorisch zu erfassen. Sie sind weniger eine Charakteristik Gottes als eine Umschreibung seiner* patterns of behaviour.

Die Positionen einer Theologie der Mächte und Gewalten, über die eben berichtet wurde, haben deutlich gemacht, dass die Verkündigung und die Praxis der Gläubigen an der Konkretheit Gottes unter uns interessiert sind. Angesichts der bedrängenden Gegenwart der Mächte wollen sie wissen, wie Gott handelt und zu welcher Praxis er die Gläubigen befähigt und ermuntert. Dieses »jetzt dringliche« Bedürfnis ist nicht als Modeerscheinung einer so genannten Genitiv-Theologie zu werten, sondern weist auf eine »bleibend wichtige« Weichenstellung in der Eigenschaftslehre hin:[56]

Die klassische Gotteslehre beider großen westlichen Konfessionen kennt eine Zweiteilung der Eigenschaftslehre. Sie verhandelt zum einen die Eigenschaften Gottes, die Gott vermöge seiner Gottheit beschreiben (sog. immanente Eigenschaften) und in einem zweiten Gang diejenigen, die sein Verhalten zur Welt kennzeichnen (sog. operative Eigenschaften). Dieses Ordnungsprinzip ist sowohl bei Thomas von Aquin als auch bei den klassischen Dogmatiken der lutherischen Orthodoxie nachweisbar und dominiert die Darstellungen bis in die Gegenwart hinein.[57] Weil es sich aber um Gottes immanenten Eigenschaften handelt, muss die menschliche Beschreibung

[56] Zur Unterscheidung und Zuordnung von jetzt Dringlichem und bleibend Wichtigem vgl. Ritschl, Logik 120–123, ferner ders. Sichtung passim.

[57] Vgl. die Abfolge der Quaestiones 3–26 in Thomas, Summa I. Freilich, und das mag als Hinweis auf den Bauplan der ganzen Summe gelten, endet die Eigenschaftslehre mit der Beatitudo Dei (I,26): Sie ist, wie die ganze Summe, als exitus-reditus-Schema angelegt. Zu den lutherisch-orthodoxen Dogmatiken vgl. z.B. die Nachweise bei Schmid, Dogmatik 77–87. Unter den gegenwärtigen Dogmatiken vgl. Pannenberg, Systematische Theologie I, 424–429 als Beispiel einer Aufnahme dieses Lehrstücks und Mildenberger, Biblische Dogmatik II, 12–43 als Beispiel für Kritik daran. Die Auseinandersetzung mit Pannenbergs Lehre von Gottes Macht im 1. Kapitel der vorliegenden Untersuchung kann als Probe auf dies Exempel gelesen werden.

hinter diesen perfectiones Gottes notwendig zurückbleiben – in diese Sprachgestalt ist Tradition der areopagitischen Theologie eingeflossen. Das freilich läuft darauf hinaus, dass die Eigenschaftslehre eher zu einem Verschweigen Gottes als zur Nachrede seiner Offenbarung wird. Kritik daran ist deshalb immer wieder artikuliert worden; sie eint selbst so unterschiedlich ansetzenden Theologen wie Friedrich Schleiermacher und Karl Barth: Für den einen machen die Sätze der Eigenschaftslehre nur als Aussagen über die Affektationen des frommen Selbstbewusstseins Sinn, der andere kann sie lediglich als »im Vollzug der Offenbarung seines [sc. Gottes, M.H.] Wortes« als möglich denken.[58]

Die klassische Gotteslehre hat noch ein weiteres Problem: Wer bei einem allgemeinen Gottesbegriff beginnt, kann den Überschritt zur speziellen christlichen Gotteslehre nicht wirklich begründen und muss diesen entweder autoritär durchführen oder sie als bloße Interpretation der allgemeinen Gotteslehre zu fassen und damit ihren Bestimmtheitsgrad zu unterlaufen.[59] Wiederum führt der vermeintlich klare oder rationale Beginn des Lehrstücks in Irrationalitäten, die den Bestimmtheitsgewinn verspielen.

Deshalb legt es sich nahe, die Eigenschaftslehre nicht in der klassischen zweifältigen Struktur anzulegen. Ihre Aufgabe ist nicht die – notwendig zur Sprachlosigkeit tendierende – Beschreibung des Lebens Gottes in sich, sondern der Versuch, die Zeugnisse seiner Selbsterweise unter uns zu erfassen. Insofern ist, wie Wolf Krötke ausgeführt hat, die Eigenschaftslehre nicht eine durch die viae negationis, eminentiae und causalitatis gewonnene Umschreibung der Ewigkeiten Gottes, sondern »*situationsbezogene* Lehre«, weil sie die Eigenschaften als »Äußerungsweisen oder Wirkweisen Gottes« verstehen will.[60] Sie »formuliert die *Konkretionen*, in denen Gott, wie er in Jesus Christus zur Welt kommt, Menschen spezifisch angeht.«[61]

(2) *Die Sätze der Eigenschaftslehre haben sammelnden und pointierenden Charakter. Sie sind, obschon sie sich dem zur-Welt-Kommen Gottes verdanken, Ausdruck der Rückfrage und des Bedürfnisses nach Klärung, Deutung und Kriterien.*

---

[58] Vgl. bei Schleiermacher den Lehrsatz zu § 50 der Glaubenslehre (I, 255); Das Barth-Zitat stammt aus dem Lehrsatz zu KD § 25 (II/1,1), vgl. ferner ebd. 392–394. Mit dem kurzen Hinweis ist nicht behauptet, dass die Absetzung vom Doppelcharakter der Eigenschaftslehre jeweils bündig durchgeführt wurde.

[59] So auch Krötke, Klarheiten 31–33.72 u.ö. und aus einer Vorstudie ders., Universalität 59–62.

[60] Ders., Klarheiten 3 bzw. 113. Die letztere Stelle mit dem berechtigten Hinweis auf Joest, Dogmatik I, 157–162.

[61] Krötke, Klarheiten 14.

Die Rede von den Eigenschaften als Konkretionen Gottes, wie sie eben behauptet wurde, darf nicht übersehen lassen, dass es sich bei ihnen gleichwohl um Summierungen und Koagulationen handelt. Sie haben bei aller Konkretheit abstrahierenden Charakter. Die Rede von den Eigenschaften abstrahiert zum einen von der konkreten Gottesrede in der Verkündigung, indem sie auf diese als Metasprache bezogen ist. Zum andern abstrahiert sie von dem, was oben soteriologische Metaphoriken genannt wurde. Diese Metaphoriken – aus nahe liegenden Gründen handelt es sich zumeist um Vorschläge von mehreren Metaphern oder Metaphernfeldern – liegen, was ihren Abstraktionsgrad angeht, sozusagen noch unterhalb der Ebene von Eigenschaftszuschreibungen. Sie provozieren allererst den Versuch, Äußerungsweisen, Wirkweisen und Konkretionen beschreiben zu wollen. Am klassischen Beispiel: Gustaf Auléns Unterscheidung von drei Modellen für das, was durch Handeln und Geschick Jesu Christi anders wurde, ist eine Unterscheidung dreier metaphorischer Felder.[62] Jedes von ihnen – Christi Sieg über die widergöttlichen Mächte, die stellvertretende Genugtuung oder die Wirkung im Herzen des Einzelnen – ist für sich genommen noch keine Aussage über Gottes Sosein in seiner Zuwendung. Gleichwohl evoziert jedes dieser metaphorischen Felder das Bedürfnis, ja nahezu die Notwendigkeit, entsprechende Eigenschaften Gottes zu denken und ihm zuzurufen: Seine Macht über die Mächte im ersten Fall, im zweiten seine Ehre und Fähigkeit zur Selbsterniedrigung, im dritten die der diskreten Unmittelbarkeit zum Einzelnen.[63] Insofern ist die Überlegung aus These 1 dahin zu präzisieren, dass es sich bei den Sätzen der Eigenschaftslehre um Konkretionen zweiter Ordnung handelt.

Dieser Hinweis ist aus zweierlei Gründen wichtig. Zum einen klärt er den Status der Sätze der Eigenschaftslehre als theologischer Metasprache, obschon sie zurecht als Konkretion bezeichnet werden. Zum anderen macht er deutlich, auf welchem Wege diese Sätze überhaupt entstehen können: Obwohl sie gewagt werden, weil Gottes zur-Welt-Kommen geglaubt wird, verdanken sie sich der umgekehrten Bewegungsrichtung. Sie summieren die Konkreta der Geschichte Gottes mit den Menschen und versuchen, erkennbare Handlungsmuster aus dieser Geschichte zu destillieren.[64] Darin

---

[62] Aulén, Christus Victor passim, bes. 143–159.

[63] Ähnlich ließe sich mit anderen Überlegungen zu biblisch-theologisch belegbaren soteriologischen Metaphoriken verfahren, etwa Gunton, Atonement oder der frühen Studie von Gerd Theißen zur paulinischen Soteriologie: Soteriologische Symbolik, vgl. die Übersicht S. 303.

[64] Exemplarisch wird dies im von James Barr, Dietrich Ritschl und anderen entwickelten story-Konzept durchgeführt, vgl. Ritschl, Logik 45–47 und die dort genannte Literatur. Ingrid Schoberth, Erinnerung, hat das Konzept dargestellt und einer eingehenden Diskussion unterzogen. Bei der (abwertenden) Interpretation des story-Konzepts als narrative Theologie durch Eberhard Jüngel (Geheimnis XVII, Anm.) muss es sich um ein Missverständnis handeln.

meldet sich das theologische und religiöse Bedürfnis nach Gottes Stetigkeit in der Vielfalt der Bezeugungen seiner Präsenz – dazu mehr in These 3 – und der Wunsch, die Vielfalt des konkreten Redens von Gott durch theologische Kriterien sichten und, wo nötig, korrigieren zu können.

Die kriteriologische Funktion der Eigenschaftslehre ist von nicht zu unterschätzender Wichtigkeit. Sind einmal Eigenschaften als begründet benannt, so steuern sie die konkrete Rede von Gott in wirkmächtiger Weise und selektieren aus den angebotenen Konkreta. Oft wird dabei auf das Kohärenzkriterium der Wahrheit zurückgegriffen und die Zusammenstimmung der Eigenschaften als leitendes Kriterium herangezogen. Ob ihr innerer Zusammenhang so ausgesagt werden kann, dass jede Unklarheit oder Willkür im Reden von Gott ausgeschaltet werden kann, wie Wolf Krötke es ankündigt,[65] oder ob dies die Leistungsfähigkeit des Lehrstücks überfordert, müssen die einzelnen Durchführungsversuche zeigen.

(3) *In den Sätzen der Eigenschaftslehre sind Annahmen über Gottes Selbigkeit mitgesetzt. Der Schluss von soteriologischen Metaphoriken auf göttliche »patterns of behaviour« impliziert die Annahme, dass Gott sich auf verlässliche und dauerhafte Weise so gezeigt hat. Die Summierung von Aussagen über Gottes Geschichte zu denen bezüglich seiner* Identität *ist aber Aufgabe der Trinitätslehre.*

Wird aus den soteriologischen Metaphoriken, wie sie z.B. in der Theologie der Mächte und Gewalten formuliert werden, auf Eigenschaften Gottes rückgeschlossen, so geschieht dies in der Hoffnung, Gottes Selbigkeiten auszusagen. Der Bereich des Handelns soll verlassen und seine Begründungs- und Motivationsstruktur aufgesucht werden. Die klassische Gotteslehre versuchte, diesem Bedürfnis durch die Formulierung der Lehre von den immanenten Eigenschaften Gottes zu entsprechen, zu denen die Einheit/Einfachheit (simplicitas), Unveränderlichkeit und Ewigkeit Gottes an vorderster Stelle gehören. Auch die operativen Eigenschaften wurden in

---

[65] Krötke, Klarheiten 103, vgl. 119f. Diese Regel gewinnt Krötke am Leitbegriff der δόξα als Gottes Klarheit. Sie führt u.a. dazu, das Unternehmen von Walter Dietrich und Christian Link, von den dunklen Seiten Gottes zu sprechen, einer scharfen Kritik zu unterziehen, vgl. ebd. 128–130: Biblische Texte, die Gott und Gewalt zusammen bringen, sind nach Krötke der Sachkritik zu unterwerfen. Den Versuch, sie als irritierendes Potential dem Gewohnten entgegen zu stellen, wie Dietrich und Link es vorschlagen, beurteilt er abschlägig (ebd. 229). Eine eingehende Diskussion des Be-griffs und der Begriffsverwendung von δόξα wird zeigen müssen, ob es nicht doch gerechtfertigt ist, von ihr zu sprechen und zugleich an ihrer Unzugänglichkeit fest zu halten, ohne sich in wohl bekannten nominalistischen Aporien wieder zu finden. Dies geht nicht ohne eine Diskussion über die Leistungsfähigkeit dieses Begriffs und begrifflichen Denkens überhaupt, welches, wenn ich recht sehe, bei Krötke und Dietrich/Link unterschiedlich veranschlagt wird und muss deshalb eigens unternommen werden.

diesem Sinne verstanden, sofern sie jeweils den Inbegriff der Eigenschaft als bei Gott erfüllt ansahen, der unter irdischen Bedingungen nur sehr unvollkommen realisiert wurde: Ist Gott etwa nicht nur gerecht, sondern die Gerechtigkeit schlechthin, so ist dies anders als dauerhaft nicht denkbar, soll Gerechtigkeit nicht zur Willkür verkommen, was vom Begriff her ausgeschlossen ist. Nicht anders wurde mit Gottes Liebe als Inbegriff der Liebe oder seiner Barmherzigkeit als Inbegriff der Barmherzigkeit verfahren.

Das *Anliegen* dieser via eminentiae gewonnenen Bestimmung bleibt berechtigt, auch wenn das *Verfahren* abzulehnen ist. Es fragt sich nur, in welchem Maß und auf welche Weise dem Anliegen entsprochen werden kann. Offensichtlich ist es nicht tunlich, durch die Verfahren der negativen Theologie Rückschlüsse auf Gottes Selbigkeit zu ziehen, ohne in die Aporien eines Gottesbegriffs zu geraten, bei dem die Gottheit Gottes vor jeder trinitarischen Bestimmung vorab festgestellt wird.[66] Nichts anderes aber bietet die klassische zweigeteilte Eigenschaftslehre, indem sie Gott untrinitarisch gewonnene Eigenschaften zudenkt, um diese im Nachgang trinitarisch zu interpretieren.

Die irritierenden Aussagen Martin Luthers in De servo arbitrio können in diesem Sinne gelesen werden. Versucht man, unter Umgehung von Gottes Selbstauslegung in Jesus Christus sich einen Begriff von Gott und seinem Handeln zu machen, so ist es unumgänglich, bei Allaussagen herauszukommen, wie etwa der, dass Gott mit Notwendigkeit alles wirke. Dem korrespondiert nun allerdings nicht der Trost einer Sicherstellung der Existenz Gottes vor Befragung des Evangeliums, wie ihn die metaphysische Tradition postuliert, sondern nichts geringeres als die Nacht der Verzweiflung: Angesichts all dessen, was auf der Welt geschieht und was dem einzelnen Gläubigen widerfährt, ist die Versicherung, Gott wirke dies, wohl unumgänglich, aber keinesfalls tröstlich. Die existentielle Lesart der metaphysischen Gotteslehre, die Luther in den einschlägigen Passagen von De servo arbitrio vorführt,[67] demonstriert demnach, dass die metaphysische Gotteslehre denkerisch vielleicht unumgänglich ist, theologisch und seelsorgerlich aber fatale Konsequenzen hat. So gesehen sind Luthers Ausführungen dazu geeignet, die aporetischen Konsequenzen der zweifachen Eigenschaftslehre aufzudecken. Die absoluten Prädikate der Gotteslehre erweisen sich als solche, die nur Gottes Ferne aussagen können. Allenfalls im »lumen gloriae«,[68] also in Gottes endgeschichtlicher Perspektive, kann das deutlich werden, was unter gegenwärtigen Bedingungen notwendig dunkel erscheinen muss. An dieser Stelle gegen

[66] Vgl. Barth, KD II/1, 275–279.

[67] »Hoc enim agit Deus praedicatus, ut ablato peccato (et) morte, salui simus. Misit enim uerbum suum et sanauit eos. Ceterum Deus absconditus in maiestate, ne(que) deplorat ne(que) tollit mortem, sed operatur uitam, morten, (et) omnia in omnibus. Ne(que) enim tum uerbo suo definiuit sese, sed liberum sese reseruauit super omnia. (...) Nunc aut(em) nobis spectandum est uerbum, relinquendaq(ue) illa uoluntas imperscrutabilis, Verbo enim nos dirigi, non uoluntate illa inscrutabili, oportet.« (WA 18, 685)

[68] WA 18, 785.

Ende der Schrift artikuliert Luther die Hoffnung, dass sich der Deus praedicatus endlich gegen alle widrigen Mächte durchsetzen und damit auch das Wirken des Deus absconditus in seinem aufgehen werde. Luthers Bild von den drei Lichtern (lumina naturae - gratiae - gloriae) macht jedoch deutlich, dass es sich um eine eschatologische Hoffnungsaussage handelt. Sie kann deshalb nicht ins gegenwärtige theologische Kalkül gezogen werden.

Die Hoffnung auf Gottes Selbigkeit ist Thema der Trinitätslehre. In ihr wird der Hoffnung Ausdruck verliehen, dass Gott in sich so ist, wie er sich durch die Aspekte seines Handelns nach außen zeigt. Sie ist eine Steuertheorie des Redens von Gott, die die einzelnen Elemente der Geschichte Gottes zusammenschließt, um Fehlabstraktionen zu vermeiden. In diesem *funktionalen* Sinne ist sie mit der Frage nach der Identität Gottes befasst. Nicht jedoch ist ihre Aufgabe die Beschreibung des inneren Lebens Gottes selber. Wo von der ökonomischen auf die immanente Trinität geschlossen wird, ist das eo ipso mit dem Registerwechsel von theologisch-regulativer zu doxologischer Sprache verbunden: Sie wird zur Anrede und zur Bitte, dass Gott sich so zeigen möge. Die Eigenschaftslehre, die es mit Gottes patterns of behaviour zu tun hat, ist beidem, der ökonomischen Trinitätslehre wie der Doxologie, vorgelagert.

Es ist denjenigen Stimmen recht zu geben, die in diesem Sinne die eigentümliche Unabgeschlossenheit der christlichen Gotteslehre betonen. Sie behauptet, dass Gott sich in seinen trinitarischen Relationen als seinen Verheißungen treu erweisen werde, verleiht dem aber nicht durch Begriffe der Selbigkeit, wie sie vor allem die aristotelische rationale Gotteslehre an die Hand gibt, Ausdruck, sondern versteht dies als Gottes eigenste Geschichte von Verheißung und Erfüllung. Die Stetigkeit Gottes ist gerade nicht die Selbigkeit einer Substanz oder seiner spekulativ erfassbaren Entwicklung, sondern Gottes Treue zu seiner Geschichte, wie immer er ihr auch Ausdruck verleihen möge.[69]

(4) *In den Sätzen der Eigenschaftslehre wird mitbedacht, welche Perspektive des Glaubens den so oder so beschriebenen Eigenschaften Gottes zugehört: Die Konkretheit von Gottes Selbsterweisen setzt eine Daseins- und*

[69] In diesem Sinne ist z.B. Wolfhart Pannenbergs diesbezügliche Argumentation differenziert zu betrachten. Er schreibt: »Erst mit der Vollendung der Welt im Reiche Gottes kommt Gottes Liebe an ihr Ziel«. (Systematische Theologie I, 482) Das ist ohne weiteres zuzugeben und z.B. gegen Krötke, Klarheiten 97f zu verteidigen. Problematisch werden die Bestimmungen Pannenbergs dadurch, dass das für ihn Fragliche die Einheit Gottes ist, die durch den bei Hegel entlehnten Formalismus des wahrhaft Unendlichen beschrieben wird (Systematische Theologie I, 477–483). Die an den Konkretionen des Selbsterweises Gottes unter uns interessierte Eigenschaftslehre wird durch diese Bestimmungen aber auskunftslos gelassen.

Handlungsorientierung aus sich heraus, die zu beschreiben Aufgabe der Eigenschaftslehre ist. Die Verkündigung und das Handeln der Kirche soll zum »Bewohnen« dieser Orientierung einladen. Diesem Verkündigungsauftrag ist die Eigenschaftslehre funktional zugeordnet, ohne in ihm aufzugehen.

Die Ansätze einer Theologie der Mächte und Gewalten, von denen oben zu berichten war, haben ein sehr lebhaftes Interesse an der Perspektive des Glaubens, die die Eigenschaften von Gottes Handeln angesichts der Mächte aus sich heraussetzen. Es scheint fast so, dass sie den Bereich der Gotteslehre überspringen und sofort bei der Daseins- und Handlungsorientierung, die sich aus ihr ergibt, einsetzen. Mag dies aus der Perspektive der Gotteslehre auch als sehr eiliger Schritt erscheinen, so ist der Impuls jedoch zweifelsohne aufzunehmen: Die Perspektive des Glaubens auf das Leben in der Welt ist der Eigenschaftslehre nicht äußerlich. Einer als Konkretion von Gottes Selbsterschließung ausgesagten Eigenschaft – oder einem Bündel von Eigenschaften – gehört die Daseins- und Handlungsorientierung der Gläubigen in direkter Weise zu. Dass Gott auf die eine oder andere Weise handelnd oder als präsent erfahren wird, affiziert diejenigen, die sich dazu rechnen, sodass ihr Daseinsverständnis und ihre Handlungsoptionen davon beeinflusst und verändert werden. Genauer: Sie *sind* anders, weil die Realität, zu der sie gehören – und zu der auch die Welt gehört, die davon nichts weiß oder nichts hält – die eschatologische Realität Gottes ist.

Ich verwende mit »Daseins- und Handlungsorientierung« einen Begriff, den Joachim Track eingeführt hat. In seinen sprachanalytischen Untersuchungen zum Reden von Gott führt er aus, dass das Wort »Gott« auch – allerdings nicht nur – als synkategorematischer Ausdruck gebraucht wird, also als ein Ausdruck, dessen Bedeutung durch den Kontext erschlossen wird, innerhalb dessen er gebraucht wird.[70] Diese Bestimmung ist u.a. deshalb aufschlussreich, weil mit ihr die Vorstellung abgewehrt wird, als sei das christliche Leben und Ethos eine Konsequenz, die mit Hilfe von Ableitungen aus der Gottesbeziehung hervorgehe. Track macht demgegenüber deutlich, dass es hier kein Vorher und Nachher gibt, sondern dass die Daseins- und Handlungsorientierung zu den Verständnisbedingungen des Wortes »Gott« gleichursprünglich dazugehört.

Es ist verschiedentlich versucht worden, »Gott« allein als synkategorematischen Ausdruck zu verstehen, also ohne weitere Nominatorfunktionen des Wortes auszukommen.[71] Versuche dieser Art – etwa in der Theologie nach dem Tode Gottes – waren

---

[70] Vgl. Track, Untersuchungen 261–280.

[71] Zur Terminologie: Nominatoren sind prädikative Bezeichnungen, die eine eindeutige Zuordnung erlauben. Es können dies Eigennamen, Kennzeichnungen oder hinweisende Bezeichnungen sein. Vgl. ebd. 158f und zum sprachphilosophischen Hintergrund die einschlägigen §§ 2.3.6.8.9 aus Kamlah/ Lorenzen, Logische Propädeutik.

darauf aus, Haltungen und Lebensperspektiven zu beschreiben, ohne Gott auf die eine oder andere Weise als Gegenüber zu postulieren. Dies freilich war nur unter bedenklicher inhaltlicher Verarmung oder dadurch möglich, dass der Nominator doch stillschweigend eingeführt wurde. Im Rahmen der hier erläuterten Thesen würde es bedeuten, eine Daseins- und Handlungsorientierung beschreiben zu wollen, ohne in begründender Absicht auf die Konkretionen Gottes zurückgehen zu können. Aber das ist unmöglich.

In diesem Sinne hat die Eigenschaftslehre immer eine doppelte Aufgabe: Sie versucht einerseits, Metaphern und Begriffe für Gottes Selbsterweise zu finden, zu klären und untereinander in Beziehung zu setzen. Zum anderen beschreibt sie, in welcher Weise die Daseins- und Handlungsorientierung der Gläubigen davon beeinflusst wird. Es ist ihr Pathos, dass dies in einer heilvollen Weise der Fall ist, die einladen, sein Leben danach zu richten und dass solche Daseins- und Handlungsorientierungen sich als lohnend erweisen. Den Beweis dafür kann sie allerdings nicht diskursiv antreten. In diesem Sinne ist sie eingespannt zwischen den Konkretionen Gottes auf der einen und den – wie partiell auch immer stattfindenden – Evidenzen im Leben und Handeln der Gläubigen auf der anderen Seite.

II. Das Sein der Mächte vor Gott

In diesem Abschnitt trage ich meine Position bezüglich der Rede von Gottes Macht vor. Dies geschieht zum einen durch Rückgriffe auf Positionen und Programme, die in den vorangehenden Kapiteln vorgestellt und diskutiert wurden. Zum anderen ist der Abschnitt selber als Lesegespräch mit Karl Barths Aussagen zur Sache konzipiert. Aus sogleich zu nennenden Gründen legt sich die intensive Befassung mit den entsprechenden Paragraphen aus der Kirchlichen Dogmatik nahe. In den beiden Abschnitten II und III dieses Kapitels wird zunächst Barths Wort zur Sache dargelegt und danach in Zustimmung und Widerspruch zu Barth die eigene Position skizziert. Die Unterteilung in II und III ist dabei so willkürlich wie unvermeidlich: Es ist natürlich eine Gewaltsamkeit, von Gottes Macht zu handeln und dabei die Perspektive des Glaubens, also die Frage, wie diese Macht im Leben und Handeln der Gläubigen wirksam wird, auszublenden – und umgekehrt. Aus darstellungstechnischen Gründen scheint die Trennung allerdings gerechtfertigt, wenn man dabei im Auge behält, dass sie lediglich analytische Zwecke hat.

1. Karl Barth über Gottes Macht und das Nichtige

Karl Barths Gotteslehre und seine Lehre vom Nichtigen sind aus vielen Gründen ein für die hier entwickelte Fragestellung geeigneter Gesprächspartner. An erster Stelle ist hierzu zu nennen, dass die Frage nach dem, was Gott entgegenstehen mag, bzw. was in eigentümlicher Weise zwischen Gott und den Menschen steht, immer wieder Barths konzentrierte Aufmerksamkeit gefunden hat. Es gibt Indizien aus frühen Predigten,[72] eine Sammlung politischer und zeitkritischer Aufsätze heißt »Der Götze wackelt«, in der Kirchlichen Dogmatik ist das Thema präsent – beileibe nicht nur in den viel diskutierten Abschnitten über das Nichtige (§ 50) und über Gottes Botschafter und ihre Widersacher (§ 51). Es gibt unter dem Titel »Gott und die Götter« einen unveröffentlichten, als Paragraphen zur KD vorgesehenen Text, von dem noch ausführlich die Rede sein wird. Schließlich endet das opus magnum mit einer Skizze zu § 78, bei dem es um die von Barth so genannten herrenlosen Gewalten geht. Auch in der Abschiedsvorlesung ist das Thema und die Terminologie präsent.[73] Ganz sicher also ist die Frage nach Göttern und Mächten eine, die Spuren in Barths Werk über viele Jahrzehnte hinterlassen hat. Das allein ist schon Grund genug, hier auf ihn aufmerksam zu werden.

Dazu treten aber noch andere, nicht minder wichtige Gründe. Unter anderem geht es um Barths Meinung, dass die Frage nach den Göttern und Mächten nur unter dezidiertem Bezug auf die Gotteslehre angegangen werden kann: Der Schritt von der Phänomenologie der Mächte hin zur praktischen Theologie des Umgangs mit ihnen erschiene ihm als unhaltbare Verkürzung. Barths Gotteslehre gebührt auch deswegen der Vorzug, weil es ihr ein durchgängiges Anliegen ist, die soeben in These 4 angedeuteten Perspektiven nebeneinander zu verhandeln, Gotteslehre und die Frage der Existenz im Glauben also parallel zu entwickeln. Schließlich hoffe ich im Verlauf der Auseinandersetzung mit Barths Texten zeigen zu können, dass seine Argumente geeignet sind, die in Kapitel 1 aufgeworfenen Fragen nach einer Rede von Gottes Macht zu vertiefen und sie mit den Erkenntnissen aus den beiden folgenden Kapiteln zu verknüpfen.

Barths Arbeiten vor der Zeit der Kirchlichen Dogmatik werden hier nicht herangezogen, schon, weil Barth ja bekanntlich darauf bestand, nicht bei seinen Anfängen behaftet zu werden;[74] auch ist an eine werkgeschichtliche Analyse nicht gedacht. Wird

---

[72] Vgl. die Rede von von geistigen Mächten, Mammonsmacht und anderem in den Predigten von 1916, GA I/29, 23.25.190.243 u.ö. Den Hinweis verdanke ich McCormack, Durchbrüche 22.

[73] Barth, Einführung 9–12.139f.

[74] So z.B. in der Skizze zur intellektuellen Autobiographie »How my mind has changed« (Götze 185f) und – bezogen auf die Eschatologie des Römerbriefs – KD II/1, 714–719.

das Interesse auf die früheren Werke gelenkt, so wäre wohl v.a. an die zweite Auflage des Römerbriefkommentars zu denken, in der Barth ein veritables Pandämonium auftreten lässt: Die Welt ist gottlos und die Theologie tut gut daran, dies anzuerkennen, wenn anders sie sich der fortgesetzten Selbstglorifikation schuldig machen würde. Nach der Lektüre des zweiten Römerbriefs fragt man sich, was denn mit der Erkenntnis gewonnen ist, dass die Welt »alles ist, was der Fall ist«, wie Ralf Frisch unter Anspielung auf den theologischen Begriff des Falls schreibt, und Gott der ganz Andere.[75] »›Gott ist im Himmel und du auf Erden‹ (...) ist für mich das Thema der Bibel und die Summe der Philosophie in Einem.«[76] Dass diese Erde voller Götter und zwar höchst unheilvoller Götter ist, wäre leicht zu ergänzen. Schwierig ist nur die Auskunft, wie jenseits des Dezisionismus von Gottes Heil angesichts des Trümmerhaufens der Welt soll gesprochen werden können.[77] – Für den Barth der KD stellt sich das Problem sozusagen anders herum: Dass Gott sich von Ewigkeit her für uns entschieden hat und diese Entscheidung in Jesus Christus Mensch wurde, steht hier im Mittelpunkt aller Erwägungen. Zu erklären ist nun nicht Gottes Gottsein, sondern das Faktum, dass es immer noch mancherlei gibt, was ihm in Gestalt von falschen Göttern im Wege steht. Der Erklärungsanspruch hat sich demnach von der Gotteserklärung angesichts der katastrophischen Welt zur Welterklärung sub specie Dei gewandelt. Theologisch ist das zu begrüßen.

a) Natürliche Theologie als Götzendienst

Bereits die Eröffnung der Gotteslehre in der KD präludiert das hier interessierende Thema, indem es das Thema Götzen im Rahmen einer fundamentaltheologischen Erwägung anschneidet. Um mehr als ein Anschneiden handelt es sich nicht, da der Terminus zumeist beiläufig und an nur wenigen Stellen explizit gebraucht wird. Seine Verwendung und die theologischen Themen, die damit verknüpft werden, sind für die darauf folgenden Bestimmungen trotzdem eine konzentrierte Beobachtung wert.

Barth erwägt in den Einleitungsparagraphen 25–27 die Bedingungen der Erkennbarkeit Gottes als Voraussetzung der Gotteslehre. Dies gerät, wie bei ihm kaum anders zu erwarten, zu einer Konfrontation zwischen Offenbarungstheologie und natürlicher Theologie. Der Unterschied, dass auf der einen Seite die Selbstoffenbarung Gottes in ihrem Vollzug behauptet wird und auf der anderen die Möglichkeit, von Gottes Wesen ohne diese Offenbarung zutreffende Aussagen machen zu können, samt Barths deutlicher

[75] Frisch, Theologie 171. Der Band bietet 131–212 eine virtuose Interpretation der Theologie des zweiten Römerbriefs und parallelisiert diese mit Adornos reifer Philosophie aus der Negativen Dialektik und der Ästhetischen Theorie (23–130). Dabei wird u.a. argumentiert, dass Barths diastatische Theologie sich viel weniger in Opposition zum intellektuellen Zeitgeist befand, als er selbst vermutete, vgl. 18.134–136 u.ö. Den Abschluß, 213–256, machen Erwägungen zur Konvergenz von radikaler Ästhetik und Kreuzestheologie.

[76] Barth, Römerbrief 13.

[77] Vgl. Frisch, Theologie 171f.249–256.

und wiederholter Ablehnung der letzteren, sind dafür grundlegend und dem Leser der KD aus der Prolegomena gut bekannt.[78] Interessant ist also die Zuspitzung, die Barth zu Beginn der Gotteslehre wählt. Sie läuft darauf hinaus, dass es sich auf der einen Seite um einen handelnden Vollzug und auf der anderen Seite um statische Vorannahmen über das Wesen Gottes handelt.

Der gemeinte Vollzug ist der Vollzug der Selbstoffenbarung Gottes. Er ist die Bedingung der Möglichkeit der Erkennbarkeit Gottes und zugleich die Faktizität dieser Erkennbarkeit. Wer sich in diesem Vollzug findet, fragt nicht, ob Gott erkennbar sei – die Frage ist auf die einzig mögliche Weise beantwortet, nämlich durch Gottes Handeln selber. Er mag aber sehr wohl die Rückfrage stellen, wie es denn zugeht, dass Gott sich offenbart und damit Gotterkenntnis ermöglicht. Das aber ist, wie gesagt, eine Rückfrage und nicht eine prinzipielle Vorklärung vor der Tat: »Wir können nicht fragen: ob Gott erkennbar ist? Gott *wird* erkannt und also *ist* Gott erkennbar. Wir können nicht nach einer abstrakten Möglichkeit der Erkenntnis Gottes fragen, sondern nur nach ihrer konkreten Möglichkeit, wie sie in deren wirklichem Vollzug bereits in aller Bestimmtheit vorliegt.«[79] Ist Gott also nur durch Gott erkennbar und wird diese Erkenntnis im Vollzug der Offenbarung konkret, so befindet, wer sich dem in der Dogmatik oder in anderen Formen des Glaubensvollzuges aussetzt, bereits in dem, was Barth den *»circulus veritatis Dei«* nennt.[80] Eine extraperspektivische Beschreibung der Bedingungen und Kriterien ist weder möglich noch nötig. Zu fragen ist für ihn vielmehr, wie und als wer Gott sich zu erkennen gibt. Er versucht demnach die Implikationen dessen zu entfalten, was bereits in Geltung ist.

Anders steht es um denjenigen, der den Weg der natürlichen Theologie für aussichtsreich hält. Er setzt gleichsam einen Punkt Null, von dem aus nach den Bedingungen einer möglichen Gotteserkenntnis gefragt wird. Er redet von der Erkenntnis Gottes als remoto Deo erwägbarer Frage, redet von ihr also »als von einer abstrakten Möglichkeit«.[81] Das findet in mehrerlei Hinsicht Barths Kritik. Zum einen handelt es sich um die falsche Bewegungsrichtung des Gedankens. Wer so anfängt, muss zwangsläufig von den ihm bekannten Größen auf höhere Umstände schließen, kann aber doch an

[78] Vgl. schon Barth, KD I/1, VIII mit der Bemerkung zum »Elend einer angeblichen natürlichen Gotteserkenntnis« und dann v.a. §§ 5 und 6 über das Wesen und die Erkennbarkeit des Wortes Gottes.

[79] Barth, KD II/1, 68. Nachweise in diesem Unterpunkt ohne weitere Spezifikation stammen aus diesem Band.

[80] 278, i.O. teilw. doppelt herv. Barth setzt den Terminus hier in selbstkritischer Hinsicht, also mit dem Unterton, ob es sich dabei nicht um einen circulus vitiosus handle. Der Sache nach aber führt er nichts anderes vor.

[81] 73.

dem Sachverhalt, dass Gleiches nur durch Gleiches erkannt wird, nicht vorbei: In der natürlichen Theologie wird von Mensch und Welt, nicht aber von Gott geredet. Das ist Titanismus und der Versuch, sich selbst in die Wahrheit zu stellen, kann aber nicht glücken.[82] Ferner ist zu sehen, dass die natürliche Theologie in aller Regel nicht beansprucht, die volle Wahrheit über Gott zu sagen, ihr gleichsam nur den Steigbügel zu halten und den Zugang zur offenbarungstheologischen Rede von Gott zu ermöglichen. Auch dies lehnt Barth als »maskierte(n) Glauben« und »Unaufrichtigkeit« ab.[83] Ein solcherart mit Hinterlist arbeitender Glaube kann der wahrhaftige nicht sein und kann überdies den Gesprächspartner nur verprellen. Damit geht einher, dass die Präformierung der Inhalte des Evangeliums durch die natürliche Theologie eben nicht in der Vorhalle stehen bleibt und eben nicht nur als Hinführung dient. Barth spricht von der »Absorbierung und Domestizierung der Offenbarung« durch den Triumph der natürlichen Theologie. Dadurch sei eine dem Menschen wohlgefällige und genehme Theologie entstanden, die aber bei Licht besehen »schlicht der Prozeß der *Verbürgerlichung* des Evangeliums« ist: »In ihr redet niemand Anderes als *der Christ als Bourgeois*.«[84]

Der schärfste Vorwurf, den Barth gegen die natürliche Theologie erhebt, ist folgender: In ihr werden Vorerwägungen allgemeiner Art über die Möglichkeit der Erkenntnis Gottes angestellt. Damit wird angenommen, dass es ein allgemeines und abstraktes Gegenstandsfeld gibt, in welchem remoto Deo über Gott und die Bedingungen seiner Möglichkeit raisonniert werden kann. Vollends abzulehnen ist aber die Implikation, die offenbar wird, wenn man auf den implizit mitgeführten Gottesgedanken rekurriert. Ein natürlich-theologischer Gott wird anhand allgemeiner Erwägungen über sein Sein begriffen. Alles spätere muss zu diesen allgemeinen Erwägungen über Gottes Sein passen. Zuerst kommt der Vorbegriff über Gottes Sein, sodann seine Näherbestimmung als Handelnder und Anwesender. Klassisch gesprochen: operari sequitur esse. Als metaphysisches Axiom ist der Satz wohl bekannt. Barth aber verschärft seinen Vorwurf, indem er nicht nur diesen Umstand anführt, sondern ausführt: Das ist Götzendienst, die »Einführung eines fremden Gottes in den Raum der Kirche.«[85]

---

[82] 78–85.204 u.ö. Vgl. die Formulierungen in 211f: »es ist doch so: Was wir erfassen können, dem *gleichen* wir. (...) Was wir erfassen können, dessen sind wir *mächtig*. (...) Was wir erfassen können, mit dem sind wir ursprünglich und eigentlich *Eines*.«

[83] 102 bzw. 103.

[84] Alle drei Nachweise: 157.

[85] 92. Dies ist die Passage, in der der Götzen- und Fremdgöttervorwurf an die natürliche Theologie explizit vorgebracht wird. Für die eher anspielungsartige Verwendung vgl. 91.94.99.185.193. 204.401.506.

Es ist aufschlussreich, dass Barth diesen Vorwurf nicht als allgemeine Kennzeichnung des natürlich-theologischen Sündenregisters verwendet, als sei sie neben allen anderen Verfehlungen eben auch noch Götzendienst. Dass ein fremder Gott in den Raum der Kirche eingeführt werde, ist direkte Folge davon, dass in der natürlichen Theologie Gottes Sein und Gottes Handeln in den falschen Zusammenhang gestellt werden. Von allgemeinen, natürlich erkennbaren und doch nur aus der Welt verlängerten Annahmen ist auf sein Sein nimmermehr zu schließen; schlimmer, die Aussagen über sein Handeln, die daraus folgen, müssen falsch sein. Deswegen ist es Götzendienst, deswegen ist die darin benannte Gottheit nicht der Vater Jesu Christi.

Es hat andersherum zu gehen: »*Esse sequitur operari*«,[86] was Gottes Sein und seine Eigenschaften sein mögen, erhellt daraus, wie er handelt. Gott ist für uns wesentlich der, der für uns und an unserer statt handelt – operari –, welches Handeln in seinem relationalen Sein – esse – rückgebunden ist. Es gilt also, dass die »Einheit Gottes (...) die Einheit seines Werkes und Handelns« ist.[87] Die Erkenntnis dessen freilich ist ausschließlich Erkenntnis aus der Selbstoffenbarung Gottes. Damit schließt sich der Argumentationskreis. Mit ihm macht Barth deutlich, dass eine Gotteslehre, die nicht beim Handeln Gottes beginnt, unweigerlich in die falsche Richtung läuft und legt zugleich den Grundstein für die Anlage seiner eigenen Gotteslehre.

Man könnte versucht sein zu meinen, dass damit das Verdikt über die natürliche Theologie und ihren Götzendienst des operari sequitur esse gesprochen sei und die Dogmatik sich nun mit Ruhe der ihr anvertrauten Sachlichkeit widmen könnte, die Gefährdung gleichsam hinter sich lassend. Dem ist allerdings überhaupt nicht so; vielmehr muss eine erstaunliche Durabilität der natürlichen Theologie festgestellt werden. Das provoziert die Frage:

> »Warum kann eine solche Theologie – trotz aller Nichtigkeitserklärungen, wie die, von denen wir jetzt eben herkommen – faktisch immer wieder aufstehen, in immer neuen Formen (als wäre nichts gegen sie gesagt, als wäre sie nicht widerlegt!) sich aufs Neue anmelden, auch in ganz anders angesetzte theologische Versuche aufs neue sich einschleichen und wie eine Wucherpflanze auch die scheinbar gesundesten Stämme umschlingen, krank machen und schließlich zum Absterben bringen?«[88]

Die Antwort besteht darin, dass die *Notwendigkeit* der natürlichen Theologie erkannt werden muss. Sie ist unumgänglich, sie ist unvermeidlich, ja

[86] 91.
[87] 88.
[88] 140.

eine Gegebenheit der Natur. Das gilt es sich zunächst einzugestehen und sich nicht vorschnell über sie erhaben zu dünken: »Der Mensch müßte sich selbst verleugnen, wenn er den Grundgedanken aller natürlichen Theologie – gleichviel, ob er ihn als solchen schon expliziert gedacht und entwickelt hat oder nicht – verleugnen wollte. Der Mensch müßte sich dazu selbst aufgeben.«[89] Denn der natürliche Mensch ist für Gottes Offenbarung nicht offen, für seine Gnade nicht bereit und deswegen seiner Erkenntnis nicht fähig. Die natürliche Theologie ist »sehr schlicht der Herold und Anwalt« dieser Tatsache.[90] Aus diesem Umstand besteht die eigentümliche Notwendigkeit der natürlichen Theologie. Deswegen nennt Barth sie »unvermeidlich()«,[91] »*eine naturnotwendige Haeresie*«,[92] er behauptet, dass sie »Kraft und Monopolstellung« habe und dass ihre Vitalität »die Vitalität des Menschen als solchen« sei.[93]

Bei diesen Bestimmungen ist es wichtig, Barths Vorwurf des Götzendienstes im Gedächtnis zu behalten. Die beiden – der Vorwurf des Götzendienstes durch das »operari sequitur esse« und die eigentümliche Perseveranz der natürlichen Theologie – bedingen einander wechselseitig. Durch einen bloßen Willensentscheid ist der Götzendienst nicht zu beenden, genauso wie man sich nicht dafür entscheiden kann, nun Gott auf die richtige Weise zu erkennen. Beides gelingt nur im Geschenk des Glaubens, welcher ein Werk des Heiligen Geistes ist. Mit anderen Worten: beide beschreiben eine *Verstrickungssituation*. Der natürliche Mensch verzichtet nicht so ohne weiteres auf seine ihm privileghaft erscheinende Situation – es ist eine echte Faszination, die von einer falschen Gottheit ausgeht. Dies gilt es sich einzugestehen. Die Verlockung, etwas von sich aus über die Gottheit/die Götter zu wissen, ist keine geringe und sollte nicht als primitiv verspottet werden – genauso wie natürliche Theologie eben nicht eine unter mehreren intellektuellen Optionen ist, sondern eine Grundverfasstheit. Wer beide, natürliche Theologie und Götzendienst, leichter nimmt, macht es sich entschieden zu einfach.

Auch die Gegenstrategie wird kurz angedeutet. Barth wendet sich gegen jede Mischform aus natürlicher und offenbarungstheologischer Vorgehensweise. Wer bei sich selber anfängt, kann zum extra nos nicht durch Extrapolationen gelangen. Die richtige Antwort kann für Barth nur in christologischen Sätzen erfolgen: »kein anthropologischer oder ekklesiologischer Satz ist in sich und als solcher wahr, sondern seine Wahrheit subsistiert in den

[89] 150f.
[90] 150.
[91] Ebd.
[92] 157.
[93] 182 bzw. 185.

Sätzen der Christologie, nein in der Wirklichkeit Jesu Christi ganz allein.«[94] Für die Frage nach einem nicht-natürlich-theologischen Ansatz heißt das zunächst, dass dafür »*der für Gott bereite Mensch*« gesucht wird.[95] Nach dem oben Referierten ist klar, dass dies niemand anders als Jesus Christus selbst sein kann: *Er* ist dieser Mensch. Weil und sofern die Menschen im Werk Jesu Christi vorkommen, gilt die Wahrheit dieses für Gott bereiten Menschen auch für sie. Weil und sofern das Sein der Menschen nicht in sich selbst, sondern in Jesus Christus gegründet ist, partizipieren sie an dieser Wahrheit: »Unsere Wahrheit ist unser Sein im Sohne Gottes.«[96] Auf der menschlichen Seite findet das seinen Ausdruck in Dank, Anerkennung, Freudigkeit und Ehrfurcht.[97]

Was die Götzendienerei der natürlichen Theologie angeht, empfiehlt Barth, ihre Gefährlichkeit wohl zu kennen, ihr aber möglichst wenig Aufmerksamkeit zu schenken. Dies klingt – nicht zuletzt angesichts der Ausführlichkeit der Darstellung, mit der Barth vorgeht – durchaus paradox und ist vielleicht auch so gemeint. Die natürliche Theologie sei kein »eigentlich und letztlich ernst zu nehmender(n) Gesprächspartner«,[98] schreibt er, »nicht die falschen Götter zu zertrümmern« soll das Hauptanliegen sein,[99] sondern dem wahren Gott freudig die Bahn zu bereiten. Der Beweggrund hierfür ist, dass die Beschäftigung mit der natürlichen Theologie ein aporetisches Geschäft ist ist. Selbst wer sie in kritischer Hinsicht betrachtet, wird doch über diese Feststellung nicht hinausgelangen können: »Die Illusion, dass wir uns selbst desillusionieren können, ist selbst eine Illusion.«[100]

Mit diesen Ausführungen verschafft Barth einen ersten und gewiss recht vorläufigen Eindruck seiner Vorstellung von widergöttlichen Mächten und Gottes Macht. Auch in den ausführlichen Passagen wird er wagen, von der Notwendigkeit der widergöttlichen Mächte zu sprechen (»naturnotwendige Haeresie«) und sich somit das dualistische Problem einzuhandeln, dies aber für nötig zu halten, weil alles andere verharmlosend wäre. Auch wird er

[94] 166.

[95] 165.

[96] 177. Barth denkt dies stellvertretungstheologisch. Die Feindschaft des Menschen gegen Gott, deren Ausdruck die falsche Gottheit der natürlichen Theologie ist, wird durch Gottes Menschwerdung überwunden. In Jesus Christus erkennt Gott sich selber, woraus zu schließen ist: »Unser Fleisch ist also dabei, wenn er Gott erkennt, als der Sohn den Vater, wenn Gott sich selber erkennt. In unserm Fleisch erkennt Gott sich selber.« (169) Der Spitzensatz dazu lautet: »Das geschieht nämlich in der Wahrheit, das *ist* ja geradezu die Wahrheit: was vor Gott durch Gott an unserer Stelle geschieht.« (170)

[97] Im einzelnen: 242–252.

[98] 185.

[99] 193.

[100] 190.

vom fascinosum des Widergöttlichen reden, das nur zu leicht ins tremendum umschlägt, und davor warnen, die Wirklichkeit des Widergöttlichen auf die leichte Schulter zu nehmen: Die Rede vom Sieg Christi ist wahr, aber sie muss sehr sorgfältig bestimmt werden, soll sie nicht in eine hohle Formel umschlagen. Nicht zuletzt wird die Gegenstrategie eine sein, die, wie Barth in den hier vorliegenden Passagen andeutet, in einem eigentümlichen Ernstnehmen durch nicht-Ernstnehmen besteht, bei der die Götzen nicht durch intensives Hinschauen entmachtet werden sollen, das ihnen doch nur verfiele, sondern durch fröhliche Ignoranz.

Ohne Zweifel bleibt hier vieles in der Schwebe. Wir erfahren nicht, worin die Naturnotwendigkeit der natürlichen Theologie und ihrer Götzen eigentlich besteht und wie Barth mit solchen Begriffen einem Dualismus entkommen will. Ferner wird außer dem Dass der Götzen noch fast nichts über sie ausgesagt, insbesondere nicht über ihre Herkunft und wie man sich ihr Wirken und Sein soll vorstellen können: Sind sie bloße Hirngespinste oder reale Mächte? Auch wie es um Gottes Macht angesichts dieser Bedrohung seiner Geschöpfe aussieht, wissen wir nicht: Lässt er sie zu, sind sie vor ihm vielleicht schon besiegt? Schließlich hätte man gern genauere Auskunft zu der Frage, wie denn nun das seltsame Zusammenspiel von Thematisieren und Ignorieren gedacht ist. – Es entspricht dem rhetorischen Gestus der KD, zunächst nicht wenig Mühe auf die Beschreibung des Problemumfangs zu verwenden und erst dann theologische Lösungsangebote zu machen. Insofern wäre es falsch, Fragen wie diese bereits anhand dieser Paragraphen beantworten zu wollen. Die Grundentscheidungen aus der Eigenschaftslehre und der vom Nichtigen und den Dämonen müssen dann allerdings weiterhelfen.

b) Gottes Einzigkeit und Macht

Barths Antworten auf diese Fragen finden sich vor allem in zwei Textkomplexen, zum einen in seiner Lehre von Gottes Macht aus der Eigenschaftslehre und in den schwierigen und in manchem dunklen Erwägungen zum Nichtigen und zu den Dämonen (§§ 50f). Ich skizziere hier zunächst die Bestimmungen aus der Eigenschaftslehre (§ 31).[101] Barth entfaltet in ihr,

[101] Osthövener, Eigenschaften Gottes 181–184, beobachtet m.E. zutreffend, dass die Stellung der Eigenschaftslehre im Ganzen der KD nicht durch ausgeprägte Vernetzungen gekennzeichnet ist, sondern sich eher am klassischen Loci-Modell orientiert. In diesem Sinne wird sie hier auch konsultiert. Osthöveners mit seiner Beobachtung einhergehende Bewertung, dass Barths »Eigenschaftslehre kein geeignetes Feld für konstruktive Akzentsetzungen darstellt« (ebd. 181), scheint mir gleichwohl überzogen. Gewiss ist Barth in diesem Lehrstück zurückhaltender als etwa in der Prolegomena. Verfolgt man jedoch die sachlichen Zusammenhänge in andere KD-§§, so wird die Akzentsetzung sehr wohl deutlich, wie im weiteren Verlauf der vorliegenden Darstellung gezeigt werden soll.

wie er sich die Einheit und Einzigkeit Gottes im Gegenüber zu den mancherlei Mächten und Gewalten vorstellt und präzisiert sodann, wie Gottes Macht als Allmacht über diese Phänomene zu denken sei. Grundtenor der Ausführungen ist, dass die Mächte wie selbstverständlich zur gefallenen Welt gehören. Die Aufgabe des Theologen ist nicht, sie im Banne eines Entmythologisierungsdrucks wegerklären zu müssen, als dürfe es sie nicht geben, wenn es denn Gott gibt. Eine solche Alternative wäre falsch und metaphysisch gedacht. Die Existenz der Mächte ist gerade in ihrer *fatalen Selbstverständlichkeit* aufzuklären. Zugleich gilt es, die Gotteslehre aus den Zwängen der traditionellen Begriffe zu befreien, zu denen insbesondere die Vorstellung von Gottes Allmacht als Allwirksamkeit gehört.

Mächte und Götzen sind also gewissermaßen natürlicherweise vorhanden. Barth versteht sie vor allem in der Form kollektiver Faszinationen, also als Ideologien und als nicht-museale Mythen. Solche Handlungsleitungen und Erzählungen üben Kraft aus, ihnen können Gemeinschaften, ja ganze Gesellschaften erliegen. Der Theologe ist da gefordert, wo er sich das Gegenüber Gottes zu ihnen vorstellen soll. In diesem Sinne schreibt Barth:

»Alles Bestehende, aber auch alle Veränderung in der Welt lebt ja von Ideologien und Mythologien, von verkappten oder auch offenen Religionen und insofern von allen möglichen vermeintlichen und angeblichen Gottheiten und Göttlichkeiten. An der Wahrheit des Satzes, daß Gott Einer ist, wird das Dritte Reich Adolf Hitlers zu Schanden werden. Wird dieser Satz so ausgesprochen, daß er gehört und begriffen wird, dann pflegt es immer gleich 450 Baalspfaffen miteinander an den Leib zu gehen. Gerade das, was die Neuzeit Toleranz nennt, kann dann gar keinen Raum mehr haben. Neben Gott gibt es nur seine Geschöpfe oder eben falsche Götter und also neben dem Glauben an ihn Religionen nur als Religionen des Aberglaubens, des Irrglaubens und letztlich des Unglaubens.«[102]

Das sind markige Worte, zumal im Jahr 1938, als KD II/1 in erster Auflage erschien. Es ist nun wohl kaum sinnvoll, im Einzelnen zu fragen, wie es mit dem Wahrheitsgehalt von Barths Voraussage über das Ende Nazideutschlands bestellt sein mag, obwohl man die nationalsozialistische Herrschaft zumindest auch als mächteartige Verstrickung wird deuten können.[103] Be-

[102] Barth, KD II/1, 500. Nachweise in diesem Unterpunkt ohne weitere Spezifikation stammen aus diesem Band.

[103] Nach Kriegsende sollte Barth – zumindest gelegentlich – anders urteilen. Bei den Gesprächen, die er Herbst 1945 in Deutschland führte, hörte er deutsche Theologen viel von dämonischer Vestrickung und davon sprechen, dass sie Satan ins Antlitz geblickt hätten. In einem Brief an Markus Barth berichtet er von einem solchen Gespräch: »Ich hörte mir das eine Zeit lang an. Schließlich konnte ich nicht mehr schweigen. ›Seid ihr damit nicht im Begriff, in ein magisches Weltbild hineinzurutschen?‹, fragte ich meine Freunde. ›Warum redet ihr immer nur von Dämonen? Warum sagt ihr nicht konkret: wir sind politisch Narren gewesen? Erlaubt bitte eurem

merkenswert an dem Zitat für unsere Zusammenhänge ist zunächst, dass das Walten von Mächten und Göttlichkeiten als gegebener Zustand beschrieben wird: »*Alles* Bestehende, aber auch *alle* Veränderung in der Welt lebt ja von Ideologien und Mythologien«.[104] Nichts ist unter den Menschen ohne sie, und nichts verändert sich ohne sie. Ihnen kommt keine Sonderexistenz zu, so als seien widergöttliche Mächte nur dem Eingeweihten sichtbar. Ganz offensichtlich misst Barth dem auch keinen Erklärungsbedarf bei. Es ist eben so; conditio humana in der gefallenen Welt. Gelegentliche Aussagen, dass Gott dergleichen Erscheinungen wohl zulasse, gibt es zwar, aber sie haben über diese Feststellung hinaus keine explikative Funktion.[105]

Dies also hält Barth nicht für erklärungsbedürftig. Aufschlussreich wird dies allerdings erst, wenn man feststellt, was er dagegen der eingehenden Erörterung für wert erachtet: Gottes Einheit und Einzigkeit, wie sie in dem eben gegebenen Zitat genannt wird. Sie ist das nicht Selbstverständliche und immerhin das, von dem gesagt wird: »An der Wahrheit des Satzes, dass Gott *Einer* ist, wird das Dritte Reich Adolf Hitlers zu Schanden werden.«[106] Was also hat es mit der Einheit Gottes auf sich, dass sie so beschaffen ist, dass die dämonischen Verirrungen und Mythologien an ihr zuschanden werden?

Barths Antwort beginnt, wie so oft, mit einer Kette von Negationen. Dass Gott einer ist, hat nach ihm nichts damit zu tun, dass das abstrakt Eine göttlich sei. Barth möchte jeden Verdacht ausräumen, als könne Gott als ein Exemplar einer ihm vorausliegenden Gattung »Eines« oder »Einzigkeit« sein, die dann in einem Akt der Übertragung von Gott ausgesagt wird. Dies liefe Gefahr einer bloßen Wunschprojektion, in der der Mensch, selbst ein notorisch kompliziertes und uneiniges Wesen, seine Sehnsucht nach Einheit zum Gottesbegriff verdichtet. Barth formuliert sehr scharf: »Was da entsteht, wo man aus der Einheit Gottes die Göttlichkeit der Einheit macht, das sind so oder so tatsächlich Fratzen Gottes.«[107] Monotheismus in diesem

---

schweizerischen Kollegen, euch zu einem *rationaleren* Denken zu ermahnen!‹« (Zitiert bei Busch, Lebenslauf 295, vgl. die Schilderung der Umstände bei H. Blendinger, Aufbruch 59f und die Bemerkung: »Zu der Prahlerei, wir, wir hätten ›den Dämonen in die Augen gesehen‹, ist auch heute kein Anlaß.«, Barth, KD III/3, 397.) – Wäre dies Barths einziges Wort zur Sache, so müsste man bei ihm wohl eine gröblich-naive Unterscheidung zwischen »rational« und »magisch« feststellen. Ausweislich der hier zur Verhandlung stehenden KD-Texte ist dies nicht der Fall und der Gesprächsbeitrag wird seinen guten Sinn darin gehabt haben, dass der Hinweis auf mächteartige Verstrickung sicher zum Wahrnehmungsinventar der Theologie gehört, jedoch da fragwürdig wird, wo man durch ihn das Fehlen ethischer und politischer Urteil entschuldigt.

[104] 500, Herv. M.H.

[105] Vgl. z.B. 566.672.

[106] 500, Herv. M.H.

[107] 506.

Sinne ist ein bloßes Konstrukt, »die religiöse Verklärung der Zahl Eins«,[108] gar der Inbegriff des Heidentums.

Warum so scharf? Was führt hier derart an die Abgründe, dass zur alarmistischen Sprache gegriffen werden muss? Barth möchte, und das erhellt aus dem unter (a) Referierten, die Freiheit der offenbarungstheologisch gestützten Rede von Gott gewinnen und sie nicht an die Notwendigkeiten der natürlichen Theologie verspielen: »So dürfen wir es (...) gerade *nicht* zulassen, daß seine Gottheit durch die uns zur Verfügung stehenden Begriffe von Einheit, Einzigkeit und Einfachheit *begrenzt* werde. Das Verhältnis von Subjekt und Prädikat ist, wenn es um die Vollkommenheiten Gottes geht, ein unumkehrbares.«[109] Anders und fast formelhaft: »Nicht jenes Allgemeine ist das Erste, sondern dieses Besondere.«[110] Barth befürchtet den Eintrag menschengemachter Begriffe und Metaphern in die Rede von Gott, wenn über eine Reflexion des Prädikats Einheit auf dessen mutmaßliches Subjekt Gott zurückgeschlossen wird. Was Einheit also bedeuten kann, erschließt sich allererst durch die Reflexion auf das Subjekt, dem dieses Prädikat zugeordnet wird. Die Einheit Gottes ist die Einheit dessen, der sich den Menschen in Jesus Christus zuwendet. Nicht eine abstrakte numerische Vorstellung wird mit der Rede von der Einheit Gottes beworben, sondern die Vorstellung, dass Gottes Geschichte mit Israel und der Kirche die Geschichte des einen Gottes ist. In diesem Sinne schließt Barth, dass die Rede von der Einheit Gottes nur als trinitarische aussagbar ist. Sie ist die Rede von der Einheit Gottes als der Selbigkeit Gottes in seiner Geschichte.[111]

---

[108] 505. Barths in diesem Kontext gegen den Islam ausgestoßene Beschimpfungen (504f) sind nicht nur unschön, sondern bedürfen auch der inhaltlichen Korrektur. Sachlich richtig ist, dass in der christlichen Theologie die Einheit Gottes als Konsequenz seiner – trinitarisch zu denkenden – Selbstentäußerung gedacht wird, welches Vorhaben für islamische Begriffe wohl bereits *shirk* wäre (so z.B. Behr, Islamische Bildungslehre 50–57, unter Berufung auf Sure 4:171 des Korans). Das rechtfertigt jedoch nicht, das islamische Insistieren auf der Einheit Gottes mit dem philosophischen Gottesbegriff der westlichen Neuzeit gleichzusetzen und zu verspotten, wie Barth es tut.

[109] 504.

[110] 679.

[111] Barths Neigung zu modalistischen Formulierungen in der Trinitätslehre, die unter anderen Jürgen Moltmann in seiner Trinitätslehre monierte, ist auch in diesen Passagen zu entdecken, da Barth in den einschlägigen Formulierungen regelmäßig darauf abhebt, dass es um die Selbigkeit Gottes ginge (vgl. 502). Moltmanns Vorwurf, vgl. Trinität 154–161, gipfelt darin, dass Barth eine allgemeine Gotteslehre der Trinitätslehre vorordne und damit die von Moltmann so etikettierte Subjekttrinität der neuzeitlichen Theologie reproduziere (ebd. 28–31). Das wird in dieser Pauschalität nicht zu halten sein, wie sich u.a. anhand der schmalen Textevidenz aus der KD, die Moltmann heranzieht, zeigen ließe. Berechtigt ist allerdings seine Anfrage, ob Barths Betonung der Geschichte des Vaters und des Sohnes einer angemessenen Pneumatologie genügend Raum lasse (ebd. 159 u.ö.).

Auf den Vorwurf, den neuzeitlichen Subjektbegriff unkritisch auf Gott zu übertragen, laufen auch die von Trutz Rendtorff in Realisierung der Freiheit gesammelten Barth-Kritiken hinaus.

Barth formuliert: »Der christliche Monotheismus entsteht damit und besteht darin, dass Jesus Christus sich selbst als Sohn seines himmlischen Vaters bezeugt und offenbart, dass er sich selbst als der regierende Herr von den Mächten und Gewalten dieses Aeons unterscheidet und abhebt, dass er sich selbst als ihr Überwinder und Meister sichtbar macht.«[112] Das Unterscheidende des christlichen Monotheismus liegt nicht in einer numerischen Bestimmung, sondern in der Vorstellung davon, *wie* Gott handelt, wie er als das Gegenüber der falschen Götter, der Mächte und Gewalten auftritt. Das Problem der falschen Götter ist mithin eines, das in der Lehre von Gottes Macht zu verhandeln ist.

Im dafür einschlägigen § 31.2 geht Barth ähnlich vor: Zunächst erörtert er die Nachteile eines allgemeinen Vorbegriffs von Macht, der sekundär auf Gott übertragen wird und schließt dem eine Reihe von Bestimmungen an, wie sachgemäß von Gottes Macht gesprochen werden kann.

Die erste, negative Bestimmung, ist in ihrer Intention und Vorgehensweise aus der ganzen Gotteslehre der KD vertraut. Was sie interessant macht, ist, dass Barth hier ja gleichsam beim Thema angekommen ist und beschreibt, wie Macht zu verstehen ist, deren Begriff auf Gott nicht übertragen werden soll. Das Ergebnis ist so knapp wie eindeutig: »Macht an sich ist ja nicht nur neutral, sondern Macht an sich ist böse. Denn was kann Macht an sich Anderes sein als Entfesselung und Unterdrückung, Ausbruch und Überwältigung.«[113] Alles, was wir von uns aus als Macht beschreiben können, ist solche böse Macht. Dass ein solcher Machtbegriff nicht auf Gott

---

Sicher sind hier auch maßlose Behauptungen aufgestellt worden, wie die Falk Wagners und Friedrich Wilhelm Grafs, dass »die inhaltliche Struktur der Barthschen Theologie nicht nur dem Sozialismus sondern auch dem Faschismus und seiner Theoriebildung verwandt« sei (so Wagner ebd. 41, noch schärfer Graf ebd. 116). Zu dieser abenteuerlichen These hat Krötke, Rezension 301f, das Nötige gesagt. Rendtorff, deutlich milder im Ton, kritisiert, dass Barth die Souveränität Gottes zuungunsten der menschlichen propagiere: »Sein Zielpunkt ist nicht die Freiheit und Autonomie des Menschen, sondern die Freiheit und Autonomie Gottes.« (Ders., Theorie 164, vorsichtiger in Realisierung der Freiheit 131f). Dass Barth zur Subjekt-Metapher greift, ist unbestreitbar. Die Kritik betrachtet allerdings nur eine Hälfte der Metaphorik. Die andere Hälfte führt aus, dass die Subjektivität Gottes präzise nur in seiner Selbstentäußerung pro nobis in Jesus Christus zu denken ist. Von einer abstrakten Gegenüberstellung von göttlicher Autonomie und menschlicher Abhängigkeit kann also nicht die Rede sein – vielmehr werden *beide* Vorstellungen, Autonomie wie Abhängigkeit, in der theologischen Durchführung als problematisch erkannt und in ein neues Verhältnis gesetzt, wie z.B. in der Versöhnungslehre (KD IV) zu studieren ist. – Eine detaillierte Auseinandersetzung mit den Thesen von Graf, Rendtorff, Sparn und Wagner bei Korsch, Dialektische Theologie 146–177. Graf hat seine Kritik in »Der Götze wackelt?« erneuert, musste sich aber von Eberhard Jüngel eine sehr fragwürdige Barth-Exegese vorhalten lassen: Verhältnis von Kirche und Staat 118f.

[112] 512f.

[113] 589.

übertragen werden soll, ist evident. Freilich, und das ist eine folgenschwere Feststellung, qualifiziert Barth damit alles, was er an Machtförmigkeiten zwischen Gott und Mensch beschreibt, als negativ. All dies, Mächte, Ideologien, Mythen usw. ist böse Macht, soll vor Gott nicht sein und ist das, was paradoxerweise existiert, weil er es abwählt. Später, in der Lehre vom Nichtigen, wird er sagen, dass das treibende agens hinter diesen Machtförmigkeiten, eben das Nichtige, gar so ist, dass es nicht zur Schöpfung gehört.

Diese Bestimmung ist deswegen von einigem Belang, weil sie sich einem Trend in der oben referierten Theologie der Mächte und Gewalten widersetzt. W. Wink und Th. Zeilinger z.B. rechnen die Mächte zur Kreatur, obschon zur gefallenen Kreatur. Dementsprechend schließen sie Überlegungen an, wie es denn geschehen könne, die Mächte für die gute Sache Gottes in den Dienst zu nehmen. »Engaging the powers« heißt der sprechende Buchtitel von W. Winks drittem Band seiner Powers-Trilogie, und befreundete theologische Praktiker experimentierten denn auch einschlägig in diesem Sinne.[114] Auch Th. Zeilinger stellt differenzierte Erwägungen zur Indienstnahme der Mächte an, etwa in der Gemeindeberatung oder im prophetischen Protest.[115] – Hier urteilt Barth also anders und wird das in der Lehre vom Nichtigen noch deutlicher tun. Eine Überschärfung? Das wird noch zu diskutieren sein.

Die Beschreibung von Gottes eigener Macht wird von Barth in Argumentationsketten – aufgeteilt in Abgrenzungen und positiven Setzungen – durchgeführt.[116] Ich führe diese Ketten hier nicht im Einzelnen vor, sondern beschränke mich auf die Aussagen, die für das Mächtethema von Interesse sind. Sie – wie allerdings die anderen auch – sind gleichsam die Exegese eines einzigen Satzes: »Die göttliche Allmacht ist Gott selbst als der, der Macht hat und ist.«[117] Für dies Sein und Haben der göttlichen Macht bezüglich der Mächte trifft Barth eine Grundentscheidung, aus der sich Folgerungen ergeben, die analytisch in vier Punkte zerlegt werden können.

(1) Zunächst zur Grundentscheidung: Barth betont in ihr, dass Gottes Macht nur als die Macht des freien Subjekts verstanden werden darf. Gottes Macht ist eine Vollkommenheit seiner Freiheit; sie ist sein *Wissen und Wollen*. Die Vorstellung von Gottes Macht soll dabei weitestgehend von der

[114] Vgl. Zeilinger, Zwischen-Räume 26–29 mit einem Bericht über liturgische Feiern exorzistischen Charakters auf einem Luftwaffenstützpunkt der US Army. Winks diesbezügliche Kurzformel lautet: »The Powers are good. The Powers are fallen. The Powers must be redeemed.« Ders., Engaging 10 (u.ö.). Unter den oben erwähnten Autoren zur Theologie der Mächte und Gewalten optiert allein W. Stringfellow dafür, die Mächte in ihrer Gesamtheit als böse zu beschreiben.

[115] Vgl. Zeilinger, Zwischen-Räume 368ff.

[116] 589–610 bzw. 610–673 in jeweils fünf Punkten.

[117] 662.

seiner Wirkung unterschieden werden. Wäre Gottes Macht identisch mit seinem Wirken, dann zöge dies folgenschwere Konsequenzen nach sich: Es müsste gedacht werden, dass er sich in diesem Wirken erschöpfte, in ihm aufginge. Das aber zöge den Gedanken nach sich, dass alles, was geschieht – machtvoll geschieht – zur Gottheit erhoben wird.[118] Gott und Macht wären dann verwechselbar, mithin genau der Zustand eingetreten, den Barth für aporetisch hält. Aus diesem Grund soll jeder Eindruck von Gottes Macht als »eines bloß neutralen Vermögens und Wirkens« vermieden werden.[119] Dagegen setzt Barth, dass Gott sich in seinem Werk nicht erschöpft.[120] Gott in seiner Macht steht seinem Werk als souverän Wissender gegenüber. Gottes Macht geht nicht in seinem Wirken auf, sie ist vielmehr sein Wissen und Wollen. Barth schreibt, dass Gott *»als solcher*, in seinem Wissen und Wollen allmächtig, dass seine Allmacht eben die seines Wissens und Wollens ist.«[121] In den Termini der Tradition gesprochen legt Barth Wert darauf, dass Gottes potentia absoluta nur durch seine potentia ordinata gedacht werden soll. Gottes Macht ist »die Macht seiner Persönlichkeit«.[122]

(2) Gott ist nicht Inbegriff der Mächte – so viel erhellt unmittelbar aus These 1. Vielmehr soll er als souveräne und freie Macht über ihnen gedacht werden: »die Macht über ihnen allen.«[123] Diese Bestimmung ist vor allem deswegen wichtig, weil sie klarstellt, dass die diversen Mächte nicht zu Gott gehören, sondern etwas von der Macht Gottes geschiedenes sind. Er lässt sie sein – dazu mehr unter These 4 – aber er lässt sie sein als etwas, das nicht zu ihm gehört.[124] Gottes Verhältnis zu ihnen ist das einer Überordnung. Es ist zu beschreiben,

»daß und wie Gott die freie Macht über und in allen Mächten ist. In Freiheit steht er über ihnen, ihr Herr im strengen und eigentlichen Sinn ist er dann, wenn sie keine Macht haben als die, die er ihnen geben wollte und die er als die ihnen von ihm gegebene kennt (...). Umschlossen von seinem Wissen und Willen, beherrscht von seinem Geist als von seiner Allmacht können sie zugleich ihre geschöpfliche Selbständigkeit, ja, sich selbst bestimmend, ihre Freiheit haben, können sie aber auch der Alles vorherbestimmenden Allmacht Gottes als jener unterscheidenden, richtenden, konkreten

[118] »Das wäre der Satz einer blinden Apotheose der Natur, der Geschichte, des Schicksals und letztlich des Menschen selber.« (598)

[119] 674, vgl. 637 und 682f.

[120] »Er ist *ganz unser* Gott, aber ebengerade darin ganz unser *Gott*, daß er *nicht nur unser* Gott ist.« (593) Barths Kritik gilt Ansätzen, die die »Aufhebung des Unterschieds zwischen Gottes Können und Tun« (597) betreiben und damit den Gedanken von der Freiheit Gottes aufs Spiel setzen. Zum Zusammenhang vgl. 592–598.

[121] 611.

[122] 612.

[123] 605.

[124] Ebd.

Macht untergeordnet sein und so oder so, in ihrem Gehorsam oder in ihrem Widerstreben willig oder widerwillig dem dienen, der allein selber die Macht ist und also ursprünglich hat.«[125]

Umschließen, herrschen, richten, vorherbestimmen, konkret sein usw.: Was diese These positiv setzt, ist eine Näherbestimmung von Souveränität. Barth sagt – durchaus im Einklang mit vielen Traditionselementen, die er ansonsten kritisieren würde – Gottes Souveränität und die eingeschränkte Selbständigkeit des Geschöpflichen aus. Die differentia specifica, die er einträgt, resultiert aus seinem Verständnis von Macht als Wissen und Wollen: Gottes Macht inkludiert die Mächte nicht. Sie hält sie sozusagen auf Abstand, schließt sie aus. Die folgenden Thesen bestimmen näher, was damit gemeint sein könnte.

(3) Gottes Macht ist die »Macht, *auszuschließen*; sie ist die Macht, die Möglichkeit des Unmöglichen unter seine Füße zu treten«.[126] Barth denkt in Figuren wie diesen eine begrenzende Funktion von Gottes Macht. Die diesbezüglichen Formulierungen muten freilich seltsam an: Die »Möglichkeit des Unmöglichen unter seine Füße zu treten«,[127] »in dieser Abwendung will er auch das von ihm Verneinte«,[128] sein Wille besteht auch darin, dass er »hasst, verneint, verwirft und bestreitet.«[129] Wie ist das zu verstehen? M.E. entsteht diese Bestimmung durch eine innere Notwendigkeit des Ansatzes, Gottes Macht nicht als Allwirksamkeit zu beschreiben. Sie lässt sich, bezugnehmend auf die zuletzt zitierte Passage, wie folgt darstellen: (a) Gottes Macht wirkt nicht unterschiedslos alles, sondern sie ist sein Wille und Wissen. (b) Nichts aber ist dem Willen Gottes entzogen. (c) Auf das, was Gott nicht will, ist sein Wille also ebenso bezogen, freilich im Zustand der Verneinung. In der Form der Abwendung will er auch dies Verneinte. Macht wird als Wissen und Wollen interpretiert, um der Metapher der Allwirksamkeit zu entgehen. Da aber nichts in der Schöpfung Gott fern ist, bleibt nur, Gottes Bezug auf das seinem offenbaren Willen nicht Entsprechende als negativen Willensbezug zu deuten: Es erscheint in seinem Willen, aber als das von ihm Abgelehnte.

(4) Gleichwohl muss konstatiert werden: Die Machtförmigkeiten, die Gott erklärtermaßen nicht will, gibt es. Gerade wer sich von der Vorstellung, dass Gott unterschiedslos alles wirke, befreit hat, kann ihre Existenz freimütig anerkennen und muss sie nicht im Namen einer guten Allwirk-

[125] 612.
[126] 599.
[127] Ebd.
[128] 626.
[129] Ebd.

samkeit zu kaschieren versuchen. Es ist deshalb ganz unvermeidlich, der klassischen Lehre von der Zulassung einigen Raum einzugestehen So schreibt Barth: »Auch das geschieht vielmehr durch seine Macht, dass er andere Mächte schafft oder doch gewähren lässt.«[130] Es hat »diesen seinen bestimmten Raum und dieses sein eigentümliches Sein«.[131]

Es gibt neben der Willensmetaphorik – und vermischt mit ihr – noch ein weiteres Begriffs- und Metaphernfeld, mit dem Barth diesen Sachverhalt umschreibt, eine Anleihe bei der ontologischen Begrifflichkeit. Barth argumentiert, dass Gottes Wissen und Wollen jedenfalls die Fähigkeit zur Unterscheidung bedeutet und fügt an, dass es deshalb nötig ist, ontologische Unterscheidungen einzuführen: Ist Gott unterschieden vom Allwirken, dann macht es Sinn, von der Wirklichkeit und Möglichkeit der Schöpfung als von Gott geschieden zu reden. Ist dem so, dann kann man auch *wirklich*, *möglich* und *unmöglich* auseinander halten, als Gegenstände von Gottes Wissen. Davon geschieden ist dann noch einmal das *Unmögliche im strengen Sinn*, das in keinem Sinn wirklich ist, mithin auch nicht Gegenstand von Gottes Wissen.[132] Für das von Gott Abgelehnte verwendet Barth nun regelmäßig den Begriff des Unmöglichen und spricht – besonders in seiner Lehre vom Nichtigen – von seiner unmöglichen Möglichkeit. Diese Begriffsverwendung macht es m.E. hinreichend deutlich, hier nicht eine elaborierte Ontologie, sondern eine metaphorische Verwendung von andernorts stark geprägter Begrifflichkeit zu sehen. Ob dies Verfahren befriedigend ist, steht dahin. Jedenfalls aber sollte es davor schützen, hier einen ausgearbeiteten Begriffsapparat zu vermuten.

Die Mächte sind *nicht gewollt und doch zugelassen* – so wird man mit dem kürzesten Begriff interpretieren müssen. Weitere Auskunft wird man sich vor allem zu der Frage erhoffen, wie Gottes kräftiges Nicht-Wollen zu denken ist, das die Existenz der Mächte zur unmöglichen Möglichkeit macht: Sind es große Taten Gottes, in denen sie es aktuell wird? Stiftet er die Gläubigen kraft des Heiligen Geistes an, den Bann der Mächte zu durchbrechen? Zu fragen ist also nach der *Effizienzform seines Willens*, danach, welche Metaphern ihm beigelegt werden. Diese Frage ist an die nächste und abschließende Konkretisierungsstufe zu stellen, an die Lehre vom Nichtigen. Denn bislang dominiert eine gewisse Schieflage: Barth trifft auf der einen Seite eine Fülle von Feststellungen über das Sein der Mächte, die er vor allem als Ideologien und Mythen, also kollektive Faszinationsformen interpretiert. Diese Seite und ihre Interpretation im Rahmen des Phänomens der natürlichen Theologie bietet eine ganze Reihe von Bestimmungen. Eigentümlich anders sieht es auf der anderen Seite aus, also dort, wo von Got-

[130] 605.
[131] 632.
[132] Vgl. 637 für die kompakteste Formulierung.

tes Macht angesichts der Mächte zu reden ist. Hier gibt es nur Negationen: Wie Gottes Einheit nicht zu denken sei und worin Gottes Macht nicht besteht, wird sehr deutlich gesagt. Demgegenüber sind die positiven Bestimmungen aber vergleichsweise wenige und vergleichsweise formaler Natur: Gottes Einheit ist die seiner Geschichte, seine Macht ist er selbst in der Macht, die er hat und ist, sie äußert sich als Ausschluss des Unmöglichen und als Gewährenlassen.

Neben der formalen Binsenweisheit, dass Negationen leichter zu treffen sind als positive Aussagen, wäre Folgendes denkbar: Barth überweist mit guten Gründen die Rede von Gottes Macht gegenüber den Mächten an die konkrete Ausarbeitung. Wenn es so ist, dass von Gottes Macht nur gesprochen werden kann, indem von seiner konkreten Geschichte mit der Schöpfung die Rede ist, dann ist die Erklärungskraft der Eigenschaftslehre in der Tat begrenzt. Dann muss sie ergänzt werden durch die Concreta anderer Lehrstücke, die gleichsam am Material arbeiten und diese Sätze der Eigenschaftslehre einzulösen bestrebt sind. Dies wäre die Lesart ad bonam partem, die die statthabende partielle Problemverschiebung als Folgerichtigkeit interpretiert. Bei der weiteren Analyse Barth'scher Texte ist darauf zu achten, ob diese Lesart aufrecht erhalten werden kann.

c) Das Nichtige als agens der Mächte

Die »Möglichkeit des Unmöglichen unter seine Füße zu treten«,[133] »in dieser Abwendung will er auch das von ihm Verneinte«,[134] Gottes Wille besteht auch darin, dass er »haßt, verneint, verwirft und bestreitet.«[135] – Das sind Zuschreibungen, die Barth den Mächten vor Gott zukommen lässt. Das Vokabular ist zugleich Hinweis darauf, dass diese Bestimmungen aus der Eigenschaftslehre nicht sein letztes Wort zur Sache ist. Der Problemzusammenhang und die Terminologie tauchen weiter hinten in der KD an einer sachlich verwandten Stelle wieder auf. Im Rahmen der Providenzlehre verhandelt Barth, was der Providenz, dem Vater- und Herrsein Gottes über sein Geschöpf entgegensteht, und entfaltet dies in seiner Lehre vom *Nichtigen.* »Unter Gottes Verfügung«, so schreibt er, »ereignet sich auch die Bedrohung und tatsächliche Verderbnis des Weltgeschehens durch das dem Willen des Schöpfers und darum auch der guten Natur seines Geschöpfs feindselig entgegengesetzte Nichtige.«[136] Dieser Terminus ist gegenüber der Eigenschaftslehre neu. Mit ihm und den in KD § 50 angestellten Erwägun-

---

[133] Barth, KD II/1, 599.

[134] Ebd. 626.

[135] Ebd.

[136] Barth, KD III/3, 327, i.O. herv. (aus dem Leitsatz zu § 50). Nicht näher spezifizierte Nachweise des Unterabschnitts aus diesem Band.

gen zeigt Barth an, dass er mit den soeben referierten Bestimmungen über das Sein der Mächte vor Gott sein letztes Wort zur Sache noch nicht gesprochen hatte. Was in der Eigenschaftslehre entfaltet wurde – Gottes Macht angesichts der Mächte –, steht im Rahmen der Providenzlehre noch einmal zur Verhandlung an.

Dabei geht es kaum um eine direkte Fortschreibung, so als würde hier Identisches verhandelt. Mächte und Nichtiges sind nicht dasselbe. Die Mächte sind zweifellos geschöpfliche Größen, dem Nichtigen spricht Barth das ab. Die Mächte sind – zumindest auch – natürlich-theologische Projektionen der Menschen, das Nichtige ist Schöpfer wie Geschöpf feindselig entgegengestellt. Die Mächte lassen sich beschreiben als Ideologien, Mythen, Weltanschauungen und anderes, das Nichtige aber entzieht sich hartnäckig solchen Versuchen. Verstanden hat die Mächte also erst, wer diese ihre Schattenseite und deren Dynamik kennt, verstanden hat sie freilich auch erst, wer dies im Licht der Offenbarung wahrgenommen hat. Das jedenfalls legt der zweite Teil des soeben zitierten Leitsatzes zu § 50 nahe: »Indem er es [das Nichtige, M.H.] durch seine in Jesus Christus erschienene und kräftige Barmherzigkeit gerichtet hat, entscheidet er darüber, wo und wie, in welchem Umfange und in welchem dienenden Verhältnis zu seinem Wort und Werk bis zur allgemeinen Offenbarung seiner schon vollbrachten Widerlegung und Erledigung auch es noch immer zur Geltung kommen darf.«[137] – Aufgabe dieses Unterabschnittes ist es deshalb, Barths Lehre vom Nichtigen so zu lesen, dass diejenigen Elemente, die die vorgetragenen Bestimmungen aus der Eigenschaftslehre ergänzen und vervollständigen, sichtbar werden.

Damit ist zugleich gesagt, was hier nicht angestrebt wird: Es geht nicht um eine vollständige Entfaltung dieses Lehrstücks und seine Einbettung in das Gefüge der KD. Das wäre ohne eine Darstellung der Hamartiologie und Providenzlehre auch kaum möglich. Zudem würde dadurch eine eigene Debatte eröffnet, die sich mit der Konsistenz des Lehrstücks an sich, seiner theologiegeschichtlichen Verortung u.a.m. zu befassen hätte. Die Schwierigkeiten, die sich dem Interpreten entgegenstellen, sind auch bei der hier vorgetragenen Lesart offensichtlich genug.

Einige Hinweise zur Literatur: Kurt Lüthi, Gott und das Böse 88–99, bietet eine am Text entlanggehende Summierung von KD § 50, ohne dies jedoch systematisch näher zu entfalten. Seine eigene Position, ebd. 271–278, schließt an Barth an, indem Lüthi einerseits die Gefahr einer Bagatellisierung des Bösen betont und andererseits dafür hält, dass dies nur aus der Perspektive von Gottes Gnade wahrgenommen werden könne. – Ein knappes Jahrzehnt später, im Jahr 1970, erschien Wolf Krötke, Sünde und Nichtiges in erster Auflage. In sehr konzentrierter Sprache systematisiert und

[137] Ebd, i.O. herv.

verteidigt Krötke die Grundentscheidungen des Paragraphen als aussichtsreichen Weg, die Realität des Bösen im Rahmen der Geschichte Gottes zu deuten, ohne einerseits zu dualistischen Strategien Zuflucht nehmen zu müssen oder es andererseits in Gottes Schöpferhandeln begründet sein zu lassen. Barths Preis, »eine ontologische Absurdität« konstruieren zu müssen, wird dabei zugestanden und als Verfahren einer letztlich erzählenden Theologie gegen Versuche, ihr Prinzip aufzufinden, verteidigt.[138]

Genau dies wird Barth von anderer Seite vorgeworfen: Wilfried Härle untersucht die implizite und explizite Ontologie der KD und kommt zu dem Schluss, dass er gewissermaßen das reformatorische sola gratia überstrapaziere, indem »Gnade als Ausgangspunkt der Ontologie« erscheint, was dazu führe, dass Ontologie und Soteriologie in eins gingen.[139] Das aber hätte die fatale Konsequenz, dass Sünde und Versöhnung notwendige Implikationen des ontologischen Prozesses sind und würde »den Entscheidungscharakter menschlichen Existierens und Sichverhaltens« im Grunde bedeutungslos machen.[140] – Es ist zu diskutieren, ob man wirklich von einem Prinzip Gnade einer ausgearbeiteten Ontologie der KD sprechen kann, wie Härles Analysen dies nahe legen. In KD § 50 wie auch aufs ganze gesehen, schiene mir damit eine letztlich erzählende und nacherzählende Theologie zu einem Prinzip verkürzt.[141] Der argumentative Gestus bietet zwar Systematisierungen an, lebt aber davon, sie immer wieder gezielt zu durchbrechen. Erwartungshaltungen an eine elaborierte Systematische Theologie werden in der KD enttäuscht. Zugleich ist zu fragen, ob der Anspruch einer in diesem Sinne wissenschaftlichen Theologie theologisch überhaupt geraten ist.

Ich halte Barths Intention in Krötkes Interpretationsansatz für gültig umrissen, versuche allerdings, ihr auf anderem Wege nahe zu kommen: M.E. kann man keine propositionale, systematische Lehre rekonstruieren, sondern sollte Barths Ausführungen als *Kritik an und Modifizierungen von anderen Lehrbildungen* begreifen. Die Intention des Abschnitts wird deutlicher, wenn man ihn nicht als Aussagesystem in sich rekonstruiert – was in der Tat zu nicht wenigen Paradoxien führen würde, was Härle ohne weiteres zuzugeben ist –, sondern fragt, in welcher Weise sie klassische Lehrstücke wie das der Zulassung oder der Christus-Victor-Theologie modifizieren. Der Paragraph ist eher Anfrage als Lehre, worüber sein Aufbau nicht hinwegtäuschen sollte.

---

[138] Zitat: Krötke, Sünde und Nichtiges 45. Zur Auseinandersetzung um ein angebliches Prinzip Gnade in der KD ebd. 106–110.

[139] Härle, Sein und Gnade 327.

[140] Ebd.

[141] In erhellender Weise unterscheidet Dietrich Korsch Prinzip und Bezeugung des Prinzips für die Struktur der KD. Die Stellung Jesu Christi hat nach Korsch für die KD in der Tat »prinzipiellen Rang« (Korsch, Dialektische Theologie 175), der Text der KD hat die Form einer »Theorie des prinzipiellen (singulären) Faktums« (ebd. 172). Durchgängig wird aber am Unterschied von Prinzip und Begriff dieses Prinzips festgehalten: Die Theologie ist jederzeit nur letzteres, jederzeit also nur »Element der Bezeugung« (ebd. 175). Spricht man von einem Prinzip in der KD – ob dies unbedingt nötig ist, sei dahingestellt – so ist die Differenz zwischen dem prinzipiellen Faktum und seiner Bezeugung unbedingt mitzudenken. Theologie als Bezeugung, also als Dienst des munus propheticum, ist aber doch erkenntnistheoretisch deutlich bescheidener als es eine Ontologie des Prinzips Gnade wäre.

Die erste Aufgabe, die die Lehre vom Nichtigen für unseren Zusammenhang übernimmt, ist die einer Warnung: Die Existenz der Mächte ist folgenreicher und schwerwiegender, als es den Anschein haben mag. Sie sind nicht lediglich faszinierende Ideologien, nicht lediglich handlungsleitende Mythen, nicht lediglich Weltanschauungen, die in Bann ziehen und verblenden können. Das alles sind sie auch – und Barth könnte vielen der Grundentscheidungen über die Wahrnehmung der Mächte, wie sie anhand von G. Pichts Arbeiten im 2. Kapitel entwickelt wurde, durchaus zustimmen. In diesem phänomenalen Bereich könnte Einigkeit herrschen, könnten, wie noch zu diskutieren sein wird, aus der Arbeit des Religionsphilosophen sogar wichtige Präzisierungen übernommen werden. Freilich, so ist Barths Argumentationsfaden wieder aufzunehmen, wäre diese Wahrnehmung alleine theologisch gesehen eine Verkürzung. Sie würde darauf hinauslaufen, die Mächte zur Schattenseite der Schöpfung zu schlagen und zu meinen, sie damit zureichend erklärt zu haben. Sehr wohl gibt es diese Schattenseite des Geschöpfs: »nicht nur Höhen, sondern auch Tiefen, nicht nur Klarheiten, sondern auch Dunkelheiten, nicht nur Förderung und Fortgang, sondern auch Abnehmen, (...) nicht nur Werte, sondern auch Unwerte.«[142] Das ist ohne weiteres zuzugestehen und sicher gehören die Mächte in diesen Bereich. Doch ist es ein Bereich der Schöpfung, der guten Schöpfung, die auch darin gut ist, dass sie negative Seiten hat. Damit jedoch hat es nicht sein Bewenden. Die Schattenseite der Schöpfung ist dem, worum es hier geht benachbart, aber sie ist es nicht: »Es ist aber *nicht* wahr, dass diese ihre Schattenseite mit dem Nichtigen *identisch* ist, dass also das Nichtige zum Wesen des Geschöpfes gehört und also so oder so als ein Merkmal von dessen Wesen und Vollkommenheit verstanden und gedeutet werden kann.«[143]

Worauf es hier ankommt, ist die strenge Distinktion zwischen dem Nichtigen und dem Wesen des Geschöpflichen. Das Nichtige ist »Widerspruch und Widerstand gegen Gottes Schöpferwillen«,[144] den es im Bereich des Geschöpflichen nicht geben kann. Würde diese Distinktion missachtet, dann drohten Konsequenzen, die theologisch nicht gewollt sein können. Einerseits entstünde die Gefahr der Verharmlosung des Nichtigen: Ist es nur die Schattenseite der Schöpfung, dann wäre es harmlos, ja letztlich heiter, sein Charakter des Widerspruchs und Widerstands gegen Gott wäre kaschiert.[145] Zugleich wäre diese Interpretation nichts weniger als eine »*Belei-*

[142] 336.

[143] 335.

[144] Ebd.

[145] Vgl. 330.339f u.ö. »Kurz: aus dem Nichtigen ist dann auf einmal ein im letzten Grunde Harmloses, ja Heilvolles geworden. Die wirkliche Sünde kann dann als läßlicher Irrtum und

digung des Schöpfers und des Geschöpfes«,[146] weil gesetzt würde, dass Gottes guter Schöpferwille nicht letztlich gut ist. Die ins Auge zu fassende Dynamik aber widerspricht Gottes erklärtem Schöpferwillen und dem Vertrauen in die Güte der Schöpfung, die daraus entspringen darf.

Das Nichtige ist, so scheint es, eine höchst prekäre Dynamik, das in der Tat mit einer »ernsten Komplikation« für unsere Auffassung von Gottes Erhaltungsgnade aufwartet:[147] Es steht dem Geschöpf und Gott feindlich gegenüber,[148] es ist etwas kategorial anderes als die Schattenseite der Schöpfung, nicht jedoch ein Teil derselben und auch ganz gewiss nicht Gott,[149] sein Charakter ist der des schlechthin Bösen und der Sünde.[150] Die Auseinandersetzung mit ihm ist nicht Sache des Geschöpfs, das es remoto Christo nicht einmal erkennen kann – es verharmlose es denn –,[151] sondern allein die Sache Gottes.[152] Und obwohl Barth nicht müde wird, die Gefährlichkeit des Nichtigen zu beschreiben und vor Verharmlosung zu warnen, beendet er seine Ausführungen doch damit, dass das Nichtige keinen Bestand hat, schon besiegt und abgewählt ist. Es wurde zu Gottes Knecht, sodass dem Geschöpf die Gewissheit bleibt: »Es ist nicht mehr zu fürchten.«[153]

Etwas, das nicht das Nichts ist, jedoch weder Gott noch Schöpfung, zugleich das prekär-gestaltlose Böse und doch von Gott so überwunden, sodass es einem vorkommen mag wie ein fliehender Schatten? Das ist in der Tat eine ernste Komplikation für die Auffassungsgabe.[154] Wie auch in der Eigenschaftslehre zieht Barth die Rede von möglich und unmöglich und davon, dass etwas seine Existenz darin habe, dass es von Gott abgelehnt wird, zur Explikation heran. »Das *Andere*, von dem Gott sich trennt, demgegenüber er sich selbst behauptet und seinen positiven Willen durchsetzt, ist das *Nichtige*.«[155] Es ist die »Kehrseite des göttlichen Erwählens und Bejahens«.[156] Es ist in problematischer Weise zur Linken Gottes. In diesem

Mißgriff, als vorläufiges Zurückbleiben verstanden werden und *comprendre c'est pardonner.*« (340)

[146] 341.

[147] 327.

[148] Vgl. 328.353.

[149] Vgl. 402f. und passim.

[150] Vgl. 352f.407f.

[151] Vgl. 342–355.404f.

[152] Vgl. 416 u.ö.

[153] 420.

[154] Manche Ausleger konstatieren genau dies und nehmen eine mögliche Paradoxie als Grund, Barths Erwägungen insgesamt abzulehnen, vgl. Mallow, The Demonic 97. Dass durch diesen Aufweis allein eine Widerlegung noch nicht vollzogen ist, hoffe ich zeigen zu können.

[155] 405.

[156] 417.

Zustand hat es seine »unmögliche Möglichkeit«.[157] Hier kommt wieder ontologische Terminologie zur Verwendung, freilich in einer Weise, die keinen anderen Schluss zulässt als den von Wolf Krötke, dass Barth »eine ontologische Absurdität« konstruiert.[158] Auch die Rede von der Existenz durch Verneinung hilft dem Verständnis wohl kaum weiter. Sie gemahnt an G.W.F. Hegels Gebrauch der bestimmten Negation, deren epistemologische Implikationen Barth aber nicht teilen kann.[159] Aber auch diese Anspielung löst nicht das gedankliche Problem, wie etwas dadurch existieren soll, dass es willentlich verworfen wird. Es scheint also wenig aussichtsreich, auf diesem Weg zu einer Klärung zu gelangen, was Barth mit der Rede vom Nichtigen bezwecken könnte. Vielversprechender scheint mir der Weg zu sein, auf Barths eigenes Verfahren im vierten Abschnitt des Paragraphen zurückzugreifen und zu fragen, von welchen Vorstellungen er sich mit Hilfe dieser Rede abzuwenden trachtet. Welche »Auffassungen und Lehren sind also christlich unerträglich«,[160] wie es hier siebenmal heißt? Die Rede vom Nichtigen als der unmöglichen Möglichkeit zur Linken lässt sich m.E. verstehen als Versuch, der Realität des Bösen nicht auszuweichen, sie gleichwohl weder dualistisch noch als Integration in den Schöpferwillen Gottes zu verstehen. Zu diesem Zweck bietet Barth Akzentverschiebungen zu Theologumena der dogmatischen Tradition an, Neuinterpretationen dessen, was grosso modo so falsch nicht ist.[161] M.E. handelt es sich um folgende Topoi: die

---

[157] 405.

[158] Krötke, Sünde und Nichtiges 45. Mit dieser Konstatierung verbindet Krötke die Position, dass die Aussage um der Vermeidung von Fehllösungen willen nötig sei, vgl. ebd. 110–113. Damit unterscheidet er sich z.B. von Interpreten wie Wilfried Joest, für den diese Rede schlicht eine »merkwürdige Überlegung« ist, die zugunsten der Unerklärbarkeit des unde malum aufzugeben sei, so Dogmatik II, 430.

[159] Insbesondere ist dabei, zieht man die Phänomenologie des Geistes heran, an Hegels Theorie des notwendigen Fortgangs der Darstellung des erscheinenden Wissens durch die bestimmte Negation zu denken, vgl. Werke 3, 73f. Ebenso ist es Barth, mit KD § 50 zu reden, christlich unerträglich, mit Hegel von der Koextensivität von Gott und Vernunft als absolutem Wissen zu sprechen, die das Beweisziel der Phänomenologie darstellt. Das sind freilich nur zwei Beobachtungen. Krötke, Sünde und Nichtiges 27–31, hat zu diesem Thema weitere Argumente und Welker, Barth und Hegel, eine eingehende kleine Studie vorgelegt, die es nahelegen, aus der terminologischen Nähe nur sehr zurückhaltend auf sachliche Verwandtschaft zu schließen, vgl. bes. 313–316. 325–328.

[160] 402.

[161] Der hier skizzierte Interpretationsansatz unterscheidet sich insofern von Wilfried Härles eingehender Analyse in Sein und Gnade 227–269, ferner 313–328. Härle liest den Paragraphen als Lehrstück mit dem Interpretationsanspruch einer »Theologie als Wissenschaft« (ebd. 243) als System propositionaler Aussagen, in dem dementsprechend Definitionen, Prämissen und Folgerungen vorkommen: »Barth selbst«, so Härle, »entwickelt eine zusammenhängende, geordnete Lehre vom Nichtigen«. (268) In dem so rekonstruierten Aussagesystem sieht er Widersprüche, die es s.E. nicht geraten sein lassen, Barth zu folgen, da auch der vermeintliche theologische Gewinn die logischen Fehler nicht rechtfertige, vgl. 243–246 u.ö.

Lehre von der Zulassung, die Erklärung des Bösen als privatio boni und die christologische Konzeption des Christus Victor.

(1) Zunächst zur *Zulassungslehre*. Barth schreibt, »(...) daß das Nichtige auch diese seine letzte, diese Scheingeltung nur unter Gottes Verfügung haben kann. Es ist, was es jetzt noch sein, und richtet aus, was es jetzt noch ausrichten kann, indem es in *Gottes* Hand ist. Wie sollte es anders sein, da es seiner Hand ja niemals entronnen war? Hier mag der von der alten Dogmatik mit Vorliebe verwendete Begriff der Zulassung seinen legitimen Ort haben.«[162] Mit dieser Bestimmung endet KD § 50. Für sich genommen liest sie sich freilich wie eine Position, die Barth entschieden bekämpft, nämlich wie die Hereinnahme des Gottwidrigen in Gottes Willen selbst. So ist es offenbar nicht gemeint, denn wer dies lehrt, holt sich alle Probleme der Austreibvung des dualismus durch Annahme eines innergöttliuchen Dualismus ins Haus. Ich halte folgende Lesart für wahrscheinlich: Barth konzediert ein relatives Recht der Zulassungslehre dahingehend, dass kein Bereich der Wirklichkeit, auch nicht die prekäre unmögliche Möglichkeit des Nichtigen, nicht dem Willen Gottes unterläge und dass das glaubende Vertrauen auch diesbezüglich von der Osterfreude ausgehen darf. Freilich sind nicht wenige der anderen Bestimmungen des Nichtigen dazu geeignet, diese Aussage nicht zur Verharmlosung werden zu lassen. Das Nichtige ist Realität in einem eigenen Bereich, es soll nicht als dem Willen Gottes passiv un-

---

Zwei Prämissen von Härles Ansatz scheinen mir allerdings fraglich zu sein. Zum einen ist die Lehre vom Nichtigen offenkundig keine »zusammenhängende, geordnete Lehre« , wie Härle dies ebd. 268 behauptet. Eher handelt es sich um ein begriffliches und metaphorisches Ensemble, das sich in ein System eben nicht fügt und deshalb als Reihe von Grenzaussagen und Korrekturen verstanden werden muss. Das erhellt aus dem Sprachgestus des Paragraphen insgesamt wie aus Bemerkungen wie dieser: »Wir haben hier den Versuch gemacht, jene Abstraktion zu unterlassen.« (Barth, KD III/1, 423) Der Anspruch wissenschaftlicher Rede, gar einer wissenschaftlichen Ontologie wird hier nicht erhoben, was in der Rekonstruktion zu berücksichtigen ist – auch dort, wo Barths Oberflächensemantik anderes nahe legt. Eberhard Jüngel dürfte Recht haben: »Barths Theologie war von Anfang an pointiert systemfeindlich. Sie blieb es auch in der systematisch streng komponierten Kirchlichen Dogmatik.« (Jüngel, Barth-Studien 28, vgl. 48)

Zum anderen ist zumindest diskutabel, ob es ein theologisches Anliegen sein kann, eine Ontologie zu entwickeln, die »der Vernunft und der Erfahrung verpflichtet« ist und ohne dogmatische Prämissen auskommt. (Härle, Sein und Gnade 328, Schlusswort) Würde dies nicht fast zwangsläufig auf eine Entkoppelung von Sein und Gnade hinauslaufen, welche die Gnade außerhalb der Welt stellt? Mit Ingolf U. Dalferth und anderen halte ich dagegen, dass Existenzaussagen in der Theologie immer theologisch, näherhin eschatologisch zu bestimmen sind und die Theologie, wenn überhaupt, dann eine eschatologische Ontologie zu entwickeln hat. Die Wirklichkeit, von der sie spricht, ist die Wirklichkeit des Auferstandenen. Das, was uns vor Augen liegt, ist für sie interessant, weil und sofern es zur Wirklichkeit des Auferstandenen dazugehört und von ihr affiziert oder durchdrungen wird. Dazu Dalferth, Existenz Gottes 333 u.ö., ferner seine brillante Einführung in Barths Denken: Eschatological Realism, passim; vgl. auch die frühere, etwas knappere Fassung: ders., Theologischer Realismus, bes. 407ff.

[162] 424f.

tergeordnet gedacht werden, sondern hat eine eigene, verderbliche Dynamik, »den Charakter einer initiativen und aktiven *Macht*.«[163] Unter dieser Macht, obschon sie gebrochen ist, leben die Geschöpfe, diese »Scheingeltung«[164] hat es durchaus noch. – Mögen einzelne dieser Bestimmungen in sich und als System kaum verständlich oder gar absurd sein: Als Grenzaussagen, als Begrenzungen eines Lehrstücks gegen eine verharmlosende Fehlinterpretation ist ihnen sehr wohl Sinn abzugewinnen.

(2) Etwas anders steht es mit der *privatio-boni-Lehre*. Das Böse ist nach dieser Auffassung Mangel am Guten, Herabsetzung des Guten. Es handelt sich um ein erstaunlich viel gescholtenes Lehrstück. Zumeist wird ihm eine verharmlosende Tendenz vorgehalten, als sei das Böse in seiner Lesart eben nur durch Defizienz des Gegenteils bestimmt, habe also keine eigentliche und eigene Existenz. Barth stimmt dieser Kritik durchaus zu, reserviert sie aber für die Theodizee von G.W. Leibniz. Bei ihm sei es so, dass die ursprünglich als Bedrohung und Beraubung gedachte privatio zum relativ harmlosen Fehlen geworden ist: Die Privation ist »faktisch eine bloße *Negation* geworden«,[165] erklärt lediglich die Defizienz des Geschöpfs zur höheren Ehre der Gottheit. Wäre dies die zulässige Auslegung der privatio-boni-Lehre, wäre sie in der Tat obsolet, weil sie die Wirklichkeit des Bösen in den Bereich der Schöpfung holen und zugleich verharmlosen würde. Ihre Pointe ist aber, gerade die Gefährlichkeit des Bösen herauszustreichen. Dass es Beraubung am oder des Guten ist, ist eben nicht Verharmlosung, sondern Aufweis von Gefährlichkeit: »Das *Böse* aber in seinem Verhältnis zum Guten hat jedenfalls diesen aggressiven, diesen polemischen Charakter.«[166] Mit dieser Richtungskorrektur aus der Lehre vom Nichtigen kann der Rede von der privatio boni bleibend Wichtiges abgewonnen werden.[167]

(3) Auch in der Rede vom *Christus Victor* erkennt Barth Tendenzen, denen er mit Hilfe der dunklen Bestimmungen vom Nichtigen widerspricht. Mit dieser Vorstellung wird gewöhnlich so operiert, dass die Mächte als vor Gott erledigt, vor den Menschen aber noch mächtig betrachtet werden. Das ist nach Barth aber die »*falsche* Ansicht, dass Gott für sich und als solcher mit dem Nichtigen schlechterdings fertig, dass es für ihn als Gott nicht nur

[163] 364.
[164] 425.
[165] 363.
[166] Ebd.
[167] In diesem Sinne wird das Lehrstück in jüngerer Zeit wieder häufiger interpretiert, vgl. z.B. Mostert, Gott und das Böse 465 u.ö. Wie Barth in KD § 50 (vgl. z.B. 348) betont auch Mostert, dass die Realität des Bösen als auch die theologische Reflexion mitbestimmend gedacht werden muss, dass es eine nicht-gefallene Theorie *über* das Böse also theologisch nicht geben kann. Die Frage »unde malum?« ist deshalb falsch gestellt; theologisch steht zu fragen, wie dem Bannkreis des Bösen zu entfliehen wäre, vgl. Mostert, Gott und das Böse 459–461.

das Nichtige sondern Nichts sei«.[168] Nichts im Sinne des nihil pure negativum ist überhaupt nicht. Ihm können keine Prädikate beigelegt werden, auch nicht in paradoxer Weise. Wenn dem so ist – und auch das ist ja eine eigentümliche Nicht-Aussage –, dann geht von diesem nihil pure negativum aber auch keinerlei Dynamik und Bedrohung aus. Ganz anders aber vom Nichtigen in seiner Existenzweise, die Barth paradox und widersprüchlich beschreibt. Wenn auch dieser Aussagegestalt kaum Sinn abzugewinnen ist, so doch der Intention der Rede, eben die falsche Sicherstellung der Rede von Sieg Christi abzuwehren. Sie erklärt zum Prinzip, was doch eine Geschichte ist, sie gaukelt als sicheres Wissen vor, was doch Wagnis des Glaubens sub peccato ist.[169] Auch vor Gott ist das Nichtige Dynamik. Er hat eine Geschichte damit und darf nicht mit einem über ihm stehenden Prinzip verwechselt werden.

Sofort zugestanden sei, dass der eben aus der KD zitierte Satz mit einer Bejahung der für falsch erklärten Lehre fortgesetzt wird: »Die falsche Ansicht (...) meint schon etwas Wahres: In ihm ist ja gerade nur Raum für seine [des Nichtigen, M.H.] Negation.«[170] Die grenzgängerische Argumentation, eine Position zugleich für richtig und falsch zu halten, zeigt mit wünschenswerter Deutlichkeit, dass es in diesen Bestimmungen in der Tat um Grenzlagen und Korrekturen geht, viel weniger jedoch um propositionale Behauptungen.

Dreimal wird ein klassisches Lehrstück modifiziert, dreimal handelt es sich um eine Verschärfung:[171] Zulassung, aber eben Zulassung des dynamischen

---

[168] 411, Herv. M.H.

[169] Beispiele für eine Handhabung des Lehrstücks als sicheres Wissen, die die Gott widerstreitenden Mächte in der Tat im Sinne des nihil pure negativum interpretiert, finden sich etwa in dem von Messner hg. Band: Wie viel Macht haben die Mächte? Vgl. z.B. die Rede vom Totalaspekt (Gottes Sieg) und Partialaspekt (Mächte über den Menschen) im Beitrag von Hahn, 75 u.ö. Dies wird zwar als Luther-Exegese vorgetragen, kann jedoch ausweislich von De servo arbitrio kaum als letztes Wort des Reformators zur Sache gelten und ist überdies fragwürdig: Eine »Vogelperspektive« (ebd.) kann es theologisch nicht geben. Hier und anderswo erweist die Barth'sche Distinktion von Nichtigem und Nichts ihren heuristischen Wert.

[170] 411.

[171] Sollte dies eine zulässige Lesart sein, so muss gefragt werden, ob es sich bei Barths Theologie um eine »Theorie einer *abgeschlossenen* Ordnung der Wirklichkeit« handelt, wie Walter Sparn im Blick auf die Erwählungslehre schreibt (in: Realisierung der Freiheit, hg. von Rendtorff, 62, i.O. ganz herv.). Die Theonomie, die die Autoren des Bandes bei Barth diagnostizieren und in unterschiedlichen Hinsichten problematisieren bzw. verurteilen, muss offenkundig so gedacht werden, dass sie diese Gott entgegenstehende Seite nicht ausschließt. Vielmehr macht die Berufung auf Gott es erst möglich, das zu sehen, was bestimmte Sektoren der Wirklichkeit im eigenen, allerdings massiv usurpatorischen Sinne abgeschlossen sehen wollen. Von einer »Ermächtigung der alles depotenzierenden Subjektivität Gottes«, die »die Freiheit des unbedingten Herrscher-Gottes« ist (Graf, ebd. 108 bzw. 110) wird man jedenfalls kaum sprechen können.

Die Frage, ob Barth ein neuzeitliches Konzepts von Subjekt als Selbstbestimmung in seine Gotteslehre übernimmt und zugleich totalisiert, ist es jenseits der Totalverurteilung wert, bedacht

Nichtigen; privatio boni, aber als Bedrohung; Sieg Gottes über die Mächte, aber unfertiger Sieg. Diese Modifikationen müssen mitgehört werden, wenn es am Ende des Paragraphen heißt, »daß von ihm nur im Rückblick darauf gedacht und geredet werden darf, daß es durch die in Jesus Christus erschienene und kräftige Barmherzigkeit Gottes gerichtet, widerlegt und erledigt ist.«[172]

Barth legt großen Wert darauf, dass die Erwägungen zum Nichtigen nur als Glaubensaussage möglich sind. Dies gilt für alle Bereiche, also sowohl für die Erkenntnis des Nichtigen in seiner Dynamik wie für die Rede davon, dass es zu Gottes Knecht geworden und deshalb nicht mehr zu fürchten ist. Wer meint, remoto Christo das Nichtige erkennen zu können, sitzt einer Chimäre auf, die notwendig verharmlosend weil innergeschöpflich ist und verkennt deswegen die ganze fatale Dynamik.[173] Erst in der Nacherzählung der Geschichte, dass Gott Geschöpf und verlorenes Geschöpf wurde und sich auf die Auseinandersetzung mit dieser Dynamik einließ, lässt sich ahnen, worum es eigentlich geht.[174] Das Gleiche gilt für die gegen Ende des Paragraphen riskierte Rede vom Sieg Gottes über das Nichtige: Es gibt aus der Perspektive des Geschöpfs keine Möglichkeit, diese Rede zu kennen und zu wagen. Die menschliche Verantwortung gilt Geschöpflichem als Geschöpf, das Nichtige aber ist Gottes Sache, er allein ist letztlich davon betroffen. Dies sind unableitbare Aussagen. Sie sind nur möglich, weil und sofern sie als Glaubensaussagen getroffen, sich also der Konkretheit von Gottes Geschichte mit den Menschen verdanken: »[D]ieser Punkt ist kein Begriff, keine Idee, sondern das konkrete Geschehen, das die Mitte aller

---

zu werden. Freilich sollte dabei nicht geschehen, wozu einige Beiträge des Bandes neigen. Der Versuch, Barths Theologie auf ein »Prinzip der absoluten Subjektivität« festlegen zu wollen, wie Graf dies mit einer Parallelisierung Barth-Fichte tut (ebd. 107f) scheitert u.a. daran, dass die KD trotz aller Gliederungsanstrengungen ein bemerkenswert unsystematischer Entwurf ist, und Barth in immer neuen Anläufen das Ganze der Theologie in den Blick zu nehmen bestrebt ist. Ein einziges denkerisches Prinzip kann also nicht aufgefunden werden. Dafür sprechen nicht zuletzt die hier analysierten Passagen. Ihnen zufolge kann alles, was sonst über Gottes Subjektivität und seine Souveränität gesagt wird, eben nicht gesagt werden, ohne das ihm Entgegenstehende in aller Schärfe mitzubedenken. Selbst wenn Barth also zu Denkfiguren der Selbsthabe greift, so ist die Selbsthabe ohne diese Konkretion nicht verstanden.

Die eigentümliche Theologizität der Barth'schen Aussagen entsteht durch das Gegeneinanderführen verschiedener begrifflicher und metaphorischer Traditionen, nicht durch das Ausführen eines denkerischen Prinzips. Das mag man Dogmatik als Schriftauslegung oder als Nacherzählung nennen oder vielleicht eine dramatische Denkform in der KD konstatieren (so Pietz, Drama des Bundes). Ob durch dies Offenhalten vieler Horizonte immer die gewünschten Bestimmtheitsgewinne erzielt werden, steht durchaus zu fragen – um die Abstraktion eines einzigen Denkprinzips handelt es sich jedoch nicht.

[172] 423.

[173] Vgl. 343.

[174] Vgl. 344f, ferner 350.418f.

christlichen Wirklichkeit und Wahrheit ist – die Dahingabe des Sohnes Gottes, seine Erniedrigung, seine Menschwerdung, sein Gehorsam bis zum Tode, ja bis zum Tode am Kreuz.«[175] Anders: »Wir haben hier den Versuch gemacht, jene Abstraktion zu unterlassen. Wir wollten das Verhältnis von Schöpfer und Geschöpf nicht philosophisch und also von außen, sondern theologisch und also von innen verstehen.«[176]

Diese Aussagen stellen die Kriterien für eine theologische Einordnung der Mächte bereit. Wie bereits angeklungen, wäre es ja immerhin denkbar, die Mächte als Zustände des Geschöpflichen zu beschreiben, die der von Barth so genannten Schattenseite der Schöpfung zugehören. Dazu würden die in Kap. 2 erarbeiteten Kategorien der Wahrnehmung dienen, in einem nächsten Schritt wäre dann über die Zurechtbringung dieser Angehörigen der Schattenseite zu reflektieren. Aus Karl Barths Perspektive läuft genau das aber auf eine fatale Verkennung des Nichtigen hinaus, auf eine Verkennung derjenigen Dynamik, die der Schattenseite benachbart ist und in sie hinein wirkt. Wer so dächte, würde die nichtige Dynamik hinter den Mächten verkennen und in eins damit, dass ihre Bekämpfung eigentlich Gottes Sache ist und das Bewusstsein ihrer Überwindung – wie sehr auch immer es sich als ein Bewusstsein des als ob zu erkennen geben muss – nur aus der Binnenperspektive der Zugehörigkeit zur Geschichte Gottes entwickelt werden kann.[177] In einem Satz: Die Lehre vom Nichtigen, wie sie in der KD § 31 zumindest von ferne angezielt ist und in § 50 entfaltet wird, streitet für die Einbeziehung der Theologie des Bösen in die Eigenschaftslehre, wo diese die Macht Gottes angesichts der Mächte beschreibt.

Es entspricht Barths erklärter Intention, wenn seine Bemerkungen zur *Dämonologie* gegen Ende und eher beiläufig zum Thema gemacht werden, sagt er doch selbst, dass man um diese Sache zwar »wissen muß«, sich in sie »aber beileibe nicht vertiefen« soll.[178] Hier ist zwar manches zu wissen, aber nichts eigentlich zu glauben und durch übergroße Aufmerksamkeit künstlich wichtig zu machen. Ich frage also vornehmlich, welche Akzente Barth gegenüber der Lehre vom Nichtigen anders setzt.

---

[175] 416.

[176] 423. Es ist natürlich zu fragen, welche Denkform die theologische sei, wenn sie nicht abstrakt, philosophisch und von außen vorgeht. Pietz hat gezeigt, dass Barth sich in der KD konsequent dramatischer Denkformen bedient, wie dies ja auch in der Rede vom »Affentheater des Nichtigen« (619) begegnet. In der Tat könnte mit der Denkform des Dramas ein Stichwort aufgefunden worden sein, das die Kennzeichnung als antisystematisch, weil erzählend, näher bestimmt, vgl. Pietz, Drama des Bundes, bes. 8–11.99–106.

[177] Gott »heißt es gut, daß wir noch immer existieren müssen, ›als ob‹ – hier mag nun wirklich ein ›als ob‹ am Platze sein – er mit dem Nichtigen nicht auch uns zugute schon fertig geworden wäre.« (425)

[178] 608.

Über weite Strecken sind die Ausführungen zu den Dämonen Bestätigung und Kommentar zur Lehre vom Nichtigen. Über das Sein der Dämonen werden ähnliche Aussagen gemacht, etwa: »Sie sind nichtig, aber darum nicht nichts. Sie sind aber nur so, wie es ihnen zukommen kann: sie sind nur uneigentlich. Weder das Sein Gottes kommt ihnen zu, noch auch das der Kreatur, und zwar weder das der irdischen noch das der himmlischen Kreatur, denn sie sind weder das Eine noch das Andere. Sie sind nicht göttlich, sondern ungöttlich und widergöttlich. Gott hat sie aber auch nicht geschaffen, und so sind sie auch nicht kreatürlich. Sie sind nur dadurch, daß Gott, indem er sich selbst und die Kreatur bejaht, auch ein notwendiges *Nein* ausspricht.«[179] Hier also und in einer Reihe anderer Bestimmungen bis hin zu der, dass die Dämonen zum Vergehen bestimmt sind, wiederholt Barth seine Position aus § 50.[180] Es gilt: »Das Alles ist von den *Dämonen* wie vom *Nichtigen* als solchen zu sagen. Sie sind ja nicht verschieden vom Nichtigen, nicht irgend etwas neben diesem, sondern nur aus ihm. Sie sind immer selbst das Nichtige. Sie sind das Nichtige in seiner Dynamik: Sofern es Gestalt, Macht und Tendenz hat, in Bewegung und Aktivität ist.«[181]

»Das Nichtige in seiner Dynamik«: In diesem Sinne, also als Konkretionsstufe des Nichtigen interpretiert Barth die Dämonen. Und hier finden sich doch einige ergänzende Bestimmungen und Beispiele. Barth schärft ein, man möge die Wirklichkeit der Dämonen sehr wohl ernst nehmen und führt dann aus, dass es sich bei ihnen um »wirksame Mächte und Gewalten im Leben der Völker und Gesellschaftt, im psychischen wie im physischen Leben der Menschen und in ihren Beziehungen zueinander« handle.[182] Was dies näherhin heißen kann, ob er es für geraten hält, verschiedene Formen dämonischer Verstrickung zu unterscheiden, wird freilich nicht gesagt. Wahrscheinlich fällt dies dem Verdikt, den Dämonen nicht zu viel Aufmerksamkeit zuzuwenden, zum Opfer. Barth hält jedenfalls den Hinweis für ausreichend, dass das Nichtige jedenfalls gänzlich Lüge, »*Kraft* und *Kräfte* der Lüge«[183] sei. Man soll es weder ignorieren, weil es dann unerkannt herrscht, noch respektieren oder gar verabsolutieren, weil ihm dann Wahrheit zugeschrieben werde, die es nicht hat. Es kann auch heißen, dass die Dämonen »der Mythus – der Mythus aller Mythologien« sind.[184] Diese ihre Mythenhaftigkeit gilt es zu entlarven, am besten dadurch, dass man ihnen »den radikalsten Unglauben entgegensetzt«, der vorhanden ist »weil und indem man an Gott und seine Engel glaubt«.[185]

---

[179] 613.

[180] Vgl. 621f.

[181] 614.

[182] 616f.

[183] 619.

[184] 611.

[185] Ebd. – Eberhard Jüngel hat beobachtet, dass Barth auch in der Sprachgestalt dieses Abschnitts seinem Gegenstand treu bleibt, indem er vor einer bild- und mythenkräftigen Sprache bei der Beschreibung nicht zurückschreckt und selbst einen durchaus spöttischen Ton anschlägt: Der Dogmatiker kann und soll sich aus dem Zirkel nicht entlassen, vgl. Jüngel, Wertlose Wahrheit 177f. Vgl. auch die Bemerkungen von Kristlieb Adloff: »Was immer in dieser Sache aus der Bibel zu lernen ist: Nirgends gibt es die Weisung, dem Bösen nachzusinnen, es aufzuspüren, die ›Tiefen

In einem Satz: Die Dämonen sind die Konkretionsstufe des Nichtigen in mancherlei Form und dadurch zu bekämpfen, dass man ihre Lügenhaftigkeit durchschaut und sie dadurch ihres Nimbus beraubt.

2. Die Mächte und Gottes Macht

a) Leitsätze zur Rede von Gottes Macht

Karl Barth ist darin Recht zu geben, dass die Distanzierung von der Wirkungsmetaphorik in der Rede von Gottes Macht angezeigt ist. Die Herkunft dieser Herangehensweise aus der metaphysischen Tradition des Redens von Gott ist bekannt und ihre Nachteile sind offensichtlich: Bestünde Gottes Macht darin, dass er alles wirkt, was sich ereignet, so hätten wir es nicht nur mit den unauflösbaren Paradoxien des so genannten Theodizeeproblems zu tun. Überdies würde Gottes Wirken als mit der Welt koextensiv gedacht, sodass eine starke Tendenz zum Pantheismus wohl unvermeidlich wäre.[186] Diese geht in eins damit, dass die Freiheit des Geschöpfs als Gegenüber Gottes nicht denkbar und die Möglichkeit, sich Gottes Wirken als Kritik der Weltzustände vorzustellen, überdies ausgeschlossen wäre. Für beides, die geschöpfliche Freiheit wie die Rede von Gott als Kritiker der Geschichte, stehen aber bedeutende biblische Traditionen ein und sind in der Tradition immer wieder Argumente und sprechende Metaphoriken vorgetragen worden.

Es ist hier nicht der Ort, die zahlreichen Differenzierungen zu erwägen, die in der Tradition vorgetragen wurden, insbesondere das dreifache Verständnis von Gottes Providenz als conservatio, concursus und gubernatio: Sie wären in der Tat lesbar als genuin theologische Kritik und Korrektur an einer Begrifflichkeit, deren Schwierigkeiten bei der näheren Ausarbeitung sichtbar wird und die deshalb als Erhaltung, Begleitung und Erlösung näher bestimmt werden muss. Wie immer es sich mit diesen mittleren Axiomen also verhalten mag – die Invektive richtet sich lediglich gegen die leitende Metaphorik. Diese verstrickt in Probleme, die auch durch sekundäre Modi-

---

des Satans‹ zu erkennen (Offb 2,24).« Und später: »Ich meine, dass der Kampf gegen das Böse eine Menge *Humor* erträgt, vielleicht sogar fordert. Der Humor wäre dann die Probe aufs Exempel der Entmythologisierung der Bibel.« Adloff, Möchten die Sünder 79 bzw. 89.

[186] Das ist das Hauptproblem der Eigenschaftslehre in Friedrich D.E. Schleiermachers Glaubenslehre. Wie in Kap. 1 I 2a bereits ausgeführt, identifiziert Schleiermacher Gottes Macht zur Gänze mit der göttlichen Wirkursächlichkeit im Naturzusammenhang – offenbar um jede Theorie einer doppelten Wirklichkeit im Sinne des Supranaturalismus herauszuhalten. Die Tendenz, Gott vom Weltprozess letztlich nicht mehr unterscheiden zu können, ist dann allerdings unvermeidlich. Diesen Nachteil sehen auch Bernhardt, Handeln Gottes 250–255 und Krötke, Klarheiten 60ff, ferner 206–208.

fikationen, so hilfreich sie im Einzelnen sein mögen, nicht beizukommen ist.[187] Das Eigengewicht des metaphysischen Allgemeinbegriffs vermögen sie nicht auszubalancieren. Es ist deshalb aussichtsreicher, auf den Begriff von Gottes Macht im Sinne der wirkursächlichen Allmacht zu verzichten. Dies ist aber nicht gleichbedeutend mit einem Verzicht auf die Rede von Gottes Macht überhaupt: diese Strategien haben sich als nicht gangbar erwiesen und funktionieren häufig genug nach einer Logik, die Odo Marquard einmal spöttisch »Theodizee gelungen – Gott tot« genannt hat.[188] Als Alternative dazu und zur metaphysischen Variante – und auch hier hat Karl Barth wohl den richtigen Zugang gewählt – bietet sich vielmehr der Zugang an, der nicht Gottes Ansichsein zu beschreiben trachtet, sondern sich als Nachrede seiner Selbstkundgabe versteht. Barth hatte ihn als den der Prävalenz von Gottes Handeln über sein Sein gefasst – esse sequitur operari –, trinitätstheologisch gefasst ließe sich sagen, dass es darum geht, die Gottesrede als Rekonstruktion seines Handelns zu verstehen, Theologie aus der Ökonomie betreiben zu wollen. Welche Funktion die immanente Trinitätslehre dabei haben könnte, bleibt durchaus noch offen.[189] Wie also Gottes Macht zu denken sein könnte, ergibt sich aus Reflexionen über die Geschichte Gottes unter und mit seiner Schöpfung und den Menschen. Die Eigenschaftslehre fungiert hier als Zusammenschau einzelner Prädikate und Zuschreibungen.[190] Nicht anders verhält es sich mit der Sprachgestalt des Credos: Dietrich Korsch hat darauf hingewiesen, dass der genaue Wortlaut »Ich glaube an Gott, den Vater, den Allmächtigen« bedeutend ist. Das Credo redet nicht abstrakt von einer Eigenschaft Gottes, sondern davon, dass Gott, der sich als der Vater bestimmt hat, eben *als der Vater* allmächtig ist. »Vater« und »Allmächtiger« werden in ein Verhältnis gesetzt, das es not-

[187] Es ist aufschlußreich, dass auch Karl Barth bekannte, der Begrifflichkeit von conservatio, concursus und gubernatio schlussendlich näher zu sein, als er selbst ahnte und vorhatte, vgl. die Bemerkung KD III/1, VI. Eine eingehende Diskussion des Concursus-Begriffs bei Bernhardt, Handeln Gottes 123ff, zur Begriffsverwendung bei Barth vgl. Plathow, Concursus divinus 99–143.182–204.

[188] Vgl. die Darlegungen in Kap. 1 I 2b.

[189] In der Generation der Schüler Barths sind hier gegensätzliche Positionen bezogen worden: So plädiert Eberhard Jüngel dafür, Barths Lehre vom ewigen trinitarischen Ratschluß als denkerische Mitte der Gotteslehre zu entwickeln, während z.B. Friedrich Mildenberger genau dies ablehnt und programmatisch erklärt: »Wir wollen aber auch nicht versuchen, über die Geschichte Gottes hinaus nach Gott zu fragen.« (Gotteslehre 169). Ähnlich wie Mildenberger, wenn auch mit anderer Terminologie, urteilt Ritschl, Logik 179.223 u.ö. Jüngel widerspricht dem vehement, weil sonst von der Gewissheit Gottes nicht mehr geredet werden könne, vgl. Geheimnis 237 und Gottes Sein 103ff. Diese Frage – ob die Gewissheitsproblematik zurecht mit Aussagen zur immanenten Trinität verknüpft werden kann – wird zu Ende der vorliegenden Untersuchung noch einmal aufgenommen.

[190] Vgl. 4 I 3, die Thesen 1 und 2.

wendig macht, die zugehörige Geschichte zu erzählen – nämlich die, wie sich das Verhältnis des Vaters zu seinen Kindern wohl als eines erweise, das auch machtbestimmt ist. Macht ist somit ein Ausdruck seiner Geschichte, Surrogat der Geschichten, die von ihm erzählt werden.[191]

Welche leitenden Metaphern bieten sich hierfür an? Barth hatte vorgeschlagen, Gottes Macht als sein Wissen und Wollen zu deuten. Dies war vornehmlich eine Abgrenzung gegen die eben erwähnte Tradition gewesen, Macht und Wirkung in eins zu setzen. Sie sollte bedeuten: Gottes Macht ist die, die seiner Souveränität und seiner Geschichte entspricht, nicht jedoch aus einem allgemeinen Vorbegriff gewonnen wird. In diesem Sinne – wenn auch durchaus nicht immer auf Barths Argumentationslinie – lassen sich folgende Leitsätze zur Rede von Gottes Macht angeben:

Gottes Macht ist Selbstbegrenzung und Gewährenlassen.
Das landläufige Verständnis von Macht impliziert, dass sie jedenfalls mit der Fähigkeit zur Selbstdurchsetzung und Expansion zu tun habe. Gottes Macht hingegen wird – zumindest in einem ihrer wichtigen Aspekte – als Gewährenlassen beschrieben werden dürfen. So ist es sicher nur halb richtig, Gottes Schöpfermacht als Erzeugen zu verstehen. Gen 1–2 berichtet wohl von der Schöpfungstat Gottes, der das Nichtseiende ins Sein ruft. Der Skopus des Textes ist aber gerade nicht die Antwort auf die Frage, wie es kam, dass etwas und nicht vielmehr nichts ist, sondern das Erstaunen über die Vielgestaltigkeit und den Beziehungsreichtum des Geschaffenen untereinander und zu Gott. Insofern ist es sinnvoll, Gottes Schöpfermacht als die seiner Selbstzurücknahme und als Gewährung von Raum neben und bei sich zu verstehen. Auch der Psalmist, der über die Schöpfung staunt, hat dabei nicht primär die Entstehungsrelation im Blick, sondern dies, dass Gott der Schöpfung Raum und Möglichkeit gewährt und ferner sein Volk und schließlich ihn selbst darin an einem guten Platz vorkommen lässt – und sei es, dass er dies seinem Herrn in Klageform als entzogenes Heil vorhält.[192] Der Terminus Macht bedeutet in der Eigenschaftslehre zunächst, Gewährenlassen und Beziehungsgewährung als Machttat zu deuten. »Freie schöp-

[191] Vgl. Korsch, Dogmatik 132f.

[192] Vgl. Ps 8,4–10; 19,1–7; 33,6–9; 74,11–17; 89,6–19; 96,7–13; 104; 136,1–9; 148. Dazu zwei klassische Äußerungen: »Ja, wir konnten an Stellen, die man gewiß nicht für entlegen oder bedeutungslos bezeichnen wird, zeigen, wie der Schöpfungsglaube zuweilen ganz im Heilsglauben aufgeht. *Und dieses soteriologische Verständnis des Schöpfungswerkes* (...) halten wir für die ursprünglichste Äußerung des Jahweglaubens über Jahwe, den Schöpfer der Welt.« Rad, Gesammelte Studien 142. – »Die Schöpfungsgeschichte des AT antwortet nicht auf die Frage: Wie kam es zur Welt? mit der Antwort: Gott hat sie geschaffen, sondern sie antwortet auf die Frage: woher hat die Geschichte des Gottesvolkes ihren Sinn? mit der Antwort: Gott hat durch die Schöpfung der Geschichte des Gottesvolkes ihren Sinn gegeben.« Köhler, Theologie 71.

ferische Selbstzurücknahme zugunsten anderer«[193] ist nicht Schwäche im landläufigen Sinn, sondern Souveränität. Die Metaphorik, dass Gott gleichsam in sich Raum gewährt, die Schöpfung also von Gott umhegt sei, wird dafür seit neuerem wieder diskutiert.[194]

Es gibt diesen Gedanken auch in der Fassung der Philosophie des deutschen Idealismus, derzufolge es die vollendete Subjektivität auszeichnet, das ihr Andere nicht zu negieren oder zu verwerfen, sondern als Gegenüber integrieren zu können. Diese Fassung spielt in der theologischen Eigenschaftslehre keine geringe Rolle, zumal sie relativ leicht mit dem Motiv kombinierbar ist, Gottes Macht sei als Allmacht der Liebe zu deuten. Das Problem dieses Vorgehens liegt darin, dass Hegels Subjektbegriff, auf den damit zumeist Bezug genommen wird, rein selbstbezüglich gedacht ist und damit die geschöpfliche Selbständigkeit und Freiheit des Gegenübers tendenziell negiert.[195] Es ist Vorsicht geboten, um des Gewinns bei der Metaphorik des Gewährenlassens nicht der der absoluten Subjektivität aufzusitzen.

Auch in anderen biblischen Zusammenhängen ist von den Grenzen der Macht Gottes die Rede. Von Allmacht im geläufigen Sinne der Formulierung des Credos wird weitaus seltener gesprochen, als eine erste Anmutung es vielleicht wahrhaben möchte: Sicher wird im Sinne der Schrift an einen machtvollen Gott geglaubt und wenig Zweifel an seiner schlussendlichen Selbstdurchsetzung gelassen – Traditionen wie Ez 40–48, Jes 60–66 und Apk 21f sprechen eine deutliche Sprache. Dies mögen einige der Quelltraditionen für die Rede von Allmacht sein. Gleichwohl sind viele der biblischen Erzählungen Geschichten des Scheiterns und der offenkundigen Nichtanwesenheit von Gottes Macht als einer, die alles fügt und regiert.[196] Aus noch weiter zu entwickelnden Gründen wird man auch das als Selbstzurücknahme Gottes verstehen sollen.

Gottes Macht konkretisiert sich in partikularer Erwählung.
Altes wie Neues Testament lassen keinen Zweifel daran, dass Gottes Macht, was immer sie sonst noch sei, zunächst eine ist, die sich in der Zuwendung Gottes zu kleinen, ja geradezu belanglosen Gruppen oder Gesell-

---

193 Welker, Gottes Geist 312.

194 Vgl. z.B. die Ausführungen bei Moltmann, Gott in der Schöpfung 151–166.

195 Vgl. die Hegelkritik bei Welker, Gottes Geist 267–279.

196 Die Exodusgeschichte ist über weite Strecken eine solche. Dietrich und Link haben darauf hingewiesen, dass dies durchaus auch in Texten der Fall ist, die gewöhnlich als ungeschminktes Lob von Gottes Herrlichkeit gelesen werden, den JHWH-Königspsalmen, vgl. Pss 47.93.95–99 und Dietrich/Link, Dunkle Seiten 2, 31f. Analog wird man wohl auch die Geschichte Jesu mit seinem Jüngerkreis als eine deuten können, in der das Erwählungsmotiv des Zwölferkreises beständig von Begrenzungen durchkreuzt wird. Das »βόσκε τὰ ἀρνία μου« aus Joh 21,15f ist Ausdruck einer zutiefst schwierigen Beziehung.

schaften konkretisiert. Seine Zuwendung, Gegenwart und Verheißung gilt den Erzvätern, dem Volk Israel, dem Jüngerkreis, der Urgemeinde. Gottes Macht wird also ohne diesen Zug, den Walter Dietrich und Christian Link treffend als die »Innensicht der Erwählung« beschrieben haben, nicht zu verstehen sein.[197] Die Schrift bezeugt Israel und die Kirche als Orte von Gottes erwählendem Handeln. Das ist eine partikulare Perspektive und eine, die zugleich diejenige von der Verwerfung und Verstockung aus sich heraus setzt: Gott verwirft (Jes 13–23), er verstockt (Jes 6,9), gelegentlich handelt er so auch an denen, die doch Gegenstand seiner Erwählung waren (Ps 89,39; Am 3,1–2). Für manche der Verwerfungsaussagen lässt sich wohl so etwas wie eine Logik erkennen, etwa dann, wenn sie als Verwerfung des zuvor Erwählten gefasst ist, der sich der Erwählung aber als nicht würdig erwies. Insbesondere die positiven Erwählungsaussagen aber sind nicht begründbar und werden auch in den biblischen Texten durch nichts anderes als den Willen Gottes erklärt, etwa in der tautologischen Formulierung: »Wessen ich mich erbarme, dessen erbarme ich mich« (Ex 33,19, zitiert Röm 9,15) oder durch die paradoxe Aussage, dass Gott das Kleinste und Schwächste erwählt (1Sam 16,10–13).

Für die Erwählten zieht die Erwählung gleichwohl so etwas wie eine vikariatsmäßige Existenz nach sich. Dass ihnen Gottes Macht in der Erwählung widerfuhr, bereitet sie dazu, dass sie stellvertretend und vor-laufend für die anderen Völker und Gruppierungen das Erwähltsein leben und dadurch einen werbenden Einfluss auf sie ausüben (Jes 60). Diese hervorgehobene Existenzweise begründet nicht nur die missionarische Existenz der Gemeinde nach Mt 28,18–20, sondern hat auch Konsequenzen für unseren Zusammenhang: Das christliche Leben als eines, das sich angesichts der lebensbestimmenden Mächte in Gottes Macht geborgen weiß, ist offensichtlich von der Art, dass es werbenden Einfluss auf seine jeweiligen Umgebungen hat.

Gottes Macht konkretisiert sich im Tun und Ergehen Jesu Christi.

Jesu Christi Wirken und Geschick zeigen an, wie Gottes Macht vor der Welt wirksam wird. In ihm legt Gott sich ein für alle Mal als der fest, der er vor der Welt und für sie sein will. Diesen Punkt hat Eberhard Jüngel mit aller wünschenswerten Deutlichkeit ausgearbeitet, indem er von »Gottes Einheit mit der Vergänglichkeit« als dem Grunddatum der christlichen Gotteslehre spricht.[198] Im Rahmen seines Hauptwerkes war aus den im 1. Kapitel diskutierten Gründen nicht recht Raum für die Frage gewesen, wie Got-

[197] Dietrich/Link, Dunkle Seiten 1, 23.

[198] Jüngel, Geheimnis 248 (Titel von § 13); vgl. Darstellung und Diskussion oben 1 II 2.

tes Macht angesichts der Mächte wohl sollte vorgestellt werden – Jüngel konzentriert sich auf die Totale, also auf die Aussage, dass Gott durch seine Einheit mit der Vergänglichkeit dem Tode die Macht genommen hat. Für den hiesigen Zusammenhang ist zu präzisieren: Dass Gott sich in Jesus Christus selbst als eins mit der Vergänglichkeit festlegt, zeigt einen grundlegenden Unterschied seiner Macht zu allem, was sich unter uns als machtförmig geriert. Dieses nämlich sucht gerade seine eigene Vergottung und Unvermeidlichkeit, Gottes Macht aber ist die der Herabneigung und der Durchkreuzung solcher Machtansprüche. Durch Gottes Macht werden sie in ihrer Maßlosigkeit offenbar und darin, dass sie bei aller Machthaftigkeit eigentümlich hilflos sind, nämlich der eigenen Brutalität als ratio essendi et agendi ausgeliefert. Darauf hat Wolf Krötke jüngst hingewiesen.[199] Macht im irdischen Sinne kann nur sich selber wollen und ist deshalb auf sich geworfen. Bei aller Brutalität, die von Macht ausgehen kann, ist sie eben nicht frei in ihrer Macht oder souverän. Die selbstbezügliche Logik der Despotie illustriert mit allzu vielen leidvollen Beispielen, dass Macht unter unseren Bedingungen selbstbezüglich ist.

Jesu Ergehen in der Passion hat eine eminent aktive Seite und ist mitnichten nur der Prozess, der Jesus gemacht wird und der zu seinem Tode führt. Vielmehr sehen wir einen doppelten: Zugleich findet hier der Streit zwischen Gott und denjenigen Mächten statt, die meinen, im Recht und an der Macht zu sein, nämlich die Machtförmigkeiten des instrumentalisierten und korrumpierten Volkswillens, der religiösen und der politischen Obrigkeit.[200] – Gottes Macht ist ihr gegenüber diejenige Macht, die sich als die menschengemäße und lebensfördernde Macht durchsetzen und Recht behalten wird.

Das neutestamentliche Schlüsselwort dafür ist ἐξουσία. Es wird einerseits von Jesus ausgesagt, also von seiner Vollmacht im Reden/Auslegen und Handeln:[201] Gott gibt ihm teil an seiner eschatologischen Vollmacht, sodass das MtEv programmatisch damit schließen kann, dass dem Auferstandenen alle ἐξουσία gegeben ist (Mt 28,18).

---

199 Krötke, Klarheiten 218.

200 »Die Geschichte Jesu, die zu seiner Kreuzigung führte, war vielmehr selbst eine theologische Geschichte und durch den Streit zwischen Gott und den Göttern, nämlich zwischen dem Gott, den Jesus als seinen Vater verkündigte, und dem Gott des Gesetzes, wie ihn die Gesetzeshüter verstanden und den politischen Göttern der römischen Besatzungsmacht beherrscht.« Moltmann, Gekreuzigter Gott 120. Im Rahmen einer Deutung des Theologumenons der Stellvertretung kommen Ralf Frisch und ich zu ähnlichen Ergebnissen, vgl. Frisch/Hailer, Ich ist ein Anderer; Frisch, »Was ist Wahrheit?«. Ritschl überträgt den Gedanken auf den Gottesbegriff allgemein in seinem Aufsatz mit sprechendem Titel: Gott als Kritiker der Geschichte.

201 Paradigmatisch für ersteres ist die Bergpredigt, hier also Jesu ἐξουσία, das Gesetz auszulegen und neu in Geltung zu bringen, vgl. Mt 7,29. Bei letzterem ist wohl v.a. an Jesu exorzistische und heilende Praxis zu denken, so etwa Lk 4,36 u.ö.

Zugleich aber ist ἐξουσία etwas, das im Geist auf die Jünger und auf die Gemeinden übergeht, also so etwas wie ein soteriologischer Transferbegriff.[202]

Worauf diese Macht zielt, wird in der Machttat Gottes schlechthin deutlich, von der das NT berichtet: der Auferweckung Jesu. Hier wird klar, worauf Gottes Macht letztlich zielt und wie sie sich an allen Geschöpfen offenbaren wird. – Dass die Osterbotschaft eine ist, die auf Unglaube und/oder manifest machtförmigen Widerstand stößt, ist offenkundig. Wie dies zu fassen sein soll, muss deshalb im Fortgang noch beschäftigen.

Gottes Macht ist die Macht seiner Liebe.
Kaum eine andere Bestimmung ist so verbreitet wie diese. Sie wird in aller Regel zu zwei Zwecken eingesetzt: In der einen Fassung rangiert unter Bezug auf 1Joh 4,8.16 der Terminus Liebe als Wesensbeschreibung Gottes, der sodann die Eigenschaft Macht funktional zugeordnet und folgerichtig als Macht der Liebe bestimmt wird.[203] In der anderen Fassung findet die Zweiteilung des Gedankens in Wesen und Eigenschaft Gottes nicht statt – zumeist, weil derartige Wesensaussagen für erkenntnistheoretisch problematisch gehalten werden –, es wird jedoch versucht, das Problem eines abstrakten Allmachtsbegriffs durch das Verständnis von Allmacht als Allmacht der Liebe zu umgehen.[204] Wie immer es um diese konzeptionellen Unterschiede bestellt sein mag, beiden ist gemeinsam, dass Liebe die *Themaregel* von Gottes Macht ist. Gottes Macht erweist sich als eine solche, die auf Zuwendung, Gewährenlassen und ein freies Gegenüber aus ist, kurz, auf die Intention der Schöpfung.

In dieser Beschreibung kehrt der grundsätzliche Unterschied zwischen der Gott zugesprochenen Macht und der Machtförmigkeit der anderen Mächte wieder, von dem eben schon die Rede war. Macht unter den Bedingungen der Welt ist stets Akkumulation ihrer selbst und Ausübung von Zwang; sie kann sich selbst nicht anders als solche Macht wollen. Darin

---

[202] Vgl. Lk 10,19; Apg 8,19. Diese und andere Belege bei Broer, Art. exousia.

[203] So z.B. bei Karl Barth, Eberhard Jüngel und Ingolf U. Dalferth. Barth rechnet Gottes Macht zwar zu den Eigenschaften seiner Freiheit, betont aber durchgehend, dass Liebe und Freiheit in Gott komplementär zu denken seien, vgl. den Duktus von KD § 28 (II/1, 288ff). Jüngel setzt diese Distinktion nicht, sondern versteht die Erwägungen in seinem Hauptwerk als konsequente Exegese von 1Joh 4,8, vgl. Geheimnis XV. Ganz ähnlich äußert sich Dalferth: »Was immer von Gott wahrheitsgemäß ausgesagt werden kann, ist Konkretisierung seines Liebeshandelns und damit Auslegung seines Wesens: In seinem Handeln exegesiert sich Gott Vater, Sohn und heiliger Geist selbst als Liebe.« (Existenz Gottes 215f) – Ähnlich auch Härle, Dogmatik 236, der 1Joh 4,8.16 als »geradezu definitorisch klingende« Aussage beschreibt, die Erkenntnis von Gottes Wesen als Liebe aber gegen eine biblizistische Direktableitung aus diesem Vers in Schutz nimmt.

[204] So z.B. Ritschl, Logik 195–197 und Mildenberger, Gotteslehre 169 u.ö.

liegt ihre Unfreiheit. Darin liegt ihre Gefahr, aber auch ihre Überholtheit, die sich dem zeigt, für den die Macht der Liebe Wirklichkeit geworden ist. Ein biblisches Beispiel soll das kurz erläutern. Die johanneischen Abschiedsreden fassen diesen Umstand in ein doppeltes Kontrastschema. Zum einen wird in Joh 13,31–16,33 ein scharfer Kontrast zwischen der Jüngergemeinschaft und dem Kosmos aufgebaut: Der Kosmos ist der Gemeinschaft feindlich gesonnen (15,18ff), sie wird das Bleiben beim Erhöhten (15,1ff) und seinen Parakleten (14,26) benötigen, um nicht zerstört zu werden, auch ist das Ethos der Jüngergemeinschaft von dem der Welt deutlich unterschieden (13,34f).[205] Die Macht der Liebe sieht sich der bedrohlichen Konkurrenz der weltlichen Mächte gegenüber und reagiert darauf nicht zuletzt mit dem Abbruch von Kontakt. Freilich bleibt es nicht bei dieser einstelligen Konfliktfigur: Joh lässt keinen Zweifel daran, dass die der Macht der Liebe diejenige ist, die der schon jetzt wirklichen und sicher kommenden Welt zugehört, während die Mächte und Gepflogenheiten des Kosmos bereits gerichtet sind und dem Vergehen zugehören. Die Schlusspassage der Abschiedsreden (16,20-33) schärft genau dies ein: Ihre Macht ist nurmehr die Macht des alten Äons. – Das freilich wirft die Frage auf, in welcher Weise die Mächte des vergehenden Äons noch mächtig sind.

Gottes Macht liegt im Streit mit anderen Mächten und Gewalten.
Gottes Macht setzt sich nicht problemlos durch. Ihre eigentümliche Machtförmigkeit bringt es offenbar mit sich, dass sie andere Machtförmigkeiten auf den Plan ruft, die sich ihr widersetzen, auf ihrem vorgeblichen Eigenrecht beharren und sich nicht geschlagen geben wollen. Die Schrift verzichtet denn auch auf eindeutige Zuordnungen, so als ließe sich sicher sagen, wo und wie genau die Macht Gottes über die anderen obsiegt hätte. Auch gibt es keine zureichende Begründung, durch Flucht aus der Welt dem Bereich ihrer Mächte zu entkommen. Das eben zitierte JohEv ist auch hier eindeutig: Den Abschiedsreden könnte eine solche weltflüchtige Tendenz unterstellt werden, als sei es die Rolle der Jüngergemeinschaft, sich von der feindlich gesonnenen Welt abzuwenden und sich gleichsam in einen Innenraum zurückzuziehen, auf den ihre Mächte keinen Zugriff haben – frömmigkeitsgeschichtlich ist der joh κόσμος-Begriff oft genug so interpretiert worden, auch nährten Spekulationen über angebliche gnostische Quellen des Evangeliums solche Deutungstendenzen. Dem steht freilich die differenzierte Wertung des Kosmos im Evangelium entgegen, wie sie z.B. Joh

[205] Zum Verständnis des joh Liebesgebots in diesem Sinne vgl. Wengst, Bedrängte Gemeinde 120–124, zum Umriß der joh Theologie der Jüngergemeinschaft als Ekklesiologie den Exkurs in R. Schnackenburgs Johanneskommentar Bd. 3, 231ff und Schnelle, Johanneische Ekklesiologie.

3,16 an prominenter Stelle vorkommt.[206] Dem Getümmel der Mächte und dem Streit zwischen Gottes Macht und ihnen durch Separierung zu entkommen scheidet als Möglichkeit aus. Dass wohl andere Herren ihre Macht über uns ausüben (Jes 26,13), gehört zur conditio christiana, und sicher hat Gerhard Ebeling recht mit seinem Hinweis:

»Man vergegenwärtige sich einmal, in wie hohem Maße die biblische Sprache von Ausdrücken der Herrschaft, der Herrlichkeit, der Macht, Kraft und Stärke, sowie den Gegenbegriffen des Unterworfenseins, des Dienens und Untertanseins durchsetzt ist. Das ist nur ein Symptom dessen, wie hier die Wirklichkeit der Welt und des Lebens erfahren wird: als ein Kampf von Mächten und Gewalten, als ein Unterliegenmüssen oder Siegen, als ein Ausgeliefertsein oder Erlöstwerden. In diese Situation ist nicht nur der Mensch verwickelt, sondern Gott selbst. Seine Herrschaft ist umstritten und verborgen.«[207]

Für die Eigenschaftslehre ergibt sich daraus das schwierige Problem, wie die Verborgenheit von Gottes Herrschaft des Näheren zu denken ist. Sie hat zu so grenzgängerischen Erklärungsleistungen wie Karl Barths Lehre vom Nichtigen oder Martin Luthers Aussagen über den Deus absconditus in »De servo arbitrio« geführt. Ein Teilaspekt ist im Folgenden näher zu verhandeln. Zuvor fehlt jedoch noch eine Klarstellung, ohne die die Rede von Gottes Macht nicht auskommt:

Gottes Macht ist letztlich alternativlos.

Immer wieder hat es Versuche gegeben, das Widereinander von Gottes Macht und den Mächten durch dualistische Konzeptionen zu erklären, auch und gerade in der christlichen Theologie. Es ist sinnvoll, die Faszinationskraft solcher Deutungsangebote zuzugeben und sie nicht als primitiv und unwürdig abzutun. Das Inventar der gottfernen Welt in der Bibel – Götter, Dämonen, Teufel, andere Figuren aus den apokalyptischen Schriften – hat seinen Teil zur Ausbildung solcher Vorstellungen beigetragen, und die Verlockung, die Mächte und Mala nicht auf Gottes, des Vaters Jesu Christi Handeln – oder nur seine Zulassung – buchen zu müssen, ist nicht von der Hand zu weisen.[208] Am historischen Beispiel gesagt: Mit dem Erzketzer Markion verurteilte die frühe Kirche nicht nur etwas, was gänzlich heterogen an sie herangetragen worden wäre, so als hätte es das reine Evangelium

[206] Die These Bultmanns über eine gnostisch inspirierte Offenbarungsredenquelle dürfte mittlerweile als endültig widerlegt angesehen werden dürfen, vgl. Thyen, Johannesevangelium 218.220 u.ö.

[207] Ebeling, Dogmatik III, 478.

[208] Einen trefflichen Überblick über den diesbezüglichen Sprach- und Bilderreichtum bietet das Dictionary of Deities and Demons in the Bible.

inmitten irrender, zumal gnostisierender Umwelten je gegeben, was schon aufgrund der frühen Geschichte des Kanons kaum wahrscheinlich ist, wurde er doch erst im Streit um den Ausschluss dualistischer und gnostischer Strategien fixiert.[209] Sicher also wandte sich die frühe Orthodoxie von und um Irenäus, Tertullian und Clemens von Alexandrien in gewissem Sinne auch gegen sich selbst, indem sie eine Möglichkeit ausschloss, deren Erklärungskraft sie kannte und bei der ihr bewusst war, dass die als orthodox erkannte Meinung nicht unbeträchtliche Schwierigkeiten implizierte.

Spätestens seit dem Ausschluss Markions, Valentinians und seit den antignostischen Kämpfen aber hat sich die frühe Orthodoxie entschieden, Gottes Macht als letztlich alternativlos zu denken. Um die Probleme in der Einordnung der gottwidrigen Mächte, die sich damit stellte, handhaben zu können, griff sie – biblisch aufs trefflichste berechtigt – zur Basismetaphorik der *Geschichte* als Erklärungsmodell. Die Auseinandersetzung zwischen Gott und den gottfernen Mächten ist danach vorzustellen als ein sich in Zeit und Geschichte entfaltender Prozess. Irenäus etwa führt als Schlüsselbegriff οἰκονομία, lat. dispositio dafür ein: Es ist die οἰκονομία Gottes, die von der Präexistenz des Sohnes über den Fall bis zur ἀνακεφαλαίωσις, recapitulatio führt. In diesem geschichtlichen Prozess spielt sich unter anderem die Auseinandersetzung zwischen Gottes Macht und den Mächten ab.[210] – Buchstäblich alle Ansätze in der Theologiegeschichte, das fragliche Problem zu klären, sind den Vätern darin gefolgt. Sei es im exitus-reditus-Schema, in den verschiedenen Modellen der Zuordnung und Differenzierung von Gottes Reich und Reich der Welt, in der Zuordnung verschiedener Erkenntnisstufen, in trinitarischen Phasenbestimmungen oder in spekulativen Gesamt-

[209] Vgl. Trobisch, Endredaktion, der mit einem relativ frühen Abschluß der Kanonbildung rechnet, bes. 122–124. Trobisch stützt sich neben papyrologischen v.a. auf redaktionskritische Beobachtungen und Argumente zum NT selber und verlässt damit den klassischen Weg, die Entstehung des Kanons aus Bezeugungen in der frühen Kirchengeschichte – vom Canon Muratori bis Augustinus – nachzuzeichnen. Ebenfalls am NT selber arbeitend schlägt Gerd Theißen einen anderen, primär an einzelnen Aussagen orientierten Weg ein: Er geht von einem Netz von Hauptthemen als Kanon im Kanon aus und gewinnt dadurch ein plural angelegtes Konzept, vgl. Religion der ersten Christen 339ff, bes. 368ff. Damit unterscheidet er sich signifikant von früheren Autoren im 20. Jh., die jeweils relativ enge thematische Grenzen für eine steuernde inhaltliche Mitte angenommen hatten, vgl. den Überblick bei Metzger, Kanon 260–265. Metzgers eigenes Argument vermeidet solche Zuspitzungen, ist aber selbst recht vage: » (...) daß die [Kriterien, M.H.], die den Kanon begrenzten, einen klaren Blick für das Evangelium Jesu Christi hatten und sorgfältig urteilten.« (Ebd. 270) Zur Kanondiskussion insgesamt vgl. den von E. Käsemann hg. Sammelband Das Neue Testament als Kanon, ferner Krötke, Universalität 15–25, sowie aus jüngerer Zeit den von Kooij und Toorn hg. Band Canonization undAssmann, Religion und kulturelles Gedächtnis 81–100.

[210] Wie eine Zusammenfassung klingt der Satz aus Adv. haer. 3,16,6 (S. 200): »Unus igitur Deus pater, quemadmodum ostendimus, et unus Christus Iesus dominus noster, veniens per universam dispositionem et omnia in semetipsum recapitulans.«

entwürfen über den notwendigen Fortgang der Geschichte: Jedenfalls wird gedacht, dass Gottes Auseinandersetzung mit den ihm widrigen Mächten eine ist, die sich als Geschichte entfaltet und die Gott zu einem guten Ende führen wird.

Die Bemerkung, die antignostischen Väter seien biblisch aufs trefflichste berechtigt gewesen, bezieht sich auf die hier schon erwähnte Tatsache, dass es unstreitig das Interesse beider Testamente ist, die Geschichte Gottes mit seinem Volk zu erzählen. Andere, gleichsam geschichtslose Elemente sind dem funktional zugeordnet. So verhält es sich beispielsweise mit der Schöpfungserzählung,[211] genauso auch mit den diversen Weisheitstraditionen im AT: Sie sind durch eine auf die Geschichte Gottes bezogene Rahmung gleichsam geschichtstheologisch einbeschrieben; so jedenfalls wird man die Funktion von Prov 1–9, insbes. der expliziten Theologie der Weisheit Prov 8,22ff verstehen sollen. Wo dies nicht oder nur in marginaler Weise geschah, etwa in Qoh und vielleicht in Hi, rief es regelmäßig Irritationen hervor. Diese sind hier nicht zu bewerten, weisen aber doch auf einen stillschweigenden oder offenbaren Kanon im Kanon hin.

b) Zum Sachgrund der Rede vom Nichtigen

Sollte so, wie eben skizziert, über Gottes Macht gesprochen werden dürfen, schließt für unseren Zusammenhang die nächste Frage bündig an: Wie verhält es sich denn nun des Näheren mit dem Sein speziell der Mächte vor der so beschriebenen Macht Gottes? Den Leitsätzen zur Eigenschaftslehre sollen speziellere Bestimmungen gewissermaßen einbeschrieben werden. Karl Barths Position hatte dabei – zumindest was das Grundsätzliche angeht – an Deutlichkeit nichts zu wünschen übrig gelassen: »Macht an sich ist ja nicht nur neutral, sondern Macht an sich ist böse.«[212] Er hatte ausgeführt, dass die Verführung durch Ideologien und Mythen omnipräsent ist, gleichsam alles in der Welt stütze und beherrsche. Der Götzendienst der natürlichen Theologie – und um nichts geringeres handelt es sich nach seiner Ansicht – sei ein omnipräsentes Phänomen, auch und gerade in der Theologie. Und als ob diese düstere Diagnose an sich nicht schon genügte, hatte Barth in KD § 50 eingeschärft, dass die Dynamik hinter all dieser Fremdgötteranbetung das geheimnisvolle Nichtige sei, das weder Gott noch Schöpfung ist, existierend allein aus Gottes Ablehnung, zutiefst bedrohlich und doch zugleich »nicht mehr zu fürchten.«[213] Diese Position wehrt sich gegen eine Verharmlosung der Mächte. Die von einigen Vertretern der Theologie der Mächte und Gewalten vertretene Position, die Mächte seien zwar gefallen, im Prinzip aber gute Geschöpfe Gottes, ist aus ihrer Sicht eine beschönigende Sicht

[211] S. Anm. 192.
[212] Barth, KD II/1, 589.
[213] Ders., KD III/3, 420.

der Dinge. Barth könnte Walter Winks Ausführungen, dass es darum ginge, die Mächte in ihren ursprünglichen zweckhaften Zusammenhang in der Schöpfung wieder zurückzuführen, nicht teilen. Das Wink'sche Anliegen, »Engaging the Powers« schließt den Imperativ ein: »The Powers must be redeemed.«[214] Und dies ist nach Wink eine Aufgabe, die nicht zum geringsten der Gestaltungskraft der Kirche zufällt. In diesem Sinne skizziert er, wie oben I 2b berichtet, ein Ethos, das einem Leben wider den Verderbenscharakter der Mächte entspricht.

Die Mächte als gesteuert vom Nichtigen oder als Größen, an deren Zurechtbringung die Gläubigen keinen geringen Anteil haben: Wer hat denn nun recht? Meines Erachtens lohnt es sich, Argumente von beiden Seiten zusammenzubringen. So ist Wink zuzustimmen, wenn er v.a. in Engaging the Powers vorführt, dass der Versuch einer christlichen Ethik notwendig darauf abzielt, den Leidensdruck von Menschen unter Mächten zu mildern und Weisen des Zusammenlebens zu fördern, von denen doch zumindest zu hoffen steht, dass sie gute Mächte, hilfreiche Leitbilder und lebensförderliche Vergemeinschaftungsformen sind. Barths Totalkritik scheint hier kaum sachgemäß, seine Rede davon, dass das Nichtige und seine dämonisch-mythischen Erscheinungsformen gänzlich entmythologisiert werden müsse,[215] überzogen. Die Gestaltung von Macht- und Mächteverhältnissen ist durchaus christliche Aufgabe und sicher bedeutet Gestaltung nicht nur, fatale mächteartige Dynamiken zu entzaubern. Christliche Ethik und Gemeinschaftsformen schließen eine Entmythologisierung von ideologisch-mythischen Verstrickungen wohl immer ein, gehen aber nicht in dieser Decouvrage auf. Nicht zuletzt Barths eigene Ethik belegt das und steuert insofern gegen diese Einseitigkeit.[216]

Die umgekehrte Kritik dürfte allerdings schwerer wiegen. Aus Barths Perspektive erscheint die Position von W. Wink und anderen wie ein Wiedergänger des social gospel, nicht ohne Optimismus, nicht ohne eine gewisse Sorglosigkeit bezüglich der wirklichen Dynamik hinter den Ereignissen. Der Unterschied besteht darin, dass für Wink die Interpretation »gefallen« zur Charakterisierung der Mächte ausreicht und dass der Ton bei ihm auf menschlicher Beteiligung und Kokreativität bei der Zurechtbringung der Mächte lieg, Barth hingegen das dunkle Dritte neben Gott und Schöpfung am Werke sieht und es zu Gottes höchst eigener Sache erklärt, die Ausein-

[214] Titel von Wink, Engaging, sodann ebd. 10.

[215] Vgl. Barth, KD III/3, 611.

[216] »Die Kirche *existiere* also *exemplarisch*«. (Ders., Christengemeinde 36) Dieser Halbsatz impliziert ja bereits, dass das christliche Leben für seine Gemeinschaftsformen und gegen andere werbend eintritt. Warum das aber einerseits Entmythologisierung und andererseits nicht Werbung für eine andere handlungsleitende Erzählung sein soll, ist nicht einzusehen.

andersetzung zu führen. Zugunsten einer eigenen dunklen Dynamik hinter den Mächten plädiert Barth also dafür, gleichsam die Rechnung nicht aufgehen zu lassen und die theologische Erwägung um einen Faktor reicher, aber auch komplizierter zu machen. Positionen, die eine Erklärung der Götter und Mächte als gefallene Geschöpfe für ausreichend erachten, fallen danach unter die Verkennung des Nichtigen. Sie verharmlosen, was doch hoch prekär ist, sie schlagen zum innergeschöpflichen Spiel aus positiv und negativ, was dem Schöpfungswillen Gottes doch entgegensteht und also nicht Teil der Schöpfung sein kann, in welchem Zustand auch immer sie sich befinde.

Wenn die oben II 1c vorgeschlagene Interpretation der Lehre vom Nichtigen als Grenzaussage in der Providenzlehre überzeugen kann, dann ließe sich sagen: Barths Position ist zuzustimmen, weil sie vor zu leichten Abschlüssen beim Versuch, eine Wesensbestimmung der Mächte vor Gott vorzunehmen, warnt. Das Unmenschliche und Widergöttliche in den Mächten kann nicht als Folge des Falls erklärt werden, genauswenig wie das Böse dadurch in seiner Wirklichkeit erklärt werden könnte. Die Theologie hat, sofern sie nicht zu dualistischen Scheinlösungen greifen will, mit der bleibenden Schwierigkeit der Existenz solcher Dynamiken zu rechnen. Ob sie sie dabei als Gottes verborgenes und dennoch notwendiges Wirken interpretiert, wie Martin Luther es tut und zugleich die Furcht vor diesem und die Wendung zum offenbaren Gott empfiehlt – oder ob, wie bei Barth, die Wirklichkeit dieser Dynamiken durch paradoxe Formulierungen eher verunklart als erklärt und dies zur Sprachmöglichkeit post resurrectionem Christi erklärt wird, hat, so gesehen, eine fast identische Zielrichtung: Die mächteartige Dynamik des Bösen will sich in kein Schema fügen und muss dennoch thematisiert werden. Dies mag getrost geschehen, weil es von der Warte der Heilsoffenbarung in Jesus Christus aus möglich – und geboten – ist.[217] In diesem Sinne gehört die Thematik der Lehre vom Nichtigen not-

[217] Zur Frage, ob man Luthers und Barths Texte in diesem Sinne als von der Intention her verwandt auffassen kann, vgl. u.a. Ebelings Barth-Studie: Über die Reformation hinaus?, bes. 51–54 und Jüngel, Entsprechungen 202–251. Thomas Reinhuber hat in seiner Monographie zu De servo arbitrio zwar neben zahlreichen anderen keinen Exkurs zu Barth vorgelegt, die Sache ist aber gleichwohl in seiner Behandlung der Gewissheitsproblematik präsent, vgl. Reinhuber, Kämpfender Glaube 150–152.197–200.206ff mit Barths Verfahren, de facto keine Erklärung des Nichtigen zu bieten, aber dafür zu argumentieren, dass es nicht mehr zu fürchten sei. Es ist die Überlegung wert, ob beide Positionen nicht doch näher beieinander sind, als Luthers Insistieren auf Erfahrung und Barths auf externer Gewißheit es vorderhand nahelegen. Dass Luthers theologische Fundamentalunterscheidungen »wie: Gesetz und Evangelium, innerer und äußerer Mensch, ratio und fides (…) verborgener und offenbarer Gott« bei Barth weitgehend verschwunden seien – so Ebeling ebd. 60 – ließe sich so einfach dann nicht mehr behaupten. Zu dieser Frage vgl. Hailer, Unbegreiflichkeit des Reiches Gottes, Kap. 2.

wendig zu den theologischen Klärungsversuchen bezüglich der Götter und Mächte dazu.

c) Die Mächte: »schon« machtlos oder »noch nicht« besiegt?

Auf ähnliche Weise scheint mir beim jetzt anstehenden Problem der Versuch einer Bearbeitung sinnvoll zu sein: Zwei klassische Argumentationstypen, das Sein der Mächte vor Gott zu fassen, werden vorgeführt. Freilich kann nicht eine von beiden als die richtige Antwort oder gar als Lösung präsentiert werden – man kann Probleme nicht beantworten oder lösen, sondern allenfalls theoriegestützt bearbeiten.[218] In diesem Sinne werden die beiden Antwortstrategien in ihrer gegenseitigen Relativierung analysiert und als komplementäre und in dieser Weise unverzichtbare Beschreibungshilfen verstanden.

Wohlbekannt ist die Formel »schon und noch nicht«, wenn es darum geht, soteriologische Aussagen näher zu qualifizieren. Die erste Antwort kann sich von dieser Formel die erste Hälfte als Kurzbeschreibung borgen und wie folgt formuliert werden: *Die Mächte sind von Gott schon endgültig besiegt worden und vor ihm zu Nichtsen geworden. Dieser Umstand ist nur noch nicht offenbar und ins Bewusstsein aller gedrungen.* Ihr biblischer Leitvers könnte 1Joh 3,2 sein: »Geliebte, schon jetzt sind wir Gottes Kinder, aber es ist noch nicht erschienen, was wir sein werden.« Schon jetzt ist durch Gottes Macht diejenige der Mächte vergangen und zerstört. Was bleibt, sind Wahnvorstellungen von ihnen, die durch Gott und die Kunde von ihm als das entlarvt werden müssen, was sie sind. – Ihr Gegenstück übernimmt die andere Hälfte der Distinktion als Kurzbeschreibung und lautet: *Mit dem, was im Volk Israel und durch Jesus Christus geschah, ist den Mächten das definitive Ende angekündigt worden. Sie haben noch Macht, aber es ist gänzlich gewiss, dass Gottes Macht obsiegen wird.* Der biblische Leitvers dazu dürfte Rm 8,38f sein: »Ich bin aber gewiss, dass (…) weder Engel noch Herrschaften noch Größen, weder Mächte noch Gewalten uns trennen können von der Liebe Gottes, die in Christus Jesus unserm Herrn ist.« Die volle Herrlichkeit des Reiches Gottes ist noch nicht eingetreten. Durch Jesu Christi Kommen und die Gegenwart seines Geistes hat sie aber schon begonnen, sodass die Mächte, was immer sie sonst sein mögen, gebrochen und auf dem Rückzug sind.

Droht hier nicht ein Widerspruch? Zum einen wird der schon geschehene Anbruch des Reiches Gottes in Jesus Christus behauptet und zum anderen die Vorstellung, die

[218] Dietrich Ritschl unterscheidet Frage, Problem und Geheimnis, wobei Fragen beantwortet und Probleme mit Hilfe von Theorien bearbeitet werden können; Geheimnisse hingegen sind zu bestaunen, vgl. Ritschl, Logik 127ff.

Wirklichkeit und das Wissen um sie seien noch nicht vollendet. In *einen* Begriff gefasst, führen die beiden allerdings in Probleme: Denn entweder ist in Christus das Ende der Geschichte vorwegereignet und somit der Verlauf der Geschichte determiniert, oder aber der Begriff bezeichnet eine unvollständige Vorwegnahme und damit eine noch offene Zukunft. Ein Problem entsteht dann, wenn die endgültige Vorwegnahme in Jesus Christus und das offene Ende der Geschichte zugleich propositional behauptet werden, womit das christologische Argument zur Ausnahme von der geschichtstheologischen Regel erklärt werden muss. Das wäre in der Tat misslich. Es scheint aber die Konsequenz eines Begriffszwangs zu sein, der dem metaphorischen Charakter biblischer Redeweisen nicht entspricht.[219] Das im fogenden vorgelegte komplementäre Verständnis zweier Bildwelten versucht dem zu entgehen.

Die Mächte als »schon jetzt« machtlos

Zunächst zur ersten Alternative und zu einem Versuch, sie idealtypisch zu beschreiben. Sie betont das »schon jetzt«, richtet ihre Konzentration darauf, dass durch Gottes Handeln an Israel und in Jesus Christus die Welt in entscheidender Weise anders geworden ist. Ab dem Zeitpunkt, von dem diese Position redet, ist die Geschichte de facto entschieden und sind die Mächte, die bislang zwischen Gott und Mensch standen, de facto entmachtet. Am Kreuz ist das Urteil über die Mächte gesprochen worden und an Ostern hat Gott demonstriert, dass auch der denkbar gottfernste Ort nicht mehr gottfern ist. In diesem Sinne ist die Position eine, die den Anfang bei einer vorbehaltlosen Anerkenntnis von Gottes Majestät und Gottes machtvollem Handeln macht. Die Mächte sind nicht mehr zu fürchten, weil sie es vor Gott nicht mehr gibt. Gleichwohl impliziert die Position einen Vorbehalt. Dieser bezieht sich allerdings auf den Status der *Vermittlung* dieses Handelns Gottes: Dass Gott so gehandelt hat, ist unzweifelhaft, was noch aussteht, ist die Durchsetzung des Bewusstseins davon. Und solange dies noch nicht vollständig erfolgte, geschieht es, dass Menschen sich Mächten ausgesetzt sehen, die doch vor Gott schon gar nicht mehr existieren, geschieht es, dass das »Affentheater des Nichtigen« ernster genommen wird, als es ihm zukommt.[220] Nicht jedoch ist das der Fall für diejenigen, die der endgültigen Tat Gottes innewurden und ihrer gewiss sind – so schwankend diese Gewissheit immer sein und so häufig man auch ins alte Muster zurückfallen mag. Sie verfügen über ein Erkenntnisprivileg, weil sie wissen, dass die Bindungen der Welt im Grunde nicht mehr in Geltung sind. Die Folge ist,

---

[219] Clayton, Anticipation, und Kendel, Geschichte 138–149 haben auf dies Problem aufmerksam gemacht und zeigen es im Begriff der Antizipation bei Pannenberg auf.

[220] Barth, KD III/3, 619. Dass Barths Position einige Ähnlichkeit mit dem hier skizzierten Typus hat, sollte evident sein. Gleichwohl geht es nicht darum, einzelne Autoren wiederzugeben, sondern um zwei Idealtypen, die sich so nicht als Position finden, einander gegenüberzustellen, um ihre systematische Leistungsfähigkeit zu erwägen.

dass diese Gruppierung, also die Kirche, sich relativ stark von ihren Umwelten unterscheidet. Sich selbst wird sie in Freiheit wissen, den anderen jedoch vielfältige Gebundenheit, bei ihr gilt ein Ethos, das die Umwelten als unrealistisch oder überidealisiert abtun. Die Beziehung zwischen Kirche und Umwelten – ich ziehe diese Formulierung der von Kirche und Welt vor – wird man sich dabei als konfliktuös und schwierig vorstellen. Von außen betrachtet gilt die Kirche als eigentümliche Sondergruppe mit wunderlichen Realitätsunterstellungen, die man in Ruhe lässt oder aber bekämpft, von innen erscheinen die Umwelten als Zonen des Irrtums und der Verfestigung in Strukturen, die doch nur noch als Einbildung existieren. Das Außenverhältnis der Kirche besteht entweder dadurch, dass es weitgehend nicht wahrgenommen wird, also durch Abschirmung und Rückzug, oder durch den Versuch von der eigenen Position zu überzeugen und also die Gruppe der Kirche zu vergrößern.

Sucht man neben dem gegeben biblischen Stichwort aus 1Joh nach einer breiteren Basis im NT, ließe sich wohl wieder an die johanneischen Schriften denken und des Näheren an die umrisshafte Ekklesiologie der Abschiedsreden des Evangeliums. Im hier konstituierten Jüngerkreis bildet sich das konfliktuöse Verhältnis von λόγος und κόσμος, das im Prolog vorgezeichnet wird (Joh 1.5.10f) und dessen Entfaltung das Evangelium beschreibt, wieder ab. Der Kontrast zwischen denen, die den λόγος aufnahmen (1,12) und denen, die dies nicht taten (1,11) wird in den Abschiedsreden als spannungsreiches Gegeneinander und als Getrenntsein von Welt und Jüngergemeinschaft beschrieben: Bei den Jüngern herrscht ein eigenes Ethos (13,34), sie wissen um die Möglichkeit des Erschreckens und des Leidens in der Welt (13,38; 14,27b), weil ihre Ursprungsbeziehung nicht aus der Welt ist (15,18ff).[221] Ihre Sonderstellung und auch die Gewissheit, trotz Anfeindungen auf dem richtigen Weg zu sein, schöpft der Jüngerkreis durch die Gemeinschaftsform, die durch die Metaphern des wechselseitigen In-Seins von Erhöhtem und Jüngerkreis umschrieben wird (14,23; 15,5.7) und für die der Paraklet das Unterpfand ist (14,26f).[222] In ihm ist dem Jünger-

---

[221] Diese wird in den Kommentaren durchaus unterschiedlich gewertet. Haenchen etwa schreibt: »[A]n sich gehören auch die Christen zur Welt. Aber Jesus hat sie aus der Welt auserwählt und damit aus der Welt herausgenommen.« (Johannesevangelium 487) Durchaus moderater bei Wengst: »Jesu Schule erzieht zum Nonkonformismus. (...) So in guter Weise ›weltfremd‹ zu sein, sollte daher von Jesu Schülerschaft nicht als peinlich empfunden, sondern bewußt praktiziert werden.« (Johannesevangelium 2, 149) Die Metaphorik von Schule und Erziehung, die den milderen Stil bestimmt, kann sich allerdings nicht auf den fraglichen Vers Joh 15,18 oder dessen nähere Umgebung berufen.

[222] »Wer in der Christusgemeinschaft steht, hat im Grunde alles.« So Jürgen Roloffs bündiger Kommentar zur Metaphorik der Zugehörigkeit in den Abschiedsreden (Kirche 300). Zur johanneischen impliziten Ekklesiologie im ganzen ebd. 290–309.

kreis entscheidende Einsicht gewährt, die der Welt verschlossen ist: ὁ ἑωρακὼς ἐμὲ ἑώρακεν τὸν πατέρα (14,9).

Es lohnt die Überlegung, was herauskäme, wenn diese Position als alleiniger Lösungsansatz des Problems ausgegeben würde. Dabei ist zunächst auf einige Fehlabstraktionen aufmerksam zu machen, die sich fast unweigerlich einstellen würden:

(1) Das Modell blendet abgestufte Redeweisen über die Realität der Mächte ab, indem es einer Logik des »ganz oder gar nicht« nahe ist. So verneint es beispielsweise die Auffassung, dass die Mächte in ihrer prekären Weise durchaus real seien, aber von Gottes Macht und Willen in den Dienst genommen wurden. Diese Fassung des gubernatio-Gedankens – biblisch gestützt von Kol 1,19f; 2,9f – hat allerdings eine beachtenswerte Tradition. Gewiss ist sie auch missbraucht worden, um den status quo oder gar Gräuel als Gottes Willen zu rechtfertigen, doch verwehren theologisch falsche Verwendungen wie diese nicht den überlegten Einsatz des Gedankens, der wohl auch hinter Luthers Fassung in De servo arbitrio steht. – Wie dem im Einzelnen auch sei: Die Prätention, dass das Sein der Mächte nachösterlich einfach vorbei ist bzw. zum Wahngebilde ohne Realitätsgehalt wurde, blendet ab, dass es theologisch sinnvolle Realitätsunterstellungen jenseits von ist und ist nicht geben könnte.

(2) Das Modell neigt zu einem einfachen Kontrastschema von innen und außen. Wie eben mit den Bemerkungen zu den joh Abschiedsreden gezeigt werden sollte, kann das Modell als Rechtfertigung eines christlichen Konventikelwesens interpretiert werden. Überdies würde es dazu neigen, seine System-Umwelt-Grenze sehr stark über die Erkenntnis des Richtigen definieren: Das Faktum der nicht-mehr-Existenz der Mächte wird gewusst oder eben nicht. Beides aber – die einfache Systemgrenze und ihre kognitive Besetzung – unterschreitet die Komplexität dessen, was über christliche Existenz auszusagen wäre, erheblich. Es ist vielleicht nicht zufällig, dass das Modell in fundamentalistischen Kreisen durchaus Anklang findet und im klassischen Pietismus zur Rede von der ecclesiola in ecclesia aufgedoppelt wurde.

(3) Das Modell operiert mit einer Vorstellung vom Handeln Gottes, das dieses auf einige wenige Punkte zusammendrängt, vorzüglich auf Kreuz und Auferstehung. Es handelt sich dadurch aber die Schwierigkeit ein, von Gottes Handeln oder seiner Präsenz in den Zeiten zwischen den »mighty acts of God« eigentlich nicht sprechen zu können.[223] Zudem stößt die Rede

[223] Die bewegte Debatte um den Vorschlag, von »mighty acts of God« bzw. »Divine action« zu sprechen, wird kurz dargestellt von Bernhardt, Handeln Gottes 49–57. Sie war ausgegangen von Wright, God Who Acts.

von Gott als souverän Handelndem an Grenzen: Wie soll von Gottes Intervention angesichts eines Weltbilds gedacht werden, das zu einer kausalen Geschlossenheit neigt?[224] Wird die qualitative Differenz zwischen menschlichem und göttlichem Handeln mit der Verwendung dieser Metapher ausreichend gewürdigt?

So weit einige kritische Vorbehalte. Gleichwohl scheint das Modell als Erklärungshilfe unverzichtbar, wenn es gelingt, diese – und wohl auch noch andere – problematische Zuspitzungen zu bearbeiten. Zwei Motive scheinen mir von besonderer Wichtigkeit: Zum einen schärft die Rede vom »schon jetzt« ein, dass das entscheidende Ereignis Gottes Handeln und seine Selbstfestlegung in der Geschichte mit seinem ersterwählten Volk und in Jesus Christus ist. Das Modell weist zurecht darauf hin, dass das theologisch Entscheidende in Bezug auf die Mächte hier geschehen ist. Durch Kommen, Werk und Geschick Jesu hat sich für die Mächte als usurpatorische Quasi-Subjekte alles geändert. Das gilt auch dann noch, wenn man die Schlussfolgerung des Modells, den Mächten nachösterlich eine Realität nur noch als Wahnvorstellung zuzuerkennen, nicht mitgehen will.

Das zweite Motiv, um dessentwillen die Rede vom »schon jetzt« unverzichtbar erscheint, hat K. Barth in den lakonischen Satz über das Nichtige gefasst: »Es ist nicht mehr zu fürchten.«[225] Hier liegt ein Wahrheitsmoment auch dann, wenn nicht mitvollzogen wird, dass die Mächte nach Ostern de facto besiegt sind. Vorbehaltlich der näheren Qualifizierung: Anders als überwunden lassen die Mächte sich christlich nicht denken. Sie sind nicht mehr zu fürchten, weil in Gottes Handeln der neue Äon angebrochen ist und sie zum alten, vergehenden gehören. Welche (nicht-)Realität ihnen auch immer zukommen mag: Aus der Perspektive des Glaubens kommt ihnen Furcht und Verehrung jedenfalls nicht zu. – In diesem doppelten Sinne also – als Hinweis auf die so oder so vollbrachte Endgültigkeit Gottes gegenüber den Mächten und darauf, dass sie nicht mehr zu fürchten sind – ist die Rede vom »schon jetzt« unverzichtbar. Damit zur zweiten Alternative:

---

[224] Bereits Bonhoeffer hatte sich sehr reserviert darüber geäußert, die Interventionsmöglichkeiten Gottes in den Bereichen zu denken, in denen die exakten Naturwissenschaften dafür Raum lassen, vgl. seine Rede vom Lückenbüßergott in den Aufzeichnungen aus der Haft, Widerstand 478.455.477f. In gewissem Sinne scheint die Aporie in der modernen Debatte über die theologische Intepretation von Kontingenz wiederzukehren vgl. nochmals Bernhardt, Handeln Gottes, hier 271ff, bes. 306–311.

[225] Barth, KD III/3, 420.

Gottes Macht als »noch nicht« endgültig durchgesetzt
Diese Position vertritt die Ansicht, dass mit Kreuz und Auferstehung die Macht der Mächte noch nicht endgültig vorbei ist, dass durch dieses Geschehen aber das Ende der Mächte unwiderruflich eingeleitet ist und die Gewissheit sich einstellt, dass Gottes Macht die obsiegende sein wird. Aus der Kurzformel »noch nicht« würde also vor allem das erste Wort betont werden. Das endgültige »nicht« ist lediglich noch nicht eingetreten, aber es ist gewiss. Auch diese Position sieht, wie die erste, das Urteil über die Geschichte als gesprochen an: In Kreuz und Auferstehung hat Gott sich so offenbart, wie er sich einst aller Welt offenbaren und sich in ihr durchsetzen wird. Freilich wird die nachösterliche Geschichte und die Rolle der Mächte in ihr anders beurteilt: Sehr wohl haben die Mächte noch Macht. Gottes Macht befindet sich in Auseinandersetzung mit ihnen, und nicht zu selten triumphieren die Mächte. Das ist der Vorbehalt, den diese Position artikuliert; er ist gleichsam in die umgekehrte Richtung gerichtet wie der Vorbehalt der anderen Alternative, indem er einschärft, die Macht, die die Mächte noch haben, nicht zu unterschätzen. Freilich kommt alles darauf an, diese Macht als nur vorläufige zu begreifen: Wie immer sie sich auch gerieren mögen, nach Gottes Tat in Jesus Christus sind die Mächte und Götter zum Vergehen bestimmt und führen gleichsam eine Existenz auf befristete Zeit. Daraus ergibt sich eine Hoffnungsperspektive, die freilich anders gelagert ist als beim ersten Modell. Sie ist weniger geprägt vom Rückzug aus der Welt und von der Feindschaft zu ihr, weniger davon, dass im Innenraum der christlichen Gemeinde eine Kenntnis vorhanden sei, die sie vom Außen scharf trennen würde. Sehr wohl aber geht es um eine Differenz: Die Mächte und Götter werden nicht als herrlich und dauerhaft, sondern als erbärmlich und zum Vergehen bestimmt erfahren. Insofern herrscht eine Ungleichzeitigkeit vor. Gleichwohl ist sie anders gelagert und dürfte zu kritischer Solidarität mit der weltlichen Erfahrung unter den Mächten mehr Anlass bieten als das erste Modell: Unstreitig ist das Widerfahrnis von Mächten, umstritten aber ist, im Rahmen welcher Hoffnungsperspektive damit umgegangen werden kann.

Biblisch-theologisch gesehen dürfte es sich v.a. um ein *paulinisches* Modell handeln. Darauf sei in aller Kürze anhand von Röm 8,18–39 hingewiesen.[226] Im Unterschied zu den joh Abschiedsreden ist hier von einer grundsätzlichen Solidarität der Briefadressaten mit der Welt – hier: κτίσις – die

[226] Dabei handelt es sich natürlich nur um einen kleinen Ausschnitt der fraglichen Paulustexte. Eine Würdigung der paulinischen impliziten Ekklesiologie müßte v.a. bei den Begriffen ἐκκλησία, κοινονία und σῶμα χριστοῦ ansetzen, das Verhältnis zu Israel (Röm 9–11) mitreflektieren und die Ämterfrage beim Apostel anschneiden. Dies und manches mehr wird vorgestellt bei Roloff, Kirche 86–143.

Rede. Von ihr wird gesagt, dass sie mit den Christen seufzt und sich ängstigt (zweimal das Präfix συν- in 8,22) und ausdrücklich hinzugefügt, dass auch sie als diejenigen, die die ἀπαρχή τοῦ πνεύματος haben, seufzen und sich nach der ἀπολύτρωσις τοῦ σώματος sehnen (8,23). Die Unfertigkeit und Unvollkommenheit gilt hier für beide Seiten, wo sie im joh Konzept relativ weit auseinander gelegt wurde. Man wird das Verhältnis von Christenheit und κτίσις, das Paulus hier anvisiert, wohl als vorlaufende Solidarität bezeichnen können. Die Verbundenheit als Unfertige und im Seufzen wird klar ausgesprochen und zugleich wird gesagt, worin der eigentümliche Vorsprung der υἱοὶ τοῦ θεοῦ (8,19) besteht: Sie haben, wie eben zitiert, den Geist als Erstlingsgabe (8,23). Sie wissen sich deshalb als gerettet, doch gerettet auf Hoffnung hin (8,24). Im folgenden entfaltet Paulus sein Verständnis von Hoffnung. Diese Hoffnung richtet auf unsichtbar-Unpräsentisches aus (8,24f); sie wird gestützt und ermöglicht vom Geist (8,26f); sie wird als Vorherbestimmung erfahren (8,29f); sie ist in ihrem Kern in der Dahingabe des Sohnes begründet (8,32–34). Deshalb, so konkludiert Paulus, gibt es keine Engel, Mächte, Gewalten oder andere Größen, die die Kinder Gottes von seiner Liebe scheiden könnten (8,38f). Damit wären die Elemente beisammen: Das Bewusstsein für die noch andauernden Macht der Mächte und die Solidarität zwischen innen und außen darin, gleichwohl das Vorauslaufen der Kinder Gottes als derjenigen, die sich zur Hoffnung berufen wissen und die die Mächte nicht mehr als unüberwindlich ansehen. Ει ὁ θεὸς ὑπὲρ ἡμῶν, τίς καθ' ἡμῶν; (8,31)

Wieder stellt sich die Frage, was herauskäme, würde dies Modell alleine zur Bearbeitung unseres Problems herangezogen. Ich stelle wieder zunächst die problematischen Aspekte zusammen und argumentiere dann für diejenigen, die mir unverzichtbar erscheinen.

(1) Das Modell läuft Gefahr, das in Jesus Christus geschehene Neue um der noch offen gehaltenen Zukunft willen klein zu halten. Wo unstreitig eine Stärke des ersten Modells liegt – in der Betonung dessen, was durch Kreuz und Auferstehung anders geworden ist – könnte hier eine Unsicherheit auftreten, indem es zum Grund der Hoffnung auf Gottes endliches Handeln gemacht wird, dabei aber der Bereich der gegenwärtigen Lebensperspektive der Gläubigen zum bloßen Vorläufer herabstilisiert wird. Dieses Risiko gilt allerdings für das Modell, nicht aber für seine Grundlage: Der paulinische Text bietet genug Widerlager gegen eine solche Fehlinterpretation, wie in einer ausführlichen Exegese zu zeigen wäre.

(2) Das Modell lädt deshalb geradezu dazu ein, Religionskritik zu üben, in der Religion als Flucht aus der Gegenwart verstanden wird. Die Mächte der Gegenwart, so das kritische Argument, sind doch nur für den, der Weltflucht übt, bedrohlich und beängstigend, in Wirklichkeit laden sie dazu ein,

den Kosmos als bewohnbar und geordnet wahrzunehmen. In diesem Sinne ließe sich z.B. die von J. Assmann geäußerte Kritik am von ihm sog. Monotheismus verstehen.[227]

(3) Zumindest möglich wäre im Rahmen dieses Modells die Gefahr einer Übertribunalisierung des Subjekts: Ist an der Schöpfung durchaus noch nicht abzulesen, dass die Macht der Mächte gebrochen ist, so würde einer neuzeitlichen theologischen Routine zufolge die Gewissheit, dass dies sicher sich einstellen werde, ins glaubende Subjekt verlegt. Es müsste dann in der Lage sein, wider den Augenschein die Perspektive der Hoffnung zu bewahren. An diesem Punkt freilich droht eine Übertribunalisierung, gegen die nicht zuletzt Karl Barths Invektive von der Religion als Unglaube zurecht ins Feld gezogen ist.[228] Auszuführen wäre also, wie die Hoffnungsperspektive, von der Röm 8,24ff spricht, zu denken ist, soll der Gedanke eines damit überladenen Subjekts vermieden werden.

Wie das erste, so ist auch dieses Modell allerdings unverzichtbar und in komplementärem Verhältnis zu ihm als Regelwerk für das Reden von Gottes Macht angesichts der Mächte zu verstehen. Es macht in angemessener Weise deutlich, dass die Rede von Gottes Macht nicht zum Rückzug in den Innenraum einer Gemeinschaft anleitet, sondern zur Solidarität mit den Umwelten dieser Gemeinschaft – und sei die Solidarität im Leiden unter den Mächten. Es macht ferner deutlich, dass mit der Macht der Mächte und Götter durchaus gerechnet werden muss. Wo das erste Modell dazu neigen würde, ihnen eine Existenz nur noch als imaginierte Mächte zuzusprechen, wird von hier aus korrigiert: Selbst wenn dem so sein sollte, so ist die Machtwirkung, die davon ausgeht, höchst real und gewiss nicht durch einen Willensentschluss abzuschütteln.

Der wichtigste Unterschied ist aber vielleicht dieser: Das erste Modell würde es vorziehen, von einem deutlichen Bruch zwischen den Existenzbedingungen der Gläubigen und denen des κόσμος zu sprechen. Die Zeit des κόσμος vergeht, diejenige derer, die zum λόγος gehören, hat begonnen. Dies wird betont, auch wenn eine strikte Zweiteilung natürlich nicht im Blick ist, wie Joh 3,16 deutlich macht. Das zweite Modell ist hier vorsichtiger: Es lässt keinen Zweifel daran, dass in Jesus Christus das Entscheidende geschehen ist, aber es rückt die Perspektiven der Gläubigen und der κτίσις näher zusammen. Die trennende Metaphorik des ersten Modells wird kritisiert zugunsten der Aussage, dass die Zeit aller auf Gott hin offen ist. Das führt bereits zum nächsten Unterpunkt.

---

227 Vgl. oben 3 II 3 c und d.

228 KD § 17, Band I/2, 304ff.

Zuvor aber sei festgehalten, dass eine komplementäre Verwendungsweise der beiden Modelle, so wie sie hier skizziert wurde, m.E. als Regelwerk für das Reden von Gottes Macht angesichts der Mächte in Betracht kommt: Sie widersteht dem Verlangen, diese Rede auf den Begriff zu bringen, was noch jedes Mal in Aporien endete, sondern sie versteht sich als Netz oder Cluster von Sprachvereinbarungen, das mehrere Zentren hat und das in der Lage ist, Fehlentwicklungen zu erkennen und wechselseitig zu korrigieren. Dies zu leisten ist die Aufgabe der Dogmatik als Regelwerk.

Gottes Macht als Offenheit der Zeit

Gegen Ende des 1. Kapitels war argumentiert worden, dass es sinnvoll sei, von Gottes Macht in zeitbestimmter Metaphorik zu sprechen.[229] Die Gewährung und der Entzug von Zeit und Präsenz ist eine aussichtsreichere Bildrede als die von von der Wirkung, so die These. Im – hier zustimmenden – Referat von K. Barths Eigenschaftslehre und der Kritik an F. Schleiermachers Entfaltung derselben klang die These implizit an. Die soeben vorgetragenen Erwägungen zu Gottes Macht angesichts der Mächte sind in offensichtlicher Weise davon bestimmt. Deswegen folgen einige Hinweise, welche Zeitstruktur die beiden diskutierten Modelle implizieren. Anhand ihrer dürfte ihr Charakter als komplementärer Modelle noch einmal deutlich werden.

Aus den vielfältigen neueren Ansätzen und Untersuchungen zur Philosophie und Theologie der Zeit beziehe ich mich vorrangig auf die, die verschiedene *Modalitäten der Zeit* herausgearbeitet haben.[230] Damit ist die These gemeint, dass die Zeit relativ zu jeweiligen Bezugssystemen verschieden erfahren wird. So gibt es z.B. deutliche Unterschiede in der Zeiterfahrung von einzelnen Menschen und der offiziell gemessenen Zeit. Bestimmte Lebensspannen oder Augenblicke werden als lange dauernd und intensiv erfahren, obwohl sie objektiv kurz waren, andere Zeiten hingegen als rasch verflogen erlebt werden, obwohl sie in der gemessenen Zeit lange währten. Es geht aber nicht nur um verschiedene Dauern und Intensitäten der Zeiterfahrung. Auch die generelle Bezugsgröße kann variieren. So ist ein dominierender Modus der Zeiterfahrung der zyklische: Der immer wiederkehrende Sonnentag, der geprägte Rhythmus von 24 Stunden, der Woche, des jahreszeitlichen Wechsels und des durch Feste strukturierten Jahres und Kirchenjahres. Diese zyklische Erfahrung steht durchaus in Spannung zur Vorstellung eines aus der unendlichen Vergangenheit kommenden und

[229] Vgl. oben 1 II 3b.

[230] Vgl. aus der oben 1 II 3b genannten Literatur die Arbeiten von Schoberth und Hailer. Inauguriert wurde die Debatte von Picht, Hier und Jetzt 1, 362–374, Prior, Past und Müller, Präparierte Zeit. Deren Zuspitzung, von einer elaborierten Zeitmatrix zu reden, kann hier außen vor bleiben.

in unendliche Zukunft gehenden Zeitpfeils. Noch einmal anders als diese beiden mag die Zeiterfahrung sein, die man mystische nennen könnte: Die Erfahrung – oder doch der Wunsch nach ihr – einer zeitlosen Zeit, eines ewigen Jetzt, des Ausbruchs aus der verfließenden oder sich wiederholenden Zeit.

Modalitäten der Zeit sind also verschiedene Formen der Erfahrung von Zeit, die nicht aufeinander reduzierbar sind und zueinander in einem manchmal komplementären und manchmal spannungsvollen Verhältnis stehen. Sie weisen die Zeit als kulturell geprägtes Konstrukt aus. Zeit ist, wie Norbert Elias schreibt, ein »Orientierungsmittel«.[231] Die Beschreibung der einzelnen Modalitäten und ihres Verhältnisses zueinander lässt Aussagen über die Konstruktion der Wirklichkeitserfahrung zu. In diesem Sinne wird auch für die Theologie versucht, verschiedene Modi oder Dimensionen der Zeit zu beschreiben und einander zuzuordnen:[232] Diese Arbeit soll helfen, den Zeitbezug im Reden von Gott herauszuarbeiten. Naheliegenderweise interessiert das auch für den vorliegenden Zusammenhang. Ich beziehe mich dabei auf das Modell, das Wolfgang Achtner, Stefan Kunz und Thomas Walter in ihrem Buch »Dimensionen der Zeit« vorgelegt haben. Sie arbeiten mit einem Modell, das den Menschen im klassischen dreifachen Relationsgefüge sieht, nämlich im Selbstbezug, Weltbezug und religiösen Bezug. Jedem dieser Bezüge ist nun eine eigene Zeiterfahrung zugeordnet, die sie endogene Zeit, exogene Zeit und transzendente Zeit nennen. Endogene Zeit sind »alle diejenigen Zeitformen, die dem Menschen durch unmittelbares inneres Erleben zugänglich sind.«[233] Exogene Zeit dagegen sind Zeitformen, die in der Umwelt begegnen, also natürliche Zeitrhythmisierungen und die sozialen Vereinbarungen über Zeit, gleich ob sie zyklischer oder linearer Natur sind. Die transzendente Zeit schließlich »umfaßt alle jene Phänomene (...), die sich im weitesten Sinne als religiöse Zeiterfahrung interpretieren lassen.«[234]

Wendet man es nun auf die beiden hier zur Debatte stehenden Modelle an, so geraten die einzelnen Pole in unterschiedliche Beziehung zueinander. Zunächst muss bei beiden Modellen der Pol »transzendente Zeit« sozusagen verdoppelt werden: Beide sprechen davon, dass Gott in Jesus Christus endgültig gehandelt und gerichtet hat, dass das Ende seiner Wege in diesem

---

[231] Elias, Über die Zeit 2. Elias' Untersuchung kann als Klassiker der Interpretation von Zeit als kulturellem Konstrukt gelten.

[232] Dabei wird ein Fortschritt gegenüber den klassischen Arbeiten des 20. Jh. erhofft, die im Wesentlichen anhand nur einer Zeitdimension, der der verfließenden Zeit gerabeitet hatten, vgl. Cullmann, Christus und die Zeit; Conzelmann, Die Mitte der Zeit.

[233] Achtner u.a., Dimensionen 8.

[234] Ebd. 10.

Handeln und Richten aber noch nicht erreicht ist. Die transzendente Zeit ist also sowohl gegenwärtig und gekommen als auch noch ausstehend und zukünftig. Die beiden anderen Pole bezeichnen nun nicht das Zeitverhältnis eines einzelnen Menschen und seine Umwelt, sondern die Gemeinschaft der Christen und ihr jeweiliges Umfeld, das mit den biblischen Stichworten κόσμος und κτίσις bezeichnet wurde.

Beide Modelle haben eine Gemeinsamkeit, die bislang noch nicht zur Sprache kam. Sie vertreten – je auf ihre Weise – die Rede von der *Offenheit der Zeit*. Die exogene Zeit, Weltzeit ist für beide nicht das Maß der Dinge. In der ersten, eher johanneischen Wendung wird sie als bedrückend und bedrohlich erfahren und ihr der Innenraum der Präsenz des Parakleten gegenübergestellt. Die eher paulinische Wendung sucht die Gemeinde in ein Verhältnis wohl überlegter Ungleichzeitigkeit dazu zu bringen und denkt ihr die Aufgabe zu, stellvertretend für die seufzende Schöpfung auf Gottes eschatologische Selbstoffenbarung zu hoffen. *Die Präsenz und Macht der Mächte aber ist in beiden Fällen allein in der exogenen Zeit zu verorten*. Ihr Machtanspruch, letzte Wirklichkeit zu sein, wird als Lüge bzw. bloße Usurpation enttarnt. Die Offenheit der endogenen wie – im ersten Modell mit Abstrichen – der exogenen Zeit hin zu den Zeiten Gottes ist die entscheidende soteriologische Aussage ihnen gegenüber. Im Abschnitt III dieses Kapitels wird erwogen, was diese Offenheit der Zeit für das Leben und Handeln der Gläubigen bedeuten könnte.

Trotz des relativen Gleichklangs bzgl. der Offenheit der Zeit sollte die bleibende Unterschiedlichkeit der Modelle deutlich geworden sein. Es wurde schon argumentiert, dass auf keines der beiden verzichtet werden kann. Geschähe dies, würde einem falschen Zwang zur Eindeutigkeit nachgegeben. Es würde damit eine Mehrperspektivität verabschiedet, die doch offensichtlich im neutestamentlichen Kanon angelegt ist und die als Pluralität in den Grenzen eines Netzes von Grundaussagen aufgefasst werden kann.[235] Zudem würde damit die genuine Rolle der Theologie als Grammatik des Glaubens verkannt: Als solche gibt sie Verwendungsregeln für Begriffe, Bilder und Metaphern an, ersetzt deren Verwendung jedoch nicht durch begriffliche Eindeutigkeit. Es ist deshalb nur folgerichtig, mehrere Deutungsmuster zuzulassen, sie jedoch auf ihr Verhältnis zueinander und die jeweilige Grenze ihrer Verwendbarkeit zu befragen. Nichts anderes wurde hier versucht.

---

[235] Im Anschluß an Theißen, Religion der ersten Christen 356 u.ö. Bei Trobisch, Endredaktion, ist dies weniger im Blick – vielleicht tendenziell verstellt durch das Bemühen, Joh 21 als Editorial der ganzen kanonischen Ausgabe des NT zu verstehen, vgl. 125ff.

c) Zur Klassifikation der Mächte

Karl Barth empfiehlt, Götter, Mächte und Dämonen mit Nichtbeachtung zu strafen. Dieser Rat durchzieht alle einschlägigen Passagen der Kirchlichen Dogmatik: Der Götzendienst der natürlichen Theologie wird nach seiner Ansicht nicht durch Aufmerksamkeit auf sie beendet, sondern durch Konzentration auf die Sache der Offenbarungstheologie. Auch auf das numinose Nichtige soll nicht ängstlich gestarrt werden, als ob man es dadurch fixieren könne; vielmehr soll es schlicht nicht mehr gefürchtet werden. Nicht anders steht es schließlich mit den Dämonen: »unwirsch« sei auf sie ein »kurzer, scharfer Blick« zu werfen.[236] Dahinter steht die Überzeugung, dass Phänomene wie diese nicht durch Aufmerksamkeit auf sie zu bekämpfen sind, sondern nur dadurch, dass man sich durch die Offenbarung in Jesus Christus sagen lässt, wie es um die Wirklichkeit und damit unter anderem um ihre unerfreulichen Anteile steht. Dieses Vorgehen ist sicher konsequent, und dem vorliegenden Kapitel liegt keine andere Intention zugrunde. Freilich handelt sich Barth ein Folgeproblem ein: Die eigentümliche Beachtung durch Nichtbeachtung bringt es mit sich, dass er die fraglichen Phänomene pauschal behandelt und einer möglichen Beschreibung und Klassifizierung keine Aufmerksamkeit schenkt. So ist für ihn etwa jede Form von menschlicher Machtausübung böse, gleich welche Form sie hat. Ihnen gegenüber gilt der eine Imperativ, sie zu entmythologisieren. Alles, was Menschen tun und verändern, ist für Barth von Mythen und Ideologien begleitet, die mächteartigen Charakter haben. Dies sind in toto die falschen Götter. Diese All-Aussagen im Verein mit der Vorgabe, nicht zu viel Aufmerksamkeit zu investieren, bringen es nun mit sich, dass der Leser der KD erstaunlich wenig über mögliche verschiedene Mächte, Götter und Gewalten erfährt – und dies, obwohl von einer ungründlichen Behandlung des Themas ja keine Rede sein kann.

Andere Autoren wagen sich weiter vor. Wie oben, in Abschnitt I 2a berichtet, wartet W. Stringfellow etwa mit veritablen Listen von Größen auf, die er als »principalities« bezeichnet. Freilich sind diese Listen so umfassend, dass sie, obschon detailliert, starke Ähnlichkeit mit der pauschalen Behandlung bei Barth haben: Nahezu alles ist eine principality oder der Teil einer solchen. Anders steht es bei W. Wink. Der zweite Band seiner Powers-Trilogie ist dem Thema ausdrücklich gewidmet: In »Unmasking the Powers« legt Wink detaillierte Beschreibungen der einschlägigen neutestamentlichen Begriffe vor und ordnet sie zeitgenössischen Phänomenen zu. Satan und die Dämonen, die Engel der Gemeinden und der Nationen, Göt-

[236] Barth, KD III/3, VI bzw. 609. Zum Nichtigen in dieser Hinsicht ebd. 407.420f und zur natürlichen Theologie ders., KD II/1, 185ff, bes. 185.190.193.

ter, στοιχεία und schließlich die Engel der Natur werden besprochen. Die Aufgabe besteht für Wink darin, »to identify in the actual events of life that dimension of experience the ancients called ›Satan‹« – oder eben Götter, Engel und andere.[237] Wink riskiert definitionsähnliche Zuschreibungen: Satan etwa »is the real interiority of a society that idolatrously pursues its own enhancement as the highest good«,[238] der Engel einer Gemeinden ist der »inner spirit« derselben,[239] Götter sind Archetypen in C.G. Jungs Sinne.[240]

Diese Systematisierungen gehen weit. Über jede Einzelne wäre natürlich zu diskutieren, doch stellt sich bei dem Vorgehen insgesamt die Frage, ob hier nicht Unvergleichbares verglichen wird: Das Begriffsvorkommen im AT wie NT ist doch relativ disparat und zum Teil auf einzelne Schriften oder Schriftgruppen begrenzt. Auch zieht Wink in sehr unterschiedlichem Umfang nichtbiblische Quellen zu Definitions- und Erläuterungszwecken heran, etwa im Abschnitt über die Götter.[241] Das aber läuft Gefahr, eine nur vorgebliche Systematisierung zu sein, die sehr verschiedene Evidenzen, Begriffstraditionen und Metaphoriken auf eine Ebene stellt. Ich halte es für aussichtsreicher, ein einfaches systematisches Raster zur Orientierung vorzuschlagen, das dann beim Versuch, exegetische Ergebnisse zu bündeln und zu sichten, verwendet und modifiziert werden kann. In diesem Sinne greife ich auf Erwägungen zurück, die im 2. Kapitel angestellt wurden. Es geht um die angedeutete Klassifizierung der Mächte in unmittelbare Mächte und höhere Götter durch Georg Picht (2 II 1d), die Diskussion dieser Distinktion in der Auseinandersetzung mit Hermann Usener und Max Weber, sowie Friedrich Nietzsches antipodisches Paar Apollon und Dionysos (2 II 2c):

Picht unterscheidet einfache, unmittelbare Widerfahrnisse von mächteartigem Charakter von komplexeren Phänomenen. Für die einfachen dienen ihm die griechischen Gottheiten φόβος und ἔρις als Beispiel. Sie personifizieren, was in der Antike πάθος hieß und heute Affekt genannt wird: Ein Affiziert- und Ergriffensein, das es unmöglich macht, das Affizierende als Objekt zu sehen und das sich vielmehr als Verstrickungssituation ausweist. Die höheren Gottheiten sind sublimierte Ideale, die in personanaloger Weise auftreten und dauerhafter in ihren Bann zu ziehen vermögen, als dies den niedrigeren Machtformen möglich ist. Max Weber stimmt der Beschreibung der Hochgötter als Ideale zu. In seinen berühmt gewordenen Ausführungen über einen dauerhaften Antagonismus letzter Wertorientierungen argumentiert er, dass diese Werthaltungen im Grunde nichts anderes seien als die

237 Wink, Unmasking 10, vgl. 172f.
238 Ebd. 25, i.O.herv.
239 Ebd. 71, vgl. 79.
240 Ebd. 117.
241 Ebd. 108ff.

»alten vielen Götter«. Friedrich Nietzsches das ganze Werk durchziehende Aphorismen über Apollon und Dionysos als gegenstrebige Grundkräfte der Kultur können als mannigfache Anregungen und Motive hinter Pichts und Webers diesbezüglichen Ausführungen gelesen werden.

Wie im Rahmen dieser Darstellungen schon angedeutet, scheint es sinnvoll und möglich zu sein, Klassifizierungen in diesem Sinne vorzunehmen. Das gilt vor allem für die Unterscheidung in niedrigere und höhere Mächte. Denn hier stehen Klassifikationskriterien zur Verfügung. Zum einen könnte man an die *Dauerhaftigkeit der Affizierung* durch eine Macht denken: Die antiken Beispiele von φόβος und ἔρις sind vorübergehende Phänomene, genauso Pichts Beispiele aus der modernen Lebenswelt. Affektionen in diesem Sinne sind nicht von sonderlich langer Dauer, können aber häufig und unvermutet wieder eintreten. Nicht so die komplexeren Phänomene, von denen Picht und v.a. Weber sprechen. Ideale, Ideologien, letzte Werte, Ziele und anderes üben eine andere Art von Affektation aus, ersichtlich komplexer, ersichtlich von längerer Dauer: Ein Ideal wirkt nicht heute und ist morgen schal geworden. Vielmehr wird man von einem längeren Prozess der Heraufkunft‹ prechen, und sicher verabschiedet sich seine Wirkung auch anders, als dies φόβος und ἔρις tun. Ein weiteres Kriterium wäre die *Komplexität des ausgeübten Affekts*. Kollektive Furcht oder kollektiver Zorn ist gewiss ein einfacher, gleichsam ein unzusammengesetzter Affekt. Die Verführung durch eine Ideologie hingegen umfasst viele Faktoren: Die Eigenart der sie leitenden Erzählung, die Personen und Symbole, durch die sie auratisch verkörpert wird, die verschiedenen Weisen, durch die sie durchgesetzt, am Leben erhalten und erneuert wird, um nur einige zu nennen. Ideale und Ideologien stammen aus in der Regel komplexen Traditionen, sie haben reflektierte und oft auch vertextete Vorgeschichten und bedienen sich komplizierter Repräsentationslogiken. Auch in diesem Sinn wird man also zwischen einfacheren und höheren Formen der Machtausübung unterscheiden können.

Schwieriger ist die Frage, ob die *soziale Reichweite* ein taugliches Kriterium darstellt. Man könnte ja sagen, dass einfache Machtformen eher Individuen und kleine, überschaubare Gruppen affizieren, die größeren dagegen ganze Gemeinwesen, ja Kulturen. Bei den einfacheren wäre es in dieser Logik relativ leicht, eine Affiziertheit auszumachen, da es jeweils Außenstehende gibt, die nicht befallen sind – das in Panik fliehende Heer im homerischen Beispiel hat Zuschauer, genauso wie die ekstatische Fangemeinde beim Fußballspiel von anderen beobachtet wird. Bei komplexeren Machtformen im Sinne von Idealen und Ideologien hingegen müsste man dann sagen können, dass es schwieriger ist, sich außerhalb ihrer zu stellen. Das freilich ist problematisch: Kein Ideal, keine Ideologie ist je in einem

Gemeinwesen auf ungeteilte Zustimmung gestoßen, genauso lassen sich vergleichweise einfache Machtformen denken, die ganze Sozialitäten gefangen nehmen. Dieses Kriterium scheint bedeutende Unschärfen zu haben. Ist dieses dritte Kriterium also problematisch, bleibt festzuhalten, dass es durchaus möglich ist, kriteriengeleitet die eine oder andere Klassifizierung vorzunehmen.

Was aber hat es mit der Rede von Dionysos und Apollon auf sich, die Nietzsche, Weber und Picht, auf seine Weise auch Assmann gleichermaßen faszinierte? Es handelt sich doch um eine seltsame und Staunen erregende Wiedergängerei. Das ist zunächst eine in sich zu verhandelnde, wirkungsgeschichtliche Frage, die hier als solche nicht interessieren muss.[242] Spezifischer also: Welche Gedanken aus dieser kuriosen neuen Geschichte der alten Götter sind für unser Thema von Belang? Meines Erachtens handelt es sich um zwei Motive, wobei beidesmal nicht unbedingt Bezug auf die materialen Ausführungen über Dionysos und Apollon genommen wird, sondern eher die Intention im Vordergrund steht, um deretwillen es zum Wiederauftritt der beiden kommt. Einmal illustriert das gegenstrebige Paar die Idee eines letzten, grundsätzlichen *Antagonismus der Wirklichkeit*, zum anderen werden sie in der Überzeugung vorgestellt, letzte und *höchste Machtförmigkeiten* zu sein. Zum ersteren: Die Rede von Apollon und Dionysos verkörpert die Überzeugung, dass es den einen letzten Gedanken über »die« Wirklichkeit nicht geben kann, weil Wirklichkeit antagonistisch verfasst ist. Kulturelle Einrichtungen und Gewohnheiten mögen dies bändigen können – wie Nietzsche das in seinem Kulturgleichnis andeutete –,[243] können die grundsätzliche Gegenstrebigkeit aber nicht ändern. Dionysos und Apollon wären, so gesehen, die Kritik an allen Versuchen, zu einem letzten und abschließenden Begriff der Wirklichkeit zu dringen.

Das ist theologisch als Aussage über die unerlöste Welt schlicht zu konzedieren. Die auf diesen Seite skizzierte Eigenschaftslehre erkennt es als eines ihrer zentralen Motive, Mächte und damit eine Vielheit der Mächte als Gegenüber von Gottes Macht zu beschreiben. Es ist dabei durchaus nicht nötig, sich auf genau dieses Paar zu berufen, als sei der letzte Widerstreit in ihrem Sinne dualisitisch zu interpretieren. Max Webers vorsichtigere Lesart, nach der es sich jedenfalls um letzte und vorderhand unabschließbare Konflikte handelt, bei der jedenfalls eine Mehrzahl, eben »die alten vielen Götter« beteiligt sind,[244] dürfte theologisch anschlussfähiger sein.

[242] Eine vorzügliche Einführung bei Frank, Der kommende Gott, bes. 245–342.

[243] Menschliches, Allzumenschliches I, 251, KSA 2,209, der Text wurde oben, Abschnitt 2 II 2c zitiert.

[244] Weber, Wissenschaft als Beruf 28.

Das andere Motiv könnte, wie gesagt, darin zu suchen sein, dass die beiden Figuren höchste Machtförmigkeiten abbilden. Nietzsches entdeckerische Experimentalphilosophie ist darauf ausgerichtet: Er sucht zu zeigen, dass das Apollinische von der beherrschenden Kultur schon derart vollständig Besitz ergriffen hat, dass diese in ihrer Gesamtheit nicht mehr fähig ist zu sehen, dass sie einer Gottheit aufsitzt, keinesfalls aber im Besitz der Wahrheit selbst ist, wie sie meint. Das apollinische Pathos von Klarheit, Distanz und Logik, sagt nicht etwas über die Wirklichkeit aus, sondern nur über einen abkünftigen Zugang zu ihr. Nietzsches Kultur- und Vernunftkritik richtet sich in ihrer Gesamtheit darauf, die umfassende Dämpfung und Bändigung der Kultur durch das Apollinische überhaupt sichtbar machen zu können. So mächtig ist sie in seinen Augen und so umfassend, dass niemand außer dem »letzte[n] Jünger und Eingeweihte[n] des Gottes Dionysos«überhaupt sehen kann,[245] dass hier eine Gottheit, eine Machtförmigkeit am Werke ist, die beileibe nicht so alternativlos ist, wie sie zu sein vorgibt. Was beherrscht, muss durchaus nicht immer wie Herrschaft aussehen und ist in seiner Machtförmigkeit vielleicht nur Sensorien zugänglich, die darüber – wie der »letzte Jünger und Eingeweihte« – den Verstand verloren.

Es muss sich nicht um Dionysos und Apollon handeln, es muss gewiss auch nicht den teils raunenden und teils gewalttätigen Stil der letzten Werke Nietzsches annehmen. Festzuhalten aber ist: Es ist damit zu rechnen, dass machtförmig auch das ist, was wir als solches nicht oder nicht mehr wahrnehmen, weil es zur schieren Selbstverständlichkeit und zum selbstverständlichen Wahrheitsbesitz ganzer Gesellschaften und Kulturen wurde. Die Überzeugung, dass Gottes Macht alle anderen Mächte decouvriert und ihnen letztlich das Feld nicht überlassen wird, befreit dazu, auch auf die Stimme problematischer Warner zu hören.

III. Die Macht der Mächte und die Macht des Glaubens

Hat der vorige Abschnitt gleichsam die objektive Seite des Problems behandelt – wie die Macht Gottes angesichts der Mächte zu denken sei –, so geht es nun um die Seite, die man die subjektive nennen könnte: Wer von Gottes Macht handelt, handelt eo ipso von seinem Sein pro nobis und also davon, in welcher Gestalt seine Macht unter uns wirksam wird. Das nun zu bearbeitende Problem heißt also: Wenn Gottes Macht wie voraufgehend verstanden werden kann, was heißt das für die andere Seite, für den alltäglichen Lebensumgang derer, die sich als unter Mächten stehend erkennen?

[245] Nietzsche, Jenseits von Gut und Böse 295, KSA 5, 238.

Man wird erwarten dürfen, dass Gottes Macht angesichts der und über die Mächte Konsequenzen hat für die, die sich zu ihm zählen – und für andere vielleicht gleichermaßen. Wie also ist es zu verstehen, dass nichts, unter anderem auch keine Mächte und Gewalten uns von der in Jesus Christus erschienenen Liebe Gottes trennen kann (Rm 8,38f)? Gesucht werden theologische Sprachregeln für diesen Problemkomplex.

Dies geschieht wiederum in einem Zweischritt. Zunächst wird anhand der Lektüre einiger Texte Karl Barths seine Ansicht zur Sache dargelegt und sodann in Zustimmung und Widerspruch die eigene Position entfaltet. Am Ende der ganzen Untersuchung steht ein Ausblick in dem einige Überlegungen entlang biblischer Texte angestellt werden, denen zufolge die Rede von der Einheit und Einzigkeit Gottes nur als eschatologische begriffen werden kann. Damit aber zunächst zur neuerlichen Barth-Lektüre.

1. Karl Barth über Götter und herrenlose Gewalten

Hier stehen Texte zur Verhandlung an, die Barth nicht selbst veröffentlicht hat. Einer davon war durchaus zur Publikation vorgesehen: Es handelt sich um das Nachlassmaterial zu KD § 78, der unter dem Titel »Der Kampf um menschliche Gerechtigkeit« in die Ethik der Versöhnungslehre gehören sollte. Aus ihm, der vornehmlich eine Auslegung der zweiten Bitte des Vaterunsers darstellt, interessiert besonders der Unterabschnitt »Die herrenlosen Gewalten«.[246] Zum anderen handelt es sich um einen im Sommersemester 1943 und teilweise im WS 1943/44 als Vorlesung gehaltenen Text, den Barth als § 42 zur Schöpfungslehre der KD vorgesehen hatte, den er aber zugunsten einer dann anders konzipierten Schöpfungslehre teilweise zurückzog.[247] Er trägt den Titel »Der Schöpfer und seine Offenbarung«, ist nach dem Vortrag von H. Stoevesandt diesen Titels aber unter der Überschrift seines ersten Abschnitts, »Gott und die Götter«, bekannt, nach dem ich ihn auch zitiere. Dieser Text ist noch nicht veröffentlicht. Weil er der ältere und, wie zu sehen sein wird, der grundlegende Text ist, beginnt die Darstellung mit ihm.

[246] Barth, Christliches Leben 363–399.

[247] Vgl. die Bemerkungen bei Busch, Lebenslauf 294 und im Vorwort der Hg. zu Barth, Christliches Leben IX. Hinrich Stoevesandt schildert die Umstände von Entstehung, teilweiser Verwertung und Nichtberücksichtigung in Gott und die Götter, in: ders., Gottes Freiheit, 178–199, hier 186–188.197f.

a) »Gott und die Götter«
Eine ausführliche Darstellung eines unveröffentlichten, gleichwohl von der Nachlasskommission zur Publikation vorgesehenem Textes scheint nicht geraten, da der Veröffentlichung nicht vorgegriffen werden soll und die Möglichkeit zur Überprüfung der Ausführungen eines Sekundärautors derzeit nicht gegeben ist. Insofern beschränke mich auf die Darstellung der wichtigsten Argumentationszüge.

Das Typoskript umfasst 313 Seiten, die von 440–453 und 602–901 paginiert sind. Die fehlenden Seiten 454–601 hat Barth, entgegen seinen sonstigen Gepflogenheiten, herausgenommen, z.T. gründlich überarbeitet und in den neu gestalteten und zum Druck gegebenen § 42: Das Ja Gottes des Schöpfers, als Teile 2 und 3 eingefügt.[248] Sie sind im Karl-Barth-Archiv als Durchschlag erhalten. Die Originale wurden offenbar nach dem Lesen der Korrekturen nicht mehr aufgehoben. Ich beschränke mich hier auf die Darstellung des nicht bearbeiteten und publizierten Materials, da die umgearbeiteten Texte als solche berücksichtigt werden müssten, will man ihnen gerecht werden, also im Rahmen einer anderen Fragestellung, als sie hier bearbeitet wird. Hier interessieren Aussagen Barths zu einem Problemkomplex, der im veröffentlichten § 42 eigentümlicherweise keine Rolle mehr spielt und dem zugleich an keiner Stelle seines veröffentlichten Werks so konzentrierte Aufmerksamkeit zuteil wurde wie in diesem Typoskript. Dabei ist natürlich zu beachten, dass der Text als Entwurf gelesen werden muss. Themen und manche Schlüsselbegriffe tauchen später in der KD wieder auf, namentlich in §§ 50.51 und dem Material zu § 78. Gleichwohl sind die Erwägungen nicht Ausgabe letzter Hand. Ich lese sie als seinen Beitrag zum Gespräch über die hier zur Frage stehenden Themen und führe die explizite Auseinandersetzung mit veröffentlichten Texten.

Zur Textgestalt: Nach S. 714 sind zwei handschriftliche Seiten Barths abgelegt, die beide die Seitenzahl »3« tragen. Es ist aber nicht erkennbar, wo genau sie eingefügt werden sollten oder ob sie nicht zur Veröffentlichung gedachte Glossen sind. Kleinere Einfügungen, die handschriftlich am Rand des Typoskripts stehen, sind dem getippten Text immer eindeutig zugeordnet. Der Text ist nahezu durchgängig mit handschriftlichen Korrekturen versehen. Der Stand der handschriftlichen Bearbeitung scheint jedoch nicht einheitlich zu sein: Bis etwa S. 730 finden sich zahlreiche Veränderungen wie Rechtschreibkorrekturen, Streichungen, Kontraktionen von Sätzen, petit-Abschnitte, Einfügungen, Unterstreichungen (gerade/gewellt), auch Absatz- und Leerzeilenmarkierungen. Danach beschränken sich die handschriftlichen Zusätze auf vergleichsweise sehr wenige Korrekturen, Einfügungen und kleine waagrechte Striche am Rand. Es steht also zu vermuten, dass Barth das Typoskript nicht gleich intensiv nachbearbeitet hat. Darin könnte ein Indiz gesehen werden, dass er im Laufe der Durchsicht des Typoskripts zu dem Entschluss kam, es teilweise umzuarbeiten und weiterzuverwenden, es aber nicht insgesamt zu veröffentlichen. Die Korrekturen bis etwa S. 730, dies noch zur Untermauerung der Vermutung, lassen unschwierig auf Veröffentlichungsabsicht schließen, da Formulierungen bis ins Detail verändert werden und immer wieder mehrere Sätze teilweise so gestrichen werden, dass sie sich zu

[248] Barth, KD III/1, 395–476.

neuen Sätzen zusammenfügen. Der Text ist äußerlich kaum gegliedert: Der Paragraph hat, wie in der KD üblich, einen Leitsatz (440) und ist sodann in »1. Gott und die Götter« (442) und »2. Der Glaube und die Weltanschauungen« (707) unterteilt. Es finden sich zwei Aufzählungen, die jedoch sichtlich nicht als nächste Untergliederungen unter diesen beiden Hauptpunkten gedacht sind, sondern Reihungen im Text darstellen, nämlich 846/850/863 und 884/888/897. Immer wieder jedoch gibt es eindeutige Gliederungssignale im Text. An dem Text fällt überdies auf, dass Barth auf die in der KD sonst üblichen exegetischen und theologiegeschichtlichen Exkurse fast völlig verzichtet.

Barth operiert im ganzen Text mit zwei parallelen Leitunterscheidungen: Gott und die falschen Götter stehen zueinander in einem Verhältnis wechselseitiger Ausschließlichkeit, genauso wie Glaube und Weltanschauungen in einem Verhältnis wechselseitiger Ausschließlichkeit stehen. Die Wirklichkeit Gottes lässt das Vertrauen auf oder den Glauben an subalterne mehrere Wirklichkeiten oder Fascinosa so wenig zu, wie der Glaube es möglich macht oder nötig hat, auf weltanschauliche Deutungshilfen zu vertrauen. Zwischen Schöpfer und Geschöpf soll kein Drittes Platz greifen, das Geschöpf benötigt dergleichen auch nicht.

Damit zum ersten Problemzusammenhang, also dem Gegenüber von Gott und den Göttern. Die Bestimmungen über das Wesen und Woher der Götter lesen sich in vielem wie ein Vorabversuch der Jahre später zum Druck gegebenen Lehre vom Nichtigen: Die Götter sind nach Barth nicht Teil der Geschöpflichkeit, sondern

»Ausgeburten und Gestalten des Nichts, vor dem das Geschöpf als solches durch seine Erschaffung ausgenommen und bewahrt ist. Indem Gott der Schöpfer ist und als solcher sich offenbart, *verneint* er notwendig alle *Götter*. Aber eben das ist nur einsichtig auf dem Hintergrund der positiven Wahrheit, dass Gott die von ihm verschiedene Wirklichkeit *bejaht*, sofern sie sein *Geschöpf* ist.«[249]

Auch in diesem Entwurf also verwendet Barth Denkformen, nach denen es eine paradoxe Wirklichkeit oder unmögliche Möglichkeit eines Dritten zwischen Schöpfer und Geschöpf gibt. Dass Götter sind und dass sie wirklich, verheerend wirklich sind, ist ohne weiteres zuzugestehen und jeder Verharmlosung zu wehren. Zugleich aber hält Barth wieder und wieder fest, dass die Existenz der Götter ein eigentümliches Drittes ist: Sie sind nicht Gott, vielmehr dessen Usurpation und Nachäffung. Zugleich aber sind sie

[249] Barth, Gott und die Götter 453. Nachweis des Abschnitts aus diesem Typoskript, sofern nicht anders vermerkt. Unterstreichungen Barths (zumeist von Hand, zum kleinen Teil durch Schreibmaschine) hier durchgängig kursiv. Die in §§ 50.51 konsequent durchgehaltene Unterscheidung zwischem Nichtigem und Nichts ist in diesem Text noch nicht als feste Terminologie eingeführt.

auch nicht Gottes Geschöpf, da dieses in Gottes Bund steht und sich seiner Zuwendung erfreut. Sie aber knechten und vernichten. Die Götter »sind« auf eine dritte Weise, die Barth in paradoxen Termini umschreibt: Die Götter sind in ihrer Unwesentlichkeit wesentlich, in ihrer Nichtigkeit nicht nichts.[250] Ihr Wesen ist Unwesen, ihre Möglichkeit eine Unmöglichkeit.[251] Um diese Formulierung zu verdeutlichen, greift Barth zu einem Gedankengang, den er in der Lehre vom Nichtigen ebenfalls ausarbeiten wird, zum Rückbezug auf Hegels Lehre von der konkreten Negation: Indem Gott in der Schöpfung sagt, was er will, sagt er zugleich konkret, was er nicht will. Dies, was er nicht will, ist das Unmögliche zwischen Schöpfer und Geschöpf. »Eine Gestalt dieses Unmöglichen sind die Götter.«[252]

Barths Ausführungen zur Möglichkeit der Götter an dieser Stelle sind insofern eine Vorwegnahme und erste Formulierung der Lehre vom Nichtigen. Ihre Abständigkeit und Schwierigkeit wird auch in diesem Text eingestanden;[253] die Auseinandersetzung sollte gleichwohl mit der publizierten Fassung erfolgen, die gegenüber der hier vorliegenden differenzierter ist. Hier interessiert vielmehr der andere Akzent, den Barth gegenüber den publizierten Texten setzt: Durchaus im Gegensatz zur Lehre vom Nichtigen und den Dämonen bietet er in diesem Typoskript so etwas wie eine Phänomenologie der Götter. War diese später offensichtlich dem Verdikt des kurzen scharfen Blicks und der Maßgabe, sich nicht in extenso mit Göttern und Dämonen zu befassen, zum Opfer gefallen, so liest es sich in der unpublizierten Vorarbeit durchaus anders: Die Wirklichkeit der Götter kann durchaus beschrieben werden. Dazu führt Barth zunächst aus, dass die Wirklichkeit der Götter zwar von außen kommt, damit aber eben als Möglichkeit im Bereich des Geschöpflichen selber gesehen werden muss.[254] Des Menschen fatale Möglichkeit, sich von Gott abzuwenden, codiert in der Rede vom Fall, führt dazu, dass er unter etwas gerät, das von außen auf ihn hereindringt, das Macht und Kontrolle über ihn gewinnt. Freiheit – so wird Barth später im gleichen Paragraphen noch ausführen – ist einzig in der Gottesbeziehung möglich. Wendet der Mensch als Bundes- und Geschichtspartner Gottes sich davon ab, so ist eben nicht die davon erträumte Freiheit das Ergebnis, sondern dies, dass er unter heterogene Zwänge und Bestimmungen gerät. In diesem Sinne riskiert Barth den Satz: »Die Möglichkeit der Götter ist, allgemein gesagt, eine menschliche Angelegenheit.«[255]

---

[250] 604.
[251] 605, ferner 644f.
[252] 646.
[253] So in den hier herangezogenen Passagen 605ff und 644ff.
[254] 604f.652.
[255] 652. Zum Zusammenhang 652–671.

Dieser Satz erlaubt, die Möglichkeit der Götter als menschliche Angelegenheit nun auch zu beschreiben. Sie existieren in der menschlichen *Einbildung*. Die Realität und Macht von Göttern ist demnach nicht die von Dingen, sondern die von Einbildung, Vorstellung, Ideen und – zumindest auch – Wahngebilden. Das macht diese nicht weniger real, aber es weist ihnen einen spezifischen Ort zu. Dieser Ort ist eigentümlich unkonkret – er ist eben kein Ding unter Dingen –, gleichwohl aber umfassend, denn ohne Einbildung und Vorstellung kann es kein Selbst-, Gottes- und Weltverhältnis des Menschen geben.[256] Insofern ist das, was in der Einbildung und nur in ihr existiert, umfassend und machtvoll, gleichsam ein regulatives Prinzip des Weltumgangs.

Dass die Götter in der Einbildung existieren, ist freilich nur die Hälfte der Beschreibung. Zu ihr gehört noch, dass es sich bei ihnen um Einbildungen handelt, die sich selber als letzten Wert, als höchstes Ziel oder umfassendsten Horizont setzen, kurz, als Größe, welche aus sich selbst begründet und in sich selbst wertvoll ist. Die Kombination dieser Motive – Existenz in der Einbildung und als letztes, in sich begründetes Ziel oder absoluter Wert – ist es, die nach Barth die Existenz der Götter so eigentümlich und gefährlich zugleich macht. In dieser eigentümlichen Existenzweise kommt die Wirklichkeit der Götter als des Dritten zwischen Schöpfer und Geschöpf zum Tragen. Ich gebe einige Sätze wieder, die das bisher Dargestellte zusammenfassen:

»*Indem sie nicht sind, sind sie*! das ist das Andere, das hier *auch* zu bedenken ist. Der Trug der menschlichen Einbildung könnte vielleicht gerade da aufs höchste gestiegen sein, der Götter grösster und gefährlichster könnte vielleicht gerade da seinen Existenzbeweis führen, wo der Mensch über seinen eigenen Schatten zu springen und also die Existenz der Götter auf eigene Faust leugnen zu können meint.

Die Götter sind überall da wirklich, wo eine Gestalt geschöpflichen Daseins sich als in sich begründet und als Begründung alles Uebrigen, als erstlich und letztlich wertvoll, zuverlässig und massgebend ausgibt und geltend macht. Eine solche Gestalt des Daseins erfüllt das Wesen eines ›anderen Gottes‹. Und da man nicht leugnen kann, dass es solche Daseinsgestalten gibt, kann man nicht leugnen, dass es ›andere Götter‹ gibt. Man wird das sicher erst dann deutlich erkennen und ehrlich bekennen, wenn man, erleuchtet durch Gottes Wahrheit und also im Glauben an ein Ziel der Wege Gottes weiss, dass die Götter nur sind, indem sie nicht sind, dass ihre Realität nicht die Gottes und die der Geschöpfe Gottes, sondern nur die des Widerspruchs gegen beide ist.«[257]

---

[256] Vgl. 617 u.ö.

[257] 619, eine fast identische Formulierung 644.

Wie mögen diese Götter nun aussehen? In unterschiedlichem Maß rekurriert Barth für seine Antwort auf die Geistesgeschichte der Neuzeit und benennt drei Beispiele: (1) Zum einen ist an die Apotheose des Daseins überhaupt zu denken. Die Vorstellung also, es sei ein Letztes, ungeteilt in Raum und Zeit, res cogitans und res extensa, Geist und Natur. Nichts außer ihm, alles in ihm und es selbst in allem, sodass alles göttlich ist. Einen solchen anderen Gott unterstellt Barth etwa Goethe und Spinoza. Zudem merkt er an, dass es kein völliger Widerspruch sei, wenn im Rahmen eines solchen Denkens Teilbereiche und damit Teilgötter ihren Anspruch anmelden würden, etwa, wenn in Ur-Teilungen oder Ur-Gegensätzen gedacht werde. Dergleichen findet sich, so Barth, immerhin sowohl in der antiken Mythologie wie in den Grundannahmen moderner Philosophien.[258] (2) Ein anderes Beispiel stellen für ihn Phänomene aus der Naturphilosophie dar. Schon die Vorsokratiker wollten den Naturprozess auf ein Prinzip zurückführen, etwa das einer Nährung oder das eine Verbrennung, welches alles reguliert. Zeitgleich und später favorisierte man die Elementelehre. Barth argumentiert nun, dass die Grundannahmen der modernen Physik im Grunde dieselbe, fundamental-begründende Stellung einnehmen. An die Stelle der Elemente rücken die allgemeinen Zusammenhänge wie Raum und Zeit, Materie und Kausalität. Welche Größen als letzte Naturgrößen gelten, unterliegt dem jeweiligen Erkenntnisstand der Epoche; dass es aber solche letzten Größen der Natur gibt, scheint unbestritten zu sein, ganz gleich wie sich der jeweilige Stand der Wissenschaft darstellt. Auch die moderne Naturwissenschaft ist, so Barth, in gewissem Sinne Naturtheologie.[259] (3) Schließlich, und auch dies ist ein Ergebnis des 18. und 19. Jhdts., können intelligible Phänomene den Rang von Göttern einnehmen: Kants Sittengesetz mit seiner unbedingt geltenden Forderung und – als Überbietung dazu – die Vernunftkonzepte des deutschen Idealismus sind gewiss Kandidaten dafür. Auch wenn der Gott aus Kants Kritik der praktischen Vernunft nur ein Postulat ist, so ist er doch ein zwingend notwendiges Postulat, das Barth zu dem Spott veranlasst: »Lasset uns niederfallen und anbeten, auch wenn wir noch zögern mögen, auch wenn wir es vorläufig nur postulatweise wagen sollten, seine Existenz auch theoretisch zu behaupten. Man kann und muss ruhig oder auch höchst unruhig auch vor diesem Gotte Halt machen, auch mit ihm in seiner strengen Eigenart sich auseinandersetzen.«[260] Ein Gleiches gilt für die Gegenkonzeptionen, also etwa für die Suche nach Widerfahrnis und Erlebnis in der Romantik und letztlich für Friedrich Nietzsches Wiederentde-

[258] Vgl. 621–624.
[259] Vgl. 624–628.
[260] 632.

ckung des Dionysischen als Natur des Geistes. Ob moralisches Postulat der Vernunft oder schlechthin widervernünftige Triebnatur des Geistes: Wer so über die Formen von Vernunft und Unvernunft denkt, betet offensichtlich den Geist als Gott, die Geister als Götter an.[261]

Soweit Barths »Versuch einer Uebersicht über das Unübersichtliche«.[262] Dass er solchen Systematisierungen im Grunde kritisch gegenüberstand, wurde schon deutlich. Auch in diesem Text liegt der Ton nicht auf einem System des Widergöttlichen, wie die Überwindung der falschen Götter durch den richtigen bzw. der Weltanschauungen durch den Glauben zu denken sei. Ihr wenden wir uns jetzt deshalb zu. Wie also denkt Barth »die *Beseitigung* der Götter«?[263]

Kurz gesagt greift er dafür auf argumentative Strategien zurück, die oben in Abschnitt II 2b als johanneisches Modell beschrieben wurden. Nach diesem Modell besteht Gottes Macht darin, die Mächte bereits besiegt zu haben; dieser Umstand ist aber erst im Binnenraum der zu ihm gehörenden Gemeinde bekannt und setzt diese in ein recht distanziertes Verhältnis zu ihren Umwelten. Barth argumentiert zunächst, dass es von Seiten des Geschöpfs keinerlei Kompetenz gäbe, die Götter für überwunden zu erklären. Das ist allein Gottes Sache, der in seiner Eigenschaft als Schöpfer das Geschöpf bejaht. Die Götter, die – in der beschriebenen Weise – Phänomene der Einbildung sind, also des coram Deo als falsch erwiesenen Bewusstseins, werden durch die göttliche Bejahung des Geschöpfs zunichte gemacht. Der Ort, an dem dies zu Austrag und Wirklichkeit kommt, ist die Gemeinde. Barth schreibt: »Dass der Schöpfer der Verbündete seines Geschöpfs ist, das ist die Erkenntnis und das Bekenntnis der *christlichen Gemeinde.*«[264] Sie ist Geschöpf wie alles Geschöpfliche um sie herum, sodass für Triumphalismus gewiss kein Anlass besteht. Und doch ist sie es, die vorzüglich um ihre Geschöpflichkeit weiß, weil sie sich der Selbstoffenbarung Gottes anvertraut. Geschöpf sein, so kann man das Argument zusammenfassen, ist eines, aber daran erinnert zu werden, dass man es ist, ist durchaus etwas anderes. Erinnert die Gemeinde sich daran, dass sie sich der Relation zum Schöpfer verdankt, so bleibt kein Raum für die Wirklichkeit der Götter in ihr. Gott bejaht sein Geschöpf und insofern handelt er an ihm. Wo dies durch die Lebensäußerung der Gemeinde gelten gelassen wird,[265]

---

261 Vgl 628–639.

262 639.

263 674.

264 683. Wenige Seiten weiter korrigiert Barth zweimal »Kirche« zu »Gemeinde«, vgl. 690. Offensichtlich denkt er also an die konkrete Ortsgemeinde und weniger an den Begriff als pars pro toto für Kirche überhaupt.

265 Vgl. 685.

haben die Götter keinen Raum mehr. Die Einbildung der Götter – in beiden Bedeutungen des Wortes – ist verschwunden: »Indem die Gemeinde aufgrund dieses göttlichen Handelns ist, was sie ist, kann es in ihr, ihrer Geschöpflichkeit und Sündigkeit zum Trotz, *keine Götter* geben. Dieses göttliche Handeln steht als Macht gegen die geschöpfliche Schwachheit, in der auch sie den Göttern rufen könnte.«[266]

In der Gemeinde ist bewusst, was der ganzen Schöpfung gilt, nämlich dass zwischen Schöpfer und Geschöpf für die Götter kein Raum ist. Indem sie dies gelten lässt, haben die Götter keine Macht über sie und gerät sie in eine exemplarische Existenz für die geschöpfliche Welt um sie herum. Die Gemeinde beansprucht also keinen privilegierten Ort der Erkenntnis, als hätte sie zwischen beiden zu wählen. Vielmehr ist es so, dass sie, wenn sie sich als Gemeinde Gottes findet, götterlos geworden ist.

Man muss nun vielleicht einwenden, dass das Argument einen intellektualistischen und dezisionistischen Grundzug hat, so als verschwänden die Götter, wenn nur die falsche Einbildung aus dem Bewusstsein verschwindet. Dem wäre auch stattzugeben, wäre dies Barths letztes Wort zur Sache. Doch im zweiten Teil des Paragraphen greift er die Thematik noch einmal auf und stellt sie anhand der gegenstrebigen Leitbegriffe »Glaube« und »Weltanschauung« dar.[267]

Im zweiten Teil des Paragraphen, überschrieben »Der Glaube und die Weltanschauungen«,[268] argumentiert Barth, dass der Glaube allen denkbaren Weltanschauungen diametral gegenüber steht. Ferner führt er aus, wie ein Verhältnis des Glaubenden zu sich, zum Mitgeschöpf und zu Gott denkbar sein soll, das ohne Weltanschauung auskommt. Dieser ausschließliche Gegensatz ist ein Erklärungsanspruch von nicht geringem Ausmaß. Barth sucht ihm zu entsprechen, indem er beim Begriff des Glaubens beginnt, dem sodann den Vorstellungskomplex Weltanschauung gegenüberstellt und schließlich argumentiert, wie die Befreiung des Glaubenden von weltanschaulichem Ballast denkbar sein soll.

---

[266] 687.

[267] Stoevesandt hält den Abschnitt über die Beseitigung der Götter (674–706) für den »Hauptakzent des ganzen Paragraphen« (Gottes Freiheit 192). Dies scheint mir schon aufgrund der Doppelstruktur im Aufbau des Paragraphen und seines erheblichen Achtergewichts eher unwahrscheinlich. Zudem dürfte sich in einer detaillierten Darstellung zeigen lassen, dass Barths Entfaltung des Glaubensbegriffs (725–774) und seine Erwägungen zur Überwindung der Weltanschauungen (822–880) das sachliche Zentrum darstellen. Richtig ist sicher, dass Barth in den veröffentlichten Bemerkungen zum Thema das Verhältnis zwischen Gott und den Mächten zur eigentlich wichtigen erklärte. Um so überraschender ist es, dass dies hier offensichtlich in anderer Gewichtung stattfindet. Das wird zu diskutieren sein, wenn der Text publiziert ist.

[268] 707.

Das in diesem Paragraphen ausgeführte Verständnis des Glaubens wird man wohl vor allem als *Magna Charta geschöpflicher Freiheit* verstehen sollen. Barth entwickelt den Glaubensbegriff vom Schöpfungsverständnis her und betont dabei, dass die Konvivenz von Schöpfer und Geschöpf, sowie die der Geschöpfe untereinander das Ende der Wege von Gottes Schöpfungshandeln sei. Der dreieinige Gott handelt so an seinem Geschöpf, dass dieses sich als Geschöpf unter Geschöpfen wahrnehmen kann: weder also als schlechthinniger Herr über andere Bereiche der Schöpfung, noch als eigenes schöpferisches Prinzip, schon gar nicht aber als eines, das anderen geschöpflichen Instanzen und Mächten untertan und zu willen sei. Der glaubende Mensch ist »Nachbar des Engels auf der einen, Nachbar des Tieres auf der anderen Seite«,[269] in Beziehung und Zugehörigkeit des Geschöpfs zum Geschöpf.

Die Welt vor Augen ist freilich anders. In ihr herrscht Kampf und Krieg, in ihr gibt es die mancherlei Mächte, die sich zu eigenen absoluten Zentren und damit zu falschen Göttern aufschwingen. Ihnen steht der Glaube gegenüber. Er agiert oft genug gegen den Augenschein, der ganz andere Macht-, Über- und Unterordnungsverhältnisse als Signatur der Wirklichkeit ausgeben mag. Der Glaube

»hofft darauf, dass die Geschöpfwelt noch ein ganz anderes Gesicht hat und zeigen wird als das, was er jetzt zu sehen vermag. Er hofft auf Gott, dass er ihm dieses andere Gesicht des Geschöpfs, dass er ihm sein eigenes Gesicht noch ganz anders zeigen wird. Er hofft auf Jesus Christus, in welchem das neue Gesicht des Geschöpfs und also auch sein eigenes neues Gesicht jetzt schon – ein Unterpfand seiner Hoffnung auf das Ganze – ohne Rätsel und Widersprüche vor seinen Augen steht. Er hofft auf den Heiligen Geist als Gabe Gottes, die ihn jetzt schon sehend macht und die ihn einst befähigen wird, zu schauen was er jetzt noch nicht sehen kann.«[270]

Im Glauben verschränken sich eine präsentische und eine futurische Perspektive. Die präsentische sieht, was die natürliche nicht wahrnehmen kann, da sie unter dem Götzendienst der mancherlei Mächte befangen ist – dass dies auch und gerade für die Kirche gilt, hat Barth in seinen Ausführungen zum Götzendienst der natürlichen Theologie wiederholt angeprangert.[271] Die futurische Perspektive hofft auf das endliche Offenbarwerden von Gottes Schöpferwillen, sodass der Wandel im Glauben von dem im Schauen abgelöst werden kann. Im Ganzen gilt, dass alles, was in der Geschöpfwelt begegnet, eben *als Geschöpf* begegnet und dass alle anderen Prätentionen von der Perspektive des Glaubens abgewiesen werden. Der Glaubende wird

---

[269] 756.

[270] 738. Zum Erwartungsaspekt vgl. 741–746.

[271] S.o. Abschnitt II 1a.

in der Geschöpfwelt nichts finden, dessen vermeintlichen Absolutheitsanspruch er nicht zu entmythologisieren verstünde. In der Geschöpfwelt ist überall nichts, was für den, der sie als Mitgeschöpflichkeit zu lesen versteht, nicht unter Gottes Walten und Kuratel stünde. Barth bezeichnet das als »den wichtigsten Schritt unserer ganzen Ueberlegung«[272] und summiert ihn wie folgt:

»Es gibt auch im Raum der Geschöpflichkeit, die verschieden vom Menschen, für ihn, mit ihm und gegen ihn und immer auch in ihm selber ist, keine Wirklichkeit und keine Erscheinungen, keine Wesen und keine Geschehnisse, keine Ursachen und keine Wirkungen, kein Einzelnes und keine Zusammenhänge, die nicht, wie er selber, unter Hoheit, Ordnung und Verfügungsgewalt desselben Schöpfers stünden, der auch sein Schöpfer ist.«[273]

Diesen Spitzensatz zu würdigen bedeutet allerdings, einige Differenzierungen mitzuverfolgen, die Barth im Rahmen des Paragraphen anlegt. Deren erste betrifft noch den Begriff des Glaubens selbst:

Die Perspektive des Glaubens beschränkt sich nicht auf diese Wahrnehmung sub specie Dei und die ihr entsprechende Hoffnungs-perspektive allein. Barth führt breit aus, dass es sich um ein aktives Verhältnis zur Welt

[272] 762.

[273] Ebd. Die Nähe dieser Bestimmung zu Martin Luthers Bestimmungen des Deus absconditus, der alles notwendig, necesse, wirkt, was geschieht, ohne dass dies dem glaubenden Subjekt zugänglich und verständlich ist, ist erstaunlich. Auch Luthers Bestimmung des Deus absconditus geschieht um des Deus praedicatus willen: Würde dem verborgenen nicht alles zugerechnet, was geschieht, so wäre es unmöglich, des Heiles im offenbarten Wort Gottes sicher zu sein. Vgl. z.B. De servo arbitrio, WA 18, 619: Praescientia und necessitas Dei sind schlechterdings notwendig anzunehmen, weil sonst fides Christiana, promissiones und Evangelium ganz unsicher werden und damit eigentlich verschwinden. Ebd. 684f wird das im klassischen Begriffspaar absconditus-revelatus/praedicatus ausgeführt. Ich zitiere 685: »Hoc enim agit Deus praedicatus, ut ablato peccato (et) morte, salui simus. Misit enim uerbum suum et sanauit eos. Ceterum Deus absconditus in maiestate, ne(que) deplorat ne(que) tollit mortem, sed operatur uitam, mortem, (et) omnia in omnibus. Ne(que) enim tum uerbo suo definiuit sese, sed liberum sese reseruauit super omnia. (...) Nunc aut(em) nobis spectandum est uerbum, relinquendaq(ue) illa uoluntas imperscrutabilis, Verbo enim nos dirigi, non uoluntate illa inscrutabili, oportet.«

Den beiden Positionen ist auch gemeinsam, dass sie als *Ausdruck des Bittgebets* konzipiert sind. So gehört zur eben zitierten Aussage Barths die folgende Bestimmung wesentlich dazu: »Beten heisst Gott darum angehen, dass er nicht aufhöre, in seiner Souveränität und Fürsorge uns anzugehen. Eben darin transzendiert der Glaube sich selber. Eben darin ist er mehr als Glaube, ist er Erwartung.« (744) Ganz genauso verhält es sich mit Luthers viel diskutiertem Bild vom »Fliehen« hin zum offenbaren Gott und mit der Sprachgestalt von De servo arbitrio überhaupt, welche nur als assertio zureichend begriffen wird, wie Luther u.a. im Schlusssatz deutlich macht: »Ego uero hoc libro NON CONTVLI, SED ASSERUI ET ASSERO, ad penes nullum uolo esse iudicium, sed omnibus suadeo, ut praestent obsequium.« (De servo arbitrio, WA 18, 787). Zur Begriffstradition »assertio« vgl. Reinhuber, Kämpfender Glaube 13–17. Eine Diskussion der Nähen und Unterscheide Barts und Luthers in dieser Sache bei Hailer, Unbegreiflichkeit, Kap. 2.

handelt, das allem zuvor von Vertrauen in Gottes Ja zur Schöpfung geprägt ist. In diesem Sinne ist der Glaube ein »Werk«, welches »in der Liebe tätig ist«.[274] Diese Bestimmung ist von einigem Belang. Der Punkt ist, dass Barth seine Vorstellung von dem in der Liebe tätigen Glauben als des Menschen tätige Antwort auf Gottes voraufgehendes Handeln versteht. Es deutet sich hier eine Doppelstruktur an aus Gottes Handeln auf der einen Seite und der Reaktion des glaubenden Menschen, die in verschiedener Begrifflichkeit gefasst wird, sei es als Handeln und Tätigsein, als Vertrauen, als Entscheidung oder einfach als Geltenlassen. Genaue terminologische Festlegungen sind nicht erkennbar, sehr wohl aber die Tendenz, Glauben als einen Strukturzusammenhang aus Handeln Gottes und menschlicher Antwort zu beschreiben. Damit gemeint ist z.B. eine grundsätzliche Haltung des Vertrauens, als Geschöpf unter Geschöpfen leben zu können oder die Annahme, dass die Liebe, in der der Glaube tätig ist, die Aktion Gottes in menschlicher Aktion nachahmt. In beiden Fällen ist deutlich, dass es sich um eine Doppelung handelt: Der Vertrauende ist nicht identisch mit dem, worauf er vertraut, die nachahmende Aktion nicht mit der, welche sie nachzuahmen trachtet.[275] Ähnlich sieht Barth es auch mit anderen, verwandten Themen: Das Sein des Glaubenden ist von Gott angeredetes und verantwortlich gemachtes Sein. Gleichwohl ist es niemals göttliches, schöpferisches Sein, sondern stets von ihm gegebenes, hörendes und antwortendes Sein.[276]

Diese Doppelstruktur bildet Barth schließlich im Glaubensbegriff selber ab. Er unterscheidet durchgängig den Glauben als Glauben von glaubenden Personen. Glaube wird niemals zur Qualität einer Person, schon gar nicht in dem Sinne, dass diese den Glauben besitzen oder über ihn verfügen könne. Ein Glaubender kann wohl irren, abfallen und schlafen, nicht jedoch der Glaube selber. Glaubende Menschen können fragwürdige Dinge tun, der Glaube jedoch nicht. Er verdankt sich der Offenbarung Gottes und keiner anderen Instanz, muss also auch vor keiner anderen erscheinen. Hier also ist durchgängig zu unterscheiden. Der glaubende Mensch, soviel an ihm ist, versucht, sich der Selbstoffenbarung entsprechend zu verhalten und zu hoffen. Eine Identitätssetzung zwischen Glaubendem und Glauben findet jedoch nicht statt. In diesem Sinne ist der Glaube als der geschworene Feind der Weltanschauungen von den Glaubenden unterschieden, die durchaus und immer wieder deren Opfer werden.[277]

---

[274] 747.

[275] 747–751, vgl. 754.

[276] 759.

[277] Dieser Aspekt blitzt in Barths Darstellung immer wieder auf, ohne dass sie in einer Passage für sich zum Thema gemacht würde, vgl. 744.748.848 u.ö. Vgl. als exemplarische Formulierung: »Die glaubenden Menschen mögen angeklagt werden und sich verteidigen müssen. Ihr Glaube

Damit zu einer kurzen Charakterisierung der Weltanschaungen als geschworener Gegner des Glaubens. Barth hatte das Sein der Götter als Einbildung bestimmt. Nicht anders geht er in Betreff der Weltanschauungen vor. Auch sie sind Konstrukte der Einbildung. Barth entwickelt ein einfaches erkenntnistheoretisches Schema, um ihr Sein und ihre Funktionsweise zu erklären: Weltanschauungen sind Bilder, Skizzen, Vereinfachungen, die vom Menschen zwischen das perzipierende Subjekt und die Wirklichkeit geschoben werden. Weltanschauungen lehren die Wirklichkeit sehen, zuordnen und begreifen, aber sie tun dies in einem auf fatale Weise vereinfachenden Sinn. Ihnen liegt zumeist ein einziger Interpretationsschlüssel, ein Prinzip zugrunde, dem alle Phänomene notwendig zugeordnet werden. Ihre Perzeptionsweise tut der Mannigfaltigkeit des Geschöpflichen dadurch Gewalt an, dass sie es im Rahmen des einen Prinzips und des zu ihm gehörenden Systems durchbuchstabiert – und zugleich eben dieses Prinzip und dieses System für unvermeidlich und alternativlos hält. Es wird nicht zum geringsten von dieser Plausibilität genährt, die aber freilich eine trügerische ist. Darin sind die Weltanschauungen die auf den alltäglichen Umgang heruntertransformierten Machtansprüche der falschen Götter.

Weltanschauungen entstehen aus dem Bedürfnis der Reduktion von Komplexität. Das eine oder andere Interpretationselement rückt in den Rang eines Vorzugselementes ein, das alle anderen selektiert und um sich als steuernde Mitte ordnet. Diese Bevorzugung ist der entscheidende Schritt, den Barth als »eine gewissermaßen heilige Wahl« charakterisiert:[278]

»Ist diese [die heilige Wahl, M.H.] einmal vollzogen, so versteht sich alles Weitere von selbst, so viel Anstrengung und Mühe es auch noch kosten mag. Es folgt aus jener heiligen Wahl, wie die Gesetzgebung eines Staates aus seiner Verfassung folgt[;] alle Gesetze erklären und bestätigen und erklären dann nur die Verfassung und es wird umgekehrt die Geltung der Verfassung in dem Maß stärker und gründlicher, je

---

niemals.« (848) Unter Berufung auf noch weitere Textstellen weist Stoevesandt auf diesen doppelten Glaubensbegriff hin, vgl. Gott und die Götter 194f.

[278] 777. Es könnte lohnen, Barths diesbezügliche Überlegungen mit den Grundannahmen der Theorie sozialer Systeme Luhmanns zu konfrontieren, nach denen Komplexitätsreduktion ja genau die Leistung jedes Systems und so auch des der der Religion ist, vgl. Funktion der Religion 33–45.184–200. Bekanntlich empfahl Luhmann der Theologie, diese Funktionsweise von Systemen anzuerkennen und die Religionssysteme so zu transformieren, dass sie diesen Anforderungen entsprechen, was de facto einer Selbstauflösung gleichkäme, vgl. ebd. 54–66.261–271. Was Luhmann als Normativität des systemisch Faktischen einführt, ist aus der Warte von Barths Überlegungen freilich nichts anderes als die Huldigung einer numinosen Wahl. Der Streit würde wohl dahingehend geführt, ob auch diese theologische Aussage wieder systemtheoretisch reformulierbar ist oder ob sich theologische Gründe dafür beibringen lassen, die systemtheoretischen Grundannahmen nicht zu teilen. Mindestens würde die Theologie dafür streiten, dass es für diese ihre System-Umwelt-Grenze gute Gründe gibt und dass auch der Systemtheoretiker zu Zwecken der Lebensorientierung nicht ohne inhaltliche Festlegungen auskommt.

mehr sie sich in den ihr entsprechenden Gesetzen zu bewähren vermag. Es ist alles, was eine Weltanschauung ausser jenem Vorzugselement enthält, dessen Explikation und Applikation, dessen Exegese gleichsam. Ihr Text aber und ihr eigentliches Geheimnis – der wahrhaft mystische Grund jeder Weltanschauung – besteht in jener heiligen Wahl, in welcher ein Element des Beschaubaren allen anderen gegenüber im Vorsprung ist und vom beschauenden Menschen in diesem seinem Vorsprung erkannt und anerkannt wird.«[279]

Und wenige Zeilen weiter heißt es: »Wer das Prinzip hat, hat im Prinzip das Ganze und alles Einzelne. Und dass das Prinzip ihn hat, darauf kommt alles für den an, der das Prinzip hat. Es muss ihn so haben, dass es ihn – und wenn es das Prinzip der Unsicherheit und also des Zweifels wäre, zugleich Erstes und Letztes ist:[280] Erstes, von dem er auf alle Fälle herkommt – Letztes, dem er auf alle Fälle entgegeneilt. Er muss dem Erwählten gehorsam sein, so gewiss er selber von ihm erwählt ist, sonst ist seine Weltanschauung nicht begründet, nicht konstituiert. Schon der Novize einer Weltanschauung muss immer wieder auf den grundlegenden Gehorsamsakt, auf diese Bestätigung der heiligen Wahl hingewiesen werden. Sonst kann er nicht einmal Novize sein. Für die Eingeweihten und Meister einer Weltanschauung aber wird dieser Gehorsam zur Selbstverständlichkeit oder mindestens zur höchst kräftig affektierten Gewohnheit. Die Gottähnlichkeit des Prinzips wird gerade hier besonders deutlich.«[281]

In diesem Sinne regiert eine Weltanschauung Erkennen und Handeln derer, die zu ihr gehören und ihr damit hörig sind. In der Weltanschauung wird der lebendige Gott zum Prinzip degradiert und wird umgekehrt auch dort, wo es gar nicht um Gott geht, ein Prinzip in der beschriebenen Weise zum götterähnlichen Prinzip umgebildet. Prinzipien aber liegen notwendig miteinander im immer währenden Streit.[282] Überdies entwickeln sie eine fatale Eigendynamik: Sie belohnen nur Wohlverhalten sich gegenüber und schließen denjenigen rigoros aus, der ihre numinose Macht anzuzweifeln wagt. Insofern entpuppen sich Weltanschauungen und ihre Prinzipien letztlich als Herrschaft des *Gesetzes*.[283] Das Prinzip, so verlockend und numinos mächtig es erschienen sein mag, reguliert Zuwendung und Entzug von Achtung ausschließlich über Wohlverhalten zu seiner eigenen fatalen Vereinfachung der Welt. Des Menschen Bedürfnis nach einer durch ein Prinzip versteh- und regulierbaren Welt hat sich gegen ihn gewandt. Seine Haltlosigkeit, die

---

[279] 777.

[280] Zweifellos ist hier zu lesen: »dass es ihm – und wenn es das Prinzip der Unsicherheit und des Zweifels wäre – zugleich Erstes und Letztes ist«.

[281] 778.

[282] Man könnte an Max Webers entsprechende Äußerung von den »alten vielen Göttern« denken, die oben, 2 II 2b, zitiert wurde. An der entsprechenden Stelle, 808, ist ein Bezug Barths allerdings nicht erkennbar.

[283] Dazu 818ff.

ihn zum Mittel der heiligen Wahl greifen ließ, schlägt auf ihn zurück: »Erst die systematisierte Welt ist fürchterlich, weil sie der Reflex seiner eigenen Unruhe ist.«[284]

Die Verlockung der Übersichtlichkeit einer Weltanschauung ist zur Scheuklappe geworden, das fascinosum der heiligen Wahl zum Schrecken, der vermeintliche Segen des Prinzips zum Fluch des Gesetzes. Auf nichts geringeres läuft nach Barth die Herrschaft einer Weltanschauung hinaus. Genauer: *Jede* Weltanschauung übt eine solche Herrschaft aus. Der entsprechende Abschnitt des Typoskripts endet denn auch mit dem Satz: »Nur eine ganz andere Situation ohne jede Weltanschauung würde ihn [den Menschen, M.H.] vor dem Todesgesetz retten können, das dort unaufhaltsam gültig ist.«[285]

Die Gegenwelt dazu ist das Sein und Handeln im Glauben. Es war schon angeklungen, dass Barth dies als die Freiheit der Kinder Gottes versteht, sich als Geschöpf unter Geschöpfen zu verstehen. Darin und in der Hoffnung auf die endgültige Selbstoffenbarung Gottes als Schöpfer und Herr ist der Glaube diejenige Wahrnehmung der Welt, die die fatalen Gesetzmäßigkeiten der Weltanschauungen nicht braucht. Der konstituierende Unterschied zwischen Glauben und Weltanschauung besteht darin, dass der Glaube kein Bild vor die Wirklichkeit schiebt. Er verzichtet darauf, die Wirklichkeit auf den Begriff und damit auf ein fatales Prinzip bringen zu wollen. Subjekt der Benennungen und damit der Wesenserkenntnis ist Gott allein. Im Gegensatz zur Prätention der Weltanschauung, zu wissen, wie die Dinge sind und sie damit erst recht zu verschleiern, bekennt der Glaube, dass die Erkenntnis des Wesens der Dinge Vorrecht Gottes sei:

»Es gibt für den Menschen nur *eine* Erkenntnis *eines* Wesens und das ist die Erkenntnis Gottes im Glauben auf Grund der Offenbarung, in der ihn Gott allerdings sein Wesen erkennen lässt. Das Wesen des Geschöpfs dagegen (...) ist ein verborgenes Wesen, von dem es für den Menschen keine Erkenntnis gibt – man muss wohl sagen, von dem es nicht nur jetzt und hier[,] sondern auch jenseits der künftigen Enthüllung der Kreatur und in alle Ewigkeit hinein für ihn keine Erkenntnis geben wird, weil die *Erkenntnis* des *Wesens* der Dinge ein Prädikat ihres Schöpfers ist, das als solches nicht Prädikat eines ihrer Mitgeschöpfe werden kann.«[286]

Dem Glaubenden wird, lässt er sich darauf ein, zwar keine Erkenntnis der Mitwelt im eben angesprochenen Sinne zuteil, doch spricht Barth von einer Appräsentation derselben, die man als Widerfahrnis der Mitgeschöpflichkeit charakterisieren könnte: Der Glaubende erlebt ein grundsätzliches »Ja

284 815.
285 822.
286 767.

zur Geschöpfwelt«,[287] »der gute Sinn des Geschöpfs« wird ihm deutlich,[288] er vermag den Kosmos »in seiner eigenen Wahrheit und Würde zu respektieren«.[289] Das ist die Konvivenz des Geschöpflichen. Sie kann sich nicht anders ausdrücken als im gegenseitigen Respekt und der gegenseitigen Liebe des Geschöpflichen: »Der glaubende Mensch *liebt* es – und das ist die Tat, das Werk seines Glaubens – *das von Gott geliebte Geschöpf inmitten der Geschöpfwelt* zu sein.«[290] Oder: »Die Dinge werden sprechend und lebendig, wenn man ihr Wesen zu erkennen ihrem Schöpfer überlässt, von dem es erkannt ist von Ewigkeit her, der uns die entscheidende Erkenntnis, nämlich die Erkenntnis seiner selbst nicht vorenthalten, sondern gegeben und der uns eben damit in den Stand gesetzt hat, den Dingen – die nicht mehr und nicht weniger als seine Geschöpfe sind – und mit den Dingen dann bestimmt auch uns selbst und unserer Bestimmung gerecht zu werden.«[291] Darin ist bestimmt und darin vollzieht sich die Freiheit des Glaubens als Freiheit vom gesetzlichen Bestimmen und Bestimmtwerden der Weltanschauungen.[292] Diese Freiheit ist, damit schließt Barth seine Überlegungen zu Glauben und Weltanschauungen ab, die Freiheit der *Kirche*. Wo die Freiheit des Geschöpfs zur Mitgeschöpflichkeit gelebt wird, ist Kirche, wo sie in Frage gestellt wird, bricht ihr Raum der Freiheit in sich zusammen. Auch dies darf natürlich nicht ohne den eschatologischen Vorbehalt der endgültigen Aufrichtung der Kirche, die dann »ohne Widerstreit, freudig, sorgenlos und hell triumphierend« sein wird,[293] gedacht werden, geht also ohne Umstrittenheit nicht ab. Gleichwohl ist festzuhalten, »dass die kleinste Regung dieser streitenden und umstrittenen Freiheit des Glaubens unendlich viel besser und begehrenswerter ist als die ganze trügerische Tugend, Weisheit, Machtentfaltung unter den Weltanschauungen.«[294]

Barth belässt es nicht bei einer absoluten Gegenüberstellung von Glaube und Weltanschauung. An einer Stelle gegen Ende des Paragraphens liest man, was beim vorherrschenden Ton durchaus erstaunt, eine vorsichtige Einschränkung dieser Gegenstrebigkeit. Barth betont, dass, wie die Götter so auch die Weltanschauungen nicht einem gottwidrigen Prinzip zugehören, sondern ihr Wesen in Verkehrung, Verneinung und Abwendung haben, darin aber doch als Geschöpf auf Gott bezogen sind. »So sind«,

[287] 741.

[288] 711.

[289] 766.

[290] 754.

[291] 769.

[292] In umfänglichen Ausführungen bestimmt Barth das Gegenüber von Glaube und Weltanschauungen wieder und wieder, vgl. 822–880. Die einzelnen Argumente können, da sie nichts substantiell Neues bringen, hier auf sich beruhen bleiben.

[293] 888.

[294] 901, Schlusssatz des Paragraphen.

schreibt er, »auch die menschlichen Weltanschauungen nicht einfach des Teufels, sondern sie haben ein geschöpfliches Substrat, in welchem auch sie dieses Gottesfriedens teilhaftig sind.«[295] Deabsolutiert man ihre Ansprüche als Prinzip und heilige Wahl, so das Argument, dann kommt hinter ihnen etwas durchaus Respektables zum Vorschein, nämlich »gewisse anspruchslose und nötige Orientierungsversuche«,[296] die als solche brauchbar sein können und nicht Abfall sein müssen. Man wird das so zu verstehen haben: Weltanschauungen, sofern nur deabsolutiert und ihres pseudoheiligen Charakters entkleidet, sind als Orientierungshilfen durchaus zulässig. Barth meint gar, dass mit ihrer Hilfe den »geschöpflichen Urphänomene[n]« nachgespürt werden kann.[297] Weltanschauungen sind offenbar doch nicht absolut verwerflich. Dieser Gegenzug mag nach den zahllosen vorangegangenen Invektiven erstaunen. Barth macht allerdings deutlich, dass er, obschon dies konzediert sei, keinerlei Weg von den Weltanschauungen zu den Urphänomenen sieht. In unmittelbarer textlicher Nähe heißt es von der Weltanschauung: »Von diesen Disteln sind keine Trauben zu ernten.«[298]

Eine Revozierung wird man aus dieser einen Textstelle nicht herauslesen können, hat sie doch eher den Charakter einer Randbemerkung. Gleichwohl deutet Barth hier an, ein prinzipielles Sensorium für die Notwendigkeit orientierender Schemata für den Weltumgang zu haben, für »gewisse anspruchslose und nötige Orientierungsversuche« eben. Jede weitere Exploration aber scheint er sich verbieten zu wollen, wozu auch der durchaus wolkige Terminus Urphänomen beitragen dürfte. Hat er hier die Überspitzung seiner These geahnt, diese Ahnung aber durch unscharfe Termini zurückdrängen wollen? Das wäre immerhin möglich. Denn die implizite Sprachphilosophie, als hätte sich eine Weltanschauung vor die unverstellte Wahrnehmung der Wirklichkeit geschoben, wäre bedenklich primitiv. Sprache funktioniert nicht so, dass sie einfachhin Wirklichkeit abbildet oder diese Abbildung eben verstellt, vielmehr ist sie – und das kann nach Wittgenstein und dem »linguistic turn« als communis opinio gelten –, ein je regionales Orientierungsmittel. Barths Differenzierung in Weltanschauung, Orientierungsmittel und Urphänomen führt demgegenüber in einige Probleme.

Man mag noch eine Parallele zu Th.W. Adornos berühmter Reflexion über den »versöhnten Zustand« sehen, für die er die Haltung des Anders-sein-lassens denkt: »Der versöhnte Zustand annektierte nicht mit philosophischem Imperialismus das Fremde, sondern hätte sein Glück daran, dass es in der gewährten Nähe und Ferne das Verschiedene bleibt, jenseits der Heterogene wie des Eigentlichen.«[299] Wären das die geschöpflichen Urphänomene? Die Parallele überzeugt nicht recht, da Adorno hier die Eschatologie der Kritischen Theorie formuliert, Barth es aber sichtlich auf den alltäglichen und gegenwärtigen Weltumgang abgesehen hat. Und dass der Gottes

---

[295] 871f.
[296] 872.
[297] 872, vgl. 873.
[298] 873.
[299] Adorno, Negative Dialektik 192.

Schöpferwillen unverstellt soll wahrnehmen können, scheint nur unter Auslassung der Hamartiologie und damit gar nicht glaubhaft.

Hier hat der unveröffentlichte Paragraph eine beachtliche Schwäche. Soll man dies mit H. Stoevesandt als den Grund unterstellen, um dessentwillen Barth den Text zurückzog?[300] Ich erkenne keinen weiteren Anhaltspunkt dafür. Außerdem geht es nicht um die Rekonstruktion einer nicht dokumentierten Entscheidung. Interessanter erscheint es mir, die Stärken des unveröffentlichten Textes zu betonen, die im veröffentlichten Werk so nicht mehr auftauchen. Da wäre einesteils die vielgestaltige Phänomenologie der Götter und Weltanschauungen zu nennen, zu der Barth sich sonst nicht hinreißen lassen wollte und andererseits die Tatsache, dass er in diesem Text etwas wagt, das er sonst ablehnt: Götter bzw. Weltanschauungen durch genaues Hinsehen auf ihre Existenz- und Funktionsweise in den Griff bekommen zu wollen. Das wird er, wie gleich zu berichten sein wird, später manifest ablehnen. Die Rezeption hat nun crux und Vorteil gleichermaßen, gute Gründe für beide Optionen zu haben.

b) »Herrenlose Gewalten«

So weit die Bemerkungen zum unveröffentlichten Text. Gut 15 Jahre später hielt Barth Vorlesungen zum § 78 der KD, die er aber nicht mehr in KD IV/4 aufnahm. Sie wurden von Hans-Anton Drewes und Eberhard Jüngel im Jahr 1976 im 7. Band der Gesamtausgabe, »Das christliche Leben«, veröffentlicht. In diesem Band sind Texte versammelt, die die Ethik der Versöhnungslehre entfalten und damit KD IV abschließen sollten. Als Titel für Kap. 17 war »Das Gebot Gottes des Versöhners« vorgesehen.[301] § 74 leitet die Ethik der Versöhnungslehre ein, § 75 war als Tauflehre geplant und wurde umgearbeitet als KD IV/4 publiziert. Die §§ 76-78 stellen eine Auslegung der ersten beiden Bitten des Vaterunsers dar, als die die Ethik ausgeführt werden sollte: Christliches Handeln, so die Aussage dieses Argumentationsaufbaus, ist eine *Implikation der Bitte* des Christen um das Kommen des Reiches Gottes.

In § 78 wird unter dem Titel »Der Kampf um menschliche Gerechtigkeit« die Antwort der Christen auf Gottes Handeln an ihnen und der Welt entfalten. »Dein Reich komme!« Wer diese Bitte äußert, äußert nicht nur eine Proposition – als Bittende/r kommt er, kommt sie vor Gott und inmitten der Geschöpflichkeit als spezifisch andere/r zu stehen. Wie dies Anderssein zu beschreiben sein könnte, entfaltet Barth in vier Schritten. Zunächst (1.) präzisiert er das Objekt, gegen das sich der Kampf um menschliche Gerechtigkeit richtet, als Unordnung und Unnatur, die sich gegen den Menschen wendet und hebt dies vom Kampf des Menschen gegen den Men-

---

[300] Stoevesandt, Gottes Freiheit 197.

[301] Barth, Christliches Leben 1. Nachweise des Abschnitts, soweit nicht anders vermerkt, aus diesem Band.

schen ab. Sodann (2.) entfaltet er die beiden Begriffe Unordnung und Unnatur als herrenlose Gewalten und gibt einige Beispiele für solche Phänomene an. In den Schlussabschnitten des Paragraphen (3./4.) streitet Barth zunächst für eine rein eschatologische Bestimmung des Reiches Gottes und entfaltet das Gerechtigkeitshandeln des Menschen als Implikation seiner Bitte um das Kommen dieses Reiches.

Dass um das Kommen von Gottes Reich gebetet wird, heißt zunächst, dass es mancherlei gibt, was diesem Reich entgegensteht: Es gibt weithin Reiche und Herrschaften, die diesem Reich nicht entsprechen und ihm nicht untertan sind. Deswegen befinden die Christen sich in der Auflehnung und im Kampf um Gerechtigkeit. Feind ist allerdings nicht gleich Feind. Barth unterscheidet die Sorge und den Kampf ums eigene Dasein als gleichsam natürliche Gegebenheit von derjenigen Auflehnung, die von der zweiten Bitte her geboten ist: Der Aufstand gegen die »*Menschheits*not«.[302] Diese ist von anderen Menschen als mögliches Objekt allerdings unterschieden. Es geht nicht um einzelne Gegner, sondern um die »Unnatur« und »Fremdherrschaft«,[303] die die Menschen bedrängt. Barth führt dazu aus: »Die allgemeine Not, gegen die aufzustehen und zu streiten den Christen geboten ist, ist die alle menschlichen Verhältnisse und Beziehungen innerlich und äußerlich beherrschende und durchdringende, vergiftende und zerrüttende *Unordnung*.«[304]

Der Terminus soll zweierlei ausdrücken. Zum einen besagt er, dass es sich um ein überpersonales Phänomen handelt, um ein Etwas, das kollektive Bedrückung und Zerrüttung bewirkt. Zum anderen intendiert Barth mit seiner Begriffswahl, dass diese Unordnung weder naturgegeben noch gottgewollt ist. Die Unordnung zerstört das Zusammenleben der Geschöpfe mit Gott und untereinander, aber sie ist nicht aus göttlicher Fügung. Vielmehr geht sie auf menschliche Initiative zurück, darauf, dass die Menschen sie gerufen haben und sie sich dienstbar machen wollten. Freilich hat dies andere Folgen gezeitigt, als die Menschen es sich vorstellten: Was sie zu ihrer Hilfe herbeiriefen, wurde doch ihr Herr, wessen sie sich bedienen wollten, wurde plötzlich zu derjenigen Größe, der sie unterworfen waren. Das Szenario erinnert an den Goethe'schen Zauberlehrling, der die Geister nicht mehr loswird, die er rief, worauf Barth auch anspielt.[305] Entscheidend für die Grundlegung des Gedankens ist, dass Barth auch in diesem Text an ein numinoses Drittes denkt, das weder Schöpfer noch Geschöpf ist, gleichwohl deren Zusammenleben empfindlich stört und als eigenständiges Aktzentrum

---

[302] 357.
[303] Beide 358.
[304] Ebd.
[305] Vgl. 365.

zerstörerische Macht entfaltet. Über die Ursache dieses geheimnisvollen Dritten äußert Barth sich freilich anders als etwa in der Lehre vom Nichtigen:

»Daß des Menschen *Abfall* und *Entfremdung von Gott* die Wurzel alles und so auch dieses Übels ist – der letzte und eigentliche Grund jeder Unordnung, ja selbst die ursprüngliche Unordnung, die eigentliche, das menschliche Leben und Zusammenleben verfinsternde und belastende Ungerechtigkeit – das sei nun vorausgesetzt. Eben des Menschen Entfremdung von Gott schließt nun aber sofort seine Selbstentfremdung in sich (...)«.[306]

Ob Barth hier eine Selbstkorrektur vornimmt, wird aufgrund einer einzigen Stelle kaum zu entscheiden sein, zumal er sich weigert, das Woher von Abfall und Entfremdung eigens zu thematisieren. Für diesen Zusammenhang mag genügen, dass weder Gottes Wille noch ein Naturmechanismus für die Existenz der Mächte verantwortlich gemacht werden sollen.

Wie auch immer es zur Selbstentfremdung des Menschen von Gott gekommen sein mag: Das paradoxe Ergebnis dieser Selbstentfremdung ist, dass ihr keineswegs ein Gewinn an Freiheit und Lebensglück entspringt. In der Emanzipation von Gott erhofft der Mensch einen Gewinn an Lebensmöglichkeit – und muss doch die Erfahrung machen, dass diese Lebensmöglichkeiten sich gegen ihn wenden und Macht über ihn gewinnen. Was er sich als Hilfe zumisst, nimmt ihn in die Pflicht, was er zu seiner Freiheit einzusetzen und zu kontrollieren meint, kontrolliert in Wirklichkeit ihn. »Wesenheiten eigenen Rechts und eigener Würde« sind entstanden,[307] die über ihn disponieren. Sie sind dunkel, flüchtig, tauchen in immer wieder verschiedener Gestalt auf und von ihnen kann letztlich nur in eigentümlich mythologisierender Sprache geredet werden, entziehen sich also einer propositionalen Beschreibung.[308] Sie sind »pseudo-objektive Realitäten«, haben »lügenhafte Objektivität« und dennoch ist es ganz unausweichlich, sich mit ihnen zu beschäftigen.[309]

---

[306] 363.

[307] 365.

[308] Vgl. 367 u.ö. Dass diese Feststellungen in den entscheidenden Bestimmungen mit Georg Pichts Gedanken zur Parallelität von Kunst und Mythos konvergieren, leuchtet ohne weiteres ein. Pichts verzweigte Argumentationen im Rahmen seiner Theorie der Wahrnehmung zielen ja genau darauf, Phänomene nicht zu übersehen, die in einer gewöhnlichen, propositionalen Beschreibung im Wortsinne unsichtbar bleiben, vgl. oben Kap. 2 II 1d und den Exkurs zu Hegels Ästhetik. Hier wie allerwege in dieser Thematik bestätigt sich der Stoßseufzer von Thomas Zeilinger zu Beginn seiner Untersuchung der Mächte und Gewalten, man habe es mit einem Gegenstandsbereich zu tun, der »sich zugleich hartnäckig der Darstellung entzieht.« (Zeilinger, Zwischen-Räume 9).

[309] Beide 368.

Es handelt sich um Möglichkeiten, die dem Menschen einst als geschöpfliche Möglichkeiten zur Verfügung standen, die aber in einem fatalen Emanzipationsprozess denaturierten und zu eigentümlich dunklen und numinosen Kräften wurden. Diese Bestimmung ist wichtig, weil Barth aus ihr schließt, dass es sich bei den herrenlosen Gewalten wohl um Pseudoabsolutismen handelt, die vor Gott jedoch nicht absolut sind. Wie immer sie sich vor dem Menschen auch gebärden mögen, absolut im vollen Sinne des Wortes sind sie nicht, weil sie im Grundsatz kreatürlich verliehene Kräfte sind. Mag ihre Herrschaft auch noch so effektiv sein – weil sie letztlich aus den Möglichkeiten des Menschen kommen, können sie kein Gegenüber sein, das Gott letztlich bedrohlich wäre.[310]

Auch hier stellt sich natürlich die Frage, ob Barth eine Selbstkorrektur gegenüber der Lehre vom Nichtigen vornimmt. Ohne dies hier ausdikutieren zu wollen, scheint mir doch der Hinweis angebracht, dass die Stoßrichtung des Arguments in beiden Fällen dieselbe ist: Sowohl in KD § 50 also auch hier möchte Barth einerseits einer Verharmlosung des Nichtigen/der Mächte wehren, indem er auf die verheerende Wirksamkeit und zugleich fatale Unsichtbarkeit der in Frage stehenden Phänomene verweist. Zum anderen aber macht Barth in beiden Fällen deutlich, dass die Phänomene letztlich unter Gottes Regiment stehen und kein eigenständiges ontologisches Prinzip darstellen. Die Mittel zu dieser Aussage sind freilich verschieden: Was in § 50 mit paradoxen Sprachmitteln zur Wirklichkeit in Gottes Verneinung stilisiert wird, wird hier als das Ergebnis des selbstverschuldeten Verlassens von Gottes Ordnung vorgestellt. Mag man im früheren Text Ungenügen angesichts massiv eingesetzter Formen des Paradoxes empfinden, so hier wohl aufgrund der Frage nach der Bedingung der Möglichkeit des Falls, die sich dem von Barth skizzierten Woher der herrenlosen Gewalten unweigerlich anschlösse. Befriedigend könnten beide Strategien allenfalls sein, wenn die oben II 1c vorgeschlagene Lesart zutreffend wäre, nach der solche theologischen Strategien sinnvoll sind, weil und sofern sie die Grenzlagen theologischer Argumente regulieren. Von der Annahme, es läge eine Lehre vor, muss dann allerdings in § 50 wie in § 78 Abstand genommen werden.

Und damit zu Barths Skizze der herrenlosen Gewalten in ihrem jeweiligen Sosein. Er geht kurz auf die exegetischen Sachlagen im NT ein – dies übrigens im Gegensatz zum Typoskript »Gott und die Götter«, bei dem man das durchaus hätte erwarten dürfen – und schließt: »*Direkt* ist das Neue Testament *nirgends* an diesen Gewalten, direkt ist es nur an Jesu und seiner Jün-

[310] 366f.

ger Begegnung mit ihnen und also an ihrer Austreibung interessiert – so, *indirekt* allerdings auch an ihnen.«[311] Aus dieser Feststellung ergibt sich für ihn der hermeneutische Grundsatz, unbefangen und furchtlos mit diesen Phänomenen umzugehen. Furchtlosigkeit und Unbefangenheit sollen sich dabei auf zweierlei beziehen. Zum einen auf das Eingeständnis, dass wir bis auf den heutigen Tag in der Abhängigkeit von Mächten existieren, deren Macht wir uns nur allermeist nicht eingestehen. Zum anderen ist diese Unbefangenheit dadurch ermöglicht, dass ihnen »die gründliche Entzauberung (...) in Jesus Christus schon widerfahren *ist* und einst in Vollkommenheit widerfahren *wird* (...).«[312] Das macht es möglich, alle Furcht und falsche Scheu abzulegen. Es macht es genauso möglich, dass auch in der Zeit zwischen Jesu Christi erstem und zweitem Kommen die Entzauberung einer weithin und massiv verzauberten Welt dringend nötig ist.

Dazu dient Barths Skizze dessen, was er sich unter herrenlosen Mächten vorstellt. Allesamt sind sie, so sagt er, Ausdrucksweisen von angemaßtem Absolutismus. Auf die eine oder andere Weise wollen sie ihre Herrlichkeit, Unvermeidlichkeit, eben ihr Absolutsein kommunizieren und verschleiern dabei aufs Trefflichste, dass es sich um bloße Usurpationen handelt. Barth skizziert vier Beispiele:

(1) *Politischer Absolutismus*: Barth spricht von der »Dämonie des Politischen«,[313] die sich besonders in der Idee und Gestalt eines Imperiums äußert. Ihr grundlegender Mechanismus ist die Umkehrung des Verhältnisses von Recht und Macht. Immer dann, wenn die Macht sich vom Recht löst, verkehrt sich die ureigenste Aufgabe der Staatlichkeit in ihr Gegenteil. Macht dient dann nicht mehr der Aufrichtung und Sicherung von Recht, vielmehr gerät das Recht in die Position, seinerseits nur noch zur Sicherung der Macht da zu sein. Macht unterwirft sich das Recht. Das ist die Grundstruktur des Imperiums, ganz gleich unter welchem Vorzeichen – monarchisch, aristokratisch, sozialistisch, nationalistisch oder gar demokratisch – sie stattfindet. Barth erwähnt in diesem Zusammenhang die mythologische Beschreibung aus Apc 13 und als »merkwürdige Illustration zu diesem Kapitel und zugleich zu dem ganzen Problem des politischen Absolutismus« Thomas Hobbes' Leviathan.[314] Zwei Züge von Barths Bemerkungen zu diesem Buch sind bemerkenswert: Zum einen betont er die mythische Stilisiertheit, ohne die Hobbes seine visionsgleichen Anschauungen kaum hätte mitteilen können. Und zum anderen bemerkt er, dass – auch und gerade in den totalitären Staaten des 20. Jhdt.s – politischer Absolutismus nie ohne

[311] 371.
[312] 372.
[313] 374.
[314] 375.

Macht, Rausch und Besessenheit verstanden werden kann. Ein totalitärer Staat funktioniert nur, wenn er seine Eliten genauso wie sein Volk durch derartige Faszinationsmechanismen an sich zu binden versteht. Dieser auratischen Wirkung entkleidet wäre er erbärmlich, in und mit ihr allerdings ist er zu den grausamsten Taten in der Lage, sofern sie nur der Steigerung der auratischen Macht zuträglich sind. Bei ihnen handelt es sich um nichts weniger als um eine Offenbarung des Leviathan, die auch und gerade im 20. Jhdt. unverstellt deutlich machten: »Der Umschlag von der Macht des Rechtes in das Recht der Macht lauert drohend vor *jeder* Politie.«[315] Angesichts dieser Wahrheit zollt Barth Hobbes Anerkennung, obwohl er dessen Bejahung des Leviathan nur unheilvoll finden kann.

(2) *Mammon*: Nach einem kurzen Überlegungsgang zum Begriffsvorkommen im NT bietet Barth eine interessante Definition des Geldes an. Er schreibt: »Geld ist nämlich eine seinem jeweiligen Besitzer zugute kommende, öffentlich und allgemein anerkannte, zahlenmäßig bestimmt limitierte Anweisung auf gewisse ihm angebotene und erwünschte Gebrauchsgüter – auf eine in den Grenzen seiner zahlenmäßigen Bedeutung und des vorhandenen Angebotes freie Anteilnahme am Eigentum oder am Arbeitsprodukt der seinen Besitzer umgebenden Gesellschaft.«[316] Diese Anweisung auf Gebrauchsgüter entwickelt ein Eigenleben. Zunächst findet gleichsam ein Subjektwechsel statt, indem der Mensch, der doch eigentlich Besitzer dieser Güteroption sein sollte, allein über sie wahrgenommen wird. Er ist eben zahlungsfähig, kreditwürdig, oder er ist es nicht. Sodann gerät der Wert des Geldes in die Königsposition der Werte überhaupt: Es ist der universale Bewertungsmaßstab aller Werte, »wenn nicht *der*, so doch *ein* kapitaler Inbegriff und Maßstab nicht nur der wirtschaftlichen, sondern (was kann man für Geld *nicht* kaufen?) so ziemlich aller menschlichen Werte.«[317] Geld bemisst nicht nur den Wert von Waren, sondern erzeugt bzw. unterdrückt auch Meinungen und Überzeugungen. Der Mensch wird zum Spielball einer Größe, die er zu haben vermeint und die doch in Wahrheit ihn hat. Barths Bedenken gipfelt darin, dass eine Verschränkung der herrenlosen Gewalten Mammon und Leviathan ganz unabsehbare Folgen haben, wie sich nach den gegebenen Beschreibungen ohne viel Phantasie vorstellen lässt. – Die Frage, wie nahe Barths Beschreibung des Mammon an Karl Marxs Fetischtheorie der Ware, des Geldes und des Kapitals kommt,[318] stellt sich angesichts dieser Skizze fast von selbst, muss aber mit Vorsicht beant-

---

[315] 378.

[316] 381. Damit befindet Barth sich in der Nähe der heutigen funktionalen Geldtheorien, vgl. Steinmann, Art. Geld 530f.

[317] 382.

[318] Vgl. oben Kap. 2 I.

wortet werden, bedenkt man, dass sie nur gut zwei Druckseiten füllt. In diesem vorsichtigen Sinne: Die Überzeugung, dass Wertversprechen dazu tendieren, ein Eigenleben zu führen, das religionsähnliche Funktionen ausübt, scheinen Marx und Barth zu teilen. Die Differenzen entstehen dort, wo Marx dazu tendiert, den Fetisch des Kapitals als den alleinigen Urheber von Entfremdung und Verelendung auszumachen, während Barth sichtlich von einem Ineinander verschiedener und auch sich wandelnder herrenloser Gewalten spricht. Ferner meint Marx, eine zureichende Theorie über diese Umstände vorlegen zu können, während Barth von einer dauerhaften Verstrickung auch solcher Bemühungen in dämonische und mächteartige Konstellationen ausgeht. Man wird also sagen können, dass Barth ein Motiv der Marx'schen Geldtheorie variiert, es aber nicht als ganzes in seinen Gedankengang einbaut.[319]

(4) *Ideologien*: Vom Typoskript »Gott und die Götter« her sind diese Gedanken wohl vertraut, sodass wir uns hier auf Andeutungen beschränken können. Ideologien sind Ideen oder Ideale, die sich selbst absolut gesetzt haben. Ein Ideal wird so zum Prinzip, zum Idol im eigentlich religiösen

---

[319] Diese wenigen Beobachtungen reichen natürlich nicht hin, um die These Friedrich-Wilhelm Marquardts, Karl Barths Theologie betreibe eine »Inversion des Sozialismus« (Marquardt, Theologie 333) zu beurteilen, zumal KD § 78 zum Zeitpunkt der Erstellung jener Studie noch nicht gedruckt vorlag. Sie geben allenfalls zur vorsichtigen Skepsis Anlass, ob man Barths Werk wirklich als Theologie der Revolution beschreiben kann (ebd.). Die Aussagekraft von Marquardts Analysen früher Barth-Texte, insbesondere des Tambacher Vortrags in gesellschaftstheoretischer Hinsicht (ebd. 202–207) bleibt davon unberührt.

Plonz, Herrenlose Gewalten, liest die hier diskutierten Passagen auf dem Hintergrund der Marx'schen Fetischtheorie und kommt zu dem Schluss einer weitgehenden Deckung der beiden. M.E. läuft diese Darstellung Gefahr einer Verkürzung, weil sie den Skopus des Paragraphen als Wahrnehmungstheorie liest, nach der es mit dem geeigneten Theoriemittel möglich ist, »eine von den herrenlosen Gewalten wirklich *freie* Auffassung der Wirklichkeit« zu gewährleisten. (Ebd. 334) Das widerspricht allerdings Barths Selbsteinschätzung, nichts als »*Stichproben*« (396) geliefert zu haben und sich vor dem zweiten Kommen Jesu Christi immer im Prozess der Entmythologisierung von Mächten und damit in deren Gewirr zu befinden. In Plonzs Analyse wird das Reich Gottes zu einer erkenntnistheoretischen Instanz verkürzt, von der sie behauptet: »Das Reich Gottes ist nicht ›vorhanden‹, sondern ein Kriterium.« (Plonz, Herrenlose Gewalten 335). Dementsprechend reduziert sich in ihrer Wahrnehmung die durchgängige eschatologische Bestimmung des Reiches auch zu einem eschatologischen »Vorbehalt« (ebd. 337, Anm. 73). Dieses Verständnis des Reiches als transzendentales Kriterium für eine mächtelose Wirklichkeit kürzt allerdings um die vielfachen Differenzierungen, die Barth eingeführt hatte. So ist bei ihm von einer differenzierten Anwesenheit des Reiches im Heiligen Geist die Rede (vgl. 405f.427) und davon, dass die Bitte um das Kommen dieses Reiches das Werk menschlicher Gerechtigkeit sua sponte nach sich zieht. Das ist freilich etwas grundsätzlich anderes als die Identifikation des Subjekts der Befreiung mit dem theologischen Subjekt, wie sie bei Plonz geschieht (Herrenlose Gewalten 337). Dies liefe auf die Gleichsetzung von gesellschaftlicher Befreiung und Soteriologie hinaus, womit der Rahmen Barth'scher Theologie freilich definitiv verlassen wäre. Durch diesen Schritt aber werden die zweifellos interessanten Parallelen von Barths Mammon-Ausführungen zur Fetischtheorie ohne Not in Misskredit gebracht.

Sinne, es heischt Anerkennung und Verehrung, es bildet ein eigenes, genau zu ihm passendes Überzeugungssystem aus. Sprachlich, so Barth, ist immer dort Ideologieverdacht angebracht, wo Schlagworte das Leben bestimmen – vom »Proletarier aller Länder, vereinigt euch!« über »Deutschland erwache!« bis zum »Afrika den Afrikanern! – oder wo »-ismen« die Runde machen, ganz gleich, ob es sich um Kommunismus oder Konfessionalismus handelt. Hinter der Bemerkung, dass an »die Stelle der Erkenntnis Christi ... jetzt der sogenannte Christozentrismus« trete, wird man das Unbehagen am Selbstverständnis mancher vermuten dürfen, die sich zur Barth-Schule rechneten.[320] Kurz, »-ismen«, Schlagworte und zu unguter Letzt auch die zugehörige Propaganda sind für Barth deutliche Anzeichen dafür, dass eine Ideologie am Werk sei, welche sich selber absolut setzt und damit so etwas wie eine herrenlose Gewalt im geistigen Bereich.

(4) *Chthonische Mächte*: Bei den Ideologien kann es freilich sein Bewenden nicht haben. Barth kommt auf noch einen weiteren Bereich zu sprechen, der im Typoskript mit keiner Silbe erwähnt wurde, nämlich auf diejenigen Mächte, die aus der Natur- und Körperwelt des Menschen stammen. Der Mensch ist nicht nur geistiges Wesen und insofern anfällig für Ideologien, er ist auch irdisches, körperliches Wesen und als solches von allerlei natürlichen Ressourcen abhängig. Wie im geistigen Bereich, so ergeht es ihm auch hier: Gegebenheiten der Natur sollten ihm eigentlich zu Diensten sein, aber indem er sich zu ihrem Herrn aufschwingt, geschieht es unter der Hand, dass er ihr Knecht wird und sie eine teils verderbliche, teils aber durchaus amüsante Herrschaft über ihn ausüben. Indem der Mensch von Gott abrückt, verkehrt sich sein Herrsein über die im Grunde dienstbaren Gegebenheiten des Leibes und der Natur in ihr Gegenteil. Sie herrschen über ihn, die »›Erdgeister‹« sind los.[321] Barths Beispiele, mit einiger Sottise vorgetragen, sind unter anderem: Mode – wie es denn kommen mag, sich einem so eigentümlichen Diktat scheinbar willenlos zu unterstellen –, Sport – wo »in regelrecht kultischer Form Anbetung, Lob, Preis und Dank dargebracht wird«[322] – und Straßenverkehr – dem im pervertierten Wortsinne Landschaften und Menschen geopfert werden. Diese und andere Beispiele mehr mögen zwar auf den ersten Blick kurios erscheinen, sind es aber auf

[320] 386. Vgl. Barths Spöttelei über das »Hieb und Stichwort ›Christomonismus‹«, das man ihm »zum Vorwurf gemacht hat« und seine Abwehr einer »›Neu-Orthodoxie‹« im Vorwort zu KD III/3, V bzw. VII.

[321] 390. Dies dürfte wie die Anspielung auf den Zauberlehrling aus der Goethe-Lektüre gewonnen sein, hier aus dem Erscheinen des Erdgeistes in Faust I, Verse 460ff, in dem in der Tat der Erdgeist das Gegenstück zur kosmischen Schau darstellt. Eine bildungsbiographische Herangehensweise könnte vielleicht klären, ob die entscheidenden Inspirationen Barths für diese Passage aus der Dichterlektüre oder aus akademischen Werken stammt.

[322] 392.

den zweiten durchaus nicht, bedenkt man, dass in ihnen der Mechanismus der Verabsolutierung wiederkehrt und nicht geringe Folgekosten zeitigt.

Zu den Unterschieden zum Typoskript gehört, dass Barth in diesem Text vielfältige Beispiele für herrenlose Gewalten anbietet, während er sich im unveröffentlichten Text auf nur eine Form konzentriert hatte. In diesem Sinne stellt § 78.2 eine Selbstkorrektur dar – bei genauem Hinsehen sogar eine doppelte: Zum einen löst Barth sich von der Konzentration auf nur eine Form von herrenloser Gewalt, also von einer fallacy of misplaced concreteness. Zum anderen gesteht er sich ein, dass die Suche nach Konkretionen und Beispielen unvermeidlich ist, will man der prekären Realität der herrenlosen Gewalten auf die Spur kommen. Die Reihe von Beispielen ist zugleich eine Selbstkritik an der früheren Weigerung, überhaupt Konkretionen vornehmen zu wollen, wie sie v.a. in §§ 50.51 vorgetragen wurde, von denen oben zu berichten war. Gegenüber den beiden Extremen – Konzentration auf eine Form bzw. Verweigerung jeder Konkretisierung gegenüber – ist hier offenbar ein Mittelweg gesucht worden.

Dies kann natürlich ein Ergebnis der im Typoskript fehlenden exegetischen Überlegungen aus § 78 sein. Zugleich ist – ohne hier irgendwelche Abhängigkeiten behaupten zu wollen – auf augenfällige Parallelen zu verweisen. Die Nähe zu Motiven aus Dichtungen Goethes wurde schon erwähnt: Den Zauberlehrling nennt Barth explizit, beim Erdgeist legt sich die Parallele ohne Zwang nahe. Eine weitere Motivverwandtschaft wäre noch denkbar: Ideologien auf der einen und chthonische Mächte auf der anderen Seite lassen an Friedrich Nietzsches Frühwerk »Die Geburt der Tragödie aus dem Geist der Musik« ([1]1872) denken und damit an das Wider- und Zusammenspiel von dionysischem und apollinischem Geist, das Nietzsche dort vorführt. Die Mächte des Chthonischen wären ohne weiteres der dionysischen Erd- und Festgebundenheit zuzuschreiben, die Nietzsche für die Quelle der Triebe und der Lebenslust hält, die Ideologien kämen in Parallele zum apollinischen Geist der Sprache, der Klarheit und der Distanz zu stehen. – Freilich darf die Parallelisierung nicht überzogen werden: Für Barths Konzept ist wesentlich, dass der Mensch unter die Herrschaft der herrenlosen Mächte gerät und ihr Sklave ist, gleich wie diese aussehen mögen. Das ist in Nietzsches Werk nur mit Einschränkungen der Fall. Zumindest in der frühen Fassung ist die apollinische Geisteshaltung von Souveränität und Distanz geprägt, ist also weniger eine, die sich selber als Getrieben- und Beherrschtsein enttarnen würde.[323] Beide stehen im Verhältnis wechselseitiger Verschränkung.[324] Erst im Spätwerk verschiebt sich diese prekäre Balance hin zu der Aussage, dass nur die Jünger des Gottes Dionysos Erben der Freiheit sind.[325] Das aber spielt in Barths Werk keine erkennbare Rolle.

Diese Beispiele sind nach Barth nur Stichproben und als solche Belege dafür, dass die neutestamentliche Rede von den Mächten und Gewalten gewiss realistische und ernste Rede ist. Er konkludiert: »Es gibt solche Ge-

[323] Vgl. Nietzsche, Geburt der Tragödie 15 bzw.18, KSA 1, 97ff bzw. 115ff.

[324] Ebd. 102, zum Verhältnis der beiden als »Bruderbund beider Gottheiten« vgl. ebd. 132–140, Zitat 140.

[325] Ders., Jenseits von Gut und Böse 295, KSA 5, 237–239.

walten. Ihre Irrlichter sind nicht zu übersehen. Ihr Rumor ist nicht zu überhören. Und das Unwesen ihres Wesens, der tiefe Unernst ihres Treibens ist nicht zu verkennen.«[326] Gleich im nächsten Satz wird auf ein darstellungsstrategisches Motiv verwiesen, das für die nächste zu verhandelnde Frage von etlichem Belang ist. Wie nämlich, so ist doch wohl zu fragen, ist aus der Perspektive der zweiten Vaterunserbitte nun auf das Getümmel der herrenlosen Gewalten zu reagieren? Noch einmal Barth: »Wer etwa ernsthafter von ihnen reden würde, als es hier geschiehen ist, der würde sie gerade *nicht* in der Weise ernst nehmen, wie es ihnen gebührt, würde damit vielmehr nur verraten, daß er ihnen doppelt verfallen ist.«[327] Die Darstellung der Mächte und die theologische Reaktion auf sie soll also im Rahmen eines gewissen Unernstes erfolgen, um ihnen nicht ein zweites Mal zu verfallen. Für Barths Gegenzug hat dieses Vorhaben keinen geringen Stellenwert.

Der erste Schritt dieses Gegenzugs ist nicht ohne Überraschung. Von »Gott und die Götter« her sollte man vermuten, dass es nun zu einer Reflexion über das Zurückdrängen und Verschwinden der herrenlosen Gewalten im Glauben, in der Gemeinde und im Antlitz des Reiches Gottes käme – genauso war im Typoskript ja argumentiert worden. Ein solcher argumentativer Schritt findet aber einfach nicht statt. Nach der lapidaren Bemerkung, dass die Gewalten in Gott ihre Grenze haben,[328] schwenkt die Argumentation umstandslos zur Erörterung der Reichsbitte. Die Gewalten werden im Rest des Paragraphen kaum noch erwähnt – also auf 70 von 117 Seiten! Der Grund für diesen überraschenden Befund scheint mir darin zu liegen, dass Barth mit Bedacht auf eine Erörterung der Entmächtigung der Mächte verzichtet, weil er der Ansicht ist, dass genau diese Entmächtigung in der Reichsbitte und ihren Implikationen geschieht, die Erörterung der Entmächtigung also genau die Erörterung der Reichsbitte ist. Barth ist hier also anders als im Typoskript der Meinung, die Mächte seien nicht durch detaillierte Analyse und genaue Konfrontation mit der Gegenwelt des Glaubens als besiegte zu erkennen, sondern durch ein *gezieltes nicht-Ernstnehmen*: Konzentriert man sich nach einem kurzen scharfen Blick in Richtung dieser eigentümlichen, machtvollen Phänomene auf die für Christen/innen wesentliche Äußerung – eben die Bitte um das Kommen des Reiches –, so ergibt sich der gewünschte Effekt – nämlich die Einsicht in die Entmächtigung der Mächte – gleichsam von selbst. In diese Richtung jedenfalls weisen Barths gedruckte Äußerungen zum Thema, die zwischen dem Typoskript und § 78 erschienen, namentlich die schon erwähnten Äußerungen über die notwen-

---

[326] 396.
[327] Ebd.
[328] 399.

dige Kürze einer Dämonologie.[329] In dieses Bild fügt sich ohne Not der soeben zitierte Satz, dass nicht wenig in der Behandlung des Mächtethemas davon abhinge, ihnen nicht durch die Zuwendung von zu viel Aufmerksamkeit zu verfallen. Sehen wir also zu, welche Implikationen der Reichsbitte Barth entfaltet:

Die Bitte um das Kommen von Gottes Reich ist ein Ausdruck von Freiheit. Gott darum angehen zu können, ist echte Freiheit, im Gegensatz zu manchen unechten Freiheiten, die man sich landläufig einbilden mag. Diese Freiheit zeigt sich darin, dass um etwas gebeten wird, das im Rahmen des Menschenmöglichen schlechterdings nicht vorkommt. Wer um das Reich Gottes bittet, bittet um nichts weniger als um Gottes Kommen selbst, welches aber erklärtermaßen außerhalb der menschlichen Möglichkeiten liegt. Barth schreibt:

»Das Reich Gottes ist die große Neuigkeit am *Rande* – aber nicht innerhalb, sondern außerhalb des Randes des *Horizontes* alles unserer Anschauens und Begreifens: uns Menschen der Unordnung nämlich, uns den der Herrschaft der herrenlosen Gewalten ganz und gar Verfallenen. Alle Irrtümer an dieser Stelle haben in der Verkennung dessen ihren Grund, daß das Reich Gottes uns *unvorstellbar*, *unbegreiflich* – sagen wir es offen: ein *unvollziehbarer* Gedanke ist, höher – so viel höher als der Himmel hoch ist über der Erde – als alle unsere Gedanken (Jes 55,9). (...) Das Reich Gottes ist nicht auszusagen. Es ist gerade nur *wirklich*, indem es geschieht, daß Gott selbst als König und Herr *kommt*, Gerechtigkeit in unserem Verhältnis zu ihm und in unseren Verhältnissen zueinander begründet und so den Frieden auf Erden *schafft*.«[330]

Die Freiheit der Bitte um das Kommen von Gottes Reich ist demnach die Freiheit, um das Kommen des Menschenunmöglichen zu bitten, dessen er zu seinem Heil gleichwohl bedarf. In diastatischen Formulierungen, wie den eben zitierten, schärft Barth ein, dass Gottes Reich und die menschlichen Möglichkeiten denkbar weit auseinander liegen. Er kritisiert jeden Denkansatz, Gottes Geschichte und die der Menschen zusammenzudenken, als sei die Rede von Gottes Reich etwa die von seiner Selbstdurchsetzung innerhalb der menschlichen Geschichte – ein Vorwurf an Calvin – oder als sei das Reich mit dem egalitären Zukunftsstaat der sozialistischen Utopie gleichzusetzen. Unter Berufung auf Franz Overbeck und in einer Sprache, die an die eigene theologische Frühzeit erinnert, konstatiert er: »Es ist also schon ein imposanter consenus ecclesiasticus, von dem wir Abschied nehmen müssen«.[331]

[329] Vgl. oben II 1c.

[330] 405f.

[331] 422. Diese Bemerkung und der explizite Rückbezug auf Franz Overbeck und andere mag dazu geführt haben, dass § 78 wie einige frühe Texte Barths gelesen worden ist, in denen Gott

Wie aber kann es an diesem Punkt weitergehen? Ist die Beziehungslosigkeit zwischen menschlichem Elend unter den Mächten und dem seiner Vorstellungskraft entzogenen Reich das Letzte, was die Theologie auszusagen vermag? – Auch wenn es an diesem Punkt fast so scheinen will, bleibt Barth nicht dabei stehen. Auf insgesamt drei verschiedene Weisen führt er vor, wie das wechselseitige Verhältnis der beiden zu denken ist. Es gibt zum einen einige Stellen, an denen das In- und Miteinander von Reich Gottes und Gläubigen als Relationsgefüge gedeutet wird, zum anderen eine differenzierte Argumentation mit den Topoi Auferstehung und Ostern und schließlich eine ethische Argumentation, die Gottes Gerechtigkeit (»Iustitia«) und das Gerechtigkeitsstreben des Menschen (»iustitia«) in ein Verhältnis der Entsprechung setzt.

(1) In mehreren Formulierungen macht Barth deutlich, dass das Kommen des Reiches Gottes die Lebens- und Handlungsumstände derer, die sich dazu rechnen, in massiver Weise beeinflusst. Dass Gott kommt und dass er sein Reich dereinst ganz aufrichten wird, hat für sie eine verändernde Kraft, die sowohl ihr Leben als auch ihr Handeln beeinflusst. Sie können gar nicht mehr anders, als in einer Weise zu handeln, die dieser neuen Wirklichkeit entspricht. So schreibt Barth etwa:

»Das Bitten um das Kommen des Reiches dispensiert sie [die Bittenden, M.H.] also nicht davon, vorläufig: in ihren eigenen menschlichen Gedanken, Worten und Werken, gegen die Unordnung aufzustehen und in Kampf zu treten. Im Gegenteil: sie könnten diese Bitte gar nicht recht beten, ohne, indem sie das tun, hin- und emporgerissen zu werden zu solchem ihr entsprechenden eigenen und also vorläufigen, aber in diesem Bereich nicht minder ernsthaften Tun.«[332]

»Hin- und emporgerissen zu werden« ist also offenbar eine Existenzform eingeschränkter Wahl.[333] Sie kann gar nicht mehr anders, als sich der Wirk-

---

bzw. Gottes Reich in der Tat in transzendentaler Weise als regulatives Prinzip des ganz Anderen verstehbar sind, so etwa in der oben erwähnten Auslegung von Sabine Plonz. Gegen eine solche Auslegung scheint mir allerdings nicht nur die Position des Stücks am Ende der Versöhnungslehre zu sprechen, sondern auch Aussagen im Text selbst, die einer transzendentalen Deutung explizit widersprechen. Auf sie wird sogleich zurückzukommen sein.

[332] 362. Vgl. die Formulierung in einem ähnlichen Zusammenhang: »Die zweite Bitte tapfer beten heißt: dieser Bewegung und Wendung *folgen* – heißt: keine andere Wahl mehr haben, als nach vorwärts nicht nur zu blicken, sondern zu *leben* und also zu denken, zu reden, zu handeln (...).« (454)

[333] Damit präludiert Barth eine Debatte, die in der gegenwärtigen protestantischen Ethik vielfach diskutiert wird, nämlich die um die Wiedergewinnung der Begriffe von Tugend und Charakter für das Verständnis einer evangelischen Ethik. Es geht darum, die Engführung auf eine Verfahrensethik zu durchbrechen und sehen zu lernen, dass sie das vor Gott gute Leben in der jeweiligen πρᾶξις und durchaus auch mit dem ihm eigenen Charme ist. Vgl. hierzu Arbeiten von Hauerwas, Character and the Christian Life, bes. 129–178 und Selig sind die Friedfertigen, bes. 83–99.145–

lichkeit entsprechend zu verhalten, der sie sich verdankt. An anderer Stelle formuliert Barth dies mit der Dualität von noch zu erwartender Zukunft, die aber schon jetzt wirksames Ereignis ist: »Es ist also *Zukunft* in der Gegenwart, es ist *Jenseits* im Diesseits, das *Letzte* das Erste, mit dem sie es zu tun haben.«[334] – In beiden Fällen geht es um die Wirkmächtigkeit des noch ausstehenden Ereignisses bereits in der Gegenwart.

(2) Dieser Wirkzusammenhang ist für Barth pneumatologisch begründet. Im Zusammenspiel der Theologumena von Ostern und Pfingsten wird die affizierende Gegenwart der neuen Wirklichkeit erkennbar. Die Ostergeschichte zeigt Jesus in einem gänzlich neuen Licht. In ihr ist er *»Derselbe ganz anders«*.[335] Vom Osterereignis her wird der Rückblick auf Jesu Geschichte zum Vorausblick. Ostern offenbart Jesus als den Sohn und Kyrios und eröffnet somit die Perspektive auf das Kommen seines Reiches. Erinnerung wird also zur Erwartung, man kann, paradox gesagt, in die Vergangenheit hinein hoffen, und in die Zukunft erinnern.[336] Dass dies möglich ist, präsentisch möglich, ist die Gabe des Heiligen Geistes. Die Gabe des Geistes ist es, »das Ostergeschehen nach- und mitzuvollziehen, Jesus und so das Reich Gottes nicht minder bestimmt und gewiss als die ersten Jünger in der Zukunft seiner Geschichte und also seiner Offenbarung also Sohn Gottes des Vaters und als Herr der ganzen Kreatur zu sehen.«[337] Barths Formulierung dafür hat einen intellektualistischen Zug, indem er davon spricht, dass das, was in Jesus Christus »vollendet auf dem Plan« ist, im Heiligen Geist »vollkommen offenbar« sei.[338] Ist hier nur an ein informierendes sich-Zeigen gedacht? Gleichwohl bestimmt er diesen Zusammenhang ausdrücklich als *Macht*. Der Heilige Geist ist die »Macht des Vaters und des Sohnes vom Vater kommend und vom Sohn gegeben«.[339]

(3) Die Triebfeder zum menschlichen Handeln, die v.a. in (1) beschrieben wurde, sucht nun zu bescheidenen Entsprechungen zu Gottes Handeln zu kommen. Barth betont mehrfach, dass solche Anstrengungen unansehnlich, gewiss klein und eher unheroischer Natur seien, sie für die Menschen im Heiligen Geist gleichwohl unverzichtbar seien. Gleichwohl gibt es ein Entsprechungsverhältnis: Barth greift zu seiner Illustration zum terminologischen Unterschied von »Iustitia« als Gerechtigkeit Gottes und »iustitia«

---

150. Aus dem deutschen Sprachbereich Ritschl, Logik 286–299, Ulrich, Evangelische Ethik und Stock, Tugendlehre.

[334] 427, vgl. den ganzen Zusammenhang 426–428, aus dem das Zitat entnommen ist.

[335] 440.

[336] Diesen Grundgedanken hat Dietrich Ritschl zur Grundlegung seines story-Konzepts ausgebaut, vgl. die Monographie Memory and Hope.

[337] 442.

[338] 454 bzw. 455.

[339] 443.

als Gerechtigkeit, nach der ihm zugehörige Menschen streben können.[340] Die kleine iustitia ist Ausdruck des Wunsches, Gottes Solidarität mit den Menschen nach Kräften zu entsprechen und also dort tätig zu werden, wo deutlich wird, dass des Menschen Würde unter die Mächte geraten ist. Dabei geht es, so betont Barth, nicht um die Umsetzung eines ethischen oder religiösen Apriori in ethische Programme, sondern schlicht um die unprinzipielle Solidarität mit den als Mitgeschöpfen Erkannten: Fatal wäre es doch, würde diese Ethik unter der Hand wieder zum Knecht eines – und sei es noch so kleinen – Absolutums. Sie verdankt sich vielmehr der Freiheit von diesen knechtenden Größen und ist, wo ihr das gelingt, Trägerin von Hoffnung und Verheißung und nicht zuletzt eine genuin missionarische Lebensäußerung der Gemeinde.[341]

Mit diesem Gedankengang endet der Paragraph. Was es nun mit der Bekämpfung oder gar dem Ende der herrenlosen Gewalten auf sich haben könnte, ist anders als aus den gelegentlichen Andeutungen und ansonsten e silentio nicht zu erschließen. Mehr Aufmerksamkeit, mehr Ernst scheint ihnen nicht zukommen zu sollen, wenn denn Barths Verdikt gilt, dass ihnen verfällt, wer ihnen zu viel Konzentration schenkt. Die herrenlosen Mächte bekämpft gleichsam spontan, wer gar nicht anders kann, als im Sinne der Wohlordnung Gottes zu handeln; die Erbärmlichkeit und nur vorläufige Kraft der Mächte sieht, wem die Wirklichkeit des Auferstandenen im Heiligen Geist offenbar ist; pragmatisch und zugleich unbeirrt gegen sie vorgehen wird, wer sein kleines Werk der iustitia in demütige Entsprechung zu Gottes Iustitia zu bringen bestrebt ist.

Exkurs: Geld als Gott[342]

Barths tour d'horizon durch die herrenlosen Gewalten hat in der akademischen Theologie nicht eben viele Parallelen. Es herrscht eher eine große Zurückhaltung in der Frage, wie gottwidrige Mächte wohl benannt werden könnten. Freilich gibt es eine Ausnahme: die Rede vom Mammon, vom Götzen Geld. Dass Geld, Kapital, das kapitalistische Wirtschaftssystem als Götzen zu charakterisieren seien, wird schon seit geraumer Zeit immer wieder betont, auch werden daraus verschiedene dogmatische und ethische Schlüsse gezogen. Zu Beginn des 2. Kapitels war von einem Ausschnitt dieses Diskurses – seiner befreiungstheologischen Gestalt – bereits kurz die Rede, um einer spezifisch neuzeitlichen Eigenart der Rede von gottwidrigen Mächten auf die Spur zu kommen. Hier folgen einige zusammenfassende Beobachtungen und Hinweise zu ihm als ganzem.

---

[340] 456.

[341] Zum ganzen Zusammenhang vgl. 456–470.

[342] Hierzu ausführlicher Hailer, Unbegreiflichkeit des Reiches Gottes, Kap. 3.

Die klassischen Texte, auf die zumeist verwiesen wird, stammen von Martin Luther. In den Schriften des Reformators hat das Thema keine nebensächlichen Rang. Das dürfte vor allem daran liegen, dass er die Frage nach – wie man später sagte – frühkapitalistischen Wucherungen nicht nur als sozialethisches, sondern dezidiert als *theologisch*-sozialethisches Thema verstand. Mit anderen Worten, es ging Luther nicht nur um die Anprangerung von Missständen wie Ausbeitung und Zinswucher, er sah in ihnen Kräfte und Strebungen am Werk, die nur als Gegenüber und Feinde Gottes verstanden werden können. In Luthers Bemerkungen spricht nicht nur der Zeitgenosse, sondern der Theologe. Er entwickelt seine Position von der Auslegung des 1. Gebots her. In der Auslegung dazu im Großen Katechismus heißt es: »Siquidem haec duo, fides et Deus, una copula conjugenda sunt. Jam in quacunque re animi tui fiduciam et cor fixum habueris, haec haud dubie Deus tuus est. | Denn die zwei gehören zuhaufe, Glaube und Gott. Worauf Du nu (sag ich) Dein Herze hängest und verlässest, das ist eigentlich Dein Gott.«[343] Diese existentielle Grundbestimmung des Gottesbegriffs, dass Glaube und Gott »zuhauf gehören«, macht es für Luther unumgänglich, die Faszination durch die Eigenkräfte des Geldes als falschen Gott zu erkennen. Dies ist der theologische Hintergrund für die Lektüre der Schriften wie dem »Großen Sermon vom Wucher« (1520), »Von Kaufshandlung und Wucher« (1524) und »An die Pfarrherren, wider den Wucher zu predigen« (1540), ferner z.B. für die erste Katechismuspredigt zum 1. Gebot.[344] Die Berufung auf das 1. Gebot funktioniert dabei, wie Thomas Ruster in einer unlängst erschienenen Studie bemerkt hat, als Exempel negativer Theologie.[345] Geld, Gewinn- und Wertversprechen sind sozusagen sichtbare, reale Faszinosa, denengegenüber Gott auf der Verliererseite steht. Ihm zu vertrauen heißt, seinen Verheißungen zu trauen und sich nicht auf das Sicht- und Erwartbare zu verlassen. Diese Grundentscheidung Luthers, Gott und Glaube »zuhauf« zu nehmen, erweist etlichen heuristischen Wert: Sich im Banne einer Macht bzw. eines Götzen vorzufinden, ist ein Phänomen grundständiger Faszination und muss als solches auch in seiner Theologizität durchschaut werden. Dass »das Trauen und Gläuben des Herzens machet beide, Gott und Abegott«,[346] ist der kräftige Beleg dafür, wo in der Frage nach einer allgemeinen Gotteserkenntnis zu beginnen ist und warum nicht erwartet werden kann, dass sie zu Ergebnissen führt, die zu einer theologischen Anknüpfung und Weiterentwicklung einladen. Mit Luther zu reden ist das Problem nicht, dass die Menschen keinen Gott haben und ihnen die Möglichkeit, an ihn zu glauben, durch Hilfskonstruktionen nahe gebracht werden soll. Das Problem ist viel eher, dass sie zu viele Götter haben. Wie diese aussehen und welche verderbliche Wirkung sie ausüben, kann – zumindest auch – am Abegott des Wuchers studiert werden. Gesondert zu fragen bliebe allenfalls, ob der Ansatz beim Trachten und Gläuben nicht dazu verleitet, in der Abhängigkeit von einem Abgott ein ausschließ-

[343] BSLK 560.

[344] WA 30 II 3, 12–14. Hinweis von Marquardt, Gott oder Mammon, 181. Zu Luthers Konnex aus Wirtschaftsethik und 1. Gebot vgl. außer diesem Text Ruster, Verwechselbarer Gott 154–165. Aus der umfangreichen Literatur zu Luthers Wirtschaftsethik nenne ich nur Barge, Luther und der Frühkapitalismus und Rieth, »Habsucht« bei Martin Luther.

[345] Ebd. 162

[346] Großer Katechismus, BSLK 560.

lich individuelles Problem zu sehen, so als habe ein Einzelner sich dem Objekt seiner Begierde verschrieben. Der in der vorliegenden Studie entwickelte Ansatz geht nicht zuletzt deshalb von der Machtthematik aus, um hier einer individualistischen Verkürzung nicht aufzusitzen. Ob diese in Luthers Gebrauch des Terminus vorhanden ist oder einer späteren Verwendung anzulasten wäre, kann hier unentschieden bleiben.

Die Spur der Rede vom Geld als Götzen führt in der Neuzeit vor allem zur materialistischen Ökonomie von Karl Marx. Seine Analyse des Werts ist im Grunde die Analyse der Karriere eines Faszinosums: Wert entwickelt sich vom Tauschwert der Dinge zum abstrakten Wertversprechen des Geldes und noch einmal weiter zum Kapital als Inbegriff der Selbstmehrung durch Arbeit und Leid anderer. Geld und Kapital entwickeln sich zum Selbstwert, obwohl sie doch nur Mittel zum Zweck sein sollten, sie werden zum religionsanalogen Fetisch und pervertieren damit gänzlich ihre ursprüngliche Funktion. Dieses Faszinosum ist in Marxs Sicht so weit verbreitet und so mächtig, dass es nur durch das entschlossene Handeln derer, die unter ihm zu leiden haben, beendet werden kann. Die Idee vom proletarischen Aufstand und vom kollektiven Eigentum an den Produktionsgütern ist im Grunde die eines Ikonoklasmus der falschen Religion, gedacht als Aufklärung über diejenigen Umstände, die der Aufklärung noch im Wege stehen. Dass sie leninistisch-stalinistisch nicht nur in die Hände ihr äußerlicher Machtinteressen geriet, sondern in dieser verderblichen Melange selbst zum Objekt quasireligiöser Verehrung wurde, zählt zu den Zynismen weltgeschichtlichen Ausmaßes, die zur Nachgeschichte einer Theorie wurden.

Die Nachgeschichte der Marx'schen Theorie in ihren Nähen und Fernen zur Theologie ist verzweigt. Schon hingewiesen wurde auf die befreiungstheologische Marx-Lektüre (s.o. 2 I). Zu ergänzen ist dieser Hinweis mindestens durch einen Blick auf einen kleinen und nicht leicht erschließbaren Text, Walter Benjamins Notiz »Kapitalismus als Religion«. Benjamin schreibt zu Eingang dieses erstaunlichen Stücks, das wahrscheinlich aus dem Jahr 1921 stammt: »Im Kapitalismus ist eine Religion zu erblicken, d.h. der Kapitalismus dient essentiell der Befriedigung derselben Sorgen, Qualen, Unruhen, auf die die ehemals so genannten Religionen Antwort gaben.«[347] Die Religionsfunktion des Kapitalismus besteht nach Benjamin nun darin, dass er, wie die »ehemals so genannten Religionen« keine Erfahrung außerhalb seiner zulässt. Er ist der letztgültige Interpretationsrahmen für alles, was in der Welt vorkommt. Dachten die Religionen Gott als alles bestimmende Wirklichkeit, so ist es im Kapitalismus das Wertversprechen des Geldes, das alles, was es gibt, reguliert und bestimmt. Außerdem, und auch das gehört nicht minder zu seiner Religionsartigkeit, ist er keine Religion im Sinne einer ausgearbeiteten Hochreligion mit eigenen symbolischen Universen. Er ist unmittelbar, ungewusst am Werke, er wird ausagiert, aber nicht beschrieben. Die Menschen sind ihm hörig, ohne zu wissen, dass sie es sind. Darin ist der Kapitalismus, wie Benjamin sagt, dem »ursprüngliche[n] Heidentum«

[347] Benjamin, Gesammelte Schriften VI, 100–103, hier 100 Meine kurze Bemerkung stützt sich wesentlich auf die Darstellung bei Ruster, Verwechselbarer Gott 126–142. Dort auch Hinweise zur Wiederaufnahme der Motive dieses Textes im Benjamins Passagenwerk und zu weiterer Sekundärliteratur.

nahe,[348] das ebenso nicht als eigenes symbolisches Universum ausgebildet war, genau deswegen aber höchst mächtig. Der Kapitalismus hat keine ausgebildete Dogmatik nötig, weil er als reine Kultreligion funktioniert, also nur im Ausagieren der heiligen Handlung, welche der geldvermittelte Warentausch ist. Dieser allerdings vollzieht sich permanent. Aus ihm gibt es kein Entrinnen und auch keine Zeit, in der er nicht stattfinden würde. Thomas Rusters kommentiert zurecht: »Heutige Sonn- und Feiertagskultur bestätigt Benjamin zweifellos.«[349] Schließlich, und damit rückt Benjamin zum dogmatisch-undogmatischen Kern des Kapitalismus vor, ist er eine Religion der Schuld. Er lebt von der Dynamik des Schuldenmachens und stellt diese auf Dauer: »Ein ungeheures Schuldbewußtsein, das sich nicht zu entsühnen weiß, greift zum Kultus, um in ihm diese Schuld nicht zu sühnen, sondern universal zu machen, dem Bewußtsein einzuhämmern und endlich und vor allem den Gott selbst in diese Schuld einzubegreifen, um endlich ihn selbst an der Entsühnung zu interessieren.«[350] Wenn die Schuld(en)verstrickung so allgemein geworden ist, dass selbst die Gottheit mit einbezogen ist, dann verlieren, so könnte man diesen Satz deuten, die Schulden ihren Schuldcharakter. Kapitalismus kann ohne Schulden nicht funktionieren; gänzlich durchgesetzt hat er sich dann, wenn die zentrale Betätigung dieser Religion nicht mehr der Ent-schuldigung dient, sondern diese auf Dauer stellt.

Das sind einige Grundzüge von Benjamins Pan- oder eher Monodämonium des Kapitalismus. Das Marx'sche Erbe verleugnen sie an keiner Stelle, auch kann man in ihnen gewiss nicht wenige Motive der in den dreißiger und vierziger Jahren entwickelten Kritischen Theorie Max Horkheimers und Theodor W. Adornos entdecken – die Universalität des kulturindustriellen Verblendungszusammenhangs, von dem die beiden sprechen, ist hier sicher vorgebildet. Gegenüber der Marx'schen Lesart haben Benjamins Anmutungen und Hinweise den entscheidenden Vorteil, dass sie nicht im Rahmen einer reduktiven materialistischen Theorie des homo oeconomicus funktionieren und demgemäß auch nicht an die strenge Notwendigkeit des Fortschritts hin zur Weltrevolution glauben müssen. Benjamin betrachtet eine ganze Kultur, nicht nur die vermeintlich herauslesbaren Wirtschaftsgesetze, denen gegenüber alles andere Tand ist. Das lässt die Verstrickung noch universeller erscheinen, aber es zeigt sie in der lebendigen Vielgestaltigkeit der Kultur und damit ohne die Einseitigkeiten eines programmatischen Materialismus.

Darin ist Benjamin in unseren Tagen der Germanist Jochen Hörisch gefolgt. In einer dreibändigen Untersuchung zur Symbolkultur des Abendlandes argumentier er, dass die Kommunikation des Geldes die religiöse Kommunikation abgelöst habe. Es war vormals die Religion und besonders das Abendmahl, das sozialen Zusammenhalt stiftete und die Zusammengehörigkeit von Sein und Sinn garantierte. Darin wurde es überlagert abgelöst vom Geld, das es nun übernimmt, universaler Sinnstifter zu sein: Es garantiert Zusammenhalt von der Liebesbeziehung bis zur Volkswirtschaft, es macht die Welt lesbar, weil bezifferbar, es stiftet Sinn, indem es sagt, was wertvoll ist

[348] Ebd. 103.
[349] Ruster, Verwechselbarer Gott 131 Anm. 20.
[350] Benjamin, Gesammelte Schriften VI, 100f.

und was nicht. So wird es zum Stifter, Leitmedium und universalen Interpreten der Welt.[351] Hörisch plausibilisiert seine These nun – und dies offenbart den Benjaminleser – nicht durch eine allgemeine Theorie des Geldes, sondern dadurch dass er die staunenswerte Universalität des Themas in der Literatur der Neuzeit aufzeigt.[352] Nicht nur in Faust II, nicht nur in den Buddenbrooks, nicht nur bei Dracula: Die Konversion der Hostie in die Münze ist universal und Sinnstiftung ohne das Letztere nicht mehr möglich. »Die Lesbarkeit der Welt ist ohne die Lesbarkeit von Geld in der Moderne nicht mehr zu haben.«[353]

Im Gegensatz zu Benjamin betont Hörisch aber, dass die Sinnstiftung durch Geld nicht die einzige ist und selbst von anderen Formen überlagert und beseite geschoben wird, nämlich vom Siegeszug der neuen Medien. Sie besetzen dieselben Funktionsstellen, freilich anders. Auch sie sind geeignet, sozialen Zusammenhalt zu organisieren, das Ungleichzeitige gleichzeitig zu machen, Sinn vom Unsinn zu unterscheiden und ganz gewiss sind sie – zumindest in den westlich geprägten Ländern – universal präsent.[354] Hörisch, der die Frage nach den kulturellen Leitmedien sichtlich von Benjamin übernommen hat, geht hier über ihn hinaus. Die Universalität des Geld-Codes heißt für ihn nicht, dass sie – um in diesem Code zu bleiben – die einzige Universalität ist, die sich am Markt befindet. Leitmedien können offenbar auch dann Leitmedien sein, wenn sie in ihrem Anspruch auf Letztgültigkeit nicht allein sind, wenn dieser Anspruch seine je eigenen Zeiten und Orte hat. Dann freilich sind wir über die Rede von der universalen Vergötzung des Kapitals ein Stück hinaus. Es sind eben doch »die alten *vielen* Götter«, die ihren Gräbern entsteigen und den nicht enden wollenden Kampf untereinander fortsetzen, um es mit Max Weber zu sagen.[355]

Das festzuhalten ist wichtig, wenn es um die Diskussion der theologischen Marx- und Benjaminrezeption geht. Denn in ihr besteht durchaus die Neigung, sich auf die Seite derjenigen Theoretiker zu schlagen, die die universale Verstrickung in ein falsches Leitmedium oder die Unterwerfung unter einen Götzen allein annehmen. Diese Tendenz haben sicherlich die befreiungstheologischen Ansätze, von denen oben zu berichten war. Sie ist freilich auch deutlich in Publikationen europäischer Autoren zu spüren. So beruft Thomas Ruster sich ausdrücklich auf Benjamin, wenn er feststellt, dass

»seine prägnante These, der Kapitalismus sei als Religion zu betrachten, den Ziel- und Angelpunkt meiner These zur Unterscheidung im Gottesverhältnis darstellt. (...) Wenn er den Kapitalismus als Religion rekonstruiert, wenn er bei ihm Kult vorfindet und ihm die Fähigkeit bescheinigt, auf die Grundfrage des Menschen nach der Schuld eine Antwort zu geben, dann geschieht dies unter der Voraussetzung eines Religionsverständnisses, das auch meinen Überlegungen zugrunde liegt: Religion umfasst die Totalität der Erfahrung, sie ist die Einheit der Erfahrung in ihrem kultischen oder

351 Hörisch, Kopf oder Zahl, bes. 11–49.
352 Zu Marx und Benjamin ebd. 231–244.
353 Ebd. 49.
354 Dazu Hörisch, Ende der Vorstellung.
355 S.o. Kap. 2 II 2b.

symbolischen Ausdruck und darum das Absolute des Daseins. Die jeweilige Religion ist die Repräsentation der jeweils alles bestimmenden Wirklichkeit.«[356]

Rusters Buch ist insgesamt ein Plädoyer gegen die Verwechslung von Gott und alles bestimmender Wirklichkeit.[357] Ist Religion auf die alles bestimmende Wirklichkeit bezogen, so muss theologisch die Entflechtung von Christentum und Religion gefordert werden, wie Ruster es im Untertitel andeutet und durch eine Reihe instruktiver theologiegeschichtlicher Beispiele vorführt.[358] Der Gott Israels und Vater Jesu Christi ist der unwahrscheinliche und der unplausible Gott, nicht der der stärkeren Bataillone und der scharfsinnigeren Überzeugungstechniken. Es gilt aber, ihn um der christlichen Botschaft willen zurückzugewinnen. Diesem fremden Gott vertrauen zu lernen ist nicht zuletzt das Ziel der Religionspädagogik.

Dem ist weitgehend zuzustimmen. Was in der vorliegenden Untersuchung als Widerspruch gegen die Verwechslung von Gott und Macht bezeichnet wird, ist offenkundig dasselbe wie Rusters Plädoyer für die Entflechtung von Christentum und Religion. Auch meine ich wie er, dass das Motiv der Fremdheit Gottes gegenüber unseren Erfahrungen stark gemacht werden muss. Ruster verortet es im Rahmen einer Überlegung zur Religionspädadogik: es sei nötig, in die irritierende Erfahrungswelt der Bibel einzutauchen und an diesen fremden Erfahrungen Anteil zu gewinnen.[359] Systematisch-theologisch ist dieses Motiv nach meinem Urteil beim Thema des Glaubens anzusiedeln, wenn Glauben denn heißt, unser Sein extra nos bei Gott zu haben, vgl. den Abschnitt unten III 2 c. An diesen Punkten also sehe ich nur Zustimmung. Meine Frage beginnt da, wo Ruster von Religion und alles bestimmender Wirklichkeit nur

---

[356] Ruster, Verwechselbarer Gott 140.

[357] Programmatisch neben der eben zitierten Stelle 7f. Falk Wagner bleibt in seiner Studie zum Thema in dieser Gleichsetzung befangen, indem er zwar trefflich die universale Geldbestimmtheit der Kultur beschreibt, gleichwohl nicht davon abrücken will, Gott als alles bestimmende Wirklichkeit zu definieren. Dies läuft auf ein intellektuelles Überbietungsverfahren hinaus, nach dem mit Mitteln der Vernunft die Überlegenheit eines trinitarisch bestimmten Absoluten gegenüber dem Pantheismus des Kapitals erwiesen werden soll (Wagner, Geld oder Gott? 142ff). Nicht nur, dass schwerwiegende Gründe gegen das Gelingen einer solchen Vernunfttheologie sprechen: Wagner reduziert das, was er »Absolutes« nennt, damit auf ein intellektuelles Phänomen und verkennt deshalb den Verstrickungscharakter einer Macht, gegen den mit Beweisen nicht vorzugehen ist. Das erhellt nicht zuletzt aus dem defizienten Glaubensbegriff, der bei ihm ein mattes »subjektive[s] Fürwahrhalten« ist (ebd., 136), nicht aber das, woran jemand sein Herze hängt oder worin sich jemand vorfindet. Wagners Absolutes wird man dann wohl als das bessere Fürwahrhalten vorstellen sollen – ein solches freilich ist auch nur gedacht und wird den Beweis lebensweltlicher Orientierungsfähigkeit und Hilfe kaum antreten können. Die theologische Kritik hat demnach zuerst den Begriffen von Absolutheit bzw. alles bestimmender Wirklichkeit zu gelten.

[358] So in den Bemerkungen zu Marcion und v.Harnack, denen Ruster zwar nicht zustimmen kann, deren Motiv, nicht Gott und Evidenz zu verwechseln er aber eindrucksvoll herausarbeitet, Ruster, Verwechselbarer Gott 87–104. Ebenso instruktiv gegen den Strich gelesen werden Carl Schmitt (104–123) und John Maynard Keynes (142–154).

[359] Ebd. 198–201. Die Ausführungen lesen sich wie ein Kommentar zur biblischen Didaktik von Ingo Baldermann, die dieser u.a. Einführung 1–23 skizziert. Baldermann geht es darum, dass biblische Didaktik nicht Wissen vermittelt, sondern in die Denk- und Erfahrungsweisen der Bibel einführt.

im Singular redet. Gibt es wirklich ausreichend starke Gründe für die *eine* Gottheit wider Gott? Die Analysen des Phänomens von Macht und Mächten haben hier anders optieren lassen, auch scheint der biblische Befund – nicht nur, aber auch in der neutestamentlichen Rede von den Mächten und Gewalten –, für eine Pluralisierung zu sprechen. Vielleicht mag noch eingewendet werden, dass die Herrschaft des Marktes und des Geldes an Schrecklichkeit sozusagen einbüßt, wenn sie zu einer Macht unter anderen Mächten erklärt wird. Das ist aber nicht so: Eine Machtförmigkeit, wo sie am Werke ist, setzt sich als Totalität, beansprucht in der Tat total. Es tut dieser aktualen Massivität keinen Abbruch, wenn gesagt werden kann, dass zu anderen Zeiten und an anderen Orten andere Mächte wirksam sein mögen. Dem Ruster'schen Grundanliegen ist zuzustimmen, gerade auch dann, wenn die Option, nur eine falsche Religion/Gottheit zu benennen, nicht mitgetragen wird.

2. Die Mächte und die Existenz im Glauben

a) Eschatologischer Realismus

Die eben verhandelten Texte Karl Barths haben die Rolle der Mächte im Leben der Menschen thematisiert und zugleich auf das Widerlager hingewiesen, das in seinen Augen der Glaube und die Bitte um das Kommen des Reiches Gottes darstellt. Beide Aspekte wird man zusammen als Strategie einer Entlarvung der Mächte als eigentümlich lügnerischer Existenzen verstehen können. Ihre Wirkung ist nicht in Abrede zu stellen und doch ist ihre Existenz in durchschaubarer Weise unehrlich und letztlich unernst.

Barth entlarvt, oder wie er sagen würde, entmythologisiert die Götter, Weltanschauungen, herrenlosen Gewalten und andere Wesenheiten zunächst durch genaues Hinsehen. Im Typoskript z.B. beschreibt er detailliert die Anatomie einer Weltanschauung. Diese Beschreibung fungiert bereits als Kritik und Entlarvung, setzt sie doch die Hoffnung mit, dass einer Weltanschauung nicht mehr verfalle, wer über ihre Entstehung und Funktion Bescheid weiß. Nicht wesentlich anders verhält es sich mit den herrenlosen Gewalten: Auch sie werden direkt und in entlarvender Absicht beschrieben. Barths Stil hat sich hier verändert: Er geht von einer Multiplizität der Phänomene aus, er verabschiedet sich teilweise vom analytischen Ernst, der in »Gott und die Götter« noch herrschte; dosiert, aber wirksam setzt er das Mittel des Spotts ein. Gleichwohl ist die Absicht natürlich identisch geblieben: Beschreibung ist per se Entlarvung. Die Funktionen von Analyse auf der einen und Spott auf der anderen Seite schießen hier jedenfalls zusammen.

Immer wieder jedoch weist Barth darauf hin, dass man es mit der Beschreibung der Götter und Gewalten so genau nicht nehmen solle. Dies nicht etwa, weil es hier nichts zu entdecken gäbe – offenkundig ist das ja durchaus der Fall. Barth rechnet vielmehr konsequent mit der Mächtigkeit dieser Erscheinungen und befürchtet, dass der, der sie allzu genau zu beschreiben vermeint, ihnen insgeheim verfalle. Diese Befürchtung gilt auch und gerade für den Bereich von Theologie und Kirche: Wo man sich zu sicher ist, auf der richtigen Seite zu sein, ist man den Götzen womöglich schon in den Arm gelaufen. Die weiter oben referierte Sorge vor der Allgegenwart der natürlichen Theologie als Götzendienst verleiht Barths Befürchtung wohl am deutlichsten Ausdruck.[360] In diesem Sinne gehört zu seiner Strategie die Abwendung von diesen Phänomene dazu und gewinnt, wie zu sehen war, im Verlauf der Jahre stärkere Bedeutung. In § 78 schließlich ist sie zur klar dominierenden Perspektive aufgerückt. Der mannigfachen Lüge der Weltanschauungen und herrenlosen Gewalten, so Barth, ist am besten dadurch zu entkommen, dass die Theologie auf die Wirklichkeit verweist, der sie selbst verpflichtet ist und die die Mächte auf lügnerische Weise verstellen. Wer dieser sich anvertraut, erkennt gleichsam von selbst, woran er mit den Mächten gewesen wäre und welche Verderbnis von ihnen ausgeht. Aus der Perspektive der Freiheit der Kinder Gottes erhellt ihr Zwang, aus der des Reiches Gottes ihr schreckliches Regnum und nicht zuletzt aus der der Klarheit der Offenbarung ihre tragische Komik. Den Gewinn, den Barth der Perspektive des Glaubens zuschreibt, kann man wie folgt zusammenfassen:

(1) Gewinn geschöpflicher Freiheit, also die Gabe, als Geschöpf unter gleichberechtigten Mitgeschöpfen leben zu können. Die Geschöpfwelt hat noch ein ganz anderes Gesicht, als es die regierenden Weltanschauungen glauben machen wollen. Das ist in der Verschränkung von schon-jetzt und noch-nicht sowohl zu erfahren als auch zu hoffen. (Typoskript)

(2) Furchtloser Umgang mit den herrenlosen Gewalten, weil sie schon in der Schrift nur im Rahmen des Sieges Jesu Christi über sie interessieren. Das Wissen darum und um das Kommen des Reiches Gottes jenseits aller menschlicher Vorstellungskraft ist eine Gabe des Heiligen Geistes. (§ 78)

(3) Schließlich die Fähigkeit – im Sinne des nicht-mehr anders-Könnens – zum Handeln gemäß Gottes Reich, die Kraft, in aller Vorläufigkeit und Armseligkeit um die iustitia zu kämpfen, die in einem Entsprechungsverhältnis zu Gottes Iustitia steht. (§ 78)

Was in der konsequenten Abwendung von den Göttern und Gewalten geschieht, ist demnach, ihnen das Recht, wirklich zu sein und die Wirklichkeit zureichend zu beschreiben, rundheraus abzusprechen. Nicht nur sie selbst sind in seltsamer Weise wirklich-unwirklich: Das, was sie als real unterstellen, ist es ganz einfach nicht. Es ist Lüge, Verstellung und Trug. Das ist ein

---

[360] Vgl. Abschnitt II 1a dieses Kapitels.

weitgehendes Argument und es ist – darauf hat Ingolf U. Dalferth hingewiesen – ein Argument, das zugleich einen Schlüssel zur Anlage von Barths Theologie überhaupt darstellt:[361] Die Wirklichkeit des gekreuzigten und auferstandenen Jesus Christus ist die einzige, für die sich die Theologie ernsthaft interessieren kann. Weil dies die Wirklichkeit ist, erscheinen vor ihr alle anders lautenden Realitätsunterstellungen als bloße Chimären, Luftschlösser und Abstraktionen. Was wir im gewöhnlichen Lebensumgang für real und gewiss halten, ist vor Kreuz und Auferstehung bloß usualistisch, abstrakt oder gar gelogen. Was uns unsererseits als peripher oder gar nicht wahr zu sein scheint, rückt ins Zentrum der Realitätsunterstellungen ein.

Noch einmal zwei Zitate aus »Gott und die Götter« zum gemeinten Sachverhalt: Der Glaube, so Barth, »hofft darauf, dass die Geschöpfwelt noch ein ganz anderes Gesicht hat und zeigen wird als das, was er jetzt zu sehen vermag. Er hofft auf Gott, dass er ihm dieses andere Gesicht des Geschöpfs, dass er ihm sein eigenes Gesicht noch ganz anders zeigen wird. Er hofft auf Jesus Christus, in welchem sich das neue Gesicht des Geschöpfs und also auch sein eigenes neues Gesicht jetzt schon – ein Unterpfand seiner Hoffnung auf das Ganze – ohne Rätsel und Widersprüche vor seinen Augen steht. Er hofft auf den Heiligen Geist als Gabe Gottes, die ihn jetzt schon sehend macht und die ihn einst befähigen wird, zu schauen was er jetzt noch nicht sehen kann.«[362] An anderer Stelle: »Das Wesen des Geschöpfs dagegen (...) ist ein verborgenes Wesen, von dem es für den Menschen keine Erkenntnis gibt – man muss wohl sagen, von dem es nicht nur jetzt und hier[,] sondern auch jenseits der künftigen Enthüllung der Kreatur und in alle Ewigkeit hinein für ihn keine Erkenntnis geben wird, weil die *Erkenntnis* des *Wesens* der Dinge ein Prädikat ihres Schöpfers ist, das als solches nicht Prädikat eines ihrer Mitgeschöpfe werden kann.«[363]

Kreuz und Auferstehung als Zentrum der Christologie sind auszusagen und auf ihre Gewissheit im Geist hin zu entfalten. Dieser Realität im eminenten Sinn ist Barths Theologie allein verpflichtet, und in diesem Sinne kann man sie als *realistische* Theologie bezeichnen. Die Götter und Gewalten als Repräsentanten vorgeblich eindeutiger Realitätsunterstellungen sind ein besonders geeignetes Beispiel, diese Form des Realismus durchzuexerzieren. Ja, sie sind einer der wichtigsten Anlässe dafür, weil an ihnen gezeigt werden kann, was alles theologisch schief liefe, würde der Realismus der Theologie aufs Vorfindliche oder seine Abstraktionen aufgebaut.

Freilich handelt es sich um eine realistische Theologie in spezifischer Hinsicht. Barth repristiniert nicht eine vormoderne Sicht, in der etwa eine

---

361 Zum Folgenden vgl. Dalferth, Theologischer Realismus bzw. ders., Karl Barth's Eschatological Realism. Vgl. aus dem erstgenannten Text v.a. 403–411.

362 Barth, Gott und die Götter 739.

363 Ebd. 767.

metaphysische Überwelt gedacht würde, die das ens realissimum beherbergt, zugleich aber die vorfindliche Welt als Abschattung sieht. Vielmehr ist Barths realistische Theologie konsequent *eschatologisch* gedacht, also durchaus als *eschatologischer Realismus* zu bezeichnen: Über alle Jahrzehnte, von den bekannten steilen Sätzen aus dem Römerbriefkommentar, dass Christentum, das nicht ganz und gar Eschatologie sei, mit Christus ganz und gar nichts zu tun habe bis hin zu Äußerungen wie den oben zitierten, dass das Reich Gottes keine Möglichkeit eines menschlichen Gedankens sei, zieht sich seine Einsicht, dass die Realität, um die es der Theologie zu tun sein muss, eine ist, die der menschlichen Verfügung entzogen ist und die sich allein dem Kommen Gottes verdankt.[364] Diese eschatologische Bestimmung ist auch insofern von Belang, als mit ihr die Wirklichkeit der Mächte nicht einfachhin anerkannt und metaphysisch überbaut wird, sondern der Anspruch erhoben wird, sie in ihrer prekären Realität noch einmal aus der eschatologischen Perspektive neu und gültig beschreiben zu können.

Konkret ist die eschatologische Geschichte Gottes, abstrakt dagegen sind unsere Realitätsunterstellungen. Wirklich und beständig ist sein eschatologisches Heilshandeln, unsere Wirklichkeit nur, sofern sie darin verankert ist.[365] Barths Behauptung für die Wirklichkeit der Mächte vor dem Menschen lässt sich folgendermaßen zusammenfassen: *Die in Gott geborgene Welt ist nicht so, wie die Mächte sie vorgaukeln und durch illusionistische oder auch handgreifliche Machttaten weismachen wollen. Vielmehr kann man das wirkliche Sein der Mächte aus der eschatologischen Perspektive erkennen, als Trug beschreiben und sich in der Hoffnung auf Gottes eschatologisches Handeln von ihnen ab- und der konkreten Wirklichkeit zuwenden.* Den Implikationen dieser Bestimmung – mit oder gegen Barth entfaltet – gilt im folgenden die Aufmerksamkeit.

---

[364] Barth, Römerbrief 298 bzw. Christliches Leben 405f. Zwischen diesen Äußerungen liegen immerhin vier Jahrzehnte.

[365] Ingolf U. Dalferth verwendet dafür unter Rückgriff auf eine Einsicht des Barth-Kritikers Richard Roberts eine Analogie zum christologischen Begriff der hypostatischen Union. Er schreibt, dass unsere Erfahrungswelt »als vorletzte, vorläufige, abstrakte, für sich selbst genommen gerade noch nicht endgültig wirkliche und jederzeit ins Unwirkliche zurückfallen könnende Welt in den Blick rückt. Die Welt unserer Erfahrungswirklichkeit hat *enhypostatische Realität* und nur von ihrer Verankerung in der konkreten Wirklichkeit der Geschichte Gottes her Bestand. Nur sofern sie in dieser und von dieser her ist, ist sie. Für sich genommen ist sie in all ihrer Vielfalt eine anhypostatische Abstraktion.« Dalferth bezieht sich auf Roberts, Ideal and Real, bes. 163–168.

b) Gottes Gegenwart als Basis der Auseinandersetzung mit den Mächten

Der erste Punkt, der genauere Bestimmungen erfordert, ist die Rede von Gottes Gegenwart als Bedingung der Auseinandersetzung mit den Mächten. In den hier herangezogenen Werken Barths finden sich immer wieder Andeutungen, die die Gegenwart Gottes betreffen. Barth argumentiert sehr vorsichtig, weiß er doch, dass es mindestens schwierig ist, von der Präsenz des Entzogenen, der Gegenwart des Eschatologischen oder der Wirksamkeit dessen, was uns nicht einmal zu denken möglich ist, zu sprechen. Hier sprachfähig zu werden, ohne den Fehlern der zurecht kritisierten Alternativen nicht wieder zu verfallen, ist ein echtes Problem. Barths Andeutungen im Typoskript lesen sich, wie berichtet, unter anderem so: »Die Dinge werden sprechend und lebendig«,[366] »der gute Sinn des Geschöpfs« wird deutlich,[367] die »geschöpflichen Urphänomene« werden sichtbar.[368] Und in § 78 war es ihm darum gegangen zu zeigen, dass die Perspektive des kommenden Reiches dazu geneigt macht, ja dazu emporreißt, das eigene Handeln am Kommen des Reiches auszurichten.[369] Die Gegenwart Gottes wird in diesem Text als Gegenwart des Heiligen Geistes beschrieben, der die Kenntnis von der Auferstehung kund und »vollkommen offenbar« macht.[370]

Dies sind, wie gesagt, überaus vorsichtige Andeutungen. Die Aussage über das Werk des Heiligen Geistes klingt zudem durchaus intellektualistisch, wird sie doch als Inkenntnissetzung beschrieben. Freilich fragt es sich, ob es bei dieser Vagheit bleiben muss oder ob sie nicht geeignet ist, Vorbehalten gegen den Ansatz eines eschatologischen Realismus zu stärken, weil dieser doch, nimmt man diese Aussagen, seine eigene Undurchführbarkeit vor Augen führt. Die Schwierigkeit besteht mindestens so lange, als versucht wird, allgemeine Sätze zu formulieren, die der Themaregel des eschatologischen Realismus gehorchen. Stets ist dann mit dem Paradox zu kämpfen, etwas auszusagen, obwohl genau dies, die Prädikation eines Objekts, von der Themaregel verboten wird, wenn denn gilt, dass die Wirklichkeit des Reiches Gottes keine uns zugängliche Denk- und Aussageform ist. Aus diesem Grund ist nicht zu erwarten, dass auf dieser Diskursebene befriedigende Ergebnisse erzielt werden können. Man bliebe, ist der Gegenstand der theologischen Rede Gottes eschatologische Realität, zwangsläufig bei einer Rede stehen, die sich selbst im Augenblick des Aussprechens revozieren müsste.

366 Barth, Gott und die Götter 769.
367 Ebd. 711.
368 Ebd. 872. Zum Zusammenhang aller drei Zitate vgl. oben Abschnitt III 1a.
369 Ders., Christliches Leben 362.
370 Ebd. 455.

Aussichtsreicher scheint es zu sein, wenn die Leistung der theologischen Sprache anders eingeschätzt wird als es in den hier herangezogenen Passagen aus Barths Werk der Fall ist: Der Gegenstand der Theologie ist, im Gegensatz zu Barths Andeutungen, nicht Gottes eschatologische Realität, der Gegenstand theologischer Rede ist das Reden und Handeln der Gläubigen. Verhält es sich so, dann entfällt die unlösbare Schwierigkeit, etwas zum Gegenstand prädikativer Rede zu machen, was es nicht sein kann. Mit den Sätzen der Theologie wird nicht Gottes eschatologische Realität beschrieben, sondern diejenigen Worte und Handlungen, in denen diese Realität gesucht und erfahren, erbeten und gefeiert wird.[371] Gottes Realität kommt so zur Sprache, wie es menschlicher Rede allein möglich ist: in der askriptiven Sprache der Doxologie. Die theologische Sprache verhält sich dazu als Regelwerk.

Wenn es so ist, dann ist es zugleich möglich und geboten, distinkte Orte der christlichen Praxis aufzusuchen und sie als Bitte um die bzw. Feier der Gegenwart Gottes im Heiligen Geist zu begreifen. Nahezu zwangsläufig ist dann der *Gottesdienst* Gegenstand der Überlegung. Eine Theologie des Gottesdienstes steht hier nicht prinzipiell zur Debatte.[372] Aus der größeren Menge der möglichen Themen greife ich exemplarisch vier Aspekte heraus, die den Gottesdienst als Feier der bzw. angesichts von Gottes Gegenwart verstehen lassen. Es sind dies (1) der Grundgedanke von Gottes Gegenwart im Gottesdienst, (2) der in der Theologie der Mächte und Gewalten häufig diskutierte Gedanke vom Kampf der Bilder und Liturgien, (3) die für den

[371] Zu dieser fundamentaltheologischen Grundentscheidung vgl. u.a. Dalferth, Jenseits von Mythos und Logos 295ff; ders., Der auferweckte Gekreuzigte III–V.215ff; Hailer, Religionsphilosophie und Gottesgedanke; Lindbeck, Christliche Lehre 110ff; Ritschl, Logik 336–338.

[372] Aus der neueren evangelischen Theologie vgl. Müller, Evangelischer Gottesdienst 122ff, Josuttis, Weg in das Leben 11–50, Grethlein, Grundfragen der Liturgik 82ff, Dinkel, Was nützt der Gottesdienst. Müller argumentiert aus dezidiert reformierter Perspektive und formuliert vorsichtig, dass der Gottesdienst nicht als Sprechen Gottes, sondern als Reden und Handeln der Gläubigen vor Gott verstanden werden solle, vgl. die Formulierung: »Kommunikation unter Menschen unterschiedlicher Zeiten und Rollen vor Gott.« (177) Dezidiert anders legt Josuttis seine Position aus und interpretiert Gottesdienst als Verhaltenssequenz angesichts der Wirklichkeit des Heiligen, in das er führe, vgl. v.a. 30–35.271ff. Grethlein macht den »Christusbezug« (91 u.ö., i.O. herv.) als Zentrum des reformatorischen Gottesdienstes aus und erwägt vielfältige Gestaltungsmöglichkeiten, die er auf diese Grundentscheidung zurückbezieht. Dinkel setzt allen dreien gegenüber ganz andere Akzente und fragt nach Funktion und Leistung des Gottesdienstes. Diese mit Hilfe der funktionalen Systemtheorie durchgeführte Fragestellung zeitigt teilweise wohl bekannte und teilweise überraschende Ergebnisse, hat aber zur Folge, dass das Geschehen des Gottesdienstes *als solches* außer Blick gerät und damit die Frage nach der Präsenz Gottes in ihm. Dinkel begründet sein Vorgehen durch den »*funktionalen* Bezug des Gottesdienstes auf den Rechtfertigungsglauben, auf den das Predigtamt und damit der Gottesdienst insgesamt abzielen«. (235, vgl. 19) Ob dies allerdings als zureichende reformatorische Begründung des Gottesdienstes angesehen werden kann, wie er reklamiert, ist zumindest diskussionwürdig.

Gottesdienst konstitutive Öffentlichkeit und (4) die Frage des Unterschiedes von Fest und Feier.

Ad (1): Der Gottesdienst ist ein Sprach- und Handlungszusammenhang. Die diversen Sprech- und symbolischen Akte sowie ihre Verflechtungsformen gewinnen ihren Sinn daraus, dass sie sich als Vollzüge in der Gegenwart Gottes verstehen. Die jeweiligen Ausprägungen über das Verständnis der Modi und Medien dieser Gegenwart mögen differieren. Gottes Gegenwart als gemeinsames Proprium wird sich aber dennoch ausmachen lassen. So ist beispielsweise zu denken an: die trinitarische Einleitungsformel als Bitte um Gottes Gegenwart, das Verständnis der Predigt als praedicatio verbi divini, das Altarsakrament, in mit und unter dessen Feier der Erhöhte gegenwärtig ist, Gebet und Gesang als direkte Anrede,[373] der/die ordinierte Amtsträger/in in Ausübung des Amtes, schließlich die Segensspende oder -bitte als Entlassung aus der Feier der Gegenwart. Die Unterschiede im Gottesdienstverständnis mögen denkbar groß sein, und ein umfassender ökumenischer Konsens ist hier sicher nicht in Sicht, wohl auch gar nicht wünschbar. Was alle diese Konzeptionen jedoch eint, ist die Annahme, dass gottesdienstliche Vollzüge insgesamt dadurch gerechtfertigt sind, dass sie es – so vorsichtig wie möglich gesagt –, mit der Gegenwart Gottes zu tun haben. Aus diesem Grund ist eine Reflexion auf die Praxis des Gottesdienstes die angemessene Form, von der Gegenwart des Entzogenen und je von sich aus Kommenden zu sprechen.

Ad (2): Zu erwägen ist, wie die Rede von der Gegenwart Gottes im Gottesdienst zur Klärung der Frage beiträgt, in welcher Weise von einer Existenz im Glauben angesichts der Mächte gesprochen werden kann. Die Frage nach der Funktion von Gottesdienst und Liturgie spielt in der Theologie der Mächte und Gewalten – s.o. Abschnitt I 2 – dabei eine prominente Rolle. Die Autoren betonen nahezu durchgängig die prominente Rolle der Liturgien und spielen dabei nicht zuletzt auf ihren öffentlichen Charakter an. Im Blick sind dabei gottesdienstliche Handlungen, die exorzistischen Charakter haben oder diesem doch nahe verwandt sind:[374] Zumeist grenzt man sich von in der Tat fragwürdigen Praktiken wie dem »spiritual warfare« ab, wie sie in manchen charismatischen Kreisen üblich sind.[375] Die Überlegungen

---

[373] Von Wolfgang Huber stammt die interessante Formulierung, das Bittgebet als »Akt der Befreiung von unbegriffener Abhängigkeit« zu verstehen, Zeitenwende 147.

[374] Dazu v.a. Wink, Naming 53–68 und Th. Zeilinger, Zwischen–Welten 375–384. Vgl. die Überlegungen zum Thema bei Thurneysen, Aufgabe der Predigt, bes. 59f; ders. Seelsorge 280–297; Bohren, Predigtlehre 313–316. Das Amt der Kirche in der Gesellschaft insgesamt als Exorzismus versteht Cox, Stadt ohne Gott? 166–180.

[375] Vgl. Zeilinger, Zwischen-Räume 381f und Hahns Beitrag in Wie viel Macht haben die Mächte?, 101–118.

gelten sodann Liturgien, die darauf gerichtet sind, zerstörerische Mächte zu benennen, ihre leitende Metaphorik offen zu legen und durch andere, gleichsam bessere leitende Bilder zu ersetzen. Das Anliegen lässt sich wohl so verstehen, dass die gemeindliche Feier im Angesicht Gottes dazu geeignet ist, gleichsam therapeutisch die Macht der leitenden Bilder aufzuweisen und zu brechen. Th. Zeilinger bietet als definitionsähnliche Beschreibung »zur exorzistischen Dimension des christlichen Glaubens angesichts der Rede von Mächten und Gewalten« folgende Formulierung an:[376]

> »Zu den soziokulturellen Dimensionen christlichen Handelns gehört immer auch die symbolisch-mythische Auseinandersetzung mit den Mächten, die menschliches Leben kollektiv in ihren Bann ziehen. Weil die Mächte immer schon vormoralisch und die freie Willensbildung (tendenziell) ausschließend das Personzentrum ergreifen, erfordert grundlegender sozialer Wandel stets eine Veränderung auf der Ebene der dem Verhalten zugrundeliegenden symbolischen Überzeugungen.«[377]

Dass Liturgie eine angemessene Form der Auseinandersetzung mit den Mächten sei, wird hier v.a. durch eine gewisse Konvergenz in der Sprachform begründet: Liturgische Sprache ist geeignet, in den Kampf der Bilder einzutreten, weil sie besser als die prädikative und objektivierende Sprache des Alltags die eigentümliche Realität der Mächte zu erfassen in der Lage ist. Dem ist zunächst nichts hinzuzufügen; vielmehr soll auf die Konfrontation zwischen den leitenden Bildern der Mächte und den leitenden Bildern des Glaubens im nächsten Unterpunkt noch eingegangen werden. Die Rückfrage richtet sich an einen Sachverhalt, der implizit mitgesetzt ist: Macht man Definitionen wie diese zum Ausgangspunkt, so erschiene die exorzistische Dimension der Liturgie als Dreh- und Angelpunkt der Relevanz des Gottesdienstes angesichts der Mächte. Es würde damit eine Dimension ins Zentrum gerückt, die zwar zweifellos zum Sprach- und Handlungszusammenhang des Gottesdienstes gehört, aber vielleicht in diese Königsposition nicht kommen sollte. Es würde der Eindruck erweckt, als sei die Rolle des Gottesdienstes als Feier von Gottes Gegenwart zuerst und zumeist die, den Mächten und ihren leitenden Metaphoriken den Kampf anzusagen. Dies mag, wie gesagt, ein Aspekt des gottesdienstlichen Sprach- und Handlungszusammenhangs sein; es wäre jedoch misslich, ihn zum Zentrum zu erklären. Karl Barths Invektive scheint in diesem spezifischen Sinne im Recht zu sein: Sein Insistieren darauf, die Götzen und Gewalten nicht zu wichtig zu nehmen und ihnen nur so viel Aufmerksamkeit zuzuweisen, wie es eben nötig ist, hat an anderen Problemstellungen vielleicht

[376] Zeilinger, Zwischen-Räume 382.
[377] Ebd. 378f, i.O.herv.

bedenkliche Konsequenzen,[378] wehrt hier aber einer falschen Konzentration. Der Kampf der Bilder in der Liturgie ist eine, aber nicht *die* Rolle des Gottesdienstes angesichts der lebensbestimmenden Mächte.

Ihm sachlich vorgeordnet ist die basale Rolle des Gottesdienstes, die sich m.E. als *Einheimischwerdung in der Geschichte Gottes* umschreiben lässt. Gottes Präsenz im Gottesdienst ist die Präsenz dessen, der sich seinem Volk gegenüber als der Herr und Bundespartner seiner Geschichte vernehmbar gemacht hat. Der Erinnerung dieser Geschichte – im Sinne von memoria als vergegenwärtigender Erinnerung – gilt die sprachhandelnde Inszenierung der Liturgie, der Einbeschreibung des gegenwärtigen Lebenskontextes der Gemeinde gilt der Auftrag der Wortverkündigung, als Feier der Gegenwart des Auferstandenen in Erwartung seiner Zukunft in Herrlichkeit wird das Abendmahl gefeiert.[379] In, mit und unter diesen Vollzügen – die hier natürlich nicht vollständig genannt sind – vollzieht sich die Geschichte Gottes weiter bis zum konkreten Ort und Tag des Gottesdienstes. Die feiernde Gemeinde erkennt sich als Teil dieser Geschichte und vollzieht dies in den komplexen Sprach- und Handlungszusammenhängen des gottesdienstlichen Festes.

Die leitenden Annahmen aus diesem Verständnis von Gottes Präsenz im Gottesdienst stammen im Wesentlichen aus dem sog. story-Konzept, das von Dietrich Ritschl, James Barr und anderen entwickelt wurde. Dieses Konzept nimmt seinen Ausgang von der gegenwärtigen Präsenz Jesu Christi im Gottesdienst und das Verständnis von Synagoge und Kirche als Erzählgemeinschaft. Diese werden mit der Einsicht verknüpft, dass die Identität eines Menschen oder einer Gruppe wesentlich das ist, was er oder sie von sich zu erzählen vermag, eben seine bzw. ihre story. Was sich im Gottesdienst vollzieht und soeben als Einheimischwerdung beschrieben wurde, ist demnach näherhin das Zusammengehen und Zusammengehören mehrerer stories: Die Lebensstories Einzelner und von Gruppen werden sich selbst thematisch, sie erkennen und reflektieren sich in den stories der Heiligen Schrift und damit letztlich als Teil der einen story Gottes mit seinem Volk und allen Menschen. – Das ist der Verständnishintergrund, den es in der Frage nach der möglichen exorzistischen Dimension des Gottesdienstes zuerst zu erheben gilt und auf dessen Hintergrund die spezifische Dimension des Kampfes der Bilder sich je und je vollziehen mag.[380]

---

[378] S. oben Abschnitt II 2c.

[379] Ohne in die theologische Diskussion um die Eucharistie eintreten zu wollen, wurde hier in Anlehnung an die Leuenberger Konkordie, Art. 16 formuliert.

[380] Zum story-Konzept vgl. Ritschl/Jones, »Story« als Rohmaterial; Ritschl, Logik 39ff; ders., Konzepte 201ff; ders., Gotteserkenntnis. Die interdisziplinäre Entstehung des Konzepts und seine theologische Rechweite wird dargestellt und erwogen von I. Schoberth, Erinnerung. Schoberth

Ad (3): Zum Gottesdienst gehört konstitutiv seine Öffentlichkeit. Seine Vollzüge sind die einer Gemeinschaft und sind auf die kleineren und größeren Öffentlichkeiten hin ausgerichtet. Sie sind öffentliche Handlungen in mehrerlei Sinn: Zum einen gilt die Einladung allen, zum anderen wird auch stellvertretend für die agiert, die nicht kommen können oder wollen, und dies übrigens nicht nur im Fürbittgebet. Die letztere, also die vikariatsmäßige Funktion des Gottesdienstes, ist auch für die Frage nach der exorzistischen Dimension der Liturgie von Bedeutung.

Öffentlichkeit ist mehr als die Summe privater Interessen. In der Öffentlichkeit, bzw. in ihren jeweiligen Subsystemen, geht es um gemeinsame Verhältnisse, Rechte/Pflichten, Interessen und Bedürfnisse.[381] Die vikariatsmäßige Öffentlichkeit des Gottesdienstes bezieht sich auf diese kollektiven Verhältnisse – und damit nicht nur auf imaginierte private Bedürfnisse nicht anwesender Einzelpersonen. In diesen kollektiven Verhältnissen erkennt sie, dass mannigfache Verstellungen, Verblendungen und Bedrohungen vorliegen, die in ihrer Sprache Mächte, Götzen oder Götter heißen mögen. In diesem Sinne versucht sie das Bewusstsein dafür offen zu halten bzw. allererst anzuregen, dass es sich bei den in Rede stehenden Phänomenen um kollektive Phänomene handelt. Der Reduktion auf individualistische Interpretationen versucht die spezifische Öffentlichkeit des Gottesdienstes zu wehren. Besessenheit oder Bedrängtsein sind für sie nicht Phänomene des Individuums, die in der Öffentlichkeit eben in entsprechender Summierung auftreten, sondern kollektive Phänomene. Sie zu benennen und dem Kampf der Bilder auszusetzen, ist deshalb ein kollektives Anliegen, das von der Öffentlichkeit des Gottesdienstes stellvertretend wahrgenommen wird.

In diesem Sinne richtet sich die Öffentlichkeit des Gottesdienstes gegen ein weit verbreitetes Verständnis, als sei die Benennung und Bekämpfung machtförmiger Phänomene eine auf das Individuum zugeschnittene Aufgabe, welchen Beigeschmack der Begriff Exorzismus durchaus immer noch hat. Im Gegensatz zu dieser vorherrschenden Meinung wird die spezifische Öffentlichkeit der machtförmigen Phänomene und in eins damit die der Aufgabe ihrer Bekämpfung verstanden.

Der Gottesdienst übernimmt demnach einen Teil der Aufgaben einer öffentlichen Theologie. Er artikuliert den Öffentlichkeitsanspruch des Evan-

---

argumentiert auch dafür, das story-Konzept als Ausdruck der Dimension von Lernen zu begreifen, die dem christlichen Glauben inhärent sei: Einheimischwerden in der Geschichte Gottes, so argumentiert sie, ist zumindest auch ein vielgestaltiger Lernprozeß. Diesen gilt es nach ihr an vielen Orten des Glaubens, beileibe nicht zu den klassischen pädagogischen Gelegenheiten, zu suchen und zu bestärken. Vgl. dies., Glauben-lernen, zum story-Konzept bes. 23–31.107f.

[381] Vgl. Huber, Art. Öffentlichkeit, bes. 1166f.

geliums und die Universalität von Gottes Heilswillen, indem er zur Einheimischwerdung in Gottes Geschichte einlädt.[382] Die Rituale des Gottesdienstes, die dem dienen, stehen den Mächten und ihren ritualartigen Inszenierungen entgegen. Der Protest diskursiver Theologie alleine würde den Öffentlichkeitsanspruch, auf den es hier ankommt, gerade verfehlen. In diesem Sinne ließe sich wohl Wolfgang Hubers Vorschlag verstehen, die Kirchen als *intermediäre Institutionen* zu interpretieren. Eine solche Institution unterscheidet sich von klassischen Institutionsformen wie der des Staates und verabschiedet sich damit auch von klassischen Denkmustern wie der von Kirche und Staat bzw. Kirche versus Staat, wie sie in der Zwischenkriegszeit, nicht zuletzt für die Barmer Theologische Erklärung und wohl auch in den ersten Jahrzehnten der Bundesrepublik gegolten haben. Eine intermediäre Institution wird dagegen nicht als Groß-Subjekt verstanden, sondern eher als funktionales Agens im Rahmen einer vielgestaltigen Öffentlichkeit. Zwei Elemente zeichnen sie aus: Diese Institution konzentriert sich (a) auf bestimmte Themen und behandelt sie (b) mit besonderen Selektionsmechanismen.[383] Beides lässt sich im vorliegenden Fall leicht denken: Die öffentliche Funktion des Gottesdienstes hat es mit den mächteartigen Verstricktheiten ihrer jeweiligen Öffentlichkeit zu tun. Sie selektiert, beschreibt und bearbeitet diese Phänomene nun auf eine Weise, die von keiner anderen Institution so wahrgenommen wird. Der Gottesdienst bietet den Raum, ihrer Gefährlichkeit überhaupt inne werden zu können. was an sich schon kein kleiner Schritt ist, und als Gegenzug zu gewärtigen, dass es die Möglichkeit der Einheimischwerdung in Gottes Geschichte gibt. Dies ge-

---

[382] Wolfgang Vögele argumentiert in seinem Buch über Zivilreligion mit dem Begriff der öffentlichen Theologie und bezieht diesen auf das Gegenüber von civil religion und öffentlicher Theologie: »Es gehört zu den Aufgaben öffentlicher Theologie, zivilreligiöse Phänomene zur Kenntnis zu nehmen, Kritik und Zustimmung geltend zu machen sowie das Verhältins von Kirchen und Zivilreligion und die zwischen beiden bestehenden osmotischen Vorgänge zu klären.« (Vögele, Zivilreligion 438) Es wäre eine eigene Untersuchung wert, die Debatte über civil religion daraufhin zu befragen, ob in ihr – theologisch gesehen – nicht permanent von mächteartigen Phänomenen die Rede ist, die – je nach Standpunkt – gefeiert oder exorziert werden.

[383] Vgl. Huber, Zeitenwende 267ff, bes. 269: »Sie vermittelt zwischen den einzelnen und ihren gesellschaftlichen Lebenszusammenhängen; sie vermittelt aber vor allem zwischen den einzelnen und der geglaubten Wirklichkeit Gottes. In diesem doppelten und zugleich spezifischen Sinn ist die Kirche eine intermediäre Institution.« Michael Weinrich kritisiert, damit würde sich die Kirche »der Gesellschaft als in besonderer Weise kompetente Religionsdiener an[dienen, M.H.], die den gesellschaftlich entstehenden, vermeintlich unvermeidlichen Bedarf an Religion in besonders qualifizierter, d.h. in allgemein sozialverträglicher Weise in ihre Obhut zu nehmen vermögen.« (Gezähmte Geschichte 145) – Ohne auf die *Inhalte* der Selektionsmechanismen zu sehen, ist diese Kritik gewiß überzogen. Freilich sollte man sie als Warnung davor hören, nicht nur das zu kommunizieren, das gegenwärtig auf dem moralischen Markt gute Kurse erzielt. Die Aufgabe, intermediäre Institution zu sein, wird dadurch aber nicht dementiert, sondern erst ins rechte Licht gerückt.

schieht durch die verschiedenen Sprach- und Handlungsvollzüge, die nur dem Gottesdienst eigen sind.

Damit ist ein Kontrastmodell von christlichem Gottesdienst und denjenigen Phänomenen, die er – neben vielen anderen – thematisiert, angedacht, das hier abschließend durch die Termini »Fest« und »Feier« skizziert werden soll.

Ad (4): Es gibt einen eingeführten terminologischen Unterschied zwischen Fest und Feier, auf den neuerdings Christoph Dinkel wieder aufmerksam gemacht hat.[384] Das Fest, so diese Unterscheidung, durchbricht die Routinen des Alltags und setzt sie symbolisch außer Kraft. Wissend, dass es sie nicht abschaffen kann, bewirbt es doch Alternativen und will diese ins Bewusstsein rücken. Die Feier hingegen suspendiert zwar den gewöhnlichen Ablauf der Prozesse, ist aber daraufhin angelegt, den Alltag darzustellen und seine Funktionen zu schützen und zu stützen. Das Fest hat seine vornehmliche Funktion in der Außerkraftsetzung und der symbolvermittelten *Bestreitung* der Gültigkeiten des Alltags. Es will auf ihre Gestehungskosten aufmerksam machen, Alternative und Entrinnen bieten, wohl wissend, dass dies anders als auf Zeit nicht möglich ist. Die Feier hingegen funktioniert vor allem als *Darstellung* der tragenden Funktionen des Alltags, will diese klären, sichten, bestätigen und zurecht bringen.

Es lohnt die Frage, ob Gottesdienst im hier verstandenen Sinne eher Fest oder eher Feier ist bzw. sein sollte. Dinkel orientiert sich an F.D.E. Schleiermachers Konzeption des darstellenden Wirkens der Kirche und bemerkt dann unter anderem: »Die Religion erbringt die Leistung, die Realität durch den Transzendenzbezug zu härten, sowohl für psychische als auch für soziale Systeme.«[385] Dem ist im Sinne des hier ausgeführten sicher der Terminus Fest entgegenzuhalten: Im Rahmen des Ansatzes beim eschatologischen Realismus kann der Gottesdienst nur schwerlich als Bestätigung und Bestärkung des Alltags gesehen werden. Was in ihm gefeiert wird, ist das Kommen des Reiches Gottes, welches jenseits unserer Denk- und Handlungsmöglichkeiten liegt. Dass dies auf den Alltag Auswirkungen haben soll, ist evident. Freilich kann es sich nicht von ihm her und auch nicht als seine Bestätigung verstehen. Die Präsenz Gottes härtet nicht die Realität. Sie soll, ganz im Gegenteil, dazu anleiten, das, was wir als Realität empfinden mögen, zutiefst in Frage zu stellen und vom ens concretissimum der Auferstehung Jesu Christi her neu zu bedenken und dem Erleben auszusetzen.

---

[384] Vgl. Dinkel, Was nützt der Gottesdienst? 193–197.
[385] Ebd. 289.

Dass dies das berechtigte Bedürfnis, in der Lebenswelt heimisch sein zu wollen und dafür Orientierung zu erhalten, nicht durch brachiale Novität eines angestrengten Eschatologismus austreibt, dürfte selbstverständlich sein. Eine heuristische Leitunterscheidung wie die zwischen Fest und Feier ist eben als Leitunterscheidung interessant, sollte aber nicht zum Streit von Prinzipien hochstilisiert werden. Gleichwohl verweist sie auf grundlegend differierende theologische Grundentscheidungen, die dem zugrunde liegen. In Kap. 1, Abschnitt I 2a wurde kurz auf Schleiermachers Konzeption der Macht Gottes eingegangen und festgestellt, dass er dazu tendiert, Gottes Allmacht und den Wirkzusammenhang der Welt gleichzusetzen. Im Rahmen dieses Grundgedankens ist es in der Tat konsequent, den Gottesdienst als Feier und damit als Kontinuierung, Bestärkung und Härtung des Zusammenhangs des christlichen Lebens zu begreifen. Der Preis der Grundentscheidung ist freilich hoch, setzt sie doch faktisch außerstande, Gott als Kritiker der Weltzusammenhänge zu denken und anzurufen. Konsequenterweise kann auch der Gottesdienst die Funktion von Kritik oder Gegenwelt kaum übernehmen. Das ist freilich eine beachtliche Hypothek, zumal angesichts der Phänomene, die in der vorliegenden Studie zur Verhandlung anstehen. Es hat sich gezeigt, dass sie erst im Rahmen dessen, was hier als eschatologischer Realismus etikettiert wurde, zureichend in den Blick kommen können. Konsequenterweise ist das Sprach- und Handlungsensemble des Gottesdienstes auch eher als Fest zu verstehen. Die Kommunikation vor Gott und untereinander durchbricht absichtsvoll die Gängigkeiten des Alltags. Sie ist de facto eine Ausnahmesituation und auch als solche konzipiert. Die Gegenwart Gottes wird gefeiert im Vorgriff und in der Hoffnung auf sein endgültiges Erscheinen in Herrlichkeit. Die sinnenfälligste Form des vorgreifenden Charakters ist die Feier des Abendmahls.

c) Die Freiheit von der Suggestion

Im voraufgehenden Unterabschnitt war viel vom Kampf der Bilder, von der exorzistischen Dimension des Gottesdienstes und von der liturigsch inszenierten Bekämpfung der Mächte die Rede. Für den Moment schien mir die schlagwortartige Sprache unvermeidlich. Freilich wird man bei ihr nicht stehen bleiben dürfen. Deshalb soll hier abschließend noch einen Schritt weiter gegangen und gefragt werden, worin dieser Kampf denn wohl besteht und welcher Sieg von ihm Deo volente erhofft und erwartet werden kann. Dass es sich dabei, mehr noch als beim Obigen, um tastendes Fragen handelt, muss wohl kaum betont werden.

Karl Barths Antwort auf die Frage, welcher Gewinn denn zu erzielen sei, kreist um das Programmwort eines seiner Weggefährten und Kontrahenten, nämlich um den von Rudolf Bultmann geprägten Terminus *Entmythologi-*

sierung. Die Götter, Gewalten und Dämonen sind für ihn Gestalten, die anders als mythisch nicht beschrieben werden können und die präzise in dieser Bildlichkeit ihr unheiliges Wesen haben. Die Sprache des Evangeliums – und mit ihr die der Verkündigung – hat die Aufgabe und die Fähigkeit, diese Monstrosität zu entmythologisieren und zu erweisen, dass es sich bei ihr lediglich um Verwirrung, Verstellung, übel leitende Sprache und fälschlich dominierende Bilder handelt.[386] Dieser Ansatz Karl Barths ist, so meine ich, differenziert zu beurteilen. Es dürfte sich auf der einen Seite als richtig erweisen lassen, dass es tatsächlich um die Befreiung von Suggestionen geht. Freilich aber ist Barths Stichwort der Entmythologisierung und die Konzeption, die er damit verbindet, zu einfach und selbst nicht frei von suggestiven Bindungen. Bei Wahrung des Grundanliegens wird man, so meine ich, differenzierter vorgehen müssen. Dabei soll zunächst die Macht der Mächte in ihrem Kern als Suggestion verstanden werden. Gegenüber dieser Suggestion tritt, zweitens, die Perspektive des Glaubens mit der Behauptung auf, dass die Suggestion der Mächte hohe Gestehungskosten hat, die erst in den Blick kommen, wenn die dem Glauben eigentümliche Fremdheit bedacht und gelebt wird. Die Freiheit von der Suggestion wird, drittens, allerdings kaum als Entmythologisierung verstehbar sein, wie Barth dies dachte. Vielmehr geht es darum, die falschen leitenden Bilder dadurch zu ersetzen, dass man sich in den richtigen vorfindet und so die Mächtigkeit der Mächte letztlich als Schein entlarven kann. Ob dies im Sinne der oben skizzierten johanneischen Variante eher als Beschreibung eines Innenraums der Kirche, in dem die Mächte keine Macht haben, geschieht, oder in der paulinischen Variante als stellvertretende Hoffnung, ist dabei ohne einen Blick auf je spezielle Situation nicht entscheidbar. Damit zum ersten Schritt:

Die Suggestion der Mächte

Dass von Gewalten eine Machtwirkung ausgeht, ist eine banale Erkenntnis. Weniger banal ist die Frage, worin letztlich der Kern dieser Machtwirkung besteht. In der vorliegenden Studie wurden mehrere Antwortversuche skizziert: Georg Picht macht dafür den Unterschied zwischen einer distanzierenden Subjekt-Objekt-Relation und dem unmittelbaren Widerfahrnis geltend und bezieht die Mächtigkeit der Mächte auf die *Unmittelbarkeit ihrer Präsenz*, der gegenüber sich kein distanziertes, wissendes Subjekt bilden kann. Das seiner selbst bewusste, perzipierende Subjekt – die Leitfiktion

[386] Vgl. die in diesem Kapitel, Abschnitt II 1c mitgeteilten Überlegungen Barths zu den Dämonen als Inbegriff der Mythologie und dass man ihnen radikalen Unglauben entgegenzusetzen hätte; ferner die in den Abschnitten III 1 a und b referierten Erwägungen über die Kenntnis des Glaubens bzw. die der Offenbarung als Gegenwissen zur mythischen Existenz der Götter und Gewalten.

der Aufklärung – ist schlicht nicht existent, wo ein Mensch oder eine Gruppe sich in der Gewalt einer Machtförmigkeit befindet. Picht sieht diesen Umstand in alltäglichen Widerfahrnissen gegeben, genauso aber in höheren Formen wie etwa Idee und Ideologien, die im Lauf der Geistesgeschichte nicht zufällig zu Gottheiten stilisiert wurden. Das Eigentümliche der Mächtigkeit wird in diesem Ansatz also vor allem über eine Theorie der Wahrnehmung bestimmt und einer eigenen Perzeptionsweise zugeordnet. Dabei ist in Pichts Texten die Einsicht vorherrschend, dass die gemeinten Phänomene nachgerade unentrinnbar sind, was die Selbstsuggestion der Aufklärung nur deshalb nicht sehen konnte, weil sie selbst eine Machtförmigkeit ist. Picht verzichtet auf die Skizze einer Welt ohne solche Machtförmigkeiten und sieht darin wohl auch nicht das Ziel seiner Arbeiten, weil diese auf die Wiederentdeckung der Machtförmigkeiten überhaupt fokussiert sind. Dass die Theologie hier andere Wege gehen könnte, deutet er nur an:

»Die Offenbarung ist der Ursprung aller Kritik, denn sie ruft den Menschen in allen seinen Möglichkeiten vor das Gericht. Deshalb ist Offenbarung die Bedingung der Möglichkeit für alle Formen kritischen Bewußtseins, mag sich das kritische Bewußtsein dieser radikalsten Konsequenz der Selbsterkenntnis menschlicher Vernunft auch noch so wiedersetzen. Erst angesichts der Offenbarung hat der Mensch eine Chance, sich von dem transzendentalen Schein des mythischen Denkens auch in seinem Selbstverständnis zu befreien und sich selbst in seiner anthropomorphen Gestalt zu begegnen. Um dieses möglich zu machen, und um den transzendentalen Schein der mythischen Bilder auch im Selbstverständnis des Menschen zu durchbrechen, ist Gott Mensch geworden und auf Golgatha gekreuzigt worden. Das ist der unüberholbare, radikalste und nicht wieder rückgängig zu machende Vollzug der Aufklärung.«[387]

Anders sieht es Jan Assmann. Fasst man seine Überlegungen zusammen, so ergibt sich, dass die Attraktivität des Kosmotheismus für ihn vor allem in der *Evidenz* besteht, die ihre Elemente hervorbringen. Die Lebenswelt des Kosmotheismus ist wohl geordnet. Ihre Ordnung erweist sich dem, der sie zu lesen versteht, als in Kongruenz zu der des Kosmos stehend. Auch bei dieser Beschreibung ist ein Moment von Unmittelbarkeit mitgesetzt, eben weil die Welt sozusagen aus sich selbst heraus les- und verstehbar sein soll. Gleichwohl ist Assmann die Rede vom Zwang mythischer Bilder, Ideale und Mächte fremd. Er hält dafür, dass in kosmotheistischen Gesellschaften ihre Evidenz als befreiend und wohlordnend erlebt wurde. Die Semantik des Monotheismus erscheint da eigentümlich freudlos. Die Diskussion darum muss hier nicht ein zweites Mal aufgerollt werden. Festzuhalten bleibt

---

[387] Picht, Glauben und Wissen 260f. Diese Schlußbemerkung des Bandes ist einer der insgesamt sehr wenigen theologischen Äußerungen Pichts. Bezeichnenderweise heißt der Abschnitt, in dem sie steht »Die unüberbrückbare Kluft zwischen Glauben und Wissen« (ebd. 256).

nach ihm, dass die Macht der Mächte auch in positiver Weise als ordnende Evidenz gedeutet werden kann.

Noch einmal anders fallen die theologischen Erklärungsversuche aus. Im Rahmen der Theologie der Mächte und Gewalten ist vor allem auf den eigentümlichen Charakter der Mächte als *geistiger und zugleich körperlicher*, physischer Realitäten aufmerksam gemacht worden: Militarismus, um ein beliebiges Beispiel herauszugreifen, auf das William Stringfellow und Walter Wink sich einigen könnten, ist in der Tat eine Macht, die Gruppen oder ganze Gemeinwesen geistig in ihren Bann zwingt. Zugleich aber zeitigt sie, wie nur zu evident ist, verderblichste physische Folgen. Die Macht, die ihnen zugeschrieben wird, hat nach diesen Analysen zwei Seiten: Es gibt eine geistige Suggestion, die – ob sie nun Evidenz heißt oder mit stärkeren Vokabeln beschrieben werden muss, sich jedenfalls als alternativlos einbringt. Sie geht aber stets einher mit einer physischen Wirkung, einer Außenseite. Beide Dimensionen sind real und beide müssen in den Blick genommen werden.

Karl Barths diverse Antwortversuche haben Nähen zu Pichts Theorie wie zu den Überlegungen von Stringfellow, Wink und Zeilinger. Besonders in seinen älteren Texten bezeichnet er vor allem geistige Realitäten als Mächten und falsche Götter. Er nennt Ideen und Ideale, falsche Theologien und Weltanschauungen und bezeichnet sie samt und sonders als mythische Formationen, ja als den Inbegriff des Mythischen überhaupt und als große Lüge. Dieser Lüge kommt höchste Realität zu.[388] Was in den mittleren Paragraphen der KD und im nachgelassenen Typoskript eher am Rande vorkommt, ist die physische Bedrückung durch die Mächte. Ihr wendet Barth erst in § 78 konzentrierte Aufmerksamkeit zu, indem er die herrenlosen Gewalten nicht nur als Ideen, Ideologien und Wahngebilde beschreibt.

Von der Position, Mächte seien im wesentlichen Evidenzen bis zu der, dass sie physisch wie geistig massivstes Unheil erzeugen, reicht also die Palette der Antworten. Vermag nun die in Kap. 3 vorgetragene Kritik am Konzept des Kosmotheismus zu überzeugen, so lässt sich sagen: Mächte sind gewiss *auch* Evidenzen und mögen sich als solche gerieren. Das ist nicht zu bestreiten. Darin erschöpft sich ihre Wirklichkeit aber nicht; vielmehr muss eine Interpretationsgemeinschaft, die sie allein so sieht und erfährt, die anderen, dunklen und zwingenden Seiten ihrer Wirklichkeit abblenden. Sie ist, ohne es zu wissen, bereits Opfer der Mächte geworden. – Sieht man es so, dann haben wir es bei den verschiedenen hier vorgetrage-

---

[388] »Man träume und sage doch nur ja nicht, daß das Alles in Wirklichkeit *nicht* tue, daß es in dem Allen nicht *real* sei! Das ist immer die eine Form des Triumphs, den das Nichtige sich zu verschaffen weiß: daß es sich so darstellt, als ob es nur ein Schein, gar nicht da, gar nicht wirklich sei.« Barth, KD III/3, 616.

nen Antworten mit Varianten auf ein Grundthema zu tun: *Mächte kommunizieren ihre eigene Unausweichlichkeit.* Sie drängen sich als Größen auf, zu denen es keine Alternative gibt und die die ganze Person bzw. ein ganzes Kollektiv mit Beschlag belegen. Unter einer Macht sieht man nicht nur keine Alternative mehr, es ist in der Tat keine mehr vorhanden. Die Rhetorik der Unausweichlichkeit, die in sozialen und vor allem kriegerischen Konflikten regelmäßig verwendet wird, spricht hier leider eine unüberhörbare Sprache. Der Modus, in dem die Unausweichlichkeit kommuniziert wird, kann höchst verschieden sein. Dass auch und vor allem die physische Gewalt zu ihnen gehört, darauf haben Stringfellow und Wink sowie auf seine Weise auch Barth zurecht aufmerksam gemacht.

Die grundlegende theologische Antwort für die Existenz im Glauben heißt nun: Was immer diese Mächte seien mögen, *sie sind nicht Gott.* Welche Wirkung sie immer haben mögen, niemand muss und niemand soll sich dadurch verleiten lassen, ihnen den Status der Souveränität Gottes zuzusprechen. Die Antwort des Glaubens widerspricht also dem eingespielten Schluss von der Mächtigkeit eines Phänomens auf die Zulässigkeit des Prädikats »Gott«. Es mag Dinge oder Zusammenhänge genug geben, die notwendig scheinen und es vielleicht auch sind. Die Erfahrung solcher Notwendigkeiten und Mächte ist real, im Grunde allen Menschen vertraut und unter Zuhilfenahme geeigneter Beschreibungskategorien auch diskursiv sichtbar zu machen. Die Perspektive des Glaubens aber widerspricht der Neigung, der Realität dieser Erfahrung normative Kraft zuzuschreiben. Der Glaube hat sein Sein nicht an und aus diesen Mächten und deklassiert damit andere Wirklichkeitsansprüche. Er ist enhypostatisch in der Wirklichkeit des Auferstandenen geborgen. Deshalb kann er die Formel »Mächtigkeit gleich Gottheit« nicht nachvollziehen. Diese Fundamentalunterscheidung ist gleichsam sein erstes Werk. Friedrich Mildenberger schreibt dazu im Rahmen einer Überlegung zum paulinischen Vers, dass nichts uns von der Liebe Gottes scheiden könne (Röm 8,38f):

> »Wir kennen die Macht der Notwendigkeiten, auf die Paulus hier verweist. Das ist Erfahrung. Und wenn sich diese Erfahrung religiös auslegt, wird sie diese Notwendigkeiten als Götter ansprechen, oder auch als Gott – als den ›Allmächtigen‹, und das ist hier dann nur ein anderes Wort für das Schicksal, für die Totalität der unentrinnbaren Notwendigkeiten, die den Menschen bestimmen. *Aber all das ist nicht Gott!* (...) Das sind Realitäten, die nicht verschwinden, denen sich der Glaubende auch nicht entziehen kann und will – so wie sich der Gnostiker entzieht, indem er das diesen Notwendigkeiten Unterworfene als nichtig, als nicht sein eigentliches Selbst bezeichnet, und wie sich der Stoiker entzieht, der sein eigenes Selbst mit diesen Notwendig-

keiten identifiziert. Was da als Macht ansteht, das bleibt, muß durchgestanden, muß in seiner Realität abgearbeitet werden. Aber es ist nicht Gott.«[389]

Die Notwendigkeiten um ihrer selbst willen zu dem zu erklären, was sie coram Deo nicht sind, kann als eine grundlegende Versuchung bezeichnet werden. Sie ist, und das gilt es sich auch und gerade theologischerseits einzugestehen, auch auf perfide Weise nahe liegend. In den Mächten begegnet Wirklichkeit in eigentümlich zwingender Weise, die sich vom gegenständlichen Weltumgang unterscheidet. Hier wird das Subjekt, sei es ein einzelnes oder das Kollektivsubjekt einer Gruppe übermocht, um es mit der Lutherübersetzung von Gen 32,26 zu sagen. Es ist demnach kaum mehr ein Schluss, kaum mehr eine Abstraktionsleistung nötig, um zu sagen: »das ist Gott« oder »das ist eine heilige Notwendigkeit«. Es hat sich förmlich schon aufgedrängt und braucht allenfalls noch artikuliert zu werden. So zu erfahren und zu denken ist zutiefst selbstverständlich, und die theologische Antwort kann dementsprechend auch nicht in Herablassung oder im Primitivitätsvorwurf bestehen. Eher gilt es sich einzugestehen, dass solcher Götzendienst eine allzu nahe liegende Sache ist und auch das theologische Geschäft gewiss nicht frei davon ist. Karl Barths Warnung, natürliche Theologie sei Götzendienst im eigenen Hause, ist in diesem Sinne eine stets wieder aktuelle Warnung.[390]

Die Fremdheit des Glaubens

»Eschatologie kann christliche Hoffnung nur so am Konkreten verifizieren, daß sie die Suggestivkraft der Phänomene bricht, ohne die Menschen blind und sprachlos zurückzulassen. Zugleich wird Eschatologie darauf hinweisen müssen, daß Christen die Hoffnung, die ihnen mitgeteilt und anvertraut ist, nicht bezeugen, indem sie sie ins Werk setzen und so zur Darstellung bringen, sondern indem sie sie unter dem neuschaffenden Wort Gottes gemeinsam von neuem sehen lernen. (...) Die Hoffnung, die Gott selbst in uns weckt, ist uns, unseren Fragen und Antworten, unseren Hoffnungen und Verzweiflungen, unseren Höhen und Tiefen *lebenslang* fremd, gerade da, wo sie uns nahekommt. Doch ›Fürchtet euch nicht!‹ ist uns gesagt – denn in ihrer Fremdheit lehrt sie uns sehen.«[391]

[389] Mildenberger, Gotteslehre 203. Es ist nicht zu übersehen und aus dem exegetischen Kontext auch erklärlich, dass Mildenberger hier die paulinische Variante in der Frage der Überwindung der Mächte andenkt. Die Grundentscheidung, dass die Mächte nicht Gott seien, gilt freilich für die johanneische Strategie genauso, die bei ihm in Gnostizismusverdacht kämen, wäre sie das einzige Wort zur Sache.

[390] Vgl. Abschnitt II 1a dieses Kapitels.

[391] Sauter, Einführung 117.

Diese Sätze von Gerhard Sauter verbinden das voraufgegangene mit dem jetzt zu entwickelnden Argument. Zum einen betont auch Sauter, dass das Potential der Mächte in ihrer eigentümlichen Suggestionskraft liegt und argumentiert, dass die christliche Perspektive dieser Suggestivkraft nicht traut, weil ihr »die Augen geöffnet werden«. Zum anderen macht Sauter deutlich, dass dies nicht anders als durch die eigentümliche Fremdheit der zugesagten Hoffnung geschieht. In der Tat – und das kommt als Begründungszusammenhang in diesem Zitat in den Blick – ist das eine Aussage, die von der eschatologischen Bestimmtheit der Hoffnung getragen ist. Um den eigentümlichen Zusammenhang aus Sehen und fremdheitsbestimmter Hoffnung geht es im Folgenden.

Die Theologiekritik im Namen einer Vielheit von Göttern, Werten oder Institutionen, der im 3. Kapitel die Aufmerksamkeit galt, hat als eines ihrer Leitmotive den Wunsch nach einer ungeteilten, präsentischen Identität des Menschen.[392] Sich im Hier und Jetzt der Lebenswelt zurechtzufinden und beheimatet zu sein, ist ihr Wunsch und ggf. ihre Erfahrung. Sie kritisiert die monotheistische Aussage von der Weltjenseitigkeit Gottes und von der damit einhergehenden Fragmentarizität der Identität. Unverständlich ist ihr, wie und warum zur Einlösung des Sinnversprechens auf Ausstehendes gehofft und Gottes volle Selbstoffenbarung als noch nicht eingetreten gedacht wird. Mit einer solchen Haltung ist kein kaltschnäuziger Zynismus gemeint, der alles abblendet, was ihm nicht in die Fiktion der Selbstzufriedenheit passt. Natürlich gibt es solche Haltungen, aber Theologiekritik von Rang agiert nicht mit ihnen, und als Kontrastfolie zur Entwicklung einer theologischen Position taugen sie schon gar nicht. Vielmehr, so meine ich, sollte man hinter dem kosmotheistischen Einspruch ein kopfschüttelndes Unverständnis über christliche Position vermuten. Man fragt sich, warum gleichsam ohne Not die doch so offensichtliche Lesbarkeit der Welt verlassen und auf ein unanschauliches Jenseits der Hoffnung verwiesen wird. Was nötigt einen, die sprechende Welt stumm werden zu lassen und sich – überdies unter Inkaufnahme der Semantik der Sünde – dem vagen jenseitigen Einen anzuvertrauen, wo doch die Welt vor Augen voller Orientierungs- und Identitätsangebote ist?

Das sind hypothetische Fragen, aber durchaus welche, die man im Sinne eines Lebensgefühls im Umkreis der Theorien Jan Assmanns und Odo Marquards wird stellen können. Die Antwort dürfte zunächst die unterstellte Nötigung bestreiten – aber das steht hier nicht zur Debatte. Viel eher geht es um den *hermeneutischen Gewinn der Fremdheit*. In der Tat ist die zugesagte Hoffnungsperspektive etwas eigentümlich Fremdes. In Aussagesätzen

[392] Vgl. oben 3 II 3d.

kann sie nicht mitgeteilt werden, sie ist, wenn sie gelingt, Gegenstand der Bitte, des Zuspruchs und der unverrechbaren Gegenwart Gottes in den Vollzügen, die die Routinen des Alltags absichtsvoll durchbrechen. Sie ist auch nicht etwas, das vor aller Augen vollzogen oder hergestellt wird, wie G. Sauter zurecht anmerkt. Der hermeneutische Gewinn der Fremdheit liegt vielmehr darin, dass Perspektiven eröffnet werden, von denen vorher nichts zu ahnen war.

Die Grundbestimmtheit dieser Fremdheit ist ein *Sein am Anderen*. Im Gegensatz zu Wunsch und vielleicht Wirklichkeit der präsentischen Identität ist die Identität des Glaubens dadurch bestimmt, dass sie sich selbst nicht »hat«. Glaube ist die Wirklichkeit Gottes, die Präsenz des Heiligen Geistes für den Menschen. Das Subjekt im Glauben existiert eben nicht aus sich selbst und seinen unmittelbaren Bezügen, sondern durch den wesentlichen Bezug zu dem, was mit dem oben gegebenen Etikett als Gegenstand des eschatologischen Realismus bezeichnet wurde: die Wirklichkeit des Auferstandenen. Friedrich Mildenberger formuliert es so: Der Glaube »ist die ›Ekstase‹ des Subjektes in Gott selbst hinein, dorthin, wo in der Selbstentsprechung Gottes in Jesus uns Raum gewährt ist.«[393] Die Zugehörigkeit zur eschatologischen Wirklichkeit des Auferstandenen setzt eine Identität, die wesentlich durch dies externe Moment bestimmt ist. »Ich ist ein Anderer« heißt das bei Arthur Rimbaud, der damit eine Kerneinsicht reformatorischer Anthropologie trefflich auf den Begriff brachte, auch wenn er das nicht beabsichtigte.[394] Die Identität des Glaubens speist sich dadurch, dass sie sich von der eschatologischen Wirklichkeit begründet und dort gut aufgehoben weiß. Dieses Ich also ist ein anderer, ist das Ich eines anderen – und zwar präzise desjenigen Anderen, der am Kreuz die Wahrheit über die Weltzustände vor Augen geführt und am Ostermorgen deutlich gemacht hat, dass diese Zustände das letzte Wort nicht haben werden. Glaube als Identitätszusage lebt aus dieser Relationalität.[395]

Das Sein am anderen, welches das »Andere Gottes« ist, unterscheidet diese Dependenz fundamental von den vielen Abhängigkeiten, in denen sich zu befinden normal ist und von denen auch im Rahmen kosmotheistischer Befindlichkeit die Rede ist. Aus ihr entspringt nun in der Tat eine erhebliche Fremdheitserfahrung: Von Kreuz und Ostern her geraten die Mächte der Welt in eine kritische Perspektive, die von immanenten Stand-

---

393 Mildenberger, Gotteslehre 202, ganz ähnlich Jüngel, Geheimnis 467 u.ö.

394 Nachweis und weitere Überlegungen dazu bei Frisch/Hailer, Ich ist ein anderer, 65f.

395 Das hat Joest anhand seiner Studie zur Ontologie der Person bei Luther eindrücklich entfaltet. Er macht beim Reformator eine dreifache relationale Bestimmung der Person aus, und zwar als exzentrischem (233ff), responsorischem (274ff) und eschatologischem (320ff) Charakter des Personseins.

punkten aus nicht zu gewinnen wäre. Was immer die Mächte auch sein mögen, ihre Prätention, letzte und unausweichliche Realität zu sein, ist Lüge. Ihre leitenden Bilder verleiten, ihre Mythen sind Zwangsbilder. Die Wirklichkeit, für die zu stehen sie vorgeben und die sie in potenzierter Form selbst sein wollen, ist nur ihre Wirklichkeit. Sie ist – und wieder ließe sich mit den beiden Modellen, also dem eher johanneischen und dem eher paulinischen argumentieren – die Wirklichkeit der Welt, über die mit dem Erscheinen des Logos des Gericht gesprochen ist (Joh 12,31) bzw. die Zeit, die an der δόξα Gottes schlussendlich zuschanden werden wird (Röm 8,18).

Der hermeneutische Gewinn der Fremdheit ist keine transzendentale Position, die auf der Basis idealer Prämissen gleichsam alles bestreitet, was es gibt, gleichsam im Sinne einer universalen Haltung des Verdachts. Wäre es so, dann würde über propositionales Wissen bzw. über den methodischen Zweifel an propositionalem Wissen gesprochen werden. Das ist aber nicht der Fall. Zur eigentümlichen Fremdheit der Glaubensperspektive gehört es, dass sie nicht verfügbar, nicht zuhanden ist. Im eingangs gegebenen Zitat hatte G. Sauter geschrieben: »Die Hoffnung, die Gott selbst in uns weckt, ist uns, unseren Fragen und Antworten, unseren Hoffnungen und Verzweiflungen, unseren Höhen und Tiefen *lebenslang* fremd, gerade da, wo sie uns nahekommt.«[396] Sie ist nicht zu haben, und die Versuche, sie zureichend zu beschreiben, sind noch nie überzeugend ausgefallen. Warum das so ist, lehren die Diskussionen über das Analogieproblem wie die über Gleichnistheorien gleichermaßen. Sauters Diktum von der lebenslangem Fremdheit ist so zu lesen, dass der Zuspruch der eschatologischen Wirklichkeit Gottes nicht situationsinvariant erfolgen kann. Er bedarf der Vermittlung in die konkrete Situation, außerhalb derer er zur Richtigkeitsformel erstarrt. Er bedarf genauso der Einbettung in diejenigen Vollzüge, die als Feier der Präsenz Gottes angelegt sind, also letztlich in den Gottesdienst.

Um diese bleibende Fremdheit ist nicht zu kürzen. Man mag sie, um ein letztes Mal zur Außenperspektive zu wechseln, für ehrenwert halten, ihr aber doch die Gestalt eines Hegel'schen unglücklichen Bewusstseins nachsagen, das sein Sein am anderen hat, welches es aber offenbar nicht wird erlangen kann.[397] Dem ist, lässt man die Details einer Hegel-Diskussion hier einmal beiseite, zunächst nicht zu widersprechen: Das Sein am anderen/Anderen setzt in der Tat den Verzicht auf ein bündig aufgehendes Identitätskonzept mit. Das mag als Verzicht auf Lebensglück erscheinen. Aller-

[396] Sauter, Einführung 117.

[397] Vgl. Hegel, Phänomenologie des Geistes, Werke 3, 163ff, bes 170: »Das unglückliche Bewußtsein aber *findet* sich nur als *begehrend* und *arbeitend*; es ist für es nicht vorhanden, daß, sich so zu finden die innere Gewißheit seiner selbst zum Grunde liegt und sein Gefühl des Wesens dies Selbstgefühl ist.«

dings ist dieser Verzicht nur sehr vordergründig. Das unglücklich gescholtene Bewusstsein behauptet nämlich, seinen Verzicht mit sehr guten Gründen zu tun. Die Hegel'sche Terminologie dreht sich um und wendet sich gegen das einfache Identitätsverlangen oder -gefühl. Dieses ist ihm wiederum nichts als die »reine Abstraktion *des Ich*«,[398] eine Identitätssuggestion, die nur auf der Basis massiver Ausschlüsse arbeiten kann. Einmal gleichsam dünnhäutig geworden, gibt es keinen Weg mehr zurück. Einmal durch das eschatologische Widerfahrnis des Glaubens auf die Spur gesetzt, wie weit das präsentische Identitätsverlangen mit massiven Ausschlüssen operieren muss, verliert dieses seine Attraktivität. Ist die Verwechslung von Notwendigkeit und Gott einmal aufgehoben, findet sich kein guter Grund mehr, zu ihr zurückzukehren, um glücklich zu sein, weil dieses Glücksversprechen als Lüge erkannt ist. In einzelnen Vitae mag dies denkbar verschieden ausfallen, die Aufhebung der fatalen Verwechslung allerdings ist ἅπαξ ἐφάπαξ geschehen.

Die bleibende Fremdheit des Glaubens als eschatologischer Realität widerspricht einem Religionsbegriff, der auf Abschließung von Sinnhorizonten und Kontingenzbewältigung ausgelegt ist. Sie hält ihm den Spiegel seiner Gestehungskosten vor, sie hält ihm vor, die wahre Natur der Mächte und ihre Opfer um des eigenen Identischseinwollens verkennen zu müssen. In ihre Wahrheit gebracht, wäre die Religion produktiver Weltabstand. Henning Luther schreibt zurecht: »Religion ist darum im Kern gerade nicht Sinnstiftung und Bewältigung von Kontingenz. Religion bewahrt vielmehr die Zerrissenheit, aus der sie lebt. Sie ist Trost nur, insofern sie mit der Erinnerung an das Versprechen den Einspruch gegen eine Welt wach hält, die ohne Tränen der Trauer ist. (...) Religion wird zur Vertröstung, wo sie den Menschen den Einspruch zur Welt ausreden will, wo sie das leugnet, was zum Trostverlangen nötigt, wie sie Sinn dort behauptet, wo Unsinn und Sinnlosigkeit erfahren werden.«[399]

Das Versprechen der Desuggestion

Die Frage ist legitim, wie denn nun die dergestalt umrissene Fremdheit des Glaubens in Bezug auf die Mächte wirke. Hier nun hatte Karl Barth den Terminus Entmythologisierung ins Spiel gebracht. Wie bereits angedeutet, meine ich, dass genauer zugesehen werden muss.

---

[398] Ebd. 155. In diesem theologisch ausweisbaren Sinn kehrt sich die Intention des in der letzten Fußnote mitgeteilten Zitats gegen sich selbst: Sich nur »*begehrend* und *arbeitend*« zu finden ist Ausweis einer Identitätskonstruktion, die um ihrer selbst willen massive Ausschlüsse in Kauf nehmen muss.

[399] Luther, Religion und Alltag 27.

Zunächst ist dabei an eine Bestimmung zu erinnern, die bei Barth höchstens implizit vorkommt, jedoch von nicht zu unterschätzender Wichtigkeit ist: Walter Wink hatte mit Whitehead'scher Terminologie das Theorieangebot unterbreitet, dass Mächte gleichsam eine Innen- und eine Außenseite haben. Die Außenseite ist Teil der physischen Welt, als Gegenstand oder als wirkendes Ensemble vorhanden. Die Innenseite ist das psychische, informationelle oder spirituelle Gerüst dieses Gegenstandes oder wirkenden Ensembles. Keines der beiden ist ohne das jeweils andere. Eine militärische Großmacht aggressiven Charakters etwa ist durch die Aufzählung ihrer Waffen nicht hinreichend beschrieben. Genauso aber wäre die Suche nach einem Geist des Militarismus müßig, die diesen in Abhebung von Waffen und Logistik als abstrakte geistige Entität suchen würde.[400] Diese Doppelpoligkeit gilt es, und dafür liefert Wink überzeugende Argumente, immer im Auge zu behalten.

In Karl Barths Texten erscheint sie nur am Rande, genauer: erst gegen Ende seiner Überlegungen. Die Texte aus der KD samt dem unveröffentlichten Typoskript rechnen offenbar vor allem mit geistigen Phänomenen, wovon v.a. die Konzentration auf Weltanschauungen als geschworener Feinde des Glaubens in »Gott und die Götter« Zeugnis gibt. Erst im Text über die herrenlosen Gewalten nimmt Barth durchaus materielle Phänomene in den Blick – vom politischen Absolutismus bis zum Diktat der Mode.

Die Götter und Götzen, das Nichtige in all seiner Lügenhaftigkeit, ist Gegenstand von Gottes Handeln. Der äußerliche Aspekt, von dem Barth unter dem Terminus herrenlose Gewalten berichtet, kommt im Rahmen der Frage zu Wort, wie denn menschliches Handeln als Antwort auf Gottes Zuwendung aussehen könnte. Darin ist also eine gewisse Parallele zu Winks Konzept zu erkennen. Konsequenterweise endet dessen Trilogie auch mit einer Ethik des christlichen Lebens angesichts der und gegen die Mächte.[401] Diese von Barth eher implizit und von Wink in programmatischer Weise vorgeführte Distinktion verhindert ein Missverständnis der Mächte als rein geistiger Entitäten und damit eine Flucht in die Fehlabstraktion. Zugleich ist es mit ihr auch nicht möglich, den spirituellen Aspekt der Mächte zum nachgeordneten zu erklären und füglich eine ethizistische oder revolutionäre Antwort auf sie als einzig mögliche zu entwerfen. Weder ein Kampf der Geister allein noch die bessere Gerechtigkeit allein sind als Antwort auf die komplexen und numinosen Phänomenen angemessen. Für die Frage, wie man sich die Desuggestion der Mächte soll vorstellen können, heißt das allerdings, dass die Entlarvung ihres falschen Anspruchs vor-

---

[400] Vgl. die ausführlichere Diskussion in Abschnitt I 2b dieses Kapitels.

[401] Vgl. Wink, Engaging 175ff.

nehmlich am inneren oder spirituellen Aspekt geschieht. Am Beispiel des oben herangezogenen Vollzugs des Gottesdienstes erläutert: Er zielt, was die falschen Götter angeht, auf die Entlarvung und Enttarnung ihrer Suggestivkraft. Durch die Feier der Anwesenheit Gottes und durch den sprachhandelnden Nachvollzug der Exzentrizität christlicher Existenz wird deutlich, worauf sich einlässt, wer ihrem Zauber verfällt und wo dagegen die Freiheit eines Christenmenschen wohnt. In präzise diesem Sinne ist der Gottesdienst »darstellendes Handeln«.[402]

Es ist natürlich nicht ausgeschlossen, dass ein mächteartiges Phänomen dadurch seiner suggestiven Kraft beraubt wird, dass es auf physische Weise zum Verschwinden gebracht wird. So hat das Kriegsende in Deutschland 1945 sicher auch dazu geführt, den verführerischen Charakter des nationalsozialistischen Militarismus eben als verführerischen Charakter zur Geltung zu bringen. Wenn auch oftmals mit fragwürdigen Mitteln der Selbstentschuldigung darauf Bezug genommen wurde, so wird man doch sagen können, dass der Zusammenbruch des Systems auf schamhafteste Weise die Suggestions- und Blendungskraft enthüllte, die von ihm ausging. Die Frage, was geschah, als weiteste Teile der deutschen und österreichischen Bevölkerung dem Bann Hitlers verfielen, ist *auch* eine Frage der Theologie der Mächte und Gewalten. Auf sie reduzierbar ist sie freilich nicht.[403]

Es ist wohl deutlich, dass es sich bei solchen Enthüllungsvorgängen um Ausnahmen im welthistorischen Format handelt. Alleine auf sie zu verweisen, hätte bedeutende Nachteile. Es würde etwa suggeriert, dass als Mächte und Götzen nur Suggestionssysteme im größten Format vorgestelllt werden sollen, also solche, die von ganzen Nationen, ja Kulturen Besitz ergreifen. Nach den in dieser Untersuchung angestellten Überlegungen besteht aller-

---

[402] Schleiermacher, Christliche Sitte 510. In den Reden über die Religion schreibt Schleiermacher einmal, dass der Redner im Gottesdienst »durch eine andre Ordnung der Dinge« entzückt sei (122). Dieser kritische Aspekt des Gottesdienstes als Darstellung wäre wiederzugewinnen gegen die vornehmlich affirmative Interpretation, wie sie z.B. in Rösslers Definition zum Ausdruck kommt: »Der Gottesdienst ist Ausdruck und Darstellung unserer Beziehung auf den Grund unseres Lebens und also auf das, worüber wir nicht verfügen.« (Grundriß 391, i.O.herv.) Die Näherbestimmung: »das, worüber wir nicht verfügen«, schränkt den allgemeinen Teil der Definition ohne Not auf einen allgemeinen Kontingenzbegriff ein. Dass Gottes Wahrheit auch und gerade gegen diese Kontingenz steht, kann dann kaum noch gedacht werden.

[403] Auf die kurze Karriere einer Dämonologie in der deutschen Nachkriegstheologie wurde in Abschnitt II 1b dieses Kapitels anhand einer Bemerkung von KarlBarth bereits hingewiesen. Vgl. zu diesem Thema ferner die Diktion in zwei vom Genre her recht unterschiedlichen Büchern, zum einen der apologetischen Rechenschaft über den Kirchenkampf von Schmid, Apokalyptisches Wetterleuchten, bes. 1–9.248ff, zum anderen Künneth, Politik zwischen Dämon und Gott 223ff. In Künneths Kampfschrift gegen Alfred Rosenbergs »Mythus des 20. Jahrhunderts«, die unter dem Titel Antwort auf den Mythus im Jahr 1935 erschien und einige Verbreitung fand, sucht man die dämonologische Terminologie allerdings vergeblich.

dings kein Anlass, den Fokus ausschließlich so weit einzustellen; dies liefe Gefahr, alltägliche Verstricktseinshaltungen zugunsten der großen abzublenden. Dass diese aber nicht minder existieren, sollte deutlich geworden sein.

Es spricht also manches dafür, dass das darstellende Handeln des Gottesdienstes sich insbesondere an und gegen die innere, spirituelle Seite der Mächte wendet. Ihrem Überzeugungsmodus und ihrer lügenhaften Verstrickung sagt es den Kampf an. Vorgeschlagen wird nun, dies als Prozess der Entmythologisierung zu deuten. Diese Idee Barths erinnert an den exorzistischen Grundsatz, dass mit der Benennung eines dunklen Phänomens seine Bannung einhergehe: Ist der Dämon einmal beim Namen genannt, so kann er seine dunkel attrahierende Macht nicht mehr ausüben, weil sie wesentlich eine ist, die ihre eigentlichen Mechanismen verbirgt. Man wird diesen Gedanken als den aufklärerischen Grundzug jedes Exorzismus bezeichnen können – und zugleich als den exorzistischen Grundzug jeder Aufklärung.

Entlarvung und Desuggestion wird man sich zumindest auch in diesem Sinne vorstellen sollen. Es hat sich ja – vgl. die Ausführungen im 2. Kapitel dieser Untersuchung – als plausibel erwiesen, die Mächte und Götter als mythische Mächte zu beschreiben und die großen mythischen Erzählungen heranzuziehen, um ihre Wirkungsweise zu erzählen. Demgegenüber tritt das theologische Sprachspiel in der Tat als entmythologisierend auf. Um in Francisco Goyas Bild zu bleiben: Was immer es sei, was da schläft, theologische Entmythologisierung ist in der Tat mit dem Aufwecken zu vergleichen und wer sich in der Exzentrizität christlicher Existenz findet, erfährt vom lügenhaften Gespinst der Mächte.

Freilich kann es bei dieser Barth'schen Deutung nicht bleiben. Seine Begriffswahl und ihr Umfeld ist zu intellektualistisch und setzt die Vorstellung eines einfachen Gegenübers von Mythos und Vernunft oder Mythos und Evangelium mit. Es wird damit suggeriert, dass es gleichsam einen einfachen Übergang gäbe von der in Bildern verstrickten Macht des Mythos hin zu den Denk- und Sprachformen, die solchen Zwängen eben nicht mehr erlegen sind. Die philosophischen und theologischen Auseinandersetzungen um Mythos und Mythologie haben allerdings gezeigt, dass es einen solchen Übergang nicht gibt.[404] Wir sind und bleiben »in Geschichten verstrickt«,[405]

---

[404] Zu denken wäre z.B. an die klassische Monographie von Theodor wW. Adorno und Max Horkheimer, in der sie eindrücklich beschreiben, dass die aufgeklärte Vernunft zwar von einem Bilderzwang frei sein mag, sich damit aber eo ipso anderen Bildern und Leitabstraktionen ergeben hat, deren Macht hoch wirksam, ihr aber unvertraut ist. Zu ihrer kritischen Reife würde sie erst dann gelangen, wenn sie dies beständig mitreflektiert und so den eigenen Totalitarismen nicht aufsitzt, vgl. Dialektik der Aufklärung 9–23 u.ö. – Einen kaum minder klassischen Rang hat Hans Blumenbergs große Mythos-Studie erlangt. Er argumentiert von gänzlich anderen Voraussetzun-

wir sind und bleiben in Bilder verstrickt. Insofern ist es richtiger und hilfreicher, von einem Kampf der Bilder als von Entmythologisierung zu sprechen. Was im theologisch präzisen Sinne entmythologisiert, ist nicht nur die Entlarvung lügenhafter Gespinste. Tatsächlich entmythologisierend wirkt das Heimischwerden in einer anderen Geschichte, als sie von den Mächten aufgedrängt wird, das Bewohnen anderer Bildwelten als diejenigen, die sie vorgaukeln. Der eschatologische Realismus als Beschreibung des Widerlagers gegen die Mächte ist nicht bildlos, er lädt vielmehr zum Bewohnen der Geschichts- und Bildwelt des Evangeliums ein. Wer einheimisch wird in der Geschichte Gottes, erlebt dadurch so die implizite und prozessbegleitende Entmythologisierung der Mächte. Freilich steht in diesem Vorgang der Begriff Entmythologisierung bereits in Anführungszeichen.

Nicht vorab zu entscheiden ist, ob die Desuggestion der Mächte in praxi eher in der Variante vor sich geht, die oben als johanneisch skizziert wurde, nach der die Macht der Mächte bereits gebrochen, dies aber erst der Gemeinde vertraut ist, oder in der paulinischen Variante, nach der die schlussendliche Überwindung der Mächte so sicher ist, dass dies in die den Mächten unterliegende Gegenwart hineinstrahlt. Beide Möglichkeiten, beide Bildwelten, sind theologisch möglich. Die Kernbereiche und Randprobleme ihrer jeweiligen Metaphorik muss in der jeweiligen Situation auf Stimmigkeit geprüft werden. Hier ist dogmatisch vorab nichts mehr zu entscheiden, um die Vielfalt des Kanons nicht zu untergraben.

---

gen her, dass die Bildwelt des Mythos in der Tat nicht verlassen werden kann, wenn man sich mit ihm beschäftigt, am wenigsten von der Prätention, sich über ihn zu erheben. Mythos und Logos sind in diesem Sinne nicht trennbar. Wer auf der Kraft des Begriffs insistiert, muss zuerst die »Leistung der Distanz durch ›Arbeit am Mythos‹ selbst« kennen lernen. (Blumenberg, Arbeit am Mythos 15) Und wer den Mythos meint zu Ende bringen zu können, dem hält Blumenberg entgegen: »Wer meint, diese Formen eines ›letzten Mythos‹ seien obsoleter Kram, wird sich täuschen; die Bedrängnis der Kontingenz, die hinter ihm steht, verstummt nicht.« (ebd. 325)

Einige neuere theologische Arbeiten zum Mythosbegriff erwägen statt der Fortschreibung des Bultmann'schen Entmythologisierungsprogramms einen differenzierten Umgang mit dem Phänomen, der zumeist darauf hinausläuft, die Theologie als Instrument des verantwortungsvollen Umgangs mit Mythos und Bildlichkeit zu verstehen. Der christliche Glaube ist ihnen zufolge weder einfachhin mythisch noch einfachhin nichtmythisch: »Zu allen Bedeutungen des Mythos verhält sich der christliche Glaube in merkwürdig gebrochener Form. Er gehört weder eindeutig auf die Seite des Mythos noch auf die Seite der Kritik am Mythos. Der christliche Glaube nimmt in beiden Fällen Schaden, sowohl wenn er eindeutig als Mythos bestimmt wird, als auch wenn er eindeutig als nichtmythisch angesehen wird.« (Leiner, Mythos 53) Lässt sich diese These verteidigen, dann ist der Weg offen, die Theologie als Grammatik der Erzähl- und Bildwelten des christlichen Glaubenslebens zu verstehen, vgl. Dalferth, Jenseits von Mythos und Logos 216ff und Link, In welchem Sinne 67–78. Eine Auseinandersetzung mit Dalferths Programm bei Hailer, Religionsphilosophie.

[405] Vgl. den gleichnamigen Titel von Schapp.

Exkurs: »Von guten Mächten wunderbar geborgen«
Auf einen Aspekt, der mindestens eine Ergänzung ist, sei hier wenigstens kurz hingewiesen: Es ist in der vorliegenden Studie gelegentlich – aber eben nur so – gesagt worden, dass es auch gute Mächte gibt. Da geht es um die Erfahrung der Liebe, um die geheilte Sozialität, die es gemeindlich geben kann und vieles andere mehr. Eben weil es solches gibt, ist die Betonung des entmythologisierenden Aspekts bei der Rede von Gottes Macht gegen die widergöttlichen Mächte allein nicht genügend. Das dagegen gestellte Einheimischwerden in der Geschichte Gottes hat ja selber zumindest auch die Form, sich im Bereich guter Mächte zu befinden: »Von guten Mächten wunderbar geborgen« eben.[406]

Dass dies hier weitgehend ausgespart wurde, hat seine Gründe in der Konzeption der Untersuchung und darin, Projekt wie schriftliches Ergebnis noch kommensurabel zu halten. Die Seite derjenigen Machtformen, die eindeutig als widergöttlich zu bezeichnen sind, ist schon für diesen Versuch einer Terrainerkundung unübersichtlich genug. Zur gleichsam anderen Sachseite aber wenigstens ein paar Bemerkungen in Thesenform.

(1) *Das Bewohnen von Bildwelten und Geschichten.* Es ist einseitig, das Machtlos-Werden von Mächten nur im Rahmen der Logik der Entmythologisierung zu beschreiben. So angemessen es für sich ist, überließe man sich dieser Logik allein, dann stellte sich der Eindruck ein, als führe das Evangelium vom verlockenden oder bedrückenden Zwang der Bilder zur Klarheit eines nicht mehr von solchen Phänomenen bestimmten Weltumgangs. Das aber wäre ein in zu schlichter Weise aufklärerischer und entmythologisierender Zugang, der sowohl philosophisch als auch theologisch ungenügend ist. Denn philosophisch gesehen ist es nahe liegend, dass der Zusammenbruch eines Plausibilitätszusammenhangs ja nur durch das Erstarken eines anderen erfolgen kann. Dass ein Sprachspiel endet, heißt eo ipso, dass ein anderes oder ein anderer Cluster von Sprachspielen bereits begonnen hat.[407] In diesem Sinne hören wir nicht auf, Bildwelten und Geschichten zu bewohnen, wenn eine dominante Bildwelt oder eine dominante Geschichte vergangen ist. Dies nicht gesehen zu haben gehört zu den Fehlabstraktionen etwa der Hegelschen Religionsphilosophie und – wenngleich in ganz anderen Zusammenhängen – des Bultmannschen Entmythologisierungsprogramms. Während erstere dem Begriff zu viel Leistungsfähigkeit zuschreibt, erweckt letztere zumindest den Eindruck, als folge auf die Abwahl mythischer Bildwelten ein wesentlich nicht-bildliches Existenzverständnis. So ist es gewiss nicht. Auch theologisch wäre dies durchaus kein Vorteil. Das liegt vor allem daran, dass das Ziel der theologischen Arbeit nicht im Erklären und Deuten liegt, sondern im Aufweis von Lebensmöglichkeiten. Die Bedeutung eines gepredigten Bibeltextes liegt letztlich nicht im materialen Gehalt dessen, was auf der Kanzel gesagt wird – und sei es noch

[406] Bonhoeffer, DBW 8, 607f.

[407] Dieser Umstand wird in recht verschiedenen philosophischen Traditionen ähnlich gesehen, vgl. z.B. Wittgenstein, Über Gewißheit §§ 88–102 (Werkausgabe Bd. 8, 137–141); Schapp, In Geschichten verstrickt passim; Taylor, Quellen des Selbst, 52f.100.104 u.ö; Sloterdijk, Sphären II, 1013.

so wahr –, sie liegt in dem, dass die Predigt die Hörer/innen zu einer entsprechenden Selbst- und Weltauslegung anreizt. Nicht das, zu wissen, dass ich meine Feinde lieben möge, ist der Skopus der Predigt über Mt 5,44, sondern dies, dass es mir Deo volente einfach nicht mehr gelingt, sie zu hassen. Das, wenn es gelingt, ist aber ist nichts anderes als das lebensweltliche Bewohnen einer biblisch induzierten Bildwelt.[408] In einem ausführlichen Erwägungsgang wäre zu zeigen, dass und wie dieser Zugang zum Thema um das oben ausgeführte Thema der Fremdheit des Glaubens nicht kürzt, sondern vielmehr als dessen ausgestaltung zu begreifen ist.

(2) *Atmosphäre als Leitbegriff.* Die Frage worin man sich eigentlich befindet, wenn man Bildwelten und/oder Geschichten bewohnt, bedarf der näheren Aufklärung. Es könnte weiter führen, hier den philosophisch geklärten Terminus Atmosphäre einzusetzen. Das Phänomen ist wohlvertraut. Man betritt beispielsweise einen Raum und merkt: hier herrscht eine bedrückende Atmosphäre. Oder man kommt zu einem Fest und wird inne: Die Atmosphäre hier ist ausgelassen und fröhlich; oder aber: sie ist überhitzt, lärmend, bedrängend. Eine solche Atmosphäre ist kein Ding und keine Person; und doch ist sie da. Man käme nicht auf die Idee sie zu leugnen. Das geschieht erst, wenn jemand sich bewusst und reflexiv aus einer Situation herausnimmt und dann – erst dann – nur noch Personen und Dinge wahrnimmt. Atmosphären also sind auf eine sehr eigentümliche Weise real. Sie sind keine Dinge und keine Personen, sondern irgendwie an Dingen und bei Personen. Auch sind sie, und das ist wichtig, nicht in einem Subjekt lokalisiert. Um beim Eingangsbeispiel zu bleiben: Wer den besagten Raum betritt und merkt: »eine bedrückende Atmosphäre ist das hier!«, der denkt ja gerade nicht: »In mir ist dieses und jenes Gefühl«, sondern der hat eine Sensation von objektiver, räumlicher Anwesenheit. Atmosphären haben Raumcharakter. Sie umhüllen, sie umschließen. Das kann als Geborgenheit in einer Atmosphäre erfahren werden, natürlich auch als ein Umklammert- oder Gefangengehaltensein. Gernot Böhme, von dem wichtige neue Arbeiten zum Thema stammen, formuliert das so: »In der Wahrnehmung der Atmosphäre spüre ich, in welcher Art Umgebung ich mich befinde. Diese Wahrnehmung hat also zwei Seiten: auf der einen Seite die Umgebung, die eine Stimmungsqualität *ausstrahlt*, auf der anderen Seite ich, indem ich in meiner Befindlichkeit an dieser Stimmung teilhabe und darin gewahre, daß ich jetzt hier bin. Wahrnehmung qua Befindlichkeit ist also spürbare Präsenz. Umgekehrt sind Atmosphären die Weise, in der sich Dinge und Umgebungen *präsentieren*.«[409] Atmosphären sind kein Ding, sie sind objektiv vorhanden und sie sind räumlich ausgedehnt. Dazu dürften noch eine Reihe weiterer Bestimmungen treten, etwa die, dass Atmosphären von vergleichsweise hoher Flüchtigkeit sind und die Frage, ob, und wenn ja, in welchem Umfang Atmosphären gemacht, hergestellt werden können. Letztere beschäftigt einen guten Teil der ästhetischen Debatte, wohl auch der in der Theaterwissenschaft und nicht zuletzt in der theologischen Liturgik. Atmosphären üben Wirkung aus. Atmosphären schließen ein, sie determinieren, ja, sie konstituieren diejenigen, die sich in ihnen befinden. Wer Atmosphären nur als Gefühle im Subjekt

---

[408] Am Beispiel der metaphorischen Sprache neutestamentlicher Gleichnisreden wird dies vorgestellt von Link, In welchem Sinne 67–78.

[409] Böhme, Atmosphäre 96.

denkt, muss diesen Punkt übersehen. Die Wahrheit ist aber doch: Betritt jemand den besagten Raum, so merkt er: die in ihm anwesenden Personen sind von der Stimmung, der Atmosphäre determiniert. Sie stecken gleichsam in ihr. Atmosphären also determinieren, bergen in sich, bestimmen. Dieser Punkt eint die diversen Theorien, die in jüngerer und jüngster Zeit zum Thema entwickelt wurden. Dabei ist zunächst an das immer noch wenig erschlossene System der Philosophie von Hermann Schmitz zu denken, ferner an Arbeiten seines Schülers Gernot Böhme und dessen Umkreis, an Martin Seel und andere [410] Er eint die genannten Autoren auch darin, dass sie wegen des determinierenden Charakters der Atmosphären eine mehr oder weniger deutliche Frontstellung gegen das klassisch-neuzeitliche Subjektdenken einnehmen. Rechnet man mit Atmosphären und besonders mit ihrem determinierenden Charakter, so verschiebt sich die Wahrnehmung des Subjekts weg von der Vorstellung, es sei Fundament oder Substrat und hin zu der, dass es sich um etwas extern Bewirktes handle. Das Subjekt ist weniger fundamentaler, es ist eher medialer Natur. Denken, Fühlen, Erleben – all dies geschieht zwar im Subjekt, es hat dieses aber nicht zum Urheber und schon gar nicht zum Garanten. An Erfahrungen wie denen des Atmosphärischen kann man genau dies zu lernen: Das Subjekt hat sich nicht, es findet sich in Verhältnissen vor, die es konstituieren und von Zeit zu Zeit und Gelegenheit zu Gelegenheit es sich auch verlieren machen. Man müsste also ausprobieren, ob es möglich ist zu sagen: ich lebe, Deo volente, in einer Atmosphäre der Präsenz Gottes, oder: ich lebe in einer gottfernen Atmosphäre. Vielleicht – und ich bleibe absichtlich vage – ließe sich ja auch das Thema des Segens als eines deuten, das dem anderen die/eine Atmosphäre Gottes zuspricht bzw. anwünscht. [411]

(3) *Der ethische Aspekt.* Von hier aus dürfte es auch möglich sein, den in dieser Untersuchung völlig vernachlässigten ethischen Aspekt des Themas anzugehen. Die theologische Ethik beschreibt zwar auch Normen, sie ist in ihrer Gesamtanlage aber keine Normenethik. Vielmehr beschreibt sie den Lebens- und Handlungszusammenhang des Volkes Gottes und damit auch dessen handlungsrelevanten Aspekte. Im Geist Gottes oder, den Terminus der vorausgehenden These aufnehmend, in einer Atmosphäre der Nähe Gottes zu handeln, wäre dann durchaus ein Thema, das so etwas wie gute Mächte anvisiert. Gesetzt, eine solche Ethik ließe sich in der Tat entwerfen, sie wäre in naher Nachbarschaft zum hier verhandelten Thema angesiedelt.[412]

---

[410] Böhme, Atmosphäre; Seel, Ästhetik des Erscheinens; Schmitz, Gefühlsraum.

[411] Vgl. Hailer, Das Subjekt und die Atmosphären, durch die es ist.

[412] Vgl. etwa die Entwürfe von Lehmann, Ethik als Antwort und Fischer, Theologische Ethik.

Ausblick: Zur biblischen Rede von Gottes Einzigkeit

In der vorliegenden Untersuchung wurde die Thematik von Monotheismus und Polytheismus mit Bedacht an der Machtthematik abgehandelt, weil diese das eigentliche, materialdogmatische Thema ist, das bei der Behauptung von Gottes Einzigkeit und ihrer Bestreitung aufgerufen ist. Die davon abgehobene Frage, ob Gott einer sei oder es nicht vielmehr mehrere Götter, Mächte oder Ähnliches gibt, ist für sich genommen eigentümlich steril und im schlechten Sinne akademisch. Sie würde allenfalls dazu führen, die argumentative Leistungsfähigkeit philosophischer monotheistischer Theologien zu überprüfen und gegen ihre philosophisch-polytheistischen Bestreitungen abzuwägen, wie es etwa in der platonischen Mythenkritik geschehen ist.[1] Die soteriologischen Implikationen, um die es der christlichen Theologie stets zu tun ist, wären dann allerdings übersehen.

Gleichwohl ist die Frage berechtigt, ob man von einem biblischen Monotheismus sprechen kann. Können die vorstehenden Überlegungen überzeugen, ist der Weg zu einer Antwort jedenfalls nicht einfach. Kürzlich hat Jürgen Moltmann gar vorgeschlagen, auf den Terminus Monotheismus ganz zu verzichten. Angesichts der Tatsache, dass kein Monotheismus dem anderen gleiche, plädiert er für die »Destruktion eines untauglichen Begriffs«.[2] Es könnte in der Tat folgerichtig sein, in einer theologischen Kritik der Abstraktionen auf den Terminus zu verzichten. Ausgeräumt wäre dann die Verwechslung mit den Theismen philosophischer Tradition, ausgeräumt vielleicht auch die Versuchung, monotheistische Religionen zu einer Einheit zusammenzuspannen, die sie doch nimmermehr sind. Dem mag man

---

[1] So z.B. Phaidros 247c (Bd. 5, 76). Freilich muss beachtet werden, dass nicht wenig der Dichterkritik selbst in Bildern und Gleichnissen ausgedrückt wird, wie nicht nur das bekannte Höhlengleichnis (Politeia 514a ff, Bd. 4, 554ff) deutlich macht.

[2] Moltmann, Monotheismus 112. Zum Terminus und seiner Geschichte vgl. Hülsewiesche, Art. Monotheismus sowie den entsprechenden Artikel in TRE 23, 233–262 mit Beiträgen von Ström, Schmidt, Starobinski-Safran und Schwöbel. Die theologische Leistungsfähigkeit des Begriffs wurde kürzlich in der Zeitschrift »Evangelischen Theologie« diskutiert, vgl. Schrage, Einzigkeit (Aufsatz), Stolz, Wesen und Funktion und den eben genannten Aufsatz von J. Moltmann. Ideen für eine christlich-jüdische Diskussion zum Thema wurden von Lapide/Moltmann, Jüdischer Monotheismus vorgelegt. Ein klassischer jüdischer Text dazu ist Cohen, Religion der Vernunft, 41–57. Der Klassiker zum politisch-theologischen Aspekt der Sache ist Peterson, Monotheismus. In Monotheismus, hg. von Manemann, werden theologische und politische Aspekte der Monotheismusthematik debattiert.

also positiv gegenüberstehen. Freilich muss erwogen werden, ob damit nicht zu viel konzediert wird: Ist die Bezeichnung des Christentums als Monotheismus nicht doch unverzichtbar? Ist die Rede von der Einheit und Einzigkeit Gottes nicht doch im Zentrum des christlichen Credos angesiedelt? Auch wenn die Versicherung durch die Vorsilbe eines Begriffs nicht gegeben wird, ist es doch unabweisbar Kernthema des Credos, dass Gott, der Vater Jesu Christi letztlich keine Konkurrenten hat und ihm nichts gleicht. Die Kritik am Monotheismus-Begriff ist vielleicht die Kritik einer unzulässigen Vereinfachung und einer vorgängigen Sicherstellung. Kann man dem folgen, so ist das Problem, theologisch ausgewiesen von Gottes Einzigkeit zu reden, durchaus noch nicht abgeschüttelt. Um hier mögliche Wege anzudeuten, folgt jetzt ein Gang durch drei biblische Textkomplexe, die für die Frage nach Gottes Einzigkeit von besonderer Bedeutung sind, durch das Buch des Propheten Ezechiel, sowie durch je eine Passage aus Deuterojesaja und dem 1. Korintherbrief. Ich bin mir bewusst, dass diese Betrachtung, obschon sie am Ende einer Untersuchung steht, mehr Fragen aufwirft, als sie beantworten kann. Der Verweis auf die Natur der Sache erscheint wohl angebracht.

Das Buch des Propheten Ezechiel entstand in einer Zeit und Situation, die gewöhnlich als Wendung zum Monotheismus Israels bezeichnet wird. Diese Wendung und ihre Vorgeschichte sind in Grundsatzfragen und vielen Details umstritten. Als weitgehend gesichert darf aber gelten, dass die exilisch-spätexilische Prophetie die Einzigkeit JHWHs explizit vertrat.[3] Die Gola erkannte die Verbannungssituation nicht als Niederlage ihrer Staatsgottheit und als Sieg feindlicher chaotischer Mächte, sondern erfuhr und verstand JHWH als den, der auch ihre Situation wirkt, in ihr – auf welche

---

[3] Die Diskussion um die Entstehung des alttestamentlichen Monotheismus wird vorgestellt von Stolz, Einführung 84–203 (Lit. ebd. 209–238). Er weist in hilfreicher Weise darauf ihn, dass Monotheismus ein neuzeitliches und stets wertungsbefrachtetes Konzept ist und füglich erst durch Rückprojektion in den alten Texten ausfindig gemacht werden kann, vgl. ebd. 4–22 und vergleichbar Loretz, Einzigkeit 153–159. Ein Brennpunkt der exegetischen und religionsgeschichtlichen Diskussion ist die Frage, ob das vorexilische Israel generell polytheistisch war oder ob – etwa in der Tradition der Mosegruppe – ein früher Monotheismus nachweisbar ist, der sich z.B. in der sog. JHWH-allein-Bewegung manifestierte und sich nach lange währenden Konflikten allmählich durchsetzte. Die Möglichkeit einer solchen Bewegung wird diskutiert in Lang (Hg.), Der einzige Gott. In der Frage des vorexilischen Polytheismus optiert z.B. Weippert, Synkretismus und Monotheismus, positiv, Dietrich, Über Werden und Wesen, eher zurückhaltend. Neben und mit der exilisch-spätexilischen Prophetie gilt auch das Deuteronomium und die deuteronomistische Schule als mögliche Quelltradition des at.lichen Monotheismus, vgl. Braulik, Deuteronomium und die eigehende Diskussion von Dtn 6,4b anhand altorientalischer Parallelen bei Loretz, Einzigkeit 61–84.89–123. Interessante und bislang wenig diskutierte Thesen zur Entwicklung monotheistischer Sprachfiguren in der Jerusalemer Tempeltradition hat Koch, Hebräische Sprache, vorgelegt.

Weise auch immer – anwesend ist und sich so als einziger Gott erweist, demgegenüber die Fremdgötter schlechterdings nicht existieren. Dies geschieht aber nun nicht in der Weise, dass Ezechiel eine allgemeine Vorstellung dieses einen Gottes ausarbeiten würde, welche auf die verschiedenen Situationen und Begebenheiten angewandt würde. Vielmehr entzieht sich seine Rede von und zu JHWH hartnäckig einer einheitlichen Beschreibung. Dass Ezechiel gelegentlich als der Theologe unter den Propheten bezeichnet wurde, darf also nicht zu vorschnellen Annahmen über Kontinuitäten in der Begrifflichkeit oder die Installation eines begrifflichen Denkens überhaupt führen.[4] Den Wendungen von Ezechiels Rede vom einen Gott kann auf vielerlei Weise nachgespürt werden. Für unseren Zusammenhang bietet sich die Orientierung an der Vorstellung von Gottes Herrlichkeit (כבוד־יהוה bzw. כבוד אלהי־ישראל) an.

Die merkwürdigen und viel diskutierten Visionen zu Eingang des Buches werden dadurch summiert, dass der Prophet in ihnen die כבוד־יהוה geschaut habe (Ez 1,28; 3,12.23). Die Autorität der Botschaft des Propheten, freilich auch sein persönliches Ergehen, ist also damit verbunden, dass er nicht nur Wort- und Weisungsempfänger wird, sondern in Kontakt zu dem steht, was in der Jerusalemer Tempeltradition Unterpfand der Anwesenheit Gottes selbst ist. Die כבוד ist nicht nur ein Attribut JHWHs unter anderen, sondern, wie Walther Zimmerli schreibt, »die personale Gegenwärtigkeit Jahwes in seiner Lichtherrlichkeit«, »ein alle Erwartungen sprengendes Geschehen«.[5] Worte und Ergehen des Propheten haben es mit Gott selbst zu tun. Als wer also zeigt sich JHWH nach dem Buch Ezechiel?

Zunächst zeigt er sich nur e negativo. In den Eingangskapiteln wird von einer schier universalen Verstricktheit Israels in Abfall von JHWH und Schuld berichtet, welche aus sich selbst heraus das drohende Verderben des Volkes nach sich ziehen wird. Nur e negativo aus dieser Liste dessen, was vor Gott nicht gilt, ist auf diesen und seinen Willen zu schließen. Was Israel tut, summiert der Prophet regelmäßig als Ausdruck zum Willen zur Ferne

---

[4] »Kein Prophet hat ein so starkes Bedürfnis, gewisse Probleme intensiv zu durchdenken und bis in alle Konsequenzen abzuklären; m.e.W.: Hesekiel ist nicht nur Prophet, sondern auch Theologe.« (Rad, Theologie 2, 232) Dass der Theologe unter den Propheten dennoch begriffliche Stetigkeitserwartungen beharrlich durchkreuzt, sollte den Ansprüchen an die Explikationsfähigkeit systematisch-theologischer Argumentationen einiges zu denken geben. W. Zimmerli merkt dazu an: »Wir möchten Gott in einer einheitlichen Beschreibung erkennend umfassen. Das Buch Ezechiel gibt in dieser Richtung wenig Hilfe. An keiner Stelle stoßen wir auf die Bemühung, (...) einen lehrhaft fixierbaren Oberbegriff für das spannungsvoll gegensätzliche Handeln in Gericht und Heil herauszustellen. (...) Das Prophetenbuch verfügt über keine Einheitsformel zur Beschreibung des Wesens Jahwes. Es kann das, was es zu sagen hat, nicht in begrifflich zusammenfassender, sondern nur in erzählender Rede, die die Dinge je und je im Nacheinander nennt, zu Gehör bringen.« (Zimmerli, Gottes Offenbarung 116)

[5] Zimmerli, Ezechiel 58 (beide Zitate).

Gottes schlechthin, nämlich als Götzendienst (Ez 5,11; 6,5f.9; 8,7ff; 14,3ff). Das Volk wählt selbst die Ferne zur כבוד־יהוה, auch und gerade da, wo es sich durch Kult und anderes dieser besonders nahe wähnt. Der Prophet lässt dabei keinen Zweifel, dass es sich nicht um Götter handelt, die JHWH in irgendeiner Weise gleichkommen. Es sind גלולים, Götzen (Ez 6,5 u.ö.) und תבנית, Bilder/Modelle (Ez 8,10), die die Israeliten für verehrungswürdig halten, also Bestandteile der Dingwelt, was ihre Verehrung erst recht nichtswürdig macht. Auch wenn Ezechiel hier also keine Konkurrenz am Werke sieht, so ist für ihn klar, dass auch von Dingen eine Machtwirkung ausgehen kann. Die Bilder, Götzen und Altäre sind alles andere als Götter – aber sie verfügen in ironischer Weise über eine Machtsphäre, weil die Israeliten sie ihnen zusprechen und in totaler Verkehrung des ersten Gebots auf sie hoffen. Was Macht hat, muss durchaus nicht aus sich selbst mächtig sein – es genügt eine Wahrnehmungsweise, die in eigentümlicher Verquickung aus Perzeption und Projektion meint, ihm dies zusprechen zu sollen.

Das Buch Ezechiel reagiert hierauf in eigentümlich doppelter Weise: Auf der Ebene der *Erzählung* weicht Gott vom Ort dieses götzenhaften Gräuels und zieht mit seiner Herrlichkeit sich selbst von dem Ort ab, der als Unterpfand seiner Gegenwart gegolten hatte, dem Tempel. Ez 11,22f wird berichtet, wie die כבוד אלהי־ישׂראל Tempel und Stadt verlässt und sich außerhalb Jerusalems niederlässt. Die Erzählung vom Auszug Gottes aus dem Heiligtum ist mit der vom fortgesetzten Gräuel Israels eng verzahnt, wie M. Greenberg beobachtet hat.[6] Um dies zu interpretieren bietet sich die Unterscheidung zwischen Erzählebene und Leseebene an. Denn für die imaginierten Akteure verhält sich die Sache durchaus anders als für den Leser: Auf der Erzählebene dominiert also das Gericht durch Entzug der Gegenwart. Auf der *Leseebene* verhält es sich anders: Bleibt den Akteuren in der Erzählung nichts anderes, als die manifeste Abwesenheit JHWHs als Ende seiner Wirksamkeit oder sogar Untergang seines Wesens zu deuten, so ist dem Leser deutlich, dass es sich so nicht verhält. Vielmehr, so weiß dieser, gibt es Zeiten unterschiedlicher Nähe und Ferne: Der Entzug der präsenten כבוד ist eben nicht mit dem Ende JHWHs gleichzusetzen, sondern ist als dessen Reaktion auf Verhalten und als andere Form seiner Gegenwart zu verstehen. Das Unglück, das Israel auf der Erzählebene als Machtlosigkeit oder Ende JHWHs interpretieren muss, ist für den Leser JHWHs Tat selbst. JHWH agiert und reagiert. Die Rede von Gottes Einzigkeit bei Ezechiel ist also in der Metaphorik von *Beziehung* und *Begegnung* gehalten. So ist es

[6] Vgl. Greenberg, Ezechiel 233 u.ö. Ebd. 222 einleuchtende Argumente gegen die These Fohrers, dass die Herrlichkeit zur Gola wandere. Eine derart eindeutige Privilegierung der Exilierten ist im Buch Ezechiel nicht auszumachen und wohl eher ein spätexilisches Phänomen.

nur konsequent, dass Ez das hoseanische Motiv von der idealen Anfangszeit zwischen JHWH und Israel (Hos 2,16f; 11,1–4; 12,10) aufgreift und in der Bildrede von der treulosen Frau (Ez 16,6–14.60–63) und dem Gleichnis von den zuchtlosen Schwestern Ohola und Oholiba (Ez 23,1–49) entfaltet. Gott ist ansprechbar auf seine Geschichte mit seinem Volk. Diese Geschichte ist gewährte Nähe und Begegnung, freilich auch deren Entzug, wenn das Volk sich Ersatz sucht, der zwar bestrickend wirkt, aber nie echte Begegnungsqualität haben kann.

In diesem Sinne lässt sich auch der Konkordanzbefund in den Völkerworten deuten. Die כבוד ist Unterpfand der Anwesenheit JHWHs, durch welche sein Wirken gegen Israels Feinde erklärbar gemacht werden soll. (28,22; 31,2.18) Sie ist eben nicht mit zur Gola gezogen, so als sei die lokale Metaphorik nun eben an einen anderen Ort umgesiedelt, sondern kennzeichnet JHWHs Handeln zu unterschiedlichen Zeiten und in unterschiedlichen Weltgegenden.

Der Bogen wird in der großen Tempelbauvision Ez 40–48 geschlossen. In ihr zieht die כבוד wieder in den Tempel ein (Ez 43,2.4f) und wirkt fortan als Unterpfand von Gottes Anwesenheit (Ez 44,4). Gott ist im künftigen Tempel und der künftigen Stadt Gottes, von denen unter anderem in den Termini der Neuschöpfung die Rede ist (Ez 47,1–12, vgl. 37,1–14), ungebrochen anwesend.

Der Theologe unter den Propheten, so lässt sich folgern, denkt nicht einen ubiquitären und universalistischen Monotheismus. Seine Rede von der Einzigkeit Gottes differenziert zwischen *Bann* auf der einen und *Begegnung* auf der anderen Seite. Götzen üben Bann aus, Faszination und Macht. Das aber ist einer Logik des »ganz oder gar nicht« verhaftet – bleibt die Machtförmigkeit aus, so ist ihr Urheber verschwunden. In der Verwechslung von Götzen und JHWH, wie sie auf der Akteurebene des Buches geschieht, bleibt den sündigen Israeliten nur der Schluss, mit ihm sei es zu Ende. Anders in der rechten Gottesverehrung, die ihn als einen begreift, der im Unterschied zu allen Götzen zur Begegnung einlädt, zur gewährten Freiheit der Beziehung. Die Metaphorik Ezechiels ist dabei grundsätzlich auf der Zeitschiene eingerichtet. Es gibt eine Begegnung als Zeit des idealen Anfangs, sodann die nahe Vergangenheit und Gegenwart, in der JHWH geneigt ist, die Weisen seiner Präsenz zu ändern. Das Versprechen seiner endgültigen Begegnung wird mit Metaphoriken ausgeführt, die an die Analogielosigkeit der Schöpfungstat erinnern. Gottes Zeit interpretiert die Zeiten: Seine Gegenwart qualifiziert die Zukunft, weil sie sein Versprechen auf diese enthält. Sie muss nicht alles sein, wie unter den Götzen, die dabei den Charakter der Begegnung vernichten. Zugleich aber qualifiziert Gottes Zukunft die Gegenwart. Sie ist nicht die Gegenwart des je schon Seienden und Gültigen, wie das bei der Epiphanie des Gottes der Metaphysik der Fall ist, sondern die Gegenwart des Kommenden.

Spricht Ezechiel also von der Einzigkeit Gottes, so spricht er von einem Unterschied zwischen allen Götzen auf der einen und JHWH auf der anderen Seite. Die Götzen haben nur die Macht, die sie selbst sind, mit der sie vorkommen, verführen und mit der sie auch untergehen. JHWHs Präsenz dagegen folgt der Logik der Begegnung: Er begegnet in ihr als Gegenüber und nicht als absorbierende Macht; dies Gegenüber ruft und fordert wohl heraus, aber es tut es um der Zuschreibung von Freiheit willen. (Ez 18,19–23.27–32; 33,11) Ist Gottes Einzigkeit Begegnung, so wird von ihr nicht beiseite gespielt, was zwischen ihm und seinem Volk steht. Insofern gehört die Rede von den verschiedenen Zeiten der Nähe und Ferne grundständig zu ihr.

Ezechiel rechnet sowohl mit der paradoxen Mächtigkeit von Götzen als auch damit, dass Gottes Einzigkeit ihre bestimmten Zeiten und Modi hat. Diese beiden Züge tauchen bei Deuterojesaja wieder auf und werden genauer in den Blick genommen. Dem dient die wiederholte und scharfe Götzenpolemik DtJes', sowie der Grundzug des Buches, den man den theoretischen Monotheismus des DtJes genannt hat. DtJes, später in der Exilszeit anzusiedeln als Ez, ist in der Tat derjenige unter den exilischen Schriftstellern, der die Nichtexistenz der anderen Götter in besonderer Weise zum Thema macht. Dass er sich damit unter der faktischen Herrschaft anderer politischer Systeme kein geringes Deutungsproblem auflädt, leuchtet unmittelbar ein. Es lohnt deswegen, eine Passage auszulegen, die sich der Behauptung der Nichtexistenz anderer Götter in besonderer Weise verschreibt, Jes 45,14–46,12.

Einheitlichkeit und Gliederung der Passage sind – wie bei DtJes kaum anders möglich – umstritten. So rechnet C. Westermann mit der sekundären Zusammenstellung von Fragmenten in Jes 45,14.15.16f und H.-J. Hermisson betont die Deutlichkeit des Neueinsatzes in 46,1.[7] Die enge Zusammengehörigkeit von Jes 45,14–25 mit der nachfolgenden Passage wird jedoch kaum bestreitbar sein, zumal in Jes 46,1 ein Neueinsatz durch eine Formel wie Jes 45,14a fehlt. Was immer über die mögliche Vorgeschichte einzelner Stücke aus Jes 45,14–17 vermutet werden kann, so gilt doch, dass, sollte es sich um eine Kompilation handeln, der Redaktor des Endtextes diese bewusst gestaltete und ihre Bedeutung also zumindest auch aus der Kontextverknüpfung erhoben werden muss. So gesehen spricht nichts gegen den Schluss von P. Höffken, Jes 45,14–25 »als relative Einheit zu verstehen.«[8]

[7] Westermann, Buch Jesaja 137f; Hermisson, Deuterojesaja 89.
[8] Höffken, Buch Jesaja 101.

Wie ein Kehrvers durchzieht das Bekenntnis zur Einzigkeit JHWHs diesen Text. Fünfmal heißt es: כי אני־אל ואין עוד (oder leicht variiert), ich bin Gott und keiner/nichts sonst, Jes 45,22, vgl. 45,14.18.21; 46,9.[9] Es legt sich nahe, dies als zentrale Aussage der Passage zu verstehen und der Oppositionsfigur nachzugehen, die damit verknüpft ist. Denn einerseits bringt DtJes Aussagen über Wesen und Macht der Götzen und zum anderen über Gottes Eigenart, sein Werk und Wille.

Zunächst zur Seite der Götzen: DtJes betont mehrfach, dass es sich um Artefakte handelt. Sie sind gemacht (Jes 45,16), sie sind schwer (Jes 45,20; 46,1f.7) und aus kostbarem Material hergestellt (Jes 46,6). DtJes konstatiert, dass sie die ihnen zugesprochenen Eigenschaften einfach nicht besitzen. Am deutlichsten geschieht dies in Jes 46,1–4, einem Abschnitt, den Klaus Baltzer treffend als »Parodie einer Prozession« bezeichnet.[10] Die Funktion einer Prozession ist eigentlich die Selbstdarstellung und Vergewisserung einer Gesellschaft. Eine Sozialität stellt sich sich selbst in ihrer Identität und in ihren tragenden Funktionen vor, indem diese bzw. ihre symbolischen Repräsentanten festlich geschmückt und mit entsprechender begleitender Inszenierung durch die Straßen getragen werden. Damit ist allen vor Augen, was die betreffende Gesellschaft ausmacht und hält, und diese tragenden Elemente nehmen noch einmal in symbolischer Weise Besitz von den Regionen, in denen sie zur Schau gestellt werden. Dies mag, wie Baltzer ausführt, gewiss für die antike Prozession – die sog. Pompa – als wesentlichem Teil eines Festes gelten.[11] Ebenso sicher findet sich die Kopie davon – oder doch zumindest ein Widerschein – in den Selbstinszenierungsformen auch moderner Gemeinwesen, gleich ob sie totalitär oder demokratisch verfasst sind. Inszenierungen dieser Art dienen der kollektiven Selbstvergewisserung über die eigene Geschichte, Identität und Macht. Die öffentliche Präsentation der Fundamentalsymbole einer Gesellschaft ist in diesem Sinne die Grundfunktion einer Feier, deren Begriff oben entwickelt wurde.[12]

In Jes 46,1–4 begegnen wir dem direkten Gegenteil davon. Wie immer V. 46,1 auch im Einzelnen zu übersetzen ist,[13] jedenfalls wird behauptet,

---

[9] Zur Formel im DtJes-Buch überhaupt und Parallelen in anderen Schriften vgl. Loretz, Einzigkeit 134–137.

[10] Baltzer, Deutero-Jesaja 326.

[11] Ebd. 329.

[12] Vgl. Kap. 4 III 2b, ad (4).

[13] Zur Übersetzung von היו עצביהם als »sie sind ihre Gebilde« vgl. Baltzer, Deutero-Jesaja 330: Das Suffix kann auf die Götter bezogen werden, so dass es heißen würde, dass es sich bei ihnen nur um bildliche Darstellungen handelt – oder aber auf die Verehrer, die diese Darstellungen schufen. Für Westermanns Annahme: »Der Text ist in Unordnung geraten« (Buch Jesaja 143) und seine damit verbundenen Konjekturen fehlen allerdings erkennbare Anlässe.

dass bei der in Rede stehenden Pompa veritable Nichtse durch die Straßen getragen werden. Das, was da als identitätstragend und machtrepräsentativ hergezeigt wird, ist es in Wirklichkeit nicht. Die Frage, was DtJes zu dieser Behauptung veranlasst, muss gestellt werden dürfen. Seine Antwort erhellt aus der Oppositionsfigur Jes 46,1–2 vs. 46,3–4: Die Gefallenheit der Götzen ist ein Faktum und die Vergeblichkeit der Prozession nur die logische Folge daraus. Was DtJes dagegen setzt, ist die Rede von JHWH als dem *Vorzeitigen* und *Nachzeitigen*. Von jeher hat Israels Rest zu ihm gehört und wird auch bis ins Alter zu JHWH gehören. Die Götzen repräsentieren eine je nur punktuelle Macht. Sie vergehen, wenn das politische Blatt sich wendet und und die Konstellation verschwindet, als deren Garanten sie imaginiert wurden. Die ihnen zugedachte Ewigkeit entpuppt sich als Lüge. Dagegen soll von JHWH im Rahmen der zeitlichen Metaphorik gedacht werden, vom denkerisch kaum einzuholenden eigenen Anfang bis ins Alter.

DtJes denkt jedoch nicht an ein einfaches Oppositionsschema aus je und je vergehenden Götzen und Gottes Selbigkeit, die dieser wechselnden Welt gegenüberstünde. Gottes Anwesenheit ist in seiner Wahrnehmung differenziert zu denken: Was ihn von den gemachten und in Prozessionen vorgezeigten Götzen unterscheidet, ist, dass er ein sich verbergender Gott ist (אל מסתתר, Jes 45,15). Seine Anwesenheit ist weder optisch noch haptisch zu verifizieren, sehr wohl aber durch das, was er verspricht.[14] Das, was Gott von Anfang an getan (Jes 45,18) und verkündigt hat (Jes 46,10), weist ihn als den Herrn der Geschichte aus. Die Götzen können nur der Logik des Augenblicks gehorchen, sie sind Repräsentanten von Machtkonstellationen, die dem normalen historischen Wandel unterliegen und die ihren Selbstanspruch deshalb regelmäßig verlieren und zur Last derer werden, die doch die ihre auf sie werfen wollten. Für JHWH gilt diese Logik der unmittelbaren Repräsentation nicht. Den an ihn Glaubenden wird zwar zugemutet, mit der Verborgenheit Gottes zurecht zu kommen, in diesem Sinne also der optisch-haptischen Verführung der Götzen zu widerstehen. Zugleich aber gilt ihnen die Zusage, dass Gottes Werke noch nicht an ihrem Ende angekommen sind. Für DtJes gilt wie für Ez: Eine Macht ist nur »da«, Gott aber begegnet.

---

[14] Brevard S. Childs bemerkt treffend: »Isaianic prophecy interprets the effects of God's entrance into human history. It embraces a different dimension of reality, which only in part coheres with empirical history. The eschatological appeal of God's rule involves a vision of divine intervention that indeed enters human history, but is not exhausted by any one moment. The quality of God's salvific presence (...) embraces the whole of God's announced purpose for creation, which moves toward consummation. The nature of correspondence between word and event can only be measured in terms of this ongoing divine plan toward ultimate restoration of God's creation. Prophecy thus speaks of a quality of future event.« (Childs, Isaiah 362)

Dazu kommt noch, dass DtJes deutlicher als wohl alle at.lichen Schriften zuvor die universale Reichweite dieser Einzigkeit betont und ausmalt. Dies wiederum wird vor allem aus der Passage Jes 45,20–25 deutlich.[15] Formgeschichtlich haben wir es mit einer Gerichtsrede zu tun, also einem Szenario des Richtens JHWHs über andere Götter und ihre Völker.[16] Die Gerichtsverhandlung nimmt freilich eine erstaunliche Wende. Sie beginnt mit der Feststellung der Wirkungslosigkeit der Götzen, sowie dem Appell, sich dies einzugestehen (Jes 45,20–21). Freilich folgt dem kein Richtspruch und kein Triumph. Jes 45,22 wendet sich das Blatt überraschend von der hier zu erwartenden Verurteilung hin zur Einladung: פנו־אלי, wendet euch zu mir! Die Gerichtslogik wird verlassen zugunsten einer eschatologischen Werberede des Inhalts, dass Gottes Gerechtigkeit dazu führen wird, dass alle Welt von ihr erfährt und sich zu ihr bekehrt. Diese Wendung ist einer der ersten missionarischen Texte in der Bibel überhaupt.[17] Auch ihn wird man im Rahmen der Durchbrechung der Logik der Götzen verstehen sollen. Unter ihren Bedingungen – göttlich ist, was mächtig ist – wäre solches Erbarmen nicht denkbar. Gilt diese Logik aber grundsätzlich nicht mehr, so tritt plötzlich ein neues Thema zutage, nämlich die *Freiheit zur Zustimmung*. Eine solche kann es unter den Götzen nicht geben. Ein solcher, bzw. die Macht, für die er steht, ist im Regimente – dann gibt es kein Ausweichen, sondern nur die Ergebung. Freilich verschwindet dies System der Unfreiheit zugleich mit der Macht, die es hervorgebracht hat. Die eschatologische Werberede Jes 45,22–25 mutet ihren Hörern zu, mit der Verborgenheit Gottes (Jes 45,15) zu Rande zu kommen. Aber sie kann eben deshalb als um Einverständnis werbende, als Freiheit versprechende Rede auftreten. Das unterscheidet das eschatologische Versprechen von Gottes Einzigkeit ums Ganze von der präsentischen Mächtigkeit der Götzen.

Die Begegnung JHWHs und ihre Freiheit statt der Macht der Götzen, die Zeiterstreckung der Einzigkeit Gottes gegen die Zeitvernichtung seiner Prätendenten – in diesen Bahnen schrieb die exilisch–spätexilische Prophetie nieder, wie ihr die Einzigkeit Gottes widerfuhr. Für den Schritt ins Neue Testament legt sich aus vielerlei Gründen der Paulus des 1. Korintherbriefs nahe. Wer das 15. Kapitel dieses Briefes liest, so das Urteil aus berufenem

---

[15] Die stilisierte Gottesrede beginnt bereits Jes 45,18; durch den doppelten Imperativ הקבצו ובאו V. 20a wird aber sichtlich ein neues Thema angeschlagen, was die Annahme eines Unterabschnitts rechtfertigt.

[16] Westermann, Buch Jesaja 142 unter Verweis auf Jes 41,1–5.21–29 (nicht: »19«, ebd.); 43,8–15; 44,6–8.

[17] Vgl. Baltzer, Deutero-Jesaja 325. Dort auch der Hinweis, dass diese Verse nicht in dere Situation des Triumphes, sondern in einer der Anfechtung entstanden sind.

Munde, legt »den unvergleichlichen Höhepunkt und die perspektivische Mitte des ganzen Briefes« aus.[18] In der Tat kommen hier die thematischen Züge des ganzen Briefes – Enthusiasmusproblem, Apostolat, Kreuzestheologie, Auferstehungsthematik usw. – zusammen und werden in dem gebündelt, was man mit aller Vorsicht vor begrifflicher Fixierung als paulinische Eschatologie wird bezeichnen können. Für die hier anstehende Frage nach der Einheit und Einzigkeit Gottes werfe ich einen konzentrierten Blick auf 1Kor 15,20–28. Paulus entfaltet hier in aller Kürze einen Gedankengang, der das Bekenntnis von der Auferweckung Jesu Christi mit dessen Herrschaft und mit den Vorgängen um die schlussendliche Durchsetzung der Gottesherrschaft zusammenspannt.

Abgrenzung und Gliederung des Abschnitts bereiten keinerlei Probleme. Paulus kehrt nach einer anspruchsvollen Argumentation über das Auferstehungszeugnis und sein Apostolat (1Kor 15,1–11) sowie über die Auferstehungshoffnung als Zukunftshoffnung (1Kor 12–19) zur Grundthese zurück, der Gewissheit über die Auferweckung Jesu Christi von den Toten. Mit dem Beginn V. 20 werden einerseits die zuvor erwähnten Spekulationen als nichtig zurückgewiesen und zum anderen die Argumentation der folgenden Verse eröffnet. Schlüsselwort dafür ist ἀπαρχή (V. 20): Es wird nicht nur einfach das Dass der Auferweckung konstatiert, sondern durch die Vokabel zugleich signalisiert, dass dies »Auftakt, Grund und Versprechen« für weiteres sei,[19] das in den folgenden Versen entwickelt wird. Dementsprechend könnte man die Überschrift für den Abschnitt formulieren: »Die Auferstehung Jesu Christi als Unterpfand des endzeitlich vollendeten Heils«.[20]

V. 21 spielt mit der Adam-Christus-Typologie (vgl. Röm 6,12–19) möglicherweise auf ein klassisches Schema von Urzeit und Endzeit an.[21] Entscheidender als dies ist aber, dass Paulus gleich zu Beginn seiner Argumentation deutlich macht, dass er seine Aussagen über Gottes Sein und Handeln

---

[18] Schrage, Korinther V. Diesem Kommentar und den entsprechenden Abschnitten aus Schrages Monographie Unterwegs zur Einheit und Einzigkeit Gottes verdanke ich für den folgenden Abschnitt wesentliche Einsichten.

[19] Schrage, Korinther 160.

[20] Schrage, ebd. 150 hat: »Auferweckung Jesu Christi als Anbruch der universalen Gottesherrschaft« (i.O.herv.). Lang gliedert in seinem Kommentar in den Abschnitt über die Folgen der Auferweckung für die Zukunft (1Kor 15,21–28) und dem über die Bedeutung der zukünftigen allgemeinen Auferweckung für die Gegenwart (1Kor 15,29–34), vgl. Lang, Briefe 222. Wenig verständlich ist, warum Hans Conzelmann die Argumentationsrichtung umkehrt und für 1Kor 15,23–28 formuliert: »Begründung der Auferstehung mit der apokalyptischen Ordnung« (Conzelmann, Korinther 329, i.O.herv.). Eine detaillierte Exegese könnte Zug um Zug belegen, dass es sich genau so nicht verhält: Paulus verwendet wohl apokalyptische Metaphern und Motive, interpretiert aber mit ihrer Hilfe seine christologische Grundüberzeugung. Die Grammatik des Stücks ist christologisch, wo immer seine Semantik auch herkommen mag.

[21] So jedenfalls Lang, Briefe 222 und Conzelmann, Korinther 327f.

mit Hilfe zeitlicher Metaphorik zu entwickeln gedenkt: Was über das Versprechen, das von Christi Auferweckung ausgeht, zu sagen ist, kann nur unter Verweis auf in der Zeit liegende Ereignisse gesagt werden. Der Gott des Paulus wohnt in der Zeit. Die Typologie wird in V. 22 fortgeführt, freilich mit einem entscheidenden Unterschied: Die Konstruktion in V. 21 ist verb- und daher tempuslos, der Rückbezug von Versteil b auf ἐγήγερται aus V. 20 und damit ein vergangenes Ereignis aber eindeutig. V. 21b hat das Verb dann im Futurum. Man muss also aus der Typologie schließen: Die ἐν τῷ Χριστῷ πάντες gehören noch der alten Welt an, sie sind noch im »adamitischen Todesbereich«.[22] Die Welt – mit ihr auch und gerade die Christenheit – ist noch auf der Seite Adams. Durch die Auferweckung Christi ist für sie also kein Sonderraum oder eine Sonderzeit entstanden, in der sie fern von den adamitischen Bedingungen existieren würden. Gleichwohl gilt, dass durch die Auferweckung Christi eine ἀπαρχή (1Kor 15,20) in die Welt gekommen ist. Diese ἀπαρχή, so wäre von dieser Stelle aus und z.B. mit Rm 8,18–39 zu extrapolieren, ist eine kräftige, als sie die gegenwärtige Existenz der Christen berührt und verwandelt. Doch dies steht in der vorliegenden Perikope nicht zur Diskussion. Eher ist es wohl so, dass Paulus seine korinthischen Gesprächspartner davon überzeugen muss, dass zur christlichen Interpretation der Jetztzeit das Moment des von Gott her Ausstehenden immer dazugehört. Ob man es auf das Konto eines korinthischen Enthusiasmus rechnen oder anderem zuschlagen soll: Die Argumentation des Paulus läuft darauf hinaus, dass das Geschehen Gottes nicht vollendet ist, sondern mindestens eine doppelte Qualifikation in sich birgt: Zum einen wird die Jetztzeit als eine qualifiziert, in der die ἀπαρχή die entscheidende Rolle spielt und die diese Zeit neu qualifiziert. Zum anderen ist die Jetztzeit mit sich allein nicht an ihr Ende gekommen. Von Gott her hat sie ein Ausstehendes, das dieser so gewiss zur Vollendung bringen wird, wie Christus auferstanden ist (1Kor 15,20).

Wie das zu Ostern begonnene Geschehen der Vollendung zu sich selbst kommt, entfaltet Paulus in den Versen 1Kor 15,23–28. Ziel dieses Geschehens ist die Alleinherrschaft Gottes, ἵνα ᾖ ὁ θεὸς πάντα ἐν πᾶσιν (V. 28). Im Rahmen einer Ordnung, τάγμα (V. 23) werden nun die einzelnen Sachmomente genannt: (1) Die Auferweckung Christi als Angeld – aus V. 20 ist das als rückblickende Feststellung erkennbar –, (2) Die Erweckung der Gläubigen bei seiner Wiederkunft, (3) der Übergang des Reiches vom Sohn auf den Vater, welcher die endgültige Vernichtung der gottwidrigen ἐξουσίαι und δυνάμεις einschließt (V. 24.28), (4) die Vernichtung des letzten Feindes, als der der Tod erkennbar ist. Unverkennbar spricht Paulus hier

[22] Schrage, Korinther 163.

apokalyptische Sprache. Der Tendenz, aus diesem Grund hier gleichsam uneigentlichen Paulus am Werk zu sehen, muss freilich widerstanden werden: Der ganze Argumentationsgang ist nicht mehr und nicht weniger als eine Entfaltung der Implikationen der ἀπαρχή, die Paulus als Faktizität des Osterereignisses ausgemacht hatte. Apokalyptische Sprache ist hier kein religiöser Fremdkörper, heterodoxe Anlage ans orthodoxe Evangelium, sondern Sprachmöglichkeit, um das wesenhaft Unanschauliche des Osterereignisses wenigstens irgendwie zur Sprache zu bringen.[23]

Aus der Fülle von Perspektiven, die in diesen Versen eröffnet werden, ist für unseren Zusammenhang v.a. zweierlei von Interesse: Zum einen, dass von Gott offenbar im Sinne einer noch nicht vollendeten Geschichte gesprochen wird und zum anderen, dass manifeste Gegner Gottes in den Blick kommen. Die Sachlogik gebietet, beim letzteren zu beginnen. Paulus nennt zwei Typen der Gegner Gottes, zum einen ἐξουσίαι und δυνάμεις und sodann als ἔσχατος ἐχτρὸς den Tod (V. 24 bzw. 26). Was die Mächte und Gewalten angeht, so ist aus dem hier vorliegenden Zusammenhang zu entnehmen, dass sie eine interessante Zwischenstellung haben: Der Kontext markiert sie eindeutig als Feinde Gottes, wenn denn gilt, dass es eine Sache der Herrschaft Christi ist, diese Feinde zu überwinden, wie in V. 25 ausgeführt wird. Diese Feinde wären also unterbestimmt und unterschätzt, würden sie allein zum Gegenstand menschlichen Handelns und Bemühens gemacht. Das adäquate theologische Thema angesichts ihrer ist demnach die Gotteslehre, und zwar in ihrer grundständig eschatologischen Verfasstheit. In diesem Sinne ist der generellen Anlage von Karl Barths Theologie des Nichtigen – wie problematisch ihre Durchführung im Einzelnen auch sein mag – Recht zu geben, wenn er betont, dass das Nichtige Gottes eigene Sache ist. Das klammert die Entwicklung eines christlichen Sozialethos in keiner Weise aus, aber es stellt dieses in den Kontext, der dafür allein angemessen ist: Die eschatologische Wirklichkeit Gottes, die uns von Ostern her zukommt.[24] Freilich sind die Mächte und Gewalten nicht Gottes letztes Problem. Sein schlechthinniger Feind ist der Tod. Ihm sind sie in eigentümlicher

[23] Ein solcher Verdacht ist in Conzelmanns Kommentar z.St. steter Begleiter, vgl. Korinther 329ff. Noch viel schärfer ist die bündige Verwerfung der ganzen Perikope als »aus der gnostischen Kosmologie und Eschatologie« stammend bei Bultmann, Theologie 228. Hier wird offenbar in der Vorstellung von festen religionssprachlichen Clustern gedacht, wobei in Perikopen wie diesen dann ein feindlicher Übergriff konstatiert werden muss Freilich gibt es solche festgefügten Sprachgrenzen nicht. Außerdem besagt das eine oder andere Beispiel aus einem bestimmten Vokabular alleine noch gar nichts. Es wäre falsch, hier bei der Oberflächengrammatik stehenzubleiben: Erst die Verknüpfung verschiedener Herkunftsfelder ist interessant und dringt zur Kreativität der Sprache vor, für die die Exegese sich zu interessieren hat.

[24] Vgl. oben 4 II 1c zu Barths Lehre vom Nichtigen, 4 III 1b zur ethischen Komponente und 4 I 2b zur Position Walter Winks, der die Mächte als ursprünglich gut und erlösungsfähig klassifiziert.

Weise zu- und vorgeordnet, gleichsam in einem soteriologischen Zwischenbereich, wenn denn der Tod der letzte Bereich ist, den zu überwinden das Ende der Wege Gottes darstellt.[25]

In allem dem, und damit zum ersteren Aspekt, denkt Paulus die Einzigkeit Gottes *prozesshaft*. Es sind seine Feinde, um deretwillen ein solcher dynamischer Prozess gedacht wird, es ist – funktional darauf bezogen –, aber auch das Verhältnis des Vaters und des Sohnes, das Paulus hier als prozessuale Größe in den Blick nimmt: Das regnum Christi – notabene kein millenarisches – hat eine bestimmte Funktion und damit auch ein bestimmtes Ende. Die Gedanken des Apostels über die Einheit und Einzigkeit werden sich als das Erzählen einer Geschichte verstehen lassen sollen, die letztlich die Geschichte Gottes ist.

Die erstaunlichen Nähen der paulinischen zu den zuvor referierten alttestamentlichen Erwartungen an die eschatologische Einzigkeit Gottes sind offensichtlich und müssen hier nicht eigens thematisiert werden. Alttestamentlich wären noch viele andere Motive und Traditionen heranzuziehen, etwa die von der Völkerwanderung zum Zion oder Texte wie Ps 22,28–30. Die differentia specifica bleibt freilich, dass Paulus dieses Credo allererst durch Rekurs auf die Ostererfahrung möglich ist.[26]

So weit einige Bemerkungen zu den biblischen Texten. Legen Ezechiel, Deuterojesaja und Paulus wirklich die »Destruktion eines untauglichen Begriffs« nahe?[27] Die Antwort lautet, dass sie Differenzierungen einziehen, die die biblische Rede von Gottes Einzigkeit in entscheidender Weise qualifizieren. Dass Gott der einzige ist, ist für sie nicht eine vorgängig sichere Tatsache, sondern ergibt sich als Satz des Credos im Widerstreit mit den Mächten, die, mit Paulus zu sprechen, Gottes mittlere Feinde sind. Im Gegenüber zu ihrer manifesten oder eingebildeten Macht wird deutlich, dass das Proprium von Gottes Gegenwart das der *Begegnung* ist: Sie lässt Raum, sie eröffnet Freiheit, sie hat ihre je eigenen Zeiten der Ferne und der Nähe. Die Mächte sind eigentümlich zeitlose Widerfahrnisse. Unter ihnen gibt es streng genommen keine Gegenwart. Es gibt dann nur diese Macht, sei es als Rausch oder als Terror – und dass beides ineinander umschlagen kann, ist hinlänglich bekannt. In der Begegnung mit Gott gibt es allerdings Gegenwart. Gott gewährt Gegenwart aus dem Versprechen seiner Zukunft. Und

[25] »Denn noch rebellieren sie. Noch harrt vor allem der letzte Feind – notabene der Feind *Gottes* – seiner definitiven Bezwingung, was mehr ist als die Überwindung des individuellen Todesgeschicks in der Hoffnung auf ein transmortales Heil des einzelnen, nämlich die Überwindung seiner lebenszerstörerischen kosmischen Macht.« (Schrage, Einzigkeit 86)

[26] Schrage, Einzigkeit 86.

[27] Vgl. oben Anm. 2.

deshalb ist auch nur in diesem Verhältnis von Freiheit die Rede, von der »Freiheit zur Zustimmung«, wie sie aus der DtJes-Exegese ersehen werden konnte.

Verdichtet sich die Gegenwart der Mächte in hoch problematischer Weise zur Unmittelbarkeit, so verhält es sich mit Gottes Gegenwart so, dass seine Gegenwart die Zukunft, und seine Zukunft die Gegenwart qualifizieren. Gottes Gegenwart qualifiziert die Zukunft, weil er sich in ihr auf sein künftiges Kommen kenntlich gemacht und festgelegt hat. Dass und wie diese Selbstfestlegung Gottes ἅπαξ ἐφάπαξ geschah, auszubuchstabieren, ist Aufgabe der Christologie. Gottes Zukunft wiederum qualifiziert die Gegenwart, weil sie deren Mächten die Prätention der Unvermeidlichkeit bestreitet. Die Gegenwart ist, aber sie muss nicht alles sein, weil Gottes Zukunft noch aussteht und dies Ausstehen der Gegenwart ein anderes Gesicht gibt, als wenn sie allein für sich sprechen müsste. In der Gegenwart aus Gottes Zukunft und auf sie zu zu leben, heißt insofern, in Gottes Streit um die Wirklichkeit einzutreten.

In diesen Bahnen von Gottes Einzigkeit zu sprechen, legen die biblischen Texte nahe. Ob man angesichts ihrer noch von Monotheismus, von seiner Einzigkeit, wie ich es hier getan habe, oder vom »Unterwegs zur Einheit und Einzigkeit« sprechen will,[28] ist dann lediglich ein Streit um Worte. Neu und wieder der Sache sich zu nähern, ist die eigentliche theologische Aufgabe.

Zu dieser Sache gehört, dass alle drei biblischen Texte ihren Skopus darin haben, dass die Rede von Gottes Einheit und Einzigkeit nicht eine Aussage über Gottes So-Sein ist, sondern der Ausdruck einer hoffenden Gewissheit, die sich auf seine endgültige Selbstdurchsetzung richtet. Die theologische Arbeit ist demnach nicht der Schluss auf die vermutete Seinsordnungen Gottes selbst. Ihre Klärungsaufgabe dient der Verstehbarkeit der Gottesgeschichte und dem Auffinden hilfreicher und hinreichend begründbarer Regeln, die das Reden und Handeln der Gläubigen in ihr betreffen. Auch für sie gilt das Wort aus 2Kor 5,7: διὰ πίστεως γὰρ περιπατοῦμεν, οὐ διὰ εἴδους. Es macht deshalb guten Sinn, wenn eine diskursive Untersuchung die Grenzen ihrer Diskursivität kennt. Wer den Schritt darüber hinaus mitvollziehen will, kann zur askriptiven Sprache finden, von der zu Eingang die Rede war:[29]

[28] Titel zweier Publikationen von Wolfgang Schrage.

[29] Traditioneller Gospel, zugleich der Schlußsatz von Michael Tippett, A Child of Our Time. In diesem Gospel, wie auch in anderen, findet sich politisch-religiöser double-talk, der einer schlichten Jemseitsvorstellung des »promised land« als Jenseits wehrt. Für die schwarzen Sklaven in den amerikanischen Südstaaten war »River Jordan« auch die Grenze zum Norden, das »promised

»Deep river, my home is over Jordan,
Deep river, Lord, I want to cross over into campground.
O Chillun! O don't you want to go,
To that gospel feast, that promised land,
That land where all is peace?
Walk into heaven and take my seat,
And cast my crown at Jesus' feet.«

land« auch das der politischen Freiheit. Ähnliches gilt für »heaven«. Das Wort bedeutet nicht ein sagenhaftes Drüben sondern das Versprechen von Gottes Zukunft, wie Cone, Spirituals 87–92 wahrscheinlich machte. So erweisen sich die Spirituals als Liturgie der Hoffnung angesichts der Mächte.

Literatur

Achtner, W./Kunz, S./Walter, T.: Dimensionen der Zeit. Die Zeitstrukturen Gottes, der Welt und des Menschen, Darmstadt 1998.

Adloff, K.: »Möchten die Sünder vom Erdreich hinweg, der Frevler keiner mehr sein!« (Ps 104,35). Ein biblischer Seufzer über die Realität des Bösen, in: Beim Wort nehmen – die Schrift als Zentrum für kirchliches Reden und Gestalten. Friedrich Mildenberger zum 75. Geburtstag, hg. von M. Krug u.a., Stuttgart 2004, 79–90.

Adorno, Th.W.: Negative Dialektik, Frankfurt/M. [5]1988.

–: (s. auch Horkheimer, M.).

Apel, K.-O.: Die Diskursethik vor der Herausforderung der »Philosophie der Befreiung«. Versuch einer Antwort an Enrique Dussel, in: Diskursethik oder Befreiungsethik?, hg. von R. Fornet-Betancourt, Aachen 1992, 16–54.

–: u.a.: Hermeneutik und Ideologiekritik, Frankfurt/M. 1971.

Arendt, H.: Eichmann in Jerusalem. Ein Bericht von der Banalität des Bösen, München 1986.

Aristoteles: Ethica Nicomachea, hg. von I. Bywater, Oxford 1959.

–: Metaphysik. Griechisch-deutsch, deutsch von H. Bonitz, eingel. und komm. von H. Seidl, PhB 307/308, Hamburg 31989.

Assmann, H./Hinkelammert, F.J.: Götze Markt. Das Leben in der Gesellschaft, Düsseldorf 1992.

Assmann, J.: Ägypten. Eine Sinngeschichte, Frankfurt/M. [2]2000, zitiert: Sinngeschichte.

–: Ägypten. Theologie und Frömmigkeit einer frühen Hochkultur, Stuttgart u.a. 1984, zitiert: Theologie.

–: Arbeit am Polytheismus. Die Idee der Einheit Gottes und die Entfaltung des theologischen Diskurses in Ägypten, in: Theologen und Theologien in verschiedenen Kulturkreisen, hg. von H. v. Stietencron, Düsseldorf 1986, 46–69.

–: Herrschaft und Heil. Politische Theologie in Altägypten, Israel und Europa, München 2000.

–: In Bilder verstrickt. Bildkult, Idolatrie und Kosmotheismus in der Antike, in: Metapher und Wirklichkeit. Die Logik der Bildhaftigkeit im Reden von Gott, Mensch und Natur. Dietrich Ritschl zum 70. Geburtstag, hg. von R. Bernhardt und U. Link-Wieczorek, Göttingen 1999, 73–88.

–: Die Katastrophe des Vergessens. Das Deuteronomium als Paradigma kultureller Mnemotechnik, in: Mnemosyne. Formen und Funktionen der kulturellen Erinnerung, hg. von A. Assmann, Frankfurt/M. 1991, 337–355.

–: Das kulturelle Gedächtnis. Schrift, Erinnerung und politische Identität in frühen Hochkulturen, München 32000.

–: Ma'at. Gerechtigkeit und Unsterblichkeit im Alten Ägypten, München [3]2001.

–: Monotheismus und Kosmotheismus. Ägyptische Formen eines »Denkens des Einen« und ihre europäische Rezeptionsgeschichte, Heidelberg 1993.

–: Die Mosaische Unterscheidung oder der Preis des Monotheismus, München/Wien 2003.

–: Moses der Ägypter. Entzifferung einer Gedächtnisspur, München/Wien 1998.

–: Religion und kulturelles Gedächtnis. Zehn Studien, München 2000.

–: Re-Membering – Konnektives Gedächtnis und jüdisches Erinnerungsgebot, in: Die Gegenwart des Holocaust – »Erinnerung« als religionspädagogische Herausforderung, hg. von M. Wermke, Münster/Hamburg 1997, 23–46.

–: Stein und Zeit. Mensch und Gesellschaft im alten Ägypten, München 1991, zitiert: Stein und Zeit.

–: Stein und Zeit. Das »monumentale« Gedächtnis der altägyptischen Kultur, in: Kultur und Gedächtnis, hg. von dems./T. Hölscher, Frankfurt/M. 1988, zitiert: Stein und Zeit (Aufsatz).

Augé, M.: Der Geist des Heidentums, München 1995.

Aulén, G.: Christus Victor. An Historical Study of the Three Main Types of the Idea of the Atonement, New York ^{2}1974.

Baldermann, I.: Einführung in die biblische Didaktik, Darmstadt 1996.

Baltzer, K.: Deutero-Jesaja. Kommentar zum Alten Testament X,2, Gütersloh 1999.

Barge, H.: Luther und der Frühkapitalismus, Gütersloh 1951.

Barnes, J.: The Presocratic Philosophers, London ^{2}1982.

Barr, J.: Biblical Words for Time, London 1962.

Barth, K.: Christengemeinde und Bürgergemeinde, München 1946.

–: Das christliche Leben. Die Kirchliche Dogmatik IV/4. Fragmente aus dem Nachlaß. Vorlesungen 1959–1961. Gesamtausgabe II: Akademische Werke, hg. von H.-A. Drewes und E. Jüngel, Zürich 1976.

–: Einführung in die evangelische Theologie, Zürich ^{3}1985.

–: Der Götze wackelt. Zeitkritische Aufsätze, Reden und Briefe von 1930 bis 1960, hg. von K. Kupisch, Berlin 1961.

–: Gott und die Götter. Typoskript, alle Rechte beim Karl-Barth-Archiv, Basel. Der Text erschien mit anderen Dokumenten als Faksimile auf CD-ROM unter dem Titel: Unveröffentlichte Texte zur Kirchlichen Dogmatik, hg. von H.-A. Drewes, Zürich 2005.

–: Die Kirchliche Dogmatik, Zollikon-Zürich 1932–1970.

–: Predigten 1916. Gesamtausgabe I, in: Predigten, hg. von H. Schmidt, Zollikon-Zürich 1998.

–: Der Römerbrief, Fünfter Abdruck der neuen Bearbeitung, München 1929.

Baumgartner, H.M. /Korten, H.: Friedrich Wilhelm Joseph Schelling, München 1996.

Barthes, R.: Mythen des Alltags, Frankfurt/M. 1964 und 1996.

Bauke-Ruegg, J.: Die Allmacht Gottes, Systematisch-theologische Erwägungen zwischen Metaphysik, Postmoderne und Poesie, Göttingen 1998.

Beck, M.: Elia und die Monolatrie. Ein Beitrag zur religionsgeschichtlichen Rückfrage nach dem vorschriftlichen Jahwe-Glauben, Berlin/New York 1999.

Beckley, H.: Passion for Justice. Retrieving the Legacies of Walter Rauschenbusch, John A. Ryan, and Reinhold Niebuhr, Louisville 1992.

Behr, H.H.: Islamische Bildungslehre. Mit einem Geleitwort von Prof. Dr. Christoph Bochinger, Garching 1998.

Benoist, A. de: Heide sein zu einem neuen Anfang. Die europäische Glaubensalternative, Tübingen 1982.

Die Bekenntnisschriften der Evangelisch-Lutherischen Kirche, Göttingen ^{10}1986.

Benjamin, W.: Gesammelte Schriften, hg. von R. Tiedemann und H. Schweppenhäuser, Frankfurt/M. 1991.

Berkhof, H.: Christ and the Powers, Scottsdale 1962.

–: Theologie des Heiligen Geistes. Mit einem Nachtrag zur neueren Diskussion von Uwe Gerber, Neukirchen 21988.

Berner, U.: Art. »Polytheismus«, TRE 27, 35–39.

Bernhardt, R.: Was heißt »Handeln Gottes«? Eine Rekonstruktion der Lehre von der Vorsehung, Gütersloh 1999.

Blendinger, H.: Aufbruch der Kirche in die Moderne. Die Evangelisch-Lutherische Kirche in Bayern 1945–1990, Stuttgart 2000.

Blum, E.: Studien zur Komposition des Pentateuch, Berlin/New York 1990.

Blumenberg, H.: Arbeit am Mythos, Frankfurt/M. 1996.

–: Matthäuspassion, Frankfurt 41993.

Böcher, O.: Art. »Dämonen IV. Neues Testament«, TRE 8, 279–286.

–: Das Neue Testament und die dämonischen Mächte, Stuttgart 1972.

Böhme, G.: Aisthetik. Vorlesungen über Ästhetik als allgemeine Wahrnehmungslehre, München 2001.
–: Atmosphäre. Essays zur neuen Ästhetik, Frankfurt/M. 1995.
Bochinger, C.: New Age und moderne Religion. Religionswissenschaftliche Analysen, Gütersloh ²1995.
Boff, C.: Theologie und Praxis. Die erkenntnistheoretischen Grundlagen der Theologie der Befreiung, München/Mainz 1983.
Bohren, R.: Predigtlehre, München 1971.
Bonhoeffer, D.: Widerstand und Ergebung. Briefe und Aufzeichnungen aus der Haft, DBW 8, hg. von C. Gremmels u.a., Gütersloh 1998.
Braulik, G.: Das Deuteronomium und die Geburt des Monotheismus, in: Gott der Einzige. Zur Entstehung des Monotheismus in Israel, hg. von E. Haag, Freiburg 1985, 115–159.
Brelich, A.: Der Polytheismus, Numen VII (1960), 123–136.
Brink, G. van den: Almighty God. A Study of the Doctrine of Divine Omnipotence, Kampen 1983.
Broer, I.: Art. »exousia«, EWNT2 II, 23–29.
Brunner, H.: Altägyptische Religion. Grundzüge, Darmstadt ³1989.
–: Vom Wesen des Polytheismus und seinem Wahrheitsgehalt, Universitas 29 (1974), 597–609.
Bultmann, R.: Neues Testament und Mythologie. Das Problem der Entmythologisierung der neutestamentlichen Verkündigung. Nachdruck der 1941 erschienenen Fassung, hg. von E. Jüngel, München 1988.
–: Theologie des Neuen Testaments, Tübingen ⁹1984.
Busch, W.: Karl Barths Lebenslauf. Nach seinen Briefen und autobiographischen Texten, Berlin 1979.
Caird, G.B.: Principalities and Powers. A Study in Pauline Theology, Oxford 1956.
Canonization and Decanonization, hg. von A. van der Kooij/K. van der Toorn, Leiden 1998.
Carr, W.: Angels and Principalities, Cambridge 1981.
Chesnut, R.: The Ruler and the Logos, ANRW II.16.2, 1310–1332.
Childs, B.S.: Isaiah, Louisville 2000.
Claesges, U.: Darstellung des erscheinenden Wissens. Systematische Einleitung in Hegels Phänomenologie des Geistes, Bonn 1981.
Clayton, P.: Anticipation and Theological Method, in: The Theology of Wolfhart Pannenberg. Twelve American Critiques, with an Autobiographical Essay and Response, hg. von C.E. Braaten/dems., Minneapolis 1988, 122–150.
Cohen, H.: Die Religion der Vernunft aus den Quellen des Judentums, Köln ²1959.
Cone, J.: The Spirituals and the Blues. An Interpretation, Maryknoll/NY ⁷2000.
Conzelmann, H.: Die Mitte der Zeit. Studien zur Theologie des Lukas, Tübingen ⁷1993.
Cox, H.: Stadt ohne Gott?, München ³1967.
Cramer, K.: Die subjektivitätstheoretischen Prämissen von Schleiermachers Bestimmung des religiösen Bewußtseins, in: Friedrich Schleiermacher 1768–1834. Theologe, Philosoph, Pädagoge, hg. von D. Lange, Göttingen 1985, 129–162.
Cullmann, O.: Christus und die Zeit. Die urchristliche Zeit- und Geschichtsauffassung, Zürich ³1962.
Dalferth, I.U.: Der auferweckte Gekreuzigte. Zur Grammatik der Christologie, Tübingen 1994.
–: Existenz Gottes und christlicher Glaube. Skizzen zu einer eschatologischen Ontologie, München 1984.
–: Jenseits von Mythos und Logos. Die christologische Transformation der Theologie, Freiburg u.a. 1993.
–: Karl Barth's Eschatological Realism, in: Karl Barth. Centenary Essays, hg. von S.W. Sykes, Cambridge 1989, 14–45.
–: Theologischer Realismus und realistische Theologie bei Karl Barth, EvTh 46 (1986), 402–422.
Danto, A.J.: Nietzsche as Philosopher. An Original Study, New York/Chichester 1980.
Danz, C.: Die philosophische Christologie F.W.J. Schellings, Stuttgart/Bad Cannstatt 1995.

Descartes, R.: Philosophische Schriften in einem Band, Hamburg 1996.
Dictionary of Deities and Demons in the Bible, hg. von K. van der Toorn u.a., Leiden 1999.
Dietrich, W.: Über Werden und Wesen des biblischen Monotheismus. Religionsgeschichtliche und theologische Perspektiven, in: Ein Gott allein? JHWH-Verehrung und biblischer Monotheismus im Kontext der israelitischen und altortientalischen Religionsgeschichte, hg. von dems., M. Klopfenstein, Göttingen/Fribourg 1994, 13–30.
–: Link, C.: Die dunklen Seiten Gottes, Bd. 1: Willkür und Gewalt, Neukirchen-Vluyn [2]1997 ([3]2000), Bd. 2: Allmacht und Ohnmacht, Neukirchen-Vluyn 2000.
Dibelius, M.: Die Geisterwelt im Glauben des Paulus, Göttingen 1909.
Dinkel, C.: Was nützt der Gottesdienst? Eine funktionale Theorie des evangelischen Gottesdienstes, Gütersloh 2000.
Djuric, M.: Nietzsches tragischer Gedanke, in: Krisis der Metaphysik, hg. von G. Abel und J. Salaquarda, Berlin 1989, 173–204.
Dussel, E.: Die »Lebensgemeinschaft« und die »Interpellation des Armen«. Die Praxis der Befreiung, in: Ethik und Befreiung. Dokumente der Tagung: »Philosophie der Befreiung: Begründung von Ethik in Deutschland und Lateinamerika«, hg. von R. Fornet-Betancourt, Aachen 1990, 69–96.
Ebeling, G.: Dogmatik des christlichen Glaubens I–III, [3]1987–1993.
–: Über die Reformation hinaus? Zur Luther-Kritik Karl Barths, ZThK Beih. 6 (1986), 33–95.
Eickhoff, J.: Theodizee. Die theologische Antwort Paul Tillichs im Kontext der philosophischen Fragestellung, Frankfurt/M. u.a. 1997.
Elias, N.: Über die Zeit. Arbeiten zur Wissenssoziologie II, Frankfurt/M. [2]1985.
Epikur: Briefe, Sprüche, Werkfragmente. Griechisch/Deutsch, übers. und hg. von H.-W. Krautz, Stuttgart 1985.
Die Erfahrung der Zeit. Gedenkschrift für Georg Picht, hg. von C. Link, Stuttgart 1984.
Die Erfindung des Gedächtnisses, hg. von D. Harth, Frankfurt/M. 1991.
Ethik für die Zukunft. Im Diskurs mit Hans Jonas, hg. von D. Böhler, München 1994.
Eusebius von Caesarea: Kirchengeschichte, hg. von H. Kraft, Darmstadt 1967.
Evangelisches Gesangbuch. Ausgabe für die Evangelisch-Lutherischen Kirchen in Bayern und Thüringen, München 1994.
Evans, A.N.: Finitude and Evil in Tillich's Theology, Ann Arbor 1995.
Everling, O.: Die paulinische Angelologie und Dämonologie, Göttingen 1888.
Fackenheim, E.L.: God's Presence in History. Jewish Affirmations and Philosophical Reflections, New York u.a. 1970.
Festugière, H.J.: Epicure et ses dieux, Paris [2]1968.
Figal, G.: Nietzsche. Eine philosophische Einführung, Stuttgart 1999.
Fischer, J.: Theologische Ethik. Grundwissen und Orientierung, Stuttgart 2002.
Foucault, M.: Archäologie des Wissens, übers. von U. Köppen, Frankfurt/M. [6]1994.
–: Von der Subversion des Wissens, übers. von W. Seitter, Frankfurt/M. 1987.
From Myth to Reason? Studies in the Development of Greek Thought, hg. von R. Buxton, Oxford 1998.
Fränkel, H.: Dichtung und Philosophie des frühen Griechentums. Eine Geschichte der griechischen Epik, Lyrik und Prosa bis zur Mitte des fünften Jahrhunderts, München [3]1976.
Frank, M.: Gott im Exil. Vorlesungen über die neue Mythologie 2, Frankfurt/M. 1988.
–: Der kommende Gott. Vorlesungen über die neue Mythologie 1, Frankfurt/M. 1982.
Freier, H.: Die Rückkehr der Götter. Von der ästhetischen Überschreitung der Wissensgrenze zur Mythologie der Moderne. Eine Untersuchung zur systematischen Rolle der Kunst in der Philosophie Kants und Schellings, Stuttgart 1976.
Freud, S.: Der Mann Moses und die monotheistische Religion, Gesammelte Werke XVI, Frankfurt/M. 1968.
Frisch, R.: Theologie im Augenblick ihres Sturzes. Theodor W. Adorno und Karl Barth. Zwei Gestalten einer kritischen Theorie der Moderne, Wien 1999.

–: »Was ist Wahrheit?« Ein theologischer Versuch über das Johannesevangelium, in: Resonanzen. Theologische Beiträge. Michael Welker zum 50. Geburtstag, hg. von S. Brandt und B. Oberdorfer, Wuppertal 1997, 12–25.

–: Hailer, M.: Ich ist ein Anderer. Zur Rede von Stellvertretung und Opfer in der Christologie, NZSTh 41 (1999), 62–77.

Funkenstein, A.: The Polytheism of William James. Search for the roots in Nietzsche and Antiquity, Journal of the History of Ideas 55 (1994), 99–111.

Gadamer, H.-G.: Gesammelte Werke, Tübingen 1986ff.

Gelder, K.: Glaube und Erfahrung. Eine kritische Auseinandersetzung mit Gerhard Ebelings »Dogmatik des christlichen Glaubens« im Kontext der gegenwärtigen evangelisch-theologischen Diskussion, Neukirchen-Vluyn 1992.

Gladigow, B.: Polytheismen der Neuzeit, in: Religion und Wahrheit. Religionswissenschaftliche Studien. Festschrift für Gernot Wießner zum 65. Geburtstag, hg. von B. Köhler, Wiesbaden 1998, 45–59.

–: Art. »Polytheismus«, HrwG IV, 321–330.

–: Polytheismus. Akzente, Perspektiven und Optionen der Forschung, ZfR 5 (1997), 59–77.

–: Der Sinn der Götter. Zum kognitiven Potential der persönlichen Gottesvorstellungen, in: Gottesvorstellung und Gesellschaftsentwicklung, hg. von P. Eicher, München 1979, 41–62.

–: Strukturprobleme polytheistischer Religionen, Saeculum 34 (1983), 292–304.

Goethe, J.W. von: Faust. Der Tragödie erster und zweiter Teil. Urfaust, hg. und kommentiert von E. Trunz, München 1999 (Text der Hamburger Ausgabe Bd. III, [16]1996).

–: Sämmtliche Werke. Vollständige Ausgabe in zehn Bänden, Stuttgart 1885.

Die Götzen der Unterdrückung und der befreiende Gott, mit Beiträgen von H. Assmann, P. Richard, J. Sobrino und F.J. Hinkelammert, Münster 1984.

Georg Picht – Philosophie der Verantwortung, hg. von C. Eisenbart, Stuttgart 1985.

Gosda, P.: »Du sollst keine anderen Götter haben neben mir.« Gott und die Götzen in den Schriften Dietrich Bonhoeffers, Neukirchen-Vluyn 1999.

Graf, F. W.: »Der Götze wackelt?« Erste Überlegungen zu Karl Barths Liberalismuskritik, EvTh 46 (1986), 422–441.

–: Die Wiederkehr der Götter. Religion in der modernen Kultur, München 2004.

Greenberg, M.: Ezechiel 1–20, HThKAT, Freiburg 2001.

Grethlein, C.: Grundfragen der Liturgik. Ein Studienbuch zur zeitgemäßen Gottesdienstgestaltung, Gütersloh 2001.

Gross, W./Kuschel, K.-J.: »Ich schaffe Finsternis und Unheil«. Ist Gott verantwortlich für das Böse? Mainz 1992.

Grundmann, W.: Der Begriff der Kraft in der neutestamentlichen Gedankenwelt, Stuttgart 1932.

Gunneweg, A.H.J.: Vom Verstehen des Alten Testaments. Eine Hermeneutik, Göttingen 1977.

Gunton, C.: The Actuality of Atonement. A Study of Metaphor, Rationality, and the Christian Tradition, Edinburgh 1988.

Haenchen, E.: Das Johannesevangelium. Ein Kommentar. Aus den nachgelassen Schriften hg. von U. Busse, Tübingen 1980.

Häring, H.: Das Böse in der Welt. Gottes Macht oder Ohnmacht?, Darmstadt 1999.

Härle, W.: Dogmatik, Berlin/New York 22000.

–, Sein und Gnade. Die Ontologie in Karl Barths Kirchlicher Dogmatik, Berlin/New York 1975.

Hailer, M.: Metapher und Symbol, oder: Ist Skepsis in der Theologie unausweichlich?, in Metapher und Wirklichkeit. Die Logik der Bildhaftigkeit im Reden von Gott, Mensch und Natur. Dietrich Ritschl zum 70. Geburtstag, hg. von U. Link-Wieczorek und R. Bernhard, Göttingen 1999, 42–53.

–: Religionsphilosophie und Gottesgedanke. Zum Gespräch mit Ingolf U. Dalferth, in: Resonanzen. Theologische Beiträge. Michael Welker zum 50. Geburtstag, hg. von S. Brandt und B. Oberdorfer, Wuppertal 1997, 96–114.

–: Das Subjekt und die Atmosphären, durch die es ist. Ein religionsphilosophischer Versuch, Basler Theologische Zeitschrift 60 (2004), 165–183.
–: Theologie als Weisheit. Sapientiale Konzeptionen in der Fundamentaltheologie des 20. Jahrhunderts, Neukirchen-Vluyn 1997.
–: Die Unbegreiflichkeit des Reiches Gottes. Studien zur Theologie Karl Barths, Neukirchen-Vluyn 2004.
–: Ungleichzeitigkeit in der Ökumene. Terrainerkundungen zu einem hermeneutischen Problem, ÖR 49 (2000), 175–190.
–: (s. auch Frisch, R.).
Halbmayr, A.: Lob der Vielheit. Zur Kritik Odo Marquards am Monotheismus, Innsbruck/Wien 2000.
Hankins, J.: Plato in the Italian Renaissance, Bd. 1–2, Leiden u.a. 1991.
Harnack, A. von: Der Vorwurf des Atheismus in den drei ersten Jahrhunderten, Leipzig 1904.
Hartwich, W.-D.: »Deutsche Mythologie«. Die Erfindung einer nationalen Kunstreligion, Frankfurt/M. 2000.
Hauerwas, S.: Character and the Christian Life. A Study in Theological Ethics, San Antonio, 31985.
–: Selig sind die Friedfertigen. Ein Entwurf christlicher Ethik, Neukirchen 1995.
Hegel, G.W.F.: Werke in 20 Bänden, Frankfurt/M. 1986.
Heidegger, M.: Vorträge und Aufsätze, Pfullingen 1954.
–: Sein und Zeit, Tübingen [16]1986.
Heidtmann, D.: Die Engel: Grenzgestalten Gottes. Über Notwendigkeit und Möglichkeit der christlichen Rede von den Engeln, Neukirchen-Vluyn 1999.
Heitsch, E.: Xenophanes und die Anfänge griechischen Denkens, Stuttgart 1994.
Hermisson, H.-J.: Deuterojesaja, Biblischer Kommentar XI, Neukirchen 1987 (Lieferung 7) und 1991 (Lieferung 8).
Hesiod: Theogonie. Griechisch/Deutsch, übers. und hg. von O. Schönberger, Stuttgart 1999.
Hinkelammer, F.-J.: Der Glaube Abrahams und der Ödipus des Westens. Opfermythen im christlichen Abendland, Münster 1989.
–: Die ideologischen Waffen des Todes. Zur Metaphysik des Kapitalismus, Freiburg (Schweiz) /Münster 1985.
–: (s. auch Assmann, H.).
Höffken, P.: Das Buch Jesaja. Kapitel 40–66, Neuer Stuttgarter Kommentar 18/2, Stuttgart 1998.
Hörisch, J.: Ende der Vorstellung. Die Poesie der Medien, Frankfurt/M. 1999.
–: Kopf oder Zahl. Die Poesie des Geldes, Frankfurt/M. 1996.
Homer: Ilias. Urtext und Übertragung von H. Rupé, München [2]1970.
Horkheimer, M./Adorno, Th.W.: Dialektik der Aufklärung. Philosophische Fragmente, Frankfurt/M. 1988.
Hornung, E.: Der Eine und die Vielen. Ägyptische Gottesvorstellungen, Darmstadt [3]1983.
Huber, W.: Kirche in der Zeitenwende. Gesellschaftlicher Wandel und Erneuerung der Kirche, Gütersloh 21999.
–: Art. »Öffentlichkeit und Kirche«, Evangelisches Soziallexikon. Neuausgabe Stuttgart 2001, 1165–1173.
Hübner, K.: Glaube und Denken. Dimensionen der Wirklichkeit, Tübingen 2001.
–: Die Wahrheit des Mythos. München 1985.
Hülsewiesche, R.: Art. »Monotheismus«, HWP 6, 142–146.
Huppenbauer, M.: Mythos und Subjektivität. Aspekte neutestamentlicher Entmythologisierung im Anschluß an Rudolf Bultmann und Georg Picht, Tübingen 1992.
Irenäus von Lyon: Adversus Hareses 3. Fontes Christiani 8,3, hg. von N. Brox u.a,, Freiburg 1995.
James, W.: Die Vielfalt religiöser Erfahrung. Eine Studie über die menschliche Natur, übers. von E. Herms und C. Stahlhut, Frankfurt/M./Leipzig 1997.
Jaeger, W.: Die Theologie der frühen griechischen Denker, Stuttgart 1953.

Joas, H.: Die Entstehung der Werte, Frankfurt/M. 1997.
Joest, W.: Dogmatik. I: Die Wirklichkeit Gottes, II: Der Weg Gottes mit dem Menschen, Göttingen 1984–1986.
–: Ontologie der Person bei Luther, Göttingen 1967.
Jonas, H.: Der Gottesbegriff nach Auschwitz. Eine jüdische Stimme, Frankfurt/M. 1987.
–: Philosophische Untersuchungen und metaphysische Vermutungen, Frankfurt/M. 1994.
–: Zwischen Nichts und Ewigkeit. Zur Lehre vom Menschen, Göttingen 1963.
Jones, H.O.: (s. Ritschl, D.).
Josuttis, M.: Der Weg in das Leben. Eine Einführung in den Gottesdienst auf verhaltenswissenschaftlicher Grundlage, Gütersloh [2]1993.
Jüngel, E.: Barth-Studien, Zürich/Köln 1982.
–: Entsprechungen: Gott - Wahrheit - Mensch. Theologische Erörterungen, München [2]1986.
–: Gott als Geheimnis der Welt. Zur Begründung der Theologie des Gekreuzigten im Streit zwischen Theismus und Atheismus, Tübingen 31978.
–: Gottes Sein ist im Werden. Verantwortliche Rede vom Sein Gottes bei Karl Barth. Eine Paraphrase, Tübingen [3]1976.
–: Nihil divinitatis, ubi non fides. Ist christliche Dogmatik in rein theoretischer Perspektive möglich? Bemerkungen zu einem theologischen Entwurf von Rang, ZThK 86 (1989), 204–235.
–: Thesen zum Verhältnis von Existenz, Wesen und Eigenschaften Gottes, ZThK 96 (1999), 405–423.
–: Unterwegs zur Sache. Theologische Bemerkungen, München 1988.
–: Wertlose Wahrheit. Zur Identität und Relevanz des christlichen Glaubens. Theologische Erörterungen III, München 1990.
–: Zum Verhältnis von Kirche und Staat nach Karl Barth, ZThK Beiheft 6: Zur Theologie Karl Barths. Beiträge aus Anlaß seines 100. Geburtstags, Tübingen 1986, 76–135.
Kabermann, F.: Dunkelzeiten. Essays, Gernsbach 1990.
Kaiser, G.: War der Exodus der Sündenfall? Fragen an Jan Assmann anläßlich seiner Monographie »Moses der Ägypter«, ZThK 28 (2001), 1–24.
Kalberg, S.: Max Webers historisch-vergleichende Untersuchungen und das »Webersche Bild der Neuzeit«, in: Eine Gegenüberstellung: Max Weber heute. Erträge und Probleme der Forschung, hg. von J. Weiß, Frankfurt/M. 1989, 425–444.
Kamlah, W./Lorenzen, P.: Logische Propädeutik. Vorschule des vernünftigen Redens, Mannheim u.a. [2]1973 (Neudruck 1992).
Kanon und Zensur. Archäologie der literarischen Kommunikation II, hg. von A. und J. Assmann, München 1987.
Kant, I.: Kants Schriften. Akademie-Ausgabe, Bd. XVIII, Berlin 1928.
–: Werke in sechs Bänden, hg. von W. Weischedel, Darmstadt 1983, zitiert nach der mitgeführten Paginierung der Akademieausgabe.
Kaufmann, W.: Nietzsche. Philosoph, Psychologe, Antichrist, Darmstadt [2]1988.
Kaulbach, F.: Nietzsches Idee einer Experimentalphilosophie, Köln/Wien 1980.
–: Schleiermachers Idee der Dialektik, NZSTh 10 (1968), 225–260.
Kendel, A.: Geschichte, Antizipation und Auferstehung. Theologische und texttheoretische Untersuchung zu W. Pannenbergs Verständnis von Wirklichkeit, Frankfurt/M. 2001.
Kern, B.: Theologie im Horizont des Marxismus. zur Geschichte der Marxismusrezeption in der lateinamerikanischen Theologie der Befreiung, Mainz 1992.
Kirk, G.S./Raven, J.E./Schofield, M.: Die vorsokratischen Philosophen. Einführung, Texte und Kommentare, Stuttgart 1994.
Kleiber, M.: »Kunst und Mythos« bei Georg Picht: Ihre Bedeutung für die Frage des Menschen nach Wahrheit und Wirklichkeit, Hamburg 1996.
Kliebisch, U.: Transzendentalphilosophie als Kommunikationstheorie, Bochum 1981.

Koch, K.: Die hebräische Sprache zwischen Polytheismus und Monotheismus, in ders.: Spuren des hebräischen Denkens. Gesammelte Aufsätze Bd. 1, hg. von B. Janowski und M. Krause, Neukirchen 1991, 25–64.

Koch, T.: Gott: Die Macht des Seins im Mut zum Sein. Tillichs Gottesverständnis in seiner »Systematischen Theologie«, in: Paul Tillich. Studien zu einer Theologie der Moderne, hg. von H. Fischer, Frankfurt/M. 1989, 169–206.

Köhler, L.: Theologie des Alten Testaments, Tübingen [4]1966.

Körtner, U.H.J.: Der verborgene Gott. Zur Gotteslehre, Neukirchen-Vluyn 2000.

Korsch, D.: Dialektische Theologie nach Karl Barth, Tübingen 1996.

–: Dogmatik im Grundriß. Eine Einführung in die christliche Deutung menschlichen Lebens mit Gott, Tübingen 2000.

Korten, H.: (s. Baumgartner, H.-M.).

Kratz, P.: Die Götter des New Age. Im Schnittpunkt von »Neuem Denken«, Faschismus und Romantik, Berlin 1994.

Kraus, H.-J.: Theologische Religionskritik, Neukirchen 1982.

Krech, V./Wagner, G.: Wissenschaft als Dämon im Pantheon der Moderne. Eine Notiz zu Max Webers zeitdiagnostischer Verhältnisbestimmung von Wissenschaft und Religion, in: Max Webers Wissenschaftslehre. Interpretation und Kritik, hg. von G. Wagner und H. Zipprian, Frankfurt/M. 1994, 755–778.

Kress, C.: Gottes Allmacht angesichts von Leiden. Zur Interpretation der Gotteslehre in den systematisch-theologischen Entwürfen von Paul Althaus, Paul Tillich und Karl Barth, Neukirchen-Vluyn 1999.

Krötke, W.: Gottes Klarheiten. Eine Neuinterpretation der Lehre von Gottes »Eigenschaften«, Tübingen 2001.

–: Rezension von Die Realisierung der Freiheit, hg. von T. Rendtorff, ThLZ 105 (1980), 300–303.

–: Sünde und Nichtiges bei Karl Barth, Neukirchen [2]1983.

–: Die Universalität des offenbaren Gottes. Gesammelte Aufsätze, München 1985.

Krohn, W.: Francis Bacon. Philosophie der Forschung und des Fortschritts, in: Philosophen des 17. Jahrhunderts. Eine Einführung, hg. von L. Kreimendahl, Darmstadt 1999, 23–45.

Künneth, W.: Antwort auf den Mythus. Die Entscheidung zwischen dem nordischen Mythus und dem biblischen Christus, Berlin 1935.

–: Politik zwischen Dämon und Gott. Eine christliche Ethik des Politischen, Berlin 1954.

Kultur und Gedächtnis, hg. von J. Assmann und T. Hölscher, Frankfurt/M. 1989.

Kultur und Konflikt, hg. von J. Assmann und T. Hölscher, Frankfurt/M. 1990.

Kultur als Lebenswelt und Monument, hg. von A. Assmann und D. Harth, Frankfurt/M. 1991.

Kunz, S.: (s. Achtner, W.).

Landmann, M.: Pluralität und Antinomie. Kulturelle Grundlagen seelischer Konflikte, München/Basel 1963.

Lang, B.: Der einzige Gott. Die Geburt des biblischen Monotheismus, hg. von dems., München 1981.

–: Die Jahwe-allein-Bewegung, in: Der einzige Gott. Die Geburt des biblischen Monotheismus, hg. von dems., München 1981, 47–83.130–134.

Lang, F.: Die Briefe an die Korinther, NTD 7, Göttingen 161986 (1. Auflage der Neubearbeitung).

Lapide, P./Moltmann, J.: Jüdischer Monotheismus – Christliche Trinitätslehre, München 1979.

Lehmann, P.: Ethik als Antwort. Methodik einer Koinonia-Ethik, München 1966.

Leiner, M.: Mythos. Bedeutungsdimensionen eines unscharfen Begriffs, in: Die Wirklichkeit des Mythos. Eine theologische Spurensuche, hg. von V. Hörner und M. Leiner, Gütersloh 1998, 30–56.

Lenk, H.: Über Rationalitätstypen und Rationalitätskritik, in: Zwischen Wissenschaftstheorie und Sozialwissenschaft, Frankfurt/M. 1986, 104–130.

Leonhardt, R.: Skeptizismus und Protestantismus. Der philosophische Ansatz Odo Marquards als Herausforderung an die evangelische Theologie, Tübingen 2003.

Lesher, J.H.: Xenophanes of Colophon. Fragments. A text and translation with a commentary, Toronto 1992.
–: Xenophanes' scepticism, Phronesis 23 (1978), 1–21.
Lessing, G.E.: Werke, hg. von H.G. Göpfert u.a., Darmstadt 1996.
Lindbeck, G.: Christliche Lehre als Grammatik des Glaubens. Religion und Theologie im postliberalen Zeitalter, Gütersloh 1994.
Link, C.: Hegels Wort »Gott selbst ist tot«, Zürich 1974.
–: In welchem Sinne sind theologische Aussagen wahr? Zum Streit zwischen Glauben und Wissen. Theologische Studien II, Neukirchen 2003.
–: Die Spur des Namens. Wege zur Erkenntnis Gottes und zur Erfahrung der Schöpfung. Theologische Studien, Neukirchen-Vluyn 1997.
–: (s. auch Dietrich, W.).
Littel, F.H.: The Crucifixion of the Jews. The Failure of Christians to Understand the Jewish Experience, New York 1975.
Lohfink, N.: Unsere großen Wörter. Das Alte Testament zu Themen dieser Jahre, Freiburg u.a. 1977.
Lorenzen, P.: (s. Kamlah, W.).
Loretz, O.: Des Gottes Einzigkeit. Ein altorientalisches Argumentationsmodell zum »Schma Jisrael«, Darmstadt 1997.
Lübbe, H.: Die Freiheit der Theorie. Max Weber über Wissenschaft als Beruf, Archiv für Rechts- und Sozialphilosophie 48 (1962), 343–365.
Lüthi, K.: Gott und das Böse. Eine biblisch-theologische und systematische These zur Lehre vom Bösen, entworfen in Auseinandersetzung mit Schelling und Karl Barth, Zürich/Stuttgart 1961.
Luckmann, T.: Die unsichtbare Religion. Mit einem Vorwort von Hubert Knoblauch, Frankfurt/M. 31996.
Luhmann, N.: Funktion der Religion, Frankfurt/M. ³1992.
–: Die Religion der Gesellschaft, hg. von. A. Kieserling, Frankfurt/M. 2000.
Luther, H.: Religion und Alltag. Bausteine zu einer Praktischen Theologie des Subjekts, Stuttgart 1992.
Luther, M.: D. Martin Luthers Werke. Weimarer Ausgabe, 1883ff.
McCormack, B.L.: Große und kleine »Durchbrüche«, VuF 46 (2001), 21–26 (= Rezension K. Barth, Predigten 1916, GA 29.
Mallow, V.A.: The Demonic. A Selected Theological Study. An Examination into the Theology of Edwin Lewis, Karl Barth, and Paul Tillich, New York/London 1983.
Marquard, O.: Abschied vom Prinzipiellen. Philosophische Studien, Stuttgart 1981.
–: Aesthetica und Anaesthetica. Philosophische Überlegungen, Paderborn u.a. 1989.
–: Apologie des Zufälligen. Philosophische Studien, Stuttgart 1986.
–: Christentum minus Gnade. Gespräch mit dem Philosophen Odo Marquard, EvKomm 32 (1999), Nr. 2, 35–37.
–: Glück im Unglück. Philosophische Überlegungen, München 1995.
–: Philosophie des Stattdessen. Studien, Stuttgart 2001.
–: Schwierigkeiten mit der Geschichtsphilosophie. Aufsätze. Frankfurt/M. ⁴1997.
–: Skepsis und Zustimmung. Philosophische Studien, Stuttgart 1995.
Marquardt, F.-W.: Gott oder Mammon aber: Theologie und Ökonomie bei Martin Luther, Einwürfe 1, hg. von dems. u.a., München 1983, 176–216.
–: Theologie und Sozialismus. Das Beispiel Karl Barths, München/Mainz ²1972.
–: Von Elend und Heimsuchung der Theologie. Prolegomena zur Dogmatik, München ²1992.
Marx, K.: Das Kapital. Kritik der politischen Ökonomie I–III. Marx/Engels Werke 23–25, Berlin ¹⁷1988.
Metz, J.B.: Theologie versus Polymythie oder Kleine Apologie des biblischen Monotheismus, in: Einheit und Vielheit. XIV Deutscher Kongreß für Philosophie Gießen 21.–26. September 1987, hg. von O. Marquard, Hamburg 1990, 170–186.

Metzger, B.M.: Der Kanon des Neuen Testaments. Entstehung, Entwicklung, Bedeutung, Düsseldorf 1993.
Mildenberger, F.: Biblische Dogmatik. Eine Biblische Theologie in dogmatischer Perspektive I–III, Stuttgart u.a. 1991–1993.
–: Gotteslehre. Eine dogmatische Untersuchung, Tübingen 1975.
–: Kleine Predigtlehre, Stuttgart u.a. 1984.
Miller, M.E.: Der Übergang, Gütersloh 1970.
Mnemosyne. Formen und Funktionen der kulturellen Erinnerung, hg. von J. Assmann und D. Harth, Frankfurt/M. 1991.
Moltmann, J.: Der gekreuzigte Gott. Das Kreuz Christi als Grund und Kritik christlicher Theologie, München [6]1993.
–: Gott in der Schöpfung. Ökologische Schöpfungslehre, München [3]1987.
–: Kein Monotheismus gleicht dem anderen. Zur Destruktion eines untauglichen Begriffs, EvTh 62 (2002), 112–122.
–: Theologie der Hoffnung. Untersuchungen zur Begründung und zu den Konsequenzen einer christlichen Eschatologie, München [12]1985.
–: Trinität und Reich Gottes. Zur Gotteslehre, München 1980.
–: Der Weg Jesu Christi. Christologie in messianischen Dimensionen, München 1989.
–: (s. auch Lapide, P.).
Monotheismus. Jahrbuch Politische Theologie 4, hg. von J. Manemann, Münster u.a. 2003.
Mostert, W.: Gott und das Böse. Bemerkungen zu einer vielschichtigen Frage, ZThK 77 (1980), 453–478.
Müller, A.M.K.: Die präparierte Zeit, Stuttgart 1972.
Müller, T.: Evangelischer Gottesdienst. Liturgische Vielfalt im religiösen und gesellschaftlichen Umfeld, Stuttgart u.a. 1993.
Nestle, W.: Vom Mythos zum Logos. Die Selbstentfaltung des griechischen Denkens von Homer bis auf die Sophistik und Sokrates, Nachdruck Aalen 1966.
Nietzsche, F.: Kritische Studienausgabe, hg. von C. Colli und M. Montinari, Band 1–15, Neuausgabe München 1999, zitiert: KSA.
Offenbarung als Geschichte, in Verbindung mit R. Rendtorff, U. Wilckens, T. Rendtorff hg. von W. Pannenberg, Göttingen [2]1963.
Osthövener, C.-D.: Die Lehre von Gottes Eigenschaften bei Friedrich Schleiermacher und Karl Barth, Berlin/New York 1996.
Otto, W.F.: Gesetz, Urbild und Mythos, Stuttgart 1951.
–: Die Gestalt und das Sein. Gesammelte Abhandlungen über den Mythos und seine Bedeutung für die Menschheit, Darmstadt [2]1959.
–: Die Götter Griechenlands. Das Bild des Göttlichen im Spiegel des griechischen Geistes, Frankfurt/M. 1983.
–: Theophania. Der Geist der altgriechischen Religion, Frankfurt/M. [2]1979.
–: Die Wirklichkeit der Götter. Von der Unzerstörbarkeit der griechischen Weltsicht, Reinbek 1963.
Pannenberg, W.: Anthropologie in theologischer Perspektive, Göttingen 1983.
–: Grundfragen systematischer Theologie 1–2, Gütersloh 1967–1971.
–: Systematische Theologie I–III, Göttingen 1988–1993.
Peterson, E.: Der Monotheismus als politisches Problem, in ders.: Theologische Traktate, München 1951, 45–147.
Peukert, D.J.K.: Max Webers Diagnose der Moderne, Göttingen 1989.
Pfeffer, R.: Nietzsche. Disciple of Dionysus, Lewisburg 1972.
Pietz, H.-W.: Das Drama des Bundes. Die dramatische Denkform in Karl Barths Kirchlicher Dogmatik, Neukirchen 1998.
Picht, G.: Aristoteles' »De Anima«. Vorlesungen und Schriften, hg. von C. Eisenbart in Zusammenarbeit mit E. Rudolph, Stuttgart 1987.

–: Der Begriff der Natur und seine Geschichte. Vorlesungen und Schriften, hg. von C. Eisenbart in Zusammenarbeit mit E. Rudolph, Stuttgart 1989
–: Die deutsche Bildungskatastrophe. Analyse und Dokumentation, München 1965.
–: Die Fundamente der griechischen Ontologie. Vorlesungen und Schriften, hg. von C. Eisenbart in Zusammenarbeit mit E. Rudolph, Stuttgart 1996.
–: Geschichte und Gegenwart. Vorlesungen und Schriften, hg. von C. Eisenbart in Zusammenarbeit mit E. Rudolph, Stuttgart 1993.
–: Glauben und Wissen. Vorlesungen und Schriften, hg. von C. Eisenbart in Zusammenarbeit mit E. Rudolph, Stuttgart ^{2}1994.
–: Hier und Jetzt. Philosophieren nach Auschwitz und Hiroshima, 2 Bände, Stuttgart 1980–1981.
–: Kunst und Mythos. Vorlesungen und Schriften, hg. von C. Eisenbart in Zusammenarbeit mit E. Rudolph, Stuttgart ^{5}1996.
–: Nietzsche. Vorlesungen und Schriften, hg. von C. Eisenbart in Zusammenarbeit mit E. Rudolph, Stuttgart ^{2}1993.
–: Von der Zeit. Vorlesungen und Schriften, hg. von C. Eisenbart in Zusammenarbeit mit E. Rudolph, Stuttgart 1999.
–: Wahrheit, Vernunft, Verantwortung. Philosophische Studien, Stuttgart 1969.
–: Zukunft und Utopie, Vorlesungen und Schriften, hg. von C. Eisenbart in Zusammenarbeit mit E. Rudolph, Stuttgart 1992.
Plathow, M.: Das Problem des concursus divinus. Das Zusammenwirken von göttlichem Schöpferwirken und geschöpflichem Eigenwirken in K. Barths »Kirchlicher Dogmatik«, Göttingen 1976.
Platon: Werke in acht Bänden. Griechisch und deutsch, hg. von G. Egler, Darmstadt ^{2}1988.
Plonz, S.: Die herrenlosen Gewalten. Eine Relektüre Karl Barths in befreiungstheologischer Perspektive, Mainz 1995.
Preuß, H.D.: Theologie des Alten Testaments, 2 Bände, Stuttgart 1991–1992.
Prior, A.: Past, Present, and Future, Oxford 1967.
Puntel, L.B.: Wahrheitstheorien in der neueren Philosophie. Eine kritisch-systematische Darstellung, Darmstadt ^{3}1992.
Rad, G. von: Gesammelte Studien zum Alten Testament, München 1958.
–: Theologie des Alten Testaments, Band 1–2, München ^{9}1987.
Die Realisierung der Freiheit. Beiträge zur Kritik der Theologie Karl Barths von Falk Wagner, Walter Sparn, Friedrich Wilhelm Graf und Trutz Rendtorff, hg. von Trutz Rendtorff, Gütersloh 1975.
Reinhardt, K.: Nietzsches Klage der Ariadne, in: ders., Vermächtnis der Antike. Gesammelte Essays zur Philosophie und Geschichtsschreibung, Göttingen ^{2}1966, 310–333.
Reinhuber, T.: Kämpfender Glaube. Studien zu Luthers Bekenntnis am Ende von De servo arbitrio, Berlin/New York 2000.
Rescher, N.: Wahrheit als ideale Kohärenz, in: ders., Der Wahrheitsbegriff. Neue Erklärungsversuche, Darmstadt 1987, hg. von L.B. Puntel, 284–297.
Reuter, H.-R.: Die Einheit der Dialektik Friedrich Schleiermachers, München 1979.
Rendtorff, T.: Theorie des Christentums. Historisch-theologische Studien zu seiner neuzeitlichen Verfassung, Gütersloh 1972.
Rieth, R.: »Habsucht« bei Martin Luther, Weimar 1996.
Ritschl, D.: God's Conversion. An Exposition of Hosea 11, Interpretation (Richmond), July 1961, 286–303.
–: Gott als Kritiker der Geschichte, Zeitschrift für kirchliche Zeitgeschichte 9 (1996), 155–163.
–: Gotteserkenntnis durch Wiedererkennen, in: Einfach von Gott reden. Ein theologischer Diskurs. Festschrift für Friedrich Mildenberger zum 65. Geburtstag, hg. von J. Roloff und H.G. Ulrich, Stuttgart u.a. 1994, 144–152.
–: Gottes Wohnung in der Zeit. Eine Anwendung der Metaphorik der Zeit auf Gottes Präsenz und auf gelingendes Leben, ÖR 49 (2000), 149–160.

–: Gott wohnt in der Zeit. Auf der Suche nach dem verlorenen Gott, in: Gottes Zukunft – Zukunft der Welt. FS Jürgen Moltmann, hg. von H. Deuser u.a., München 1986, 250–261.
–: Konzepte. Ökumene, Medizin, Ethik. Gesammelte Aufsätze, München 1986.
–: Memory and Hope. An Inquiry Concerning the Presence of Christ, New York/London 1967.
–: Sichtung des bleibend Wichtigen, Waldkirch 1982.
–: Zur Logik der Theologie. Kurze Darstellung der Zusammenhänge theologischer Grundgedanken, München [2]1988.
–: H.O. Jones: »Story« als Rohmaterial der Theologie, München 1976.
Ritter, W.H. u.a.: Der Allmächtige. Annäherungen an ein umstrittenes Gottesprädikat, Göttingen 21997.
Roberts, R.H.: The Ideal and the Real in the Theology of Karl Barth, in: New Studies in Theology 1, hg. von S. Sykes und D. Holmes, London 1980, 163–180.
Römischer Kaiserkult, hg. von A. Wlosok, Darmstadt 1978.
Rössler, D.: Grundriß der praktischen Theologie, Berlin/New York 1986.
Roloff, J.: Die Kirche im Neuen Testament, Göttingen 1993.
Rothert, H.J.: Die Dialektik Friedrich Schleiermachers. Überlegungen zu einem immer noch wartenden Buch, ZThK 67 (1970) 183–214.
Rubenstein, R.L.: After Auschwitz. Radical theology and contemporary Judaism. Indianapolis [3]1966.
Ruster, T.: Der verwechselbare Gott. Theologie nach der Entflechtung von Christentum und Religion, Freiburg u.a. 2000.
Safranski, R.: Nietzsche. Biographie seines Denkens, München/Wien 2000.
Sauter, G.: Einführung in die Eschatologie, Darmstadt 1995.
–: Erwartung und Erfahrung. Predigten, Vorträge und Aufsätze, München 1972.
Schadewaldt, W.: Die Anfänge der Philosophie bei den Griechen. Die Vorsokratiker und ihre Voraussetzungen, Frankfurt/M. 1978.
Schäfer, C.: Xenophanes von Kolophon. Ein Vorsokratiker zwischen Mythos und Philosophie, Stuttgart/Leipzig 1996.
Schapp, W.: In Geschichten verstrickt. Zum Sein von Mensch und Ding, Wiesbaden 21976.
Schelling, F.W.J.: Ausgewählte Schriften Band 1–6, hg. von M. Frank, Frankfurt/M. 1985.
–: Über das Wesen der menschlichen Freiheit und die damit zusammenhängenden Gegenstände, Frankfurt/M. [3]1988.
Scheu, L.E.: Die »Weltelemente« beim Apostel Paulus (Gal 4,3.9 und Kol 2,8.10), Washington 1933.
Schiller, F. von: Sämmtliche Werke. Vollständig in vier Bänden, Stuttgart 1877.
Schiwy, G.: Abschied vom allmächtigen Gott, München 1995.
Schleiermacher, F.D.E.: Der christliche Glaube nach den Grundsätzen der evangelischen Kirche im Zusammenhange dargestellt. 2. umgearbeitete Ausgabe (1830/31), hg. von M. Redeker, Berlin 1960, 2 Bände, zitiert: Glaubenslehre.
–: Die christliche Sitte nach den Grundsätzen der evangelischen Kirche. Aus Schleiermacher's handschriftlichem Nachlasse und nachgeschriebenen Vorlesungen, hg. von L. Jonas, Berlin [2]1884.
–: Dialektik, hg. von R. Odebrecht, Leipzig 1942.
–: Hermeneutik und Kritik, hg. und eingeleitet von M. Frank, Frankfurt/M. [5]1993.
–: Über die Religion. Reden an die Gebildeten unter ihren Verächtern, Stuttgart 1985.
Schlier, H.: Mächte und Gewalten im Neuen Testament, Freiburg [3]1963.
–: Mächte und Gewalten im Neuen Testament, Theologische Blätter 9 (1930), 289–297.
Schluchter, W.: Religion und Lebensführung Band 1. Studien zu Max Webers Kultur- und Werttheorie, Frankfurt/M. 1988.
Schmid, H.: Die Dogmatik der Evangelisch-Lutherischen Kirche dargestellt und aus den Quellen belegt, Frankfurt/M. [6]1876.

Schmid, H.: Apokalyptisches Wetterleuchten. Ein Beitrag der Evangelischen Kirche zum Kampf im »Dritten Reich«, München 1947.
Schmid, W.: Götter und Menschen in der Theologie Epikurs, Rheinisches Museum 94 (1951), 97–156.
Schmitz, H.: Der Gefühlsraum. System der Philosophie III/2, Bonn, 2. Auflage 1981.
Schnackenburg, R.: Das Johannesevangelium. Herders Theologischer Kommentar IV, Bd. 3, Freiburg u.a. 1975.
Schnelle, U.: Johanneische Ekklesiologie, NTS 37 (1991), 37–50.
Schnurbein, S. von: Göttertrost in Wendezeiten. Neugermanisches Heidentum zwischen New Age und Rechtsradikalismus, München 1993.
–: Religion als Kulturkritik. Neugermanisches Heidentum im 20. Jahrhundert, Heidelberg 1992.
Schoberth, I.: Erinnerung als Praxis des Glaubens, München 1992.
–: Glauben-lernen. Grundlegung einer katechetischen Theologie, Stuttgart 1998.
Schoberth, W.: Leere Zeit – Erfüllte Zeit. Zum Zeitbezug im Reden von Gott, in: Einfach von Gott reden. Ein theologischer Diskurs. Festschrift für Friedrich Mildenberger zum 65. Geburtstag, hg. von J. Roloff und H.-G. Ulrich, Stuttgart 1994, 124–141.
Schrage, W.: Der erste Brief an die Korinther. 1Kor 15,1–16,24, EKK VII/4, Düsseldorf/Neukirchen 2001.
–: Unterwegs zur Einzigkeit und Einheit Gottes. Zum »Monotheismus« des Paulus und seiner alttestamentlich-jüdischen Tradition, Neukirchen 2002, zitiert: Einzigkeit.
–, Unterwegs zur Einzigkeit und Einheit Gottes. Zum »Monotheismus« des Paulus und seiner alttestamentlich-jüdischen Tradition, EvTh 61 (2001), 190–203, zitiert: Einzigkeit (Aufsatz)
Schrift und Gedächtnis. Archäologie der literarischen Kommunikation I, hg. von A. und J. Assmann und C. Hardmeier, München 1983.
Schröder, C.: Dogmatische Entwürfe im Vergleich, VuF 45 (2000), 56–91.
Schüle, A.: Der dunkle Gott – ein Gott des Glaubens? Zu Walter Dietrichs und Christian Links ›Die dunklen Seiten Gottes‹, EvTh 61 (2001), 241–249.
Schümer, D.: Gott ist rund. Die Kultur des Fußballs, Frankfurt/M. 1998.
Schüßler, W.: Ontologie der Macht. Zur philosophischen Bestimmung der Macht im Denken Paul Tillichs, ZKTh 111 (1989),1–25.
Schwöbel, C.: Art. »Monotheismus IV. Systematisch-theologisch«, TRE 23, 256–262.
–: Wolfhart Pannenberg, in: Theologen der Gegenwart. Eine Einführung in die Theologie des zwanzigsten Jahrhunderts, hg. von D. Ford, übersetzt von C. Schwöbel, Paderborn 1993, 240–271.
Seel, M.: Ästhetik des Erscheinens, München 2000.
Sloterdijk, P.: Der Denker auf der Bühne. Nietzsches Materialismus, Frankfurt/M. 1986.
–: Sphären II. Globen, Frankfurt/M. 1999.
Söhngen, G.: Sein und Gegenstand. Das scholastische Axiom ens et verum convertuntur als Fundament metaphysischer und theologischer Spekulation, Münster 1930.
Sölle, D.: Stellvertretung. Ein Kapitel Theologie »nach dem Tode Gottes«, Neuauflage Stuttgart 1982.
Sommer, A.U.: Gott als Knecht der Geschichte. Hans Jonas' »Gottesbegriff nach Auschwitz«. Eine Widerrede, ThZ 51 (1991), 340–356.
Stauth, G./Turner, B.S.: Nietzsche in Weber oder die Geburt des modernen Genius' aus dem Geist des professionellen Menschen, Zeitschrift für Soziologie 15 (1986), 81–95.
Steinacker, P.: Die Bedeutung der Philosophie Schellings für die Theologie Paul Tillichs, in: Paul Tillich. Studien zu einer Theologie der Moderne, hg. von H. Fischer, Frankfurt/M. 1989, 37–61.
Steinmann, G.: Art. »Geld, Geldsystem, Geldpolitik«, Evangelisches Soziallexikon. Neuausgabe, Stuttgart 2001, 530–538.
Stock, K.: Grundlegung der protestantischen Tugendlehre, Gütersloh 1995.
Stoevesandt, H.: Gottes Freiheit und die Grenze der Theologie. Gesammelte Aufsätze, hg. von E. Stoevesandt und G. Sauter, Zürich 1992.

Stolz, F.: Einführung in den biblischen Monotheismus, Darmstadt 1996.
–: Wesen und Funktion von Monotheismus, EvTh 61 (2001), 172–189.
Stringfellow, W.: An Ethic for Christians and Other Aliens in a Strange Land, Waco 1973.
Swinburne, R.: Responsibility and Atonement, Oxford 1989.
Taubes, J.: Vom Kult zur Kultur. Bausteine zu einer Kritik der historischen Vernunft. Gesammelte Aufsätze zur Religions- und Geistesgeschichte, hg. von A. Assmann u.a., München 1996.
Taylor, C.: Die Quellen des Selbst, Frankfurt 1999.
Tenbruck, F.H.: Die Wissenschaftslehre Max Webers. Voraussetzungen zu ihrem Verständnis, in: Max Webers Wissenschaftslehre. Interpretation und Kritik, hg. von G. Wagner und H. Zipprian, Frankfurt/M. 1994, 367–389.
Theißen, G.: Die Religion der ersten Christen. Eine Theorie des Urchristentums, Gütersloh ^{2}2001.
–: Soteriologische Symbolik in den paulinischen Schriften. Ein strukturalistischer Beitrag, KuD 20 (1974), 282–304.
Theunissen, M.: Die Einheit im Denken Georg Pichts. Zu seinem Buch »Hier und Jetzt«, Merkur 37 (1983), 780–790.
Theodizee – Gott vor Gericht?, hg. von W. Oelmüller, München 1990.
Theologie – was ist das?, hg. von G. Picht und E. Rudolph. Unter Mitarbeit von G. Altner u.v.a., Stuttgart 1977.
Thomas von Aquin: S. Thomae Aquinatis Summa Theologica, Marietti-Ausgabe, Rom 231942.
Thomas, G.: Medien, Ritual, Religion. Zur religiösen Funktion des Fernsehens, Frankfurt/M. 1998.
Thurneysen, E.: Die Aufgabe der Predigt, in: Theologische Aufsätze. K. Barth zum 50. Geburtstag, München 1936, 38–50.
–: Die Lehre von der Seelsorge, München 1948.
Thyen, H.: Art. »Johannesevangelium«, TRE 17, 200–225.
Tillich, P.: Das Dämonische. Ein Beitrag zur Sinndeutung der Geschichte (1926), in: Main Works /Hauptwerke 5, hg. von C.H. Ratschow, Berlin/New York 1988, 99–123.
–: Liebe, Macht, Gerechtigkeit, Tübingen 1955.
–: Die Philosophie der Macht, in: GW IX, Stuttgart 1967, 205–232.
–: Das Problem der Macht. Versuch einer philosophischen Grundlegung (1931), in: Main Works /Hauptwerke 3, hg. von C.H. Ratschow, Berlin/New York 1998, 248–268.
–: Schelling und die Anfänge des existentialistischen Protestes (1955), in: Main Works/Hauptwerke 1, hg. von C.H. Ratschow, Berlin/New York 1989, 392–402.
–: Systematische Theologie I–III, Berlin/New York 1987.
Timm, H.: Dichtung des Anfangs. Die religiöse Protofiktion der Goethezeit, München 1996.
–: Geist der Liebe. Die Ursprungsgeschichte der religiösen Anthropologie, Gütersloh 1978.
–: Die heilige Revolution. Das religiöse Totalitätskonzept der Frühromantik. Schleiermacher – Novalis – Friedrich Schlegel, Frankfurt/M. 1978.
Tippett, M.: Music of the Angels. Essays and Sketchbooks, hg. von M. Brown, London 1980.
Tödt, H.-E.: Georg Picht – Philosoph an einer theologischen Fakultät, in: Georg Picht – Philosophie der Verantwortung, hg. C. Eisenbart, Stuttgart 1985, 58–74.
Track, J.: Sprachkritische Untersuchungen zum christlichen Reden von Gott, Göttingen 1977.
Trappe, T.: Allmacht Gottes und Selbstbeschränkung, Zürich 1997.
Trillhaas, W.: Paul Tillich im Lichte seiner Wirkungsgeschichte. Eine Bilanz, ZThK 75 (1978), 82–98.
Troeltsch, E.: Die Absolutheit des Christentums und die Religionsgeschichte (1902/1912) mit den Thesen von 1901 und den handschriftlichen Zusätzen. KGA 5, hg. von T. Rendtorff in Zusammenarbeit mit S. Pautler, Berlin u.a. 1998.
Trobisch, D.: Die Endredaktion des Neuen Testaments. Eine Untersuchung zur Entstehung der christlichen Bibel, Freiburg (CH)/Göttingen 1996.
Trowitzsch, M.: Über die Moderne hinaus. Theologie im Übergang, Tübingen 1999.
Turner,B.S.: (s. Stauth, G.)

Ulrich, H.G.: Evangelische Ethik – gegenwärtige Perspektiven, in: Evangelische Ethik. Diskussionsbeiträge zu ihrer Grundlegung und ihren Aufgaben, hg. von dems., München 1990, 382–411.

Das unvergängliche Erbe. Alternativen zum Prinzip der Gleichheit, hg. von P. Krebs, Tübingen 1981.

Usener, H.: Götternamen. Versuch einer Lehre von der religiösen Begriffsbildung, Frankfurt/M. 31948.

Vattimo, G.: Glauben - Philosophieren, Stuttgart 1997.

Visser't Hooft, W.A.: The Kingship of Christ. An Interpretation of Recent European Theology, New York 1948.

Vögele, W.: Zivilreligion in der Bundesrepublik Deutschland, Gütersloh ^{2}1994.

Völkische Religion und Krisen der Moderne. Entwürfe »arteigener« Glaubenssysteme seit der Jahrhundertwende, hg. von S. von Schnurbein und J. H. Ulbricht, Würzburg 2001.

Wagner, G.: (s. Krech, V.).

Wagner, F.: Geld oder Gott? Zur Geldbestimmtheit der kulturellen und religiösen Lebenswelt, Stuttgart 1984.

–: Schleiermachers Dialektik, Gütersloh 1974.

Walter, T.: (s. Achtner, W.).

Weber, M.: Gesammelte Aufsätze zur Religionssoziologie I, Tübingen ^{5}1963.

–: Wissenschaft als Beruf, Berlin ^{5}1967.

Weinrich, M.: Gezähmte Geschichte. vom Gewicht der zu leicht befundenen Religion, in: Streitfall »Religion«. Diskussionen zur Bestimmung und Abgrenzung des Religionsbegriffs, hg. von E. Feil, Münster 2000, 145–150.

Weippert, M.: Synkretismus und Monotheismus. Religionsinterne Konfliktbewältigung im alten Israel, in: Kultur und Konflikt, hg. von J. Assmann/D. Harth, Frankfurt/M. 1990, 143–179.

Weisheit. Archäologie der literarischen Kommunikation III, hg. von A. Assmann, München 1991.

Welker, M.: Barth und Hegel. Zur Erkenntnis eines theologischen Verfahrens bei Barth, EvTh 43 (1983), 307–328.

–: Gottes Geist. Theologie des Heiligen Geistes, Neukirchen-Vluyn 1992.

–: Schöpfung und Wirklichkeit, Neukirchen-Vluyn 1995.

–: Universalität Gottes und Relativität der Welt. Theologische Kosmologie im Dialog mit dem amerikanischen Prozeßdenken nach Whitehead, Neukirchen-Vluyn ^{2}1988.

Wengst, K.: Bedrängte Gemeinde und verherrlichter Christus. Der historische Ort des Johannesevangeliums als Schlüssel zu seiner Interpretation, Neukirchen 1981.

–: Das Johannesevangelium. 2. Teilband: Kapitel 11–21. Theologischer Kommentar zum Neuen Testament 4,2, Stuttgart 2001.

Westermann, C.: Das Buch Jesaja. Kapitel 40–66, ATD 19, Göttingen ^{3}1976.

Wie viel Macht haben die Mächte? Die Herausforderung durch Okkultismus und neue Religiosität. Beiträge aus dem Albrecht-Bengel-Haus, Tübingen, hg. von T. Messner, Wuppertal 2001.

Wildberger, H.: Der Monotheismus Deuterojesajas, in: Beiträge zur alttestamentlichen Theologie. Festschrift für Walther Zimmerli zum 70. Geburtstag, hg. von H. Donner, Göttingen 1977, 506–530.

Wink, W.: Engaging the Powers. Discernment and Resistance in a World of Domination, Philadelphia 1992.

–: Naming the Powers. The Language of Power in the New Testament, Philadelphia 1984.

–: Unmasking the Powers. The Invisible Forces That Determine Human Existence, Philadelphia 31988.

–: Violence and Nonviolence in South Africa. Jesus' Third Way, Philadelphia 1986.

Wittgenstein, L.: Werkausgabe, 8 Bände, Frankfurt/M. 1984.

Woodhouse, C.M.: Gemistos Plethon. The Last of the Hellenes, Oxford 1986.

Worüber man nicht schweigen kann. Neue Diskussionen zur Theodizeefrage, hg. von W. Oelmüller, München 1992.

Wright, G.E.: God Who Acts. Biblical Theology as Recital, London ^{3}1956.
Zeilinger, T.: Zwischen-Räume. Theologie der Mächte und Gewalten, Stuttgart 1999.
Zimmerli, W.: Ezechiel. Biblischer Kommentar XIII, Teilband 1, Neukirchen ^{2}1979, Teilband 2, ebd. 1969.
–: Gottes Offenbarung. Gesammelte Aufsätze zum Alten Testament, München 1963.

Personenregister

Sachregister

Forschungen zur systematischen und ökumenischen Theologie

Herausgegeben von Reinhard Slenczka und Gunther Wenz. Eine Auswahl:

Band 112: Miriam Rose
Fides caritate formata
Das Verhältnis von Glaube und Liebe in der Summa Theologiae des Thomas von Aquin
2006. Ca. 320 Seiten, gebunden
ISBN 3-525-56342-6

Band 111: Christiane Tietz
Freiheit zu sich selbst
Entfaltung eines christlichen Begriffs von Selbstannahme
2005. Ca. 236 Seiten, gebunden
ISBN 3-525-56339-6

Band 110: Matthias Haudel
Die Selbsterschließung des dreieinigen Gottes
Grundlagen eines ökumenischen Offenbarungs-, Gottes- und Kirchenverständnisses
2005. Ca. 640 Seiten, gebunden
ISBN 3-525-56338-8

Band 108: Max Josef Suda
Die Ethik Martin Luthers
2005. Ca. 184 Seiten, gebunden
ISBN 3-525-56337-X

Band 107: Markus Mühling
Versöhnendes Handeln – Handeln in Versöhnung
Gottes Opfer an die Menschen
2005. 382 Seiten, gebunden
ISBN 3-525-56335-3

Band 106: Magnus Schlette
Die Selbst(er)findung des Neuen Menschen
Zur Entstehung narrativer Identitätsmuster im Pietismus
2005. 384 Seiten, gebunden
ISBN 3-525-56333-7

Band 105: Christoph Klein
Das grenzüberschreitende Gebet
Zugänge zum Beten in unserer Zeit
2004. 222 Seiten, gebunden
ISBN 3-525-56334-5

Band 104: Karsten Lehmkühler
Inhabitatio
Die Einwohnung Gottes im Menschen
2004. 365 Seiten, gebunden
ISBN 3-525-56331-0

Band 103: Henning Theißen
Die evangelische Eschatologie und das Judentum
Strukturprobleme der Konzeptionen seit Schleiermacher
2004. 328 Seiten, gebunden
ISBN 3-525-56256-X

Band 102: Dorette Seibert
Glaube, Erfahrung und Gemeinschaft
Der junge Schleiermacher und Herrnhut
2003. 367 Seiten, gebunden
ISBN 3-525-56242-X

Band 101: Claus Schwambach
Rechtfertigungsgeschehen und Befreiungsprozess
Die Eschatologien von Martin Luther und Leonardo Boff im kritischen Gespräch
2004. 397 Seiten, gebunden
ISBN 3-525-56239-X